JN244613

医事法講座 第 9 巻

医療情報と医事法

A Series of Medical Law VOL.9

医事法講座

第 **9** 巻

医療情報と医事法

甲斐克則 編

Katsunori Kai (Ed.)

Medical Information and Medical Law

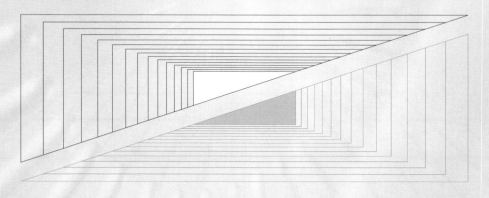

信山社
SHINZANSHA

『医事法講座』発刊にあたって

企画責任者 甲 斐 克 則

　人間が生きていくうえで，医療を抜きにしては語れない時代になっている。同時に，歴史的にみても，医療は，利用を誤ると人権侵害をもたらす可能性を内在している。そこには，一定限度で適正な法的・倫理的ルールが求められる。とりわけ 21 世紀になり，バイオテクノロジー社会ないしポスト・ゲノム社会を迎えて，医療と法をめぐる諸問題が多様な展開を見せているだけに，医事法学に課せられた任務は，今後ますます増大するものと思われる。医と法は，人間社会を支える両輪である。

　欧米では，それに対応すべく，医療と法に関する研究書が長年にわたりシリーズで刊行されている。しかし，日本では，学問的蓄積は相当に増えたものの，学会誌『年報医事法学』を除けば，まだそのような試みはない。そこで，この度，信山社より『医事法講座』を刊行することになった。医事法学自体，民法や刑法のように実定法として体系が完結しているわけではないので，「何巻で完結」というスタイルをとらないことにした。いわば開かれた学問として，ある程度の体系性を考慮しつつも，随時，医療と法に関する重要問題を取り上げて，医事法学の深化を図りつつ，その成果を社会に還元して適正な医療を確保する一助となることが，本講座の企画趣旨である。本講座が末長く続き，日本の医事法学がさらに発展することを切に祈念する次第である。

2009 年 秋

《巻頭言》

『医事法講座 第9巻 医療情報と医事法』の企画趣旨

甲 斐 克 則

　『医事法講座　第9巻　医療情報と医事法』がようやく刊行される。医療情報は，医事法学にとってまさに最先端の問題領域であると同時に基本的な問題領域でもあるが，必ずしも議論が熟しているわけではない。本巻では，個人情報保護法の改正を踏まえ，医療情報の保護と利活用をめぐる諸問題について，国内外の医療情報をめぐる法制度と現実に生起している諸問題に焦点を当てて，医事法の重要課題にチャレンジしようと企画した。今回は，医療情報の問題に造詣の深い各分野の専門家の方々にご執筆をお願いした。

　第1章の米村論文は，医療情報と医事法の関係について，いわば総論的に問題の所在を的確に示している。これにより，医療情報と医事法の諸問題の全体的な位置づけが理解できるであろう。第2章の山本＝河嶋論文は，憲法的観点から，医療情報の保護と利用をめぐる諸問題について鋭い切り口で論じており，まさに憲法上の最先端の議論が医事法の深化に向けて発信されている。また，第3章の甲斐論文は，刑法的観点から，医療情報の保護と利用について，刑法134条の守秘義務と個人情報保護法の関係を探究しつつ，現状と課題を呈示している。第4章の手嶋論文は，民法的観点から医師・患者関係に配慮しつつ医療情報の保護と利用をめぐる法的問題に深く切り込んでいる。

　以下は，比較法的観点からの論稿であり，第5章の永水論文は，アメリカ法に造詣の深い著者が，アメリカにおける医療情報の法制度や判例の動向を鋭く分析・検討し，その意義と問題性を見事に析出しており，日本にとっても示唆深い。また，第6章の柳井論文は，イギリスにおける医療情報の保護と利用の問題について，患者情報の守秘と開示の調整に焦点を当てて詳細に論じており，参考になる。第7章の村山論文は，人格権の先進国ドイツにおける医療情報の保護と利用の問題について鋭く分析する。これもまた，日本への示唆に富む。第8章の本田論文は，フランス法に造詣の深い著者が，フ

ランスにおける医療情報の保護と利用の問題について明晰な分析を試みている。第9章の増成論文は，見過ごされがちな北欧法制のうち，フィンランドにおける医療情報の保護と利用の問題について，現地調査を踏まえて詳細かつ貴重な分析・検討を試みており，参考になる点が多い。

　本巻でも2名の医学・医療の専門家に加わっていただいたが，第10章の藤田論文は，医師でもあり法律にも造詣の深い著者が，医療・医学研究における個人情報保護法の解釈と課題について実に分かりやすく論じている。また，第11章の栗原論文は，医療現場での医療情報の利活用をめぐる諸問題について詳細に論じている。これらの論文により，本書が医療関係者にも理解しやすいものになったのではないか，と思われる。

　以上のように，本巻も，『医事法講座』にふさわしい内容になっており，法律関係者や医療関係者のみならず，この問題に関心を寄せる読者は，本書から大いに示唆を得るであろう。本巻も，多くの方々に読まれることを期待したい。最後に，ご多忙な中，貴重な論稿をお寄せいただいた執筆者の方々に心から謝意を表したい。

2019年3月

医事法講座　第 9 巻
医療情報と医事法

【目　　次】

◆◆◆ 『医事法講座』 発刊にあたって ◆◆◆

〈巻頭言〉
『医事法講座 第 9 巻 医療情報と医事法』 の企画趣旨（vii）

1　医療情報と医事法の関わり ………………………… 米 村 滋 人…　3

2　憲法的観点からみた医療情報の法的保護と利用
　　………………………………………… 山本龍彦・河嶋春菜… 23

3　医療情報と刑法 …………………………………… 甲 斐 克 則… 47

4　医師患者関係における医療情報の民法的側面 ‥ 手 嶋　　豊… 73

5　アメリカにおける医療情報の研究利用規制 ‥‥‥ 永 水 裕 子… 93

6　イギリスにおける医療情報の保護と利用
　　──患者情報の守秘と開示の調整 ……………… 柳 井 圭 子…117

7　ドイツにおける医療情報の保護と利用
　　──人格権の先進国からの示唆 ……………………… 村 山 淳 子…141

8　フランスにおける医療情報の保護と利用 ……… 本 田 ま り…167

9　フィンランドにおける医療情報の保護と利用 ‥ 増 成 直 美…187

10　医療・医学研究における個人情報保護法の解釈と課題
　　……………………………………………… 藤 田 卓 仙…207

11　医療現場での医療情報の利活用の現状と課題 ‥ 栗 原 幸 男…237

ix

『医事法講座 第9巻 医療情報と医事法』

〈執筆者紹介〉 (掲載順)

米 村 滋 人 (よねむら　しげと)　　東京大学大学院法学政治学研究科教授

山 本 龍 彦 (やまもと　たつひこ)　　慶應義塾大学大学院法務研究科教授

河 嶋 春 菜 (かわしま　はるな)　　帝京大学法学部助教

甲 斐 克 則 (かい　かつのり)　　早稲田大学大学院法務研究科教授

手 嶋 　 豊 (てじま　ゆたか)　　神戸大学大学院法学研究科教授

永 水 裕 子 (ながみず　ゆうこ)　　桃山学院大学法学部教授

柳 井 圭 子 (やない　けいこ)　　日本赤十字九州国際看護大学看護学部教授

村 山 淳 子 (むらやま　じゅんこ)　　西南学院大学法学部教授

本 田 ま り (ほんだ　まり)　　芝浦工業大学工学部准教授

増 成 直 美 (ますなり　なおみ)　　山口県立大学看護栄養学部栄養学科教授，同大学院健康福祉学研究科教授

藤 田 卓 仙 (ふじた　たかのり)　　世界経済フォーラム第四次産業革命日本センター　ヘルスケア・データ政策プロジェクト長

栗 原 幸 男 (くりはら　ゆきお)　　高知大学教育研究部医療学系看護学部門教授

医事法講座 第9巻

医療情報と医事法

1　医療情報と医事法の関わり

米 村 滋 人

医事法講座 第9巻 医療情報と医事法

I　はじめに──医療における情報利用のあり方
II　現行の情報規制の概要
III　医療情報利用に関する現行法制度の課題
IV　医事法の側の課題と展開可能性
V　おわりに

I　はじめに——医療における情報利用のあり方

「情報化社会」という表現が用いられるようになって久しい。今日，われわれはおびただしい情報の海の中に生きていると言っても過言ではなく，日々新たに発生し流通する大量の情報を適正に取捨選択し判断することが求められている。それは医療においても異ならず，現在の医療は大量の情報の集積・解析なしに成立するものではない。そのような状況の下で，医療情報に関する法律問題も，飛躍的に多様化・複雑化の傾向を呈している。

本稿は，医療・医学研究等において情報が関係する法的課題を整理することにより，医療情報と医事法の関係を概観することを目的とする。しかしその検討を行うに際しては，まず，医療における「情報」がどのような内容を有し，現在および未来の医療においてどのような位置づけ有するかを確認しておく必要がある。

医療における情報の用いられ方は，大きく2つに分かれる。

第1に，患者の診断・治療を通じて得られた情報が当該患者または他の患者の診療の場面で用いられる状況が存在する。このような情報利用は従来の医療においても広く存在してきたところであり，患者の診療情報が当該患者のその後の医療に用いられることはもちろん，他の患者の診療に際しても，症例報告を始めとする研究領域の情報利用を通じて医療内容の改善に寄与してきた。そして今日では，診療の過程で膨大な臨床情報が取得されるようになり，その活用場面がさらに広がりつつある。たとえば，ゲノム医学の進展により臨床医療でもゲノム解析を実施する場面が増加しており，このような臨床上のゲノム解析データを用いることで，当該患者に関して適切な治療法を選択することが可能となるのはもちろん，大規模データベースへの登録・解析を通じて同様の疾病を有する患者一般に有効な診断法や治療法を発見する可能性も開かれている。さらに，こうしたことに着目して，当初から大規模データベースを作成する目的で研究利用であることを明示した情報収集を行う例も出現している。

第2に，近時は，医学それ自体に関連する情報が膨大になりつつある。元来，医学には経験科学の側面があり，過去の治療経験を参考にすることが多

医事法講座　第9巻　医療情報と医事法

いが，近時では EBM（evidence based medicine）の観点から世界的に大規模
臨床試験が頻繁に行われるようになっており，それらの臨床試験を始めとす
る研究の結果を考慮して医療を実施することが求められている。そのような
意味で，現代の医療においては単に教科書的な知識に基づく判断では不十分
であり，膨大な研究成果を踏まえて治療法の優劣や安全性を判断することが
求められるようになっている。

　これら2つの展開は，それぞれ「医療の情報化」「医学の情報化」と表現
することができるが，これらは相互に密接な関連性を有する。というのも，
「医療の情報化」は研究としての情報の収集・解析を通じて新たな医学的知
見を生み出すことにつながるため，医学全体の知見の増大に寄与する一方，
「医学の情報化」はそれ自体が個々の患者に関する診断技法の多様化をもた
らし，患者情報の増大に寄与するからである。このように，現代の医療は，
2つの側面の「情報化」が相互依存的に進行する構造を有すると言えよう。
そして近時は，これら2つの「情報化」がさらに加速する傾向を見せ，人工
知能（AI）の医療分野への進出も相まって，さらに大量のデータに基づく医
療が現実化しつつある。

　ところが，このような状況の中でも，医療情報に関する法的規律は必ずし
も十分ではない。詳しくは後述するとおり，現行法はいくつかの面で情報に
関する法規制を行っているが，それぞれの対象とする情報の範囲は網羅的で
はなく，規制のあり方に関しても医療における「情報化」の進展に対応した
ものとはなっていないように思われる。医療・医学における「情報化」が，
患者の利益を害することなく適切に進行し，将来の医療の改善に十全に寄与
できるようにするためにも，適正な法的規制の存在は極めて重要である。

　そこで本稿では，現在の医療情報をめぐる法規制の内容を概観した上で，
そこで問題とされている点を挙げ，さらに，近い将来予想される情報利用の
あり方に照らして問題となりうる点を挙げて若干の検討を加えることとした
い。

Ⅱ　現行の情報規制の概要

　医療情報に関係する法的規制はどのようになっているのだろうか。法の側

の問題を明らかにするために，現在の情報規制の内容を概観しよう。

1　守秘義務による「秘密」の保護

まず，医療に関連する古典的な情報規制として，守秘義務が挙げられる。これは，原則的には医師，薬剤師，看護師等の職種に着目した医療従事者個人の負担する義務として法律上の定めがあり，罰則によって担保されている[1]。もっとも，守秘義務による保護の内容については不明確な点が多い。

第1に，守秘義務が保護する情報の範囲が明確でない。一般的に，刑法上の秘密漏示罪の保護法益は「秘密」であるとされるものの，これが患者のプライバシーや個人情報とどのような関係に立つかは明確にされていなかった[2]。そのこととの関係で，医療機関が保有する患者情報のどの範囲が守秘義務によって保護されるかは判然とせず，さまざまな医療情報の利用場面につき守秘義務違反とならないかが問題となっている。

第2に，守秘義務を負う主体が医療従事者個人に限定されるかも問題である。古典的な守秘義務は医師等の専門職者と患者が1対1の関係を構築することを前提に，専門職者個人に守秘義務を課しているように見えるが，法的な医療契約は医療機関を主体とする形で締結されることに加え，現代の医療においては，医療従事者のみならず介護関係者・病院事務担当者・行政担当者・民間事業者などを含むさまざまな職種の者が関与するようになっている。このような状況の下で，仮に刑事・行政法上の義務としては条文のある専門職者個人の義務のみが存在するとしても，民事法上の義務としては，医療機関・介護事業者などの明文の守秘義務規定のない者に関しても守秘義務が課せられる場合があると解することが適切である[3]。しかし，具体的にどの

（1）　医師・薬剤師・助産師に関しては刑法134条の秘密漏示罪によって守秘義務が規定されているものとされ，看護師・保健師，診療放射線技師，臨床検査技師等の他の医療従事者に関しては，保健師助産師看護師法42条の2，診療放射線技師法29条，臨床検査技師法19条等の個別資格法において罰則つきの守秘義務規定が置かれている。

（2）　刑法学説の中には，「秘密」の範囲はプライバシーのそれと一致するとの見解も存在するが（佐伯仁志「秘密の保護」阿部純二ほか編『刑法基本講座』（法学書院，1993年）6巻144頁以下），元来，守秘義務とプライバシー保護は趣旨・目的を異にする規範であり，同社の保護範囲を同一であると解する必然性はない。

（3）　米村滋人『医事法講義』（日本評論社，2016年）142頁。

医事法講座 第9巻 医療情報と医事法

範囲の主体が民事法上の守秘義務を負うかは，さらなる検討が必要である。

さらに，いずれの守秘義務規定においても「正当な理由」がなければ義務違反とならない旨が定められているが，どのような場面で「正当な理由」が認められるかも問題である。被害者の同意と見られるような同意のある場合を始め，一般の違法性阻却事由のある場合はよいが，それ以外に「正当な理由」のある場合が存在するか，またどのような場合がそれにあたるかは，明確でない[4]。

2　個人情報保護規制

医療情報の大半は個人情報にあたることから，個人情報としての規制を受ける。現在では，個人情報保護規制が医療情報の保護と利活用に関する具体的規範の大半を定める形になっており，医療情報をめぐる法的規律を検討する上で極めて重要である。

(a) 個人情報保護規制の概要

まず，個人情報保護規制の概要を説明しよう。個人情報保護規制の法律上の根拠や規制内容は情報の保有主体によって異なるものとされており，以下の4種に分類できる。第1に，民間の法人ないし事業者に対しては個人情報保護法（以下「個情法」という）が適用され，さらに，2015年個情法改正により発足した個人情報保護委員会が同法の下位規範にあたる個人情報保護委員会規則やガイドライン等を定めている。第2に，国の行政機関に対しては行政機関個人情報保護法（以下「行個法」という）が適用される。第3に，各種の独立行政法人に対しては独立行政法人等個人情報保護法（以下「独個法」という）が適用される。行個法・独個法に関しては，総務省行政管理局が所管庁であるものの，包括的な下位規範・ガイドライン等は存在せず法令の解釈・運用の準則は明確化されていない。第4に，地方公共団体（地方公共団体の設置する下位機関等を含む）に対しては各地方公共団体の定める個人情報保護条例が適用される。これは，全国の都道府県・市町村がそれぞれ別

（4）　筆者は，この点につき，一般の違法性阻却事由以外に構成要件段階で「正当な理由」にあたる場合が存在すると解しており，特に，家族に対する説明を行う場合をその例として挙げている（米村・前掲注(3)143頁）。しかし，この議論が一般化する段階には至っていないと考えられ，学界全体での精力的な検討が必要であろう。

個の条例を制定し運用しているため，規制内容にばらつきが大きい。

　以上の4種の個人情報保護規制においては，個人情報の定義や基本的義務規定を含めた規制内容が異なり，統一的な理解が困難となっている。このように個人情報保護規制の根拠法が多数に分かれていること（規制主体が2000個に上るという意味で「2000個問題」と呼ばれる）は，規制の複雑さゆえに社会的混乱を引き起こすのみならず，具体的には後述するとおり，情報の大規模収集・解析を行う上で大きな障害となる。このような状況に対しては批判も強いが，現状ではこれらの法令が整理・統合される見通しは立っていない。

　個人情報保護規制における具体的な規制は，①取得規制（不正な手段・目的での取得禁止など），②利用目的規制（利用目的の明示・目的外利用の禁止），③第三者提供規制（第三者への個人情報提供の禁止），④本人による開示請求権，訂正請求権，利用停止請求権，⑤その他の規制，に分けられる。このうち，医療情報との関係で特に重要となるのは①〜③である。また，これらの個別規制に関わる重要な問題として個人情報の定義の問題があるため，これらにつきやや詳しく見ていくこととしよう。

(b) 個人情報の定義

　個人情報の定義については，各法で個別に定義規定が存在する。個情法2条1項では，「生存する個人に関する情報」であり，かつ(i)「当該情報に含まれる氏名，生年月日その他の記述等……により特定の個人を識別することができるもの（他の情報と容易に照合することができ，それにより特定の個人を識別することができることとなるものを含む。）」（1号個人情報），または(ii)個人識別符号を含むもの（2号個人情報）が個人情報とされている。また，行個法2条2項では，「生存する個人に関する情報」であり，かつ(i)「当該情報に含まれる氏名，生年月日その他の記述等……により特定の個人を識別することができるもの（他の情報と照合することができ，それにより特定の個人を識別することができることとなるものを含む。）」（1号個人情報），または(ii)個人識別符号を含むもの（2号個人情報）が個人情報とされている。なお，独個法の定義規定（同法2条2項）は行個法のそれと同一である。

　個情法の定義と行個法・独個法の定義には，微妙な違いがある（1号個人情報に関して，個情法ではかっこ書において「容易に照合することができ」る場合のみが含まれている一方，行個法・独個法には「容易に」という限定がない）

医事法講座 第 9 巻 医療情報と医事法

ものの，1 号個人情報が種々の要素の総合考慮によって個人識別性が肯定される情報として定義されている点では同様である。

このような定義により，明示的に個人を識別できる氏名等が付せられていない情報でも，広範囲の情報が単体で個人識別性を有するものとして 1 号個人情報に該当しうることになる。たとえば，情報単体で個人情報となるものの典型として顔写真が挙げられるが，医療情報の中では，詳細な病歴情報や CT・MRI などによる医療用診断画像も情報単体で個人識別性が肯定される可能性がある。医療分野においては，従来，氏名等を削除する「匿名化」の処理によっていかなる情報も個人情報として取り扱う必要がなくなるとの理解が存在してきたが[5]，上記の定義によればこの理解は不適切であり，「匿名化」処理を行っても情報単体で個人識別性のある情報は個人情報となる。もっとも，どのような情報であれば単体で個人識別性が肯定されるかは明確でなく，その点は医療情報の利用に際して深刻な問題となりうる。

さらに，個人情報の定義との関係で問題となるのは「個人識別符号」の範囲である。これは 2015 年の個情法改正で個人情報の範囲の明確化のために新たに導入された制度であるが，何が「個人識別符号」にあたるかは十分に明確化されておらず，特にゲノム情報に関連して問題を残している[6]。

（5） たとえば，症例報告は氏名等を削除することによって自由に行いうるものとされてきたが，これは氏名等を削除することで当然に個人情報性が失われるとの前提による。しかし，病歴情報・検査データ等から個人を識別できる場合には，氏名等を削除しても個人情報となることには疑いがない。

（6） 個情法施行令 1 条 1 号では，「次に掲げる身体の特徴のいずれかを電子計算機の用に供するために変換した文字，番号，記号その他の符号であって，特定の個人を識別するに足りるものとして個人情報保護委員会規則で定める基準に適合するもの」が個人識別符号にあたるものとされ，その中に「細胞から採取されたデオキシリボ核酸（別名 DNA）を構成する塩基の配列」が掲げられている。ここでの「個人情報保護委員会規則で定める基準」については，個情法施行規則 2 条において「特定の個人を識別することができる水準が確保されるよう，適切な範囲を適切な手法により電子計算機の用に供するために変換することとする。」と定められているが，この規定は極めて不明確であり，基準としてはほとんど機能していない。しかし，「電子計算機の用に供するために変換すること」が明示的に求められていることに鑑みれば，DNA の塩基配列情報それ自体は個人識別符号とはならず，それを個人識別可能なデータに「変換する」必要があると解するのが合理的である。この点につき詳しくは，藤田卓仙＝山本奈津子＝米村滋人「遺伝／ゲノム情報の改正個人情報保護法上の位置づけとその影響」情報ネットワー

(c) 取 得 規 制

個人情報の取得に関しては，個情法17条1項に「個人情報取扱事業者は，偽りその他不正の手段により個人情報を取得してはならない。」との定めがあり，独個法5条にも同旨の規定がある（行個法には同種の規定は存在しない）が，いずれにせよ規制としては抽象的であり訓示規定に近いものと考えられる。

他方で，個情法17条2項には，「要配慮個人情報」の取得に関して原則として本人のオプトインの同意を要求する厳格な規制が存在する（ただし，後述の利用目的規制と同じく，一定の例外事由が存在する場合には本人同意なく取得が認められる旨の定めがある）。これは，2015年改正で新たに設けられた規制であるが，医療情報はほぼすべて要配慮個人情報にあたることから（個情法2条3項，個情法施行令2条参照），この規制が医療情報の取得に関してそのまま適用されることになる。

(d) 利用目的規制

個人情報は，事前に設定された利用目的の範囲内でのみ利用が許されるとするのが，利用目的規制である。この規制は，個人情報保護規制の中核をなす規制であると言っても過言ではなく，諸外国の個人情報保護規制において重要な規制として扱われるのが通例である。

具体的な条文としては，まず個情法15条1項で，利用目的は「できる限り特定しなければならない」とされ，行個法4条・独個法4条でも，一部の例外を除き，事前に「利用目的を明示しなければならない」とされる。その上で，個情法16条1項は，本人の事前同意なしに「特定された利用目的の達成に必要な範囲を超えて，個人情報を取り扱ってはならない」ものとし，行個法8条・独個法9条も，「法令に基づく場合を除き，利用目的以外の目的のために保有個人情報を自ら利用し，又は提供してはならない」とする。このように，日本でも利用目的規制は明確に導入されていると言ってよい。

もっとも，利用目的規制を厳格に運用した場合には，種々の問題場面で必要な情報利用が阻害されるおそれがあるため，これに関しては2つの側面で例外が許容されている。

ク・ローレビュー15巻（2017年）62頁以下参照。

医事法講座 第9巻 医療情報と医事法

第1に，一定の例外事由が存在する場合には，本人の同意がなくとも目的外の情報利用を行うことができる。もっとも，例外事由の内容に関しては各法の違いが大きい。具体的には，個情法16条3項では，〈a-1〉法令に基づく場合，〈a-2〉人の生命，身体または財産の保護のために必要がある場合であって，本人の同意を得ることが困難であるとき，〈a-3〉公衆衛生の向上または児童の健全な育成の推進のために特に必要がある場合であって，本人の同意を得ることが困難であるとき，〈a-4〉国の機関もしくは地方公共団体またはその委託を受けた者が法令の定める事務を遂行することに対して協力する必要がある場合であって，本人の同意を得ることにより当該事務の遂行に支障を及ぼすおそれがあるとき，の4つの事由が定められている。これに対し，行個法8条2項では，〈b-1〉行政機関が法令の定める所掌事務の遂行に必要な限度で保有個人情報を内部で利用する場合であって，当該保有個人情報を利用することについて相当な理由のあるとき，〈b-2〉他の行政機関，独立行政法人等，地方公共団体または地方独立行政法人に保有個人情報を提供する場合において，保有個人情報の提供を受ける者が，法令の定める事務または業務の遂行に必要な限度で提供に係る個人情報を利用し，かつ，当該個人情報を利用することについて相当な理由のあるとき，〈b-3〉専ら統計の作成又は学術研究の目的のために保有個人情報を提供するとき，〈b-4〉本人以外の者に提供することが明らかに本人の利益になるとき，〈b-5〉その他保有個人情報を提供することについて特別の理由のあるとき，の5つの事由が本人同意不要な場合として定められている（独個法9条2項にもほぼ同様の例外事由の定めがある）。

第2に，一定の事由がある場合には，利用目的の変更を行うことができる。これについては，各法の規制に違いがあり，行個法3条3項・独個法3条3項では，「利用目的を変更する場合には，変更前の利用目的と相当の関連性を有すると合理的に認められる範囲を超えて行ってはならない」と規定されているのに対し，個情法15条2項では「利用目的を変更する場合には，変更前の利用目的と関連性を有すると合理的に認められる範囲を超えて行ってはならない」とされている。後者の規定では「相当の」の文言がないが，これは2015年改正で「相当の」を削除し利用目的変更を容易化する改正がなされたためである。その結果，個情法においては比較的緩やかに利用目的変

更をなしうることになった[7]。

(e) 第三者提供規制

個人情報を本人の同意なく第三者に提供してはならないとするのが第三者提供規制であり，これも個人情報保護規制の枢要を占める規制として位置づけられる。もっとも，第三者提供規制の内容にも各法の違いが大きい。

まず，第三者提供規制の基本的な位置づけに違いがある。個情法23条では「あらかじめ本人の同意を得ないで，個人データを第三者に提供してはならない」とされており，明確に第三者提供規制が導入されているのに対し，行個法8条・独個法9条では，既述の目的外利用の規制と一体的に「利用目的以外の目的のため」の「提供」が規制されている。すなわち，行個法・独個法においてはあくまで利用目的規制の一環としての第三者提供規制が実施されており，同一利用目的内であれば第三者提供が禁止されていないことになる。また，個人情報の国外移転に関しても規制の違いがあり，個情法24条は，「個人情報取扱事業者は，外国……にある第三者……に個人データを提供する場合には，前条第一項各号に掲げる場合を除くほか，あらかじめ外国にある第三者への提供を認める旨の本人の同意を得なければならない」と定めており，原則として本人の個別同意なく国外移転を行うことを禁止しているのに対し，行個法・独個法には同種の規定はない。

そして，以上の規制に関しても，一定の例外事由が存在する場合には本人の同意がなくとも第三者提供が許されるものとされる。この例外事由は，いずれの法律でも利用目的規制の場合の例外事由と同内容のものとして定められており，個情法では前掲〈a-1〉〜〈a-4〉の各事由，行個法・独個法では前掲〈b-1〉〜〈b-5〉の各事由が例外事由として定められている。

Ⅲ　医療情報利用に関する現行法制度の課題

1　現行法の不明確性

以上で概観した現行の情報規制の特徴を一言で表現するならば，現行規制

（7）　この点については，瓜生和久『一問一答平成27年改正個人情報保護法』（商事法務，2015年）59頁以下参照。

は，規制の大枠は定めているものの，具体的な規制対象や規制範囲に関しては不明確な点が多いことに加え，規制の根拠法ごとに多数の点で規制内容の違いがあり，統一的運用に困難を来す法制度となっている，と表現することができよう。特に問題となる点としては，以下の3点が挙げられる。

第1に，規制対象となる情報の範囲が明確でない。守秘義務に関しては，対象となる「秘密」の範囲が問題となるが，どの範囲の情報が「秘密」として扱われるかは明確化されていない。また，個人情報保護規制に関しては，相対的には具体的基準が存在すると言えるものの，1号個人情報は種々の要素の総合考慮によって定められることから，どの情報が個人情報として扱われるかが十分に明確化されているとは言えない。この点の明確化を図ることが趣旨であるとされる個人識別符号の制度も，個々の要件には依然として不明確な部分が残り，十分な明確化を行っているとは言いがたい。

第2に，守秘義務に関しても個人情報保護規制に関しても，原則としての情報保護規制が定められていても，「正当な理由」や各種例外事由等による規制解除が図られている。そのこと自体は，情報の保護と利用の双方に配慮した規制方式として適切であると考えられるものの，どのような場合に規制が解除されるかには不明確性が極めて大きい。守秘義務の解除に関する「正当な理由」の不明確性はいうまでもないが，かなり具体的な規定が存在する個人情報保護法制上の除外事由についても，たとえば「公衆衛生の向上……の推進のために特に必要がある場合であって，本人の同意を得ることが困難である」場合とはどのような場合か，必ずしも明らかであるとは言えない。

第3に，以上のいずれの点に関しても，根拠法ごとに異なる定めが置かれており，情報の保有主体によって異なる規制が適用されることになる。そうすると，たとえば同一患者の医療情報を他機関に提供する場合でも，民間医療機関が行う場合（個情法が適用される）と国立大学病院が行う場合（独個法が適用される）で適法要件が異なる可能性が高く，また，その場合に医師個人の守秘義務が解除されるか否かについても，別個の要件が適用されることになる。

以上のように，現行規制においては，規制の内容に不明確性が大きいことに加え，法律ごとに規制内容の差異が大きい複雑な規制方式となっている。このような規制方式により，実務的な情報利用の各場面で適法性に疑義が出

やすい結果となり，さまざまな情報利用に対するある種の「萎縮効果」が生じていると言えよう。医療情報の利用に関しても，昨今では，医療目的・医学研究目的で幅広い情報利用の可能性が存在するものの，既存の医療情報を利用する際にはこれらの規制方式が実務上の大きな障害となり，情報利用が進められていない場面が存在することが指摘される[8]。これらの不明確性や規制方式の問題は深刻であり，現行規制を維持する場合でも，これらの問題を速やかに解決する必要があると考えられる。

2　さらなる医療情報利用制度の創設

　現行の情報規制に種々の問題があることを踏まえ，近時，特別法により医療情報に関する特殊な利用制度を創設することが必要であるとする見解が示されている。これは，冒頭で述べた「医療の情報化」「医学の情報化」の進展を背景に，医療や医学研究において情報を広範に利活用する枠組みが重要視されていることに伴うものである[9]。具体的には，以下のような情報利用が模索されている。

(a)「つくる」：データ集積による情報価値の創出

　わが国における医療データの作成・収集は，欧米やアジアの他国と比して遅れをとっているとされるが，厚生労働省が保有する「レセプト情報・特定健診等情報データベース」（NDB）をはじめ，介護総合データベース，全国がん登録データベース等，さまざまなデータベースが整備されてきている。また，地域によっては，各医療機関における診療録データの地域内での共有・活用が進められてきている。しかし，この種のデータベース構築には患者の個別的同意が必要とされることも多く，必ずしも十分には進められていない。また，これらのデータは，個々の保健医療サービスの提供に付随して作成されており，必ずしも利活用の便を考慮して作成されていないため，個

（8）　この点につき詳しくは，米村滋人「医療情報利用の法的課題・序論——特集にあたって」論究ジュリスト 24 号（2018 年）103 頁以下，米村滋人＝板倉陽一郎＝黒田知宏＝高木利久＝田代志門＝吉峯耕平「医療・医学研究における個人情報保護と利活用の未来」〔座談会〕論究ジュリスト 24 号（2018 年）143 頁以下参照。

（9）　詳細は，藤田卓仙＝米村滋人「医療情報の利活用の今後——つくり，つなげ，ひらくための制度設計」論究ジュリスト 24 号（2018 年）135 頁以下参照。

別化医療の実現に有用であり，また研究や政策立案にも活用できるような汎用性の高いデータベースを「つくる」ことが求められている。

(b)「つなげる」：データ統合による情報基盤の構築

現在，医療情報（関連する健康情報等を含む）は医療機関・介護施設・薬局・自治体・保険者等に分散して存在している。これらの医療情報を，データ保有主体の属性の違い（医療機関か自治体か民間事業者かなど）を越えて連携させることが，さらなる医療情報の利活用にあたって重要であると考えられている。そのような観点から，医療分野における共通の識別番号（医療等ID）を活用し，あるいは行政と民間の垣根を越えた共通の医療情報基盤を創出することで，多施設に散在する患者情報を「つなげる」ことが次の段階として提案されている。

(c)「ひらく」：集積された情報の広範な利活用

医療情報を利活用することによって新たな医療を開発し，または新たな医学的知見を得る試みは，現在では産官学にまたがるさまざまな主体によって試みられるに至っている。そのような状況を踏まえ，医療情報の適正な利活用を計画する主体が広くデータベースにアクセスして，活用できるような枠組みが構想されている。ただし，その際には適正なセキュリティの下で適正な情報管理・利用がなされることを担保する必要があり，情報利用の安全性を担保しつつ医療情報の開かれた利用を実現するのが最後の「ひらく」段階である。

　以上のような医療情報の利活用は，現行の法制度の下でただちに行いうるものではない。患者の個別同意によって利活用を正当化する方法は，同意取得に要する医療機関・研究機関側の労力とコストが莫大になり非現実的であることに加え，患者が十分に医療情報の管理・利用の安全性や適正性を判断することは難しく，患者同意のみによって自由な利用を認めることは，かえって不適正な情報利用を許すことにもなりかねない。医療情報利活用のような専門性の高い情報利用に関しては，一般の個人情報保護と同様の本人同意に依存した仕組みで適正化を図ることはできず，多数の専門家や患者一般の代表者を構成員とする統一的な審査機関が個々の事業主体の利用計画を審査することなどにより，個別同意とは異なる仕組みで情報利用の適正性や安

全性を審査することが求められる[10]。また，データ保有主体の属性の違いを超えた情報連携の実現は，根拠法が細分化されている中では容易でなく，特に地方公共団体の保有情報の連携に困難が大きい。このような事情から，幅広い医療情報の利活用を図るには，特別法による特殊の情報規制を創設する必要があると考えられるのである。

IV　医事法の側の課題と展開可能性

　以上で概観したような医療情報をめぐる法状況が存在する中で，医事法の立場からはこの問題にどのようにアプローチすることができるだろうか。本章の最後に，医事法との関係性につき若干の検討を行う。

　医療情報に関する法律問題は，実のところ，これまで医事法領域の問題として扱われていなかったわけではない。たとえば，本章でも言及した守秘義務の問題は，従来医事法の立場からも検討されていたことに加え，医学研究規制の問題の一環として，情報利用研究の正当化要件を議論する中でも情報の取扱いが検討対象とされていたと言える。もっとも，これらの検討が十分であったとは言えず，現行制度の不明確性は，従来の医事法領域の検討の不十分性に由来する部分がある。その意味において，従来の枠組みにおける医事法上の検討をさらに深める必要性も否定できない。

　しかし，本章で述べた医療情報をめぐる新たな問題状況を踏まえれば，従来の医事法の枠組みによる検討のみで十分であると言えるかは，疑わしい。従来の医事法の道具概念や議論枠組みを活用しつつも，いくつかの点に関して，この問題に適した新たな問題設定の下で議論を行うことが必要となるように思われる。そのような問題として，以下では，(i)情報利用に関する「同意」の問題，(ii)情報に関する権利設定の問題，の2点につき，簡単に述べておくこととしたい。

1　情報利用に関する「同意」の問題

　唄孝一によりアメリカのインフォームド・コンセント論の紹介がなされて

――――――――――
(10)　この点については，米村滋人「医療情報に関する法制度上の課題」年報医事法学34号（2019年）掲載予定参照。

医事法講座　第9巻　医療情報と医事法

以来，「同意」は，医事法領域における中心的な問題として扱われている。具体的には，医療・医学研究を実施する際の法的な正当化に関して，患者・被験者の同意ないしインフォームド・コンセントを最も重要な要素に位置づける見解が長く隆盛を誇ってきた。そして，少なくとも身体侵襲に関する同意に関しては，現在もその位置づけを失っているわけではない。このような医事法の従来の議論枠組みに照らせば，情報の利用に関しても，「同意」を最も重要な正当化根拠として扱うことは自然であり，既述の個人情報保護規制において「本人の同意」が極めて重視されている点も肯定的に評価される可能性がある。

　もっとも，情報に関して「同意」が果たす役割については，医事法の立場から再検討が必要であると考えられる。元来，とりわけ医学研究規制の文脈においては，生命・身体に対する直接の侵襲やリスクを伴う研究（一般に「介入研究」に分類される範囲と概ね一致する）と情報のみを利用し生命・身体の侵襲やリスクを伴わない研究（一般に「観察研究」に分類される範囲と概ね一致する）については，異なる取扱いがされてきた。これは，前者の研究には後者よりも被験者にとって重大な権利侵害やリスクが存在し，厳格に規制すべきである一方，後者の研究はむしろ規制を緩めて容易に実施できるようにする方が，基礎データが不十分な状況で安易に前者の研究が実施される事態を防ぎ，かえって被験者を保護する結果が得られるとの考えが存在したからである[11]。そのような観点から，「人を対象とする医学系研究に関する倫理指針」を始めとする各種研究倫理指針においては，情報のみを利用する研究に関しては個別のインフォームド・コンセントがなくとも研究を実施できる旨の緩和された規制が適用されてきた。ところが，2015年個情法改正により，要配慮個人情報に関しては原則として本人のオプトインによる同意が必要とされるに至り，情報保護が厳格化された結果，このような運用は困難になった。2017年に各種指針が改正された結果，現在では，情報のみを利用する研究に関しても「適切な同意」が要求されるなどの厳格な規制が適用

---

(11)　これは，研究倫理に基づく医学研究の手順として，まず情報のみを利用する（被験者の生命・健康リスクを発生させない）研究によってある程度の基礎的なデータを収集した上で，実際に生命・健康リスクを含む介入を伴う研究を実施することが好ましいとされていることと同様の考え方である。米村・前掲注(3) 330頁以下参照。

されるに至っている[12]。

　しかし，このような規制のあり方が適切であると言えるかは，従来の医学研究規制における検討枠組みに照らし，極めて疑問であると言わなければならない。情報保護のみを単独で考察することは，医療・医学研究全体における被験者保護の観点から，かえって不適切な結論を招く危険性がある。この分野の法規制のあり方を検討するに際しては，被験者の権利・利益を広く視野に入れた上で，全体として被験者保護が最も適切に図られるような保護のあり方を考える必要がある。その観点から，情報利用に関して常に「同意」を必要とする規制方式は，再検討を要すると考えられる。

　そのことに加えて，既述の通り，医療情報の利用に関して「本人の同意」を正当化根拠とした場合には，セキュリティ等の技術的な側面や情報利用の内容等につき極めて専門性が高く，本人が理解できないまま同意がなされるおそれがあり，本人保護に反する結果となりかねない[13]。これは，少なくとも医療情報のような専門性の極めて高い情報の管理・利用に関しては，「本人の同意」による規制スキームが適切に運用できないことを示していると言えよう。

　以上の各点を踏まえ，情報利用の正当化要件として「同意」を位置づけることの適否は，改めて十分に検討される必要があると考えられる。医事法領域で従来論じられてきたインフォームド・コンセントや自己決定の理論的意義と限界に関する議論も，この場面に応用することは十分に可能であり，医事法の検討枠組みを活用しつつ新たな問題状況にも対応しうる規制のあり方を検討することは極めて重要であると考えられる。

（12）　この点につき詳しくは，米村・前掲注(8) 105 頁参照。

（13）　このことは，従来の医療・医学研究における同意に関しても当てはまることであり，それゆえ医事法領域ではインフォームド・コンセント（事前説明を伴う同意）の重要性が強調されてきたところである。しかし，現行の個人情報保護規制においては同意取得に際して事前説明は要求されておらず，研究倫理指針でもインフォームド・コンセントとは区別された「同意」が求められている。これをそのまま適用した場合には，患者・被験者が内容を理解できない状態で安易に同意を与え，不適正な情報利用が広く行われる危険性を排除することができない。

医事法講座　第9巻　医療情報と医事法

2　情報に関する権利設定の問題

　さらに，より原理的な問題として，情報に関する権利設定の問題，すなわち，情報に対して誰がどのような権利を有するものとすべきか，という問題が挙げられる。この点についても，従来の医事法の議論を応用する形で議論を展開することが可能である。

　情報に関する規制を論じる際に，「情報は誰のものか」という問題設定がしばしばなされる。このような問題設定は，それ自体がシンプルで理解しやすいものであるため，一般的に問題として挙げられやすいとの事情があると推察されるが，少なくとも医療情報をめぐる問題状況を整理するにあたり，この問題設定は必ずしも有益な議論を生まない可能性がある。通常の診療場面で得られる医療情報に関して「医療情報は誰のものか」という問いを立てた場合に，この問いに対してしばしばなされる1つの回答として，「患者本人のものであると同時に医師ないし医療機関のものでもある」というものが存在する。このような把握の仕方には一定の合理性があり，ある情報につき，究極的な情報源は患者個人にある一方で，直接の記載者は医師等の医療従事者であり，情報自体に記載者の評価的視点が含まれている点で記載者の固有性も否定できないことに基づくものと考えられる。

　しかし，ある情報が「患者のものであり，医師・医療機関のものでもある」と表現することによって，情報をめぐる法律関係がどの程度明らかになるものか，疑問なしとしない。通常の物（有体物）に関しては，共有の法律関係（民法249条以下）が適用される可能性があるため，所有者が複数存在すると表現することには一定の意義があるが，情報に関しては明確な私法上のルールがあるわけではない。より根源的には，情報は排他的支配の対象とならないために現行民法上所有権の客体とならないと解されているのであり[14]，そのような情報に関して，あえて所有権概念のアナロジーで法律関係を構想することが適切であるとは言いがたい。単一の情報について複数の

---

(14)　この点については，我妻栄『新訂民法総則（民法講義Ⅰ）』（岩波書店，1965年）201頁以下，川島武宜『民法総則』（有斐閣，1965年）143頁参照。我妻は所有権法理の拡大適用を説くのに対し，川島はこれに反対した，と整理されることが多いが，我妻も排他的支配可能性の存在を所有権法理の適用の前提としている点に注意すべきである。

20

関与者が存在すること自体が，情報の非排他性の表れであり，情報一般について，複数の関与者が存在しうることを前提に独自の法律関係を構想することが必要であると考えられる。

実は，この点についても，従来の医事法の議論が一定の素材を提供できる可能性がある。従来の医事法においては，医師・患者関係があらゆる医療関係の出発点として重視され，法的分析の対象とされてきたところである。その中では，医師が取得した情報の取扱いに関しても一定の信頼関係に基づく医師・患者間の法律関係の一環として検討されることがあった[15]。このようなアプローチによれば，特定の情報について所有権類似の論理によることなく，医療関係に適した法律関係を措定し妥当な問題解決を導きうる可能性があろう。もとより，現代の医療は医師と患者の２当事者関係のみで表現し尽くせるわけではなく，多種多様な主体が関与して成立する医療は多いことに加え，医療情報に関して本章で再三述べた幅広い利活用の方向性を考慮した場合には，医師・患者関係のみで医療情報の位置づけを考察することは極めて困難になっていると言わなければならない。そうであっても，ここで注目すべきが情報の「帰属主体」ではなく，情報をめぐる種々の関係者間の法律関係それ自体であるという点では，従来の医事法のアプローチにもなお今日的意義があると考えられよう。少なくとも，医療情報をめぐる複雑な問題状況を整理するにあたり，医事法の検討枠組みが一定の示唆を与える可能性は認められるように思われる。

Ⅴ　お わ り に

本章は，医療情報をめぐる今日的な問題の背景を概観し，あくまで今後生起するであろう問題の一部を指摘しえたに留まる。本章で言及した個別問題のうち，いくつかのものについては本書第２章以下で具体的な検討がなされるものの，なお多くの問題が検討されないまま残されている。またそもそも，情報に関する問題は極めて多岐にわたっており，本章で指摘できなかった重

---

(15)　そのような観点から医師が得た情報の取扱いにつき検討を行う一例として，樋口範雄「遺伝病の告知と法の役割」同編著『ケース・スタディ生命倫理と法〔第２版〕』（有斐閣，2012年）15頁以下参照。

要問題も数多く存在する。医療・医学の情報化の進展はめざましく，法的な問題の検討に許される時間的余裕は決して大きくない。そのような中で，多数の問題につき適切な方向性を導きうるような法的検討が今後求められることは言うまでもなく，その際に従来の医事法の枠組みを参照することは必要かつ有用であると考えられる。医療・医学の全体構造を視野に入れつつ，新たな問題状況に対応できるような新しい枠組みが構築できるよう，筆者自身を含め多くの関係者の努力が必要とされていることを述べて，本章の結びとしたい。

2 憲法的観点からみた医療情報の法的保護と利用

山本龍彦・河嶋春菜

医事法講座 第9巻 医療情報と医事法

Ⅰ　は じ め に
Ⅱ　プライバシー権の展開
Ⅲ　医療における自己情報コントロール権の具体化

I はじめに

　本章の目的は，表題のとおり，「医療情報」の法的保護と利用を「憲法的観点」から考察することにある。しかし，医療情報の保護や利用を考えるうえで，なぜ「憲法的観点」が必要なのだろうか。まずはこの点を明らかにすることが必要であろう。法学のイロハにかかわることだが，憲法とは，第一義的には公権力と個人との垂直的関係を規律する法規範であって（対国家的規範），私人と私人との間（私人間）には直接適用されないと考えられている。医療情報の取扱いが問題になるのは，主として医療機関・医療従事者と患者という「私人間」においてであり，一見，憲法の出番はないように思われる[1]。しかし，憲法規範は，国会が制定する法律（たとえば男女雇用機会均等法や個人情報保護法）を通じて，あるいは，裁判所による法律解釈（たとえば民法 90 条の公序良俗の解釈）を通じて，間接的に私人間にも効力を及ぼすと解されてきた（間接適用説）[2]。ドイツでは，国家は，憲法に規定されるような個人の基本権法益を私人による侵害から保護する憲法上の義務を負うとの考えもとられている（国家の基本権保護義務）[3]。

　以上のようにみると，医療機関・医療従事者−患者関係における医療情報の取扱いを直接規律するのは法律かもしれないが，この法律は，その上位にある憲法規範ないし基本権法益を背景にしたものであると考えることができる。したがって，このような法律（憲法規範を私人間において具体化するための法律という意味で，「憲法具体化法」と呼ばれることがある）の制定・改正をめぐる議論や，解釈をめぐる議論には，「憲法論」が不可避なのである。たとえば，EU（欧州連合）の個人情報保護法に当たる EU 一般データ保護規則（General Data Protection Regulation, GDPR）は，「EU 憲法」とも呼ばれる EU

（1）　ただし，医療情報の包括的な管理システムが国によって構築されれば，少なくともその管理主体の一部に行政が含まれることになり，憲法が直接適用されることになろう。

（2）　最大判昭和 48 年 12 月 12 日民集 27 巻 11 号 1536 頁（三菱樹脂事件）。ただし，憲法は私人相互間の水平関係には適用されないとする無適用説も存在する。高橋和之「私人間効力論再訪」ジュリスト 1372 号（2009 年）148 頁。

（3）　小山剛『基本権保護義務の法理』（成文堂，1998 年）。

基本権憲章（Charter of Fundamental Rights of the European Union）の「デー
タ保護の権利」（8条1項）等を私人による侵害から保護するための憲法具
体化法と考えられており（GDPR 前文(1)），GDPR を「基本権」と切り離し
て解釈することは不可能である。

　こうしてみると，医療情報の法的保護や利用を考えるうえで「憲法的観
点」が重要であることがわかるだろう。では，医療情報の取扱いと関連する
憲法上の「基本権」とは何であろうか。まず思い浮かぶのは，患者のプライ
バシー権ないし自己情報コントロール権（憲法13条）である。ただ，それだ
けではない。医学研究の自由（憲法23条）(4)や，基本権の制約原理と考えら
れてきた「公共の福祉」（憲法13条）なども関連している。たしかに患者の
プライバシー権は重要であるが，それを一方的・絶対的に保護したのでは，
医学研究がストップし，公衆衛生という社会公共の福祉が実現されない可能
性がある。本章は，医療情報が問題になる場面を「診療」（Ⅲ1）と「研究」
（Ⅲ2）に切り分け，また，医療情報のなかでもその位置付けに特に注意が
必要な「遺伝情報」（Ⅲ3），「匿名情報」（Ⅲ4）等を括り出し，それぞれに
ついて患者等のプライバシー権が──他の憲法価値と衡量されながら──具体
的にいかに実現されるべきかを検討する。その準備作業として，まずは憲法
上のプライバシー権概念の展開を概観しておきたい（Ⅱ）。

Ⅱ　プライバシー権の展開

1　第1期プライバシー権

　周知のとおり，プライバシー権は，まずは私生活上の秘密を他者の視線・
まなざしから隠す「私生活秘匿権」として誕生した（「第1期プライバシー
権」）。こうした権利理解は，1890年にハーバード・ロー・レビュウに掲載
されたワレンとブランダイス（Samuel D. Warren & Louis D. Brandeis）の論文
「プライバシーの権利」(5)によって示された。この論文は，写真技術や印刷

（4）　憲法23条は，「学問の自由は，これを保障する」と規定する。学問の自由には，当
　　然「研究の自由」が含まれると解されている。

（5）　Samuel D. Warren & Louis D. Brandeis, *The Right to Privacy*, 4 HARV. L. REV. 193

技術の発展を背景に氾濫したイエロー・ジャーナリズム（興味本位の扇情的報道）によって，有名人などの私生活が暴露・公表される——不特定多数者にまなざされる——ケースが相次いだために，プライバシーの権利として，「私に構わないで，一人にしておいて（let me be alone）」と主張できることが重要視された。日本でも，三島由紀夫の小説（『宴のあと』）によって夫婦生活を克明に描写されたとする政治家が，プライバシー権侵害を理由に三島側に損害賠償を請求した「宴のあと」事件で，東京地方裁判所により民事上の人格権として「私生活をみだりに公開されない権利」が承認された(6)。しばしば見過ごされるが，東京地裁は，この民事上のプライバシー権の根拠を憲法原理に求めた。本件で東京地裁は，当該権利を，マスコミュニケーションの発達した現代社会の下で「個人の尊厳を保ち幸福の追求を保障するうえにおいて必要不可欠なもの」と位置づけていたのである（「個人の尊厳（尊重）」や「幸福追求」が憲法 13 条に規定された重要な憲法原理であることは多言を要しない）。

　「宴のあと」事件判決は 1964 年に出されたものだが，その 5 年後の 1969 年に，最高裁判所は，警察官が本人の同意なく，また令状もなくデモ行進参加者の容貌等を撮影したことの合憲性が争われた事件で，憲法 13 条は「個人の私生活上の自由の一つとして，……その承諾なしに，みだりにその容ぼう・姿態……を撮影されない」自由を保障していると述べた(7)。これも，私事としての容貌等が——カメラレンズを通して——みだりに他者の視線に晒されないことを保障する点で，私生活秘匿権の延長にあるものと理解することができる(8)。

2　第 2 期プライバシー権

　しかし 1970 年代に入ると，情報技術の発展を背景に，「情報論的転回」と

　（1890）.
（6）　東京地判昭和 39 年 9 月 28 日下民集 15 巻 9 号 2317 頁。
（7）　最大判昭和 44 年 12 月 24 日刑集 23 巻 12 号 1625 頁（京都府学連事件）。
（8）　ただし，デモ参加という事実（情報）を警察によって収集・保存・利用されたことを問題視するものと見れば，後述する自己情報コントロール権として理解することもできる。

呼ばれるプライバシー権論の焦点変更が起こる。焦点が，私生活の単なる秘匿から，自己に関する情報のコントロールへと移ったのである。その背景には，情報技術の発展により，個人に関する情報の収集・集積・連結が可能となり，「私生活」が本人のあずかり知らないところで他者からまなざされるリスクが増大したということがある。例えば，特定の誰かにのみ開示したはずの私生活上の秘密が，情報ネットワークシステムを通じて瞬時に多数に拡散したり，誰にも開示していないはずの秘密が，それと関連する複数の個人情報の連結や分析によって本人の了知しないところで誰かに知られたりする機会が増大したのである。そのため，第1期プライバシー権のように本人が知覚しうるまなざしを遮蔽するだけでは十分ではなく，自己の情報を本人が主体的にコントロールすることが重要であると考えられるようになった。

　さらに，このような「自己情報コントロール権」の発想は，我々の生活実態とも適合的であると主張された。先述のように，第1期プライバシー権では「一人になること」が強調された。しかし，我々は，私生活上の秘密を一人の胸の内だけに留めているわけではない。それを特定の誰かに選択的に開示し，共有することで，その者（たち）と親密な関係を築くことがある。こう考えると，我々は，誰に何を見せるか，誰にどこまで開示するかを積極的に選択・コントロールしながら生きているということになろう。このような理解から，自己情報コントロール権の方が，「隠す」ことのみを重視する第1期プライバシー権よりも我々の生活実態に適合していると考えられるようになったのである[9]。自己情報コントロール権の主唱者である佐藤幸治は，この権利を，人間関係を自律的に構築するために「自己の存在にかかわる情報を開示する範囲を選択できる権利」と定義している[10]。

　以上のような「情報論的転回」以降，プライバシー権に関する学説が濫立することになるが，こうした学説の多くは，「結局，自己情報の開示・非開示，そして開示する場合はその内容について相手に応じて自分が決定できることにその核心部分があり，それは自己情報のコントロールという定義の中に吸収できる」[11]と考えてよいだろう（第2期プライバシー権）。

（9）　佐藤幸治『現代国家と人権』（有斐閣，2008年）259頁以下，山本龍彦「自己情報コントロール権について」憲法研究4号（2019年）43頁以下参照。

（10）　佐藤幸治『日本国憲法論』（成文堂，2011年）182頁。

2　憲法的観点からみた医療情報の法的保護と利用［山本龍彦・河嶋春菜］

　判例の中にも，自己情報コントロール権的発想に立たないとうまく説明できないものが少なくない。例えば，大学が，中国要人の講演会に参加する学生の名簿（氏名，住所等を記載）を本人の同意なく警察に提出したことがプライバシー侵害に当たるとされた江沢民講演事件判決[12]がそれに当たる。講演会参加という公的領域での行動は，講演会関係者等の大学コミュニティに「見られる」ことが当然に予定される。したがって，ある者が講演会に参加するという事実は，私生活上の秘密に属するものとはいえない。しかしこの判決は，大学が本人の同意なく，講演会参加者名簿を第三者（警察）に提出したことについてプライバシー侵害を認めたのである。ここでは，かかる名簿提出が，講演会参加の事実をどのコミュニティに知らせるか──大学コミュニティには知らせるが，警察コミュニティには知らせたくない──という本人の選択・コントロールを奪ったことが問題視されたものと考えることができる。また，「石に泳ぐ魚」事件判決[13]もその例として挙げられる。この事件は，原告が被告執筆のモデル小説の中で，自らの顔の腫瘍を殊更に描写されたなどとして，プライバシー権侵害等を理由に慰謝料の支払い等を請求したものである。ただよく考えてみると，そもそも顔の腫瘍は外部に表出されたものであるから，原告と直接の関係性をもつ近隣コミュニティには，既にこの事実は知られていたはずである。それにもかかわらず，最高裁がこの事件でプライバシー侵害を肯定したのは[14]，本件小説による公表が，文通（現在ならば SNS）等を通じてつながる遠方ないし仮想的コミュニティに対して顔に腫瘍があるとの情報を開示するか否かを選択する機会を奪った──つながるコミュニティによって顔に腫瘍のある自分と腫瘍のない自分とを演じ分ける機会を奪った──ことを問題視したからであるようにも思われる[15]。

───────────

(11)　渋谷秀樹『憲法（第 3 版）』（有斐閣，2017 年）407 頁。

(12)　最判平成 15 年 9 月 12 日民集 57 巻 8 号 973 頁。

(13)　最判平成 14 年 9 月 24 日判時 1802 号 60 頁。

(14)　もっとも「本件小説には，顔面の描写以外の点にもプライバシー侵害とされたものがあることから，本件判決が認めたプライバシー侵害に顔面の描写が含まれているかどうかは定かではな〔い〕」。長谷部恭男ほか編『憲法判例百選①（第 6 版）』（有斐閣，2013 年）143 頁〔曽我部真裕〕。

(15)　棟居快行「表現の自由と人格的利益」LS 憲法研究会編『プロセス演習　憲法〔第 4

医事法講座 第9巻 医療情報と医事法

このようにみると，判例も自己情報コントロール権（第2期プライバシー権）を黙示的に承認していると考えられる。

3　第3期プライバシー権

　近年では，プライバシーないし自己情報に対するコントロールを実質的・実効的なものとする情報ネットワークのシステム構造（structure）やアーキテクチャの重要性を強調する見解も主張されるようになっている（第3期プライバシー権）[16]。その背景として，IoT，クラウド，AIといった情報技術の劇的な発展により，情報ネットワークシステムと接続していることが「自然」となり，情報収集が常態化したうえ，かかる情報の保存・分析・連携も極めて容易になったこと，「データは資源である」とする思考の下，情報管理者にはより多くの情報を収集し，分析しようとする「誘因」が絶えず働くようになったことなどが挙げられる。こうした状況の下では，収集後の個人情報の取扱いを明確にし，情報管理の構造・アーキテクチャを堅牢なものにしない限り，濫用や漏洩のリスクが常在することになり，個人が表面上語られる利用目的に同意したとしても，濫用等への不安が継続することになるだろう（収集時の自己決定の形骸化・無意味化）。そこで，個人情報を取り扱うシステム構造の適切さや堅牢性が決定的に重要になると認識されるに至ったのである。カブキアン（Ann Cavoukian）が1990年代の半ばに提唱した「プライバシー・バイ・デザイン（PbD）」も，「構造」に重きを置いた自己情報コントロール権の考えと軌を同一にするものと考えられる[17]。

　このような第3期プライバシー権の考えを反映した判決に，住基ネットの憲法適合性を扱った2008年の住基ネット判決[18]がある。この判決は，憲法13条は「個人に関する情報をみだりに第三者に開示又は公表されない自由」を保障していると述べ，プライバシー権の定義の中に「情報」概念を組み込

　　版）』（信山社，2011年）137頁。

(16)　Neil M. Richards, *The Information Privacy Law Project*, 94 GEO. L. J. 1087, 1092 (2006). 山本龍彦『プライバシーの権利を考える』（信山社，2017年）7-11頁。

(17)　堀部政男ほか編『プライバシー・バイ・デザイン』（日経BP社，2012年）参照。

(18)　最判平成20年3月6日民集62巻3号665頁。長谷部ほか編・前掲注(14)46頁［山本龍彦］。

んだうえ，住基ネットのシステム構造の堅牢性を審査し，仮にこれが脆弱で，法令中に事前に明示された情報の取扱いを超え，その漏洩等が起こる「具体的な危険」が認められれば，上記自由は侵害されうると述べた。具体的には，①住基ネットによる個人情報の管理・利用等の目的が法令（国民の集合的同意）によって規定され，同目的に拘束されていること，②システム上の欠陥等がないこと，③目的外利用等が罰則等によって禁止されていること，④個人情報の「適切な取扱いを担保するための制度的措置を講じていること」（監視機関の設置等）がチェックされ（「構造審査」），本件では，かかる審査の結果，「法令等の根拠に基づかずに又は正当な行政目的の範囲を逸脱して第三者に開示又は公表される具体的危険が生じているということ〔が〕できない」ために，上記自由の侵害が認められないと結論づけたのである。本判決は，プライバシー権の侵害と「構造」とを結び付けた点，収集後の個人情報の利用・管理方法に関する審査指標を構造の堅牢性という観点から一定程度具体化した点で[19]，第3期プライバシー権の特徴を前面に出した判決と位置づけることができる[20]。

　以上，日本におけるプライバシー権論の展開について述べてきた。仮にその到達点を一言で表すならば，それは，システム構造やアーキテクチャといった客観的要素によってその実効性が担保される「自己情報コントロール権」ということになるだろう。

　以下では，医療分野においてこの権利が——他の憲法上の価値や原理などとの関係で——具体的にどのような現れ方をするのか，またすべきなのかを，文脈ごとに検討していくことにしたい。

---

(19)　住基ネット判決は，集合的「自己決定」ないし集合的「同意」の結果である「法律」の規定どおりに情報が取り扱われることを構造的に担保することで，自己情報コントロール権ないし情報自己決定権の実効性を確保しようとするものと考えることもできる。

(20)　民事事件でシステム構造への注目を示したものとして，例えばYahoo!BB顧客情報流出事件判決（大阪地判平成18年5月19日判時1948号122頁）を挙げられる。同判決は，情報管理者が「個人情報の適切な管理のために必要な措置を講ずべき注意義務を負っていた」とした。

医事法講座　第9巻　医療情報と医事法

Ⅲ　医療における自己情報コントロール権の具体化

　近年の「全国保健医療情報ネットワーク」[21]（以下，PHR とする。）や医療情報データバンクの構想にみられるように，国は，ネットワークシステム（NWS）上で国民の包括的な医療情報を一元的に管理する計画を推進している。本章では，医療情報をめぐる環境のかような変化も念頭におきながら，医療における自己情報コントロール権の具体化について考えてみたい。

1　診療情報と自己情報コントロール権

（a）診療情報の性質とコントロール

　診療情報とは，広く「診療の過程で，患者の身体状況，病状，治療等について，医療従事者が知り得た情報」を指すとされる[22]。プライバシー権の観点からみると，診療情報には，内心や私生活上の親密関係に関わる情報（いわゆるプライバシー固有情報）とそれ自体としてはセンシティブ性が高くない情報（いわゆるプライバシー外延情報）があるが，医師はそれらを総合考慮して診断にいたる。すなわち，診療情報には患者に関する広範な情報が含まれる。また，診療情報の特徴として，その社会的機徵性が挙げられる。HIV 陽性者に対する就職差別やハンセン病患者の隔離などの極端な例が示すように，それ自体としては内心に関わらない事実によっても社会的な偏見や差別が惹起されうるからである。

　先に見たように，個人情報保護法（以下，「個情法」とする）は一般に自己情報コントロール権の具体化法といわれるが，同法は診療情報の大部分を要配慮個人情報に区分している。要配慮個人情報は，個人情報のうち「不当な差別や偏見その他の不利益が生じないように特に配慮を要するもの」であり，その取得や第三者提供に厳しい制限が設けられている。医療にかかわる要配慮個人情報として，具体的には，①「病歴」，②「心身上の障害があることを特定する情報」，③「健康診断等の結果」，および④「医師等による指導・診療または調剤の事実」が掲げられている[23]。このうち④は，個情法に関

---

(21)　内閣府「未来投資戦略 2017」（2017 年 6 月 9 日閣議決定）。

(22)　厚生労働省『診療情報の提供に関する指針』（2003 年）2 頁。

32

するガイドライン[24]で，「医療従事者が診療過程で知り得た情報全てを指（す）」とされ，診療録の内容に加え単に受診した事実もがここに含まれている。例えば精神科に受診したという事実によって精神疾患の罹患を勘ぐられることが差別につながりうるというように，診療情報の機微性が反映されている。

　診療情報の保護に特に配慮が必要とされる理由は，それが医療という文脈で取り扱われる点にもある。患者は，適切な医療を受けるために，一般には秘密にしておきたいと思われるような機微な情報をも包み隠さず医師に伝えなければならない。一方，医師は，患者から得る情報をもとにして診断を行う。したがって，患者にとって，かような情報を「知られないでおく」ことは，医療の性質上，望ましくなく，ある意味，患者は「私生活秘匿権」ないし「自己情報」の秘匿を自ら手放さざるをえない。そのため，診療情報の保護というとき，主な関心は診療情報の提供・取得の時点ではなく，取得された後の管理にある。

　診療情報は様々な形式で記録される。このうち，医師には，診療に関する事項を診療録に記載し（医師法24条1項），5年間保存する義務が課されている（同2項）。診療録には，患者本人の治療のほか，公益を目的として利用されることがあるため，private な側面と public な側面があるといわれる[25]。例えば，ある麻疹患者の診療情報は，患者の自己情報であると同時に（private な側面），感染防止のために行政に届け出るべき情報でもある（public な側面）。では，診療録に private な側面があるといっても，誰の private なのか。一説には，診療録には何より，医師が診療で得られた有用な

---

(23)　このうち，「病歴」を除いては，「その他政令で定める個人情報」であり，個情法施行規則で掲げられる要配慮個人情報である。

(24)　個人情報保護委員会『個人情報の保護に関する法律についてのガイドライン（通則編）』（2016年11月（2017年3月一部改正））。

(25)　診療録は，患者本人の治療を行うために利用されるほか，行政上の文書（例えば，感染症や医薬品の副作用の発生状況の調査のための資料），病院業務の適正な運営・管理のための資料，医療者教育のための資料，医学研究利用，また，民事・刑事訴訟における裁判資料として利用される。磯部哲「医師の行為に対する行政法的規制」宇都木伸＝塚本泰司編著『現代医療のスペクトル――フォーラム医事法学I』（尚学社，2001年）71頁以下。

患者情報を書き留め，診断や治療の際に思考の助けとするという性格がある（備忘録説）。この見方を突き詰めれば，診療録は医師の表現物として表現の自由の下で保護されることになろう。しかし，診療録が主として患者情報で構成されている以上，診療録にかような患者情報を記載するのが医師であるといっても，診療録全体を医師の表現物として保護することは相応しくない。また，診療録が二次利用される場合にまで医師の表現の自由が及ぶとは考えにくい。診療情報についても，自己情報を他者（＝医師）に手渡すことと，そのコントロール権を手放すことはイコールではないと考えるべきである。とりわけ，診療情報が提供・取得される特殊な文脈と情報そのものの機微性に鑑み，診療録が第一に患者の自己情報の記録であるとして，その管理のあり方を検討すべきである。

（b）診療情報のコントロール

先にみたように，個人の自律的・主体的な生き方を尊重する憲法13条は「個人に関する情報をみだりに第三者に開示又は公表されない権利」を保障している（自己情報コントロール権の自由権的側面）。診療情報の秘密もまた守られなければならないが，法律上，それは，医療者に対する行政上と刑事上の守秘義務と，医療機関に対する個人情報保護法上の義務によって担保されている。その上，現代的な自己情報コントロール権の考え方に従えば，診療録システム上の構造的脆弱性によって秘密が第三者に開示・公表される場合にも，システム管理者の責任が問われうる（Yahoo!BB判決　前掲注(20)）。

一方，本人が診療情報の開示を求めることや，どの情報を誰に見せるかを決定できることは，自己情報を主体的にコントロールすることとして積極的に保障されるべきである（自己情報コントロール権の請求権的側面）。医療者・医療機関の個人情報開示義務は，はじめガイドライン等で定められていたが[26]，個人情報保護に関する一般法の中ではあるが法的義務とされた点にも（個情法28条），医療における自己情報コントロール権の実定法化を見て取ることができる[27]。患者にとって，正確な診療情報を得ることによって

---

(26)　日本医師会『ガイドライン』（1999年）。厚生労働省『診療情報の提供等に関する指針』（2003年）7項。

(27)　ただし，本人への診療情報の開示を制限しうる場合として，個情法28条2項は，開示によって患者に重大な心理的影響を与えその後の治療効果等に悪影響を及ぼす場合

こそ「生命・身体に関する自己決定」を行い主体的な生き方を構築することができるという点でも，自己情報コントロール権は，医療において重要な意義を有している。

　個情法は，事業者が有する保有個人データの内容が真実でないときには，本人が削除や訂正を求める権利を認めているが，医療関係事業者の有する個人データもこの対象である[28]。一方，後に見るように，医療機関が保有する診療録には当たらない健康情報については，本人に真正性のチェック以上のコントロール権を認めうる。

（c）診療情報のコントロールの限界

　判例に従えば，本人同意がなくても個人情報が第三者に提供されうる場合がある（住基ネット判決，前掲注(18)）。診療情報に関しては，医師法上，「正当な理由」がある場合には，医師は患者本人の同意を得ずに第三者に診療情報を開示しても処罰の対象とならないし[29]，個情法にも医療機関について適用除外の規定がある[30]。

　かような適用除外のうち，医師や医療機関が本人の同意なしに「法令上の義務に基づく」形式的理由によって正当に診療情報の秘密を開示できる場合とは，法令によって行政への届出を義務付けられている場合である。例えば，DV禁止法に基づく通報（6条2項）や児童虐待防止法に基づく通告（5条，6条）は患者本人の生命・健康の保護を目的として，また，薬機法に基づく医薬品の副作用に関する報告（68条の10，2項）や感染症法に基づく感染症

　や，患者の家族から得た情報を患者本人に提供することにより患者と家族との人間関係を悪化させてしまう場合を掲げる。

(28)　厚生労働省『医療・介護関係事業者における個人情報の適切な取扱いのためのガイダンス』（2017年）54頁。なお，診療録には，真正性・見読性・保存性が求められる（厚生労働省『医療情報システムの安全管理に関するガイドライン（第5版）』（2017年）94頁）。

(29)　本人の同意がある場合のほかに，患者本人の治療のために他の医療関係者へ情報提供が必要な場合，法令上の義務に基づく場合，訴訟手続等において証人として証言する場合，そして第三者に重大な危害が生ずるおそれがある場合が例外とされる。磯部哲「医療情報」甲斐克則編著『レクチャー生命倫理と法』（法律文化社，2010年）200頁。

(30)　個情法23条1項は，適用除外事由として，法令に基づく場合，人の身体・生命等を保護するために必要な場合，公衆衛生上特に必要がある場合，そして公的機関の事務の遂行のために必要な場合を掲げる。

医事法講座　第9巻　医療情報と医事法

発生の届出（12条）は公益の保護を目的として，診療情報の秘密の開示を正当化している。しかし，本人同意なしの第三者提供には，形式的理由に加え「実質的な理由」をも要すると考えられる[31]。公益目的の診療情報の秘密の開示についても，公益や公衆衛生という広範な概念によって具体的に何が保護法益とされているか，かような保護に緊急性があるか，提供される個人情報は必要最小限のものであるか等の点を精査する余地がある。

　また，同意推定（オプトアウト）による第三者提供が認められる場合もある。「医療・介護関係者における個人情報の適切な取扱いのためのガイダンス」Ⅲ5（3）は，「患者の医療の提供に必要であり，かつ，個人情報の利用目的として院内掲示等により明示されている場合」（傍点筆者）にオプトアウトを採用する。これは，かかりつけ医が緊急対応病院に対し患者情報を提供する場合のように，あくまで患者の保護を目的にした提供を許容するもので，「公益（public）」の追及が認められていると解してはならない。また，自己情報コントロール権の趣旨をふまえれば，本人利益のための同意推定が本人の生命保護といった緊急のレベルに達しない一般的・日常的なものであるとすれば，「パターナリズム」に関連するものとして消極的に捉えられうる[32]。どのみち，院内掲示等によるオプトアウト取得の態様は，実質的に同意を得ていると言いうるものでなければならない。

2　医学研究における自己情報コントロール権

（a）研究者の学問の自由と被験者の自由・権利

　医学研究は，特定の患者本人の治療や健康増進を目的とする医療とは異なり，将来の潜在的患者の利益のために行われるという特徴がある。医学研究を制限することは研究者に対し憲法上の学問（研究）の自由を制約する一方，医学研究を規制しなければ被験者にとっては自己の人体が利他的に用いられ

---

(31)　事案の性質は異にしているが，第Ⅰ章でみた諸判決においては，プライバシーが公共の福祉を理由に制限されうる場合にも，制限の必要性・緊急性や手段の相当性が検討されている。とくに，犯罪捜査目的の刑事警察権または行政警察権の行使の場合について，前掲注(7)判決。東京高判昭和63年4月1日判時1278号152頁（山谷テレビカメラ事件）。大阪地判平成6年4月27日判時1515号116頁（釜ヶ崎監視カメラ事件）。

(32)　山本・前掲注(16)202頁。

生命・健康を侵害するおそれもある。そこで、「人体への侵襲については、研究活動といえども『原則として自由』とは必ずしもいえず、公権力が生命・身体の保護を優先させ、人体に侵襲を加える必要性・合理性がある場合にのみ人体への侵襲をともなう研究活動を許容するという規制を行うことも、学問の自由を憲法に反して侵害するものではない」と解されている[33]。つまり、人体への侵襲を伴う医学研究には、生命・身体の保護を学問の自由に優先させるべき場合がある[34]。この点、個人の医療情報への侵襲は、一見、人体への侵襲と同一視できないため、医療情報を用いる医学研究は「原則として自由」であり、情報の保護のために必要最低限の規制が許されるように思われる。

　ただし、研究の自由がプライバシー権と対立する場合は多く、このことは、人体的侵襲の有無や大小とは独立して生ずる。つまり、既存の診療情報を研究に利用するときにも、単に唾液から情報試料を得るときにも、その利用の仕方によっては、プライバシー権の問題が生じうる。唾液の採取行為そのものにではなく、そこから得られる情報にこそ、研究上、重要な利用価値があることも多く、それが被験者の同意なく他者に手渡されれば、被験者にとっては、自己情報が野放しに利用され、プライバシー権に深刻な侵害が引き起こされかねない。また、医学研究に限った問題ではないが、被験者が生命維持を情報技術に頼っている場合など[35]、被験者情報の不適切な管理が生命・健康への侵害につがなることもあろう。とすれば、研究者の学問の自由が保護されるといっても、被験者のプライバシー権との十分な調整を行う必要はある。

---

(33)　中山茂樹「ヒト胚研究の倫理と法──憲法学の視点から」青木清＝町野朔共編著『医科学研究の自由と規制』（上智大学出版、2011年）240頁。また、研究の自由について、同「憲法問題としての研究倫理──学問の自律性と公共性」毛利透ほか編著『比較憲法学の現状と展望　初宿正典先生古稀祝賀』（成文堂、2018年）699頁以下。

(34)　教科書的説明では、「研究の自由と対立する人権もしくは重要な法的利益（プライバシーの権利や生命・健康に対する権利など）を保護するのに不可欠な、必要最小限度の規律を法律によって課すことも許されるのではないか、という意見が有力になっている」とされる（芦部信喜『憲法（第7版）』（岩波書店、2019年）175頁）。

(35)　例えば、遠隔操作可能な心臓ペースメーカーを装着している人にとっては、心拍数や適性ペースに関する情報の管理がまさに死活問題となる。

（b）医学研究の規制と自己情報コントロール権

憲法 13 条は「個人に関する情報」を保護するが，「個人識別性を除去された匿名情報のやりとりは，基本的にはプライバシーの問題にならない」ため[36]，非識別化された情報を，本人の診療以外の目的で利用することも可能であると解される。PHR のような一元的情報管理システムに膨大な診療情報を集め非識別化し，それを医学研究で利活用することも可能である。非識別化された情報はもはや「自己情報」には該当しないため，自己情報コントロール権の対象とならず，それを医学研究に利用することについて，本人の同意を要しないからである。かような法的構えを憲法的に評価する際には，後でみるように，非識別化された「自己情報」が再識別化されるリスクをいかに考えるかが主な関心事となる。

一方，個人識別性を有する個人情報の研究利用には，自己情報コントロール権の趣旨からすれば，本人同意が必須である。しかし，個情法 76 条は，研究の自由への配慮から，「大学その他の学術研究を目的とする機関若しくは団体又はそれらに属する者」が「学術研究の用に供する目的」で個人情報を取り扱う場合には，個人情報取扱事業者として課される個情法上の義務を免除する[37]。本条を厳密に解せば，もっぱら自社製品の開発のために研究を行っている民間企業は個情法上の義務を免れえず，例えば，研究試料・情報をオプトアウトによって取得したり，診療情報を研究目的で利用したりすることはできないはずである。ところが，製品開発を行う民間企業付属の研究機関であっても，研究活動が学術研究の用に供する目的で行われる等の条件を満たすならば適用除外が認められるほか[38]，医学研究に係る諸指針の解釈によって，「1 つの主体とみなすことができる共同研究を行う機関・団体」であれば，当該共同研究グループに参加する民間病院等にも適用除外が

---

(36)　山本・前掲注(16) 205 頁。

(37)　国立大学法人や地方独立行政法人である公立大学は個人情報取扱主任者ではないため，個情法 76 条の適用除外を受けないという見解もあるが（宇賀克也『個人情報保護法の逐条解説（第 6 版）』（有斐閣，2018 年）338 頁），適用除外の根拠を学問の自由を保障する憲法 23 条に求めるならば，国公立大学の研究者にも適用除外が認められると考えてよかろう。

(38)　個人情報保護委員会『個人情報ガイドライン（通則編）』（平成 31 年一部改正）88 頁。

あてはまるとされた[39]。この点，憲法 23 条が高等研究教育機関，すなわち大学の構成員にとくに厚く学問の自由を保障していることを重視する立場にたてば[40]，個情法 76 条が大学等に限って適用除外の「特権」を与えることにこそ意義があると考えることができよう。とすれば，仮に一部の民間企業等にも適用除外を認めるとしても，当該共同研究グループに大学が含まれていることが求められる（形式的要件）。さらに，参加企業等に，高等研究教育機関が憲法上期待されている，既存価値や経済的利益からの自律・独立性や倫理的責任，同僚研究者間のファカルティ・チェック機能に匹敵する性格を，いかに担保するのかが明示されるべきではないか（実質的要件）。

個情法のほかに，医学研究に関する諸指針が自己情報コントロール権を手続的に実定化するルールとして機能している。とりわけ，いわゆる医学系指針は，研究を，新たに要配慮個人情報を取得する場合や診療情報等の既存情報を用いる場合などに区分し，インフォームドコンセントや同意の手続を詳細に定める[41]。しかし，指針はあくまで非民主的なプロセスで策定された，法的拘束力のない行政上の文書ないしマニュアルにすぎず，それによって研究の自由とプライバシー権との調整が十分に行われているといえるかどうかが問われよう[42]。

---

(39)　文部科学省・厚生労働省・経済産業省『個人情報保護法などの改正に伴う研究倫理指針の改正について』（平成 29 年 5 月）26 頁。

(40)　長谷部恭男編著『注釈日本国憲法（2）』（有斐閣，2017 年）481-482 頁［長谷部恭男］など。

(41)　文部科学省，厚生労働省告示「人を対象とする医学系研究に関する倫理指針」（平成 29 年改正）第 6 章。

(42)　憲法学の立場から，医事法領域の秩序形成・意思決定プロセスのあり方に着目する研究として，中山茂樹「医事法と憲法」憲法問題 21 号（2010 年）97-107 頁など。また，山本龍彦「『統治論』としての遺伝しプライバシー論——専門職集団による規範定率と司法審査（覚書）」慶應法学 18 号（2011 年）45-78 頁。

医事法講座 第9巻 医療情報と医事法

3 遺伝情報における自己情報コントロール権

(a) 遺伝情報の性質とコントロール権の射程

　大規模なゲノム塩基配列データベースを利用した遺伝情報の検索や自動解析は，個人の体質にあった医療を実現する「テーラーメイド医療」の発展に貢献している。胎児の遺伝的特性を調べる出生前診断が行われるなど[43]，遺伝情報が用いられる場面が増えている。一方で，遺伝子は本人固有のものではなく，家族（血縁者）と共有されているという特徴がある。そこで，共有性を有する遺伝情報について個人が自己情報コントロール権を有するかどうかが問われる。

　遺伝情報の性質については，アメリカでの議論をもとに種々の解釈が示されてきた。大まかには，「遺伝情報例外主義」の立場から，遺伝情報の「共有性」のほか「未来予見性」や「有害性」，「永続性」が遺伝情報を他の利用情報と本質的に区別される理由として指摘されてきた[44]。一方，これらの性格が真に遺伝情報特有のものであるかを疑う立場からの批判も強い。現在では，「遺伝情報」をその多義性に即して分類し，性格づけた上で，遺伝情報の性質に相応の保護が検討されている[45]。

　遺伝情報のうち，まず，①塩基配列を文字列で表記した「ゲノムデータ」は，それだけでは特定個人のプライバシーに該当するとは言い難い。しかし，生物学的には個人を識別する基礎的な要素を含んでいるため，それが他者によって包括的に把握される場合には，本人の選択・コントロールの外で本人の「虚像」が創成されるおそれが高まる。実際，遺伝子解析技術の進展によって，ゲノムデータが単に病気を予見するだけでなく，身体能力や職業適性を予測することにも安易に使われるようになり，まとまったゲノムデータが他者によって取得されること自体に，プライバシー上の危険性があることが実感されるようになってきた。

---

(43)　ただし，いわゆる新型出生前診断は，形式上は，臨床研究として実施される。

(44)　遺伝子例外主義とそれへの批判について，瀬戸山晃一「遺伝子情報例外主義論争が提起する問題」甲斐克則編著『遺伝情報と法政策』（成文堂，2007年）74頁以下。山本龍彦『遺伝情報の法理論——憲法的視座の構築と応用』（尚学社，2008年）を参照。

(45)　山本・前掲注(44)第1部を参照。

40

次に，②「ゲノム情報」は塩基配列に解釈を加え，それを遺伝性疾患のリスクに関する情報として再構成したものであり，高い機微性を有する上，本人の治療に直結する情報であるから，通常の診療情報と同様の性質をみてとることができる。したがって，個人は，ゲノム情報について秘匿権と自己情報コントロール権の双方を有するといえる。

(b) 遺伝情報の「共有性」によるコントロール権の限界

先に遺伝情報は血縁者間で共有性を有するために，そのコントロールを個人の自己決定に委ねてよいかについて疑いがあると述べた。現実には，遺伝情報にかかる行政指針や学会ガイドラインが遺伝情報を保護する一方で，その共有性に配慮して特別なルールを設けている。例えば，遺伝子を用いた研究の原則を定める「ヒトゲノム・遺伝子解析研究に関する倫理指針」によれば，研究責任者は，①提供者が希望する場合には，原則として，遺伝情報を開示しなければならないこと，②提供者が開示を希望しない場合には開示してはならないこと，③第三者に対して遺伝情報を開示してはならないことを定める。これらのルールは提供者の「知る権利」（①），「知らないでいる権利」（②），「秘匿権」（③）に対応する[46]。遺伝情報の共有性に着目してこれを見ると，③提供者が遺伝情報の血縁者への開示を希望しない場合であっても，a. 遺伝情報が「血縁者の生命に重大な影響を与える可能性が高（く）」かつ「有効な対処法があ（り）」，b. 機関の長が「倫理審査委員会の意見を求め」，「研究責任者と協議し」，「必要な情報を血縁者に提供すべきとの結論となる」場合には遺伝情報が血縁者に開示されうる（③の適用除外）。この血縁者開示の制度においては，遺伝情報——ここではゲノム情報を指す——が血縁者の生命・健康に重大な影響を与える場合には本人の自己情報コントロール権は制限されるのであり，開示の決定は，生命倫理委員会の答申を経るとはいえ，一義的には医学研究機関の長に委ねられている。この限りにおいて，指針によれば，提供者本人は自己の遺伝情報に関する完全な（Full）コントロール権を与えられているわけではない。

血縁者開示の制度では，開示の実質的な要件がおかれている。すなわち，血縁者の生命・健康に重大な影響があり治療上の必要性があるときに限って

---

(46) ただし，これらの「権利」は，憲法上の位置付けや権利としての保護範囲が明確になっているわけではない。

医事法講座 第9巻 医療情報と医事法

当該血縁者に遺伝情報を開示できるとされる。一方，その制限態様は法定されておらず，省令であるゲノム指針によって医療者の判断に委ねられている。この点，例えばフランスでは，公衆衛生法典上，本人こそが血縁者に遺伝的リスクを伝える責務を負うとされ，医師は，本人にかようなリスクを正確に説明する義務と，本人が望む場合には，本人に代わって血縁者にリスクを伝えるという二次的な役割を担う[47]。このように，遺伝情報に共有性があることを認めつつも，それがあくまでも本人の自己情報であると考え，それに対する自己情報コントロール権の制限をできる限り厳格に枠づけるあり方も考えられよう。

4 医療情報をめぐる新たな憲法問題

(a) 「匿名情報」をめぐるプライバシー権の問題

2018年5月11日に「次世代医療基盤法」が全面施行された[48]。同法は，医療分野の研究開発の推進とそれによる医療の進歩を真正面から目的として掲げ，医療情報の利活用について，医療機関の設置主体の相違にかかわらず共通の手続を定める。とりわけ，個人情報取扱事業から認定匿名加工医療情報作成事業者への医療情報の提供をオプトアウトで行うことができるとすることによって，できるだけ多くの診療情報から個人識別符号を削除し研究や健康事業で利活用されるような仕組みを整えた。

しかし，医療情報を一旦「非識別化」したとしても，情報の性質や他の情報との照らし合わせによっては，かような情報が「再識別化」されてしまうおそれもある。例えば，非識別化した情報でも，「麻疹に感染した30歳の女性が，昨日，のぞみ○○号で東京駅から名古屋駅に移動し，岐阜市でイベントに参加しました。現在は岐阜県内の病院で治療を受けています」という報道と併せて考えれば，個人を特定できてしまう可能性もある。一方で，医療

---

(47) Code de la santé publique, article L. 1131-1-2.

(48) 同法の概要につき，宇賀克也「次世代医療基盤法──医療ビッグデータの利用と保護」ジュリスト1552号（2018年）89-93頁。宇賀克也『次世代医療基盤法の逐条解説』（有斐閣，2019年）。また，「特集　医療における個人情報の保護と利活用のあり方──次世代医療基盤法成立をうけて」論究ジュリスト24号（2018年）102-166頁を参考にした。

42

情報から病歴などの情報を取り除いてしまっては，利用価値がなくなってしまう場合も多い。そこで次世代医療基盤法ガイドラインは，いま述べたような医療特有の事情に鑑み，再連結を可能にしうる「特異な記述等を削除すること」とし，医療情報の活用を促進しつつも適正な非識別化が行われるようにしている。たしかに，自己情報の管理のあり方を問題視する自己情報コントロール権の視点からは，再連結の可能性が残る管理によっては，プライバシー権が守られているとはいえず，「匿名情報を匿名のまま維持させるための構造——再識別化に向けた"誘惑"や"甘え"を抑え込むための構造——」が必要である[(49)]。次世代医療基盤法では，医療情報の匿名加工化について本人に個別に通知されるしくみをつくったり，主務大臣の監督権限を強化したりするなど，医療情報にかかる自己情報コントロール権を具体化するシステム構造を堅固にしている。

　一方，次世代医療基盤法は，すでに医療機関等から認定匿名加工医療情報作成事業者に渡された情報を削除してもらう権利を本人に認めていない。というのも，匿名情報のやりとりは，基本的にはプライバシー権の問題とならず，匿名情報はもはや「本人」のコントロールに服さないからである。医療情報から個人識別性がなくなることによって，個人のコントロール権もまた，喪失する。提供した情報を後になって削除したいという場合でも，情報が識別不可能である限り，プライバシー権に係る保護は及ばない。したがって，非識別化が確実に行われることと，非識別情報の組み合せによっても再識別化がなされないようなシステム構造が重要である。

(b)　プロファイリング

　次世代医療基盤法によって，医療ネットワークシステムが現実的なものとなり，医療ビッグデータに基づく「AI ホスピタル」[(50)]の実現もそう遠くなさそうである。これによって，医療ビッグデータを，公衆衛生の向上や（疫学的・統計学的解析）個人の健康向上（個人標的的解析）に活用することが構想されている。しかし，ビッグデータの活用には，憲法上の問題も伴いか

---

(49)　山本・前掲注(16)203 頁。

(50)　内閣府政策統括官（科学技術・イノベーション担当）『戦略的イノベーション創造プログラム（SIP）AI（人工知能）ホスピタルによる高度診断・治療システム研究開発計画』（2018 年）。

医事法講座　第9巻　医療情報と医事法

ねない。

　患者のポータル・サイト上に，本人の診療情報等が表示されるとともに，本人の健康傾向とビッグデータの解析に基づいてその患者に特化した健康情報や「助言」が表示されるシステムを考えてみたい。このようなプロファイリングによる個人の健康状態や健康行動の推知・予測は，たしかに現実の私生活そのものを覗き見るものではないが，「私生活であると誤認しても不合理でない程度に真実らしく受け取られるもの」（「宴のあと」事件判決，前掲注(6)。傍点筆者）である場合には，プライバシー権の保護が及ぶ。とくに推知・予測情報が，本人のコントロールの及ばないところで真実らしい本人情報をつくり上げ，それが利用されるとすれば，深刻な憲法問題を引き起こす。推知・予測情報によって——あるいは，本人が「任意で」提供を勧められる生活習慣情報等の事実情報と巧妙に組み合わせられて——，現実の本人とは異なる「虚像」がつくり上げられてしまったり，本人さえ把握していない現在あるいは将来発病しそうな疾患を割り出してしまったりするならば，個人の主体的な人格形成を尊重する個人の尊重原理や自己情報コントロール権と衝突する。また，プロファイリングが心理状態の解析を行うとすれば，本人の内心を詮索することにつながるため，内心の自由の侵害にも当たりかねない。このように，プロファイリングは高度にセンシティブな情報を新たに生み出す効果をもっているため，個人情報を新たに取得する行為ないしそれに準ずる行為として，本人の同意を得なければ行われるべきではないと思われる[51]。その際，プロファイリングの目的，収集する情報，使用するアルゴリズムのしくみ等を説明し，本人のいわば「インフォームドコンセント」を得る必要があろう。

　また，健康情報の推知・予測は，医療・介護サービスの利用記録や健康関連商品の購入履歴などをもとに行われうるが，過去の不健康・不摂生とは決別した「健康な人格」として社会生活を更正したいと考える人にとっては，そのような履歴情報—スティグマ—が足かせになる場合もある。そこで，履歴情報が真実である場合にも，その利用停止を求める権利を認める余地がある。

———————————————

(51)　松井茂記＝鈴木秀美＝山口いつ子『インターネット法』（有斐閣，2015年）287頁以下［山本龍彦］。

仮に，健康に関するプロファイリングが認められるとして，本人にとって予期せぬ推知情報や知りたくない情報まで本人に伝えてしまうことに問題はないであろうか。すなわち，本人の「知らない自由」[52]を侵害することにはならないだろうか。通常の医療においては，医師が診断や保健指導を行う際に，患者が知りたくない（かもしれない）情報を伝えるべきかどうかが議論されてきた。診療情報は患者の自己情報であるとの考え方が一般的になるにつれ，「告げるかどうか」よりも，「如何に事実を伝え，その後どのように患者に対応し援助していくか」が議論されるようになっている[53]。このように考えれば，診療情報と同じく推知・予測情報についても基本的に患者にオープンにすべきであろう。一方，ポータル・サイト上における情報提示が診断や保健指導の枠を超えるならば，情報そのものの必要性が疑われる。また，推知・予測情報を伝えるとしても，「いかに伝えるか」の問題は残る。とりわけ，ポータル・サイトの構造設計や運営に公権力が関わっていることを考えると，「情報の伝え方（表現方法）によっては，政府が個人を特定の善き生き方に誘導するといった効果も生じうる」という警告がリアリティを帯びてくる。

　自己情報コントロール権は，プライバシー権の内容として，憲法上一般的に認められるようになっており，医療情報についても，自己情報コントロール権が及ぶと考えられる。一方，一口に医療情報といっても，情報の性質（一般的な診療情報や遺伝情報）やそれが取り扱われる領域（医学研究やネットワーク）の違いに配慮し，自己情報コントロール権の保障を具体的に考えるべきであるように思われる。

---

(52)　渋谷秀樹『憲法（第3版）』（有斐閣，2017年）400-401頁。
(53)　国立がんセンター病院『がん告知マニュアル』（1996年）。

3 医療情報と刑法

甲 斐 克 則

医事法講座 第 9 巻　医療情報と医事法

Ⅰ　序──問題の所在
Ⅱ　精神鑑定医秘密漏示事件の概要と最高裁決定の論理
Ⅲ　刑法 134 条 1 項の医師の守秘義務の射程範囲
Ⅳ　医師の守秘義務解除の要件と医療情報の第三者への提供
Ⅴ　結語──今後の展望

I 序——問題の所在

　情報化社会の進展は，国内外で止まることを知らず，質的にも量的にも多くの日常分野に浸透しつつある。医療分野も例外ではない。むしろ，そもそも医療は，絶えざる医学研究の積み重ねに基づいて進歩してきたのであり，それを支えるには，医療情報を活用せざるをえない宿命にある，と言える。ところが，刑法的観点からみると，医療情報は扱いにくい性質を有する。1907 年（明治 40 年）に制定された現行刑法の 134 条 1 項は，「医師，薬剤師，医薬品販売業者，助産師，弁護士，弁護人，公証人又はこれらの職にあった者が，正当な理由がないのに，その業務上取り扱ったことについて知り得た人の秘密を漏らしたときは，6 月以下の懲役又は 10 万円以下の罰金に処する。」と規定し，「正当な理由」がなければ医師の守秘義務違反を処罰する。この規定は，元々，社会的法益に位置づけられていたものであるが，やがて個人的法益として理解されるようになり，現在に至っている。しかし，この医師の守秘義務を解除する「正当な理由」は，いかなる場合に認められるか，そしてその限界はどこにあるのか。これは，医事法ないし医事刑法上，きわめて重要な問題である。

　医療職者による秘密漏示罪および医療情報の第三者提供の問題については，国内外で一定の研究がなされてきたが[1]，従来，この規定が実際に適用さ

（1）　この問題に関する研究として，佐久間修『最先端法領域の刑事規制』（現代法律出版，2003 年）21 頁以下，37 頁以下および 49 頁以下，開原成允=樋口範雄『医療の個人情報保護とセキュリティ』（有斐閣，2003 年・初版，2005 年・第 2 版），増成直美『診療情報の法的保護の研究』（成文堂，2003 年），宇都木伸ほか編『人体の個人情報』（日本評論社，2004 年），村山淳子「診療情報の第三者提供をめぐるわが国の法状況の考察」西南学院法学論集 37 巻 1 号（2005 年）95 頁以下，同「医療情報の第三者提供の体系化」年報医事法学 22 号（2007 年）73 頁以下，甲斐克則「医療情報と刑事法」年報医事法学 22 号（2007 年）87 頁以下，同「医療情報の第三者提供と医師の守秘義務違反」研修 731 号（2009 年）3 頁以下，同「医療情報の保護と利用の刑事法的問題点——精神鑑定医秘密漏示事件最高裁決定を契機として」町野朔先生古稀記念『刑事法・医事法の新たな展開（下）』（信山社，2014 年）63 頁以下，神馬幸一「医師に課される法的守秘義務の変容？——最決平成 24 年 2 月 13 日に関する管見」年報医事法学 30 号（2015 年）39 頁以下，米村滋人=藤田卓仙=吉峰耕平=黒田知宏「医療情報ルールの再構成の方向を

医事法講座 第9巻 医療情報と医事法

れるケースはほとんどなかったため，あまり注目されてこなかった。しかし，周知のように，医師が精神鑑定の過程で知り得た秘密をフリージャーナリストに漏らした行為が秘密漏示罪（刑法134条1項）に問われた初めての事件（以下「精神鑑定医秘密漏示事件」という。）で，2012年に最高裁が有罪を支持する決定（最決平成24年2月13日刑集66巻4号405頁）を下して以来，ようやく関心を集め始めた。とりわけ，フリージャーナリストがその鑑定書に基づいて『僕はパパを殺すことに決めた』（講談社，2007年）という書物を公刊したことから，社会の関心も高まった。本件は，理論的には，通常の医師・患者関係を超えて，鑑定人として活動中に知り得た秘密について医師の守秘義務がどこまで要求されるか，換言すれば，医師の守秘義務解除はいかなる場合に法的に許容されるか，という問題を提起していると同時に，医療情報の利用，特に第三者への提供の問題とどのように関わるか，という問題も併せて提起している。すでに筆者は，上記最高裁決定に関連してこの問題を論じたことがある[2]。

　他方で，2003年（平成15年）に制定された「個人情報の保護に関する法律」（平成15年法律第57号）（以下「個人情報保護法」という。）は，まさに個人情報を保護する法律であり，小改正を経て，2018年（平成30年）に大き

探る——医療／医学研究の両面から」年報医事法学33号（2018年）55頁以下，森脇崇「医師の守秘義務とその例外について——てんかん診療から考える」年報医事法学33号（2018年）72頁以下参照。また，ドイツにおける重要な研究として，*Franziska Lang*, Das Recht auf informationelle Selbstbestimmung des Patienten und die ärztliche Schweigepflicht in der gesetzlichen Krankenversicherung, 1996.; *Sabine Michalowski*, Schutz der Vertraulichkeit strafrechtlich relevanter Patientinformationen, ZStW. 109, 1997, S. 519ff.; *ders.*, Medical Confidentiality and Crime, 2003.; *Ulrich Sieber*, Der strafrechtliche Schutz des Arzt- und Patientengeheimnisses unter den Bedingungen der modernen Informationstechnik, in Festschrift für Albin Eser zum 70. Geburtstag, 2005, S.1154ff.（邦訳として，ウルリッヒ・ズィーバー（甲斐克則監訳：岡部雅人＝一家綱邦＝小野上真也＝新谷一朗訳）「現代情報技術の条件下における医師・患者間の秘密の刑法上の保護」ウルリッヒ・ズィーバー（甲斐克則＝田口守一監訳）『21世紀刑法学への挑戦——グローバル化社会とリスク社会の中で』（成文堂，2012年）503頁以下）がある。

（2）　甲斐・前掲注（1）「医療情報の保護と利用の刑事法的問題点」63頁以下。本稿は，性質上，この論文と重複するところがある点をご容赦願いたい。

く改正されたが（平成 30 年 7 月 27 日公布：平成 30 年法律第 80 号），その目的は，一貫して，「高度情報通信社会の進展に伴い個人情報の利用が著しく拡大していることに鑑み，個人情報の適正な取扱いに関し，基本理念及び政府による基本方針の作成その他の個人情報の保護に関する施策の基本となる事項を定め，国及び地方公共団体の責務等を明らかにするとともに，個人情報を取り扱う事業者の遵守すべき義務等を定めることにより，個人情報の適正かつ効果的な活用が新たな産業の創出並びに活力ある経済社会及び豊かな国民生活の実現に資するものであることその他の個人情報の有用性に配慮しつつ，個人の権利利益を保護すること」にある（同法 1 条）。そして，同法において「個人情報」とは，「生存する個人に関する情報であって，次の各号のいずれかに該当するものをいう。」と規定されている。すなわち，「一　当該情報に含まれる氏名，生年月日その他の記述等（文書，図画若しくは電磁的記録（電磁的方式（電子的方式，磁気的方式その他人の知覚によっては認識することができない方式をいう。次項第二号において同じ。）で作られる記録をいう。第十八条第二項において同じ。）に記載され，若しくは記録され，又は音声，動作その他の方法を用いて表された一切の事項（個人識別符号を除く。）をいう。以下同じ。）により特定の個人を識別することができるもの（他の情報と容易に照合することができ，それにより特定の個人を識別することができることとなるものを含む。）」および「二　個人識別符号が含まれるもの」である。この規定ぶりからわかるように，同法は，医療情報に重点を置いたものではない。ただ，後述のように，82 条から 88 条に罰則規定があり，一定の範囲で医療情報の保護に抵触する行為を処罰している。

　医療情報に特化した法律がない現在，刑法的観点からみても，医療情報の扱いには苦慮する場面が多く，そのような状態自体が，医事法の課題の 1 つになっている。そこで，本稿では，まず，精神鑑定医秘密漏示事件の概要と最高裁決定の論理を簡潔に概観し，つぎに，刑法 134 条 1 項のうちの医師の守秘義務の射程範囲を検討し，さらに，若干の比較法的観点を踏まえて医師の守秘義務解除の要件と医療情報の第三者利用について改めて論じ，最後に，今後の展望を論じたい。

医事法講座　第 9 巻　医療情報と医事法

Ⅱ　精神鑑定医秘密漏示事件の概要と最高裁決定の論理

1　事実の概要

　まず，精神鑑定医秘密漏示事件の概要を示しておこう。被告人は，医師であり，少年 A（当時 16 歳）に対する現住建造物等放火・殺人・占有離脱物横領・住居侵入・窃盗・有線電気通信法違反事件に関し，奈良家庭裁判所から，2006 年（平成 18 年）8 月 4 日に A の精神鑑定を命じられ，同月 10 日には鑑定資料として A およびその実父 B らの供述調書や陳述調書等の写しを交付されていたものであるが，正当な理由がないのに，同年 10 月 5 日，京都市内の被告人方においてフリージャーナリスト C に対し，A の生育歴および学校の成績，実父の A に対する教育状況，実父と実母の離婚の経緯その他家庭の事情等の秘密が記載された A および実父らの捜査段階における供述調書，審判における陳述調書等の写しを閲覧させ，同年 10 月 6 日，京都市内のホテルの客室内において，C に対し，鑑定のため臨床心理士が作成した少年の心理状態等を表す心理検査の結果等の秘密が記載された書面を閲覧謄写させ，同年 10 月 15 日，京都市内の別のホテルの料亭において，C に対し，少年の精神鑑定の結果等の秘密が記載された被告人作成の書面を交付し，被告人が業務上取り扱ったことについて知り得た A およびその実父の秘密を漏らした。被告人は，刑法 134 条 1 項の秘密漏示罪で起訴された。なお，作家は，その取材に関して通常の取材活動の範囲内であったとして嫌疑不十分で不起訴になっている。

2　第 1 審判決および第 2 審判決の論理

　第 1 審（奈良地判平成 21 年 4 月 15 日刑集 66 巻 4 号 440 頁，判時 2048 号 135 頁）は，「本罪の主体として掲げられている者は，……秘密の主体である相手方との信頼関係に基づき，相手方が自ら打ち明けたことによってその秘密を知るのが通常といえるが，業務上取り扱ったことについて人の秘密を知り得たのであれば，相手方に意思能力がない場合や業務上必要な調査を行う過程で取得した内容がその相手方との信頼関係の有無や程度等にかかわらず，

52

正当な理由がない限りその秘密を漏らすことは違法である」という基本的立場から、「医師であることを前提に鑑定人として選任された以上は、医師としての立場と鑑定人としての立場は両立する」と述べ、「心身喪失等の状態で重大な加害行為を行った者の医療及び観察等に関する法律」（以下「医療観察法」という。）に照らしても、「被告人がAについて行った精神鑑定は、本罪における医師の『業務』に当たる」と判示した（懲役4月執行猶予3年）。なお、供述調書等の秘密性も認められておりまた、本件の秘密をフリージャーナリストへの第三者提供が少年審判手続に照らしても非常に軽率な行為であり手段も相当性を欠き、「正当な理由」に当たらない、と認定している。

被告人の控訴に対し、第2審（大阪高判平成21年12月17日刑集66巻4号471頁）は、「被告人は、精神科医として本件鑑定を行ったのであり、少年の精神状態の診断等により精神鑑定という精神科医としての業務を遂行したのであるから、本件鑑定において知り得た人の秘密は、医師の職にあった者が、その業務上取り扱ったことについて知り得た秘密である」、として、「医師としての立場と鑑定人としての立場は排他的なものではなく、両立し得るものである」ことを確認し、第1審判断を支持して控訴を棄却した。

被告人は上告したが、最高裁は、次のように述べて上告棄却の決定を下した。

3　最高裁決定要旨

「原判決及びその是認する第1審判決の認定によれば、本件は、精神科の医師である被告人が、少年事件について、家庭裁判所から、鑑定事項を『1　少年が本件非行に及んだ精神医学的背景、2　少年の本件非行時及び現在の精神状態、3　その他少年の処遇上参考になる事項』として、精神科医としての知識、経験に基づく、診断を含む精神医学的判断を内容とする鑑定を命じられ、それを実施したものであり、そのための鑑定資料として少年らの供述調書等の写しの貸出しを受けていたところ、正当な理由がないのに、同鑑定資料や鑑定結果を記載した書面を第三者に閲覧させ、少年及びその実父の秘密を漏らしたというものである。

所論は、鑑定医が行う鑑定はあくまでも『鑑定人の業務』であって『医師

医事法講座　第9巻　医療情報と医事法

の業務』ではなく，鑑定人の業務上知った秘密を漏示しても秘密漏示罪には
該当しない，本件で少年やその実父は被告人に業務を委託した者ではなく，
秘密漏示罪の告訴権者に当たらない旨主張する。

　しかし，本件のように，医師が，医師としての知識，経験に基づく，診断
を含む医学的判断を内容とする鑑定を命じられた場合には，その鑑定の実施
は，医師がその業務として行うものといえるから，医師が当該鑑定を行う過
程で知り得た人の秘密を正当な理由なく漏らす行為は，医師がその業務上取
り扱ったことについて知り得た人の秘密を漏示するものとして刑法 134 条 1
項の秘密漏示罪に該当すると解するのが相当である。このような場合，『人
の秘密』には，鑑定対象者本人の秘密のほか，同鑑定を行う過程で知り得た
鑑定対象者本人以外の者の秘密も含まれるというべきである。したがって，
これらの秘密を漏示された者は刑訴法 230 条にいう『犯罪により害を被った
者』に当たり，告訴権を有すると解される。

　以上によれば，少年及びその実父の秘密を漏らした被告人の行為につき同
罪の成立を認め，少年及びその実父が告訴権を有するとした第 1 審判決を是
認した原判断は正当である。」

4　千葉勝美裁判官の補足意見

　なお，千葉勝美裁判官が詳細な補足意見を述べているので，引用しておく。
　「1　医師法 17 条にいう医業の内容となる医行為のうち，患者に対して診
察・治療を行うという臨床としての職務（以下『基本的な医行為』という。）
においては，医師は，患者等との間で信頼関係があり（緊急搬送された意識
不明の患者との間でも，合理的な意思の推測により信頼関係の存在は認められよ
う。），それを基に患者の病状，肉体的・精神的な特徴等というプライバシー
等の秘密や，治療等の関係で必要となる第三者の秘密に接することになり，
基本的な医行為は，正にそのような秘密を知ることを前提として成り立つも
のである。刑法 134 条の秘密漏示罪の趣旨は，医師についていえば，医師が
基本的な医行為を行う過程で常に患者等の秘密に接し，それを保管すること
になるという医師の業務に着目して，業務上取り扱ったことについて知り得
た人の秘密を漏らすことを刑罰の対象としたものである。したがって，同条
は，第一次的には，このような患者等の秘密を保護するため，第二次的（あ

54

るいは反射的）には，患者等が安心して医師に対し秘密を開示することができるようにし，医師の基本的な医行為が適正に行われるようにすることを企図し，いわば医師の業務自体を保護することも目的として制定されたものといえる。

同条が，医師以外にも同じような業務の特徴を有する職業に就いている者を限定列挙しているのも，その趣旨である。

2　ところで，医師が鑑定人に選任された場合についてみると，基本的な医行為とは異なり，常に上記のような信頼関係に立って鑑定対象者等のプライバシー等の秘密に接することになるわけではなく，更には，臨床医としての知識，経験に基づき，書面上の検討のみで鑑定人としての見解を述べるような場合（いわゆる書面鑑定の場合）もあり得るところであり，これも医師の業務ではある。しかし，このような場合には，対象者等との信頼関係が問題にならないこともあるが，鑑定資料を見ることにより対象者等のプライバシー等に接することはあり得よう。この点は，医師以外の，例えば行動心理学の専門家が鑑定人に選任された場合も同様であろう。ところが，この場合，鑑定人がたまたま医師であるときは，鑑定人の業務遂行中に知り得た他人の秘密を公にすれば刑罰の対象となるが，行動心理学の専門家であれば刑罰の対象にならないという状況が生ずることになり，その差異ないし不均衡をどう考えるかが気になるところである。

3　この点については，医師の業務のうち，基本的な医行為ないしそれに類する行為を行う過程で知り得た秘密，すなわち患者等との信頼関係に基づき知り得た秘密のみが，刑法 134 条にいう『秘密』に当たると解し，上記の書面鑑定の場合や，基本的な医行為とはいえない業務，例えば伝染病の予防等の観点から死体を解剖したデータに基づく診断書の作成の過程で知り得た秘密等はこれに当たらないとする解釈が考えられる。この解釈は，同条の立法趣旨を徹底するものであり，他の例でいえば，ある弁護士が，本来の業務である弁護活動とは別に弁護士であるがゆえに所属弁護士会の重要な会務を行うことになり，その過程で知り得た他人の秘密については，弁護士と依頼者との間の信頼関係に基づき知り得たものではないので，ここでいう『秘密』に当たらず，それを漏らしたとしても刑罰の対象にならないとするのは，それが弁護士の業務に当たらないとする理由もあるが，上記信頼関係とは関

医事法講座 第9巻 医療情報と医事法

係のない場面で知り得た秘密であることも，実質的な理由ではないかと考える。

　4　もっとも，このような考えは，刑法134条所定の『秘密』を，立法趣旨に従って目的論的に限定解釈するものであるが，文理上の手掛かりはなく，解釈論としては無理であろう。

　そうすると，この問題は次のように考えるべきではないだろうか。

　医師は，基本的な医行為が業務の中核であり，その業務は，常に患者等が医師を信頼して進んで自らの秘密を明らかにすることによって成り立つものである。医師は，そのような信頼がされるべき存在であるが，医師の業務の中で基本的な医行為とそれ以外の医師の業務とは，必ずしも截然と分けられるものではない。例えば，本件においても，被告人は，鑑定人として一件記録の検討を行うほか，少年及び両親との面接，少年の心理検査・身体検査，少年の精神状態についての診断を行い，少年の更生のための措置についての意見を述べることが想定されているところであり，この一連の作業は，少年に対する診察と治療といった基本的な医行為と極めて類似したものである。

　刑法134条は，基本的にはこのような人の秘密に接する業務を行う主体である医師に着目して，秘密漏示行為を構成要件にしたものであり，その根底には，医師の身分を有する者に対し，信頼に値する高い倫理を要求される存在であるという観念を基に，保護されるべき秘密（それは患者の秘密に限らない。）を漏らすような倫理的に非難されるべき行為については，刑罰をもって禁止したものと解すべきであろう。

　医師の職業倫理についての古典的・基本的な資料ともいうべき『ヒポクラテスの誓い』の中に，『医行為との関係があるなしに拘わらず，人の生活について見聞したもののうち，外部に言いふらすべきでないものについては，秘密にすべきものと認め，私は沈黙を守る。』というくだりがある。そこには，患者の秘密に限定せず，およそ人の秘密を漏らすような反倫理的な行為は，医師として慎むべきであるという崇高な考えが現れているが，刑法134条も，正にこのような見解を基礎にするものでると考える。

　5　いずれにしろ，被告人が鑑定という医師の業務に属する行為の過程で知り得た秘密を漏示した本件行為は，鑑定人としてのモラルに反することは勿論，刑法134条の構成要件にも該当するものというべきである。」

Ⅲ　刑法 134 条 1 項の医師の守秘義務の射程範囲

　　1　精神鑑定医秘密漏示事件では，本件の元になる事件に関わる事柄を題材にしたフリージャーナリストの単行本『僕はパパを殺すことに決めた』（前出）の出版をめぐり，犯行当時 16 歳であった少年の鑑定を担当した精神科医師が出版前にこのジャーナリストに供述調書の写しなどを見せた行為が，刑法 134 条 1 項の罪として成立するか否か，が争われた。主な争点は，第 1 に，鑑定人が本罪にいう「医師」に当たるか，第 2 に，被告人が供述調書を閲覧させた行為が「正当な理由」に当たるか，第 3 に，本件少年 A およびその父親に告訴権者の資格があるか，である。第 3 の論点についてはあまり異論なく認められよう。したがって，本稿では，第 1 および第 2 の論点について論じることにする。なお，本件事案は，性質からして，言論・出版・報道・取材の自由の問題とは一線を画すべき事案と思われる。最も重要な問題は，同条にいう「正当な理由」とは何か，その射程範囲はどこまでか，である。

　　2　刑法 134 条 1 項の守秘義務規定は，医師，薬剤師，医薬品販売業者，助産師，弁護人，公証人またはこれらの職にあった者に対する「職務上知り得た人の秘密」漏示行為を処罰するものである。この規定は，千葉裁判官の補足意見を待つまでもなく，古代の「ヒポクラテスの誓い」（ただし，守秘義務だけを述べたものではないので，引用の際には注意を要する。）を遠い淵源とするが，それ自体とは同一ではなく，様々な国で一定の要件を整備して刑法典ないし関連法令に取り入れられてきた。この規定は，職業倫理規範として出発した経緯からして，もともと職業上の義務犯的規定の性格が強く，古くから医師には職業倫理上の守秘義務が課せられていたが，日本における立法経緯（1880 年（明治 13 年）の旧刑法 360 条および現行の 1907 年（明治 40 年）刑法 134 条）からしても社会法益に対する罪として位置づけられていたのであり，あくまで「守秘義務」に重点を置き，行為主体を限定して「職務上知り得た人の秘密」の漏示行為を処罰する趣旨である[3]。これは，明治 7 年

（3）　この点については，福山道義「刑法一三四条一項の問題点について」福岡大学法学論叢 43 巻 2 号（1998 年）1 頁以下参照。

医事法講座 第9巻 医療情報と医事法

の医制に始まり，1879年（明治12年）の医師試験規則，1883年（明治16年）の医師免許規則（太政官布告）および医師開業試験規則，そして1906年（明治39年）の医師法および歯科医師法の制定と符合する。これが，例外なき国家試験の合格を前提とする現行の1948年（昭和23年）の医師法および歯科医師法に継受され，刑法134条1項と連動してきたと考えられる。刑事訴訟法149条および民事訴訟法197条1項2号の証言拒絶権は，その一環の強力な規定である。そして，刑法134条1項の規定から外れる医療従事者の守秘義務は，一連の医療関係法規（保健師助産師看護師法42条の2，診療放射線技師法29条，臨床検査技師等に関する法律19条，理学療法士及び作業療法士法16条，社会福祉士及び介護福祉士法46条）およびその他の法規（児童虐待防止法6-7条，社会保険診療報酬支払基金法14条の5等）により補足されている[4]。

　しかし，これらの規定は，もともと職業上の義務犯的規定の性格が強いために，行為主体の射程範囲が限定されていることから，そこから外れる行為主体には適用できず，結果的に，医療情報の扱いに多様な人材が関わる現代高度情報化社会に対応できない。とりわけ電子カルテや電子データの普及，さらには遠隔医療等に見られる医療のハイテク化・IT化に伴い，医療情報を取り巻く環境が複雑化しており，医療情報ないし診療情報のデータ処理・伝達ないし第三者提供（研究利用を含む。）において，その問題性は顕著である。また，これらの守秘義務規定の保護法益としての「秘密」と個人情報保護法が予定する「個人情報」ないし「医療情報」の関係を考えてみると，両者は必ずしも同一ではない，ということを認識せざるを得ない。とりわけ刑法134条1項の保護法益は，今日一般的にプライバシー権を中心とした個人法益として理解されてはいるが，医師が行為者である場合でも，「職務上知り得た人の秘密」が厳密な意味での「個人の秘密」，とりわけ医療情報に限定されるわけではない。しかも，プライバシー権概念は，周知のように，「そっとしてもらう権利」から「自己情報コントロール権」へと変遷してきたが，日本国憲法13条の解釈においても，医療との関係で自己決定権と自己情報コントロール権（医療情報の開示，訂正，削除請求権を含む。）を含む，

（4）　甲斐・前掲注（1）「医療情報と刑事法」89頁，同・前掲注（1）「医療情報の保護と利用の刑事法的問題点」70-71頁参照。

という理解が一般化しつつある[5]。個人情報保護法は，この延長線上に位置づけられる。したがって，医療情報管理上，患者の医療情報を知り得る者への対応を含め，包括的な個人情報の保護のための個人情報保護法と刑法134条1項との関係はどうなっているのか，という点を厳密に検討する必要がある。そして，この問題状況は，後述のように，ドイツ刑法203条が抱える問題と共通点がある。

　3　まず，前提問題として，個人情報，医療情報および診療情報の意義を確認しておこう。類似の用語であるが，厳密にはそれぞれ異なるからである。

　個人情報保護法には，医療情報および診療情報に関する明文規定が存在しないため，厚生労働省「医療・介護関係事業者における個人情報の適切な取扱いのためのガイドライン」(2004年（平成16年）年12月24日改正，2006年（平成18年）年4月21日，平成22年9月17日改正）を参照するほかない。ただ，個人情報保護法2条には，「個人情報」とは，「生存する個人に関する情報であって，当該情報に含まれる氏名，生年月日その他の記述等により特定の個人を識別することができるもの（他の情報と容易に照合することができ，それにより特定の個人を識別することができることとなるものを含む。）をいう。」という定義がある。これを受けて，同ガイドラインによれば，「個人に関する情報」とは，「氏名，性別，生年月日等個人を識別する情報に限られず，個人の身体，財産，職種，肩書き等の属性に関して，事実，判断，評価を表すすべての情報であり，評価情報，公刊物等によって公にされている情報や，映像，音声による情報も含まれ，暗号化されているか否かを問わない」。

　また，「医療機関等における個人情報」とは，例として，「診療録，処方せん，手術記録，助産録，看護記録，検査所見記録，エックス線写真，紹介状，退院した患者に係る入院期間中の診療経過の要約，調剤録等」が挙げられていることから，換言すれば，「患者の基本情報，紙・電子媒体によるカルテ情報，レセプト情報，検査記録，画像記録，外来・入院予約記録」を指称する，と解してよかろう。「医療情報」とは，この情報のことを意味すると解される。なお，死者の情報は基本的に除外されるが，生存する遺族の個人情報でもある場合にかぎり，ここに入れてよいであろう。

（5）　増成・前掲注（1）31頁以下参照。

医事法講座　第 9 巻　医療情報と医事法

　これに対して，「診療情報」とは，それよりもやや狭く，「診療録，看護記録，処方内容，検査記録，検査結果報告書，エックス線写真等の画像記録，その他診療を目的として作成された記録」のことを指称する，と解される。なお，上記ガイドラインが述べているように，「例えば，診療録には，患者について客観的な検査をしたデータもあれば，それに対して医師が行った判断や評価も書かれている。これら全体が患者個人に関する情報に当たるものであるが，あわせて，当該診療録を作成した医師の側からみると，自分が行った判断や評価を書いているものであるので，医師個人に関する情報とも言うことができる。したがって，診療録等に記載されている情報の中には，患者と医師等双方の個人情報という二面性を持っている部分もあることに留意が必要である」。また，このうち，最もセンシティヴであるといわれている遺伝に関する情報を「遺伝情報」という[6]。

　これらの情報群の広狭を示すと，**個人情報＞医療情報＞診療情報＞遺伝情報**，ということになる。しかし，日本刑法 134 条 1 項が対象とする「秘密」は，これらのうち，多くの場合は医療情報・診療情報・遺伝情報に関係するであろうが，理論的には必ずしもそれらに直結するとは限らず，広く個人情報（「一般に知られていない非公知の事実」）を含むことになる[7]。したがって，刑法 134 条と個人情報保護法およびそれに付随する各種ガイドラインとの関係は，一般法と特別法の関係にある，と解される。いずれにせよ，情報というものは，流通しやすいものであるし，ある意味ではそこに価値が内包されている反面，そうであるがゆえに保護しなければならない内容（プライバシー権）も十分に含まれていることを認識して議論を進める必要がある。

　なお，個人情報保護法の規制対象（犯罪行為主体）は，「個人情報データベース等を事業の用に供している者」，すなわち個人情報取扱業者たる民間

（6）　以上の点については，甲斐・前掲注（1）「医療情報の第三者提供と医師の守秘義務違反」5-6 頁において指摘しておいた。なお，遺伝情報をめぐる諸問題については，甲斐克則編『遺伝情報と法政策』（成文堂，2007 年），山本龍彦『遺伝情報の法理論』（尚学社，2008 年），甲斐克則「遺伝情報および DNA の法的保護と利用——人の遺伝子検査に関するスイス連邦法を素材として」Law & Technology 3 号（2009 年）72 頁以下，同「ドイツにおける遺伝情報の法制度」早稲田法学 88 巻 1 号（2013 年）1 頁以下参照。

（7）　西田典之（橋爪隆補訂）『刑法各論（第 7 版）』（弘文堂，2018 年）119 頁参照。

の医療機関であり，国の機関，地方公共団体，独立行政法人，地方独立行政法人は除外される（2条5項）[8]。また，刑事規制を受ける行為についてみると，個人情報保護委員会の委員長，委員，専門委員および職員の守秘義務（72条）違反の処罰（82条：2年以上の懲役または100万円以下の罰金）のほか，個人情報取扱業者もしくはその従業者またはこれらであった者が，その業務に関して取り扱った個人情報データベース等を自己もしくは第三者の不正な利益を図る目的で提供し，または盗用したときは，1年以下の懲役または50万円以下の罰金に処される（83条）。82条および83条の罪については，国外犯も処罰される（86条）。個人情報保護委員会の命令（42条2項，3項）に従わない場合，6月以下の懲役または30万円以下の罰金に処される（84条）。個人情報保護委員会に対する報告義務・資料提出義務（40条1項，56条）に違反した場合，30万円以下の罰金に処される（85条）。さらに，いわゆる両罰規定として，法人（法人でない団体で代表者または管理人の定めのあるものを含む。）の代表者または法人もしくは人の代理人，使用人その他の従業者が，業務に関して83条から85条までの違反行為をした場合，それぞれ各本条の罰金刑を科される（87条1項）。その他，個人情報扱事業者による確認に際しての第三者の確認事項の虚偽禁止（26条2項）または認定個人情報保護団体でない者による紛らわしい名称使用禁止違反（55条）および業務廃止の届出義務（50条）については，10万円以下の過料に処される（88条）。「過料」は，厳密な意味での刑罰ではなく，行政罰である。

　4　精神鑑定医秘密漏示事件で最高裁は，通常の医師・患者関係のみならず，鑑定医として知り得た秘密も本罪の対象になる，と判示したわけであるが，そもそも秘密の対象の射程はどこまでであろうか。実は，この点が必ずしも明確でない。確かに，鑑定も医師が裁判所の嘱託で行うことはあるが，医師以外の専門家も鑑定を行う以上，本来は，鑑定制度の一環としての守秘義務規定があってしかるべきであろうが，それがないのである。したがって，医師のみが刑法134条1項の行為主体の中で格段に守秘義務の対象が広いのではないか，という懸念が医療関係者の中にかねてからある。しかも，「秘

（8）　国公立病院は「行政機関の保有する個人情報の保護に関する法律」で，また，独立行政法人は「独立行政法人等の保有する個人情報の保護に関する法律」でそれぞれ規制を受ける。さらに，地方自治体の「個人情報保護条例」がこれに加わる。

密」内容が，必ずしも患者本人（依頼者）の診療ないし医療に直接関係があるものに限定されるわけではない。特に精神疾患の場合，人間関係が複雑に関係する場合があるので，その射程範囲はどこまでか，判断が難しい場合がある。

そもそも守秘義務規定は，前述のように，一方で，医師等，一定の職業の者に対して（なお，「宗教，祈祷若しくは祭祀の職にある者又はこれらの職にあった者」についても同様（134条2項）），古くから重要な地位を与えられているが，他方で，134条の構成要件が「その業務上取り扱ったことについて知り得た人の秘密を漏らしたとき」を掲げている以上，通常の医師・患者関係のみならず，千葉裁判官が補足意見で述べているように，鑑定書作成のほか，「例えば伝染病の予防等の観点から死体を解剖したデータに基づく診断書の作成の過程で知り得た秘密等」もここに入らざるをえないであろう。したがって，結論として，精神鑑定医秘密漏示事件の場合も，鑑定医の行為について秘密漏示罪の構成要件該当性を肯定せざるをえない[9]。

Ⅳ　医師の守秘義務解除の要件と医療情報の第三者への提供

1　さらに重要な問題は，「正当な理由」の射程範囲である。医学・医療は，過去および現在の医療情報ないし診療情報の有効活用により発展してきたし，これからもその「宿命」から逃れることはできない。同時に，個人に関わる医療情報ないし診療情報が正当な理由なく他者に漏れるリスクも絶えず内包する。そして，個人情報保護法が2005年4月に全面施行され，2018

（9）　精神鑑定医秘密漏示事件最高裁決定の評釈として，田坂晶「判批」刑事法ジャーナル33号（2012年）129頁，澁谷洋平「判批」判例セレクト2012・37頁，同「判批」年報医事法学28号（2013年）156頁以下，東山太郎「判批」警察学論集66巻1号（2013年）153頁以下，松宮孝明「判批」平成24年度重要判例解説（2013年）159頁以下，佐久間修「判批」甲斐克則=手嶋豊編『医事法判例百選（第2版）』（有斐閣，20214年）56頁以下があるが，総じて結論に賛同している。なお，前田雅英「秘密の刑事法的保護」警察学論集65巻12号（2012年）154頁以下参照。ちなみに，神馬幸一「法的守秘義務に関する倫理的多義性」生命倫理25号（2014年）107頁以下は，千葉補足意見が引合いに出す「ヒポクラテスの誓い」の倫理的多義性に依拠して法的守秘義務を論じると，様々な矛盾が出ることを指摘する。

年に大改正されたことに伴い，医療情報ないし診療情報の保護および利用を
めぐる法的問題性が重要化しつつある。とりわけ同法は，そもそも医療問題
に特化して制定されたものでないため，これらの問題に明確に対応していな
いという致命的欠陥がある。立法当初の国会の附帯決議では，衆議院の5お
よび参議院の5において，医療について特別法の立法を要請したが，当面見
送られることになったのである。それを補うとされている厚生労働省「医
療・介護関係事業者における個人情報の適切な取扱いのためのガイドライ
ン」（前出）があるとはいえ，洗練された法システムとはいい難く，一貫性
に欠ける。加えて，電子カルテや電子データの普及，さらには遠隔医療等に
見られる医療のハイテク化・IT化に伴い，医療情報を取り巻く環境が複雑
化しており，当然ながら法的問題も複雑化している。そのことは，医療情報
ないし診療情報の第三者提供において特に深刻である。中には，刑事法上の
問題点を内包するものもある。また，医療情報ないし診療情報の第三者提供
のうち，研究利用においてはその限界をめぐる難しい問題が生じている。
2013年にはいわゆる「マイナンバー法」が成立したことから，これが医療
情報の保護と利用にどのように関わってくるか，注目する必要がある。また，
いわゆる「ビッグデータ」の利用をめぐる諸問題が喫緊の問題として浮上し
ている。

　2　しかし，なによりも，「正当な理由」をめぐる現行法解釈論上の問題
点を抽出しておくことが重要である。まず，第1要件として，患者本人の同
意があれば，原則として情報開示は正当化可能である。しかし，遺伝情報の
ようなきわめてセンシティヴかつ親子・兄弟姉妹に直接関わる情報について
は，本人の同意だけで正当化可能かは，より慎重な配慮が必要である。また，
精神鑑定医秘密漏示事件では，鑑定医は，奈良家庭裁判所から鑑定の嘱託を
受けていることから，同裁判所の許可を得れば開示が許されたかもしれない。

　この点について，ドイツの議論の一端を見てみよう。ドイツ刑法203条1
項1号は，「医師，歯科医師，獣医，薬剤師，若しくは，職業を営み若しく
は職業名を称するのに国家が規制する職業教育を必要とするその他の治療業
に属する者」「としてその者にゆだねられ又はその他の方法で知らされた，
他の者の秘密，特に私的な生活領域に属する秘密，又は，営業上若しくは営
業上の秘密を権限なく漏示した者は，1年以下の自由刑又は罰金に処す

医事法講座　第9巻　医療情報と医事法

る。」[10] と規定する。ここで「権限なく」というのは，日本刑法134条1項の「正当な理由なく」と同じと解してよい。ウルリッヒ・ズィーバーは，問題点を刑法理論的観点から，「構成要件による解決（Tatbestandslösung）」と「正当化による解決（Rechtfertigungslösung）」に分けて論じる[11]。すなわち，前者は，「他者＝第三者」への「開示」に該当するか否かに重点を置くものであり，「他者＝第三者」の範囲を伸縮させて解決を図る。例えば，担当医が患者の秘密を診察助手に伝えることは，他者への伝達とはみなされない。しかし，ズィーバーは，これだけでは問題の一部の解決にしか役立たない，と指摘する[12]。これに対して，後者は，患者の承諾，より厳密には明示の承諾，推認による承諾，および推定的承諾を中心に考えるものであり，ドイツの判例の支持を得ているが，これも現代の大量取引に必ずしもマッチしないし，「相応の承諾の表明は，通常……標準化しており，また，当該法益保持者は，この承諾の表明の承認に向けての経済的強制および社会的強制に，たびたび抵抗しえない」がゆえに問題があるとして，ズィーバーは，コンピュータ情報処理援助者をドイツ刑法203条の行為主体に取り入れた「援助者（による）解決（Gehilfenlösung）」を提唱する[13]。私は，おそらく，これらは併用が可能ではないか，と考える。構成要件が日本と若干異なるとはいえ，問題状況は共通のものがあり，これを念頭に置いてさらに問題を考える必要がある。

　3　つぎに，取締法規上の医師の報告義務・届出義務と医師の守秘義務との衝突をめぐる刑事法上の問題も生じている。特に医療機関から他の機関または個人への情報提供の場合が最も問題となる。そもそも，これらの問題は，個人情報保護法および刑法134条1項とどのように関係するのであろうか。現状では，この点が必ずしも明確でないため，医療現場等において混乱がみられる。すでに問題となったのは，薬物検査と医師の通報義務について，である。医師から警察への通報の適法性が争われた最決2005年（平成17年）

―――――――――――

(10)　条文の邦訳は，法曹界訳『ドイツ刑法典（法務資料461号）』（法務省大臣官房司法法制部司法法制課，2007年）による。

(11)　*Sieber*, a.a.O. (Anm.1), S.1161ff. ズィーバー（甲斐監訳）・前掲注(1)512頁以下。

(12)　*Sieber*, a.a.O. (Anm.1), S.1169. ズィーバー（甲斐監訳）・前掲注(1)524頁以下。

(13)　*Sieber*, a.a.O. (Anm.1), S.1182f. ズィーバー（甲斐監訳）・前掲注(1)543-544頁。

7月19日（判例時報1905号14頁，判例タイムズ1188号251頁）では，救急患者から承諾を得ずに尿を採取して薬物（覚せい剤）の検査をした医師の通報を受けて警察官が押収した上記尿について，その入手過程に違法性はない，と判示された（覚せい剤取締法違反事件）。その決定要旨は，以下の2点に集約できる。

①「上記の事実関係の下では，同医師は，救急患者に対する治療の目的で，被告人から尿を採取し，採取した尿について薬物検査を行ったものであって，医療上の必要があったと認められるから，たとえ同医師がこれにつき被告人から承諾を得ていたと認められないとしても，同医師のした上記行為は，医療行為として違法であるとはいえない。」

②「また，医師が，必要な治療又は検査の過程で採取した患者の尿から違法な薬物の成分を検出した場合に，これを捜査機関に通報することは，正当行為として許容されるものであって，医師の守秘義務に違反しないというべきである。」

本決定の射程範囲はどこまでか，なぜ「正当行為として許容される」かは，必ずしも明確ではない。法は，医師に患者の違法行為の通報を一般的に義務づけているわけではない。本件のような国立病院の医師には，公務員として，刑事訴訟法239条2項により，「その職務を行うことにより犯罪があると思料するときは，告発をしなければならない。」という告発義務があるが，その違反に対して罰則があるわけではない。また，麻薬及び向精神薬取締法58条の2第1項も，「医師は，診察の結果受診者が麻薬中毒者であると診断したときは，すみやかに，その者の氏名，住所，年齢，性別その他厚生労働省令で定める事項をその者の居住地の都道府県知事に届け出なければならない。」と規定するが，やはり罰則はない。措置入院との関係から，あくまで届出先が居住地の都道府県知事である点に注意を要する。ところが，覚せい剤取締法にはこの種の規定がないことから，本件のような場合，医師が警察に届け出る行為が正当化されるのは，「患者のプライバシーの保護よりも，医師の通報にかかる犯罪が薬物犯罪という重大なものであって，適正に刑事司法作用を発動させることの公益性を重視する必要があることから，医師が治療の目的で必要な治療又は検査を行ったことを前提として，……医師による警察官への通報が，正当行為として医師の守秘義務に違反しない」からだ，

医事法講座 第9巻 医療情報と医事法

と解されている[14]。届出は法的義務ではないが，重大な犯罪の端緒になりうる場合にかぎり，医師が警察に届け出る行為は守秘義務を解除し，正当化されると思われるので，覚せい剤使用という薬物事犯の重大性に鑑み，結論的には本決定に賛同する。しかし，「直接の違法捜査とはいえないが，間接的な違法捜査を助長するものとして，抑止の対象になる」との観点から，本決定に批判的な見解も有力である[15]。その意味でも，本決定の射程範囲は，緊急性および／または補充性（他の手段がないこと），そして放置した場合の結果の重大性という要件を充足する場合に限定すべきである[16]。

4　さらに，医療に患者情報を利用する場合が考えられる。特に，チーム医療（単に手術の場合のチーム医療のみならず，場合によっては複数の診療科ないし病院にまたがる広義のチーム医療を含む。）の場合には，安全性の確保（医療事故防止を当然に含む。）のために診療情報の共有が重要である。そこには，多様な医療スタッフ（診療報酬の計算をする事務スタッフも含めざるをえないであろう。）が介在する。したがって，当該チーム医療を実践するうえで不可欠な範囲のスタッフに対して当該患者の診療情報を伝達することは，刑法上，正当化される。

つぎに，診療情報の研究利用の場合には，文部科学省・厚生労働省の「疫学研究に関する倫理指針」（2001 年（平成 14 年）6 月 24 日，2004 年（平成 16 年）12 月 28 日全部改正，2008 年（平成 20 年）12 月 1 日一部改正）および厚生労働省の「臨床研究に関する倫理指針」（2003 年（平成 15 年）7 月 30 日，2004 年（平成 16 年）12 月 28 日全部改正，2008 年）平成 20 年 7 月 31 日全部改

---

(14)　山田耕司「判批」ジュリスト 1308 号（2006 年）204 頁。同旨，伊東研祐「判批」刑事法ジャーナル Vol. 3（2006 年）110 頁，佐久間修「判批」ジュリスト 1303 号（2006 年）64 頁以下，安村勉「判批」ジュリスト 1313 号（2006 年）193-194 頁。

(15)　浅田和茂「判批」宇都木伸ほか編『医事法判例百選（初版）』（有斐閣，2006 年）99 頁。なお，淵野貴生「判批」法学セミナー 610 号（2006 年）129 頁参照。

(16)　この点については，甲斐・前掲注（1）「医療情報の第三者提供と医師の守秘義務違反」12 頁において指摘しておいた。なお，福山道義「医師の守秘義務と秘密漏泄罪」『刑事法の思想と理論　荘子邦雄先生古稀祝賀』（第一法規，1991 年）279 頁以下は，ドイツの議論を分析し，患者が睡眠時てんかん症に罹患しているという情報を報告した例（正当と判断），および腎臓病の治療を予定している 17 歳の少女が妊娠 4 か月であったため，少女の意に反して医師が妊娠の事実を両親に知らせ，少女が堕胎計画を放棄した事例を挙げる。福山教授自身は，私見とほぼ同じ見解と思われる（288 頁）。

正）を統合した 2014 年の文部科学省・厚生労働省の「人を対象とする医学系研究に関する倫理指針」（平成 26 年 12 月 22 日，平成 29 年 2 月 28 日一部改正）でルール化されているインフォームド・コンセント原則に則っていれば，ソフトローとしてのそれらの性格に鑑みて，刑法上原則として正当化される。もっとも，包括同意が常に正当化されるとはかぎらず，研究目的および方法とを考慮して判断されるべきである。したがって，著しい目的外利用の場合は違法である。なお，疫学研究との関係では，厳密にはコホート研究と区別される地域がん登録事業のような場合，質の良い統計データを確保することにより，公衆衛生の確保に繋がるものである。2006 年（平成 18 年）に成立した「がん対策基本法」（平成 18 年法律第 98 号，平成 19 年 4 月 1 日から施行）と連動した法整備により 2013 年 12 月に「がん登録等の推進に関する法律（がん登録推進法）」（平成 25 年法律第 111 号）が立法化されたが，そこでは，インフォームド・コンセント原則（自己情報コントロール権）も一定の範囲で修正をされ，悉皆性を目指すものとなっている[17]。いずれにせよ，診療情報の研究利用の場合には，刑事規制は必要最小限度にとどめるべきである[18]。

　5　その他，医師が患者の職場に患者に無断で病歴を渡す行為は正当化の余地がないし[19]，医療機関からマスコミ等への情報提供も，刑法 230 条の2（名誉毀損罪における公共の利害に関する場合の特例規定）に相当する理由がないかぎり正当化は困難であろう。

　そして，前述の精神鑑定医秘密漏示事件では，母子 3 人放火殺人事件を題

---

(17)　この問題については，大島明「地域がん登録からみた個人情報」宇都木ほか編・前掲注（1）83 頁以下，甲斐克則「ドイツにおける地域がん登録の法制度について」比較法学 39 巻 1 号（2005 年）49 頁以下，同「デンマークにおけるがん登録の法制度について」生命と医療・法と倫理（早稲田大学）Vol. 1（2006 年）2 頁以下，同「地域がん登録法制度と刑事規制」早稲田法学 83 巻 4 号（2008 年）35 頁以下，増成直美「医療における患者の個人情報保護システムの法理論的検討」法の理論 24（成文堂，2005 年）95 頁以下等参照。

(18)　以上の点については，甲斐・前掲注（1）「医療情報の第三者提供と医師の守秘義務違反」10 頁において指摘しておいた。

(19)　民事事件として，広島地判平成 10 年 5 月 29 日朝日新聞 1998 年 5 月 29 日付朝刊報道および筆者のコメント，および事件直後の毎日新聞 1998 年 3 月 16 日付朝刊報道および筆者のコメント参照。

医事法講座 第9巻 医療情報と医事法

材にしたフリージャーナリストの単行本（前出）の出版をめぐり，犯行当時
16歳であった少年の鑑定を担当した精神科医が広汎性発達障害を広く知っ
てもらうために出版前にこのジャーナリストに供述調書の写しなどを見せた
というものであるが，実名入りの供述調書の写しなどを丸ごと第三者に提供
する行為には，「正当な理由」を見いだすことは困難である。この行為は，
少年の利益にかなうものとはいえないばかりか，非公開である少年審判手続
の制度趣旨にも反するし，プライバシー等への配慮を欠いた違法な行為とい
うほかはない。したがって，最高裁の判断は，結論において妥当である。

　こうした利益衡量に基づく判断および結論は，基本的に妥当である，と解
される。とりわけナイーヴな少年事件の審判に際しての被告人の漏示行為お
よびその具体的内容は，いかに「広範性発達障害の知識を世間に広め，少年
に殺意がなかったことを知らせたかった」，という目的だけでは，正当化は
困難である。少なくとも，前述のドイツのズィーバーが分類した「正当化に
よる解決」に適うだけの本人の同意（少年の場合は家族の同意も含む），より
厳密には明示の同意がなければ違法性阻却が可能とはいえない，と思われる。
ましてや，本件は，鑑定自体を奈良家庭裁判所が依頼したものであり，した
がって家庭裁判所の許可も必要ではないか，という問題がある。本件は，鑑
定医と少年との間に信頼関係は直接存在しない[20]ばかりか，他の患者ない
し人類の福祉のための研究利用と同列に扱うこともできない第三者提供の特
殊な事案と位置づけられる[21]。

---

(20)　この点について，田坂・前掲注（9）131頁は，「精神鑑定の場合，裁判所が依頼者
　なのであり，依頼者が存在しないわけではない。また，精神官営を受ける者が依頼者で
　ないからといって，この者と鑑定医との間に，秘密をみだりに漏示しないことについて
　の信頼関係が存在しないと断言することはできない。むしろ，精神鑑定を受ける者は，
　鑑定に際して述べたことは鑑定を遂行する過程以外では暴露されないと信頼して打ち明
　けることも考えられ，鑑定を受ける者と鑑定人である医師との間に信頼関係がないと断
　言することはできない」，と説く。しかし，信頼関係をここまで拡大すると，人的信頼
　関係を超えた制度的信頼関係が前提とされることになるのではないか，という疑問があ
　る。この問題点について，松宮・前掲注（9）160頁の指摘参照。

(21)　澁谷・前掲注（9）年報医事法学28号160頁も，本件事案の特殊性を指摘する。

68

V　結語——今後の展望

　以上，奈良県の母子3人放火殺人事件に関する精神科鑑定医秘密漏示事件最高裁決定を契機にして，医療情報の保護と利用の刑事法的問題点の検討を盛り込みながら，医療情報と刑事法の問題について論じてきたが，最後に，この問題を比較法的観点（ヨーロッパ全体，フランス，ドイツ，イギリス，アメリカの比較分析）から徹底分析したドイツのザビーネ・ミヒャロウスキーの研究[22]を参考にして，残された刑事法上の今後の課題を挙げ，展望を示しておこう。

　ミヒャロウスキーは，上述の国々の比較法的分析から，機密性のある患者情報は刑事手続における情報開示からも保護を受けるとするドイツ法やアメリカ法のような法制度と，司法手続における利益が原則として医療の機密性（confidentiality）に優越するイギリス法やフランス法のような法制度があることに着眼し，（1）医療の機密性に対する法的アプローチの差異，および犯罪の防止と刑事訴追というコンテキストにおいて競合する利益と医療の機密性との衝突に対する法的アプローチの差異を描写すること，（2）とりわけこれらの差異の原因となる諸要素を明らかにすること，（3）諸利益の様々な衝突に対する道徳的および法的に説得力あるアプローチへの規準を呈示すること，を目指す[23]。この分析は，大陸法とコモンローの英米法との比較分析だけに，興味深いものがある。しかも，哲学的には，ドイツ（カントの見解をベースにする。）やフランスは義務論（deontological theories）が基本であり，イギリスやアメリカは功利主義（utilitarianism）が基本であることから，患者の機密情報をめぐり医療上の特権（medical privilege）と患者のプライバシーの衝突をどのように法的に調整するのか，が注目される[24]。個々の国の詳細を紹介する余裕はないので，以下，具体的課題を簡潔に見ておこう。

　第1に，犯罪予防ならびに刑事訴追というコンテキストにおいて，刑事訴追目的のための医療情報開示がいかなる条件で許されるのか。第2に，刑事

---

(22)　*Michalowski*, op.cit.（note. 1）.
(23)　*Michalowski*, op.cit.（note. 1）pp. 2 - 3 .
(24)　*Michalowski*, op.cit.（note. 1）pp. 7 -33.

医事法講座 第9巻 医療情報と医事法

法廷における医師の証言のうち，被告人の無実を証明する証言のために医療情報開示がどこまで許されるのか。第3に，被告発人の保護のために医療情報開示がどこまで許されるのか。第4に，医師自身が被告人とされた場合に医療情報開示がどこまで許されるのか。これらの問題が考えられる[25]。第5に，医療現場における医療情報の第三者提供の問題をめぐる混乱回避のためには，特別法としての医療情報の保護と利用に関する法律の制定の必要があることも強調しておきたい。

　ここで，民事判例ながら，関連するサイコセラピストに関するアメリカの判例を挙げてみよう。有名なリーディングケースである1976年のカリフォルニア州のタラソフ事件（Tarasoff v. Regents of the University of California, 17 C.3d 425（Cal. Sup. Ct. 1976））がそれである[26]。患者がサイコセラピストに，自分はタチアナ・タラソフ（Tatiana Tarasoff）を殺すつもりである，と告げた。大学のキャンパス警察は，サイコセラピストの要求で一時的に患者を拘束したが，患者が分別ある状態であると確認した時点で患者を釈放した。ところが，2か月後，その患者はタチアナ・タラソフを殺害したので，両親がサイコセラピストに対して不法行為訴訟を提起した。裁判所は，患者が他人に暴行を加える重大な危険性があるとサイコセラピストが判断するか判断すべき時点で，サイコセラピストは，被害者となりうる者に対して警告し，警察に通報するか，そのリスクから被害者となりうる者を守るための合理的な注意を尽くす義務がある，と判示した。サイコセラピストに関するケースではあるが，本判例は，例外条項を考える際の参考になるであろう[27]。

　なお，アメリカでは，周知のように，1996年に Health Insurance Portability and Accountability Act（「健康保険の移転とそれに伴う責任に関する法律」と訳されることがあるが，一般に HIPAA と呼称される。）が成立し，2003年から施行されて，医療情報の保護と利用に活用されている[28]。このよう

(25)　*Michalowski*, op.cit.（note. 1）pp.36-273.

(26)　本件および本判決の詳細な分析については，永水裕子「医師の情報秘匿義務と遺伝情報の家族への開示——アメリカ法を素材として」甲斐克則編『遺伝情報と法政策』（成文堂，2007年）155頁以下参照。

(27)　その他，1996年のジャフィー事件連邦最高裁判所判決（Jaffee v. Redmond, 518 U. S. 1（1996））があるが，内容がやや複雑であるため割愛する。

(28)　詳細については，開原成允＝樋口範雄編著『医療の個人情報保護とセキュリティ——

な類の法律は，日本でも必要である，と思われる。しかし，アメリカに調査に行ってみると，HIPAA ルールも，医療現場ではやや柔軟性に欠け，融通が利かないなど，課題も散見される，という[29]。そのような懸念は，実は，HIPAA 施行直後から抱かれていたものである[30]。日本で立法化を議論する際にも，この課題を念頭に置く必要があろう。

　その他，日本では，マイナンバー法案の整備と連動して遺伝情報の保護と利用に向けた法整備も，併せて行うべきである。もちろん，法整備だからといって，刑罰を強化すべきかといえば，必ずしもそうではない[31]。刑法は，この領域でも謙抑的であるべきだ，と思われる。医療情報の保護と利用のルールを明確に決めて，患者のプライバシー保護と医学・医療の発展に伴う公衆衛生ないし国民の福祉に貢献できる法システムを構築することが，医事法上の重要な課題である。

　個人情報保護法と HIPAA 法』（有斐閣，初版 2003 年，第 2 版 2005 年），樋口範雄「医療情報保護法（HIPAA プライバシー・ルール）の影響」ジュリスト 1273 号（2004 年）174 頁以下等参照。

(29)　このアメリカ訪問調査は，平成 30 年度科学研究費補助金「挑戦的研究（萌芽）」課題番号 18K18554「人体情報の法的保護と利用の総合的研究」の一環として，2018 年 10 月 27 日から 11 月 3 日にかけて，ニューヨーク大学において，ロースクールの医事法の専門家である Sylvia A. Law 名誉教授と生命倫理が専門である Bioethics Center 所長の S. Matthew Liao 教授へのヒアリング等により実施したものである。協力していただいた両教授にこの場をお借りして謝意を表したい。

(30)　樋口・前掲注(28)176 頁参照。

(31)　EU では，2018 年 5 月に一般データ保護規則（GDPR）が施行され，企業に対して個人データの保護が厳しく求められることになった。この規則は，医療に特化したものではないが，医薬品開発や医療機器の開発に今後影響を及ぼすかもしれない。医事法とのかかわりについて，今後の動向を見守りたい。なお，これと関連して，山本龍彦『プライバシーの権利を考える』（信山社，2017 年），村上康二郎『現代情報社会におけるプライバシー・個人情報の保護』（日本評論社，2017 年）は，新たな視点から個人情報保護の問題を論じているので，参照されたい。

4　医師患者関係における医療情報の民法的側面

手 嶋　豊

医事法講座　第 9 巻　医療情報と医事法

Ⅰ　は じ め に
Ⅱ　診療情報をめぐる民事法上の関係の規律
Ⅲ　診療情報の漏洩にかかる民事上の問題
Ⅳ　医療機関の外部からの診療情報への不正アクセスへの対処
Ⅴ　結　語

Ⅰ　は じ め に

1　検討対象とする医療情報について

　本章では，医療情報の法的問題について，民法的観点から検討を加える。医療情報とは，一般的には，医療に関する情報，というように理解され，このため，AI を用いた診断の前提としての情報利用，ある疾患に対する 2015 年当時の知見，といったものや，国内某地方における特定の感染症発生の 2018 年上半期の動向，といった情報なども，医療に関する情報になる。今日の情報化社会の中で，その対象となる情報は，現在以上にますます広がっていく傾向にある。しかしながら本稿ではテーマ設定に沿って，医師―患者関係の存在の中で獲得される・獲得された，患者個人の医療に関する情報，すなわち，診療情報に限定したもののみを，その検討の対象とする。このように，取扱う医療情報を限定する理由は，広がりゆく医療情報の全てを検討の対象にすることは本稿の目的の範囲を超えることが第一であるが，それに加え，権利・義務関係の規律という民法の側面で，医療情報が問題となり得るのは，医師と患者の法律関係が最もその頻度が高いと考えられるからである[1]。

（1）　医療関係者から患者への情報提供は，基本的にはインフォームド・コンセントに内包されるので，本稿では扱わないが，これが医事法上極めて重要なものであることについては，改めて強調するまでもない。また，患者が積極的に自己の医療情報の開示を求める場合も医療情報に関わる問題であるが，医療記録には単に患者の情報だけが記載されているだけではなく，医療側の評価も記載されており，単純な個人情報や事実の羅列ではない。このため，医療関係者はこの請求を拒絶できると解する理解もあり，従前は特にカルテ開示をめぐって激しく争われてきた。医療記録が記載された紙の所有権自体は，医療機関に属するとしても，そこに掲載されている情報は患者個人のものが中心であり，開示を原則とする，というのが世界的な趨勢であった。日本では個人情報保護法の改正によって，記録の全面的な開示請求が可能になり，現在では多くの医療機関が診療記録の開示に応じているのが実情であることが指摘されている（米村滋人『医事法講義』（日本評論社，2016 年）143-144 頁。他方で，診療契約に基づく診療録開示については，記録そのものを開示することが必須になるわけではないとも指摘している）。こうした現状に鑑み，本稿ではこの点も検討の対象外とする。なお，近時の動向について，

医事法講座　第9巻　医療情報と医事法

2　診療情報の医療・患者における重要性とその収集・蓄積

　患者に関する診療情報には，患者個人の嗜好や生活習慣といった，他者と共有されてもそれほど大きな影響がないと思われる情報もあれば，急性・慢性疾患の有無・病歴・健康志向，さらには生命予後に関わる情報など，本人が他人に知られることを望まない可能性が高い情報や，漏洩されると患者に様々な被害が生じる恐れがある情報が含まれる。このため，患者の診療情報を，正当な理由なく漏洩することは，医療倫理の観点からも禁じられている。診療情報が重要であることは，近時大きな改正のあった個人情報保護法においても意識されており，病歴等が，要配慮個人情報として特別な配慮が求められていることが指摘されている[2]。診療情報の重要性は，世界中で認識されており，その保護のために特別な法規定を準備している国も少なくない。

　医療が提供される場合，医師と患者との間では診療契約が締結され，その契約に基づいて，医師は患者を診察する，というのが広く行われている状況である。ここで患者への診療行為が適確に実施されるためには，患者から医療者に対して，誤りのない，正確な情報が提供されることが不可欠である。一方，患者の側からすれば，正確な・嘘偽りのない情報を提供した場合に，それが，患者に断りもなく，あるいは，正当な理由もなく，漏洩されることはないという保障がなければ，安心して情報を提供することはできない。

　こうした患者情報の保護のため，医療関係者の職務上の義務として，医療関係者には守秘義務が定められており，これらを遵守することは刑事責任の存在によって担保されている。刑法第134条第一項が医師・助産師の守秘義務[3]，また，保健師助産師看護師法は，42条の2において，保健師と看護師・准看護師の守秘義務が規定され[4]，同法44条の3においてその違反の

　　愛知県弁護士会「診療記録の開示に関する調査研究報告書」（平成27年），https://www.aiben.jp/img/shinryoukirokukaiji.pdf 参照。

（2）　例えば，『NEW予防医学・公衆衛生学（改訂第4版）』（南江堂，2018年）363頁（稲葉一人）。

（3）　刑法第134条は，医師，薬剤師，医薬品販売業者，助産師らを挙げ，現職，又はこれらの職にあった者について，正当な理由がないのに，その業務上取り扱ったことについて知り得た人の秘密を漏らしたときは，六月以下の懲役又は十万円以下の罰金に処するとする。

76

罰則が定められている[5]。なお，助産師の守秘義務については刑法に規定があるため，保助看法では，法の名称にもかかわらず，助産師は除かれている。

ところで，医師は患者を診察すると，当該患者の診療に関する記録を作成する。これが当該診療をめぐって取得された医療情報の記録ということであり，医師法は，診療を実施した際の医師の診療録作成義務を課している（医師法24条[6]）。作成された診療録には，5年間の保存義務がある（同条第2項）。医師法24条が作成を求めている診療記録の内容は，同法規則により，①診療を受けた者の住所，氏名，性別及び年齢，②病名及び主要症状，③治療方法（処方及び処置），④診療の年月日，が記載すべき事項とされている（医師法施行規則23条[7]）。以上のように，診療記録の作成義務は医師法に定めがあるが，しかし診療録の作成は，医師患者関係においても，診療契約の履行の一場面として，私法上も医療関係者に義務付けられていると解される。

II　診療情報をめぐる民事法上の関係の規律

1　診療情報の民事上の法的保護の方法

患者は自己の秘密が守られると期待するからこそ医療者に対して秘密を開示するが，それは秘密が守られるという信頼が背景にある。そしてこの信頼は，十分な考慮に値するといえよう。診療情報が極めて個人的な問題である

（4）　保助看法第42条の2　保健師，看護師又は准看護師は，正当な理由がなく，その業務上知り得た人の秘密を漏らしてはならない。保健師，看護師又は准看護師でなくなつた後においても，同様とする。

（5）　保助看法第44条の3　第42条の2の規定に違反して，業務上知り得た人の秘密を漏らした者は，6月以下の懲役又は十万円以下の罰金に処するとしつつ，第2項で，その罪は，告訴がなければ公訴を提起することができないとする。

（6）　医師法第24条は，医師は診療をしたとき，遅滞なく診療に関する事項を診療録に記載しなければならないとし，同条2項は，保存義務を5年と定める。

（7）　医師法施行規則第23条は，診療録の記載事項について，①診療を受けた者の住所，氏名，性別及び年齢，②病名及び主要症状，③治療方法（処方及び処置），④診療の年月日，を挙げる。

からこそ，それを不用意に漏洩されることは，当事者にとっては望ましくない事態である。

日本での医療関係者の守秘義務は，上述のように，第一には刑事責任の問題である。それは医療関係者という身分を有する者に対してのみ科せられる身分犯であり，医療者の身分を持たない者は，刑事責任を問われることはない。また，漏洩が起こった場合，漏洩したと評価できる行為態様でなければならない。さらに，漏洩された情報についても，秘密＝当事者が秘匿したいと考える情報に限定され，あらゆる漏洩が処罰の対象になるわけではない。このように，刑事責任を伴う守秘義務の成立する場面は限られている。

2　診療契約に基づく医療関係者の秘密保持義務など

患者情報の漏洩の問題を，刑事法の問題や医療倫理の問題ではなく，民事法の問題として捉えるならば，医療関係者が負う，診療情報関連の義務は，診療契約に由来すると考えられる。また，不法行為の枠組みの中で，プライバシー侵害に基づく損害賠償請求としても，捉えうる[8]。

診療契約は通常，治療当時の医療水準に適合した医療を提供し，疾病の治療に努力することが中心的な内容である[9]。これは医療事故の損害賠償請求が，日本では殆ど唯一であったことが大きな理由であろう。しかしながら，診療に関わって，生命の危険や身体の状態の改善といったもの以外にも，患者の診療情報を守り，不用意に公開したりしないことも，診療契約の内容として認められることは，異論をみない[10]。そこで，診療契約には，患者情

(8)　英米法であれば，コモン・ローによる契約・不法行為以外にも，エクイティによる保護，国際人権法による人権保障の議論もある。これらにつき，Herring, Medical Law, Oxford U.P., 2011, p96-104.

(9)　最判平成7年6月9日民集49巻6号1499頁など参照。

(10)　しかしながら，これについては，異論がないというよりも，あまり関心が払われてこなかった，というのが実情であると思われる。山口斉昭「医療契約の典型化に関する議論とその医療契約論への影響」（安永正昭・鎌田薫・能見善久監修『債権法改正と民法学Ⅲ』（商事法務，2018年）429頁以下）においても，議論されているのは提供される医療行為の当否に関わる問題が中心であって，診療情報に関する論点は，正面からは取り上げられていない。また，名古屋弁護士会（現在は愛知県弁護士会）人権擁護委員会医療部会・医療契約書モデル案（平成14年3月。http://www.aiben.jp/page/frombars/topics/61folder/keiyaku.txt）でも，第四条で秘密保持の義務に触れてはいるもの

報を正当な理由なく漏えいすることはしないという義務も，当事者の義務の中に含まれているものと考えられる。診療情報に関する契約上の義務は，日本では，それが存在すること自体は当然視されながらも，上記のような治療義務の議論の背景に回ってしまったことや，刑事法上の守秘義務が存在すること，プライバシーを医療現場で守ることが困難な設備・構造となっていたこと等を理由として，余り意識されてこなかったように思われる。

　ヨーロッパにおいては，診療契約の起草に関する議論が続けられてきた関係で，診療契約に盛り込まれる諸義務について既に一定程度の蓄積がある。また，オランダ・ドイツでは，既に民法典のなかに診療契約の規律が起草されて組み込まれ，診療録作成義務等が明文化されている。そこで以下では，これらの議論を参考に，診療契約上の医療関係者の情報保持義務について概観する(11)。

　まず，ヨーロッパ契約法における診療契約法の議論を概観すると，これはあくまで研究者グループによる提案ではあるが，PEL SC では，その第七編109 条において，患者の治療歴に関する記録作成，保存，更新の義務があることを定めると共に，患者には記録に対するアクセス権があることも明記している。さらに，医療提供者は，診療記録を秘密にしておくことが義務付けられている(12)。これらの義務の履行には様々な意義があり，治療の正確性の担保，患者の状態の把握，治療歴や疾患の進展状況，同意の有無，治療者の名前等が記載される。記録を保存する義務はすべての対象国で認められており，特別な規律を準備している国もいくつかあり，適切な記録を保存しな

　の，他の条文に比べると，ウェイトの置かれ方はそれほど大きくない。ただし，米村・前掲注（1）142 頁以下は，守秘義務違反を独立の権利・法益侵害類型として基礎づけることに言及している。

(11)　診療記録作成を民法上の義務とする立場として，ヨーロッパ法原則（Principles of European Law）・サービス契約第 7 編 109 条，DCFR 共通参照枠第 4 編 C 第 8 章 109 条がある。同条では，医療提供者は，治療に関する適切な記録を作成しなければならないとされ（第 1 項），医療提供者は記録を保存しなければならないことが第 5 項で，また，医療提供者は患者に関する情報について，第三者又は公益を保護するために開示が必要な場合でなければ，開示してはならないこと（第 6 項）を定める。なお，林かおり「ヨーロッパにおける患者の権利法」外国の立法 227 号 1 頁以下（2006 年）も参照。

(12)　Barendrecht et.al., Service Contracts (PEL SC) Oxford U.P. 2007. 診療契約については pp781-900；このうち診療情報に関して言及されているのは，pp875-890.

医事法講座 第9巻 医療情報と医事法

かった場合には懲戒されることもある。記録に対するアクセス権にも国によりばらつきはあるものの，それらが一応は認められることには，ヨーロッパではほぼ共通理解がある。記録が秘密とされることについても，すべての対象国で認められているが，プライバシーも，第三者への危害発生や公益への危険性には優越しないとする国もあるとされる。このような情報に関する規定は強制的なものであり，当事者同士で排除することはできない。また，この義務違反者は，PECL2:302 に基づいて，損害賠償責任を負担しなければならない，とする。

PECL の後にまとめられた DCFR[13]でも，ほぼ同趣旨の規定が定められている。

以上からは，診療記録に関しての議論は，比較法的には，①記録保存義務，②記録保存義務の懈怠の効果，③患者の記録へのアクセス権，④記録の機密性，⑤機密性の例外，の5つの論点があり，これらの規律を民法に置いている国もあれば，医療関係者の身分法において規制する立場をとるポーランド，刑事法に根拠を置くドイツといったように，国によりその対応はさまざまであるということが示されている[14]。

診療情報に関して，民法典の中で規定を有する国としては，オランダとドイツがある。オランダでは，医師患者関係は民法で規律されており，私法上の関係が主となっている[15]。オランダ民法典第七編（以下，オランダ民法は

---

(13)　DCFR については，Study Group on a European Civil Code and Research Group on EC Private Law（Acquis Group）prepared, Edited by Cristian von Bar, et.al., Principles, Definitions and Model Rules of European Private Law, Draft Common Frame of Reference（DCFR）Outline Edition, European law Publishers, 2009, p329. 同書の翻訳として，窪田充見ほか監訳・ヨーロッパ私法の原則・定義・モデル準則共通参照枠草案（DCFR）199 頁以下（寺川永・翻訳）。それによれば，Ⅳ.C-8 編 109 条が医療記録についての規定で，医療従事者は記録作成義務があり（第一項），保存期間は原則 10 年（第4 項），当該情報は一定の必要な場合を除いては第三者に開示してはならないとする一方で，統計上・教育上又は研究のために，匿名の方式で記録を利用するができること（第 6 項），を定めている。DCFR の Full Edition, Vol. 2 では，pp2001-02, 2004-05, 2006, 2011-12 において，Ⅳ-C 第八編 109 条第六項についての言及がある。

(14)　Barenderecht et.al., supra note 12, pp882-883.

(15)　オランダ法では，オランダ民法第 7 編 446 条から 468 条で診療契約について準備されており，その中で医療関係者に診療録の作成義務があることも明文で定めている。診

80

すべて第七編である。）454 条以下では，患者の情報提供義務等が規定されて
おり，まず 454 条では医療提供者の記録作成義務とその内容・保存義務と保
存期間が 10 年であることが定められ，記録を作成することが患者に対する
義務であることが明言される。作成される記録は，患者の健康状態及び実施
された治療に関するものであり，治療に関してとられたデータも挿入するこ
とが求められている。455 条では，患者の記録破棄請求権，456 条では，患
者の記録複写請求権と，その権利行使が第三者のプライバシーを侵害する場
合には認められないことが規定されている。457 条は，患者の同意なしに患
者の情報が患者以外の者に提供されることを制限しつつ，治療に関与する者
はそこから除外されている。また，458 条では一定の目的と条件のもとでの
患者の同意のない記録の利用について定められている。

療録を作成することを義務づける理由としては，診療記録を作成することで，①実施さ
れた診療内容の記録，②医療関係者間の医療内容の点検可能性と引継ぎの正確性の担保，
③同意の存在の確認，などが挙げられている。E-B van Veen, De WGBO De betekenis
voor de hulpverleners in de gezondheidszorg, 3e druk, koninklijke vermande, 2002, p85.
オランダ刑法は 272 条で故意の守秘義務違反に対して刑事責任を科している。Veen,
supra note 11, p66. オランダ民法典全体における診療契約の概説として，Hijma =
Olthof, Compendium van het Nederlands vermogensrecht, 11e druk, Kluwer, 2011,
pp410-412; 手嶋豊「患者の権利確立への歩み——オランダの診療契約法とその周辺」
リーガルエイド研究 4 号 13 頁以下（1998 年），同「オランダにおける診療契約法につ
いて」年報医事法学 21 号 49 頁以下（2006 年）の検討の重点は，本稿で問題とする診
療情報とは異なるが，オランダ法の状況を概観する。なお，Chorus=Hondius=Voer-
mans eds, Introduction to Dutch Law, 5th ed. Wolters Kluwer, 2016,209,213 は，オラン
ダ民法典中の各種契約として診療契約にも言及し，診療契約に関する英語文献（Hon-
dius=Hooft, The New Dutch Law on Medical Services, 43 Netherlands International Law
Review 1, 5 (1996); Markenstein, The Codification in the Netherlands of the Principal
Rights of Patients, 2 European Journal of Health Law 33, 39 (1995)。論文の引用頁は診
療情報の守秘の扱いに触れた部分）も紹介する。オランダ民法の関係条文については，
法務省 http://www.moj.go.jp/content/000083174.pdf に翻訳が掲載されている。オラン
ダ民法第七編における患者の診療記録に関係する条文の内容は，以下のものである。
　第 454 条　治療記録作成義務と原則 10 年の保存義務。
　第 455 条　患者の書面破棄請求権と医療提供者の破棄義務。
　第 456 条　患者の書類閲覧・謄写権。
　第 457 条　患者以外の者への情報取得を回避するための医療関係者の配慮義務，情報
に触れることのできる医療関係者の範囲。

ドイツでも，オランダに遅れて 10 年以上経過して後のことではあるが，医師患者関係の法的規律は民法によることが採用され，民法典・社会保障法典等の改正が行われた。本稿の問題関心では，BGB630f 条における記録作成義務と，BGB630g 条における記録閲覧権，さらに BGB630h 条における推定，が関係する。ドイツ民法典の規定は，オランダ民法典の定める内容に比較すると，内容が簡素で，それほど詳細でないのが特徴であり，契約上の守秘義務は明文化されていない[16]。

3　先行する国からの示唆

以上のように，診療契約法が定められているオランダでは，治療義務・説明義務と並んで，診療記録に関連する医療関係者の義務が並列されている。すなわち，医師患者関係を基礎に置く診療債務には，診察・治療に関わる規範群と，記録に関わる規範群とが存在する。これは診療記録が医療の実施に際して常に収集されるものであり，正しい医療の実施に不可欠で，そこに含まれている個人情報の重要性に鑑みても，妥当な態度と位置づけであるということができよう。そして，記録に関する債務者の義務が，治療義務や説明義務などと並列して列挙されていることに鑑みれば，診療記録をめぐる医療関係者の義務は，診療契約上，債権者＝患者の財産や精神上の平穏を害しないための配慮をする義務に位置づけられるといった消極的なものではなく，診療契約における主たる給付義務のひとつとして位置づけられていることになろう。

---

(16)　ドイツ刑法は 203 条で医療関係者の守秘義務を定めており，BGB823 条の保護法規違反としての機能が認められる。高橋直哉訳・エリック・ヒルゲンドロフ・医事刑法入門（中央大学出版部，2019 年）168-169 頁。ドイツ民法に規定された診療契約については，服部高広「ドイツにおける患者の権利の定め方」法学論叢 172 巻 4 = 5 = 6 号 255 頁以下（2013）が詳しい。同論文では，630g 条について，ドイツ刑法 203 条第 1 項が患者の死後にも及ぶことから診療提供者の守秘義務との調整がなされた帰結であると指摘する（278 頁）。なお，ドイツの診療契約一般については多くの文献があるが，Kubella, Patientenrechtegesetz, Springer, 2011;Walter, Das neue Patientenrechtegesetz, C. H. Beck, 2013; Janda, Medizinrecht, 3. Aufl. 2016; Ruetzenhoff, Das Patiententechtegesetz, Dr. Kovac, 2017 などを参照されたい。ドイツでの患者情報の扱いについては，村山淳子教授の一連の業績（早稲田大学法研論集 97 号，同 98 号，医療契約論（日本評論社，2015 年）ほか）が参考になる。

4 医師患者関係における医療情報の民法的側面［手嶋 豊］

　診療契約の一面として情報保存義務が存在することを認めるとして，そこでの義務はいかなる内容か。前述のようにオランダ民法は，第457条で医療提供者は，患者以外の者が，当該患者の同意なしに，当該患者に関する情報を取得し，または第454条所定の書面を閲覧もしくは膳写しないよう注意しなければならないといった注意義務を定めており，ここでも参考になるものと思われる。

　なお，診療記録は，治療が継続している期間だけでなく，治療終了後も，一定期間はその保存義務が存在する。これは，個別の診療契約が治療の完了によって終了したとしても，それによって診療記録の廃棄が直ちに認められるというわけではない。それまでの病歴やそれに対する治療歴などの過去の医療の経験は，患者の新たな疾患や再度の罹患への対応にとって極めて重要な意味があり，また，患者としてもそうした過去の事情を正確に記憶・記録しているとは限らず，このような診療情報が医療機関において維持・保存されることには，医学的にも事実上も積極的な意味が認められるといえよう。そしてその保存期間をどうするかについては，当事者間で決めるということでもなく，一定期間の保存が義務付けられている。この記録保存義務は，契約の問題としては，契約終了後の余後効として論じることになるものと思われる。

　オランダの医療制度は日本と異なり，いわゆる一般医が各地域において開業する形であって，患者が医療機関を利用する場合には，まず予め指定されている医師の診察を受けるという仕組みである。重篤な疾患があれば，そこから病院への転送が行われる。そこで，当該地域に患者が居住している限り，医師を変更することはなく，医療機関が診療記録を保存するのは，比較的安定的に行うことができるという事情がある。これに対して日本では，患者の意向で受診する医療機関を変更することは，若干の経済的な負担が伴うとしても自由であるという事情がある。

　それでも，こうしたオランダで認められている診療記録の保存及び秘密保持の契約条項は，日本における契約関係でも基本的に妥当すると考えられる。その内容は，治療に関する診療記録を作成し，医療スタッフ間で共有すること，診療契約終了後も一定期間保存すること，診療記録に記載された内容は患者の秘密として保持されること，である。これは明示的に当事者間で示さ

83

医事法講座 第9巻 医療情報と医事法

れなくても，医療を受ける場合に含意されているとして扱うことができる。

Ⅲ　診療情報の漏洩にかかる民事上の問題

1　原則としての診療情報の漏洩禁止と民事責任

　上述の検討の結果として，患者の診療情報の理由のない漏洩は，民事法上も違法であり，自身の診療情報が漏えいされることによって被害を受けた患者は，慰謝料を始めとする損害賠償請求権の根拠となりうると思われる。この場合，損害賠償請求権の根拠としては，上述した契約違反―債務不履行としての構成と，不法行為としての構成とがありうる。先例としての実績が存在するのは，不法行為構成である。守秘義務とプライバシーの権利とは，相互に関連し合っており，互換性のあるものと考える立場も多いが，別のものとして捉えられている[17]。そうした論者によれば，守秘義務は医療倫理に端を発しているのに対して，プライバシーの権利は，患者の自己情報コントロール権が認められるようになって，ようやく認められるようになったものであり，その歴史は浅く，国によって，例えばイギリスなどは，プライバシーの権利性を認める段階に至っていないこともあるとされる。

　医療関係者が刑事責任を負わせられるような場合には，民事上の賠償責任も同時に発生する場合が多いものと推測される。一般に，刑事上違法とされる義務違反は，同時に民事上でも違法と評価されることが多いであろうが，民事と刑事では医療関係者の負う義務の名宛人が異なるため，刑事上違法と評価されても民事上は違法でないという場合もある。また，民事責任の場合は，情報の漏洩が，患者に損害を与えたものかどうかについても検討の必要がある[18]。

---

(17)　例えば，White=McDonald=Willmott, Health Law in Australia, Thomson Reuters, 2018; Chapter9 p396, 407 でこのことが指摘されている。

(18)　こうした内容の義務違反が問題になるものとして，医療機関・医療関係者が外部からの問い合わせに安易に応じてしまった，というものが想定される。ニュージーランドの事例として，離婚訴訟の相手方からの依頼に応じて，離婚訴訟の一方当事者の精神的不安定についての内容を医師が示してしまい，それに対して損害賠償請求が認められたという事案が，White ほか・前掲注(17)403 頁において，Furniss v. Fitchett, [1958]

84

① 不法行為としての構成

診療情報は究極の個人情報であり，それらを公けにされることは，患者本人にとって大きな苦痛を生じさせかねない。このため，診療情報は一般的に，プライバシーのひとつとして保護されるものと考えられる。そこで，患者情報を公けにすることについて，プライバシー侵害として不法行為となり，漏えいした医療関係者は，民法 709 条により，生じた損害を賠償する義務を負うことになる。最高裁は，診療情報ではないが，個人情報を適切に管理・維持することが期待されているにもかかわらずそれが適確に管理されなかった場合には，賠償責任を負うことを認めている[19]。このため，表現の自由との関係では利益衡量，保護が不十分なものであった場合には，当該情報に要求される保護の態様に照らして，情報保持者の対応が適切であったかどうかが判断されるとの指摘がある。

診療情報の漏洩に関しては，いくつかの下級審判決は存在する。さいたま地川越支判平成 22 年 3 月 4 日判時 2083 号 112 頁は，第三者に損害賠償請求していた原告が，受診している医療機関から当該第三者に情報が漏えいされたとして損害賠償請求をしたものであり，守秘義務を診療契約上の附随義務として債務不履行責任または不法行為であるとして賠償請求をしたものである。判決では守秘義務について，職業倫理と刑事責任に言及して情報秘匿についての法律上の義務があることを述べ，漏洩行為をしたといえるか，違法性があるかを検討し，そのいくつかを認め，不法行為責任を認めた。また，看護師である患者が，HIV 検査結果陽性の診断を病院から勤務先に伝達されたことにより退職を余儀なくされたことにつき，当該伝達行為が不法行為になるかどうかが争われた事例（福岡地久留米支判平成 26 年 8 月 8 日判時 2239 号 88 頁，福岡高判平成 27.1 .29 判時 2251 号 57 頁，最決平成 28 年 3 月 29 日

NZLR 396 として紹介されている。オーストラリアでの議論であるが，コモン・ローにおける患者情報の不適切な扱いに関して，ネグリジェンスを問題とする場合には，①合理的な注意を払う義務を生じさせる関係が存在すること，②注意義務違反，③被告の行為の合理的に予見可能な結果としての損害，を主張する必要があり，契約違反を基礎にする場合には，患者は，①契約の存在　②医師が契約の文言に違反したこと　③患者が当該違反の結果直接に被害を被っていること，を主張しなければならない，とされる。Loane Skene, Law and Medical Practice, 3rd ed., LexisNexis, 2008,296.

(19)　最判平成 15 年 9 月 12 日民集 57 巻 8 号 973 頁。

医事法講座　第 9 巻　医療情報と医事法

不受理決定）でも，不法行為の成立を認め，損害賠償を命じた。ここでは，本件で問題となった診療情報が人に知られたくない情報であることと認めている[20]。

　なお，アメリカでプライバシー侵害が問題となったものとして，美容外科整形において，患者の治療前と治療後の変化を患者の同意なく公表した医師が，プライバシー侵害としてその責任が肯定された事例がある[21]。

　② 債務不履行構成

　診療契約の違反としての情報漏えいも考えられる。東京地判平成 24 年 4 月 20 日 LEX/DB25493877 は，歯科医と患者との紛争において，もともとは診療過誤の存否が争われた事案の中で，診療契約上の守秘義務に違反し名誉を棄損したと主張されたものであるが，判決では名誉棄損の成立を認めず，また，診療契約上の守秘義務を肯定しつつも問題とされた情報の漏洩は賠償責任のあるほどの違法性があるとは認められないとした。

　③ 診療情報の漏洩が生じた場合の損害とその評価

　診療情報の漏洩が生じた場合，その漏洩自体に患者に精神的苦痛を生じさせる側面があるので，それは慰謝料で認められよう。もっとも，その評価には当事者同士で大きなずれが生じることもありうる。さらに，情報漏洩が二次利用されてそれにより経済的損失が生じるという場合も考えられるが，この場合には，漏洩と損失との間に因果関係はあるか，が大きな問題となることが推測される。

2　診療情報の開示をしなければならない場合

　これまで，診療情報が基本的に保護されねばならないことを繰返して論じたが，その保護が絶対的なものではないことは，内外の文献で指摘されてい

---

(20)　このほか，東京地判平成 11.2.17 判時 1697 号 73 頁（HIV 感染の診療情報について，在学先の大学教員に漏示したため退学を余儀なくされたとして損害賠償請求した事例につき，賠償責任を否定した事例）や，正当な訴訟行為といえる場合には違法性を阻却されるとした事案（福岡地判平成 16 年 2 月 12 日判時 1865 号 97 頁），看護師が勤務する病院に入院していた患者の情報を配偶者に話したことが患者家族に伝わった事案（大分地判平成 24 年 1 月 17 日 LEX/DB25482450）などがある。

(21)　Vassiliades v. Garfinckel's, Brooks Bros. 492 A.2d 580（D.C. App. 1985) in: Boumil=Hattis, Medical Liability in a nutshell, 4th ed., 2017, p100。

る。すなわち，診療情報は一定の場合には，開示することが許され，また，開示しなければならない場合もある。

　守秘義務に関連して，医療関係者が有する患者の診療情報の一方的開示が正当化される場合の根拠として，ほぼ必ず挙げられるのは，①患者が同意した場合，②公益的理由による場合，③第三者の権利・利益を保護するために必要な場合，である[22][23]。

　これらの議論は，守秘義務が解除される場合の例として取り上げられている。その意味では，民事法の関係でのここでの議論とは状況に若干の違いがあることには注意する必要がある。しかしながら，私人間の取り決めによっ

---

(22)　Herring・前掲注（8），pp103-111; Brazier=Cave, Medicine, Patients and the Law, 5th ed., Penguin, 2011, Ch.4.4; Devereux, Confidentiality, Privacy and Access to Information, in:Farrell et al., Health law, frameworks and context, Cambridge U.P. 2017, Ch.12. など。

(23)　上記３つ以外にも，同一医療チームの場合，匿名化された場合等も守秘義務違反の例外とされる。まず，近時のチーム医療に現れているように，医療スタッフ間の情報共有が適切な医療の提供には必要不可欠であるため患者情報の共有される場合を例外として捉えられる。診療情報は，医療関係者が同一の医療チームに属しているのであれば，当該患者情報はチーム内では共有できるものと解するのが適切であると思われる。オランダ民法では，この点も顧慮され，同一医療チーム内での情報提供は他人とされない旨が規定されている。次に，匿名化された場合である。匿名化とは，主に研究のために診療情報を用いる際に採用される。匿名化されれば個人情報という性質を失うと理解される。特定の疾患を持つ患者の情報は，単体としての価値もあるが，それが一定数のまとまったものになれば，別の側面での意義を持つことがある。そこで，診療情報をマスの形で集積し分析することも，疾患の克服のために非常に重要な研究方法である。しかし，患者の診療情報の厳格な管理のもとでは，こうした研究は実施しにくいものになりやすい。オランダ民法第458条は，国民の健康に関する統計的または学術的調査のためであれば，患者の同意なしに，患者以外の者に対して，当該患者に関する情報を提供し，または書面の閲覧もしくは謄写を認めることができるとして，①同意を得ることが合理的にみて不可能であり，かつ当該研究の遂行に関して当該患者のプライバシーを過度に侵害するものでない場合，②調査の性質及び目的に照らし同意を得ることが合理的にみて不可能で，医療提供者が，個々の自然人への返送が適切に避けられる形式で，当該データが伝達されるよう配慮する場合，にこれを認める。また，①当該調査が公益に資する場合で，②調査が当該データなしには遂行できず，かつ，③当該患者が情報の取得または閲覧もしくは謄写の許可に対して明示的には反対していない場合も同様である。日本ではこの問題は，個人情報保護法と研究倫理指針に関連して扱われている。

医事法講座　第9巻　医療情報と医事法

て，公法上医療関係者に課せられている届出義務を履行することが排除され，その義務を履行したことを患者に対する関係で民事責任を負う基礎とすることは，法の制度目的の観点から適当とはいえない。従って，診療契約の一場面としても，こうした公法上の義務履行のための情報開示は，開示者の責任を阻却すると理解し，公法の扱いと同様に処理すべきと考えられる。

　①にいう，患者が情報の開示に同意した場合，その同意された情報は，患者との関係では秘密とする必要性がないとされるものとなる。従って，医療情報を収集するにあたって，患者の同意を得ることの有用性は大きいであろう。

　ただし，患者からの同意があった情報であるといっても，なお問題となり得るものがある。患者が同意したとはいうものの，その同意が有効なものであるかについて疑問が存在しうる一定の範囲の人々がいる。また，同意できる範囲はどこまで認められるか，患者の明示の同意が存在しない場合に黙示で同意があったものと評価してよいか，患者の同意があればいかなる情報も開示できるのか，同意できない患者についての同意の問題はどうなるのか，といった点もある。

　まず，患者が同意できる範囲はどこまでなのか。ひとたび同意を取得しておけば，それが包括的同意であって，当該患者についてのすべての情報公表が認められる，ということにはならないであろう。包括的同意は，なるべく広い範囲について患者の同意を取り付けようとするところに問題が生じやすく，可能な限り，同意は個別の特定したものであることが望ましい。

　患者が未成年者であったり，意思無能力の状態にある場合，診療のために患者からインフォームド・コンセントを取得しようとしても，法律上それはできないことがある。そこでそのような場合，患者の親権者に当該患者の情報を提供し，患者本人に代わって承諾するかどうかを決定してもらうことが不可欠である。同様な点は患者が意思無能力者である場合にも，認められることができよう。このため，こうした者が診療の対象になっている場合には，患者個人の情報を，患者本人を離れて開示することが必要となる。

　患者が死亡してしまった場合，日本法では，死者の情報は保護されないと指摘され[24]，その情報の開示は認められているものと理解するのが一般的とされる。もっとも，医療倫理上は保護されるべきとの理解が海外では当然

88

のこととされることが多く，日本法の立場が相当なものであるかどうかは，なお検討の余地がある。

　同意は黙示のものでもかまわないとされる。しかし患者の同意があれば，いかなる情報も開示できるのか，については，患者個人の自己決定によって処分可能な情報であることが必要である。そして，患者が同意した場合であっても，患者が同意をなしえない精神状態にあったり，同意の意味を理解できない場合であったりすれば，その同意は，法的評価の対象として，開示が認められる意味での同意の要件を満たさない。

　次に，開示が認められる場合として②で挙げられている公益的理由には，感染症予防法の規定[25]に典型的なように，患者の承諾の有無にかかわらず，当該疾患の診断の存在を報告することが，疾患の拡散を予防し，速やかな対応策を行うことが求められている領域がある。このような公益的観点から，患者の同意の有無に関わらず，情報の開示が認められている一群の例がある。

　厚生労働省のウェブサイト[26]には，医療関係者に届出義務のある疾病等が掲載されている。それによれば，法の定める疾患を診断した場合には，医療関係者には都道府県知事などに対して患者情報を含めた届出を出すことが義務付けられている。もっとも，こうした届出について，該当する疾患であれば一律にすべての情報が提供される，ということではない。法が定める疾患は，致死率が高い一方，強弱の差はあるにしても感染性のものであって，

---

(24)　個人情報保護法でも，その保護の対象は生存する個人に関する情報に限定されている。個人情報の保護に関する法律第2条第1項。

(25)　感染症予防法第12条は，一類感染症の患者，二類感染症，三類感染症又は四類感染症の患者又は無症状病原体保有者，厚生労働省令で定める五類感染症又は新型インフルエンザ等感染症の患者及び新感染症にかかっていると疑われる者を診断した医師は，直ちにその者の氏名，年齢，性別その他厚生労働省令で定める事項を，厚生労働省令で定める五類感染症の患者（厚生労働省令で定める五類感染症の無症状病原体保有者を含む。）については7日以内にその者の年齢，性別その他厚生労働省令で定める事項を最寄りの保健所長を経由して都道府県知事に届け出なければならないと定める。また，厚生労働省令で定める慢性の感染症の患者を治療する医師は，毎年度，厚生労働省令で定めるところにより，その患者の年齢，性別その他厚生労働省令で定める事項を最寄りの保健所長を経由して都道府県知事に届け出なければならないとする。

(26)　https://www.mhlw.go.jp/stf/seisakunitsuite/bunya/kenkou_iryou/kenkou/kekka ku-kansenshou/kekkaku-kansenshou11/01.html

医事法講座 第9巻 医療情報と医事法

感染症発生といった情報が秘匿されてしまうと，人々が知らない間に重度疾患が拡散してしまい，取り返しのつかない結果が生じる恐れがある。このため，社会への脅威がそれほど大きなものではない場合は，患者情報の詳細さはそれほど求められないが，危険性が大きい場合は，詳細な情報提供が必要とされるなど，届出の内容は，社会への影響度が深刻さを増すことに比例して詳細になっている。ここでは，情報秘匿についての患者の利益は，公益との関係で後退させられている。

　もっともこのように，ある疾患についての患者を特定する情報を提供することを医療関係者に課す場合には，その情報の届出をきっかけとして，国家・行政機関が患者に対して強制力を行使させ，当該疾患を患っている患者個人の福利にとっては極めて酷な結果が生じる恐れもないわけではない。特に，強制力を行使することを認める法が，疾患の扱いの観点から過剰な介入を認めるものになっていたり，医療の進歩によって，立法当時の法律事実と実状との間に大きな齟齬が生じているようになっている場合などには，これは顕著に現れる恐れがある。このため，脅威を及ぼしかねない疾病をコントロールするために立法された法が，社会からの認知を恐れる患者が地下に潜ることを推奨しかねない懸念は，常に存在している。そういった負の反応を避ける・最小化するためには，届け出をすることで患者にそれを超える福利が提供されることにならなければならないものと思われる。届け出義務の履行とそれに対する対応の当否は本稿の問題関心からは外れるためこれ以上詳述しないが，感染症の法的な扱いについては，こうした状況があることは指摘しておきたい。

　感染症以外にも，医療関係者に報告義務を負わせたりそれを推奨する法制としては，児童虐待の防止等に関する法律（児童虐待防止法）第6条第1項や，配偶者からの暴力の防止及び被害者の保護等に関する法律（DV防止法）第6条第2項などがある。これらは，被害が生じている可能性があることを察知しうる医療関係者に守秘義務の例外を認めて，より弱い立場にいる被害者を保護することを目的とするものである。また，犯罪等に関連する事態に遭遇した場合の対応も，同種の問題がある。

　③でいう第三者の保護目的を理由としての情報開示は，アメリカ・カリフォルニア州で発生したTarasoff事件[27]が，リーディングケースとして挙

げられることが多い。これは，精神科医が，第三者に対して警告義務を負う
かという事案である。診療現場で医師が患者との関係で知り得た情報を開示
しなければ，第三者に被害が及ぶ可能性があるとき，その情報の第三者への
開示が，医師の義務となるのかという問題である。一方で医師は，情報の漏
洩を行ったと非難されるリスクを負うが，他方で，医師にしか知り得ない情
報を握りつぶしたために，第三者が危険にさらされ，何らかの悲劇が起こる
というリスクが生じかねない。こうした義務を医療関係者に対して一般的に
認めることができるかどうかについては，否定的に捉える見解が世界的には
優勢といえようが[28]，その根拠は，現実に予見できるリスクの評価が極め
て難しいことであり，治療への悪影響も踏まえ，広く認められているわけで
はない。結局，重大な危険が現実的であることを要する場合が多いことに
なっている。

　同種の問題は，致死的な感染症に感染していることを診断した医師が，当
該患者の配偶者・パートナーにこうした事実を知らせなければ，生命を脅か
しかねない感染が起こる危険が存する場合にも，生じることが，問題視され
てきた。医療関係者がまずすべきは，患者の説得であって，その協力を得て，
配偶者等と情報を共有することが望まれる。度重なる説明と説得を試みるこ
となく，いきなり関係当事者に当該診断情報を伝達することは，それ自体は
緊急避難的対応として違法の誹りを受けることはないとしても，患者との信
頼関係が崩壊するリスクを多分に有し，以後の治療が途絶する可能性が大き
い。

Ⅳ　医療機関の外部からの診療情報への不正アクセスへの対処

　電子カルテが広く普及し，多くの診療情報が電子データとして保存される
ようになると，当該データをプールするデータベースに対して不正アクセス
をする者が生じる危険が発生する。この場合，不正アクセス者に対して民事
責任を追及することは可能であり，本来はそうすべきものであるが，それが

---

(27)　Tarasoff v. Regent of the University of California; 131 Cal. Rptr 14 (1976, Cal. Sup. Ct).

(28)　Skene, supra (18), at 289 note 105.

露見するとは限らない。そこで，重要な情報をプールしている事情がありながら，脆弱なセキュリティ状態のままで十分な措置も施さず放置していたという場合，医療情報管理者としての管理義務の懈怠を問題とすることがあり得よう。システムの脆弱性が認められるのであれば，それを補完・修復することが診療情報を集積している立場から義務付けられることになろう。

V 結 語

　診療情報をめぐる日本法の規律は，私法上の規律と公法上の規律が交錯している領域であり，それだけに両者の関係が必ずしも明確でない。特に，刑事法上に医療関係者の守秘義務が存在しているため，改めて民事法の観点からの検討をまつまでもなく，患者の情報を不用意に漏らしてはならないという規律が存在していることは自明であると考えられ，私法上の問題として取り上げることには，積極的な意義を見出しえない面もある。そして実際のところ，私法上の扱いを考えるにしても，結果的には現在の公法上の規律とほぼ同内容となっているように思われる。また，診療契約上の問題として争いつつも，情報漏えいは不法行為と判断される判決があるなど，医療関係者の守秘義務が，診療契約でも位置づけがはっきりしていないという側面があることも見受けられる。

　本稿は，診療情報には民法上の課題も存在することを再確認し，いくつかの他国の状況を概観した程度のことに限られる。しかしそれでも，医療関係者が契約上，診療情報を漏えいしないことを義務付けられ，これが診療債務とは別に引き受けられていることを検討したことに意義を見出すことができると考えられる。

5 アメリカにおける医療情報の研究利用規制

永 水 裕 子

医事法講座 第 9 巻　医療情報と医事法

I　は じ め に
II　HIPAA プライバシールールとセキュリティールール
III　情報を利用する医学研究の規制
IV　結びに代えて

I　は じ め に

　本稿においては，医療情報と研究に関連する部分のみであるが，HIPAA
プライバシールールとセキュリティールールの概要および改訂コモン・ルー
ルについて大まかな説明をした後に，現在では，医学研究において，ビッグ
データを含む，膨大なデータを利用・分析する研究が増えていることや完全
な匿名化はもはや不可能になりつつあることを合わせて考えると，ベルモン
ト・リポートの下での今までの研究規制枠組である患者の同意または IRB
の承認だけで倫理的問題を処理することには無理があり，別の枠組を模索し
ていくべきではないかという主張がなされていることを紹介したい。なお，
筆者が情報関係のことに疎いのにもかかわらず，この項目について筆者が指
名されたのは，細かい論点につき突っ込んで論じるのではなく，制度の概要
とそれに対する批判を紹介することが求められているのだろうと考え，簡潔
に記述することを心掛けた。

II　HIPAA プライバシールールとセキュリティールール

1　HIPAA 法制定当時の状況

　「医療保険の相互運用性とそれに伴う説明責任に関する法律」（The Health
Insurance Portability and Accountability Act（以下，HIPAA 法とする。））が
1996 年に制定された当時，丁度インターネットが普及し始めた頃であった
が，医療情報の電磁的やり取りはすでに行われていた。HIPAA 法の当初の
目的は，電磁的医療情報のやり取りに関する統一規則を作ることであったが，
その当時からプライバシーに対するリスクの高まりはすでに明白であっ
た[1]。1996 年当時は，Amazon がサービスを始めたばかりで，しかもまだ
本しか取り扱っていなかったし，ほとんどの人にとってインターネットの主

（1）　Margaret Foster Riley, Big Data, HIPAA and the Common Rule: Time for Big
Change?, in BIG DATA, HEALTH LAW, AND BIOETHICS, edits I. Glenn Cohen et al.,
Cambridge University Press, 2018, at 255.

医事法講座　第 9 巻　医療情報と医事法

な利用は e-mail の送受信であり，クラウドも存在していなかった。病院の医療記録は紙媒体がほとんどであったし，病院には大きなカルテ室が存在していた（当時，これらの記録はデジタル化されていなかった。）[2]。しかし，集積したデータが流出する怖れがあることや，それまでは情報に物理的にアクセスできるかが問題であったがこれからはネットワークを通じてアクセス可能となること，医療情報がより商業的価値を有するようになることは予測が可能だった[3]。ただし，インターネットという新たな技術と集積された大量のデータが，私たちのプライバシー概念を変える可能性があることについて，一部の例外を除き，ほとんどの人は気に留めていなかった[4]。以下において，そのような時代背景の下で作られた HIPAA プライバシールール及びセキュリティールールの概要と，時代の変化に伴い制定された HITECH 法等に基づき行われた HIPAA ルール改訂の概要を紹介する。

2　HIPAA 法とその施行規則であるプライバシールールについて

HIPAA 法は，1996 年 8 月 21 日に制定されたが，その目的は，医療的ケアの提供をより効率的にすることと，アメリカにおける医療保険加入者の数を増やすことである[5]。これらの目的を達成するために，同法は，（1）医療保険の相互運用性に関する規定，（2）税金に関する規定，および（3）医療事務簡素化規定（administrative simplification provisions）という 3 つの主たる部分により構成されているが，ここでは(3)の一部として連邦保健福祉省（以下，保健福祉省とする。）が発出している HIPAA プライバシールールおよびセキュリティールールに焦点を当てる。HIPAA 法の医療事務簡素化規定に基づき，保健福祉省長官は，医療記録の電磁的移転に関するいくつかの規則を制定しなければならないとされているが，これらの規定の主たる目

（2）　Riley, *supra* note 1, at 256.

（3）　Riley, *supra* note 1, at 256.

（4）　Riley, *supra* note 1, at 256.

（5）　HIPAA 法の目的と画期的意義，成立の経緯については，樋口範雄「アメリカにおける医療情報保護：HIPAA 法と日本への示唆」開原成允・樋口範雄編『医療の個人情報保護とセキュリティー：個人情報保護法と HIPAA 法（第 2 版）』（有斐閣，2005 年）49-76 頁および INSTITUTE OF MEDICINE, BEYOND THE HIPAA PRIVACY RULE: ENHANCING PRIVACY, IMPROVING HEALTH THROUGH RESEARCH, 2009, at 153-157 参照。

96

的は，電磁的医療記録の利用の標準化である。議会は電子技術（electronic technology）の発展が，医療情報をめぐるプライバシー侵害になりうることを認識していた。このように，HIPAA 法は，電磁的医療情報利用に関する全国的なセキュリティーの標準化および安全策の展開，並びに保護される医療情報のプライバシー基準の創設を命じていたのである[6]。

コモン・ルールが研究における医療情報の利用について一定の要件を課しているものの，医療情報プライバシーそのものに焦点を当てている連邦規則はそれまでになかった。HIPAA 法の医療事務簡素化規則に従い，保健福祉省は HIPAA プライバシールールを制定しており，規制対象となる機関（covered entities）[7]により許される，個人識別可能な医療情報の利用及び開示に関する詳細な規則を置いている。HIPAA プライバシールールは 2002 年に発出された[8]。同ルールは，規制対象となる機関が保有している「保護される医療情報（protected health information（以下，PHI とする。））」の利用及び開示に関する規制を行っており，医療の質を向上し，公衆衛生と福祉を守るために必要な情報の流通を許容しつつ，個人の健康関連情報を適切に保護することを目的としている[9]。PHI とは，規制対象となる機関が有している，病気の情報や医療の提供，医療費の支払い等の個人を識別可能な情報のことである[10]。HIPAA プライバシールールは主として医療ケア提供に必要な情報利用およびやり取りを規制しているが，医療に関する研究についても規定している。議会は，医療に関する研究を行う場合に医療記録が重要な役割を果たすことを認識していたので，HIPAA プライバシールールにより

（6）　INSTITUTE OF MEDICINE, *supra* note 5, at 63.

（7）　医療提供者，ヘルスプラン（保険），クリアリングハウス（料金請求サービス）がこれに含まれる。

（8）　67 Fed. Reg. 53181 (2002).

（9）　大島明「医学研究における個人情報保護：特に既存資料を利用する研究における本人同意原則の例外の必要性について」開原・樋口編・前掲注(5)154 頁。

（10）　45 C.F.R. § 160.103 (2018). なお，PHI は，HIPAA プライバシールールに則って匿名化を行えば，本人の許可なく研究利用が可能となるが（HIPAA "Safe Harbor" Deidentification Method については，INSTITUTE OF MEDICINE, *supra* note 5, at174 Box4-4 参照），あまりにも厳格すぎて研究には使えないという指摘もなされている（INSTITUTE OF MEDICINE, *supra* note 5,at 175）。

医事法講座　第9巻　医療情報と医事法

研究者がそのようなデータへのアクセスが妨げられないようにしたいと考えていた[11]。すべての場合において本人の許可を得なければ PHI を利用できないとすれば[12]，負担が大きすぎて多くの研究計画が頓挫してしまうことが予想されるが，コモン・ルールの下における施設内倫理審査委員会（以下，IRB とする。）による審査においては，プライバシー保護や情報秘匿についてはそれほど重点が置かれていないという指摘が当時なされていた[13]。そこで，保健福祉省は，医学研究を公益目的での利用及び提供に含め，以下の要件をすべて満たし，「最小限のリスク」しかないことを IRB またはプライバシー委員会[14]が承認すれば，研究のために本人の許可なく PHI を利用・提供できるとした[15]。すなわち，

「（A）PHI の利用あるいは開示が，少なくとも次のような要件の存在に基づき，個人のプライバシーに対して，最小限のリスクしか含まない場合，すなわち，

（1）個人識別指標を不適切な利用・開示しないよう保護する適切な計画があること。

（2）個人識別指標の保持に関する医療上あるいは研究上の正当事由がある

---

(11)　INSTITUTE OF MEDICINE, *supra* note 5, at 64.

(12)　本人の許可を得て個人情報を利用した研究を行うこともちろん可能であるが，その場合には，「個別的かつ意味のある」許可でなければならないとされている（45 C.F.R. § 164.508(c)(1)(i)(2018)）。さらに，許可を求める文書には，「PHI がどのように，どうして，誰によって研究利用され，ないしは開示されるのか」が記載されていなければならず（45 C.F.R. § 164.508(c)(1)(2018)），特定されない将来の研究への許可は広範につき無効である（67 Fed. Reg. 53181, 53226 (2002) のパブコメへの回答参照）。このように将来の研究利用については特定ができないことから，本人の許可を得ても意味がない点がコモン・ルールとの齟齬として挙げられる（INSTITUTE OF MEDICINE, *supra* note 5, at 164-165, 189）。

(13)　INSTITUTE OF MEDICINE, *supra* note 5, at 162-163.

(14)　プライバシー委員会（privacy board）とは，研究計画が個人のプライバシー権等へ与える影響について審査しうるプロとしての能力を有し，様々なバックグラウンドを有する構成員により成り立つ委員会で，少なくとも一人は規制対象機関や研究を行う機関等と提携しておらず，構成員は審査を行うプロジェクトと利益相反関係にないことが求められている（45 C.F.R. § 164.512(i)(1)(i)(B)(2018)）。

(15)　45 C.F.R. § 164.512(i)(2018). 大島・前掲注(9)，154-155 頁。

98

場合や，そのような保持が法により義務づけられている場合を除き，研究の遂行に支障をきたさない最も早い機会に個人識別指標を破棄する適切な計画があること。および，

（3）法による要請がある場合，認可を受けた研究計画の監視，あるいはPHI の利用や開示がこの規則のサブパートにより許容されている他の研究のためである場合を除き，PHI が他のいかなる個人あるいは機関の再利用やそれらの者への開示がなされないことが適切な書面により保証されていること。

(B) 本人同意原則の免除あるいは変更がなければ，実際上，当該研究を実施できないこと，および

(C) PHI にアクセスする，あるいは利用することができなければ，実際上，当該研究ができないこと」[16]である[17]。

　保健福祉省は，連邦資金を受けていない研究にコモン・ルールを適用できるようにすることや，IRB によるインフォームド・コンセントの免除・変更について追加基準を設けるべきだと考えていたが，そのような権限は与えられていなかった。その代り，規制対象となる機関に対して制限を課すことによって，間接的に，研究者へ提供される情報を保護しようと試みたのである[18]。

3　HIPAA セキュリティールールについて

　HIPAA セキュリティー基準は，2003 年 2 月 20 日に公布された[19]。HIPAA プライバシールールと異なり，HIPAA セキュリティールールは保護される電磁的医療記録（electronic protected health information（以下，EPHIとする。））を保護するだけである。セキュリティールールは，規制対象とな

---

(16)　45 C.F.R. § 164.512(i)(2)(ii).

(17)　基準となる要件である「最小限のリスク」「適切な計画」「実際上」研究実施不可能などの文言に対して，保健福祉省によるガイダンスは出されていない。すると，研究者も IRB もその解釈につき抑制的になりがちである（INSTITUTE OF MEDICINE, *supra* note 5, 169-170）。

(18)　INSTITUTE OF MEDICINE, *supra* note 5, at 163.

(19)　68 Fed. Reg. 8333, 8334 (2003).

る機関に対し，すべての EPHI の情報秘匿，完全性，利用可能性を確保する
ために，十分なセキュリティー対策を講ずることを要求している[20]。セ
キュリティールールにおいては，遵守しなければならない 3 つのセキュリ
ティー安全策について述べている。すなわち，管理上（administrative），物
理的そして技術的安全策である。管理上の安全策とは，規制対象機関がどの
ように同法を遵守するかを明確に示すためにデザインされたポリシーや手続
のことである。物理的安全策とは，保護されたデータへ不適切なアクセスが
なされぬよう保護するために物理的アクセスを制御することである。技術的
安全弁とは，コンピューターシステムへのアクセスを制御し，規制対象機関
が PHI を含む情報を受信者以外の者から横取りされずに電磁的に通信でき
るような保護策のことである[21]。このように，この分野は技術的な進歩が
激しく，細かい内容まで規定することは実際的に不可能であることから，一
般的な遵守事項を定め，細かい技術的な問題はそれぞれの実施者に委ねるこ
ととしている[22]。

　HIPAA プライバシールールとセキュリティールールは，HITECH 法等に
基づく 2013 年最終オムニバス規則として改訂された[23]。改訂ルールについ
て概要を紹介する前に，HITECH 法およびそれに基づいて創設された医療
情報技術全国コーディネーター局とその任務について概要を示しておく。

4　HITECH 法の下における医療情報技術全国コーディネーター局とその任務

　連邦政府の医療情報技術戦略構想を練り，連邦の医療 IT 政策，プログラ
ム等について調整しているのは，保健福祉省の一部局である医療情報技術全

---

(20)　INSTITUTE OF MEDICINE, *supra* note 5, at 97; 68 Fed. Reg. 8333, 8334 (2003).
(21)　なお，電子情報のセキュリティー対策については，中谷純「電子情報のセキュリ
　　ティ対策」開原・樋口編・前掲注(5)163-198 頁を参照した。
(22)　樋口・前掲注(5)，55 頁。
(23)　HIPAA ルールは，2013 年 1 月 25 日の大改訂以降も，2013 年 6 月 7 日（78 Fed.
　　Reg. 34264(2013)）および 2016 年 1 月 6 日（81 Fed. Reg. 382(2016)）に改訂がなされ
　　ているが，前者は技術的訂正，後者は 45 C.F.R. § 164.512(k)(7) として犯罪者の背景
　　チェックシステム（National Instant Criminal Background Check System）に関する規
　　定を追加したものである。

国コーディネーター局（The Office of the National Coordinator for Health Information Technology（以下，ONC と省略する。））であり，保健福祉省の戦略計画目標である①ヘルスケア強化，および，②科学的知見とイノベーションの促進を支援している[24]。

ONC は，2004 年の大統領令（Executive Order）により創設されたが，2009 年に「アメリカ経済再生及び再投資法（American Recovery and Reinvestment Act）」の一部として，「経済的および臨床的健全性のための医療情報技術に関する法律（Health Information Technology for Economic and Clinical Health Act（以下，HITECH 法とする。））」[25]が制定されたことにより，制定法上の根拠を持つに至った[26]。HITECH 法は，とりわけ「ヘルスケアの質向上，医療の地域格差を減らすこと，患者中心の医療の提供促進」に資するような全国的医療情報技術整備を前進させることを目的として制定された[27]。HITECH 法の対象には，メディケアおよびメディケイド電磁的医療記録インセンティブプログラム（Medicare and Medicaid Electronic Health Record Incentive Programs）が含まれ，そのプログラムの下で，電磁的医療情報（electronic health record（以下，EHR とする。））技術を有効に活用している一定の資格を持つプロフェッショナルと病院に対して，資金提供がなされている。さらに，HITECH 法は，ONC に対して，標準的で認証された EHR 技術が広く採用されることを促進し，相互に情報の利用が可能な医療

---

(24) ONC の組織・任務等については，特に別の文献を参照したとの記載がない限り，ONC の 2018 年度予算要求書である Office of the National Coordinator for Health Information Technology, Department of Health and Human Services, *Justification of Estimates for Appropriations Committee Fiscal Year 2018*, pp. 4 - 7 を参照しまとめたものである。

(25) Pub. L. No: 111-5 Title VIII, Health Information Technology for Economic and Clinical Health（HITECH）Act at, https://www. congress. gov/ 111/ plaws/ publ5/ PLAW-111publ5.pdf

(26) HITECH 法において報告が義務付けられている，医療従事者による個人情報取り扱いに関する事故事案の分析を行った研究として，品川佳満・橋本勇人「アメリカで発生した医療提供者による個人情報に関する事故原因の図式化」川崎医療福祉学会誌 26 巻 2 号（2017 年）264-272 頁を参照。

(27) Sarah E. Malanga et al., Who's Left Out of Big data?, in BIG DATA, HEALTH LAW, AND BIOETHICS, edits I. Glenn Cohen et al., Cambridge University Press, 2018, at 103.

医事法講座　第9巻　医療情報と医事法

情報の安全な利用及びやり取りを促進し，セキュリティー，効率的，コストのかからない高質のケアの提供を促進するために，広く恒常的な権限を与えている。

　この他にも，医療情報技術の力を牽引する勢いを継続するために，2016年に21世紀治療法（21st Century Cures Act）[28]が制定された。この制定法の目的は，生物医学分野のイノベーションにおいて世界をリードするアメリカの地位を維持するとともに，新規な治療法の発見，開発，および提供を促進することである。これらの目標を達成するためには，研究促進のために電磁的医療記録を利用することや効率的で質の高いケアへのアクセスを拡大することを支援する堅固な医療情報技術のインフラが必要である。そのために，21世紀治療法には，医療ケアシステムにおける医療情報技術の利用及び成長に関する重要な規定が置かれている。その中でも，この制定法は，ONCを通じて，保健福祉省の長官に対して，医療情報技術をより相互に情報交換可能で，私的で，安全なものにするための基準採用及び政策策定を命じている。より具体的には，必要な時，必要な場所で電磁的医療情報の信頼に値するやり取りが可能となるため，そしてより利用者に優しい技術の開発や，多岐にわたる医療ケア提供の必要性に応じた解決策を奨励するためという目的がある。

　このようにONCが努力したとしても，医療情報技術から取り残されている人々がいるという指摘がある。これは，地域格差ではなく，いわゆるIT弱者の問題である[29]。

5　HIPAA ルールの 2013 年改訂

　2013年に改訂された最終オムニバス規則（その中にHIPAAプライバシールールとセキュリティールールの改訂が含まれる。）の改訂ポイントのうち，HIPAAプライバシールールとセキュリティールールの改訂に関するものは，以下の通りである[30]。

---

(28)　Pub L. No: 114-255, 21st Century Cures Act, at, https://www.congress.gov/bill/114thcongress/house-bill/34

(29)　Malanga et al., *supra* note 27, at 103.

(30)　78 Fed. Reg. 5565, 5566 (2013).

（a）HITECH 法の下でのプライバシールールとセキュリティールールの改訂

・規制対象機関の事業提携者（ビジネス・アソシエイツ）に対して，一定のHIPAA プライバシールールとセキュリティールールの要件遵守義務を直接課す。

・保護される医療情報をマーケティングや資金集め目的で利用及び開示することへの制限を強化し，個人の許可なく保護された医療情報の販売を禁止する。

・自らの医療情報の電磁的コピーを受領する個人の権利を拡大し，個人が自費で全額支払った場合には治療に関する情報をヘルスプランに開示することを制限する。

・規制対象となる機関に対して，プライバシーに関する運用（privacy practice）に関する告知の修正および再配布を課す。

・研究や子どもの予防接種証明を学校に対して開示することを容易にし，家族等による死者の情報へのアクセスを可能にするために，個別の許可などの要件を修正する。

（b）Genetic Information Nondiscrimination Act（GINA）[31]の下でのプライバシールール

改訂ポイントとして，ほとんどのヘルスプランに対して，保険契約締結の目的において，遺伝情報の利用及び開示を禁止する。

なお，研究のために本人の許可なく PHI を利用・提供するためのインフォームド・コンセントの免除・変更審査基準についての改訂はなされていないが，そのような免除・変更を IRB またはプライバシー委員会が承認したことを書面化するにあたって，45 CFR § 164.512(i)(2)(ii)(C)（PHI が利用できなければ当該研究が実際上不可能であるとの基準）に基づいて利用やアクセスが必要だと判断された PHI の概要を記載することが要件として追加された[32]。

---

(31)　GINA を紹介した文献として，山本龍彦・一家綱邦「アメリカ遺伝情報差別禁止法」年報医事法学 24 号（2009 年）241-247 頁参照。

(32)　45 C.F.R. § 164.512(i)(2)(iii)(2018).

医事法講座 第9巻 医療情報と医事法

Ⅲ　情報を利用する医学研究の規制

1　コモン・ルールの改訂

　アメリカにおいて人を対象とする研究に適用される一般的なルールは，医薬品等の販売承認申請に用いる資料を取得するための研究に適用される食品医薬品局（FDA）の規則を別にすると，保健福祉省被験者保護局が策定に当たるいわゆるコモン・ルールである[33]。HIPAA プライバシールールおよびコモン・ルールの下で，「研究」は，「一般的な知識を発展させ，あるいはそれに貢献するよう計画された，研究の展開（research development），テストおよび評価を含む，組織的な研究調査（investigation）」と定義される[34]。これは，広義の定義であり，生物医学研究，疫学研究，医療サービスに関する研究，行動研究，社会研究，健康に影響を与える経済的要因に関する研究などを含む[35]。最もなじみ深い医学研究はおそらく臨床研究であるが，現在では大部分の医学研究は情報に基づくものである。コモン・ルールにおいて，個人識別情報の利用は，人を対象とした研究に含まれるが，データが個人識別可能とされるのは，研究者により，又は研究者がアクセスする情報と併せることにより，被験者のアイデンティティーが同定できる，あるいは容易に同定しうる場合を指す[36]。そして，コモン・ルールの下においては，個人

---

(33)　丸山英二「米国コモン・ルールの改正」年報医事法学 33 号（2018 年）295-296 頁。

(34)　情報を利用する医学研究については，HIPAA プライバシールールとコモン・ルールとが重なる部分があるが，両者の関係はどうなっているのだろうか。コモン・ルールは，主に研究に参加する被験者の身体的リスクに焦点をおいており，プライバシー保護については詳細な規定を置いていないものの，医療情報を伴う研究についても対象としている。しかし，両者の間には前述のように様々な点で齟齬が生じていること（前掲注(12)における将来の研究への情報利用等）が問題とされている（INSTITUTE OF MEDICINE, *supra* note 5, at 186）。人研究保護局の出している冊子（ Institutional Review Boards and the HIPAA Privacy Rule, pp. 7-8 ）も参照。

(35)　INSTITUTE OF MEDICINE, *supra* note 5, at 111-112.

(36)　45 C.F.R. § 46.102(e)(5)(2018); INSTITUTE OF MEDICINE, *supra* note 5, at 128. その例外として，「既存データ，文書，記録，病理標本あるいは診断標本の収集または研究であり，これらのソースが公的に利用可能又は情報が研究者により，直接あるいは被験

104

識別可能な情報を利用する研究については原則として被験者のインフォーム
ド・コンセントが必要となるが，被験者の同意に代わり，一定要件の下で
IRB によるインフォームド・コンセントの免除・変更を認める承認を求める
ことも可能である[37]。ただし，IRB による承認が認められるのは，①被験
者に対するリスクが最小限しかなく，②インフォームド・コンセントの免除
または変更をしなければ，実際上行うことができず，③当該情報を識別可能
な状態で利用しなければ，実際上行うことができない研究であり，④ IRB
が承認することによって被験者の権利や福祉に悪い影響を与えず，⑤それが
適切な場合には，参加後に被験者に追加的関連情報が与えられる研究である
ことが必要である[38]。多くの研究においては，当初診断，治療または治療
費請求の目的で集められたデータの分析や，他の研究目的で集められたデー
タを新しい研究目的に利用することが必要になっており，このようなデータ
の二次的利用は，疫学，医療サービスに関する研究，公衆衛生研究，医療ケ
ア介入やサービスの評価，医薬品の安全性調査，遺伝学や社会学研究のよう
な分野において共通の研究アプローチとなっている[39]。

2017 年に出された Federal Policy for the Protection of Human Subjects,
Final Rule も，近年の研究手法・性質について，以下のように述べ，コモ

者にリンクされている個人識別指標を通じて，被験者が識別できない方法で記録されて
いる場合」（45 C.F.R. § 46.101(b)(4)(2018)）がある。また，コード化あるいは匿名化
された個人情報は，以下の要件の下で人を対象とした研究に含まれない。すなわち，個
人情報が現在提案されている研究計画のために特に生きている個人とのかかわりを通じ
て得られたわけではないこと，および研究者が，例えば以下の理由により，コード化さ
れた個人情報のもとである個人が誰であるかを容易に識別できないこと。当該理由とは，
例えば，研究開始前に個人識別のための鍵が壊されることや，当該個人が死ぬまで，ど
のような状況になっても研究者に鍵を渡すことを禁止する契約を研究者と鍵保有者がし
ている場合や，そのような禁止について IRB 承認の文書によるポリシーおよびデータ
管理センターの業務手順書に記載されている場合が挙げられる（Office for Human Re-
search Protection, Coded Private Information or Specimens Use in Research, Guidance
(2008), at https://www.hhs.gov/ohrp/regulations-and-policy/guidance/research-inv-
olving-coded-private-information/index.html (last visited, Oct. 23, 2018)）。

(37)　45 CFR § 46.116(2018).

(38)　45 CFR § 46.116(f)(3)(2018). なお，③の要件は，コモン・ルール改訂により追加
された（丸山・前掲注(33)，300 頁）。

(39)　INSTITUTE OF MEDICINE, *supra* note 5, at 112.

医事法講座 第9巻 医療情報と医事法

ン・ルールを現代化すべき理由について説明する[40]。

　すなわち，ここ20年ほどで，コンピューターやインターネットなどの技術革新により，多くの学問分野において集積される情報の量及び性質に変化が生じているのである。医学研究のみならず，社会学研究などの分野においても，異なる種類のデータを集め，データマイニングをし，分析しシェアするために，それらを統合する技術を開発している。生物医学分野においては，Human Genome Project が precision medicine の基礎を作り，データのシェアや分析技術の革新という環境を作り出した。それにより，変わりゆく研究環境をサポートするための政策が必要であることが認識されるようになった[41]。ゲノムのシークエンスなどの新しい技術は，研究者がアクセスできるデータを急激に増大させた。コモン・ルールが最初に施行されたときには考えもつかないことだったが，現在では，研究で利用されるデータは膨大であり，それをシェアすることは容易であり，データから個人を識別することは可能である[42]。

　このように，データを集積し，研究者がそれをシェアし研究を行うことは，新しい知識を得るために最善の方法であると現在では考えられている。ただし，データや生体標本の二次利用を行うという多くの研究に内在するリスクは，身体的なものではなくて情報に関するものである。すなわち，不適切な情報漏洩により害が生じるということであり，これらの害は非常に重大である可能性がある[43]。このような変化に鑑み，1979年のベルモント・リポートに基づくコモン・ルールの基本原則について，再評価する必要があるのではないかと考えられるようになった[44]。

---

(40)　82 Fed. Reg. 7149(2017). 改訂の過程については，丸山・前掲注(33)，296-301頁参照。

(41)　82 Fed. Reg. 7149, 7151(2017).

(42)　Laura Odwazny, Societal Lapses in Protecting Individual Privacy, the Common Rule, and Big Data Health Research, in BIG DATA, HEALTH LAW, AND BIOETHICS, edits I. Glenn Cohen et al., Cambridge University Press, 2018, at 226-227.

(43)　82 Fed. Reg. 7149, 7151(2017).

(44)　*Ibid.*

2 コモン・ルールの主な改訂ポイント[45]

そのような中，最終規則は，コモン・ルールに重要な変更を行ったが，以下で紹介するのは識別可能個人情報に関する大きな変更である[46]。

・インフォームド・コンセントのプロセスの一部として，研究被験者候補者に提供しなければならない情報に関する新しい要件を制定した。

すなわち，「識別可能な個人情報または生体試料の収集を含むすべての研究について，次のいずれかの説明——（i）識別可能個人情報・資料から識別子が削除され，その後，対象者からの追加的インフォームド・コンセントなしに，情報・資料が将来の研究に利用，または，（ii）収集される情報・資料は，識別子が削除された場合でも，将来の研究に利用・提供されることはない旨の説明」（§46.116(b)(9)）である[47]。

・個人を識別可能な個人情報及び個人を識別可能な生体試料の保存，管理，および二次的利用について，一定の要件の下でインフォームド・コンセントの代わりに被験者のブロード・コンセント（特定されない将来の研究に対して将来にわたる同意）を得ることを認める（§46.116(d)）。ブロード・コンセントは，例えば，①個人を識別不可能な情報や生体試料を利用して研究を行うことや，②IRBにインフォームド・コンセントの要件を免除・変更してもらうか，③特定の研究に対してインフォームド・コンセントを

---

(45) この項目について，特記ない限りはエグゼクティブ・サマリー（82 Fed. Reg. 7149-7150 (2017)）からの引用である。なお，改訂コモン・ルールは，2019年1月21日に施行された。

(46) なお，IRBによるインフォームド・コンセントの免除・変更のための要件として，当該情報を識別可能な状態で利用しなければ，実際上行うことができない研究であることという要件が加わったことは，注38にて述べたとおりである。

この他にも，いくつも重要な改訂があった。例えば，以下のとおりである。

・アメリカに基盤を置き，研究協力を行う施設に対して，例外はあるものの，アメリカ国内で行う研究の部分については，単一IRB（single IRB）を利用するという要件を課した。この要件は，最終規則の発出（publication）から3年後に発効する。

・迅速審査を経た研究，および研究介入はすでに終了し分析を行っていたり，標準的臨床ケアと併せて観察的フォローアップをしているにすぎない研究について，継続審査を行うという要件を削除した（§46.109(f)(iii)）。

(47) 丸山・前掲注(33), 297-298頁（その他の説明項目等についても同論文参照）。

医事法講座　第9巻　医療情報と医事法

得ることの他に，研究者が選ぶことができる選択肢である[48]。

・リスク・プロファイル（risk profile）に基づく，新しい研究の適用除外カテゴリーを作った。その新しいカテゴリーの下で，適用除外となる研究のうち，個人が識別可能な個人情報及び生体試料に対する十分なプライバシー安全策を確保するために，限定 IRB 審査を受ける必要があるものがある。

3　個人を識別可能な個人情報及び生体試料の保護について[49]

既に述べたとおり，研究のやり方が変化してきたことから，近年，研究により個人を識別できる個人データが流出する危険性が増大している[50]。IRB は，このような情報セキュリティーについて必ずしも十分審査可能な専門的

---

(48)　ブロード・コンセントを求める場合の説明項目については，丸山・前掲注(33)，298-299 頁を参照(以下引用)。

「（1）被験者に対する危険・不快，被験者等に対する利益，被験者が識別される記録の秘密が維持される程度，参加の任意性，参加拒否で不利益を受けないこと，不利益なく参加を中止できること，および（該当する場合には）……（営利利用の可能性，全ゲノムシークエンスの可能性）。

（2）当該情報・試料を用いて実施される可能性がある研究の種類の一般的な説明。この説明は，合理的な人が broad consent によって許容される研究の種類を想定するに足るものでなければならない。

（3）研究利用される可能性がある情報・試料，共同利用者の有無，研究を行う施設・研究者の種類。

（4）当該情報・試料が保存・管理されうる期間および研究利用される可能性がある期間（いずれも無期限とすることも可）。

（5）（対象者が具体的な研究の詳細を知らされる場合を除いて）その情報・試料を用いて実施される可能性がある具体的な研究の詳細については知らされないこと，およびそれらの具体的な研究の中には同意しない選択をしたかもしれないものが含まれる可能性があること。

（6）臨床的に重要な研究結果（個人的なものを含む）がすべての場合に対象者に開示されることが知られている場合を除いて，そのような結果が対象者に開示されない可能性があること。

（7）対象者の権利およびその情報・試料の保存・利用に関する質問の回答を求める窓口，および研究関連の危害発生の際の窓口。」

(49)　82 Fed. Reg. 7149, 7200-7203 (2017).

(50)　82 Fed. Reg. 7149, 7200-7201 (2017).

108

知識を有しているわけではないが，逆に，IRB がプライバシーや情報秘匿に関するセキュリティーについて十分に審査せずに研究計画を承認したというデータもない。そのような中で，研究が必ず備えるべきデータセキュリティーや情報保護の基準を規則で設けるべきなのかが議論の対象となったが[51]，最終規則は，識別可能個人情報と個人が識別可能な生体試料について，提案された標準化されたプライバシー安全策を入れなかった。その理由は以下のとおりである。

　最終規則において，IRB 審査および承認基準として新しい規定を設け（§_.111（a）（7）（i)），その規定に基づき，保健福祉省長官に対して，行政管理予算局（Office of Management and Budget, OMB）のプライバシー・オフィスおよびコモン・ルールを担当する部局と相談をしたのちに，被験者のプライバシー保護及びデータの秘匿性を保護するため必要な措置とは何かを IRB が評価するための一助となるガイダンスを発出する義務を負わせたからである[52]。そして，このガイダンスは，以下のような識別可能性のレベルおよび収集された情報のセンシティビティーを考慮に入れることとなろうと述べられる[53]。つまり，例えば，①個人識別可能な個人情報の匿名化の程度およびそのように匿名化された情報が再度個人識別可能となるリスク，②情報の利用，③情報が第三者と共有又は第三者に移転される程度，あるいはその他に開示・公表される程度，④情報をどの程度の期間保持しておく可能性があるか，⑤情報の秘匿性および完全性を保護するために行われるセキュリティー管理，⑥万が一，情報の紛失，盗難，暴露が起こった場合や，その他情報が研究内容に反する方法で利用された場合に，個人が被る可能性のある害のリスクというような考慮事項について取り組むものと考えられる[54]。

---

(51)　82 Fed. Reg. 7149, 7201 (2017).

(52)　82 Fed. Reg. 7149, 7207 (2017).現在のところまだガイダンスは出ていないようである。

(53)　*Ibid.*

(54)　*Ibid.*

医事法講座　第9巻　医療情報と医事法

4　情報を利用する医学研究に関する議論──同意取得でプライバシーが保護できるか？

(a)　情報漏洩により侵害される法益

上述の通り，データを利用する医学研究には，まず情報リスクがあると認識されているが[55]，最近では，「尊厳に対する害（dignitary harm）」の潜在性が注目を集めている[56]。この「尊厳に対する害」というのは，不法行為法上の概念であり，ある人の尊厳に対する害への補償を認めるものである。つまり，プライバシー侵害と同様に，社会的人格を傷つけるものと定義することができるため，原告は実際の損害を証明する必要がない[57]。情報リスクとは，研究被験者にとって有害となりうる方法で情報を権限なく，あるいは不適切に使用，漏洩することから発生する。例えば，違法な活動，感染症，薬物乱用，慢性疾患などの情報が漏洩すれば，被験者の現在および将来の雇用にとってマイナスとなる可能性があるし，共同体内における評判に悪影響を及ぼすかもしれないし，精神的な害を被る可能性もある[58]。情報リスクは，当該情報の性質と個人識別可能性の程度の両方と関連している[59]。

なお，データを利用する研究により侵害されるリスクのある利益には，上記のような個人的法益だけでなく，あるグループに対する害に関するもの，そしてより広い社会的プロセス，例えば，研究に対する社会の信頼や研究機関への協力に関するものがある[60]。しかし，コモン・ルールにおいて想定されているのは，そのうち個人的法益に関するもののみである。

(b)　法益保護のための現在の枠組みとその問題点

コモン・ルールの下においては，前述の通り，個人識別可能な情報を利用する研究を行うためには，被験者のインフォームド・コンセントまたは，ブロード・コンセント取得手続をとるか，IRBが被験者のインフォームド・コ

---

(55)　82 Fed. Reg. 7149, 7151 (2017).

(56)　Odwazny, *supra* note 42, at 230.

(57)　Odwazny, *supra* note 42, at 230-231, n.29.

(58)　Odwazny, *supra* note 42, at 231.

(59)　*Ibid.*

(60)　Liza Dawson, The Common Rule and Research with Data, Big and Small, in BIG DATA, HEALTH LAW, AND BIOETHICS, edits I. Glenn Cohen et al., Cambridge University Press, 2018, at 248-249.

ンセントの免除・変更を認める必要がある。IRB による承認の場合には，少なくとも被験者に対するリスクが最小限しかない研究であるとされることが必要であるところ（§ 46.116（f）（3）），National Research Council[61]は，研究データは，最小限のリスクを超えた情報リスクを含む可能性があるとしている。それは，データには，(a) 民事上あるいは刑事法の責任に繋がる，または経済的，社会的または精神的な害を被らせる高度に機微な個人情報が含まれ，(b) 再度個人識別可能となる可能性を増大させるからである[62]。このように考えると，IRB が個々の同意を取る代わりに，研究が最小限のリスクを伴うにすぎないものであると認定することは難しくなるだろう。ただし，IRB は，研究者に対して，リスクを最小限に抑えるためにさらに保護策を講じることを求めることによって，この要件を認定することもありうる。これは，人研究保護局（Office for Human Research Protections（以下，OHRP とする。））[63]が長い間採用している立場である，それぞれの研究手続においてリスクを減らすように努力することが望ましいという考え方に合致する[64]。

(c) 問題解決のための提案

データを使われる被験者にとって，現在のルールである，インフォームド・コンセントを得ること，または IRB によるインフォームド・コンセントの免除・変更を得ることが必ずしもプライバシー保護につながるわけでは

---

(61) National Research Council とは，1916 年に National Academy of Sciences（以下，NAS とする。）により組織された，知識を広め，連邦政府へアドバイスするという NAS の目的と科学・技術界を結びつけたものであり，連邦政府，一般公衆及び科学・技術界に対してサービスを提供している。

(62) NATIONAL RESEARCH COUNCIL, PROPOSED REVISIONS TO THE COMMON RULE FOR THE PROTECTION OF HUMAN SUBJECTS IN THE BEHAVIORAL AND SOCIAL SCIENCES (2014) at 126.

(63) OHRP は，保健福祉省により行われ，あるいはその支援を受けて行われる研究において被験者の権利や福祉を保護するための主導役である。OHRP は，生物医学研究における倫理的規制的諸問題に関する教育的プログラムや教材を作成し，ガイダンスを出し，監視を行い，倫理的規制的諸問題に関するアドバイスを行う。その他にも，保健福祉省長官にアドバイスを行う，人研究保護に関する長官諮問委員会（Secretary's Advisory Committee on Human Research Protections（SACHRP）をサポートしている（https://www.hhs.gov/ohrp/）。

(64) Odwazny, *supra* note 42, at 234.

医事法講座　第9巻　医療情報と医事法

ないこと，とりわけブロード・コンセント取得も認められるようになったことから，データ利用について，①違反の可能性を減らすこと，②責任を取れる者だけがデータにアクセスできること，③当該プロジェクトが，社会的に価値のあるゴールに取り組む健全な計画であることを確保すること，④当該活動に適した透明性やコミュニケーションを確保すること，という合理的な基準に従って組織的に規制がなされるべきであるという主張がなされている[65]。

　以下，この主張の理論的根拠である Institute of Medicine（以下，IOM とする。）[66]による「HIPAA プライバシールールを超えて──プライバシーの強化，研究による人々の健康の改善」という 2009 年の報告書を紹介するが，同報告書も，責任ある研究を推進しつつプライバシーを保護するためには，有意義なプライバシー保護策が必要であるとし，その中には，①強力なセキュリティー対策，②個人を識別可能な医療情報を利用する目的の開示（透明性），および，③情報が保護され適切に利用されることを確保するための法的に強制力のある義務を課すこと（説明責任）を含むべきであるとする[67]。同報告書は，そのような観点からすると，HIPAA プライバシールールには，①プライバシー保護のためのインフォームド・コンセント（あるいは IRB 等の承認）を過大評価しており，②効果的な安全対策，説明責任，および透明性のようなプライバシーを保護する有意義な代替策を講じていない点において，改善の余地があるとするが[68]，これは改訂後のプライバシールールおよび改訂コモン・ルールも真剣に取り組むべき課題であろう。

　自律性やインフォームド・コンセントの概念は，そもそも身体的な侵襲に対して同意を求めることが，保護につながるという観点から発展してきた概念であるが，「情報」については患者のインフォームド・コンセントを得ずに研究が行われていた時期がある。しかし，電磁的医療記録の利用により研

---

(65)　Dawson, *supra* note 60, at 248-249.

(66)　Institute of Medicine とは，1970 年に NAS により設立されたが，設立の目的は，公衆の健康に関する政策の検証を行うために必要となる適切なプロフェッションのサービスを確保することにある。

(67)　INSTITUTE OF MEDICINE, *supra* note 5, at 274.

(68)　*Ibid*.

究者が多くの情報にアクセス可能となったことや，患者の個人識別可能な医療記録を利用した研究が公衆衛生や医療の質向上等の観点から行われるようになってきたこともあり，情報を利用する研究について患者の自律性が歴史的に認められてこなかったことに焦点があてられるようになった[69]。すなわち，プライバシールールのもとにおいて，インフォームド・コンセントの概念は，身体コントロール権を超え，医療情報のコントロール権へと及ぶこととなったが，それによって情報についての自律性が歴史的に欠如していたことへ対処しようとするとともに，医療情報の許可なき利用や開示という非身体的な害に対して個人を保護しようとしたのである[70]。

　しかし，インフォームド・コンセントに依存し，包括的なプライバシー保護対策をしないことには以下のような限界があるとされる[71]。すなわち，①インフォームド・コンセントさえ得られていればいいとするならば，プライバシー保護の安全策を講じるインセンティブがないため，研究者側がデータを保護するための努力を行わなくなってしまうこと[72]，②患者は説明文書をすべて読まないことが多いだけでなく，仮にすべて読んだとしても完全に理解しているわけではないこと。さらに，2つの別々の研究により，消費者はプライバシー・ポリシーについて，そう記載されていないにもかかわらず，情報が固く守られ，外部の人間には見せられないという保証がなされたと勘違いしていることが判明したこと，これらを併せて考えると，同意に依拠するのは心許ないこと[73]，③手続的な負担が大きいだけで実質的なプライバシー保護になっていないこと，すなわち，データ保持者はデータ保護策を充実させなくても，同意を得ることで法的責任を免れることが可能となること[74]，④医学研究において同意に依存することは，患者の情報秘匿への信頼性とプライバシー保護につながらないこと，つまり，自分の医療情報が利用されるたびに同意を求められるというのは，患者にとって負担となるし，

---

(69)　INSTITUTE OF MEDICINE, *supra* note 5, at 250.

(70)　INSTITUTE OF MEDICINE, *supra* note 5, at 250.

(71)　*Ibid.*

(72)　INSTITUTE OF MEDICINE, *supra* note 5, at 251.

(73)　*Ibid.*

(74)　*Ibid.*

情報秘匿性の理念（the tenets of confidentiality）に反している可能性があること[75]である。

　このような制限があることに鑑み，IOM 報告書は，インフォームド・コンセントではなく，むしろより包括的なプライバシー保護義務を策定するよう方向転換すべきではないかと提案する。そして，これにより，医療情報保護がより堅固なものとなり，個人を識別できる医療情報の収集から生ずるプライバシー侵害へのリスクを最小限にすると述べる[76]。そこで，IOM 報告書においては，以下のような推奨がなされている[77]。

・すべての研究者は同じプライバシールールに従うことを要求されるべきである。

---

(75) INSTITUTE OF MEDICINE, *supra* note 5, at 251-252.

(76) INSTITUTE OF MEDICINE, *supra* note 5, at 252; Statement of Deven McGraw, Director, Health Privacy Project, Center for Democracy & Technology, Before the Senate Judiciary Committee, "Health IT: Protecting Americans' Privacy in the Digital Age" (January 27, 2009) at 20, at https://www.cdt.org/files/testimony/20090127_mcgraw.pdf (last visited, 19 Oct, 2018).

(77) INSTITUTE OF MEDICINE, *supra* note 5, at 257. この IOM 報告書からヒントを得て，個人を識別できない（がしようと思えば技術的に識別可能である）ビッグデータ（なお，医学研究に関するものではないが，山本龍彦「医療分野におけるビッグデータの活用と法律問題」ジュリスト 1464 号（2014 年）65-74 頁は，医療分野におけるビッグデータの利用に関する憲法的課題について考察を行っている。）を利用する研究およびデータの二次利用全般について，もはや伝統的な研究枠組みではなく，以下のような基本的な倫理的要件に服するべきであるという主張もなされている。すなわち，（1）すべてのプロジェクトには，同じ分野の博識な専門家が決定した社会的に価値のあるゴールを達成するような明確な目的及び方法論があること，（2）データ保護策が，データへのアクセス，分析や移転のすべての場合において採られること，（3）あるプロジェクトのために得られたデータは，権限を与えられていない当事者に移転したり，シェアしてはならないこと，（4）研究プロジェクトの途中で研究者は個人を識別しようと試みてはならないこと，（5）研究者たちは，データ利用に関する科学的方法および倫理的安全策について十分な訓練を受けなければならないこと，（6）研究の過程および結果に関する情報は，公的に利用可能なウェブサイトにおいて公衆が合理的にアクセスできるようにすべきこと，（7）研究の過程又は研究結果に研究のトピックや研究（research question）の性質のために公共の懸念が生じた場合には，当該研究を開始する前に，公聴会やコミュニティーの参加を設定すべきである，というものである（Dawson, *supra* note 60, at 248-249）。

・可能ならば，情報に基づく研究は直接的な個人識別指標を外した医療情報を利用して行われるべきである。
・個人を識別できる医療情報に患者の同意なしにアクセスする場合には，以下のようなことを検討する，中立で外部の科学的および倫理的審査を必要とすべきである。すなわち，
　—プライバシー，セキュリティーおよびデータの秘匿性を保護する手段
　—データの漏洩に伴い派生しうる害悪
　—研究がもたらしうる公共的利益
・研究者は，自らが利用ないしは集めたいと考えるデータを正当化する研究目的を明らかにし記録すべきである。
・個人を識別可能な医療情報を保有する研究者，施設，および組織は，セキュリティー安全策を確立し，データへのアクセスを制限すべきである。
・個人のプライバシーを侵害する研究者には罰が与えられるべきである。

Ⅳ　結びに代えて

　以上のように，アメリカでは，医療情報を利用した医学研究については，HIPAA プライバシールールやコモン・ルールのような本人のインフォームド・コンセント又は IRB によるインフォームド・コンセントの免除・変更を認めるという形での規制が行われることにより，プライバシーを保護しようとしてきた。しかし，国民がより良い医療を受けることができるようになるために，個人の医療情報を研究に活用することを促進しつつも，それが悪用や漏洩されることのないような枠組を作っていくためには，これまでの医療情報の研究利用規制のような個人の同意に依存するのではなく，別の規制枠組を設定する方がいいのではないかという考え方の転換および具体的な提案は，我が国における議論の参考となるものと考える。さらに，改訂コモン・ルールでは，識別可能個人情報について提案された標準化されたプライバシー安全策が採用されなかったが，その代替策である，被験者のプライバシー保護及びデータの秘匿性保護のために必要な措置とは何かを IRB が評価するための保健福祉省長官によるガイダンスの内容についても注目したい。

［2018 年 10 月 24 日脱稿］

6　イギリスにおける医療情報の保護と利用

―患者情報の守秘と開示の調整―

柳 井 圭 子

医事法講座　第9巻　医療情報と医事法

Ⅰ　は じ め に
Ⅱ　患者情報の取り扱いに関する法
Ⅲ　医師の守秘義務と患者のプライバシーの権利
Ⅳ　患者情報の取り扱いの権利と守秘
Ⅴ　お わ り に

I　は じ め に

　医療専門職と患者との間の協力関係は，オープンで正直でなければならない[1]。医療情報のなかでも，診療情報に患者の私的な生活を含む健康情報である患者情報の取り扱い（取得，保有，活用，廃棄という一連の過程）におけるイギリスの議論状況は，どのように医療の信頼を維持できるのかという取り組みの過程でもある。1960年代のデータ・プライバシー権の議論から患者の知る権利を認め，守秘と開示をどのように調整を行うのかという問題に，医師らは法の解釈を踏まえ実務慣行を修正しながら対応してきた。また1990年から2000年初頭にかけ発覚した医師による重大事件（ブリストル王立小児病院事件とシップマン事件等）によって，医師だけでなく医療専門職者には，患者情報の取り扱いだけでなく，医療の透明化を担保する情報開示が求められることになる。さらに2000年以降，IT化による高度情報通信社会では，高度専門的な情報管理技術が求められるが，情報を取得し，データとして保有する判断は，医師をはじめとする医療専門職に課せられる。国民の健康・医療は公益であり，国もまた患者情報の共有者である。共有の場が広がることは，守秘を難しくする。守秘として守るべきものと開示の範囲を画すること，それがイギリスでの議論である。伝統的に医師の裁量を尊重する傾向のあるイギリスにおいて，プライバシーの保障，データ保護法制定以降，欧州裁判所の判断を参考にしつつ立法化による患者情報の取り扱いがなされてきた。しかし，このような取り扱いに関する法はいかに医療実務に受け入れられていくのか，そこにイギリスの特徴をみることができよう。本稿は，第II節で法を概観し，第III節で守秘と患者の知る権利との調整について，第IV節で患者以外の第三者への情報開示問題を取り上げる。

（1）　Naylor v. Preston Area Health Authority and other appeals (1987) 2 All E.R. 353

医事法講座 第9巻 医療情報と医事法

Ⅱ 患者情報の取り扱いに関する法

1 概 観

　最初に，患者情報の取り扱いに関する根拠法について概観する。主となるのはデータ保護法である。イギリス初のデータ保護法である1984年データ保護法（1984年法）は患者情報を含むものではなかったが，本法成立により，1987年個人ファイルアクセス法，1988年診療報告アクセス法，1990年保健記録アクセス法等の制定へとつながった。段階的に対象と範囲を広げてきたことにより，複雑な制度になっていた患者情報の取り扱いに関する法は[2]，1995年，EU指令書[3]を受け，1984年法は，1998年データ保護法（以下，1998年法）[4][5][6]となり，一定のマニュアル処理の記録[5][6]にも適用されること

（2）　西田和弘「医療保障における医療情報へのアクセス権保障——イギリス1990年保健医療記録へのアクセス法とその成立過程を参考に」社会保障法13号（1998年）194頁。

（3）　Directive 95/46/EC of the European Parliament and of the protection of individuals with regard to the processing of personal data and on the free movement of such data で

（4）　本法タイトルは，附則第1条に置かれている。「An Act to make new provision for the regulation of the processing of information relating to individuals, including the obtaining, holding, use or disclosure of such information」「個人に関する情報の処理に関して規制をするために，そのような情報の取得，保有，利用もしくは開示について新たな規定を設けるための法律」

（5）　第1条第1項c号による「関連ファイリングシステム（relevant filing system）」とは，「情報が当該目的によって与えられた指示に応じて自動処理装置によって処理されない場合でも，個人の照会または個人に関する判断基準の照会によって，特定の個人に関する個別の情報が容易にアクセスできるような方法で，情報の集合が構造化されている限度において，個人に関連する情報の集合（下線，筆者）」を意味する。

（6）　Piers Leigh-Pollitt & James Mullock, THE POINT OF LAW DATA PROTECTION ACT EXPLAINED （Third Edition）, at.35.

　1998年法第1条において，本法の対象である「データ」とは，以下の情報（information）である，とされる。すなわち，（a）ある目的によって与えられた指示（instructions）に応じて自動的に作用する設備（equipment operating automatically）によって，処理（proceeding）されたもの，（b）当該装置によって処理されるべき意図を持って記録されるもの，（c）関連ファイリングシステムの一部として，または関連ファイリングシステムの一部を形成するべきものとしてのもの，そして，1998年法第1条第1項

120

となり，2000 年保健記録アクセス令（The Data Protection（subject Access Modification）（Health）Order 2000（SI 2000/413））により手書きの保健記録を含め患者本人によるアクセス可能な情報となった。患者情報を保有する管理者である医師をはじめとする医療専門職者は，患者による開示申請を受けた場合，本人確認を行い開示しなければならないが，「患者自身の身体的または精神的状態に重大な損傷を与えることになるか，他の者の健康を害する場合，あるいは他の者の氏名を明らかにする場合」（同令第 7 条 2 項）等適用除外に該当する場合には，不開示とすることができる。具体的開示判断については NHS 手引き[7]を参照し検討される。また患者情報は，同年成立した人権法（Human Right Act 1998）で保障される私生活，家族生活等としてプライバシーの権利（第 8 条第 1 項）に関わるため，「国の安全，公共の安全もしくは国の経済的複利のため，無秩序もしくは犯罪の防止のため，健康もしくは道徳の保護のため，または他の者の権利及び自由の保護のため（同法第 8 条 2 項）である場合を除き，国の干渉を受けないというプライバシーの権利と関連して検討しなければならない[8]。このことは，これまでコモンロー上認められてきた医療専門職者の守秘義務による対応を検討することであった。また当該患者のケアという観点から，医療・保健専門職者以外の専門職と情報を共有することを認める法も制定された。2001 年保健福祉ケア法（Health and Social Care Act 2001，以下，2001 年法）では，患者ケアの向上もしくは公益という観点（第 60 条 1 項）から，医療者だけでなく他の専門職者も共有することと定められた。医療保健と福祉を統合して患者のケアを行うためには，患者本人の利益になるという患者の黙示的同意を根拠に共有してきた患者情報を取り扱う範囲を立法によって広げることとなった。

　さらに，国民の知る権利を保障する公的機関が保有する情報アクセス権を

---

　　d 号においては，a 号，b 号，c 号に該当しないが，第 68 条で定義するアクセス可能な記録（accessible record）を形成する情報を対象とするとされる。

（7）　NHS Executive, Data Protection Act 1998, HSC 2000/009 and supporting information: DH and NHS Executive, Data Protection Act 1998: Protection and Use of Patient Information; www.gov.uk/data-protection

（8）　田島裕『イギリス憲法典―― 1998 年人権法』（信山社，2001 年）；ジョン・ミドルトン「イギリスの 1998 年人権法とプライバシーの保護」一橋法学 4 巻 2 号（2005 年）382 頁等。

認める 2000 年情報自由法（Freedom of Information Act 2000, 以下, 2000 年法）も関連する。本法は, データ保護原則に違反しない限り, またデータ主体の権利が侵害されない限り, 請求者である国民（本人以外でも）の情報開示の求めに応じなければならないとされる。これは公的機関である NHS の GP（登録医）も該当するため, 患者本人でないことから 1998 年法においては不開示決定とされても, 2000 年法により患者を特定しない処理をすれば開示理由, 提供先を問わず開示されることもありうる[9]。NHS は, 2001 年法の本規定を根拠とし, 患者本人の同意なく医学的目的による情報活用を関して, 内務大臣の権限を認め, そのための諮問委員会の設立等具体的な整備を図っていった（NHS Act 2006 の第 251 条と Health Service (Control pf Patient Information) Regulations 2002)。この流れは, データ保護法により患者の患者情報の取り扱いに対する患者の権利を認めつつ患者情報の開示・提供範囲によっては患者の同意を得ずに活用できることを示すこととなった。その一つの方策が, 患者情報を患者情報の中でも患者を特定しうる情報, すなわちデータ保護法に関わり, プライバシー権を保障すべき情報と, 患者を特定することができない, あるいは特定できなく処理をした情報との取り扱いを区分することである。患者情報はすでに金銭売買されているという報道[10]もあり, さらなる保護規定が検討されていた。2014 年には, 医学研究に関する法案の検討で, 同意なく個人データの売買を禁止するとしても医学研究に活用することで患者情報の危険性があるとする法の立場[11]と同意を求めるデータ保護の枠内で提案される立法を懸念する医学者の立場[12]とで, 病院と GP 記録を共有するデータベースを用いる提案は保留されたが, 2014 年ケア法（Care Act 2014）により, 医学目的の開示には守秘助言集団（Con-

---

（9） Health Professions Council v. Information Commissioner [2008] UKIT EA/2007/0116 14 March 2008 ; Brigden v. Information Commissioner [2007] UKIT EA/2006/0034 (5 April 2007); Galloway v. IC [2009] UKIT EA/2008/0116 (20 March 2009) 等がある。

（10） Tom Whipple, Patient data to be made confidential, The Times , 1 March 2014.

（11） Hannah Devlin, Medical research 'threatened by EU hostility to science', The Times, 10 January 2014.

（12） Professor Jeremy Farrar and others, Letter to the Editor, The Times, 29 January 2014, Chris Smyth, Sharing data would radically improve NHS, The Times, 21 March 2014.

fidentiality Advisory Group）を，医学研究においては保健研究機関（Heath Research Authority）の判断を得ることとなった。

　なお 2018 年，EU 一般データ保護規則（GDPR）の適用に伴い，イギリスもより厳格なデータ保護を目指した 2018 年データ保護法（以下，2018 年法）になったことから[13]，個人データ処理の大部分が GDPR の対象となった。これにより患者情報の取り扱いに関するさらなる法整備がなされることになるが，これについては，引き続き検討したい。

2　保護監督と安全対策

　情報管理の体制についての概略として，データ保護規定の権限と監督，また 2000 年法の履行に責任を有するのが情報コミッショナー（IC）である。IC は，1998 年法違反行為を審判所に告訴する権限を有している。情報審判所は，1998 年法に基づき IC が発する是正命令（通常，enforcement notice）に対するデータ管理者の不服申し立て，また 2000 年法に基づく IC が発する是正命令に対する不服申し立ての審査を行う。1996 年，NHS は，患者情報管理体制の改善のため，デイム・フィオーナ・カルディコット（Dame Fiona Caldicott）を長とする専門委員会を発足し，患者を特定しうる情報を活用する際の保護，また守秘の例外事項に当たる正当な活用として，カルディコット保護官ネットワークを設立すべきだと勧告した[14]。各保健機関，NHS トラスト，プライマリ・ケア・グループ患者情報を保有する全機関は，執行部レベルの上級保健専門職者であり，組織の臨床上のガバナンスを促進する責任を有する者をカルディコット保護官として任命した。各機関では保護官を中心として情報の適正管理（助言，管理方針の策定，監視等）を行うこととなり，適切な時期に検証・報告書を発している。2000 年に，保健省は，NHS 組織内において情報の流出を検討するための方法について，カルディコット保護官に対し手引き[15]を発した。その手引きには，情報の流出をた

---

(13)　芦田淳「〔イギリス〕2018 年データ保護法の成立」外国の立法 No.276-2（2018年）6 - 7 頁。

(14)　NHS Executive, HSC 1999/012, Caldicott Guardians 31 January 1999.

(15)　Department of Health, Protection and using patient information: A Manual for Caldicott Guardians DoH 2000.

医事法講座　第9巻　医療情報と医事法

どるためのマニュアル，そしてそれを再検討するとしたらどのような順序で
行うか，計画自体の再検討の見直しにおよぶ。検討する特定の領域は，業務
の流れ，診療自体の監査および暗号化，医療上の諸所記録及び患者のケア
サービス等が取り上げられている。患者情報が電子媒体によって取り扱われ
るようになり，さらに厳格な保護が求められるようになっている。

3　IT化による患者情報の利用への取り組み

　NHSは，GPと病院とを結ぶNHS全体を網羅する情報ネットワーク作り
として，NHSの情報テクノロジーを整備するために巨額の投資を行なった。
医師らは手書きの情報から電子媒体への移行を加速させた。患者と医師らと
の情報の共有することにより，患者はコンピュータを用いてNHSにアクセ
スし，自らの患者情報を引き出すことができる遠隔診療を受けることができ
る。2013年4月には第三者機関として設置された保健社会福祉情報セン
ター（HSCIC）は，全国の保健及び社会福祉ケアに関するデータを収集し，
ITシステムを設置し管理するとし，その取り扱い及び管理のための実務準
則を策定する等を行い，全国的な情報管理を行う場となった[16]。HSCICは，
2016年7月に名称をNHSデジタル（NHSDigital）と変更し，2020年までに
すべての医療記録をデジタル化し，国，地方，GPそして国民が研究を含め
健康医療情報を活用するよう全国データをオプトアウトによりデータの共有
化を進めている。サイバーセキュリティ対策の取り組みとあわせ，国の医療
データ活用計画は，さらに厳格な運用管理が求められている。さらなる患者
情報の適切な保護と利活用に対し適切かつ合理的な取り扱いが求められるが，
ここに至るまでの守秘と開示の調整の取り組みがこの基盤を支えている。

Ⅲ　医師の守秘義務と患者のプライバシーの権利

1　守　秘　原　則

　制定法上の義務ではない倫理的な義務であっても，守秘義務は公益として

---

(16)　堀真奈美「イギリスにおける医療情報の活用の課題と展望」公衆衛生 Vol.79, No.9
　（2015年）619-623頁。

124

コモンロー上，法的義務として認められている[17]。フランスやベルギーでは，医師には刑法上絶対的な守秘義務が課せられており，それらの国からイギリスにおいても規制すべきだという主張があった[18]が，刑法上もまた医師法（Medical Act 1983）においても医師の守秘義務を定めた法規定はない。裁判で医師の守秘義務が持ち出されたのは 1940 年代のことであり，夫婦間の争いにおいて夫側より自身と妻の診療情報の開示を求められた医師が守秘義務を理由に本人開示を断ったものであった。裁判所に召喚されると医師は，その場で診療録を開示し，質問にも答えた[19]。この事案は，医師の守秘義務の存在とともに，本人の情報開示を拒むことができることを示している。

　この医師のように守秘を重視する根拠をたどれば，「ヒポクラテスの誓い」に遡ることができよう[20]。当時のギリシアの医師だけでなく後世に渡って，多くのヨーロッパ諸国の医師の間にも職責の原点として広がった「ヒポクラテスの誓い」は，医師の教育において，職責の高さを示すものとして常に象徴的にあつかわれてきた[21]。医療という技術内容の専門性のゆえに，他方外部からは容易に判断しがたい能力を示すために，医師集団はその特権的な資格に見合う自主的な規律を設けてこれを示さなければならない[22]。その

----

(17)　Mark Taylor: Confidentiality and Date Protection; Judith Laing, Jean McHale, Ian Keneedy, Andrew Grubb（ed）:Principle of Medical Law（4ᵗʰ Edition）(2017) Oxford; 643-712, at 645.

(18)　France: Penal Code act 378, Belgium: Penal Code act 458 等。Mason & McCall Smith, Law And Ethics Fourth edition (1994) at. 169.

(19)　C v. C ［1946］1 All E.R. 562.

(20)　Margaret Brazier, Medicine, Patients and the Law (2ed) (1992), at 44.

(21)　近藤均他編『生命倫理辞典』（太陽出版，2002 年）542-543 頁。

(22)　医師の自主規律については，第二次世界大戦以降（1940 年以降），複雑かつ分化する医学および高度な医療技術の発展によって，さまざまな医療の場面に応じた（生殖補助医療，脳死と臓器移植，人体実験，安楽死・尊厳死等）医師の行為を示す規律が策定されている。
　　このような倫理綱領の社会的な表明を行うことに関しては，1847 年にアメリカ医師会（American Medical Association ANA）が，一国を代表する医師団体として，はじめて整理された倫理綱領を作成し，これを公示したことに始まる。この ANA の倫理綱領に思想的影響を与えたのが，トーマス・パーシヴァルというイギリスの医師であった。
　　パーシヴァルは，『医の倫理（Medical Ethics）』という著において，ジェントルマンとしての医師のパターナリズム的理想を説いている。そのため，医師の職務行為に関わ

医事法講座 第9巻 医療情報と医事法

象徴が「ヒポクラテスの誓い」であった。ここに守秘を定めた一節として，「医に関すると否とに関わらず他人の生活について秘密を守る」とある。絶対的な守秘を定めた規定であるが，他の節に医術の共有についての次のような定めがある。「…書き物や講義その他あらゆる方法で，私のもつ医術の知識を我が息子，我が師の息子，また医の規則にもとづき約束と誓いで結ばれている弟子どもに分かち与え，それ以外の誰にも与えない」と。患者情報を取り扱う直接の定めではないが，医術伝承の範囲に患者情報が含まれる場合があろう。ここでの守秘は息子などには共有（内部提供）することがあることを示しているように読むことができよう。この宣言は 18 世紀後半以降，医師と患者との関係は二者関係から医療専門職者の加わったチーム医療に発展した際にも患者に対する共通の指針として用いられてきた[23]。今日では，この宣言は医師のパターナリズムの温床と指摘されるが，この宣言が示す患者情報の守秘は守秘の及ぶ範囲として，医療専門職者の行為準則の中には示されている[24]。このように，法によって守秘義務が承認されるまで患者情報の取り扱いは，情報を保有する医師の判断に委ねられていたのである。

2　コモンローによる守秘義務の承認とその範囲

1970 年頃より医師の守秘義務は，コモンロー上の義務として認められるようになった[25][26]。裁判所は，医師と患者互いの信頼関係が生じる関係に

る訓戒書であり，医業の自己規制を明確に示した点は評価されるものの，「医の倫理」という表題は不適切であると指摘された。しかし，「メディカル・エシックス」という用語がはじめて用いられた著であり，その後のバイオ・エシックス（生命倫理）の研究において，重要な足跡を残すこととなったのである。

(23)　看護師の職責を示す「ナイチンゲール誓詞」も「ヒポクラテスの誓い」の作成と同じく，ナイチンゲール自身によるものではない。1893 年にアメリカミシガン州のフェラン看護学校の教員グレッター女史が，「ヒポクラテスの誓い」を参考に起草したものである。

(24)　1948 年のジュネーブ宣言，1964 年のヘルシンキ宣言においても，守秘の原則をみることができる。

(25)　守秘義務原則は，battery 法のように，医療実務と同様に古いものであると分析する者もいる。Norman Fost, 'Genetic Diagnosis and Treatment Ethical Considerations', American Journal of Diseases in Children, 137 (November 1993), at 1192.

(26)　Parry-Jones v. The Law Society [1968] 1 All E.R. at 171.

おいて守秘義務の存在は疑いなく[27]，法において尊重されるべきであるとする[28]。情報を受け取る医師が保護されるべきプライバシーであると合理的に予測できる場合には，守秘，すなわち信頼の義務が存在する。そこで，伝統的な医師の道義的守秘義務の及ぶ範囲について法の解釈はどうか。

ハンター事件では，制定法の定めによる情報開示については守秘義務を超えることを示した[29]。裁判所法（Administration of Justice Act 1970）の改正により[30]，人身傷害に関する事件の場合，訴訟前に医療機関の過誤の有無を確認するため当事者の医師，弁護士，本人に対する情報開示を求めることができることとなった。制定法上の開示は，守秘を超えるとしても開示先に患者本人を含むのか，制定法上の規定があるとしても道義的守秘を尊重する医師は，医師以外の者に開示することには消極的であり，当初，裁判所も医師の立場を支持していた[31]。マッキバー事件[32]で，医師側は，本人に情報

「医師は専門職者の実務の過程で得た患者に関する患者情報を開示しない法的義務がある。他の専門職者と同様に，たとえば牧師のように，医師は患者の同意なく，専門家の資格で集めた情報を開示しない義務が課せられている」と。

(27)　Morrison v. Moat Turner VC (1985) 9 Hare 241, 255, 68 ER 492, at 498. 「守秘義務というのは，秘密情報が，その者への情報を開示することを妨げるべきという全ての状況において，正しいという効果があるということで秘密であるということにつき，通知を受けた情報が秘密であると解されるとき，現実的な知識が必要な程度という問題を回避するため，同意を受けた秘密義務が生じるということである」と。

(28)　Attorney General v. Guardian Newspapers Ltd and others and related appeals (No. 2) [1988] 3 ALL E.R. 545.

(29)　Hunter v. Mann [1974] 2 ALL E.R. 414.

(30)　改正前における文書開示命令は，訴訟過程の証拠取得に限定されていた現在では，高等法院の通常の民事訴訟においても，裁判所の許可なしに開始することができるとされている。その目的は，当事者が主要な争点を理解すること，そして口頭での審理の際，不意打ちされないことにある。

(31)　During v. United Liverpool Hospitals Board of Governors [1973] 2 All E.R. 454.
　　1973年の入院後より状態が悪化し，退院後も以前の健康状態を取り戻せなかった者が，医師および医療機関の対応に懸念を抱き，この裁判所法に基づき，自らの診療記録の文書開示命令を求めた事案がある。ここで裁判所は，文書開示命令を発するにあたり，その相手方として，その者のメディカル・アドバイザーを指名するのが適当であるとしたのである。

(32)　McIvor and another v. Southern Health and Social Services Board, Northern Ireland [1978] 2 All E.R. 625.

医事法講座　第9巻　医療情報と医事法

を開示することにより患者自身が苦しむことになること，また開示するとしても患者は医学データを理解できないだろうと開示を拒んだ。しかし，裁判所はこれら抗弁を退け，患者が知りたいことは医学データでなくそれをどのように判断し診断を下したかであるとし，病院が保有する患者情報は医療専門職者だけが保有する必要はないとした[33]。患者本人には守秘とする理由はないとする法の判断は，守秘の範囲に患者本人を含むことを示すものである。コモンロー上の守秘義務の承認は，伝統的な医師の守秘義務を尊重しつつ限定された共有範囲から情報開示の範囲を広げるものである。すなわち，患者本人への開示を守秘違反としないこと，制定法上の定めがある場合には守秘を超えることである。

　もっとも，患者情報に他者の情報が含まれることがある。医療過誤訴訟の請求人である患者が求めた記録に他者の情報が含まれていることから守秘（不開示）を主張した医師に，裁判所は開示命令を下した[34]。困惑した医師は，開示にあたって患者の氏名を匿名（コード・ネーム）に処理することを提案し，裁判所はこれを了承するとした。このことは第三者による患者情報の守秘の問題であり，その者の情報を保護する必要性とその方法について法は医師の判断を尊重したということであった。しかし実務では，裁判所が開示を命じることを知り，弁護士より関係書類の提出を求められると医師は開示命令を待たずあっさり提出するようになった。裁判所の命令によって開示しなければならないのであれば，進んで開示に応じたほうがよいとするこの状況を懸念した保健省は，医師および保健当局に対し開示前に NHS に相談をし，結果を得るまで何も話さず，かつ記録を開示しないよう通達（HC (82)16 Para 5）[35]を発したが，実務では，開示に応じることが医療の実務に

---

(33)　Ibid. at 645. 医事法の分野にかかわる弁護士であれば，もっとも経験ある医師でさえ見つけきれないような関係する資料を見つけることがあるというのが，最高裁判所の考えとして示されている。

(34)　Deacon v. McVicar and another 7 January 1984 QBD.

(35)　この通達の第5条は，次のようなものである。
　　第5条　訴訟中もしくは潜在的な訴訟に関係する患者もしくは患者が同意した代理人より事件のメモや情報の開示請求を検討することにおいて，…裁判所法の第33条2項もしくは第34条の2項に基づく適用を検討することにつき，保健当局が，裁判所の用いるであろう基準より一層厳格な基準を採用することは適切ではないであろう。なんと

利益があるという主張もなされる。医療過誤訴訟の処理を担当する医療防衛連合（Medical Defense Union）および医療保護協会（Medical Protection Society）は，この通達内容を批判し守秘により患者と衝突し，医療訴訟に発展することより積極的に情報開示の求めに応じるよう提言した。患者による過失を申し立てられた場合には，患者の弁護士と協力し，より早く，穏便に問題を解決することが有利であった。患者への積極的な情報開示は本人の健康に対する自己決定権のためであるとされ，情報主体である患者本人の意思を尊重するよう守秘範囲についてさらなる修正の必要性が出てきたのである。

3　患者の知る権利と守秘

1980 年代，インフォームド・コンセント議論は，患者の知る権利を保障する立法化を推し進めることになった[36]。患者への説明義務違反を問うシダウェイ事件[37]では，患者の自己決定権を保障するのであれば，裁判で医師が説明をどの程度行うのかということでなく，患者の知る権利を保障すべきだとされる[38]。このことは，「医師はいかなる場合でも患者の権利を認め，育てるという機会をもつ者である。そうであれば，医師が患者を尊重することは，すなわち情報を正直に伝えることになる。患者の権利を保障するには，このことが医師の裁量事項とならないよう法を規定すべきである」[39]という立法論になる。自己決定に必要な情報が何であるかを判断できるのは患者自身であり，提供された情報について理解できない箇所を説明されることが患者の知る権利の保障である[40]。この時点で医師はデータ保護法による患者情報の取り扱いに対する情報主体の権利について周知しており，立法化に反対する理由はなかった。

こうして成立したのが，1990 年保健記録アクセス法（Access to Health Re-

なれば，これは，結果について全く疑いのなかった場合に，裁判所に提訴する申立人に有力な効果をもたらし得るからである。

(36)　柳井圭子「患者の自己決定権（二）――インフォームド・コンセント法理を素材として」北九州大学大学院紀要第 10 号（1996 年）163 頁以下参照。

(37)　Sidaway v. Bethlur Royal Hospital Governors and others [1985] 1 All E.R. 643.

(38)　Shila, A. M. Mclean, A RATIENT'S RIGHT TO KNOW (1988) at 175-177.

(39)　Ibid. at 131.

(40)　Naylor v. Preston Area Health Authority and other appeals (1987) 2 All E.R. 353.

医事法講座　第9巻　医療情報と医事法

cords Act 1999 以下 1990 年法)[41]である。本法は，世界で医師をはじめとする医療専門職が保有する情報として手書きメモを含む情報に対する本人開示請求を認めたものであった。1998 年法の成立により，1990 年法は 1998 年法の適用しない故人の生前の意思を尊重する規定を残すのみとなった。医師の守秘が守るべきは信頼であり，データ保護法をはじめとする患者情報の取り扱いに関する法は患者の情報取り扱いに対する権利である。しかし，これまで守秘において不開示とされた患者自身の不利益を与える場合について法には，患者本人が知ることで身体または精神状態に重大な損傷を与えることが懸念される情報，また他者の情報を含むもの，あるいは他者が提供した情報を含む適応除外情報として，医師に開示判断の裁量を認め，その場合であっても他の医療者に助言を求めるよう，また全部開示を認められない場合でも可能な限り部分開示にするなど可能な限り開示に応じることとし，対応が患者への信頼につながるよう定められていた。

　1990 年法施行に向け，保健省は，本法の理解と普及に努めるとともに，NHS 関係機関に守秘に反しないよう開示を行うよう手引きを発した[42]。知りたい情報は自身の情報だけではない。自身に関係する他者の患者情報，また医療の場で自身の情報がどのように取り扱われているかを知ることも含まれる。1990 年法は，本人による文書で委任された者，子ども（16 歳未満）の親権者，患者の判断又行動に支援が必要な状況になった場合の裁判所による選任された者と限定された他の者にも開示請求を認めている。法による開示が広げられたことで英国医師会は，さらに本人の同意を得て開示が認められていた雇用者および保険会社以外の第三者にも本法の適用を拡大するよう求めた[43]。この提案は，この時点では時期尚早であったが，その後，裁判で検討される事案の殆どが，第三者への開示に関するものである。情報を活

---

(41)　本法の正式な題名は，「保健記録に関する本人及びその他の者が保健記録にアクセスする権利を確立し，不正確な保健記録の訂正と特定の契約上の義務の向こうを定め，並びにこれに関係する目的を定める法律（1990 年 7 月 13 日）」である。

(42)　Department of Health: The Patient's Charter & you, Patient's Charter Unit NHS Executive HQ（1996）at 4-5. なお内容については，寺崎仁「イギリスの状況」病院 56 巻 11 号（1997 年 11 月）49 頁以下参照。

(43)　J. Montgomery, ` Access to Medical Reports Act 1988`, Journal of Social Welfare Law, No.2, 1989, at 456.

用するには，守秘原則で保有する情報を開示（外部提供）しなければならない。しかし，守秘との調整をいかに行うか，実務では，その判断を誤ると守秘違反に問われうる。保健省やNHSは通知や手引きを発しても，実務において現実的な判断指標となるものが求められることになる。

Ⅳ　患者情報の取り扱いの権利と守秘

1　患者の秘密を保持される権利と守秘義務の例外事由

1998年法によれば，患者情報の取り扱いには，データ主体である本人の「明確（explicit）な同意」を必要とする。保健省はNHS職員に向けて，通常，医療・保健ケアを提供するために必要とされる情報の開示には明確な同意は必要でないが，生じうること，またどのようなことになるのかについて患者が理解するよう確認することを求めるよう手引きで示した[44]。患者の利益を目的とする医療者間の情報共有については守秘違反ではないことが確認された。ただし，患者情報がどのような目的でどこに提供するかを説明し，明確な同意を得なければならない。患者本人に不利益となる情報開示を本人が同意を拒否する場合がある。患者の使用主より被用者である特定患者の情報提供を求められた医師が，患者の開示拒否の意思を尊重すべきか裁判所に判断を求めた事案で，裁判所は患者の秘密を守られる権利を放棄するよう命ずることはできないとした[45]。GMCは，雇用主，保険会社，政府機関等のような第三者への情報提供の依頼に対し，提供する前に患者の書面による同意を得ることとし，そのためには患者に開示する範囲，目的，開示した結果，関連情報については開示することを十分に説明するよう手引きに定めた[46]。裁判では，患者が他の者の求めに応じて健康診査を受けた場合，その報告書を求めた者に開示することに同意をしたことが示された[47]。

ところで患者の同意問題は，同意能力に関わる。アクソン事件では，16

---

(44)　Department of Health, Confidentiality, n.69, para 15.

(45)　Nicholson v. Halton General Hospital NHS Trust , Current Law , 46, November 1999.

(46)　GMC, Confidentiality (2009), para 34.

(47)　Kapadia v. Lambeth London Borough Council (2000) 57 BMLR 170 (CA).

医事法講座 第9巻 医療情報と医事法

歳に達していない子どもの性行動に関する健康情報を親に知らせなかったことが争われた[48]。守秘義務について争われた先例によると，当該子どもが秘密は保持されることを信頼できるとして医師に情報を提供することについて判断能力があれば，守秘義務が生じるとされた[49]。しかし，その後裁判所は，すべての子どもに守秘義務が生じるとする[50]。人権法の成立により，子どもの情報保護はプライバシー（第8条）の権利として尊重されることとなった。アクソン事件では，子どもの秘密を保持される権利を人権法によるプライバシーの権利だとすると，除外事由により親への開示は正当だと主張された。裁判所は医師の守秘を支持するとした。1998年法および1990年法では，16歳未満の子どもの意思は認められないにもかかわらず，シルバー判事は，医師が守秘として情報を取り扱うことを信頼する能力があれば，開示を拒否する意思は尊重されるとした[51]。保健省の手引き[52]には，16歳未満であっても性と生殖に関する私的な情報については守秘であると明記された[53]。成人であっても意思決定能力に欠ける場合，当該患者の情報の取り扱いについては精神的能力法（Mental Capacity Act 2005 第1条第1項）により意思決定能力がないと確認されない限り，守秘が保持される。本人の意思決定能力がないと判断された場合には，当人の最大の利益を考慮して開示がなされることになる。このように患者の意思を尊重し守秘を貫くことが，患者情報の取り扱いにおける原則である。

2　匿名化と守秘

データ保護法また人権法によって保障される個人のプライバシーの権利であれば，患者個人を特定されない情報については，本人の同意なく提供され活用されることが認められうる。第三者に情報開示を行う方法として，先例

---

(48)　R（Axon）v. Secretary of State for Health［2006］EWHC 37.

(49)　Gillick v. West Norfolk and Wisbech AHA［1986］AC 112.

(50)　Re C［1990］Fam 39, at 48, 52, 54; Venables v, NGN［2001］Fam 430, 496 等。

(51)　Supra note（49），[29].

(52)　Department of Health, Best Practice Guidance For Doctors and Other Health Professionals on the Provision of Advice and Treatment to Young People Under 16 on Contraception, Sexual and Reproductive Health（2004）.

(53)　Child and Family Law Quarterly, Vol 19, No 1, 2007.

で医師が提案した匿名化処理が認められていた。しかし NHS は，患者を特定しないよう配慮された匿名化処理を行うとしても，患者の同意なく患者情報を使用することは守秘義務違反に問われうるとした[54]。そこで次の事案が注目された。

ある情報会社が，GP の処方に関する特徴を分析するため処方薬データを取得しようと，薬剤師に処方箋に記載された特定情報（GP 氏名，用いた薬剤名とその性質，患者氏名はコード化）を有償で提供するよう依頼した。すぐさま保健省は，匿名であっても営業に活用する情報開示を守秘違反であると通知した[55]。会社側は，提供される情報の匿名性が保障される限りにおいて，守秘義務違反にあたらないとして，その通達の在り方を争った。本件判決は，一審[56]と二審[57]でその判断が異なるものとなった。匿名化作業は，データ保護法上の「処理」にあたるため，匿名化自体にも本人の同意が必要ではないかという指摘[58]がなされた。高等法院は，データ保護法上対象となる「個人データ」とは，「個人を識別しうる」かつ「生存する」個人のデータであり，データ保護法は，その対象となる個人データの「処理」を規制するものであるとして，個人識別が困難なデータであれば，データ保護法は適用されないが，そもそも匿名化は識別される個人データを加工処理することであ

---

(54)　この通達には，次のように定められている。

　第 4 条 5 項　ある特定目的のためには匿名化された情報で十分と思われる場合には，同定し得る情報は可能な限り除外されるべきである。そのような場合には，受け手が患者を同定し得ないことを保障するために，全ての適切な処置がとられなければならない。ただし，情報が匿名化されたことは，それ事体秘密保持の義務を免除するものではない。そのような場合であっても正当な理由がある場合にのみ，情報は伝達されうるものである。いかなる場合も，個人的詳報を除去することは，患者の同定を守ることにとって不十分である。

(55)　当該通達の内容は，次のようなものであった。

　「（全体的であるか部分的であるかに関わらず）匿名は，データの対象者である患者との秘密保持義務を解除することにはならないと解される。（全体的であるか部分的であるかに関わらず）匿名であることが，守秘義務違反を阻却するものではない。」と。

(56)　R v. Dept of Health, ex p Source Informatics [1999] 4 All E. R. 185.

(57)　R v. Dept of Health, ex p Source Informatics [2000] 1 All E. R. 786.

(58)　Kennedy & Grubb;"Breach of confidence: Anonumised information", Medical Law Review, 8, Spring 2000, at 118.

ることに当たるとする。一般的には，場合により明示的な同意がなくても黙示的同意があると解されることがある[59]。しかし黙示的同意があったとされるには，情報提供者が少なくとも開示が行われることに気づき，それに反対する機会を与えられ，かつ開示されないことを要することにつき合理的な結論がなければならない[60]。これより本件は，明示的同意はもとより黙示的同意もなかったとして，原告側の主張を退けるとした。対して控訴院は，当該事件当時 2000 年 3 月より一部施行されるデータ保護法は検討しないとしながら[61]，1995 年 EU 指令に照らして匿名化は，EU 指令の処理（「個人のデータの改造，修正，削除，破壊をする処理全て」（第 2 条 B））に含まれ，匿名化された情報には患者のプライバシー情報が入らないことから匿名化情報の提供は守秘違反でないとした。匿名化は，患者のプライバシーを保護する合理的な対応であり，たとえ努力によって患者が特定されえたとしても当該患者のプライバシーを侵害するものではないということである。またデータ保護法の観点から高等法院は，情報提供の目的について守秘の例外的事由である公益性の適否について検討し，公的な研究目的ではない有償の情報提供，民間会社への開示はこれに当たらないとする。対して控訴院は，EU 指令第 8 条を基に開示を妥当とする。個人データのなかでも健康データ（健康に関わる情報）の処理については，厳重に行うよう求められている（第 8 条 1 項）。この「処理」を正当化するのは，患者の「明示的同意」に限定される（第 8 条 2 項）。ただし，本件事案は，保健専門職者による「予防医学，医学診断，ケアと処置の準備，ヘルスケアサービスの管理監督という目的による」処理については，免除される（第 8 条 3 項）ことから，本件はこれにあたるとした。しかし当該情報の第三者への開示提供は医療のためであるかという点が問題となる。原告側は，GP の処方癖を追求しその結果を社会に知らしめることにより，医療の適正化を図ることが期待できるとし，当該情報の利活用は保健ケアサービスの管理監督目的に該当すると主張する。高等法院は，データ保護（第二）原則によると，目的外利用の場合には，適切な委員会に

---

(59)　Ian Kennedy and Andrew Grubb, Medical Law : Text with Materials (3ed), London, Butterworths, (2000), at 1062-1063.

(60)　Turner v. Royal Bank of Scotland plc [1999] 2 All E. R. 664.

(61)　Supra note (57), at 786.

報告していたこと，および患者自身にとり利益がなければならず（付表一の第2章第5条），会社側の真の目的は私的な利益を得ることであり，このような目的外利用は悪用であるとする。原告側の主張する理由が認められることは，逆に社会全体の医療に対する信頼を損なうことになりかねないとした[62]。対し控訴院は，医療の定義を広く解した EU 指令に該当するとした上で，公益性は問題としないとしながらも，保健省がデータ提供に否定的であり，かつ患者に直接的な利益があるわけではないが，国民の生命および健康を保持するという点においては，GP の処方癖を判明することにより，適正な薬剤投与管理を行うという公益もある[63]とする。控訴院が公益を強調した背景には，高等法院の判決後，当該判決は GMC や医学研究審議会（The Medical Research Council），国家薬剤師協会（The National Pharmaceutical Association）等より多くの批判を受けたことに対する配慮があったであろう[64]。匿名化と開示目的に関して立法化されたのが，患者のケアにとって利益となるとされ，医療専門職者以外の者との患者情報の共有を認めた2001 年法（Health and Social Care Act 2001）である。本法は，国家保健サービス法（National Health Service Act 1977）と国家保健サービスおよびコミュニティケア法（National Health Service and Community Care Act 1990）[65]に基づく保健サービスの提供について，主に医療改革およびプライマリ・ケアを推進していくための基金配分に関する法律である。この本文のなかに，「患者

---

(62)　Supra note（49）at 76.

(63)　Supra note（50）at 69.

(64)　もっとも本件判決は，情報主体が自身の情報を取り扱う権利は人間の尊厳と自律を尊重するものでありプライバシーの保護を超えるものであるという批判がある。D. Beyleveld and E. Histed, `Betrayal of Confidence in the Court of Appeal`（2000）4 Med. LI 277. また有名な歌手のプライバシーの報道に対するプライバシーと表現の自由との争いであるキャベル事件において論じられた。Cambell v. Mirror Group Newspapers [2004] UKHL 22, [15], [50], [51].

(65)　イギリスの医療改革および NHS に関しては，参照，渡辺満「イギリス NHS におけるプライマリケア役割の変化」広島法学 23 巻 2 号（1999 年）295-316 頁，同「イギリス 1991 年医療改革（1）（2）」広島法学 20 巻 4 号（1997 年）19-51 頁，21 巻 2 号（1997 年）1-48 頁，同「1997 年イギリス NHS 白書『新しい NHS』（1）-（3）」広島法学 22 巻 1 号（1998 年）374-406 頁，22 巻 3 号（1999 年）184-190 頁，23 巻 1 号（1999 年）205-212 頁等。

情報（patient information）」の管理（Control）に関する章が設けられており，内務大臣に患者ケアの向上という利益，もしくは公益という観点から，「医療目的」による患者情報の取扱いに関する委任立法の権限を与えるとした（第60条1項）。「医療目的」とは，「投薬，医学的診断，医学研究，ケアと処置の提供，健康及び社会福祉サービスの管理」と定義された。そこで「患者情報」と「秘匿性のある患者情報」（confidential patient information）を区分して取り扱われることとなった（第60条3項・4項）。「秘匿性のある患者情報」とは，患者情報の中で「問題となっている識別される個人が確認でき」，かつ「入手し得る他の情報，かつ当該情報に対し守秘義務を負う者によって，入手された，または作成された情報」である（第60条9項）。医療の発展を望む保健省は，患者情報を取扱う際の判断基準を示す手引きを作成している[66]。2001年法の第60条規定は2006年NHS法第251条に取り入れられ，非常に重要なNHSの活動を支援するため必要な患者を特定する情報患者の同意なく用いることができるとする。ただし，この権限は患者の利益あるいは公益となる医学的目的を支援することに限定したものとする（第251条第1，2,10,11項）。

3　公益を理由とする開示

　患者情報の中に見つけ出された虐待情報の開示が問題となった事案で，裁判所は，医療の守秘を超えることを正当化するのは公益だけであるとする[67]。NHSは，1984年警察及び刑事証拠法（Police and Criminal Evidence Act 1984）に定める重大な犯罪（反逆罪，殺人罪，故意殺，レイプ，子供の誘拐，特定の性犯罪，爆発をひきおこすこと，銃火器の犯罪，人質を取ること，ハイ

---

(66)　Department of Health, NHS Confidentiality Code of Practice, DH, 2003, available on www.gov.uk/government/publications/confidentiality-NHS-code-of-practice（superseding HSG（96）18 LASSL（96）5; Department of Health, Confidentiality: NHS Code of Practice-Supplementary Guidance: Public Interest Disclosures（November 2010). また2012年保健福祉ケア法（Health and Social Care Act 2001）により設立された情報センター（Health and Social Care Information Centre　その後　NHS Digitalとなる）も守秘情報の取り扱いに関する手引きを発している。HSCIC Code of Practice on Confidential Information（December 2014), 16.

(67)　Z v. Finland（1998）25 EHRR 371, 406.

ジャック，無謀運転により死亡されること，定めに至らせるような脅迫等）を公
益開示とする。現に発生していることでなくても「現実的な（real）」な危険
性を感じた場合は，公益により保護されるかについて以下の事案で検討され
た。

　保安病院の精神科医は，患者であるW氏の特有な状況が重大犯罪を起こ
しうる懸念を記した報告書の写しを精神保健審判所および保健大臣に送って
いたことにより，W氏より守秘義務違反を理由とする差止請求および損害
賠償請求訴訟を提起された[68]。高等法院は，GMCの専門職者行為準則にお
ける基準に関する勧告（General Medical Council's Advice on Standard of
Professional Conduct and Medical Ethics）に依拠し訴えを退けた。控訴院もW
氏の上訴を退けた。控訴院は，守秘による人権保護の観点から，（当時，
1998年人権法が未整理津であったことで）欧州人権規約第8条を根拠に第1項
を守秘，第2項をその例外と解し[69]，公共の安全および犯罪の防止という
公益によって，公的機関は専門職者の守秘義務に介入することを許容される
とした。重大な犯罪の防止は公益となることは，人格障害のある看護師の有
罪判決後に出された報告書[70]においても認められており，職業衛生部が被
用者の選考に関与すべきこと，被用者の健康問題を継続的に監視し，他の者
に対する重大な危険性がある場合には使用者に警告すべきであると示されて
いた[71]。裁判所は医師の道義的守秘を重視しながら，法の根拠をプライバ
シーの保護規定に見出した。また開示先は，重大犯罪を防止できる適切な場

(68)　W v. Egdell [1989] 1 All ER 1089 HC; [1990] 1 All ER 835 CA.
(69)　第8条2項とは，以下のような規定である。すなわち，
　　　「この権利の行使については，法律に基づき，かつ，国の安全，公共の安全若しくは
　　国の経済的福利のため，また，無秩序若しくは犯罪の防止のため，健康若しくは道徳の
　　保護のため，または他の者の権利及び自由の保護のため民主的社会において必要な者以
　　外のいかなる公の機関による干渉もあってはならない。」と。
(70)　Clothier Report, The Allitt Inquiry: an independent inquiry relating to deaths and
　　injuries on the children's ward at Grantham and Kesteven General Hospital during the
　　period February to April 1991, HMSO, London, 1994.
(71)　クロージア委員会報告書の勧告内容は，ある患者に加害行為をしたとして拘禁刑に
　　処せられたノッティンガムシャーの看護師アマンダ・ジェンキンソン事件後に，リ
　　チャード・バロック氏を委員長とする調査委員会報告書によって補強された。被用者が
　　原因となる危険性について，同様な勧告が産業衛生部に対してなされている。

医事法講座 第9巻 医療情報と医事法

所であれば，公的機関に限定されないことを示している。保健省は，公益とは「重大な犯罪」[72]を防ぐことだけではないこと，その上で何が正当理由たる公益であるかは，最終的には裁判所が判断すると法的判断を求めることだとする。資格付与機関への情報提供の適否としてL事件では，子どもの診療過程で母親が重度の人格障害であることに気づいた精神科の医師が，彼女が小児科の看護師であることを懸念し，3名の医師の診断結果とともに看護師登録機関に報告するにあたって裁判所にその判断を仰いだ[73]。本件は患者である子どもの治療過程で得た母親の情報開示であり，偶然知り得たものでもある。裁判所は，その子どもの保護される権利だけでなく，適性を欠く看護師から患者を保護する公益にあたり，守秘と比較衡量すると違法性はないと判示した。他者への現実的な危険性があることが公益とされる。亡くなった患者の組織分析調査情報の開示に関する事案で，担当医師の患者について当該医師が第三者の身体的被害をもたらすと合理的に予見する場合には公益性のある開示とされ，守秘と公益性の開示判断となる合理的医師基準が採用された[74]。ただ，守秘を超えるには信頼に基づく医師は担当する患者に現実的な危険性があることを客観的に証明しなければならないことになるかという問題については今後も検討が必要とされる[75]。

　報道機関による表現の自由との調整もまた課題である。X対Y事件[76]では，ある病院に勤務している医師がエイズ患者であると実名報道を行おうとする報道機関に対し，病院側は個人特定情報であり報道の差し止めを求めた。裁判所は，報道の自由という公益を認めながら守秘を優先するとした。本件では，報道機関に対する情報源を問われていないが，患者情報の漏洩について元患者で殺人につき有罪とされた者についての情報源を明かすよう病院が新聞社を訴えた事件[77]では，裁判所は，情報源を開示するよう新聞社に求める命令をした。高等法院は，秘密を保持しなければ，おそらくは重篤な身

(72)　GMC guidance, Confidentiality: protecting and providing information, GMC, London, 2004.

(73)　Re L (Care Proceedings: Disclosure to third parties) [2000] 1 FLR 913.

(74)　Lewis v. Secrerary of State for Health [2008] EWHC 2196.

(75)　M. Brazier and E cave, Medicine, Patients and Law (5th edn, Penguin 2011), at 101.

(76)　X v. Y [1988] 2 All E.R 648.

(77)　Ashworth Hospital Authority v. MGN Ltd [2001] 1 All E. R. 991.

体への傷害あるいは死亡を生じうるような例外的な場合においては，新聞社に制限を課すとしても，裁判所には守秘を拡張する権限があるとし，Ｊ氏を殺害した少年たちの詳細な情報の公表を禁じる差止命令を認めた[78]。控訴院もまた，本件判決を支持した。世界的に注目されたナオミ・キャンベル事案で貴族院は，彼女がすでに薬物依存症でありその治療を受けていることを自身も認める公表していたが，治療の内容，方法，また匿名で受けている集団治療の場について同意なく公表した雑誌社に対し，彼女のプライバシー権を尊重することを優先するとされた[79]。医療者にとって守秘を守ることは，情報共有の範囲を画することで開示との調整を図ってきたが，このような先例とNHSの手引きにおいて，個々の事案を検討しながら守秘に反しないよう努めている。

Ｖ　お わ り に

　秘密を守ることが患者（国民）への義務としてきた医師らは，患者との情報共有は，守秘の範囲の拡大と捉えていたが，徐々に守秘の範囲が拡大され，守秘を守ることから活用するための新たな義務を見出す必要があった。患者の知る権利を立法化により保障するよう求めたドナルドソン裁判官は，医師の説明義務の根拠には，患者に率直に伝えるという医師の誠実義務（a duty of candour）があると指摘した[80]。医師の義務として信託義務を根拠に採用するためには，裁判所が医師と患者との関係を信託関係（fiduciary relation）となるよう再定義しなければならず[81]，端的に医師の誠実義務は否定された[82]。誠実義務については，作為義務というよりむしろ不作為の義務を課

---

(78)　Venables and another v. News Group Newspapers Ltd and others [2001] 1 All E.R. Family Division.

(79)　Cambell v. MGN Ltd [2004] UKHL.22; [2004] 2 ac 457 HL.

(80)　R v. Mid Glamorgan Family Health Services Authority and another, ex parte Martin [1995] 1 All E.R. 356 (CA).

(81)　McInerner v. MacDonald (1992) 93 DLR (4th) 415 (Can Sup Ct) at.650-1. スカーマン卿「医師と患者との関係は，衡平法上の信託という性質とみなされる弁護士と依頼人，信託者と受託者との関係に匹敵するものではない。」とする。

(82)　Ernest Vinter, A Treatise on the History and Law of Fiduciary Relationship, at

医事法講座 第9巻 医療情報と医事法

すことになると解されており[83]，患者への説明義務の根拠ではないということであった。法的な検討は十分ではないとしても他者からの開示の求めが広がるようになったことから，患者情報の取り扱いに関して患者に隠さず率直に対応する義務こそ，患者との信頼に繋がる。守秘の根拠をここに見いだそうとしたこの見解が，今日までのイギリスでの患者情報取り扱いの核となっているように思われる。EU のデータ保護規定である GDPR（一般データ保護規則）では，個人データの取り扱いに関して，公正かつ合法的に透明性のある方法で行うことが追記された（GDPR 第5条）。データ主体である患者が本人開示だけでなく訂正や削除を求めることを認めるには，情報の取扱いの目的，方法等本人に知らせ，理解を求めなければならない。NHS デジタルの計画実現に向け，全国的に健康医療情報を活用するには，ますます患者情報を取り扱うものと患者本人との信頼が重要となるであろう。医師の道義的であった守秘義務を法的義務と認め，さらに患者のプライバシー権を保障しながら患者情報の活用を認めながら，裁判所は判断を示し，それを受けた医師らは専門職者として手引きや行為準則を示しながら対応する，さらに立法化により社会の声を反映できる体制を検討している。しかし，守秘と開示との調整判断は容易でなく，法の判断を求める事案も少なくない。今度もこれら事案に対する法の発展と医療実務の取り組みについて注目していきたい。

42-45.（Stevens and Stons 1932）従来は，医師と患者との関係は，信託関係の典型であるとする。

(83)　A-G v. Blake［1998］1 All E.R. 833, at. 834.

7　ドイツにおける医療情報の保護と利用
──人格権の先進国からの示唆──

村 山 淳 子

医事法講座　第 9 巻　医療情報と医事法

I　序論──本稿の問題意識と目的
II　医師の守秘義務法制，医師患者関係法，そしてデータ保護法制の優劣と協働
III　死者の人格権と遺族の利益の調整
IV　結論──ドイツ法からの示唆

潮見佳男
プラクティス民法
債権総論
〔第5版〕

改正法の体系を念頭において、CASEを整理、改正民法の理論がどのような場面に対応しているのかの理解を促し、「制度・概念の正確な理解」「要件・効果の的確な把握」「推論のための基本的手法の理解」へと導く。全面的に改正法に対応した信頼の債権総論テキスト第5版。

A5変・上製・720頁
ISBN978-4-7972-2782-6 C3332
定価：本体5,000円+税

法学六法'19

【編集代表】
池田真朗・宮島　司・安冨　潔
三上威彦・三木浩一・小山　剛
北澤安紀

【2色刷で見やすい薄型・軽量六法】
法学を初めて学ぶ人や携帯用に利便の六法。2019年版は新たに7法令を追加するとともに、重要改正を反映（民法（債権法・相続法）、刑訴法（司法取引）等）。92件を収録しながら、軽量、薄型を実現。使いやすい〔事項索引〕付き。

四六・並製・630頁
ISBN978-4-7972-5749-6 C0532
定価：本体1,000円+税

〒113-0033　東京都文京区本郷6-2-9-102　東大正門前
TEL:03(3818)1019　FAX:03(3811)3580　E-mail:order@shinzansha.co.jp

信山社
http://www.shinzansha.co.jp

山中敬一 監訳
クラウス・ロクシン
刑法総論
第1巻[基礎・犯罪論の構造]
【第4版】[翻訳第1分冊]

【原著第4版の翻訳がついに完結】
ドイツ刑法学を長く牽引し、中心的な役割を果たしてきたロクシン教授の体系書第4版。翻訳は2分冊とし、本書はその前半を収める。著者の思想・方法論から、最新判例・学説・理論を明晰かつ総合的に検討した古典的名著。

A5変・上製・828頁
ISBN978-4-7972-5543-0 C3332
定価：本体 **14,800** 円+税

田中宏治 著
代償請求権と履行不能

代償請求権に関する本邦初の単行書。とりわけ平成29年民法改正によって新設された償請求権規定および履行不能規定を考察。立法された経緯や、沿革、外国法の状況を詳細に紹介。今後、具体的にどのような問題が生じるか、その場合に裁判官がどのような基準で判断を下すべきか、広範かつ精緻に検討。

A5変・上製・588頁
ISBN978-4-7972-6831-7 C3332
定価：本体 **7,200** 円+税

〒113-0033 東京都文京区本郷6-2-9-102 東大正門前
TEL：03(3818)1019 FAX：03(3811)3580 E-mail：order@shinzansha.co.jp

信山社
http://www.shinzansha.co.jp

I 序論——本稿の問題意識と目的

わが国で初めて個人情報保護法が制定されてから15年余が経つ。この間，医療情報に対する国民の意識は大きく変化した。これまで看過ないし知らずにいた権利侵害を意識し，また現行法では未開拓の法益にも保護の希望を持つようになった。このような国民の意識の高まりに適切なバランスと手法をもって対応するためには，医療情報の保護においてわが国より先進した段階にある外国法の研究が有効である。

そこで本稿は，わが国と類似する医療法制を有しながら，医師の守秘や患者の人格権を厳格に貫く伝統があり，その中でわが国より30年先行してデータ保護を確立させたドイツの法状況を，医療情報の保護と利用という視点から分析し，わが国の問題状況への有意な示唆を獲得することを目的とする。

ドイツは，この半世紀のデータ保護の歴史の中で，医療情報の保護と利用の調整にかかる規律を，法体系の中でどう構築し（Ⅱ），また，そこにおける死後にまで及ぶ人格権の保護と対抗利益の調整を，いかなる理論構成と衡量判断をもって行ってきたのか（Ⅲ）。

本稿は，複雑をきわめるドイツ法固有の法構造や適用関係よりも，医療情報の保護と利用のバランス関係にかかわる，普遍性のある法の体系，そして衡量判断と理論構成に注目するものである。

Ⅱ 医師の守秘義務法制，医師患者関係法，そしてデータ保護法制の優劣と協働

1 ドイツ医療情報法の全体像

個人情報および医療情報に関するドイツの現行法制の構造は，その全法秩序の母娘関係を映して，わが国のそれと類似している。

ドイツにおける医療情報関係規律の構造は，以下の異なる歴史と思想から生まれた複数の法制の関係性の変遷の中でとらえることができる。

医事法講座 第9巻 医療情報と医事法

すなわち、①古来より存在した医師の守秘の職業倫理が刑罰によって支えられるようになった医師の守秘義務法制に加えて、20世紀後半以降における、②契約関係を中心とした私法上の医師患者関係において患者のさまざまな情報関連利益が権利として法認を得てゆく過程とともに、③基本法を頂点にドイツ法全般にわたり展開されたデータ保護の思想と立法である。これらは相互に重畳・交錯し、①と③を中心に関係性を問う議論がある。

本項目で行う検討にあたっては、歴史的経緯を背景としてふまえた立体的考察が必要であるところ、本稿では歴史的叙述は必要最小限にとどめ、詳細は別稿の叙述に譲りたい[1]。

2　医師の守秘義務法制——医師の職業倫理から法的義務へ

(a)　総　説

ドイツにおいて、医師の守秘義務法制は、古代から存在した医師の職業倫理が、近世以降、刑法や職業法として法的義務と化していく中で確立していった。刑法典を中心に、それぞれ特殊な目的を有する各種特別法による秘密保護規定、そして医師の職業規則による規律が、主に守秘義務法制を構成している。

のみならず、ドイツにおいて医師の守秘の職業倫理やそこから生まれた法制は、医師や医療に関するすべての実体および手続法に、解釈の基盤として、一般条項や法概念を介して浸透している。

ここでは、主だった規律のみを挙げよう。

(b)　刑法典上の私的秘密の侵害に対する罪

中心的な規律は刑法典にある。

1794年のプロイセン一般ラント法以来、医師の守秘義務は一貫して、刑法典で規定され、時代により、自由主義と国家社会主義とのあいだで揺れつつも、基本的な内容は現在まで維持されている[2]。

（1）　村山淳子「ドイツ医療情報法」早法84巻3号（2009年）253頁以下およびそこでの表示文献参照。

（2）　ドイツにおける医師の守秘義務の歴史に関して詳細に叙述した文献として、B. Lilie, Medizinische Datenverarbeitung Schweigepflicht und Persönlichkeitsrecht im deutschen und amerikanischen Recht, 1980, S. 52 ff.

刑法典は，第203条（私的秘密の侵害）において，わが国より広域職種に
わたる医療職を含む一定職種の者に対し，私的秘密の侵害に対する罪を規定
する（下記【参考1】参照）。

本条の保護法益[3]は複数挙げられている。かつては，他人の秘密を担う
特定の職業や行政等に属する者の守秘に対する一般的信頼という，公の利益
が前面に出ていた。しかし今日では，基本法1条1項（人間の尊厳）に関係
づけられた，基本法2条1項（人格の自由な発展の権利）から帰結される，一
般的人格権に包摂される情報自己決定権（後述4(b)参照）を第1の法益と解
するのが一般的である。とりわけ医師の守秘義務に関しては，患者が医師の
守秘を期待できてこそ，信頼関係が成り立ち，治療の効果が上げられると解
説されている[4]。

ドイツでも，刑法上の医師の守秘義務違反の実際の適用事例は，ほとんど
みあたらない。しかし有力説は本条の機能を「アピールと警告の機能，つま
り，患者の秘密の取扱いにおいて，刑罰で保護された遵守の要請（「感嘆
符」！）があることを，一般予防的に指摘する」こと（つまり特別予防よりも
一般予防）に求めるのである[5]

【参考1：ドイツ刑法203条　私的秘密の侵害】
1項　以下の資格においてゆだねられたり，知らされされたりした他人の秘密，
　　　つまり私的な生活領域に属する秘密や，営業上または業務上の秘密を権
　　　限なく開示した者は，1年以下の自由刑または罰金に処する。
1号　医師，歯科医師，獣医師，薬剤師，または職業の遂行や職業名称の使用
　　　ために国家に規律された養成専門教育（Ausbildung）を必要とするとこ
　　　ろの，その他の治療職（Heilberufs）に属する者
　　…中略…
4項…（協働者およびデータ保護受託者の守秘義務，また協働者の守秘義務違
　　　反への注意義務についての規定）…
5項　1項から4項は，行為者が他人の秘密をその者の死後に権限なく開示し

（3）　独刑法203条の保護法益については，主に Schönke/Schröder, StGB, 30. Aufl., 2019,
　　§ 203, Rn. 3 (Eisele); Bergmann/Pauge/Steinmeyer, Gesamtes Medizinrecht, 2. Aufl.
　　Nomos, 2014, S. 1490 f. (Gaidzik) を参照した。
（4）　Laufs/Kern, Handbuch des Arztrechts, 4. Aufl. C. H. Beck, 2010, § 66 Rn. 17
　　(Ulsenheimer). ua.
（5）　Laufs/Kern, Handbuch des Arztrechts, 3. Aufl., 2002, § 73, Rn. 9 (Ulsenmeier).

医事法講座 第9巻 医療情報と医事法

たときにも適用される。

6項　略

(c) 職業規則における守秘義務

ドイツでは，各州の医師会が作成した医師の職業規則が，州政府の承認を得て法的拘束力を有している（医師の自律的職業像が強調され，かつ法治原則が徹底されるドイツならではの制度といえよう[6]）。その統一指針であるドイツ医師のための模範職業規則（Musterberufsordnung für Deutschen Ärzte, MBOÄ）[7]は，州の医師会の連合体である連邦医師連盟が決議し，法的拘束力はないが，現実には，すべての州においてほぼ原型通りの医師の職業規則が制定されている。この州の医師職業規則を基準に，①医師会による懲戒，②職業裁判所による審理，あるいは③通常の裁判所による裁判が行われることになる。

医師の職業倫理を法規範化した医師職業規則において，医師の職業倫理の核心である守秘義務に関する規定は，1956年にMBOÄの初版が決議されて以来一貫して盛り込まれており，MBOÄの何度かの改訂を経て，最新版現行1997年版9条1項に至るまで維持されている（【参考2】参照）。

ここで規定されている医師の守秘義務の内容は[8]，刑法上の守秘義務を超えるものである。すなわち，刑法上の守秘義務規定およびそれを補完する判例の内容が規定されているうえに，対象としては非公開のあらゆる事実を含むこと，違反には故意を要せず過失で足ること，あるいは協働者・見習い者の指導義務が課されていることなどの点で，刑法規律を超える内容が含まれている。

【参考2：ドイツ医師のための模範職業規則9条　守秘義務】
　1項　医師は，その医師としての資格を信頼して委ねられたり，知らされたことに関して──患者の死後までも──秘密を守らなければならない。これ

（6）　ドイツの医師の職業法のシステムについては，村山淳子「ドイツの医療法制──医療と法の関係性の分析」西南43巻3・4合併号（2011年）249頁以下を参照されたい。

（7）　現行最新版は1997年版で，Deutsches Ärzteblatt 1997, 2354 に掲載されている。

（8）　以下，主に Bergmann/Pauge/Steinmeyer, a. a. O. (Note 3), S. 695 (Sobotta); Ratzel/Lippert, Kommentar zur Musterberufsordnung der Deutschen Ärzte (MBO), 6. Aufl., Springer, 2015, 151 f. を参照した。

には患者の文書による報告，患者に関する記録，レントゲン写真および
その他の検査所見も含まれる

2項　（略）

3項　医師はその協働者，および医療業務につくための準備教育のために医師
の活動に参加する者に秘密保持の法律上の義務に関して教え，これを文
書に記録しておかねばならない。

4項　（略）

3　医師患者関係法──私法上の医師患者関係における患者の権利の拡大

⒜　総　説

20世紀後半になると，医療記録ないし医療情報に対する古くからの性格
決定（カルテ備忘録説，カルテ所有権論，治療上の不利益論等）が変容し，自己
の医療情報やその記録に対する患者のさまざまな法益が意識されていった。
それに対応して，私法上の医師患者関係，とくに医療契約において，医師の
患者に対するさまざまな信義則上の不文の（付随）義務が，判例によって確
立されていった。

そして2013年，医療契約の法典化は，とくに情報にかかわる患者の権利
を中心に，それまでの判例法理の基本的部分を条文化するに至った（今日で
は，ドイツの医療契約法は，判例法と制定法の形で存在している）。

⒝　判例の展開[9]──私法上の医師患者関係における患者の権利の拡大

ドイツにおいては，医療記録ないし医療情報が患者の諸種の法益に奉仕す
るものとして次第に意識されてゆくという，医療記録ないし医療情報の性格
決定の変遷に対応して，患者が医療記録の後医への引渡し，作成，さらには
自身でこれを閲覧することを医師に対して請求する権利を獲得していった。
ここでは便宜上，以下の3期に分けよう。

ⅰ　医師の個人的な備忘録である──患者の権利の否定

かつて医療記録は，医師の個人的・内部的な備忘録である[10]，医師の所

（9）　この部分の研究は，筆者の先行研究，村山淳子「ドイツにおける医師の診療記録作
成義務の生成と展開（1-2・完）」早研97号，98号（2001年），村山淳子「患者の診
療記録閲覧請求権──ドイツにおけるその生成と展開」早誌52巻（2002年）を基礎に，
さらに資料を加えて考察を深めた内容である。

（10）　当初刑事訴訟法の領域で E. Schmidt,in Ponsold's Lehrbuch 1950, S. 26, Anm. 3（「紙

医事法講座　第9巻　医療情報と医事法

有物である[11]，あるいは患者にとって無意味かつ治療上不利益をもたらしかねないもの[12]（当時の医療界の意識と合致）と性格決定されてきた。この性格決定が，自己の医療情報やその記録に対する患者のあらゆる私法上の権利の否定を決定づけてきたのである[13]。

　しかしこれが，20世紀後半，ごく短期間で変容してゆく。

　(ii)　患者の治療上の利益にも奉仕するもの——医師の医療記録作成義務

　別の医師に医療が引き継がれるという場面において，医療記録を後医へ引渡すように前医に請求する患者の権利を認めた高裁判決[14]を経て，1978年6月27日，連邦通常裁判所判決は，医療記録の作成が不十分であることでその後の患者の治療が決定的に困難になりうることを理由に，（自ら治療を継続するにせよ，後医に引き継ぐにせよ）自明の治療上の義務として，医師は医療記録を作成すべき義務を負うとした[15]。

　後の学説・判例によって，医療記録作成義務は，医療記録の閲覧権と協働して，患者への情報提供や患者とのコミュニケーションにも奉仕することが認められている[16]（論稿によっては，医療記録作成の目的に証拠確保も加えられ

　　　に書かれたれた記憶の断片」と表現）(zit. H. Lilie, Ärztliche Dokumentation und Informationsrechte des Patienten, 1980, S. 123);その後 Wiethaup, Herausgabe von Krankenblättern an Dritte ?, JR 1954, 175; Grömig, Schweigepflicht der Ärzte untereinander, NJW 1970, 1212 u.a.

(11)　BGH NJW 1963, 389; J. Steinberg-Copek, Berufsgeheimnis und Aufzeichnungen des Arztes im Strafverfahren, Jur. Diss., 1969, S. 54), S. 54 （医師は医療記録の所有者であり，唯一の処分権限と著作権を有する）; A. Laufs, Krankenpapiere und Persönlichkeits-schutz, NJW 1975, 1435 （医療記録の所有権者は治療にあたる医師もしくは病院である）

(12)　BGH NJW 1963, 389; Grömig, Schweigepflicht der Ärzte untereinander, NJW 1970, 1211f.

(13)　Lilie, a. a. O. (Note 11), S. 126 の視角による。

(14)　OLG Kern, Arztrecht, 75, 176 （診療が別の医師に引き継がれるという場面において，医療記録を後医に引き渡すことは患者の利益に奉仕するとして，医療記録を後医へ引渡すように前医に請求する患者の権利を認めた）。その後も AG Freiburg NJW 1990, 770;AG Ludwigsburg NJW 1974, 1431;AG Krefeld MDR 1986, 586.

(15)　BGHZ 72, 132, 137;その後も BGHZ 85, 327;BGH NJW 1986, 2365; Bender VersR 1997, 918 （921 ff.）。また学説も Laufs/Kern, a. a. O. (Note 5) § 55 Rn. 1 (Schlund); Deutsch/Spickhoff, Medizinrecht, 7. Aufl. Springer, 2014, Rn. 894.

(16)　副次的位置づけながら BGHZ 72, 132, 137;BGH NJW 1983, 2627;1989, 2330;1993,

ることがある[17]）。

　なお，ここでは立ち入らないが，医療記録作成については，実体法上の義務とは別に，証拠法上の責務として促される（民事訴訟法上の証明妨害）判決[18]が先行して存在し，実体法の発展にも影響を与えた。これは後の法典化により実体法に属する法規とともに条文化されている。

　(iii)　医療における患者の自己決定にも奉仕するもの──患者の医療記録閲覧
　　　権

　相次ぐ下級審判決[19]に続いて，1982年11月23日，連邦通常裁判所は，自己の医療記録を閲覧する患者の権利（閲覧をみとめる医師の義務）を，信義則に基づく不文の医療契約上の付随的請求権（医師の付随義務）として承認した[20]。

　本判決は，「契約関係の進行過程において作成された自身の全記録を，もう一方の契約当事者に随時開示することを契約当事者に義務づけることは，その他の法取引においてはむしろなじみのないことである」として，この義務が契約一般法理ではなく，医師患者関係に特殊な理由に基づくことをあきらかにしている。

　有力説はこれを，医療における患者の自己決定に奉仕する包括的な情報請求権としている。すなわち，医療行為は医師と患者の対話を通じた共同責任のもとで実施されるべきところ，「責任を意識している患者に自主独立の意見形成の機会が与えられる[21]」必要があり，医師から一方的に情報を与えるにとどまらず，患者が情報を望みに応じて意のままに収集することができ

2375:1994, 799. 学説も Steffen/Pauge, Arzthaftungsrecht, Rn. 540;Peter, Das Recht auf Einsicht in Krankenunterlagen, 79; Jorzig, Handbuch Arzthaftungsrecht, 2016, S. 243 （Houben）.

(17)　ebd., S. 243 （Houben）.

(18)　例えば NJW 1972, 1520;NJW 1978, 1681 （「会陰切開判決」）.

(19)　NJW 1979, 601;NJW 1979, 607;NJW 1980, 644.

(20)　BGHZ 85, 327. Lilie, a. a. O. （Note 11）は本判決に大きな影響を与えた博士号請求論文である。その他の学説として Ahrens, Ärztliche Aufzeichnungen und Patienteninformation -Wegmarken des BGH, NJW 1983, 2609ff; Deutsch/Spickhoff, Medizinrecht, a. a. O. （Note 15）, Rn. 146; Laufs/Kern, a. a. O. （Note 4）, § 56 Rn. 1 （Schlund）

(21)　Lilie, a. a. O. （Note 10）, S. 143.

医事法講座 第9巻 医療情報と医事法

るようにすること——医師が治療の詳細に関して患者の明示的な問いに答えること，すなわち医療記録の閲覧の求めに応じることによって，それが可能になるというのである[22]。

なお，下級審判決では，紛争が生じもはや信頼関係がなくなった後で情報提供を受ける患者の権利であるとか[23]，財産管理人のそれと類似した顛末報告により事後的に医療を再検討するためであるとも述べられている。

上記の一連の裁判例と学説は，同時に，患者の医療記録閲覧権の制限原理についてもあきらかにしてきた。すなわち，主観的ないし暫定的な記録[24]（医師の職業上の自由や人格権によって理由づけられる），医師の治療上の特権[25]，主観的情報，あるいは精神医療における配慮（第三者の利益も含む）[26]等の原理により，閲覧権は制限され得るのである。

(c) 医療契約の法典化

そして，以上の判例上の解釈規範は，2013年の医療契約の典型契約化によって，条文化されるに至った。

2013年，これまで解釈上の存在であった医療契約が，雇用契約の特殊類型として法典化した。「成熟した患者」による自己決定を支援する患者の権利法の立法目的によって，これまで判例により形成された多くの解釈規範のうち，とりわけ患者の医師に対する情報請求にかかわる権利が医療契約法では積極的に条文化された（【参考3】参照）。

いまだ本法の裁判実務への影響はわかっていないが，（法典化による判例と制定法，また不法行為法と契約法との関係などについて評価は分かれるものの）法典化は判例による法の発展を促進したと全般的には評価されている。

---

(22) ebd., S. 141 ff. 近年では Jorzig, a. a. O.（Note 16）S. 255（Houben）が，閲覧によって治療のイメージを得るとともに，治療が正しいかどうかを確かめる（例えばセカンド・オピニオンを求める）ことができるとしている。

(23) 前者 LG Limburg NJW 1979, 607, 後者 OLG Bremen NJW 1980, 644.

(24) BGHZ 85, 327. 学説は略すがほぼ承認している。

(25) LG Göttingen NJW 1979, 601;LG Limburg NJW 1979, 607;BGH 1983, 328;BGH NJW 1989, 764 等一貫した立場である。学説は略すがほぼ賛同している。

(26) BGHZ 85, 327 の全面排斥から BGH VersR 1984, 1170 で判例変更。学説は略すが判例とほぼ同様の流れを辿っている。

150

7 ドイツにおける医療情報の保護と利用［村山淳子］

【参考3：ドイツ医療契約法における患者の情報請求にかかわる権利】
　630f条　医療上の記録（Dokumentation der Behandlung）
　　1項　医療提供者は，医療に関して時間的かつ直接的なつながりをもって記
　　　　　録をとるために，紙又は電子媒体により医療記録を作成すべき義務を
　　　　　負う。…（略）…
　　2項・3項　（略）
　630g条　医療記録の閲覧（Einsichtnahme in die Patientenakte）
　　1項　重大な治療上の理由，又は第三者の重大な権利のために禁止されない
　　　　　かぎりにおいて，患者には，求めに応じて，遅滞なく，自己に関する
　　　　　完全な医療記録の閲覧がみとめられなければならない。閲覧を拒絶す
　　　　　る場合には，その理由が示されなければならない。…（略）…
　　2項　患者は医療記録のコピーを求めることもできる。そのために発生した
　　　　　費用は，患者が医療提供者に支払わなければならない。

4　不法行為法における一般的人格権の保護

　不法行為法でも，後述にもかかわる基本権の変遷を直截に反映した解釈の
進展がみられた。

　不法行為法では，1950年代以降，それまでの個別的人格権に加えて，基
本法1条・2条を引き合いに出し，一般的人格権が判例によって承認されて
きた[27]。そして，前出2で掲げた判例は，患者の医療記録閲覧権の法的根
拠として，契約上の義務に加えて，患者の一般的人格権（自己決定権）をも
あげている[28]。

　その後，後述の1977年の国勢調査判決で，基本法上，一般的人格権に包
摂されるものとして，情報自己決定権が確立した。このことで，情報自己決
定権は，自明に，あるいは学説の議論からも明瞭に，不法行為法上の一般的
人格権としても保護されるようになったのである。

　なお，医療訴訟における不法行為責任の存在意義は，2002年債務法改正
により，そして2013年の医療契約の法典化を経て，ますます失われるであ
ろうともいわれる（立法者の見解）[29]。しかし，不法行為法が解釈において及

---

(27)　BGHZ 13, 334; 26, 349; 31, 308.
(28)　BGHZ 85, 327（閲覧権に関して「基本法上の価値判断によって認められている患者
　の自己決定権と患者の人としての尊厳からも発生する。それらは患者を単に診療の客体
　として扱うことを禁止するものである」）。

医事法講座 第9巻 医療情報と医事法

ぼす影響は無視しえないものであり，有力諸学説は，両責任規範が影響しあい，今後も法形成が行われてゆくと考えている[30]。

5 データ保護法制──情報自己決定権の確立と立法の展開

(a) 総説（前史含む）

上記民事法の動きとほぼ重なり，20世紀後半，公法領域において，連邦憲法裁判所の諸判決を契機として，「データ保護（Datenschutzt)」の思想と法制が展開された。すなわち，国勢調査をめぐる基本法諸判決を基盤として，情報自己決定権が確立し，データ保護法およびデータ保護規定が，連邦および州のレベルで，かつ一般領域および個別領域において制定されていった。

ここでは，1969年「抽出国勢調査判決（Mikrozensusurteil)」[31]を基盤とする1970年のヘッセン州の世界初のデータ保護法，そして1977年の連邦データ保護法（Bundesdatenschutzgesetz, BDSG)[32]の成立までを前史として，以後の重要な動きを追おう。

(b) 国勢調査判決── 一般的人格権に包摂される情報自己決定権の確立

はじめての連邦データ保護法の成立から数年後，1983年12月15日に，連邦憲法裁判所は，有名な「国勢調査判決（Volkszählungsurteil)」[33]を下した。本判決は，国勢調査法において個人申告データを行政目的で利用・提供することを認める部分を基本法違反として無効とするものである。本判決は，個人データの取扱いをめぐる基本法上の問題に包括的に応えた点に大きな意義を認められている。以下に概要を述べよう。

---

(29)　BT-Drucksache 17/10488, 18.

(30)　Spickhoff, Pastientenrechte und Patientenpflichten:Die medizinische Verhandlung als kodifizierter Vertragstypus, VersR 2013, S. 281.

(31)　BverfGE27, 1「人間の強制的な登録とカタログ化」は基本法1条の人間の尊厳に違反するとの見解を示した。この判決を基盤として，1970年に西ドイツのヘッセン州で世界初のデータ保護法が成立し，数年後のはじめて連邦法としての連邦データ保護法の成立に繋がっていった。

(32)　Gesetz zum Schutz von Missbrauch personenbezogener Daten bei der Datenverarbeitung（Bundesdatenschutzgessetz, BDSG)（BGBl. I 1977, S. 201).

(33)　BverfGE 65, 1. 本判決は，すでに多くの文献において我が国に紹介されている。本判決自体の分析・評価はそれら専門家の業績にゆだねたい。なお，医事法分野では増成直美『診療情報の法的保護の研究』（成文堂，2004年）40頁以下が詳しい。

152

（i）情報自己決定権の確立

まず，本判決は，現代における自動化されたデータ処理の諸条件の下では，データ主体が影響をコントロールできないようなデータの処理が，データ主体を客体化し，その人格や個人性を侵害し，その行動の監視や心理的圧迫をもたらしうる。これは人間の尊厳を貶め，個人の人格の自由な発展を妨げ，ひいては民主制社会を危殆化するとの認識を示す。

そして，かかる諸条件下では，保護を要する権利として，基本法1条1項（人間の尊厳）に関係づけられた，基本法2条1項（人格の自由な発展を求める権利）に基づく，一般的人格権に包摂される権利として，「情報自己決定権（Recht auf Informationelle Selbstbestimmung）」を承認する。この権利は，「自己の個人的なデータの提供および利用に関して，原則として自ら決定する個人の権利」と定義されている。

（ii）情報自己決定権の制限の可能性

しかしながら他方で，この情報自己決定権は無制限で絶対的なものではなく，優越する公益との関係で制限を受け得ることを示す。すなわち，個人は「むしろ社会的共同体の中で発展し，コミュニケーションに依存する人格である。情報は，それが個人に関する限りのものでも，社会的現実の反映なのであり，それは排他的に当事者にのみ帰属しうるものではない。基本法は……個人と共同体の間の緊張関係を，人が共同体に関係づけられることと，共同体に拘束されることという意味において決定してきた（…略（過去の連邦憲法裁判所判決の引用）…）。それゆえ，個人は原則として，優越的な公共の利益のために，自分の情報自己決定権の制限を甘受しなければならない」とする。

そのうえで，この制限には基本法2条1項に基づき，規範の明白性を備えた，基本法適合的な法律上の根拠を必要とし，立法に際しては，さらに比例原則を顧慮し，予防措置をも講じなければならないとする。

（c）　連邦データ保護法

この国勢調査判決の内容に合わせて，1990年に，すでに存在していた連邦データ保護法が改正された[34]。同法はその後もさまざまな趣旨で改正を

---

(34) Gesetz zur Fortentwicklung der Datenverarbeitung und des Datenschutzes vom 20. Dezember 1990 (BGBl. 1 I 1990, S. 2954).

医事法講座 第9巻 医療情報と医事法

繰り返し[35]，最終改正である2017年改正[36]を経た現行法では，直接適用されるようになったEU一般データ保護規則とともに，かつこれを補完しつつ，通用している。

　連邦データ保護法が対象とする「個人データ（personenbezogener Daten）」とは，「個人を識別する，あるいは識別可能な自然人（当該個人）に関連するすべての情報」である。これには，名前や所在地などと並んで，身体的・生理的・遺伝的・精神的な特徴なども含まれる（46条1項）。そして同法が主に規律する「処理」とは，「取得，収集，組織化，編成，蓄積，適合化，変更，読み上げ，問いかけ，利用，…開示，調整，結び付け，制限，消去，あるいは無効化のような，個人データに関する一連のあらゆる措置」（46条2項）という広いものである。

（i）医療データの処理に関する新規律

　2017年改正による，医療データの処理に関する規律は以下のとおりである。まず，EU一般データ保護規則は，一般則として，センシティブ・データの処理を禁止する（9条1項）。そのうえで，一部例外をみとめるとともに，一定のデータ（医療データはここに含まれる）に関して，加盟国の独自立法をみとめる（9条2項）。

　これを受けて，ドイツ連邦データ保護法は，その22条で，一定のセンシティブ・データの処理が例外的に許容される条件を，いくつかのグループに分けて規定した（1項）【参考4】参照）。医療データの処理に関しそこで示された許容条件を端的にいえば，①医療の目的のために必要であることと，

---

(35)　順に，その後の改正を追う。まず，2001年改正（BGBl I S. 904）は，EU個人情報保護指令に適合させるほか，データ回避およびデータ抑制の原則を導入した。次に，2009年改正（BGBl I 2009 S. 2814）は，民間企業による個人データの提供・利用を厳格化した。

(36)　Gesetz zur Anpassung des Datenschutzrechts an die Verordnung（EU）2016/678 und zur Umsetzung der Richtlinie（EU）2016/680（Datenschutz-Anpassungs- und-Umsetzungsgesetz EU）vom 30. Juni 2017（BGBl. I S. 2097）。EU一般データ保護規則（Datenschutz-Grundverordnung, DS-GVO が直接適用されるのに対応して，連邦データ保護法および関連各法に関して，①EU一般データ保護規則に適合するように内容を変更し，②同規則によって多くみとめられた加盟国の独自立法ができる事項について立法を行った。

154

②守秘義務を負う者の責任において処理されることである。加えて，このカテゴリーの個人データの処理にあたっては，本人の利益を保護する措置（諸事情考慮のもと，技術的・組織的措置，データ保護責任者の指名，仮名化，暗号化などが含まれ得る）が義務付けられている（2項）。

【参考4：ドイツ連邦データ保護法第22条　特別なカテゴリーの個人データの処理】
第1項　EU規則2016／679第9条第1項から逸脱して，EU規則2016／679
　　　　第9条第1項の意味での特別なカテゴリーの個人関連データの処理は
　　　　以下の場合に許される。
第1号　公的機関および非公的機関による処理であって，処理が，
　a）略
　b）予防医療，従業員の労働能力の判定，医療診断，健康ないし社会的領域におけるケアないし医療的措置，あるいは健康ないし社会的領域における，または健康職に属する者と本人との契約に基づく制度と業務の管理のために必要であってこれらのデータが医療者もしくは相応の守秘義務に服するその他の者によって，あるいはその責任の下で処理される場合

(ⅱ) 研究・統計目的のデータ処理についての新規律

2017年改正法は，医学研究目的のセンシティブ・データの処理について，以下のように規律する。

まず，EU一般データ保護規則は，センシティブ・データが「科学的もしくは歴史的研究または統計の目的のために」処理が必要な場合には，加盟国法に従った処理をみとめる（9条2項(j)号）。

それを受けて，ドイツ連邦データ保護法は，27条で，研究・統計目的のセンシティブ・データの処理について，新規律を設けた（【参考5】参照）。そこでは，本人の利益を保護する措置（上記(ⅰ)に則った内容と匿名化等）を講ずることを前提に，上記目的への拘束のもと，(著しい) 優越的利益の考慮に基づいて，本人の同意が不要とされうる。そして，「不釣り合いなコスト」を要する本人への情報提供を要しない。もっとも，個人データのままの公開には（限られた例外を除き）本人同意を要する[37]。

_____

(37)　EU一般データ保護規則は，加盟国が一定の場合に本人の権利を制限することができる旨規定する（23条）。

医事法講座　第9巻　医療情報と医事法

【参考5：ドイツ連邦データ保護法27条　研究・統計目的でのセンシティブ・
データの処理】
27条　科学的もしくは歴史的研究または統計の目的のためのデータ処理
　1項　EU規則2016／679第9条第1項から逸脱して，EU規則2016／679第
　　　　9条第1項の意味での特別なカテゴリーの個人データの処理は，その処
　　　　理が科学的もしくは歴史的研究または統計の目的のために必要であって，
　　　　処理を行う責任者の利益が処理をさせない本人の利益を著しく優越する
　　　　場合，本人の同意がなくても，その目的のために許容される。…（略）

⑷　その他のデータ保護立法

　データ保護法およびデータ保護規定は，連邦データ保護法のほかにも，州
法のレベルで，あるいは個別領域について存在している。これらは，連邦と
州との立法権限の分配，各法の適用条項，そして現在はEU規則にも基づき，
対象となる事項・領域・設立主体ごとに，複雑な競合関係と適用関係を形づ
くっている[38]。ここでは，医療にかかわりうるかぎりで鳥瞰しよう。

　全州に州のデータ保護法（Landesdatenschutzgesetze, DSG）ないしデータ
保護規定が存在する（構成や内容は連邦データ保護法と似ている）。また，連
邦・州いずれのレベルでも，個別領域についてのデータ保護法ないしデータ
保護規定が存在している。例えば，医療については，多くの州で州の病院法
にデータ保護規定があり[39]，州によっては健康データ保護法や病院データ
保護法[40]の立法がなされている。特殊な医学研究については，がん登録法
（Krebsregistergesetz）（1999年まで）が有名である。公的保険医療に関して
は，社会法典が社会的データの処理を規律している。ほか，国家が承認する
宗教集団による立法もある。

---

(38)　各データ保護法およびデータ保護規定の競合ないし適用関係については，橋本聖美
「ドイツの医療機関におけるデータ保護法制について⑴」福岡大学大学院論集42巻2号
（2010年）104頁以下が詳しい。とくに113頁では一覧表にして纏めてある。
(39)　具体例として橋本聖美「医療分野における個人情報保護法の制定に向けて──バー
デン・ヴュルテンベルク州の病院法を手がかりとして」九州法学会会報2014年版
（2014年）37頁以下が参考になる。
(40)　橋本聖美「ブレーメン州の病院データ保護法について」福岡大学大学院論集46巻
2号（2014年）87頁以下で紹介。

6　3つの法制の相互関係

以上の異なる歴史と思想から生まれた3つの法制は，それではいかなる関係にあるのか。ドイツでは，医師の守秘義務と連邦データ保護法との関係を中心に論じられてきた。

(a)　連邦データ保護法の補充性[41]

まず，連邦データ保護法の他法に対する補充性を確認しておこう。
連邦データ保護法の他法や他のデータ保護規律との競合・適用関係についてここで詳解することはしない。本稿にとって意味をもつ法構造上の特色は，連邦データ保護法が他の連邦法規および守秘義務規律との関係において，解釈・適用において劣位するという点である。

連邦データ保護法は，1条2項において，①競合する他の連邦法規が優先適用されること，そして②法律上ないし職業上の守秘義務に影響を与えないことを明記している（【参考6】参照）。本項をもって，連邦データ保護法は，構成要件において競合する他の連邦法規や守秘義務規律に対して，受け皿的な補充的機能を保持すると理解されている。

【参考6：ドイツ連邦データ保護法1条　本法の適用領域】
1項（略）
2項　データ保護に関する連邦の他の法規は，本法律の規定に優先する。それ
　　らが本法律の適用を受ける事実関係を規律している場合には，本法律の
　　規定は適用されないか，完全には適用されない。法律上の秘密保持義務
　　もしくは法律の規定にもとづかない職業上の秘密ないしは特別な公務上
　　の秘密保持義務は，本法律によって影響を受けない。
3～5項（略）

(b)　守秘義務法制とデータ保護法制

ドイツで中心的に論じられてきたのは，刑法上の秘密侵害罪を中心とする医師の守秘義務法制と連邦データ保護法，ひいてはデータ保護法制との関係である。両法制は，とくに医療情報の第三者提供の場面において，実際には

---

(41)　これまでのコンメンタールの解釈・議会資料をふまえた最新改正版に対するものとして Kühling/Buchner, DS-GVO・BDSG Kommentar, 2. Aufl. C. H. Beck, 2018, § 1BDSG, S. 1263（Klar）を主に参照した。

ほとんど，競合することになる。

　まず，出発点とすべきは，両法制は趣旨において別異であるという理解である[42]。有力説によれば，データ保護は，患者保護のためではなく，固有の自己目的のために強化され改められているのだと評される[43]。

　そのうえで，両法制が競合する場合には，連邦データ保護法1条2項により，同法は医師の守秘義務法制に影響を与えない。データ保護法制は，データ処理の目的や利益衡量によって，広範な例外を許容する。しかしこのデータ保護ルールが，厳格な医師の守秘義務ルールを修正することはありえない。

　他方で，両法制が競合しない場面もある。すなわち，守秘義務が適用される職種ではない者に対する適用，また組織的・技術的な保護措置等，データ保護ならではの規律が存在する。その場合には，データ保護ルールが適用される。

　そのため，医師は，守秘義務とデータ保護との両方に，重畳的に（kumulativ）注意を払わねばならないとされるのである[44]。

（c）　各法制の協働

　このような中で，ドイツ医療情報法が各法制の協働（相互支援・補完）関係の中にあることは，看過されてはならない。

　医師の守秘の職業倫理そのもの，そしてそこから生まれた法規律は，医師ないし医療に関する，実体および手続法にわたる，あらゆる法規範の解釈の基盤であって，法概念の解釈や一般条項を介して浸透している。

　民事責任法は，その性質上，基本法上の情報自己決定権，刑法・職業法等に基づく医師の守秘義務規律を，人格権の解釈，信義則，または保護法[45]を介してその内容としている。

　そして，データ保護の思想は，情報自己決定権という新たな基本権を生み出し，それは守秘義務や私人間における民事責任の解釈に流入して，他法制

---

(42)　Deutsch/Spickhoff, a. a. O. (Note 15) Rn. 893

(43)　Vgl. ebd., Rn. 906

(44)　ebd. Rn. 893. 同旨の見解を述べる論者が多い。

(45)　ドイツ法ならではの不法行為を構成する（民法823条2項を根拠とし，1項不法行為とは要件・効果が異なる）。刑法203条もデータ保護法も保護法にあたるため，その違反は2項不法行為を構成すると解されている。

においても保護される重要な法益となったのである。

7　小　括

　このように，ドイツにおける医療情報をめぐる法状況の変遷は，異なる歴史と思想から生まれた複数の法制の相互関係の中でとらえることができる。
　その中において，ドイツの医療情報の保護と利用の調整にかかる規律の核心部分を担ってきたのは，医事法領域に特殊な職業像や当事者関係から導かれる解釈ないし立法であった。揺るがぬ医師の守秘義務が患者の信頼を支え，患者の情報請求権の根拠は，まずもって，契約を中心とした医師患者関係法の解釈に求められている。
　データ保護の思想と法制はその後衛に退く。それは，守秘義務の最低基準であって，将来起こりうる情報にかかわる権利侵害を未然に防ぐための技術的・組織的な保護措置を義務付ける。情報という側面からの補充的な受けⅢであり，インフラである。

Ⅲ　死者の人格権と遺族の利益の調整[46]

1　問題の所在

　法益の担い手である患者がすでに死亡している以上，その人格的利益もともに消滅していて存在しないというのが，わが国の現行法制の立場である。替わって——あるいは残存するものとして——現れるのが，遺族の人格的利益である。そこでは，死者の医療情報は，死者に対する敬虔・追慕の感情という遺族の法益の保護というかたちで，いわば間接的に保護されている。このような法制のもとでは，死者の医療情報は，ほかならぬ遺族に対しては，無

---

(46)　本項目で扱うテーマに関しては，村山・前掲注(1) 273 頁以下で端緒となる研究を行っている。比較的詳しい近年の文献として Laufs/Kern, a. a. O.（Note 4）S. 699f（Ulsenheimer）; Deutsch/Spickhoff, Medizinrecht, a. a. O.（Note 15）S. 596f; Aebi-Müller/Fellmann/Gächter/Rütsche/Tag, Arztrecht, Stämpfli Verlag, 2016, S. 486 f.；Spickhoff, Medizinrecht, 3. Aufl., C. H. Beck, 2018, 468 f. u. a. 参考裁判例は以下にて挙げてゆく。

医事法講座 第9巻 医療情報と医事法

防備に開示されることになる。

しかし近年，国民の意識は，死者固有の意思や名誉の保護に希望を持つように なりつつある。死者の人格的利益と遺族の利益との調整というテーマは， わが国でも，これから現れてくる問題であるといえるのである。

2 検討の前提──死後の人格権

ドイツ法では，「死後の人格権（postmortales Persönlichkeitsrecht）」が，判例によって承認されている[47]。人格権の余後効[48]と解され，ドイツ法のきわめて目を引く特徴である。

他方で，医師の守秘義務もまた，医師に託された一般的信頼ゆえに[49]，患者の死後においても存続する。

このような死後にまで続く人格権に対する法の保護，そして同じく続く医師の守秘義務のもとで，対抗する遺族や相続人のさまざまな利益はどう保護されるのかという問題が提起される。

ドイツでは，医療記録の閲覧ないし医療情報の開示の適否をめぐって，相続人の財産的利益の保護を中心に，まずは判例・学説が積み重ねられ，それをふまえて2013年の医療契約の法典化で立法的解決がはかられた。

3 判例と学説の集積

(a) 理 論 構 成

存在してきたのは，対立関係にある2つの理論構成（ⅰ，ⅱ）と，もう1つの道すじとしての理論構成(ⅲ)である。

（ⅰ）守秘義務の解除構成（判例の立場）[50]。

死亡した患者の生前の同意によって，医師の守秘義務が解除されていると構成する見解である。この同意には，明示の同意のみならず，黙示ないし推定的同意も含まれる。守秘義務が解除されている者に対しては，医師は患者の医療記録を閲覧させることがゆるされる。本説は相続人を守秘義務が解除

---

(47)　BGHZ 50, 133.

(48)　BGHZ 15, 249.

(49)　Vgl. BGH NJW 1983, 2627 (2628).

(50)　BGH NJW 1983, 2627; Laufs/Kern, a. a. O. (Note 4) § 66, Rn. 10 (Ulsenheimer).

された者と推定する。

そして，相続人が閲覧を求めた場合には，財産的要素を対象とする限りにおいて，患者の閲覧権が相続されていると考えられ，患者の明示ないし推定的意思にあきらかに反しない限りにおいて（つまり，相続人についてみとめられる守秘義務解除の推定が破られない限りにおいて），医師は相続人に対して患者の医療記録を閲覧させなければならない（相続人には閲覧する権利がある）。この患者の反対の意思の主張立証責任は医師が負う[51]。

(ii) 利益衡量構成[52]

相続人ないし遺族の何らかの固有の利益や権利を想定し，それを対抗利益として，患者の人格権との比較衡量をおこなって解決する構成である。この構成によれば，閲覧請求者に医師の守秘義務を破るほどの保護に値する利益があるかどうかが問われることになる。

ここで想定される対抗利益には，相続人等の財産上の利益のほか，請求者自身の健康保持の利益，あるいは故人への配慮（＝(iii)）も含まれうる。もっとも，とくに財産上の利益に関しては，人格権との衡量において低評価であるため，保護が難しいとの指摘がある[53]。

(iii) 近親者に託された死者の人格的利益の保護（判例の立場その２[54]）

(i)もしくは(ii)と併存しうる関係にある，もう１つの理論構成がある。

判例は，刑事上の請求（被害者の死亡による遺族への告訴権の移転）に対応して，死亡した患者の近親者（Angehörigen）に，医療記録の閲覧権をみとめる立場をとる。この近親者の閲覧権は，死亡した患者の「余後効のある人格的利益」から導き出されるものである。近親者は死亡した患者の人格的利益の保護について権利を有するから，患者の閲覧権を信託的に継承するとされる。

この構成による近親者の閲覧を医師の守秘義務との関係でどう構成するか

---

(51) 判例によれば，医師は守秘義務をその限度で守るために，死亡した患者の推定的意思について，良心的判断（Gewissensentsceidung）を行わなければならない（BGH NJW 1983, 2627（2629））。

(52) Peter, Das Recht auf Einsicht in Krakenunterlagen, 290（298ff.); Deutsch/Spickhoff, a. a. O.（Note 15）, S. 596.

(53) ebd., S. 596.

(54) BGH NJW 1983, 2627（2629）.

医事法講座 第9巻 医療情報と医事法

は，(ⅰ)(ⅱ)いずれも考え得る。

(b) 主な裁判例群

遺族への医療情報開示に関しては，下級審も含めると，さまざまな事例判断が存在している。本稿では，裁判例・学説の集積のある2つの事例群を取り上げよう。

(ⅰ) 遺言無能力——遺言の効力を否定するために

死亡した患者の遺言によって相続人から排除された遺族が，その相続上の利益を守るために，患者の遺言能力を否定すべく，患者の精神疾患の情報の開示を求める場合がある。この事例については判断が分かれる。

判例・多数説は開示をみとめる。①遺言無能力性をかくす，または遺言能力に関する疑いを晴らす患者の利益は患者の死後には消滅している[55]，あるいは，②患者を十分に理解したうえでの患者の利益を考えるならば，遺言無能力性を隠すのではなく，文書で書かれた患者の最終意思を果たすことに患者の利益はある[56]と説かれる（開示しないことに患者の利益をみとめないのだから，(ⅰ)(ⅱ)説いずれの構成からも同じ結論となる）

他方で，開示をみとめない見解も存在している。1つに，(ⅰ)説から，遺言能力の開示は，遺言で表明された死者の意思に異議を唱えるものであるから，死者の同意に拠ることはできないと主張される。もう1つに，(ⅱ)説から，請求者の財産上の利益は遺言者の死後の人格権保護との衡量で必ずしも優越しないと主張されるのである。

(ⅱ) 責任無能力——患者の契約を貫徹するために

患者が締結した契約にもとづき，扶養・保険・年金を請求しようとする遺族が，請求の要件となる患者の責任無能力（例えば，自殺した被保険者たる患者が自殺時にアルコール中毒であったこと）の情報の開示を求める場合がある。

この事例群については，判例・学説ともに開示がみとめる[57]。判例は，

---

(55) BGH NJW 1984, 2893;BGHZ 91, 392;BayObLG NJW 1987, 1492;:0LG Stuttgart NJW 1983, 744.

(56) Laufs/Kern, a. a. O. (Note 4) § 66, Rn. 10 (Ulsenheimer).

(57) OLG Naumburg NJW 2005 2017（自宅に放火して自殺した夫の妻が，夫が加入していた保険の請求のために，夫が自殺当時アルコール乱用のため責任無能力であったという情報の開示を医師に要求した事例。医師に裁量の余地を残す判断が下された）; Laufs/Kern, a. a. O. (Note 4) § 66, Rn. 10 (Ulsenheimer).

7　ドイツにおける医療情報の保護と利用［村山淳子］

(i)説から，患者が締結した契約にもとづく請求の要件に則った主張がなされ
ることへの，患者の推定上の意思を前提にできると構成している（(ii)説から
も結論は同じであろう）。

　なお，医療過誤に基づく患者の損害賠償請求のために，相続人が患者の医
療記録の閲覧を請求する事例も同類である。この事例でも，相続人に閲覧権
がみとめられている[58]。

4　医療契約の法典化による立法的解決

　このテーマは，2013 年の医療契約の法典化において，立法的に解決され
た。すなわち，ドイツ民法 630g 条 3 項である（【参考 7】参照）。

　本項[59]は，従来の判例の立場（つまり(i)と(iii)の組み合わせ）を反映した内容
であり[60]，かつ刑法上の医師の守秘義務規定にも対応している[61]。すなわ
ち，相続人（＝患者の閲覧権の財産的要素を相続する者）は，閲覧をすること
に財産法上の利益を有していることを主張立証しなければならない。そして，
近親者（＝死者の人格的利益の保護者としての精神的利益を有する者）は，閲覧
をすることに精神的な利益を有していることの主張立証責任を負う。相対す
るものとして，患者の意思に反することを医療提供者の抗弁として規定し，
そのことの主張立証責任を医療提供者に負わせている。

　本立法に対しては，(ii)利益衡量構成の立場から，患者の明示的又は推定的
意思に反しないことのみをもって，相続人・近親者に閲覧権を与えるのは広
すぎると批判され，むしろ相続人・近親者は，医師の守秘義務を破るような
固有の権利を獲得すべきとの意見も示されている[62]。

---

(58)　LG Aachen MedR 2007, 734; OLG München MedR 2009, 49; OLG München MedR
　　　2009, 1496;VerfGH Bayern MedR 2012, 51.

(59)　以下，本法に関する解釈は Deutsch/Spickhoff, a. a. O. (Note 15) S. 596f；Laufs/
　　　Katzdnmeier/Lipp, Arztrecht, 7. Aufl., C. H. Beck, 2015, S. 327 f. (Katzenmeier);
　　　Spickhoff, a. a. O. (Note 46), 468 f.

(60)　BT-Drucksache 17/10488, S. 27.

(61)　Deutsch/Spickhoff, a. a. O. (Note 15) S. 596.

(62)　ebd., S. 596.

163

医事法講座 第9巻 医療情報と医事法

【参考7：ドイツ民法630g条3項】

　患者が死亡した場合には，1項及び2項にもとづく権利（閲覧権とコピー請求権〔訳者注〕）は，患者の相続人の財産法上の利益を保護するために，患者の相続人に帰属する。患者の近親者（nächsten Angehörigen）[63]には，その者が精神的な利益を主張するかぎりにおいて，同様のことが適用される。閲覧が患者の明示的又は推定的意思に反する場合には，これらの権利はみとめられない。

5　小　括

　このように，ドイツでは，患者は死後も自己の医療情報の担い手であり続ける。

　これに対して，相続人や遺族が自己の権利として医療記録の閲覧ないし開示を求めるためには，それぞれの立場に応じた主張立証をしなければならない。

　他方，医療提供者は，かかる主張立証をして閲覧を求める相続人・近親者から，患者に対する守秘義務を守る責任を負う者として——ときに推定的意思に関する良心的判断（Gewissensentsceidung）を裁量の余地をもってゆだねられる責任を負いながら——患者の明示ないし推定的意思に反することを主張立証しなければならないのである。

Ⅳ　結論——ドイツ法からの示唆

　以上，本稿は，医療情報の保護と利用という視点から，ドイツにおける医療情報の保護と利用にかかる規律の法体系の中での構築のあり方（Ⅱ），およびそこにおける死後にまで及ぶ人格権と遺族の利益の調整という特徴的なテーマ（Ⅲ）を検討した。以下では，現時点で獲得しうるわが国への示唆を示そう。

1　法体系の中の医療情報法

　ドイツにおける医療情報をめぐる複数の法制の相互関係において，核心部

---

(63)　立法理由では，配偶者，人生のパートナー（Lebenspatner），子，親，姉妹，兄弟が挙げられている（BT-Drucksache 17/10488, S. 27）。

164

分を担ってきたのは，データ保護法制ではなく，医師の守秘義務法制や医師患者関係法であった。情報に対する自己決定権を切り離して問題とするよりもむしろ，情報と一体化した身体ないし医療に対する自己決定権の拡充に比重がおかれていたと言ってもよい。ドイツにおいて医療情報の保護と利用の調整にかかる規律は，情報それ自体の処理についての一般法ではなく，医師患者関係のありようや医師の職業像から導出される固有の解釈や立法の方に，第一義的には属するのである。わが国における情報法と医事法のかかわりを考える一素材となろう。

2　死後の人格権と遺族の利益の調整

ドイツでは，患者が死後も自己の医療情報の担い手であり続ける。このことを出発点に，遺族と医師とが主張立証責任を分かつ形で相対し，とりわけ推定的意思に関する医師の良心的判断の中で，死亡した患者の人格権と遺族の利益の調整がはかられている。この枠組自体示唆に足るものである。

さらにそこにおいては，相続人として閲覧請求する場合と，近親者として閲覧請求する場合とが分けられ，それぞれの立場に応じた異なる内容の主張立証責任が規定されている。わが国ではあまり意識されていない家族がもつ2面性——本人の利益の擁護者でありながら，利益相反者でもあることを洞察し，それを法的に反映させた点には目を開かせられる。

（2018 年 9 月 6 日脱稿）

〔付記〕筆者は，医療情報法研究を長年のテーマとし，日本の医療情報の研究と同時に，ドイツ法についての研究も行ってきた。本稿は，ドイツの医療情報と医療契約に関する筆者のこれまでの研究を基礎としつつ，最新の知見を活かして，総説的な研究論文として公表するものである。
　　本稿は，JSPS 科研費 JP16730053「患者以外の第三者に対する診療記録の開示——その類型的考察」を出発点に，医療契約に関する JP18730087　JP22530100　JP26380156　JP17K03519 各課題の中で継続してきた研究の成果です。

8 フランスにおける医療情報の保護と利用

本田まり

医事法講座 第 9 巻　医療情報と医事法

Ⅰ　は じ め に
Ⅱ　基 本 概 念
Ⅲ　現状および課題
Ⅳ　お わ り に

I　は じ め に

「医療情報」は，「医療に関する情報」を示し，広い意味を持つ[1]。フランスにおいても，日本と同様に，医療情報の保護と利活用（exploitation）が推進されている。

「医療情報」は，フランス語の « données de santé » に相当する。フランス語の « données » を「データ」と訳すか「情報」と訳すか難しい場合もあるため，定義を確認しておく。「データ」とは，「物事の推論の基礎となる事実」「参考となる資料・情報」または「コンピューターで，プログラムを使った処理の対象となる記号化・数字化された資料」とされる[2]。これに対し，「情報」とは，「ある物事の内容や事情についての知らせ」「インフォメーション」または「文字・数字などの記号やシンボルの媒体によって伝達され，受け手に状況に対する知識や適切な判断を生じさせるもの」をいう。

「データ」に相当する英語の"data"は，ラテン語の"datum"（与えられたもの，贈物）の複数形である[3]。フランス語の « données » は，« donner »（与える）およびラテン語の"donare"（与える）を語源とする[4]。これに対し，「情報」に相当する英語の"information"は，ラテン語の"information"（観念，教育，情報）に由来し[5]，英語の"inform"およびフランス語の « informer » は，ラテン語の"informare"（形作る，教える）を

〔ウェブサイトはすべて，2019 年 4 月 30 日現在〕

（1）　医療情報は「関連する用語のなかで最も広い意味内容をカバーし，個人情報であるかどうか，秘密であるかどうか，あるいは記録の有無やその媒体も問わない。」と性質付けられる。村山淳子「第 5 講　医療情報」『ブリッジブック医事法（第 2 版）』（信山社，2018 年）45 頁。

（2）　松村明監修『デジタル大辞泉』（小学館）。

（3）　竹林滋ほか編『新英和中辞典（第 7 版）』（研究社，2003 年）；水谷智洋編『羅和辞典（改訂版）』（研究社，2009 年）。

（4）　小学館ロベール仏和大辞典編集委員会編『ロベール仏和大辞典』（小学館，1988年）。

（5）　小西友七＝南出康世編『ジーニアス英和大辞典』（大修館書店，2001 年）。

医事法講座 第9巻 医療情報と医事法

語源とする[6]。

　日本法における「個人情報」と「個人データ」の違いは，個人情報の保護に関する法律（以下「個人情報保護法」という）2条に規定されている。「個人情報」とは，生存する個人に関する情報であって，「特定の個人を識別することができるもの」または「個人識別符号が含まれるもの」である（1項）。これに対し，「個人データ」とは，「個人情報データベース等を構成する個人情報」をいう（6項）。この定義は，フランスにおける「個人データ」の定義とは若干異なる。

　フランスにおいて，医療情報について規定するのは「情報処理，ファイルおよび自由に関する1978年1月6日の法律[7]」（以下「情報処理法」という）である。欧州連合（Union européenne）（以下「EU」という）の「データ保護に関する一般規則（Règlement général sur la protection des données）[8]」（以下「RGPD」という）が2018年5月25日から適用されたのに伴い，フランスの情報処理法も改正された。この法改正は，憲法院2018年6月12日判決[9]を経て，「個人データの保護に関する2018年6月20日の法律[10]」（以下「個人データ保護法」という）により実現した[11]。

────────────

（6）　『ジーニアス英和大辞典』前掲注(5)；『ロベール仏和大辞典』前掲注(4)および『羅和辞典（改訂版）』前掲注(3)。

（7）　Loi n° 78-17 du 6 janvier 1978 relative à l'informatique, aux fichiers et aux libertés (LIL): JORF du 7 janvier 1978, p. 227.

（8）　Règlement (UE) 2016/679 du Parlement européen et du Conseil du 27 avril 2016 relatif à la protection des personnes physiques à l'égard du traitement des données à caractère personnel et à la libre circulation de ces données, et abrogeant la directive 95/46/CE (règlement général sur la protection des données): JOUE n° L 119, 4 mai 2016. 島村智子「【EU】一般データ保護規則（GDPR）の適用開始」外国の立法 No. 276-1（2018年7月）2-5頁；株式会社ITリサーチ・アート「EU各国における個人情報保護制度に関する調査研究報告書」〔宮下紘〕（2018年）52-74頁。http://www. soumu.go.jp/main_content/000545716.pdf

（9）　Décision du Conseil constitutionnel n° 2018-765 DC du 12 juin 2018.

（10）　Loi n° 2018-493 du 20 juin 2018 relative à la protection des données personnelles: JORF n° 141 du 21 juin 2018. 安藤英梨香「【フランス】個人データの保護に関する法律」外国の立法 No. 277-1（2018年10月）14-15頁。

（11）　Lydia MORLET-HAÏDARA, Données de santé : entre exploitation et protection, un numéro d'équilibriste Impacts du Règlement général sur la protection des données et de

RGPD は，英語では General Data Protection Regulation （GDPR）と略される。日本では，英語の語順どおりに「一般データ保護規則」が定訳化しているが，フランス語，ドイツ語およびオランダ語の略称からも，「一般」は「規則」にかかるものと解される。

EU において，規則は，拘束力のある立法行為であり，すべての加盟国において全面的に施行されなければならない。これに対し，指令（directive）は，すべての加盟国に対して目標を定める立法行為であるが，各国は，目標達成のための固有の措置を自由にとることができる[12]。

RGPD はすべての EU 加盟国に直接適用されるが，フランスの立法者は，情報処理および自由に関する国家委員会（CNIL〔Ⅱ2 において後述〕）の国内手続と EU の新たな協力機構を関連付け，RGPD により認められている国策の余地のために，個人データ保護法による情報保護法の改正で RGPD を補完することを決めた[13]。とりわけ，個人データ保護法は，医療情報に関する取扱いについて特別な制度を保持している。さらに，2018 年 12 月 12 日のオルドナンス[14]により，情報処理法は改正されている。

前述のとおり「医療情報」は広い意味を持つが，そのすべてを扱うことは，筆者の能力の限界および紙幅の制約により叶わない。本稿においては，患者の診療情報[15]に関する「守秘義務」および「個人情報保護」を中心として扱う。診療（記）録，医療情報へのアクセス，医学研究および医薬品開発に

---

la loi n° 2018-493 du 20 juin 2018, Dict. perm. bioéth. biotech., Bull. n° 293-1, juin 2018.

(12)　https://europa.eu/european-union/eu-law/legal-acts_fr

(13)　Claude BOURGEOS-BONNARDOT, La nouvelle loi Informatique et Libertés ou la résistance d'une loi symbolique aux côtés du RGPD, Dict. perm. bioéth. biotech., Bull. n° 295, septembre 2018, pp. 24-26.

(14)　Ordonnance n° 2018-1125 du 12 décembre 2018 prise en application de l'article 32 de la loi n° 2018-493 du 20 juin 2018 relative à la protection des données personnelles et portant modification de la loi n° 78-17 du 6 janvier 1978 relative à l'informatique, aux fichiers et aux libertés et diverses dispositions concernant la protection des données à caractère personnel : JORF n° 288 du 13 décembre 2018.

(15)　医療情報を「厳密に定義する法律上の規定はない。読んで字のとおり医療に関する情報を広く示す概念と解しておけばよいが，その中心となるのは『診療情報』であろう。」と指摘される。磯部哲「第 17 章 医療情報」甲斐克則編『レクチャー生命倫理と法』（法律文化社，2010 年）196-207 頁。

おける情報，がん登録情報，ならびに情報提供義務（医師の説明義務[16]ならびに病院および医薬品へのアクセス）等[17]についての検討は，他日を期したい。

　さらに，本稿で記述する内容は，2019年4月時点のものであることをご了承願いたい。後述するように，フランスでは法改正の動きがある。本稿は，医療情報に関するフランスの伝統的な法的議論を整理し，現在の法的状況を分析することにより，日本への示唆を得ることを目的とする。以下では，基本概念（Ⅱ）ならびに現状および課題（Ⅲ）を考察する。

Ⅱ　基本概念

1　定義および取扱い

（a）定　義

　RGPDでは，健康に関する個人データ（données à caractère personnel concernant la santé）は「当該者（personne concernée）[18]の過去，現在または未来の身体的または精神的健康状態に関する情報を明らかにする，当該者の健康状態に関するデータ全体」と解され，次のものを含む。すなわち，①保健医療サービスを受けるための登録時等に収集される自然人に関する情報，②医療目的で唯一性をもって（de manière unique / uniquely）識別するために自然人に付与された番号，記号または特定の要素，③遺伝データ（données génétiques）および生体試料に由来するものを含む，体の部分または組織（substance）を対象とする検査または試験の際に得られる情報，ならびに④当該者の病気，障害，病気の危険性，病歴，臨床上の治療または生理学的もしくは生体臨床医学的な状態等に関するすべての情報であって，情報源（例えば，医師，その他の医療従事者（professionnel de la santé），病院，医療上の措置または体外診断の検査）からは独立したものである（前文(35)）。健康に関するデータ（données concernant la santé）とは「本人の健康状態に関する情

---

(16)　説明義務も情報提供義務として扱われる。米村滋人『医事法講義』（日本評論社，2016年）126頁以下。

(17)　加藤良夫編著『実務医事法（第2版）』（民事法研究会，2014年）36-52，63-87頁。

(18)　英語版からは「データ主体（data subject）」とも訳される。

報を明らかにする，自然人の身体的または精神的健康に関する個人データを
いい，保健医療サービスの提供を含む。」と定義付けられている（4条(15)）。

　情報処理法は，医療情報の定義を示していないが，これに関する特則を設
けている[19]。情報処理法では，個人データとは「識別番号または1もしく
は2以上の固有の要素を照合することにより，直接的または間接的に識別さ
れたまたは識別可能な，自然人に関するすべての情報（information）」をい
うと規定されている（2条）。復元できない完全な匿名化の対象となった
データは，情報処理法の規制に服さない[20]。

　フランスのCNILは，RGPDによる「健康に関する個人データ」の定義は
次の3つを含むと指摘する[21]。

1.　自然人に関する情報（番号等）：上記（前文(35)）の①および②
2.　検査または試験の際に得られる情報：上記の③
3.　病気等に関する情報：上記の④

　これらの定義は，人の健康状態に関する情報を引き出すことのできる程度
の情報を含み，健康に関するデータの概念は広範囲なものとなる。CNILに
よれば，この概念は，収集されるデータの性質を考慮して個別に評価されな
ければならず，3つのカテゴリーのデータを含む。

　・本質的に医療情報であるデータ：病歴，病気，実施された医療給付
　　（prestations de soins réalisés），試験の結果，治療，障害等
　・他のデータとの交差（croisement）により医療情報となり，そこから人
　　の健康状態または健康上の危険に関する結論を導き出すことのできる
　　データ：体重測定と他のデータ（歩数，カロリーの供給…）との交差，緊
　　張と努力の程度との交差等
　・用途（destination）すなわち医療計画における利用（utilisation）により，
　　医療情報となるデータ

　フランスにおいては，本人のみが使用する医療情報を含む取扱いには，法
律は適用されない。当該者の健康状態に関して何らの結果も導き出されない
データは，医療情報の概念に含まれない（例：他のデータとの交差がない，散

----

(19)　MORLET-HAÏDARA, préc. note（11）p. 4.
(20)　MORLET-HAÏDARA, préc. note（11）p. 4.
(21)　https://www.cnil.fr/fr/quest-ce-ce-quune-donnee-de-sante

医事法講座　第9巻　医療情報と医事法

歩中の歩数を集計するアプリ）。いったん医療情報としての性質決定がなされると，データの機微性（sensibilité）により正当化される，特殊な法規制が適用される。

　EU の規則により，医療情報の概念は，より広く定義付けられる。この概念は，治療中に収集され作成されたデータ全体のみならず，人の健康状態に関する情報を構成する，他の行為者（例えばアプリの開発者）により保持されているデータをも含む。

　（b）　データの取扱い

　「個人データの取扱い」（情報処理法 2 条，個人データ保護法 9 条による改正）とは，データの処理（全体）をいい，「とりわけ収集，登録，構造，保存，改変または修正，抽出，参照，利用，伝達による提供，伝播その他のかたちによる自由利用，接近または相互関連，およびロック，消去または破棄」をいう。個人データのファイルとは，定められた基準に従い個人データにアクセスしうる，構造化され安定したまとまり全体をいう。

　いわゆる機微（センシティブ）情報（données dites sensibles）[22]について，RGPD では，遺伝データおよび健康に関するデータ等の取扱いが原則として禁止され，例外として取り扱うことのできる場合が列挙されている（9条）。個人データの特殊なカテゴリーに関する取扱いとして，まず，「人種的もしくは民族的出自（origine），政治的意見，宗教的もしくは哲学的信念，または労働組合への所属（appartenance）を明らかにする個人データの取扱い，ならびに遺伝データ，唯一性をもって自然人を識別するための生体認証データ，健康に関するデータ，または自然人の性生活もしくは性的指向に関するデータの取扱いは，禁止される」（9条1）。ただし，10 の要件（a〜j）のいずれか 1 つを満たす場合には，取扱いは禁止されない。すなわち，特定された 1 または 2 以上の目的のために個人データを取り扱うことについて，当該者が明示の同意（consentement explicite）を与えた場合（EU 法または加盟国の法が，当該者は禁止を解除することができないと規定する場合を除く，9条2.a））等である。加盟国は，遺伝データ，生体認証データまたは健康に関するデータについて，制限を含む補完的な要件を維持するか導入することが

――――――――――

(22)　MORLET-HAÏDARA, préc. note（11）p. 5.

174

できる（9条4）。

　フランスにおいては，RGPD の影響を受けて，個人データ保護法8条により情報処理法8条が改正された。2018年の改正前には，（2016年の法改正[23]により）「人（personne）」の「いわゆる人種的出自もしくは民族的出自，政治的意見，宗教的もしくは哲学的信念，または労働組合への所属を明らかにする個人データ，健康に関するデータまたは性生活に関するデータを取り扱うことは禁止される」と規定されていた。2018年の法改正により，「人」が「自然人（personne physique）」に修正され，「または遺伝データ，唯一性をもって自然人を識別するための生体認証データ，…もしくは性的指向に関するデータを取り扱うことは」という文言が挿入された（8条 I）。

　情報処理法8条は，いわゆる機微（センシティブ）情報を取り扱うことを禁止している。RGPD の衝撃により，個人データ保護法は，このリストを広げたと解説されている[24]。禁止が解除される要件も，改正前は8つ規定されていたが（8条 II 1°～8°），2018年の法改正により11に増えた（8条 II 1°～11°）。

　比較のために，日本の法的状況について確認する（詳細は，本書第1章を参照）。日本においては，個人情報保護法の改正が2015（平成27）年9月に公布され，2017（平成29）年5月30日から全面施行された。この法律において，「要配慮個人情報」とは，「本人の人種，信条，社会的身分，病歴，犯罪の経歴，犯罪により害を被った事実その他本人に対する不当な差別，偏見その他の不利益が生じないようにその取扱いに特に配慮を要するものとして政令で定める記述等が含まれる個人情報」と定義付けられる（個情法2条3項，法施行令2条，法施行規則5条）。個人情報取扱事業者は，一定の例外を除き，本人の事前の同意なしに「要配慮個人情報を取得してはならない」と規定される（17条2項）。

　他方，個人情報保護委員会・金融庁による「金融分野における個人情報保護に関するガイドライン」（2017（平成29）年2月，以下「金融ガイドライン」）[25]においては，「機微（センシティブ）情報」が規定されている（5条）。

（23）　Loi n° 2016-1321 du 7 octobre 2016 pour une République numérique : JORF n° 235 du 8 octobre 2016, Art. 37.

（24）　MORLET-HAÏDARA, préc. note（11）p. 5.

医事法講座 第9巻 医療情報と医事法

「機微（センシティブ）情報」は，個人情報保護法2条3項の「要配慮個人情報並びに労働組合への加盟，門地，本籍地，保健医療及び性生活（これらのうち要配慮個人情報に該当するものを除く。）に関する情報（本人，国の機関，地方公共団体，法第76条第1項各号若しくは施行規則第6条各号に掲げる者により公開されているもの，又は，本人を目視し，若しくは撮影することにより取得するその外形上明らかなものを除く。…)」と定義付けられる。「労働組合への加盟」および「性生活」を含む点で，金融ガイドラインの「機微（センシティブ）情報」のほうが，個人情報保護法の「要配慮個人情報」よりも，RGPD の「個人データの特殊なカテゴリー」に近いと評されている[26]。

　個人情報保護法の改正に伴い，研究倫理指針も改正された[27]。そこでは，個人情報保護法による「要配慮個人情報」の定義が追加されたほか，ゲノム情報も含むものとされている。ゲノム情報は，「医師等による保健指導・診療・調剤」（個情法施行令2条3号）に該当すると説明されている[28]。この「医師等による保健指導・診療・調剤」は，2017（平成29）年の改正により金融ガイドラインにも盛り込まれた。

　フランスにおいても，「労働組合への所属」および「性生活」が規定されており，RGPD の影響を受けた2018年の法改正により「遺伝データ」等が追加されている。フランスにおける“機微（センシティブ）情報”も，金融ガイドラインの「機微（センシティブ）情報」に近いと考えることができる。

---

(25)　https://www.fsa.go.jp/common/law/kj-hogo-2/01.pdf；個人情報保護委員会事務局・金融庁「金融機関における個人情報保護に関する Q&A」（2017（平成29）年3月）7-10頁，とりわけ「（参考）機微（センシティブ）情報の対象範囲」8頁 https://www.fsa.go.jp/news/28/20170331-3/00.pdf

(26)　渡邉雅之『GDPR ── EU 一般データ保護規則 ── 法的リスク対策と個人情報・匿名加工情報取扱規程』（日本法令，2019年）36-51頁，日本法との比較について43-50頁；同 http://www.miyake.gr.jp/topics/201703/改正個人情報保護法：機微（センシティブ）情報と要配慮個人情報（規定例も紹介）（3月26日修正版）。

(27)　文部科学省・厚生労働省・経済産業省「個人情報保護法等の改正に伴う研究倫理指針の改正について」（2017（平成29）年5月）https://www.mhlw.go.jp/file/06-Seisakujouhou-10600000-Daijinkanboukouseikagakuka/0000170955.pdf.

(28)　文科省・厚労省・経産省，前掲注(27)14頁。

2 所轄機関およびシステム

　情報処理および自由に関する国家委員会（Commission nationale de l'infor-matique et des libertés : CNIL）は，情報処理法により 1978 年に創設された，18 名の委員で構成される機関である（情報処理法 13 条）。個人データ保護法 1 条により情報処理法 11 条が改正され，CNIL は，RGPD により規定される監督機関（autorité de contrôle）（51 条および 54 条等）として定められた。

　国立医療情報研究所（Institut national des données de santé : INDS）は，疾病保険に関する 2004 年 8 月 13 日の法律[29] 64 条 I により医療情報研究所（Institut des données de santé : IDS）として規定されたが（社会保障法典 L. 161-36-5 条），保健制度の現代化に関する 2016 年 1 月 26 日の法律[30] 193 条 I により改組された（公衆衛生法典（Code de la santé publique : CSP）L.1462-1 条）。この公益団体は，国，病者および保健制度の利用者の代表を保証する機関，医療情報の生産者ならびに医療情報の公的および私的な利用者との間に設立され，そこには保健研究機関が含まれる[31]。同じ 2016 年 1 月 26 日の法律 193 条 I により，国家医療情報システム（système national des don-nées de santé : SNDS）[32] が設置された（公衆衛生法典 L.1461-1 条以下）。

　さらにフランスにおいては，"Health Data Hub" の創設が検討されている（VILLANI 報告書による）[33]。この医療情報の新しいプラットフォームは，現在の国立医療情報研究所（INDS）に取って代わるものだという[34]。2018 年

---

(29)　Loi n° 2004-810 du 13 août 2004 relative à l'assurance maladie : JORF n° 190 du 17 août 2004, p. 14598.

(30)　Loi n° 2016-41 du 26 janvier 2016 de modernisation de notre système de santé : JORF n° 22 du 27 janvier 2016：豊田透「【フランス】デジタル国家を推進する法律の制定」外国の立法（2017 年 1 月）。

(31)　https://www.indsante.fr/

(32)　https://www.snds.gouv.fr/SNDS/Accueil ; https://www.snds.gouv.fr/SNDS/Qu-est-ce-que-le-SNDS

(33)　Karima HAROUN, Le partage du patrimoine national de données de santé passera par la création d'un « Health Data Hub », Dict. perm. bioéth. biotech., Bull. n°s 297/298, novembre-décembre 2018, p. 14.

(34)　Orianne MERGER et Karima HAROUN, La santé à l'heure du numérique, Dict. perm. bioéth. biotech., Bull. n° 301, mars 2019, pp. 1-3.

医事法講座 第9巻 医療情報と医事法

9月18日には，共和国大統領により「私の健康2022（Ma santé 2022)」戦略が告知された。2019年2月13日，連帯・保健大臣 Agnès BUZYN は，保健制度の組織化および変革に関する法案（Projet de loi relatif à l'organisation et à la transformation du système de santé）を閣議において提出し，保健制度の変革という戦略の実施に関する声明（communication）を出した[35]。同日，この法案は国民議会に提出されている[36]。

　この法案は，迅速な手続を対象とし，保健制度およびケア提供者（soignant）の実務のデジタル化を奨励するための，いくつもの措置を規定する[37]。2019年3月26日，この法案は，国民議会の第1読会で可決され，元老院の第1読会へ送られた[38]。

Ⅲ　現状および課題

1　伝統的な法的論点

（a）守秘義務

　フランス法においては，守秘義務を表すものとして，「医療上の秘密（secret médical)」「職業上の秘密（secret professionnel)」（刑法典226-13条，226-14条）または「職業上の守秘義務（obligation de discrétion professionnelle)」等の語が用いられる。公衆衛生法典 L.1110-4 条 I [39]は，医療において

---

(35)　Ministère des Solidarités et de la Santé, https: //solidarites-sante. gouv. fr/ actualites/actualites-du-ministere/article/presentation-du-projet-de-loi-relatif-a-l-organisation-et-a-la-transformation

(36)　Projet de loi AN n° 1681, 13 févr. 2019 : http://www.assemblee-nationale.fr/dyn/ 15/dossiers/alt/organisation_transformation_systeme_sante ; http://www.senat.fr/dos sier-legislatif/pjl18-404.html

(37)　MERGER et HAROUN, préc. note (34) p. 1.

(38)　Karima HAROUN, Loi Santé : le projet de loi passe le cap de la première lecture, Dict. perm. bioéth. biotech., Bull. n° 302, avril 2019, pp. 13-14.

(39)　CSP Art. L.1110-4 « I. - Toute personne prise en charge par un professionnel de santé, un établissement ou service, un professionnel ou organisme concourant à la prévention ou aux soins dont les conditions d'exercice ou les activités sont régies par le présent code, le service de santé des armées, un professionnel du secteur médico-social

「すべての人は，私生活および本人に関わる情報の秘密を尊重される権利を
有する」と規定する。この「私生活を尊重される権利（droit au respect de sa
vie privée）」は，欧州人権条約 8 条[40]，民法典 9 条[41]ならびに人権および生
物医学に関する条約（オヴィエド条約 10 条 1 項[42]により保障されており[43]，
個人情報保護とも関連する。

　守秘義務（obligation au secret）の根拠として，公序（ordre public）か私的
利益（intérêt privé）かという議論がある[44]。刑法典 226-13 条[45]では，医師
のみではなく，秘密の情報を保管する者（dépositaire）が規定されている。
守秘義務は契約からではなく公序から生じるものであり，公序を基礎とする
という説は黙秘の義務（devoir de silence）として表現される[46]。判例として
は，破毀院刑事部 1885 年 12 月 19 日判決[47]および « Le grand secret »（重
大な秘密）事件[48]等が挙げられる[49]。« Le grand secret » 事件とは，Fran-

---

ou social ou un établissement ou service social et médico-social mentionné au I de l'
article L. 312-1 du code de l'action sociale et des familles a droit au respect de sa vie
privée et du secret des informations la concernant. »

(40)　Convention EDH Art. 8 « Droit au respect de la vie privée et familiale 1. Toute
personne a droit au respect de sa vie privée et familiale, de son domicile et de sa
correspondance. » ; Cour EDH, 27 août 1997, M.S. c. Suède, n° 20837/92.

(41)　Code civil Art. 9 « Chacun a droit au respect de sa vie privée. »

(42)　Art. 10 «– Vie privée et droit à l'information 1 Toute personne a droit au respect de
sa vie privée s'agissant des informations relatives à sa santé. »

(43)　Gérard MÉMETEAU et Marion GIRER, Cours de droit médical, 5e édition, LEH,
2016, pp. 281, 690.

(44)　MÉMETEAU et GIRER, préc. note (43) p. 274.

(45)　Code pénal Art. 226-13 « La révélation d'une information à caractère secret par une
personne qui en est dépositaire soit par état ou par profession, soit en raison d'une
fonction ou d'une mission temporaire, est punie d'un an d'emprisonnement et de 15 000
euros d'amende. »

(46)　MÉMETEAU et GIRER, préc. note (43) pp. 274-275.

(47)　Cass. crim., 19 décembre 1885 : DP, 1886, Ⅰ, 347.

(48)　T. corr. Paris, 5 juillet 1996. TGI Paris, 23 octobre 1996 : D. 1998, Somm. 85 ; JCP G
1997, Ⅰ 22844. Cass. 1re civ., 14 décembre 1999, n° 97-15756 : Bull. civ. Ⅰ, n° 345, p.
224 ; D. 2000, p. 372 ; JCP G 2000, Ⅱ 10241. CEDH, 18 mai 2004, n° 58148/00, Éditions
Plon c. France : JCP G 2004, act. 248. CE, 29 décembre 2000, n° 211240. CEDH, 27 juillet
2006, n° 60742/01, Gubler c. France.

çois MITTERRAND 元大統領（1996 年 1 月 8 日死去）ががんに罹患していた
ことを，主治医の Claude GUBLER らが « Le grand secret » と題する著書
（Éditions Plon，同月 17 日）で公表したものである。GUBLER 医師は，パリ
軽罪裁判所 1996 年 7 月 5 日判決により，職業上の秘密違反罪として執行猶
予付き拘禁 4 ヵ月の刑を言い渡された。刊行当日，元大統領の遺族は発行禁
止の急速審理を求めてパリ大審裁判所に提訴し，同年 1 月 18 日に同裁判所
は保全として当該本の発行を禁止した。パリ大審裁判所 1996 年 10 月 23 日
判決により，GUBLER 医師および Plon 社らに過失（民事責任）に基づく計
34 万フランの損害賠償が命じられ，発行禁止も維持された。この判決は破
毀院 1999 年 12 月 14 日判決により確定されたが，GUBLER 医師らが欧州人
権裁判所に提訴し，同裁判所 2004 年 5 月 18 日判決により，1996 年 10 月 23
日を過ぎて発行禁止を維持することは欧州人権条約 10 条（表現の自由）に違
反すると示された。

　民法学者は，法的義務という見解（vision）をほとんど受け入れず，秘密
は患者のものであり，私生活における親密な関係（intimité de sa vie privée）
を保護する保証であるという[50]。2002 年 3 月 4 日の法律[51]も，情報の守秘
は私生活に結び付くものとして，私生活の保護という論理に従う（公衆衛生
法典 L.1110-4 条 1 項ほか）[52]。秘密を（民事的に）保護する民法典 9 条の存在
もあり，私生活の尊重が強調される。

　2002 年 3 月 4 日の法律は，専門職に課されていた伝統的な守秘義務を，
患者の真の権利に変えた[53]。医療上の秘密を侵害することは，懲戒上およ

---

(49)　MÉMETEAU et GIRER, préc. note（43）p. 276. Sous la direction de François
　　VIALLA et la coordination de Mathieu REYNIER et Éric MARTINENT, Les grandes
　　décisions du droit médical, 2ᵉ éd., L.G.D.J, 2014, pp. 315-318；磯部哲「文献紹介」年報医
　　事法学 31 号（2016 年）169-175 頁。

(50)　MÉMETEAU et GIRER, préc. note（43）p. 281.

(51)　Loi n° 2002-303 du 4 mars 2002 relative aux droits des malades et à la qualité du
　　système de santé : JORF du 5 mars 2002, p. 4118. Art. 3 « CSP Art. L. 1110-4. - Toute
　　personne prise en charge par un professionnel, un établissement, un réseau de santé ou
　　tout autre organisme participant à la prévention et aux soins a droit au respect de sa vie
　　privée et du secret des informations la concernant. » 2002 年の制定当時には，「Ｉ」と
　　いう番号が付いていない。

(52)　MÉMETEAU et GIRER, préc. note（43）p. 284.

び／または刑事上（刑法典 226-13 条および 226-14 条）の制裁を受けるだけでなく，賠償面で職業上の責任を負う可能性がある。

医療従事者は，業務上（dans l'exercice de sa profession）伝えられた事実を知らなければならない[54]。しかし，治療者であるか友人であるかによらず，医師であるからこそ人は秘密を打ち明ける。2002 年 3 月 4 日の法律による公衆衛生法典 L.1110-4 条は，医師の職業倫理綱領 4 条 2 項[55]に示されているように，治療者か友人かという制限を認めていない。

保健制度の現代化に関する 2016 年 1 月 26 日の法律 96 条により，公衆衛生法典 L.1110-4 条 1 項は改正され，社会医学もしくは社会学の専門職または施設も守秘義務を負うものとして規定に含まれた[56]。この改正による L.1110-4 条 I で確認されているように，より一般的に，情報は医師（praticien）の知るところとなる[57]。私生活の親密な関係に対する侵害についても制裁が課される。

（b）情報の共有

1994 年 7 月 1 日の法律[58]は，保健（santé）の領域において研究目的を有する記名データ（données nominatives）の取扱いを規制しようとした（1 条，情報処理法 40-1 条）[59]。秘密であるにもかかわらず，主治医は，対象者の反対がないかぎり，情報処理法 40-1 条に規定される研究の範囲内で保持する記名データを，識別可能な場合には符号（codage）とともに伝達することができる（同 40-3 条および 40-4 条）。薬物監視（pharmacovigilance）の研究，国際的な研究，または「研究の特殊性により必要とされる場合」には，名前を隠すことは避けられる。情報処理法は，その後 2004 年および 2018 年に改

---

(53)　MÉMETEAU et GIRER, préc. note（43）p. 690.

(54)　MÉMETEAU et GIRER, préc. note（43）pp. 275-276.

(55)　Code de déontologie médicale Art. 4（CSP Art. R.4127-4）.

(56)　MÉMETEAU et GIRER, préc. note（43）p. 690.

(57)　MÉMETEAU et GIRER, préc. note（43）pp. 275-276.

(58)　Loi n° 94-548 du 1er juillet 1994 relative au traitement de données nominatives ayant pour fin la recherche dans le domaine de la santé et modifiant la loi n° 78-17 du 6 janvier 1978 relative à l'informatique, aux fichiers et aux libertés : JORF n° 152 du 2 juillet 1994, p. 9559.

(59)　MÉMETEAU et GIRER, préc. note（43）p. 286.

医事法講座 第9巻 医療情報と医事法

正されることになる。

2002年3月4日の法律は，医療に関して「共有された秘密（secret partagé）」という概念を初めて規定した（3条，公衆衛生法典 L.1110-4条3項）。

2004年8月6日の法律[60]は，情報処理法40-1条から40-8条までを53条から60条に移し，「記名データ」という語を「個人データ（données à caractère personnel）」に置き換えた（9条Ⅱ）。

2004年8月9日の法律[61]は，統計的および疫学的な調査という目的を有する一定のデータ（10条および24条，公衆衛生法典 L.1411-8条，L.2132-3条）について規定した。

2009年7月21日の法律[62]は，個人の診療録（dossier médical）に医療チームを構成する専門職がアクセスすることを，患者の許可という条件下に置いた（公衆衛生法典 L.1111-15条〔新設〕）[63]。情報通信技術を用いた遠隔医療（télémédecine）にも，守秘の原則が適用される（公衆衛生法典 L.6316-1条）。

2016年1月26日の法律により，「共有された診療録（dossier médical partagé：DMP）」が制定された（公衆衛生法典 L.1111-14条および L.1111-15条）。これは，「電子的な方法により」診療録にアクセスすることができる対象者の同意を条件とするものである（同 L.1111-19条）。さらに，情報処理媒体（support informatique）に保存された医療情報の保護および電子的な方法による医療情報の伝達が規定されている（同 L.1110-4-1条）。

医療情報へのアクセス（accès aux données de santé）は，すべての人（公衆衛生法典 L.1111-7条）および医療専門職等（同 L.1111-8条）に認められている（2002年3月4日の法律11条，2018年1月17日のオルドナンス[64] 2条による

---

(60) Loi n° 2004-801 du 6 août 2004 relative à la protection des personnes physiques à l'égard des traitements de données à caractère personnel et modifiant la loi n° 78-17 du 6 janvier 1978 relative à l'informatique, aux fichiers et aux libertés : JORF n° 182 du 7 août 2004, p. 14063.

(61) Loi n° 2004-806 du 9 août 2004 relative à la politique de santé publique : JORF n° 185 du 11 août 2004, p. 14277.

(62) Loi n° 2009-879 du 21 juillet 2009 portant réforme de l'hôpital et relative aux patients, à la santé et aux territoires : JORF n° 167 du 22 juillet 2009, p. 12184.

(63) MÉMETEAU et GIRER, préc. note (43) pp. 287-288.

(64) Ordonnance n° 2018-20 du 17 janvier 2018 relative au service de santé des armées

改正）。医学研究のための個人データに関しては，「遺伝的特性（caractéristiques génétiques）の検査を要する研究においては，データの取扱いを実施するのに先立ち，当該者の理解した上での明示の同意（consentement éclairé et exprès）が取得されなければならない。この条文は，公衆衛生法典 L.1131-1-1 条に基づき行われる研究には適用されない。」と規定されている（情報処理法 63 条，個人データ保護法 16 条による改正）。

2　技術革新による法的課題

(a)　ウェブ／ネットの巨人（Géants du Web/Net）

RGPD は，GAFAM というインターネット上の巨人（アメリカでは GAFA という 4 騎士）に対抗するためのものであり，RGPD の目的の 1 つは，アメリカの操作者を EU の法規制に服させることである[65]と説明される。学説においては，「第三者により医療情報が収集される危険性」として，「患者の医療情報を流通させることを促進する必要があるとしても，それを有害に使用する可能性のある保険者（保険会社），使用者（事業主），ネットの巨人またはサイバー（コンピュータネットワーク上の）犯罪者により，医療情報が取得されないよう留意することが重要である[66]」と指摘されている。

ネットの巨人とは，ビッグ 5 と呼ばれたり，GAFAM（グーグル（Google），アップル（Apple），フェイスブック（Facebook），アマゾン（Amazon）およびマイクロソフト（Microsoft）の頭文字をとった略語）として示されたりする操作者（opérateur）のことである。彼らは，検索エンジンやソーシャルネットワークを通じて，あらゆる種類のデータを収集しており，医療情報も例外ではない。この収集は，接続された装置を介して行われており，その大半は同じ操作者により販売され管理されている[67]。

ネットの巨人が大規模な収集を企て，この分野において優位に立っていることに鑑みて，ビッグデータ医療（médecine du Big data）は GAFAM に独占されることになるのではないかと懸念されている。情報は研究や医師らか

---

　　et à l'Institution nationale des invalides : JORF n° 14 du 18 janvier 2018.

(65)　MORLET-HAÏDARA, préc. note (11) p. 26.

(66)　MORLET-HAÏDARA, préc. note (11) p. 24.

(67)　MORLET-HAÏDARA, préc. note (11) p. 25.

ら離れ，外国の操作者が，収集した市民の情報を利活用するための支払いを
要求してくる危険性が指摘されている[68]。

(b) 生命倫理法の見直し

フランスにおいては，2018 年から生命倫理法改正作業が進められており，
2019 年 7 月に法案が閣議に提出される予定である[69]。今回の改正では，私
生活の尊重が重視されている。

国家倫理諮問委員会（Comité consultatif national d'éthique pour les sciences
de la vie et de la santé : CCNE）は，2018 年 11 月 19 日付で，デジタル化と健
康に関する報告書を公表した[70]。さらに，市民会議（états généraux）の総
括[71]として，2018 年 7 月 2 日付で報告書が公表されている。その中の「医
療情報」の項目においては，「医療における倫理的アプローチの根拠となる
価値および原則が不確かなものとなる」ことが指摘され，その価値および原
則とは「私生活および医療上の秘密の尊重，同意・自律・連帯の価値，医療
上の決定の共有」だとされる。

国務院（Conseil d'État : CE）による検討（étude）（2018 年 6 月 28 日付）[72]で
は，「人工知能（intelligence artificielle）」の項目で医療情報が扱われている。
医療情報の増大に伴う倫理的・法的問題点として，治療以外で収集される健
康に関するデータの増加から生じる危険，および患者の継続的な調査が疾病
保険の構成論理に与える影響が指摘されている。

---

(68)　MORLET-HAÏDARA, préc. note (11) p. 26.

(69)　AFP, 29 avril 2019.

(70)　CCNE, NUMÉRIQUE & SANTÉ QUELS ENJEUX ÉTHIQUES POUR QUELLES
　　 RÉGULATIONS ? https://www.ccne-ethique.fr/sites/default/files/publications/rap-
　　 port_numerique_et_sante_19112018.pdf

(71)　https://www.ccne-ethique.fr/sites/default/files/publications/eg_ethique_rapport
　　 bd.pdf pp. 82-95, とりわけ p. 84.

(72)　CE, Révision de la loi de bioéthique : quelles options pour demain?, 28 juin 2018, http:
　　 //www.conseil-etat.fr/content/download/138941/1406918/version/1/file/Conseil%20d
　　 %27Etat_SRE_étude%20PM%20BIOETHIQUE.pdf

Ⅳ おわりに

フランスにおいては，医療情報に関する制度が複雑であり，これを簡便化することが課題となっている。しかし，法改正が頻繁であり，制度や用語が定着しないうちに次の立法がなされるという側面が否めない。

日本においては，次世代医療基盤法[73]の制定により，デジタル化した医療現場から多様なデータを大規模に収集・利活用する仕組みを設けることが進められている。日本においては，アメリカの企業に個人データが流れることに対する抵抗感や危機意識が，EU ほど高くないといえよう。しかし，EU との経済連携協定（2019 年 2 月 1 日発効）に伴う十分性認定[74]を受けており（同年 1 月 23 日），EU の水準を継続的に満たす必要がある。

〔謝辞〕 大木雅夫名誉教授（上智大学）および滝澤正名誉教授（上智大学）をはじめとする上智大学比較法・外国法研究会の皆様，磯部哲教授（慶應義塾大学）および Guillaume ROUSSET 准教授（リヨン第 3 大学），甲斐克則教授（早稲田大学）ならびに今井守氏（信山社）に感謝の意を表する。本研究は，科研費基盤研究（B）「先端医療分野における欧米の生命倫理政策に関する原理・法・文献の批判的研究」（2018 年度〜2020 年度，研究代表者：小出泰士，JSPS KAKENHI Grant Number JP 18H00606）の助成を受けて行われた。

---

(73) 医療分野の研究開発に資するための匿名加工医療情報に関する法律（平成 29 年法律第 28 号）2018（平成 30）年 5 月 11 日施行。https://www.kantei.go.jp/jp/singi/kenkouiryou/jisedai_kiban/houritsu.html

(74) 「第三国または国際機関への個人データの移転は，第三国，当該第三国における領域もしくは 1 もしくは 2 以上の定められた部門，または当該国際機関が十分な（adéquat）保護の水準を確保していると欧州委員会が決定により認めたときに，行うことができる。」（RGPD45 条 1 項前段）

9　フィンランドにおける医療情報の保護と利用

増 成 直 美

医事法講座 第9巻 医療情報と医事法

       Ⅰ　は じ め に
       Ⅱ　フィンランドにおける医療情報管理システム
       Ⅲ　カンタの現状
       Ⅳ　フィンランドのさらなる展開
       Ⅴ　お わ り に

I は じ め に

　医療機関への受診，入院，薬局による処方薬の交付など，個人が医療提供者に接触することにより，その都度，健康に関連する機微な個人データが大量に発生する。今日，これらの健康関連情報の電子化がますます進んでいる。このような状況の中，より安全で効果的な医療を実現し，医療費高騰を抑制するために，国家レベルの患者医療情報の電子化およびデータベース（Data Base，以下「DB」という。）化，さらにその DB の利活用を推進する動きは，わが国を含めて世界的なものとなっている。

　長年にわたり国家登録を作成・維持するために多大な努力を重ねてきたフィンランドにおいては，近年，国民健康記録 DB の好例が提示され，「デジタルヘルスのパイオニアになった」と評されるに至っている[1]。この国家レベルのデジタルヘルス・プロジェクトの構想は 2005 年頃から始まり，実質的には 2015 年に開始され，わずか 3 年足らずの 2017 年末にはフィンランドの医療システム全域を範疇に収めたという，世界的にも最も短期的に包括的なシステムを構築したものとなっている。さらに，民間企業が保有する遺伝子データ，個人が収集するウェアラブルデバイスによるデータ等，これまで主に医療機関が生み出してきた医療情報とは異なる新しい医療情報の流れにも対応すべく，現在なお着々と進化を続けている。

　そこで，本稿では，段階的に着実に進化を続けるフィンランドの国民健康記録 DB の状況を概観することにしたい。2020 年度に医療と介護の DB[2] や全国保健医療情報ネットワーク[3] の本格稼働を予定するわが国に，多くの

（1）　Anu Jussila,"Finland's national health data service benefits citizens, healthcare professionals, pharmacies and the society," http://www.finlandhealth.fi/-/finland-s-national-health-data-service-benefits-citizens-healthcare-professionals-pharmacies--and-the-society,（2018. 08. 19）.

（2）　m3.com ニュース・医療維新，「ビッグデータ活用で法制化　医療と介護の情報連結 で」，https://www.m3.com/news/general/615548?portalId=mailmag&mmp=MD180713&mc.l=307378662,（2018.08.19）.

（3）　m3.com ニュース・医療維新，「全国医療情報ネットへ論点──医療機関と薬局の連携中心」，https://www.m3.com/news/general/602626,（2018.08.19）.

医事法講座　第9巻　医療情報と医事法

示唆を与えてくれるものと思われる。

II　フィンランドにおける医療情報管理システム

1　フィンランドの医療と医療データ管理[4]

　フィンランドの国民は，主に公的医療制度を利用しており，民間医療の使用率は全体の3～4％ほどである[5]。公的医療制度では，一次医療サービスを各自治体の医療センターが担当し，専門医療に関しては自治体連合が提供している。1972年に確立されたこの制度で，ほぼ全国民に医療を提供できるシステムとなっている。一次医療サービスの受診が容易なため，フィンランドでは患者を他の自治体の医療センターに搬送する状況は余り発生しない。したがって，医療データの管理も，自治体別に行われてきた。しかし，専門医療に関しては，特殊な医療能力・資格が必要なことから，地理的条件に関わらず専門家同士で協力することが多くなっている。そのとき，患者の主な情報を専門家同士で共有する必要があるため，地区別に体系化した医療データ管理システムの効率の悪さが問題視されてきた[6]。

　フィンランドでは，1964年に共通の個人識別番号システム「Personal Identification Number System」が確立し，1968年にはほぼすべての行政登録でこのシステムの使用を開始している。それを受けて，フィンランド社会保健省（Ministry of Social Affairs and Health；STM，以下「STM」という。）は，1996年に「フィンランドの社会福祉と医療における情報技術活用戦略（Strategy for utilizing information technology in the field of social welfare and healthcare in Finland）」という国家戦略を立ち上げ，「eHealth Road Map」プロジェクトを開始した。本プロジェクトの3つの目標は，すべての患者の医

（4）　増成直美「フィンランドにおける患者の自己情報コントロール権」山口県立大学看護栄養学部紀要9号（2016年）49頁以下。

（5）　杉本亜美奈＝野村周平「海外医療データ取得方法に関する調査報告書」（2013年）13頁以下。

（6）　山田眞知子「フィンランド保健ケア改革の動向——2011年5月1日施行の「保健ケア法」」自治総研通巻390号（2011年）78頁以下。

190

療データの電子化，国レベルでの医療データの相互運用と過去のデータとの連結，そして高水準のデータの安全管理である。

　2003年からは，国レベルでの国家電子患者記録システム開発プロジェクト「National Electronic Patient Record System Development Project (2003-2007)」が国民保健プログラムの1つとされ，本格的に起動した。ここで，国家レベルでの医療データアーカイブであるeHealth Road Mapプロジェクトの構築に際しては，いくつかの問題点が判明した。この医療データ管理システムは，前述のように自治体別に管理されているため，多くの場合異なるソフトウェア製品を使用しており，データの整合性や統合性に乏しく，オンラインベースでの医療者同士の情報交換は不可能に等しい状況だった。そのため，異なるソフトウェアを使用し電子化された医療データを1つのアーカイブにまとめるために，想像以上の費用，時間，そして技術が必要であり，当初の予定とは大幅にずれてしまう結果となった[5]。

2　電子化を促進した2つの法律

　2007年に2つの法律が制定され，電子化が一気に進展した。1つは，「電子処方箋に関する法律（Act on Electronic Prescriptions：2007年法律第61号，以下「e処方箋法」という。)」である。本法の目的は，患者の薬物安全性を改善すること，および薬の処方・調剤をより簡易により効率的にすることである（1条）。本法は，電子処方箋の導入を，薬局，医療機関に義務づける（5条）。本法には，電子処方箋の処理および患者へのアクセス権を管理する規則が含まれている。

　2つめの「社会福祉・医療サービスにおける利用者データの電子処理に関する法律（Act on the Electronic Processing of Client Data in Social and Health Care Services：2007年法律第159号，以下「e処理法」という。)」は，公的および私的な社会福祉・医療サービスおよび国家情報システムサービスにおける利用者データの電子的な処理を規定する。本法のもとで，公共医療機関は，全国的に集約されたアーカイブに患者データの入力を義務づけられている（15条1項）。本法の目的は，患者の情報処理過程におけるデータ保護，情報への患者アクセスの保証と安全性の向上を図り，効率的な社会福祉・医療サービスの提供を進めることである（1条）。本法には，利用者に関する情

報へのアクセスの機密性，開示，提供および利用者の権利に関する情報が含まれている。

　これら2つの法律により，2007年から医療提供者と患者が相互に医療情報を共有できるシステムの構築が始まった。本システムは，全国医療記録アーカイブ，全国規模の電子処方箋システム，および患者が自己の医療データにアクセスできるという主に3種類のアプリケーションから構成されており，「カンタ」という名称で知られている。本プロジェクトは，STMが調整役となり，フィンランド社会保険機関（Social Insurance Institution of Finland；Kela，以下「Kela」という。）の全責任のもと推進されてきた。当初は，2010～2011年にかけて徐々に開始される予定だったが，変更事項が重なり，実質的には2015年からの開始となった。

3　国家中央集約管理型医療情報アーカイブ（カンタ）サービス

　医療提供者と患者が相互に医療情報を共有できる「国の中央集約管理型医療情報アーカイブ（Kansallinen Terveysarkisto；Kanta，以下「カンタ」という。）[7]」は，これまで病院や薬局などの各医療機関が個別に保有していた電子カルテ情報を，全国で共有できるようにネットワーク化したシステムとなっている。すなわち，カンタは，医療，社会福祉サービス，薬局，国民のために設計されたフィンランドの全国規模のeヘルス・インフラストラクチャーであり，集約型アーキテクチャを採用している。カンタの目標は，①患者の健康と社会福祉およびその経緯に関する最新の情報を各々の専門家に提供し，②組織間のデータメディエータとして機能すること，③ローカルアーカイブの必要性を減らすこと，④統計，研究およびその他の二次利用の基盤を提供することである[8]。

（7）　Suna T, "Finnish National Archive of Health Information (KanTa): General Concepts and Information Model," Fujitsu Scientific & Technical Journal 47 (2011) 49-57.

（8）　Konstantin Hyppönen, "Free flow of health data in Finland, the citizen's perspective," https://www.eiseverywhere.com/file_uploads/725b72ac585ad0a3b219cf-18ff415807_Hypponen-Kanta_Free-flow-of-health-data-in-Finland.pdf, (2018.08.19).

(a) 患者データリポジトリ（医療情報アーカイブ）

患者データリポジトリとは，医療提供者が患者の治療に関する情報を格納する，国のリポジトリサービスである（e処理法14条1項）。すべての患者データが，国の患者データリポジトリに保存される（2条1項，10条，14条）。当該リポジトリは，患者の構造化された診療記録であり，外来に関するデータ，および入院ケア期間を含み，臨床検査結果，紹介の経緯，治療経過，リスク，診断等の情報を含む[8]。法により2014年9月までに参加を義務づけられていたこともあり（15条），2015年12月1日の時点で，すべての公共医療機関は患者データリポジトリにデータを保存した[8]。さらに，ほとんどの民間医療提供者も，2016年までに患者データリポジトリに参加した。2017年10月10日の主要統計によれば，約2億9000万件の治療に関する文書，2億4000万件のサービス事象，570万人（フィンランドの住民人口は約550万人），9億超のドキュメントバージョンがすでに保存されており，Kanta.fiは，フィンランドで2番目に評価の高いウェブサービスとなっていた[8]。カンタは，約3年間で，ほぼすべての患者データの登録を完了した。

患者データリポジトリのアーカイブサービスの一部として，患者データ管理サービスがある（14条1項，14条a）。本患者データ管理サービスによって，医療提供者は，患者の健康状態の概要を知ることができる。本サービスは，当該患者が国家情報システムサービスに関して情報を提供されていること（17条1項），情報を開示するための患者の同意，開示に対する拒否，同意および拒否の撤回，リビングウィル，臓器提供に関する患者の意思表示に関する情報を含む（14条a第2項）。患者データ管理サービスの管理者は，Kelaである（14条a第4項）。

一つの場所に保存される国民の医療データを確保することは，各個人の治療に関する情報の流れを格段に改善する。担当する医師や看護師が患者データリポジトリに格納されている患者の医療データにアクセスできるようになったことにより，患者は重複するまたは余分なもしくは不要な検査や治療を回避することができる。

カンタサービスに関与する医療提供者は，カンタサービス，その一般方針，および関連する患者の権利に関する情報を，患者に提供しなければならない。情報は，初回サービスの前または最中に提供されなければならない。さらに，

医事法講座 第9巻 医療情報と医事法

患者は，情報システムサービスの主催者，患者データの転送条件，データの保護，および患者のデータ処理に関連するその他の側面についても情報を提供されなければならない（17条1項）。医療提供者は，患者に書面または口頭で情報を提供しなければならない（17条2項）。

患者の登録情報へのアクセス権は，個人データ法（Personal Data Act：1999年法律第523号）26-28条に準拠する（e処理法18条1項）。患者は，自己の情報がいつ誰に開示され，使用・処理されたかに関する情報を取得する権利を有する（18条2項）。

患者データリポジトリに格納された患者のデータにアクセスする必要がある者は，当該患者の治療を担当する医療提供者である。患者自身とその患者のデータへのアクセスを要求する者との間の治療関係の存在は，データ開示前に検証されなければならない[9]。

(b) 電子処方箋システム

電子処方箋は，医師によって電子的に署名された薬の処方箋である（e処方箋法3条）。フィンランドのすべての薬局と医療提供者は，電子処方箋を採用している（5条1項）。電子処方箋は，すべての薬局で受け入れられる。

患者の薬を処方する医療提供者は，患者に電子処方箋を発行する。その処方箋は，全国的な中央集約型DBである「処方センター」に保存され，患者は患者指示シートを受け取る。当該シートには，その患者宛ての処方薬の名称と投与量の指示が含まれている（9条1項）。患者は，任意の薬局から薬を購入することができる。薬局は，処方センターから当該患者の処方薬をチェックして，薬を交付する（11条）。患者は，患者指示シートを持参しなかった場合，Kelaカードのような証明書を提示することによって，薬を受け取ることもできる（12条）。

処方センターを使用する医療提供者は，医療専門職者カードによって識別される。処方センターに保管されるすべての処方箋と交付イベントは，電子署名で認証される（7条）。したがって，署名された内容は不変であり，伝統的な紙面のものよりは安全性が保証される。電子署名は，署名者のアイデンティティ，および署名された情報が移動または保管の間に変わらなかった

─────────
(9) フィンランド最判2014年11月24日，KKO: 2014: 86。詳細については前掲註(4)
  51頁以下。

ことを保証する。処方とその交付イベントは，処方箋発行日の後2年半の間，処方センターに保管される（19条1項）。その後，処方と交付記録は，処方アーカイブで20年間保存され，その後，破棄される（19条2項）。

患者は，初めて電子処方箋を発行される前に，電子処方箋に関する情報を受け取る権利を有する（4条1項）。患者は，処方センターに保管されている情報がどのように保護されているか，また情報システムの運用原則と管理者にどのように情報が伝えられているかを知らされなければならない（16条1項，個人データ法26-28条）。

さらに患者は，誤った個人情報の訂正を要求する権利を有する。処方センターまたは処方箋アーカイブの情報に誤りがある場合は，誤りを犯した医療機関または薬局に修正依頼を送信することができる（e処方箋法16条2項）。ログ記録レポートには，患者の詳細にアクセスして処理した人物と，それらが処理された理由が表示される（16条3項）。

処方センターの登録は，Kelaによって管理される（18条1項）。処方センターは，すべての電子処方箋を包含し，交付記録は薬局により入力される（12条3項）。処方センターに保管される情報に基づいて，どの薬局も，各々患者の薬を調剤することができる（11条1項）。

処方センターにある患者データにアクセスできるユーザーは，厳しく制限される。薬を処方した医師は，自らが書いた処方箋を見ることができる（12条4項）。患者の口頭での同意の下，治療を担当する医師または看護師は，その患者の電子処方箋にアクセスすることができる（12条2項）。患者の許可がないときは，医師は，緊急な場合にだけ患者のデータを見ることができる（13条4項5号）。患者が薬局から薬の交付を受ける際には，薬剤師は薬局においてその患者の電子処方箋を見ることができる（11条1項）。

患者の処方箋が処方センターに登録された後，医師は，患者の同意を得て，患者の全体的な薬物処方計画をチェックすることができるので（13条1項），潜在的な薬物有害相互作用や重複投与を防ぐことが可能となる。患者の要請により，薬剤師は，患者の全般的な薬をチェックすることもできる。患者を担当する看護師も，また患者の同意があれば処方センターにある情報を見ることができる。電子処方箋の配備後，すべての医療機関と薬局は，同一の医薬品DBに基づく情報を使用することになるので（22条），調剤過誤の防止

医事法講座 第9巻 医療情報と医事法

にも役立つ[10],[11]。

(c) 私のカンタページ（患者向けポータル）

http://www.kanta.fi からオンライン銀行 ID，携帯証明書または電子 ID
カードを使用してログインできる「私のカンタページ（My Kanta Page，以
下「MyKP」という。）」は，各々の国民の電子カルテを表示し，それらの要
約を印刷することができるという，すべての国民のためのサービスである。

患者は，MyKP を通じて，①自己の医療情報（電子処方箋と診療記録）を
閲覧する，②自己の医療情報の開示に同意を与える，またはそのような開示
を禁止するという，自己の治療のための事前の指示を出す，③自己の医療情
報の開示を監視する，またはデータが開示されている医療提供者を追跡する，
ことができる。さらに，リビングウィルや臓器提供の意思表示もできる（e
処方箋法 17 条，e 処理法 19 条）。

診療記録は，医療提供者が患者データリポジトリに患者データを入力開始
後，サービスとして表示される。国民の診療記録や処方箋は，医師が治療し
電子処方箋を書いた後に初めて，MyKP サービスを介して見えるようにな
る。国民が公共または民間の医療機関を使うか否かにかかわらず，国民が望
むときは，電子処方箋と患者データリポジトリは，フィンランド中で入手可
能である。国民は，MyKP を通じて，または医療機関で，自己のデータへ
のアクセスを許可する同意を表示することができる。同意は，追って通知が
あるまで有効で，いつでも撤回することができる（e 処方箋法 13 条，e 処理法
11 条）。

III　カンタの現状

1　カンタの成果

カンタサービスは，すでに具体的な成果をもたらしている[12]。フィンラ

---

(10)　増成直美「近年の調剤過誤事件から考察する薬剤師の法的責任」日本赤十字九州国
際看護大学紀要 11 号（2012 年）25 頁以下。

(11)　増成直美「投薬過誤事件における医療従事者の法的責任──抗がん剤の投与に着目
して」日本赤十字九州国際看護大学紀要 12 号（2013 年）1 頁以下。

ンドは 1970 年代以降，個人識別番号を付した複数の包括的な国家登録簿を有するという背景からか[8]，患者データリポジトリはわずか 3 年足らずで全医療領域の患者データを範疇に収めた。他方で，長い個人情報保護法制の経験からか，患者の自己情報コントロール権の保証システムも確立している。

　カンタにより，医療機関は，初診の患者であっても過去の通院履歴，病歴，処方箋などを参照することができ，迅速で的確な診療を行なうことができるようになった。また，フィンランドではリピート処方が可能であるため，国民はオンラインでデジタル処方箋の更新を要請することができ，結果として医療提供者への受診回数が減少している。いくつかの医療機関は，MyKP で要約の利用が可能であるため，患者への医療イベント要約の送信を中止した。当該サービスにより，紙のアーカイブが不要になった。

　さらに，カンタサービスは，データ処理の透明性を大幅に高めている。以前は，フィンランドにおいても患者が医療サービス受給の際に記録された自己情報にアクセスすることは容易ではなかったが，現在では，これらのデータは MyKP を通していつでも確認できる。また，本サービスでは，いつ，どの医療機関が自己の情報を処理したかを見ることもできる。全国規模のカンタのサービスは，すでに医療提供者間全体で患者データを円滑かつ安全に共有するための重要な基盤となっている。

2　社会福祉データの統合

　カンタサービスは，段階的に構築されている。社会福祉分野におけるカンタシステムでの情報管理は，2015 年以降検討・開発されてきており，2018 年 6 月に利用者データの最初のバッチが統合された[13]。当該データアーカイブは，社会福祉サービスによって作成された利用者データの中央電子アーカイブとなり，組織の境界を越えた利用者データの可用性を確保する。

（12）　Kanta HP Notices 15.1.2018,“Kanta has improved patient data protection Kanta has improved patient data protection,”https://www. kanta. fi/en/web/guest/notice/~/asset_publisher/cf6QCnduV1x6/content/kanta-on-lisannyt-potilaan-tietosuojaa,（2018.08.19）.

（13）　Kanta HP,“Client data for social welfare services to be included in Kanta,”https: //www.kanta.fi/en/blog/~/asset_publisher/1QjC602jKPR6/content/ sosiaalihuollon-asiakastiedot-mukaan-kantaan,（2018.08.12）.

医事法講座　第9巻　医療情報と医事法

　当該データアーカイブの配備は，公共および民間の社会福祉組織の両方に
とって現在は自主的なものである。近い将来には期待されるものの，当面，
組織にはサービスに参加する法的義務はない。しかし，サービスをパイロッ
トした組織の多くは，アーカイブがサービス提供に大きな利益をもたらすと
して，最初からプロジェクトに参加しているようだ。市民の視点から見ると，
最も顕著な変化は，2020 年に社会福祉サービス利用者が MyKP で作成され
た文書にアクセス可能になることである[13]。

3　GDPR による影響

　個人情報の取り扱いに関する欧州連合（European Union，以下「EU」とい
う。）の一般データ保護規則（General Data Protection Regulation：2016 年規則
第 679 号，以下「GDPR」という。）は，欧州議会，欧州理事会および欧州委
員会が EU 内のすべての個人のためにデータ保護を強化し統合することを意
図している。数年に及ぶ議論と調整を経て，EU 議会は加盟 28 か国の承認
を得た GDPR を 2016 年 5 月 24 日に発効した。巨額な制裁金と行政罰を伴
う適用は，2018 年 5 月 25 日に開始された[14]。

　GDPR は，個人データを処理するすべての事業者に適用される。目的は，
EU 地域における個人データの処理を調和させ明確にすることである。個人
の権利が増大し，個人データ管理者と処理者の責任が重くなる。GDPR は，
個人データを扱うすべての私的および公的部門の運営者に影響を与える。患
者データおよび処方箋データならびに社会福祉データはカンタサービスで処
理されるため，この規制はカンタにも直接影響する。

　GDPR 規制の結果，いくつかの全く新しいプロセスが導入される予定で
ある。重要なものとしては，データ保護違反の監視と通知，市民権に関する
リスク評価，システムへの影響評価，計画段階からのすべての段階における
データ保護の考慮などである。すでに Kela は，データ保護責任者を任命し，
データ管理者とデータ処理者のタスクを指定した。さらに，責任の原則から，
個人データに関連する活動の詳細な文書化と文書の最新版の保管にも対処す
るとしている[15]。しかしながら，カンタサービスにおけるデータ保護と

---

(14)　武邑光裕『さよならインターネット，さよなら未来。── GDPR でネットとデータ
　はどう変わるのか？』（ダイヤモンド社，2018 年）113 頁以下。

データセキュリティは，すでに概ね基本的なレベルに達しているようである。

4　健康データの新フロー

さらに近時，カンタの直近の機能により，国民は MyKP を通じて，モバイルアプリケーション等で収集した自己の健康データをカンタに入力することができるようになった[8],[16]。当然のことながら，患者は，当該情報にアクセスできる医療関係者をコントロールできる。

森田瑞樹氏のご研究によれば[17]，近年，個人を対象とした消費者直販型遺伝子検査サービスにより遺伝情報が民間企業によって大量に生み出されるようになり，また，国民個人が血圧や心拍数などの一部のバイタルサインについて連続的に気軽に計測できるようになってきたことから，医療・健康情報の幅が広がってきた。つまり，これまで医療機関によってしか得ることができなかった医療・健康情報を，医療機関を介さないで民間企業や個人が手にする時代になった。それによって医療情報に市場原理が持ち込まれることになり，その問題は少しずつ顕在化しつつある。

MyKP のパーソナルヘルスレコード（Personal Health Record，以下「PHR」という。）は，国民個人のウェルビーイングを管理するためのカンタサービスであり，国民が自分の健康や福祉サービスに関する情報を入力できる国のデータリポジトリである。Kanta_PHR は，現在，カンタサービスの一環として開発中であり，2018 年 4 月その最初の段階に入った。このサービスの使用は，任意である。Kela は，Kanta_PHR プラットフォームを構築し，維持管理を担当する。

---

(15)　Kanta Blog‐Citizens，"Impacts of the EU General Data Protection Regulation on Kanta services," https://www.kanta.fi/en/blog/-/asset_publisher/QjC602jKPR6/content/eu-n-tietosuoja-asetuksen-vaikutukset-kanta-palveluihin，(2018.08.12).

(16)　Kanta Notices，"Integrating wellbeing applications with My Kanta Pages is tested in Terveyskylä‐results are recorded in a service called My Kanta Pages Personal Health Record," https://www.kanta.fi/en/notice/-/asset_publisher/cf6QCnduV1x6/content/terveyskylassa-testataan-hyvinvointisovellusten-yhdistamista-omakantaan-tulokset-tallentuvat-omatietovaranto-nimiseen-palveluun，(2018.08.12).

(17)　森田瑞樹「患者中心の情報管理とそれを可能にする新しいインフォームドコンセント」情報管理 57 巻 1 号（2014 年）3 頁以下。

医事法講座 第9巻 医療情報と医事法

国民は，Kanta_PHR のために開発されたウェルビーイングアプリケーションと測定装置を使用して，ウェルビーイング情報を入力し管理することができる。許可されたデータ内容としては，例えば，血圧，呼吸数などのさまざまな測定情報，症状評価，検査および自己治療計画である。アプリケーションや測定装置の開発には，民間企業も参加する。

Ⅳ　フィンランドのさらなる展開

1　改善の必要性

フィンランドは，近年カンタシステムを構築することで，デジタルヘルスのパイオニアといわれるようになった[1]。他方で，従来からの非常に包括的で貴重な社会福祉・保健医療データ（以下「社会健康データ」という。）資源としての国家登録簿を有しながら，これまで医療データの利用に関する規則がいくつかの異なる法律の間にまたがっており，科学研究の定義が曖昧であったことなどから，「科学界は，現在の法律や規制があまりにも混乱し時代遅れであることについて，長い間不平を言ってきた[18]」。現在，フィンランドの保健医療や社会福祉の過程で収集されたデータは，科学研究および公益の目的のために厳密に限定された二次的な利用しかできない[8]。その手続きは，煩雑で，時間がかかる。「医療データの利活用に関連する遅い許可プロセスは，フィンランドの健康部門の成長戦略の妨げとなっている[18]」。

フィンランドの社会保健サービスのメガトレンドは，利用者オリエンテーション，費用対効果の向上，効果の評価，公共機関・民間機関・第三者機関の間での協力の重視である。社会福祉・保健医療領域における将来の目標は，より良い結果とより低コストで，より個人的で効果的な患者ケアを提供することである。当該目標は，病気の早期の診断と罹患リスクの特定によって，これらを開発中の新薬，他の治療法や自己ケアを支援することと組み合わせることによって達成することが可能となる[8]。

---

(18)　Kaisa Oksanen, "Beyond treating patients: Secondary uses of health and social data," https://www.medengine.fi/en/beyond-treating-patients-secondary-uses-health-social-data/, (2018.08.19).

200

さらに新しい視点として，データはビジネスの観点からも重要な役割を果たすというものがある。フィンランドの公的部門は膨大な量のデータを産生するが，新しい取組みにもかかわらず，収集したデータを正確に十分に使用できていない。言い換えれば，フィンランドはまだデータ主導の社会になっていない。国家登録簿などの信頼できる包括的なデータは，意思決定に役立ち，公共部門と民間部門の両方でビジネスをより効率的にし，イノベーションの原動力にもなりうる。より多目的なデータの利用は，公共事業者と民間事業者の両方に新たな可能性をもたらす。これが新しいイノベーションとフィンランドへの投資の両方を促進すると考えうる[18]。

健康とは，これまで個人を語るときの価値とされてきたが，同時に社会にとっても大きな価値がある。疾病予防と効果的な早期治療は，長期的には健康を促進し，医療費を削減する。住民の健康と労働能力は，財政と生産性に大きな影響を与える。医療改革の目標を達成するためには，革新的でスケーラブルなビジネスを創造する必要がある。ビジネスセクターは，公共部門と民間部門との間の新しい医療ビジネスモデルの構築において重要な役割を果たす。これらは，必然的に重要な社会改革をもたらし，フィンランドの競争力を改善することになる。そして，最終的な成果としては，より健康的な住民を創出する。総合的な縦断的健康データの収集には，質の高い公衆衛生システムが必要であり，その種のシステムは北欧諸国，および他のいくつかの西洋諸国にのみ存在する[19]。

2　社会健康データの二次利用に関する法律案（HE 159/2017）

以上のような検討から，フィンランド政府は，2015 年から検討し始めていた法案を，2017 年 10 月 26 日，社会健康データの二次利用に関する法律，および関連する法律の政府案（FI：laki sosiaali-ja terveystietojen toissijaisesta käytöstä，HE 159/2017）として議会に提出した。

本法案の目的は，統計，科学研究，開発とイノベーション，教育などにおける社会健康データ使用のための現代的で統一的な条件を作り，二次利用のための要請の処理を合理化することである。データへのより迅速なアクセス

---

(19)　Heli Salminen-Mankonen, "Well-being data generates health and business," https://www.sitra.fi/en/blogs/well-data-generates-health-business/, (2018.08.19).

医事法講座　第9巻　医療情報と医事法

を可能にし，データセキュリティを向上させるとともに，この立法領域の細分化された法的枠組みを統一することを目指す（法案1条）。さらに，本法案は，当該立法領域がGDPRに準拠するように調整する[20],[21]。

　本法案は，当初収集した目的以外の目的でのデータ使用をデータの二次利用と定義する（3条）。社会健康データを二次的に利用することで，データを科学研究や統計，ならびに開発やイノベーション，教育，ナレッジマネジメント，管理・監督，当局の計画と報告義務に使用することができる（2条）。

　従来，これらのデータはさまざまな機関によって管理される複数の情報システムに分散されていたため，データ要求申請プロセスは長い時間を要し，困難を極めていた。本法案によれば，社会健康データの二次利用のためのデータ要求申請およびライセンスの付与は，ライセンス機関によって管理される（5条）。国家保健福祉機関（National Institute for Health and Welfare, THL，以下「THL」という。）が，データ使用のライセンスを付与する政府機関となる予定である（4条）。THLは，すべての異なるデータ所有者からの個別の許可を得る代わりに，社会健康データの二次利用に関連する倫理的評価を含むすべての許可プロセスを担当する。将来的には，社会健康データへのアクセスを一元的に審査・許可し，情報の要請に対処するための唯一のライセンス機関になる予定だという。これにより，データ利用に関連する許可プロセスを迅速かつ簡便にし，貴重なデータをより効率的に活用して研究とイノベーションに利益をもたらすことができるようにしようとする。

　ライセンス機関は，電子ポータルでの要求申請に応じてライセンスを付与した後，異なる登録から関連データを収集，編集，連結，前処理して，当該データをライセンス所有者が処理できるリモートアクセスによる安全な環境（ワンストップショップ）に転送する（17条）。別の選択肢は，すべての識別

---

(20)　Jesper Nevalainen, "Secure Secondary Use of Health and Social Data," http://hannessnellmanblog. com/2018/01/05/secure-secondary-use-of-health-and-social-data/, (2018.08.19).

(21)　Pekka Kahri, "SECONDARY USE OF HEALTH DATA Building new legislation and services, http://www.pif.fi/sites/default/files/attachments/pekka_kahri.pdf, (2018. 08.19).

データを除去することによって，ライセンス機関が関連するデータ資源を編集するサービスを提供することである（45条）。

新法案は，企業にとっては，イノベーション，製品開発，新しいビジネスモデルの育成を目的として，より広範なデータへのアクセスを容易にするものとなる[20],[22]。個人にとっては，より多くのデータが医学研究のために利用されることになり，より効果的な薬とともに，より良いサービスと治療が提供されることになるという。本法案は，2018年7月に成立すると想定されていたが[18],[20],[23]，未だ審議中である。

3　議会での審議

より良い情報管理，サービスシステムの開発，研究やイノベーションのために，社会健康データの二次利用に関する許可システムを加速化・合理化し，社会健康関連のデータ資源を効率的に利用するという新法案の目的は，至る所で多いに歓迎された。しかしながら，法令およびデータ保護規制全体，特に機密データを扱うための一般的な条件，および一般法と特別法の互換性などについて，問題点が指摘されている。

国民一人ひとりは，自分の情報やデータを主体的にさまざまなDBに提供・集積することで医学に貢献することができる。したがって，国民自身が自分の情報を誰がどのような条件で使用するかを判断できる状況を用意する必要がある。情報をどのように使用し，必要に応じていかに保護するかについて，最新かつ一貫した方法を探究することが求められている。

法案によれば，開発とイノベーションの要請に対しても，社会健康データが処理・開示され得る（2条）。開発とイノベーションに関して，データは，登録者の同意あるいは匿名形式で開示され得る（38条）。社会健康データという極めてセンシティブなデータの処理は，データ主体が，一つまたは複数

---

(22)　LÄÄKETEOLLISUUS Ajankohtaista, "Terveysalan kasvustrategia tuo investointeja – suotuisaa kehitystä tuettava," http://www.laaketeollisuus.fi/ajankoh taista/nako kulma-uutiskirjeet/nakokulma-1-2018/terveysalan-kasvustrategia-tuo-investointeja, (2018.08.19).

(23)　STM "Secondary use of health and social data," http://stm.fi/en/secondary-use-of-health-and-social-data, (2018.08.29).

の特定された目的のために当該個人データの使用に対して明示的な同意を与えた場合に取扱いが許され（GDPR9条2項(a)），適法となり（6条1項(a)），または法案45条に基づく匿名化されたデータとして処理され得る。後者の場合，プライバシーポリシーは匿名データには適用されないため，GDPRの下で処理される必要はない。

法案では，「開発およびイノベーション活動」は，「本法案で言及された個人データ，および関連した技術情報，ビジネス情報，ならびにその他の既存の情報の取得と使用を通じた，新しくまたは大幅に改良された製品，サービスまたは行動様式のより広範な実験的開発活動」とされる（3条1項4号）。法案38条1項は，開発およびイノベーションの目的で登録データを処理する際に，特に同意形式としてダイナミックコンセントの使用を可能にする。しかし，ダイナミックコンセントとは，本来はデータ主体が科学的研究としての倫理基準を満たした研究の特定の領域にデータ主体の同意を与えることを予定したはずのものであるから，科学的研究の基準に従って行われていない開発とイノベーション活動には適用されるべきではないであろう[24]。

個人データの特殊カテゴリに属するデータ処理の基本的な禁止からの除外を得るためには，公的アクセスとデータ保護の調整が求められる公益上の理由から，比例原則に従ったデータの二次利用の限界を含めた追加要件を提示する必要がある。議会は，本法案の規定では，開発とイノベーション活動のための社会健康データの二次的な開示可能性が十分にコントロールできないとして，当該規定の削除・改正を求めている。GDPRに照らして，自主的な同意の確保，および個人の権利にとって非常に重要な同意撤回の可能性とその手続きが不十分であると指摘する。

さらに，一般法に該たる個人データ法に規定されている一般原則は，社会健康データの二次利用に関する法案でも基盤となるから，個人データ法の改正を待つべきであるとの意見もある。2018年3月にフィンランド政府が個人データ法およびその関連法改正案（HE9/2018）を提出した。当初，2018年5月25日に施行予定だったが，こちらも未だ審議中である。当該改正案は，GDPRに明示的に記載されていない特定の目的のための健康関連デー

---

(24) Perustusvaliokunnan lausunto hallituksen esityksestii sosiaali- ja terveystietojen toissijaisesta kiiytiista（PeVL 2018 vp HE 159/2017 vp).

タの処理を認可するという提案を含んでいる。

さらに，THL およびライセンス機関には，個人情報を入手するための余りに広範な権利が与えられているとの意見もある[25]。GDPR においても個人のプロファイリングに関して厳しい規制があることから[26]，どうしても必要な場合に限って機密データの処理を許可するルールが規定されるべきとして，特に機密データの処理に関しては明確な使用制限のガイドラインが求められている。

V　お わ り に

日本政府は 2018 年 6 月 15 日に閣議決定した「未来投資戦略 2018」において，「次世代ヘルスケア・システムの構築プロジェクト」の一つとして，個人の健康や医療情報等に本人が自由にアクセスでき，それらの情報を用いて日常生活改善や健康増進につなげるための仕組みである PHR の推進をうたっている。具体的には，本人の健康情報や服薬履歴等については，2020年度よりマイナポータル（個人向け行政ポータルサイト）を通じて本人等へのデータの本格的な提供を目指すという[27]。

ところが，2018 年 6 月 25 日〜 7 月 1 日に医師向け医学・医療情報サイトm3.com の医師会員 1526 人を対象とした「医療情報の患者提供，どう思う？」というアンケート調査によれば[28]，開業医の 51.1％，勤務医の45.0％が，患者の医療情報への自由なアクセス権については「反対」として，カルテ情報の患者への開示に懸念を示す声がなお多かった。中には，「患者の権利が増すばかりで医療者側の負担はこれまで以上に重くなるだけ。ばか

---

(25)　Hallituksen esitys (159/2018) laiksi sosiaali- ja terveystietojen toissijaisesta käytöstä ja eräiksi siihen liittyviksi laeiksi, https://www.kuntaliitto.fi/lausunnot/2018/hallituksen-esitys-1592018-laiksi-sosiaali-ja-terveystietojen-toissijaisesta，(2018.08.19).

(26)　石井夏生利「プロファイリング規制」ジュリスト 1524 号（2018 年）32 頁以下。

(27)　日本経済再生本部「未来投資戦略 2018 ──『Society 5.0』『データ駆動型社会』への変革」（2018 年 6 月 15 日）23 頁以下。

(28)　長倉克枝「患者が医療情報に自由にアクセスできる PHR，過半数の医師が『反対』多施設との医療情報連携には半数が『とても必要』『必要』」2018 年 7 月 14 日医療維新シリーズ m3.com 意識調査, https://www.m3.com/news/iryoishin/614014，(2018.08.19).

ばかしい構想だ」という声もあった。国民一人ひとりが，自分の情報やデータを主体的にさまざまな DB に提供・集積することで，医学の発展に貢献することができる。したがって，国民自身が自分の情報を誰がどのような条件で使用するかを判断できる状況を用意する必要があるとするフィンランドの認識とは，大きな開きがあるようだ。

2018 年 5 月に実質的に施行された GDPR は，患者の権利を強化し，医療提供者の責任を増大する。国民自身が生み出すウェアラブルデバイスによるデータや民間企業がその多くを握る遺伝情報等，これまでとは異なる新たな医療情報の流れも発生している。そして，法律の整備だけでは国民健康記録DB プロジェクトが成功しないことは，すでにいくつかの国々で経験されている[29]。

わが国においても，新しい個人情報保護法，番号法の下で，患者が安心して疾病と向き合い，健康の維持増進に努めることができるような，セキュリティのしっかりした，透明性のある医療情報の流通と利活用が期待される。それを実現するために，われわれ国民一人ひとりが，声をあげていくことが必要である。

[謝辞] 本稿は，第 47 回（平成 30 年度）三菱財団人文科学助成「フィンランドにおける診療情報の二次利用」を受けたものの一部である。

（29）　増成直美「診療情報の保護と利活用——国民健康記録データベース構築を目指して」BIO Clinica33 号（2018 年）56 頁以下。北隆館編集部依頼により，地域ケアリング 20巻 14 号（2018 年）69 頁以下にも再掲。

10　医療・医学研究における個人情報保護法の解釈と課題

藤 田 卓 仙

医事法講座　第9巻　医療情報と医事法

Ⅰ　はじめに――医療におけるプライバシーと個人情報
Ⅱ　個人情報保護法の一般的なルール
Ⅲ　医療・介護・医学研究における個人情報保護法の解釈
Ⅳ　今後の課題
Ⅴ　お わ り に

I　はじめに——医療におけるプライバシーと個人情報

　医療・健康分野における情報は，身体や健康状態に関わる非常に機微性が高いものであり，ハンセン病等の特定の疾患の患者に対する差別が歴史的に存在していることから，情報の取扱いは慎重に行わなければならない。医療におけるプライバシー保護の求め（守秘義務）は，「プライバシーの権利」がWarrenとBrandeisにより提唱されるはるか昔の，紀元前4世紀のヒポクラテスの「誓詞」にまで遡ることができる。以来，医療職の守秘義務は職業倫理として確立し，業法や刑法上も秘密保持の規定が置かれてきた[1]。そのため，2003年の個人情報保護法（以下「個情法」）成立以前から，個情法の適用対象とする必要はないのではないかとの意見も見られた[2]。個情法成立時の衆参両院の附帯決議においても，医療，金融・信用，情報通信に関しては，特に適正な取扱いの厳格な実施を確保する必要があるものとして，特別法の制定を含めた検討が求められた。しかし，応答性を重視する等の理由から，医療に関する多くの他のルール同様に，「医療・介護関係事業者における個人情報の適切な取扱いのためのガイドライン」（以下「医療・介護GL」）のようなソフトローによるルールによって運用されることとなった。その結果，個情法は，医学研究，医療，医療周辺産業のそれぞれのレベルでの情報の取扱いルールに大きな影響を及ぼしている。2003年の成立時には，患者へのカルテ開示の法的根拠として注目を集める一方で，外来診察時に氏名を呼んではいけないのではないかという「過剰反応」が問題になっており[3]，警察が捜査のために病院に情報提供を求めても（本来は法律上問題な

（1）　ただし，医療従事者の絶対的な義務としての伝統的な守秘義務の理解に対して，患者の権利（自己情報コントロール権）等から（一定の条件で解除されうる）相対的な義務として近年では解されているとされている。稲葉一人「診療情報——法的観点から」板井孝壱郎・村岡潔編『シリーズ生命倫理学　第16巻　医療情報』（丸善出版株式会社，2013年）54-60頁。

（2）　開原成允「診療記録の開示と医療者側の課題」ジュリスト1142号（1998年）37-41頁では，一般の個人情報保護法ではなく医療の特殊性に鑑みた特別法の制定が必要とされている。

（3）　個人情報保護に関するいわゆる「過剰反応」に関する実態調査報告書（平成23年

医事法講座　第9巻　医療情報と医事法

いのに）個人情報保護を理由に提供を拒絶されたという事例[4]も示されている。

　その後，マイナンバー制度導入の際，厚生労働省「社会保障分野サブワーキンググループ」及び「医療機関等における個人情報保護のあり方に関する検討会」にて，医療等分野の特別法を目指した検討がなされ，2012年9月には「医療等分野における情報の利活用と保護のための環境整備のあり方に関する報告書」がまとめられたものの，法制化はなされないまま，2015年の個情法改正を迎えた。こうした中で，2017年に成立し，2018年5月に施行となった「医療分野の研究開発に資するための匿名加工医療情報に関する法律」（以下「次世代医療基盤法」）は，それまで検討されてきた医療分野における個情法の特別法としてはごく一部分のみを定めるものではあるものの，医療個人情報の利活用のための一定のハードな法的ルールとなっている[5]。以下では，まず個人情報保護法制に関して概説[6]した上で，その医療・医学研究における解釈に関して述べ，今後の課題を提示する。

II　個人情報保護法の一般的なルール

1　プライバシーの権利と個人情報保護法制

　個人に関する情報の共有に際しては，「プライバシーの権利」との関係，

　3月）（消費者庁）http://www.ppc.go.jp/files/pdf/personal_report_2303caa_kajohan-no.pdf
（4）　樋口範雄「第6章　日本における医療情報と個人情報保護の法的側面」『医療情報の利活用と個人情報保護』（EDITEX，2015年）88頁。
（5）　内閣府日本医療研究開発機構・医療情報基盤担当室長・文部科学省研究振興局長・厚生労働省医政局長・経済産業省大臣官房商務・サービス審議官による通知「医療分野の研究開発に資するための匿名加工医療情報に関する法律等の施行について」（2018年5月31日）では，「全ての地方公共団体の条例において，地方公共団体の外部に個人情報を提供することができる場合として，「法令に基づく場合」の規定が整備されており，法第30条に基づく医療情報の提供は，この「法令に基づく場合」に該当すると考えられます。」とされており，個情法制上の特別法と位置づけられている。
（6）　個情法の2020年見直しに向けた検討が2019年5月現在進められているが，本稿では2017年改正時の個人情報保護法制の内容のみに基づいた概説を行っている。

210

「個人情報保護」の観点，職業上あるいは契約上の守秘義務の観点等から，適切な取扱いが求められている。

「プライバシーの権利」に関しては，「ひとりで放っておいてもらう権利」「自己情報コントロール権」「多様な自己イメージを使い分ける自由」等様々な説明がなされている。「宴のあと」事件の地裁判決では，「私生活をみだりに公開されないという法的保証ないし権利」[7]とされ，憲法13条「個人の尊重」の趣旨から認められるものとされている。このプライバシーの権利は，表現の自由や報道の自由，学問の自由等と衝突することがあり，その調整が問題となる。個情法は，プライバシーの権利，特に自己情報コントロール権の趣旨から定められたものとも考えられるが[8]，第1条においては，「個人情報の有用性に配慮しつつ，個人の権利利益を保護すること」が目的であるとして，直接的に「プライバシー」という言葉は用いられておらず，「端的に，個人情報の取扱いに伴い生ずるおそれのある個人の人格的，財産的な権利利益に対する侵害を未然に防止することを目的として，個人情報の取扱いに関する規律と本人関与の仕組みを具体的に規定」[9]している。このことが「個人情報」に当たると全く使えないのではないかという「過剰反応」にもつながっている。しかし，実際上は，個情法違反よりも，業法上・刑法上の守秘義務や民法上のプライバシー侵害に伴う損害賠償責任等に注意する必要がある。

2　個人情報保護法制の体系と 2000 個問題

個人情報保護法制は，民間分野（一般の企業等）を対象とする個情法と，国の行政機関に関する「行政機関の保有する個人情報の保護に関する法律」（以下「行個法」），独立行政法人等に関する「独立行政法人の保有する個人情報の保護に関する法律」（以下「独個法」），各地方公共団体に関する個別の個

（7）　東京地判昭和 39 年 9 月 28 日民集 15 巻 9 号 2317 頁。

（8）　必ずしも本人由来のデータのみが対象となるわけではないこと，情報を有体物のように捉えすぎていることなどから，個情法に自己情報コントロール権の趣旨が含まれることに否定的な見解も多い。一方で，一部地方自治体（沖縄県等）の個人情報保護条例等では，自己情報コントロール権の趣旨を明示的に含んでいることもある。

（9）　総務省 HP Q1-2 保護法の目的は何ですか。http://www.soumu.go.jp/main_sosiki/gyoukan/kanri/question01.html （2018 年 10 月 7 日アクセス）

人情報保護条例（以下「個条例」）と，個人情報保護委員会による（民間分野
への）ガイドライン（「個人情報の保護に関する法律についてのガイドライン
（通則編）」（以下「個情法GL（通則編）」，「個人情報の保護に関する法律につ
いてのガイドライン（外国にある第三者への提供編）」（以下「個情法GL（外国
第三者提供編）」），「個人情報の保護に関する法律についてのガイドライン（第
三者提供時の確認・記録義務編）」（以下「個情法GL（確認記録義務編）」），「個
人情報の保護に関する法律についてのガイドライン（匿名加工情報編）」（以
下「個情法GL（匿名加工情報編）」））の他，金融・医療・情報通信に関しては
個別の分野ごとのガイドライン（医療・介護GLをもとにした[10]，医療・介護
関係事業者における個人情報の適切な取扱いのためのガイダンス（以下「医療・
介護GD」）等）がある（図1）。このうち個条例が自治体（都道府県47，市区
町村1750，広域連合等115）ごとに存在しており，全部で2000個程度のルー
ルが存在し，それぞれの規定が統一されておらず，解釈権も分立しているこ
とに起因する問題が指摘されている（個人情報保護法制2000個問題）[11]。医療
に関連しては，自治体立病院，国立大学病院，私立病院間で医療情報を共有
しようとする場合等にこの問題に直面し，円滑な情報共有がなされないこと
がある。2016年成立の官民データ利活用推進基本法19条では，「国は，官
民データを活用する多様な主体の連携を確保するため，官民データ活用の推
進に関する施策を講ずるに当たっては，国の施策と地方公共団体の施策との
整合性の確保その他の必要な措置を講ずるものとする。」とし，個人情報保
護法制2000個問題の解決に向けた措置を求めているが，医療分野における

(10)　2015年個情法改正により主務大臣から個人情報保護委員会に権限が一元化したこ
とに伴い，医療・介護GLを含む各種ガイドラインが改正となった。個人情報保護委員
会事務局・厚生労働省「『医療・介護関係事業者における個人情報の適切な取扱いのた
めのガイダンス』に関するQ＆A（事例集）」（2017年5月30日）では，医療・介護
GLは「個人情報保護法に沿って医療介護の現場の実務に当てはめた際の詳細な留意
点・事例をまとめた内容であり，その考え方をより明確とするため，ルールや規律を定
めるガイドラインとは区別し，ガイダンスと整理しています。」（A1-1）と変更に関す
る説明がなされている。

(11)　鈴木正朝「番号法制定と個人情報保護法改正——個人情報保護法体系のゆらぎとそ
の課題」論究ジュリスト18号（2016年）51-52頁，長谷川幸一「個人情報保護法制
2,000個問題の意義と分析：地方公共団体の個人情報保護制度の調整を目指して」現代
社会文化研究65号（2017年）105-121頁。

図表 1：個人情報保護に関する法律・ガイドラインの体系イメージ

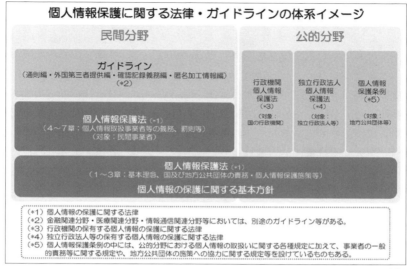

出典：個人情報保護委員会 HP[13]

データ利用に向けては課題が残されている[12]。

3　「個人情報」の定義

　個情法における「個人情報」とは，生存する個人に関する情報で，（ⅰ）「当該情報に含まれる氏名，生年月日その他の記述等により特定の個人を識別することができるもの（他の情報と容易に[14]照合することができ，それにより特定の個人を識別することができることとなるものを含む。」（2条1項1号）もしくは，（ⅱ）「個人識別符号が含まれるもの」（2条1項2号）のいずれかに該当するものである。

---

(12)　次世代医療基盤法は，個情法の特別法としてはごく一部分のみを定めるものであるため，個人情報保護法制 2000 個問題に付随する医療情報利活用の課題のすべてを解決するものとはなっていない。

(13)　https://www.ppc.go.jp/files/pdf/personal_framework.pdf

(14)　行個法，独個法，多くの条例では，「他の情報と照合することができ，それにより特定の個人を識別することができることとなるものを含む。」と照合の容易性を要件としていない。

医事法講座　第9巻　医療情報と医事法

　（ⅱ）の個人識別符号は，他の情報との照合をせずとも単独で個人情報になるものとして定義を「明確化」するために 2015 年改正で新設されたものであり[15]，「特定の個人の身体の一部の特徴を電子計算機の用に供するために変換した文字，番号，記号その他の符号であって，当該特定の個人を識別することができるもの」（個情法 2 条 2 項 1 号）として「個人情報の保護に関する法律施行令」（以下「個情法施行令」）で定められたもの（以下「1 号個人識別符号」）と，「個人に提供される役務の利用若しくは個人に販売される商品の購入に関し割り当てられ，又は個人に発行されるカードその他の書類に記載され，若しくは電磁的方式により記録された文字，番号，記号その他の符号であって，その利用者若しくは購入者又は発行を受ける者ごとに異なるものとなるように割り当てられ，又は記載され，若しくは記録されることにより，特定の利用者若しくは購入者又は発行を受ける者を識別することができるもの」（個情法 2 条 2 項 2 号）として個情法施行令で定められたもの（以下「2 号個人識別符号」）とに分けられる。

　1 号個人識別符号に関しては，個情法施行令において「特定の個人を識別するに足りるものとして個人情報保護委員会規則で定める基準に適合するもの」としており，「個情法 GL（通則編）」によると結局，図表 2 に示すもの

図表 2 ：1 号個人識別符号

細胞から採取されたデオキシリボ核酸（別名 DNA）を構成する塩基の配列
ゲノムデータ（細胞から採取されたデオキシリボ核酸（別名 DNA）を構成する塩基の配列を文字列で表記したもの）のうち，全核ゲノムシークエンスデータ，全エクソームシークエンスデータ，全ゲノム一塩基多型（single nucleotide polymorphism：SNP）データ，互いに独立な 40 箇所以上の SNP から構成されるシークエンスデータ，9 座位以上の 4 塩基単位の繰り返し配列（short tandem repeat：STR）等の遺伝型情報により本人を認証することができるようにしたもの
顔の骨格及び皮膚の色並びに目，鼻，口その他の顔の部位の位置及び形状によって定まる容貌
顔の骨格及び皮膚の色並びに目，鼻，口その他の顔の部位の位置及び形状から抽出した特徴情報を，本人を認証することを目的とした装置やソフトウェアにより，本人を認証することができるようにしたもの

(15)　個人情報保護委員会「個人識別符号に関する政令の方向性について」，第二東京弁護士会情報公開・個人情報保護委員会『完全対応　新個人情報保護法——Q&A と書式例』（新日本法規，2017 年）10 頁等。

虹彩の表面の起伏により形成される線状の模様
虹彩の表面の起伏により形成される線状の模様から，赤外光や可視光等を用い，抽出した特徴情報を，本人を認証することを目的とした装置やソフトウェアにより，本人を認証することができるようにしたもの
発声の際の声帯の振動，声門の開閉並びに声道の形状及びその変化によって定まる声の質
音声から抽出した発声の際の声帯の振動，声門の開閉並びに声道の形状及びその変化に関する特徴情報を，話者認識システム等本人を認証することを目的とした装置やソフトウェアにより，本人を認証することができるようにしたもの
歩行の際の姿勢及び両腕の動作，歩幅その他の歩行の態様
歩行の際の姿勢及び両腕の動作，歩幅その他の歩行の態様から抽出した特徴情報を，本人を認証することを目的とした装置やソフトウェアにより，本人を認証することができるようにしたもの
手のひら又は手の甲若しくは指の皮下の静脈の分岐及び端点によって定まるその静脈の形状
手のひら又は手の甲若しくは指の皮下の静脈の分岐及び端点によって定まるその静脈の形状等から，赤外光や可視光等を用い抽出した特徴情報を，本人を認証することを目的とした装置やソフトウェアにより，本人を認証することができるようにしたもの
指紋又は掌紋
（指紋）指の表面の隆線等で形成された指紋から抽出した特徴情報を，本人を認証することを目的とした装置やソフトウェアにより，本人を認証することができるようにしたもの 　（掌紋）手のひらの表面の隆線や皺等で形成された掌紋から抽出した特徴情報を，本人を認証することを目的とした装置やソフトウェアにより，本人を認証することができるようにしたもの
組合せ
上記に掲げたものから抽出した特徴情報を，組み合わせ，本人を認証することを目的とした装置やソフトウェアにより，本人を認証することができるようにしたもの

があたるとされる。

　また，2 号個人識別符号には，旅券番号，基礎年金番号，運転免許証番号，住民票コード，個人番号（マイナンバー），被保険者証符号等（個情法施行令 1 条 2 ～ 8 号）があたり，クレジットカード番号，携帯電話番号，メールアドレス等は個人識別符号とはされていない。

4　要配慮個人情報

　2015 年改正で個人識別符号と並んで新設されたのが，「要配慮個人情報」

医事法講座　第9巻　医療情報と医事法

である。要配慮個人情報とは，いわゆる機微情報のことであり，要配慮個人情報に当たると取得時の本人同意が必須であり（個情法17条2項），オプトアウト（一定の要件を備えた場合，本人から利用停止を求められない限り第三者に提供する）が不可能（個情法23条2項）となる。「要配慮個人情報」の定義は，「本人の人種，信条，社会的身分，病歴，犯罪の経歴，犯罪により害を被った事実その他本人に対する不当な差別，偏見その他の不利益が生じないようにその取り扱いに特に配慮を要するものとして政令で定める記述等が含まれる個人情報」（個情法2条3項）であり，さらに政令で身体障害等や健康診断の結果等が指定されている（個情法施行令2条各号）。特に，2号「本人に対して医師その他医療に関連する職務に従事する者（次号において「医師等」という。）により行われた疾病の予防及び早期発見のための健康診断その他の検査（同号において「健康診断等」という。）の結果」，3号「健康診断等の結果に基づき，又は疾病，負傷その他の心身の変化を理由として，本人に対して医師等により心身の状態の改善のための指導又は診療若しくは調剤が行われたこと。」の規定により，実質的には，医療情報は概ね要配慮個人情報に当たると考えて良い。なお，次世代医療基盤法では，「医療情報」として，特定の個人の病歴その他の当該個人の心身の状態に関する情報であって，当該心身の状態を理由とする当該個人又はその子孫に対する不当な差別，偏見その他の不利益が生じないようにその取扱いに特に配慮を要するものとして政令で定める記述等（文書，図画若しくは電磁的記録に記載され，若しくは記録され，又は音声，動作その他の方法を用いて表された一切の事項（個人識別符号を除く）をいう）であるものが含まれる個人に関する情報のうち，（ⅰ）当該情報に含まれる氏名，生年月日その他の記述等により特定の個人を識別することができるもの（他の情報と容易に照合することができ，それにより特定の個人を識別することができることとなるものを含む。），（ⅱ）個人識別符号が含まれるもののいずれかに該当するもの（次世代医療基盤法2条1項）が定義されている。これは，要配慮個人情報のうち，心身の状態に関する情報に限定した上で，死者の情報も含め，当該個人のみでなく子孫に対する不当な差別，偏見その他の不利益が生じないよう配慮を求めているものである。

5 匿名加工情報

2015 年改正で新たに「匿名加工情報」（もしくは「非識別加工情報」）が設定され，データの利活用に向けて期待が寄せられている。匿名加工情報は，特定の個人が識別できる記述や個人識別符号を消去する等，施行規則に基づいて個人情報を加工して作成しなければならない（個情法 36 条 1 項，2 条 9 項）。また，作成した場合の公表義務や，提供する場合の公表義務，照合禁止義務等が課せられている（個情法 36 条各項）。なお，非識別加工情報は，おおよそ行政機関・独立行政法人における匿名加工情報に当たるものである[16]。それぞれ詳細なルールに関しては，個情法 GL（匿名加工情報編），「行政機関の保有する個人情報の保護に関する法律についてのガイドライン（行政機関非識別加工情報編）」「独立行政法人等の保有する個人情報の保護に関する法律についてのガイドライン（独立行政法人等非識別加工情報編）」に示されている。各自治体の条例においては，「匿名加工情報」もしくは「非識別加工情報」の規定が置かれているものも置かれていないものも存在する。また，次世代医療基盤法では，「匿名加工医療情報」として，「医療情報」に関して，個情法の「匿名加工情報」と同様の匿名加工をしたものとなっている（次世代医療基盤法 2 条 3 項）。

匿名加工情報にするためには，個人識別符号は全部を削除もしくは復元不可能な方法で変換しなければならず，ゲノムデータをはじめとする 1 号個人情報にあたる医療情報は，匿名加工情報や匿名加工医療情報としては利用不可能である。

ただし，法律上の「匿名加工情報」にする以外の方法で匿名化することによって非個人情報化（特定の個人を識別できなく）して，利用することは可能であり，例えば統計化された情報等はその典型である。

---

(16) 個人情報の個情法と行個法・独個法とでの定義の差による定義の違いがある他，匿名加工情報は非個人情報と解されている一方非識別加工情報は個人情報と解されている点等，双方の違い等に関しては，高木浩光＠自宅の日記「匿名加工情報が非識別加工情報へと無用に改名した事情（パーソナルデータ保護法制の行方その 30）」http://taka-gi-hiromitsu.jp/diary/20170505.html に詳しい。

医事法講座　第 9 巻　医療情報と医事法

6　個情法における事業者の義務

　民間で個人情報を取り扱う事業者（個人情報取扱事業者＝個人情報データ
ベース等を事業の用に供している者）の義務は，概ね以下の 4 つである。
　（1）取得時の利用目的等に関する義務（個情法 15〜18 条）
　（2）セキュリティに関する義務（個情法 20〜22 条）
　（3）第三者提供に関する義務（個情法 23 条〜26 条）
　（4）本人からの開示等請求への対応義務（個情法 27 条〜35 条）
　（1）に関しては，個人情報の利用目的を定め，これを通知又は公表した上
でその範囲で用いるのであれば，本人同意を要さないものとされている。た
だし，「要配慮個人情報」（個情法 2 条 3 項）に該当する場合は，取得時に本
人同意（オプトイン）が必須であり（個情法 17 条 2 項），オプトアウト方式で
の第三者提供が不可能（個情法 23 条 2 項）となる。
　（2）に関しては，個人データの安全管理措置（セキュリティに関する措置）
を自ら守る他，委託先や従業者に守らせること等が求められている。医療情
報においては，関連して，いわゆる「3 省 3 ガイドライン」（（厚生労働省
「医療情報システムの安全管理に関するガイドライン（第 5 版）」，経済産業省
「医療情報を受託管理する情報処理事業者における安全管理ガイドライン
（第 2 版）」，総務省「クラウドサービス事業者が医療情報を取り扱う際の安
全管理に関するガイドライン（第 1 版）」））が示されている。
　（3）に関しては，「要配慮個人情報」のオプトアウト禁止の他，個人デー
タの第三者提供については，原則本人の同意を得なければならないとされて
おり，個人データを第三者に提供する際の確認記録義務（提供をする側・受
ける側双方），外国にある第三者への提供の制限（越境移転制限）等が定めら
れている。越境移転制限に関しては，海外企業のクラウドサービスを利用す
る場合に注意が必要である（国内法のみでなく，欧州であれば一般データ保護
規則（GDPR）等の現地のルールへの対応も意識する必要がある[17]）。なお，
「委託」「合併・事業承継」「共同利用」であれば第三者提供に当たらない点
にも留意すべきである（個情法 23 条 5 項）。

---

[17]　2019 年 1 月 23 日に欧州委員会による日本に対する十分性認定の決定がなされ，欧
　　州から日本（の民間事業者）へのデータ移転は GDPR 上許容されることとなった。

（4）に関しては，開示，訂正・追加・削除，利用停止・消去等の対応が定められている。ただし，「本人又は第三者の生命，身体，財産その他の権利利益を害するおそれがある場合」（個情法 28 条 2 項 1 号）や「当該個人情報取扱事業者の業務の適正な実施に著しい支障を及ぼすおそれがある場合」（個情法 28 条 2 項 2 号）等には，全部または一部を不開示とすることができる。

こうした個人情報の取扱いが正当に行われなかった場合やプライバシーや秘密の保護に違反する行為が行われた場合には，その違反の態様にもよるが，個人情報保護法の罰則規定（82 条～88 条）の他，刑法や各種業法の守秘義務違反に対する罰則，名誉毀損や著作権侵害，不正競争防止法に基づく罰則，特定秘密保護法や不正アクセス禁止法の罰則規定等の他，民事上も不法行為による損害賠償請求権，差止請求，不当利得返還請求，名誉回復措置，債務不履行による損害賠償請求権の対象となる等，必ずしも個人情報保護法制上の罰則や救済手段のみにつき配慮すれば足りるわけではない。

7　個人情報保護法制における例外規定

個情法にはいくつかの例外が存在している。まず，個情法 76 条では，「放送機関，新聞社，通信社その他の報道機関（報道を業として行う個人を含む。）」が「報道の用に供する目的」，「著述を業として行う者」が「著述の用に供する目的」，「大学その他の学術研究を目的とする機関若しくは団体又はそれらに属する者」が「学術研究の用に供する目的」，「宗教団体」が「宗教活動（これに付随する活動を含む。）の用に供する目的」，「政治団体」が「政治活動（これに付随する活動を含む。）の用に供する目的」で個人情報を取り扱う場合は上記の個情法 4 章の義務規定を適用しないものとしている。また，これらの者に対して個人情報を提供する行為に関しても，表現の自由，学問の自由，信教の自由及び政治活動の自由の趣旨に照らして個人情報保護委員会は権限を行使しないこととされている（個情法 43 条 2 項）。

また，取得，目的外利用，第三者提供の場面における例外事由として，「法令に基づく場合」，「人の生命，身体又は財産の保護のために必要がある場合であって，本人の同意を得ることが困難であるとき。」，「公衆衛生の向上又は児童の健全な育成の推進のために特に必要がある場合であって，本人

医事法講座　第9巻　医療情報と医事法

の同意を得ることが困難であるとき。」,「国の機関若しくは地方公共団体又はその委託を受けた者が法令の定める事務を遂行することに対して協力する必要がある場合であって,本人の同意を得ることにより当該事務の遂行に支障を及ぼすおそれがあるとき。」(17条2項各号,16条3項各号,23条1項各号)が示されている。また,要配慮個人情報に関しては,その他前各号に掲げる場合に準ずるものとして政令で定める場合である,「本人を目視し,又は撮影することにより,その外形上明らかな要配慮個人情報を取得する場合」と「法第23条第5項各号に掲げる場合において,個人データである要配慮個人情報の提供を受けるとき」も取得の例外とされている(23条1項6号)。「本人の同意を得ることが困難であるとき」に関しては,①本人が死亡している等物理的に同意を得るのが不可能もしくは困難な場合②同意を求めたが拒否された場合③同意を求めることによって違法または不当な行為を助長するおそれがある場合のいずれをも含み,虐待を行っている等本人が同意することが社会通念上期待し難い場合も含まれるものと解されているが[18],これらの例外の適用に関しては,しばしば慎重な判断がなされ,「過剰反応」につながっている。なお,「法令に基づく場合」には条例も含むものと考えられており,各自治体の個人情報保護条例等が優先される[19]。この解釈により,個人情報保護法制2000個問題が生じているとも言える。

　行個法においては,「人の生命,身体又は財産の保護のために緊急に必要があるとき。」等が利用目的の明示の例外とされ,目的外利用・第三者提供に関しては,「本人の同意があるとき,又は本人に提供する」か,自機関内での目的外利用及び他の行政機関等に対する提供につき「相当の理由」がある場合,「専ら統計の作成又は学術研究の目的のために保有個人情報を提供するとき,本人以外の者に提供することが明らかに本人の利益になるとき,その他保有個人情報を提供することについて特別の理由のあるとき」が例外とされている(行個法4条,8条2項,独個法4条,9条2項)。個人情報保護条例においては,行個法・独個法と同様の規定がある場合が多い。

---

(18)　宇賀克也『個人情報保護法の逐条解説(第6版)』(有斐閣,2018年)138, 143, 170頁。

(19)　宇賀・前掲注(18)138, 143, 165頁。

Ⅲ 医療・介護・医学研究における個人情報保護法の解釈

1 個情法の一般的なルールと医療・介護 GD・医学系指針

医療・介護分野での個人情報取扱いに関しては，学術研究の用に供する目的で扱う場合，薬機法や次世代医療基盤法等の法令に基づき取り扱う場合等の例外に当たらない場合は，前節の個情法の一般的なルールに従って取り扱うことが求められる[20]。

個情法一般のルールのみでなく，医師からの説明義務の文脈に加えて患者の自己決定という観点から情報を得る権利（世界医師会バリ島宣言，医療法等）の観点からきちんとしたインフォームド・コンセント（説明と同意）を行うことが求められていることや，医療情報の機微性への配慮等から，医療分野の特別法を求める意見もあるが，現状では，医療・介護 GD というソフトローにより規律が示されている[21]にとどまっている。

医療・介護 GD は個情法に関する指針であり，民間病院，民間診療所，企業の運営する介護事業者等に適用されるが，国公立病院等の独個法・個条例が適用される医療機関については適用されない。もっとも，「医療・介護分野における個人情報保護の精神は同一であることから，これらの事業者も本ガイダンスに配慮することが望ましい。」とされている（医療・介護 GD 2頁）。なお，医療・介護 GD では，記載のない事項及び関係条文については，「個情法 GL（通則編）」，「個情法 GL（外国第三者提供編）」，「個情法 GL（確認記録義務編）」，「個情法 GL（匿名加工情報編）」をそれぞれ参照することとされており，医療・介護 GD はあくまで詳細な留意点・事例をまとめた内容にすぎないという位置づけとなっている。個情法の規定により厳格に遵守するこ

---

(20)　生命・身体の保護等，取得・目的外利用・第三者提供における例外事由にあたることはあるが，その場合は，個情法における事業者の義務がすべて免除されるわけではない。

(21)　健康保険組合等や国民健康保険組合での個人情報の取扱いに関しては，それぞれ「健康保険組合等における個人情報の適切な取扱いのためのガイダンス」，「国民健康保険組合における個人情報の適切な取扱いのためのガイダンス」に示されている。

医事法講座 第9巻 医療情報と医事法

とが求められる事項と法に基づく義務等ではないが，達成できるよう努める
ことが求められる事項に分けて記載がなされている。

　また，学術研究の例外に当たる場合に関しても，臨床研究法，「医薬品，
医療機器等の品質，有効性及び安全性の確保等に関する法律」（薬機法）等
の法律がない部分に関しては，人を対象とする医学系研究に関する倫理指針
（以下「医学系指針」）やヒトゲノム・遺伝子解析研究に関する倫理指針等の
研究倫理指針（以下「ゲノム指針」）という，ソフトローによる規律のみが存
在している。「医学系研究指針」は，2015年の個情法改正に合わせて2017
年に改正された。同改正時には，11の医学系学会から個人情報保護委員会
宛の要望書[22]が出される等，医学研究が停滞することを危惧する声が各所
から上がっていた[23]。

　個情法76条の適用除外は，学問の自由を守るための規定であることから，
学術研究機関（私立大学，公益法人等の研究所等の学術研究を主たる目的として
活動する機関や「学会」）のみに対するものであり，民間医療機関や企業の研
究機関は通常含まれないものと解され，製薬企業の製品開発のための研究等
は通常例外とはされない。そのため，個情法の例外である，学術研究機関に
よる学術研究に関するルールを示す医学系指針に関しては，民間企業や研究
を行わない医療機関は対象外であり，個情法に従う必要があるはずであるが，
「研究グループ」として個情法の学術研究機関の範囲を広く解することで，
そうした機関であっても要配慮個人情報を従来どおりオプトアウトにより提
供できることとなった[24]。

(22)　日本循環器学会以下11学会連名での要望書。「平成28年10月31日第12回健康・
　医療戦略参与会合　森下参与提出資料」（http://www.kantei.go.jp/jp/singi/kenkouiryo-
　u/sanyokaigou/dai12/sanyo9.pdf）別添。

(23)　たとえば，一家綱邦「杞憂に終わることを願う改定個人情報保護法に対応する研究
　倫理指針改定案の問題」医療と法ネットワーク2016年9月号，日本ユーザビリティ医
　療情報化推進協議会「ヒトゲノム・遺伝子解析研究に関する倫理指針」，「人を対象とす
　る医学系研究に関する倫理指針」の改正に関するパブリックコメント等。

(24)　文部科学省・厚生労働省・経済産業省「個人情報保護法等の改正に伴う研究倫理指
　針の改正について」（説明資料）（平成29年5月）26頁において，「個別具体的な判断
　となるものの，指針に定める一定の手続きを経て実施される研究活動は，当該研究グ
　ループの実質や外形が1つの機関としてみなし得る場合が多いものと考えられる」とさ
　れている。

この解釈は「ミラクル解釈」[25]と呼ばれる等批判もあるが，実態に即している面もあり，医学研究においては，研究共同体単位で，個情法における「共同利用」のような形でのデータの取扱がされている（さらには，各研究者が個人事業主のように振る舞う面もある）中で，法人・事業所毎でのルール設定・倫理審査を行うという従来の考え方には限界があることが示されているとも言えよう。

2 「個人情報」「個人識別符号」

医療・介護GDの対象とする「個人情報」は個情法と同じく生存する個人に限定するが，死亡した後においても，医療・介護関係事業者が当該患者・利用者の情報を保存している場合には，漏えい，滅失又はき損等の防止のため，個人情報と同等の安全管理措置を講ずるものとされている（医療・介護GD2頁）。また，患者・利用者が死亡した際に，遺族から診療経過，診療情報や介護関係の諸記録について照会が行われた場合は特段の配慮を行うものとして，「診療情報の提供等に関する指針」[26]に従って，医療・介護関係事業者は，同指針の規定により遺族に対して診療情報・介護関係の記録の提供を行うものとされている（医療・介護GD4頁）。

医学系指針における個人情報の定義については，「他の情報と照合することができ，それにより特定の個人を識別することができることとなるものを含む」となっており，個情法2条の定義から「容易に」が抜けたものとなっている。これは，そもそも医学系指針は，個情報法の適用除外である学術研究に関する指針であるが，個情法の対象である民間の機関のみでなく，行政機関や独立行政法人等をも対象とする指針であり，それらに関する法律の規定に鑑み，全体的に義務を上乗せした（いわば「厳しいところ取り」の）指針となっていることに由来する。この上乗せが本当に望ましいのか，海外における研究の扱いとの整合性はあるのか，という点に関しては疑問がある。また，個人情報の定義を他の業界と揃えることにより「連結不可能匿名化」の

---

(25)　論究ジュリスト24号（2018年）吉峯発言150頁。

(26)　「診療情報の提供等に関する指針の策定について」（平成15年9月12日付け医政発第0912001号）https://www.mhlw.go.jp/web/t_doc?dataId=00tb3403&dataType=1&pageNo=1

医事法講座　第9巻　医療情報と医事法

用語を廃止し，第三者提供における「提供元基準」を採用した[27]。このことにより，従来どおりの「匿名化」がされていても「個人情報」に該当する可能性があることとなる。

「個人識別符号」に関しては，一般的な定義に従っている。医学・医療との関係では，被保険者証符号等が2号個人識別符号となる他，「細胞から採取されたデオキシリボ核酸（別名DNA）を構成する塩基の配列」をはじめとする1号個人識別符号が研究・臨床の一環で扱われる場合の他，単独で個人情報となる点に注意が必要である。

3　要配慮個人情報

医療・介護GDでは，医療機関等及び介護関係事業者において想定される要配慮個人情報に該当する情報として，診療録等の診療記録や介護関係記録に記載された病歴，診療や調剤の過程で，患者の身体状況，病状，治療等について，医療従事者が知り得た診療情報や調剤情報，健康診断の結果及び保健指導の内容，障害（身体障害，知的障害，精神障害等）の事実，犯罪により害を被った事実等が示されている。

「病歴」として「本人に対する不当な差別，偏見その他の不利益が生じないようにその取扱いに特に配慮を要する」病気は本来は限られており，例えば風邪（急性上気道炎）は配慮の必要が少なく，精神科疾患やハンセン病のように歴史的に差別があった疾患に関しては特に配慮が必要，肥満や脱毛症はそれなりの配慮が必要なのでグレーゾーンというように，疾病によって要配慮個人情報に当たらないとする考え[28]もありえるが，「本人に対する不当な差別，偏見その他の不利益が生じないようにその取扱いに特に配慮を要するもの」かどうかの判断の困難さもあってか，そうした考えは取られておらず，結果として幅広い病歴等が要配慮個人情報に当たるものと考えられている。

また，遺伝情報に関しては，内容が不明確な段階においては「要配慮個人

---

(27)　文部科学省・厚生労働省・経済産業省「個人情報保護法等の改正に伴う研究倫理指針の改正について」（説明資料）（平成29年5月）33頁。

(28)　日置巴美・板倉陽一郎『平成27年改正個人情報保護法のしくみ』（商事法務，2015年）67，68頁等。

224

情報」として取り扱う必要はなく，内容が明確化した段階において，当該遺伝子の医学的な意味や機能が判明している必要があり，かつ，その機能が，特定の疾患や障害の原因になるなど，社会的に不利益に扱われる事象の原因となる蓋然性の高いもののみを「要配慮個人情報」と考えるべきであるが，同様に，医療情報一般が広く要配慮個人情報に該当することとなっている。遺伝子検査の結果に関しては，DTC（Direct-to-Consumer）で行われた（医療機関を介さない）ものも含めて，「本人に対して医師その他医療に関連する職務に従事する者により行われた疾病の予防及び早期発見のための健康診断その他の検査の結果」（政令第2条第2号関係）又は「健康診断等の結果に基づき，又は疾病，負傷その他の心身の変化を理由として，本人に対して医師等により心身の状態の改善のための指導又は診療若しくは調剤が行われたこと」（政令第2条第3号関係）に該当するものとして要配慮個人情報となりうる。

4 「同意」と例外

従来，個人情報の取得や提供に関する同意と医療契約に関する合意やインフォームド・コンセント，医学研究における「被験者の同意」の区別は明確になされておらず[29]，特に医学研究に際して，情報の取扱いに関しては，個情法上の同意で十分なはずのところが，インフォームド・コンセントとして研究者に過大な負荷がかかることが求められる場合がある[30]。実際は，医学系指針においては，医学研究に際しては，必ずしもインフォームド・コンセントを受けることを要しないとし，原則として研究対象者等の「適切な同意」（個情法上の同意）を受けること，「適切な同意」が困難な場合，一定の条件下でオプトアウトによっても要配慮個人情報を利用することができることが示されている[31]。「適切な同意」が困難な場合とは，医学系指針ガイ

---

(29) 米村滋人『医事法講義』（日本評論社，2016年）323-325頁。

(30) 一方で European Data Protection Board（EDPB）の clinical trial に関する意見（Opinion 3/2019 concerning the Questions and Answers on the interplay between the Clinical Trials Regulation（CTR）and the General Data Protection regulation（GDPR））では，逆に，研究に関するインフォームド・コンセントでは GDPR 上の同意としては不十分と（すなわち適切な同意とはならない）とする見解も示されている。https://edpb.europa.eu/sites/edpb/files/files/file1/edpb_opinionctrq_a_final_en.pdf

医事法講座　第9巻　医療情報と医事法

ダンスにおいては，適切な同意を受けることが困難な事情がある場合とのみ書かれており，おそらく個情法17条2項各号，16条3項各号，23条1項各号の「同意を得ることが困難」と同じ要件と思われるが，各研究に対する倫理審査委員会の解釈に委ねられており，研究対象者等が死亡している場合等限定的に解される傾向がある。こうした解釈は全国に約3000個存在する倫理審査委員会がそれぞれに行うことになっており，それぞれがバラバラの判断をし，研究開始が大幅に遅れたり同一条件では研究実施ができなかったりといった弊害も生じている（倫理委員会3000個問題）。

　また，医療・介護の実施に際しては，要配慮個人情報であっても，「第三者への情報の提供のうち，患者の傷病の回復等を含めた患者への医療の提供に必要であり，かつ，個人情報の利用目的として院内掲示等により明示されている場合は，原則として黙示による同意が得られている」等と「黙示の同意」があるので，インフォームド・コンセントの他に改めて対面での個人情報に関する同意を取る等の対応をする必要はないことが示されている（医療・介護GD22頁以下）。適切な医療の提供のため，患者への医療の提供に際して，家族等への病状の説明や公的医療保険のために必要な情報提供に関しても，この黙示の同意があると考えられている。しかし，黙示の同意の範囲はどこまでであるのかがあるのか，事後に明確な拒否の意思表示があった場合はオプトアウトではなく同意の撤回と捉えるべきとはならないか等，黙示の同意には課題がある。特に，黙示の同意の範囲に関して，地域医療連携や専門医認定，その他レジストリ登録まで含めるのか，大学病院であれば研究参加も黙示の同意と本来言えるのではないか，といった点に関しては，限定的に解釈がなされている。また，検査等，委託を行う場合もあらかじめ同意を得る必要はない。なお，急病その他の事態が生じたときに，本人の病歴等を医師や看護師などの医療従事者が家族から聴取する場合，児童生徒の不登校や不良行為等や児童虐待のおそれのある家庭情報の児童相談所等への提供，警察の任意の求めに応じた提出，身体の状況の目視による取得や撮影による

(31)　インフォームド・コンセント等の手続き等に関して，詳しくは，大原信「改正された『人を対象とする医学系研究に関する倫理指針ガイダンス』への対応──特に改正点を中心に診療情報を扱う場合の注意点について」医療情報学37巻5号（2017年）235-243頁。

取得はそれぞれ，黙示の同意ではなく，本稿Ⅱ7に示した個人情報保護法の例外規定により取得が可能と解されている[32]。しかし，個人情報保護法の例外規定による場合は，同意取得が困難である場合という限定が入っているため，研究の場合同様，運用上慎重になることが見られる。

なお，個情報法においては成年後見人等代理人による本人に代わっての同意の規定がなく，救急時のように同意能力や意思能力が回復する期待が一定程度ある場合はともかく，認知機能が低下する等十分な同意能力がない場合の取扱いに関しては課題が残されている[33]。

5　個人情報の匿名化と匿名加工情報

匿名化＝非個人情報化を行う場合は，例えば，ゲノムデータに関して，「40箇所以上のSNPから構成されるシークエンスデータ」は個人識別符号に当たるので，住所氏名等の他の識別子の情報が削除されていようとも，単体で個人情報として取り扱わなければならず，それを39以下のSNPデータに加工しなければ「匿名化」（非個人情報化）したとは言えないはずであるが，ゲノム指針では個人情報管理者の責務として試料・情報の「匿名化」を原則としており，指針上は「匿名化」とは非個人情報化のことではない。また，「特定の患者・利用者の症例や事例を学会で発表したり，学会誌で報告したりする場合等は，氏名，生年月日，住所，個人識別符号等を消去することで匿名化される」「顔写真については，一般的には目の部分にマスキングすることで特定の個人を識別できないと考えられる。」（医療・介護GD Ⅱ4 P10）とされてはいるものの，容易照合性も含めるならば，特に画像データに関しては多くの場合，医療機関においては個人情報のままと評価されるものと思われる点も「匿名化」に際して注意が必要な点である。

医療・介護GDにおける定義によると，「匿名化」とは，「当該個人情報から，当該情報に含まれる氏名，生年月日，住所，個人識別符号等，個人を識別する情報を取り除くことで，特定の個人を識別できないようにすることをいう。」その上で，匿名化を行っても個人情報のままである可能性があり，「匿名化に当たっては，当該情報の利用目的や利用者等を勘案した処理を行

---

(32)　医療・介護GD23，24頁。
(33)　GDPR等海外の法律においても同様の課題は存在する。

医事法講座　第9巻　医療情報と医事法

う必要があり，あわせて，本人の同意を得るなどの対応も考慮する必要がある」とされている。一方で，医学系指針やゲノム指針においては「匿名化」を「特定の個人（死者を含む。）を識別することができることとなる記述等（個人識別符号を含む。）の全部又は一部を削除すること（当該記述等の全部又は一部を当該個人と関わりのない記述等に置き換えることを含む。）をいう。」と定義しており，医療・介護 GD や「匿名加工情報」の定義のように「特定の個人を識別できないようにすること」や「当該個人情報を復元することができないようにしたもの」であることは求めていない。すなわち，実態としては，GDPR 等における匿名化＝ anonymization ではなく，仮名化＝pseudonymization に当たる加工を行うことを，我が国の医学・医療領域において「匿名化」と呼んでいる。

　これは，2015 年個情法改正以前のゲノム指針において「個人情報を連結不可能匿名化した情報は，個人情報に該当しない」とする，「氏名等さえ削除すれば個人情報でなくなる」かのような個情法としては誤った解釈がなされていた[34]ことに由来する。Ⅲ2 で述べたように，個情法改正に際して，医学系指針も提供元基準を採用するなど，正しい解釈に直し，従来の「連結可能匿名化」「連結不可能匿名化」の用語を廃し，個人情報ではなくなっているものを「匿名化されているもの（特定の個人を識別することができないものに限る。）」とし，「匿名化されているもの（どの研究対象者の試料・情報であるかが直ちに判別できないよう，加工又は管理されたものに限る。）」という分類を新たに作ったのであるが，これらの理解に関して，現場の研究者や倫理審査委員においても混乱が生じている。

　なお，要配慮個人情報であっても「匿名化」＝非個人情報化がなされれば個情法上の義務は及ばないし，個情法上の「匿名加工情報」にした場合も要配慮個人情報として扱う必要はないものと考えられるため，そうした加工をした場合は，第三者提供のために本人同意を得る必要はない（要配慮個人情報の取得時の同意があれば提供可能）[35]。

――――――――――――
(34)　高木浩光@自宅の日記「ゲノム情報医療等実用化推進タスクフォースを傍聴してきた（パーソナルデータ保護法制の行方　その 19）」http://takagi-hiromitsu.jp/diary/20151123.html
(35)　後者の場合は匿名加工情報の規定を遵守する必要はある。また，倫理上の要請とし

6 事業者の義務

Ⅱ6の通り，一般の場合と同様，個人情報を取り扱う事業者は，

（1）取得時の利用目的等に関する義務（個情法15〜18条）

（2）セキュリティに関する義務（個情法20〜22条）

（3）第三者提供に関する義務（個情法23条〜26条）

（4）本人からの開示等請求への対応義務（個情法27条〜35条）

が課せられる（医学研究の場合はこれらの義務が課されず医学系指針に従うこととなる）。

　具体的な内容としては，医療・介護 GD のⅢに示されているとおりであるが，第三者提供の記録・確認義務に関して，「第三者に該当しない」「本人に代わって提供している」「受領者にとって個人情報に該当しない」といったことから記録・確認は不要であるとする場合が示されている等，医療・介護の現場に過大な負荷がかからないような配慮がなされている[36]。また，セキュリティに関する義務は3省3ガイドラインに示されているとおりであるが，事業者の利便性という観点からは統一を図ることが望ましい[37]。

　開示等への対応に関しては，医学界においては，レセプト開示やカルテ開示という形で個情法制定以前から医療機関において，そのあり方が検討されてきたものである。従来診療録（カルテ）は患者に開示すべき「客観的資料」というよりは医師の備忘録として捉えられており[38]，医師の個人情報としての側面もあるとされている。

　遺伝情報に関しては，ゲノム指針において「遺伝情報を提供することにより，提供者若しくは第三者の生命，身体，財産その他の権利利益を害するおそれ又は当該研究を行う機関の研究業務の適正な実施に著しい支障を及ぼす

　て同意が求められることはあり得る。

（36）　詳細は，医療・介護 GD の43-45，49，50頁。

（37）　総務省・経済産業省のガイドラインに関しては2019年度中の統合に向けた検討がなされており，厚生労働省との統合に関しては今後の課題となっている。参考：第198回国会　予算委員会第七分科会　第1号（平成31年2月27日（水曜日））会議録の小林史明分科員による質問 http://www.shugiin.go.jp/internet/itdb_kaigiroku.nsf/html/kaigiroku/003719820190227001.htm

（38）　開原・前掲注(2)37-38頁。

医事法講座　第9巻　医療情報と医事法

おそれがあり，かつ，開示しないことについて提供者のインフォームド・コンセントを受けている場合には，その全部又は一部を開示しないことができる」とされる等，必ずしも開示をしない場合があることに関しても留意が必要である。

7　個人情報保護法の例外としての医学研究・次世代医療基盤法等の法律に基づく取扱い

上述の通り，医学研究に関しては，個情法の例外とされており，医学系指針やゲノム指針等に従うこととなっているが，それ以外にも，臨床研究法，薬機法，「再生医療等の安全性の確保等に関する法律」等に基づいた取扱いがなされる場合がある。また，次世代医療基盤法はその正式名称が示す通り，医学研究のための法律であると同時に創薬等のビジネスの目的にも一部対応する法律である（健康・医療戦略推進法9条の「健康・医療に関する先端的研究開発及び新産業創出に関する施策」を講ずる上での個人情報保護法制上の障害を乗り越えるためという説明もなされている[39]）。次世代医療基盤法における匿名加工医療情報は，個情法の匿名加工情報の加工基準と類似の基準[40]が採用されていることから，その利用はデータベースを用いた観察研究のために有益な手法として期待される一方，匿名加工情報が有するのと同様の限界が存在し[41]，個人を中心に利活用するためにも不十分なものに留まっている[42]。

その他，災害時等，一定の場合に医療情報も含めて個人情報を共有するための法律（災害対策基本法等）も存在する。一方で，医療そのものや医学教育のために個人情報を扱うことに関する特別法は現状存在しない。

---

(39)　宇賀克也『自治体のための解説個人情報保護制度——行政機関個人情報保護法から各分野の特別法まで』（第一法規，2018年）163-164頁。

(40)　「医療分野の研究開発に資するための匿名加工医療情報に関する法律についてのガイドライン」のⅢ．匿名加工医療情報編参照。https://www.kantei.go.jp/jp/singi/ken-kouiryou/jisedai_kiban/pdf/h3005_guideline.pdf

(41)　黒田佑輝「匿名加工医療情報を用いた医学研究の可能性」論究ジュリスト24号（2018年）120-126頁。

(42)　藤田卓仙・米村滋人「医療情報の利活用の今後——つくり，つなげ，ひらくための制度設計」論究ジュリスト24号（2018年）135-141頁。

医療，医学研究，（商業目的での）医薬品・医療機器開発の線引きに関しては難しい部分も存在する[43]。1990 年代に Evidence Based Medicine（EBM）が提唱されてからは，特に，データに基づいた医療の実践と研究は密接に結びついたものとなっている。近年では，官民での様々な医学・医療関係のデータベースが整備されてきており，National Clinical Database（NCD）等，「学術研究の用に供する目的」も含めて専門医制度とも連動し，症例情報や病歴情報をデータベース化して集積・登録しているものもある。これら各学会が行う専門医のデータベースに関しては，一概に学術研究目的とし，個情法の適用除外と解すべきかは疑問もある。日本医学会連合は，そうした中，2017 年 10 月 25 日に，それらデータベースに関しても，学術研究の用に供する場合は，個情法の適用除外となることについて，個人情報保護委員会事務局と確認済みとする声明を出している。

公的・民間データベースはその多くは「匿名化」されたものとして構築されている。しかし，データの有用性を高めるためには，データを一時的に再識別し，データベース同士を連結したほうが良い場合もある。2018 年の厚労省「医療・介護データ等の解析基盤に関する有識者会議」においては，レセプト情報・特定健診等情報データベース（NDB）と介護保険総合データベースとの連結の検討が始まり，高確法・介護保険法の改正によるデータベース連結を目指した法案が 2019 年 5 月 15 日に成立した。EU では著作権法のみでは保護されない場合があること等から 1996 年にデータベースの法的保護に関する指令[44]を出しており，データベースの法的保護に関する議論がなされている。2016 年には世界医師会においても，「ヘルスデータベースとバイオバンクに関する倫理的考察に関する WMA 宣言」（台北宣言）が採択され，あるいは，希少疾患に関する研究や研究不正対策等の目的でゲノムを含めた研究データを研究者コミュニティ内で共有する国際的な動きの存在など，医療データベースにおいてセキュリティの確保とプライバシーの保

---

(43)　米村・前掲注(29)325-326 頁では，医療と医学研究の区別として，目的による区別，医学研究は医療と異なる客観的もしくは実質的な危険性を有する点での区別を挙げている。

(44)　https://eur-lex.europa.eu/LexUriServ/LexUriServ.do?uri=CELEX:31996L0009:EN:HTML

医事法講座　第9巻　医療情報と医事法

護を行いつつ，データの利活用を行うことは世界的な課題となっている。

8　その他

　ビジネスでの利用に関しては，現時点では，非個人情報とする他には，本人同意を取得して利用するか利用目的内で利用することとなるが，本人同意を取る場合には，適切な同意が取得できているのか，という課題が存在している[45]。

　人事労務情報としての健康情報に関しては，使用者の安全配慮義務の一環としての利活用が求められる一方で，機微な情報として厳格に保護し不当な差別につながらないことが求められている[46]。例えば，労働安全衛生法に基づき健康診断等を行って疾病予防を行ったり，障害者雇用促進法上の雇用義務に基づく必要な措置を講じたりするのに際して，要配慮個人情報の利活用も含めて求められる。雇用管理分野における個人情報の取扱いに関しては，個人情報保護委員会から関連の通達[47]が出ており，①取扱いに際しての本人同意，②産業医等による情報の集中管理，③産業医等から使用者への情報提供に際しての情報の加工，④取扱いルールの策定，が基本原則と考えられている[48]。

　ゲノム情報のように扱う情報が個人だけに閉じていない情報の扱いに関しては，現状の個人情報保護法制では課題が残っている（ゲノム情報のビジネスでの取扱いに関しては，「経済産業分野のうち個人遺伝情報を用いた事業分野における個人情報保護ガイドライン」があるが，必ずしも血縁者への配慮が十分にできているわけではない）。

---

(45)　関根久美子・吉峯耕平「実践！ヘルステック法務『健康医療情報の法規制（上)』」BUSINESS LAW JOURNAL（2018年）No.123 94-99頁。

(46)　詳細は松尾剛行『AI・HRテック対応──人事労務情報管理の法律実務』（弘文堂，2019年）275-300頁。

(47)　「雇用管理分野における個人情報のうち健康情報を取り扱うにあたっての留意事項」https://www.ppc.go.jp/files/pdf/koyoukanri_ryuuijikou.pdf

(48)　三柴丈典『労働者のメンタルヘルス情報と法』（法律文化社，2018年）30頁以下。

Ⅳ　今後の課題

　近年，パーソナルデータに関しては「新しい石油」や「新しい貨幣」として利活用の期待が高まっている。一方で，EU においては，プラットフォーム事業者への規制とともに本人によるデータコントロールを強化する動きが出ており，GDPR の他，ePrivacy Regulation といったより厳格な規制も議論がなされている。米国でも CLOUD（Clarifying Lawful Overseas Use of Data）法が成立し，カリフォルニア州では消費者プライバシー法が成立する等，データの取扱いに関しては国際的に議論が沸き起こっている。

　本人中心での情報収集・利活用という観点では，我が国では，厚生労働省において，昭和 50 年代には個人単位でデータを統合する概念として Personal Health Data Recording System（PHDRS：電子健康手帳）が提唱され，さらに 2016 年には Person-centered Open PLatform for wellbeing；PeOPLe（仮称）という患者・国民を中心に保健医療情報をどこでも活用できるオープンな情報基盤の構築が提案されている[49]。本人を中心とした，自己情報のコントロールを前提としたデータの取り扱いに関しては，医療外では Personal Data Store（PDS）や情報銀行といった名称で仕組みの検討がされており，海外でも，米国の Mydata や英国の midata，医療分野であれば，米国の Blue Button やオランダの MedMij 等，複数の取り組みが進められつつある。本人中心にデータを集める（名寄せする）ための ID の仕組みが効率的なデータ収集には求められるが，我が国においてはマイナンバーの活用法は番号法により厳格に定められている。そこで，医療等分野のための ID として，個人単位での被保険者番号を活用することが検討されている。

　本人によるコントロール強化とともに，情報のオープン化も様々な業界において進められており，データポータビリティ権やインターオペラビリティ（相互運用性）の実現のため API（Application Programming Interface）を利用可能とすることには一定の意義があると考えられている。金融分野では我が

（49）　PeOPLe 構想に関しては，藤田卓仙・宮田裕章「ICT の活用が拓く新しい薬価制度」小黒一正＝菅原琢磨編著『薬価の経済学』（日本経済新聞出版社，2018 年）227-250頁。

国においても 2017 年の銀行法改正で銀行 API が利用可能となっている。

　また，AI によるプロファイリング（データに基づいた個人の健康状態等の推測）とスコアリングにより，本人の知らないところで差別的な取扱いをされる可能性もあることなどから，GDPR においてはプロファイリングを含む自動決定に関して，情報提供を受け異議申立てをする権利が認められている（GDPR13 条 2 項（f）号，14 条 2 項（g）号，22 条）。データ管理者はアルゴリズムの完全な開示は不要だが，その背後のロジック等をデータ主体にわかり易く説明すべきとされている[50]。我が国の現行個人情報保護法上はこれらに関する規制は存在しないが[51]，例えば，要配慮個人情報に当たらないデータをもとに従業員がうつ病であることを推知する AI システムによって何らかの処置を本人同意なく行った場合も，プライバシー侵害として民法上の不法行為に当たるものと考えられる[52]。

　このように，官民が保有するデータを再利用しやすい形で本人に還元し，本人関与の下でのデータ活用を拡大するための施策が各国において広がりつつあるが，これらの本人中心での仕組みは，本人のオプトインを必須とすると，十分な参加者が得られなかったり，第三者への情報提供が十分になされなかったりし，結果的に全体としての価値創出を妨げることもある。そのため，現行個情法においても一定程度可能であるが，本人の生命・身体の保護に必要な場合や，虐待の事例など利用目的の公益性等を考慮し，類型的に必ずしも同意を要さず情報共有できる仕組みも検討すべきである。

　また，同意能力がない高齢者や小児の取扱いにも課題が生じる。意思決定サポートの仕組み等を活用した上で，個人情報の共有・利活用に関する同意等に関しては別途ルール整備をしてもよい。たとえば，同意能力に関して，生命・身体に関わる医療参加の同意能力と，個人情報の共有・利活用に関する同意能力では後者のほうが求められる同意の水準や同意能力は低くともよ

（50）　Guidelines on Automated individual decision-making and Profiling for the purposes of Regulation 2016/679, p.14

（51）　プロファイリングに関する国内外の状況等に関しては，パーソナルデータ + α 研究会「プロファイリングに関する提言案」『NBL』1137 号（2019.1.1），商事法務，2018/12，64-85 頁。

（52）　松尾・前掲注(46)297 頁。

いかもしれず，認知機能が低下していても本人に意思決定可能な部分は残されているかもしれない。あるいは，財産処分の観点よりも幅広い，本人保護に向けた「代諾」や意思決定支援の仕組みを整備すべきである。一方で，本人の生命・身体ではなく，財産に関する部分，高齢者の財産の信託，高齢者による銀行振込の規制，ネット利用における個人情報の利用等に関しては，約款や規約類のルール化を通じた業界のソフトロー中心でのルール整備をし，事前に契約により同意を取得したり，成年後見人等による代諾を得たりするということでもよい。また，将来的には，本人同意を予測する AI 等による意思決定の仕組みの導入も望まれる。

なお，医療関係のデータとしては，ゲノム情報や感染症情報等，要配慮個人情報だが個人を超えた範囲で共有している情報も存在しており，個人の同意に閉じない情報の取扱いが求められる。わが国では，遺伝子関連情報は一定の条件で個人識別符号かつ要配慮個人情報として扱うことになっているが，遺伝子そのもの，あるいは分析された結果は，本人だけではなく，血縁親族にも影響を与え，現状の個情法のスキームでは，差別の防止や同意なき利活用の防止が困難である。そのため，米国の遺伝子情報差別禁止法（GINA）等も参考に，遺伝子および遺伝子関連情報による差別を禁止し，一方で活用を促進するような，個人情報保護法制とは別の法制度も必要である[53]。

V　おわりに

現在，AI や IoT，ブロックチェーン等の情報技術の進歩とともに，第四次産業革命[54]や，Society5.0[55]といったものが提唱されており，医学・医療においてはゲノム情報や生活情報を用いた Precision Medicine（精密医療）といったことも言われている。2019 年のダボス会議においては，そうした

(53)　藤田卓仙・山本奈津子・米村滋人「遺伝/ゲノム情報の改正個人情報保護法上の位置づけとその影響」情報ネットワーク・ローレビュー 15 巻（2017 年）58-82 頁。

(54)　クラウス・シュワブ『第四次産業革命——ダボス会議が予測する未来』（日本経済新聞出版社，2016 年）。

(55)　日立東大ラボ『Society（ソサエティ）5.0 人間中心の超スマート社会』（日本経済新聞出版社，2018 年）。

医事法講座　第9巻　医療情報と医事法

新しい時代のデータ流通のあり方として「信頼ある自由なデータ流通」
（データ・フリー・フロー・ウィズ・トラスト）という言葉が示されたが[56]，こ
れからの医療情報利活用においても，トラストがキーワードとなる。

　現在の日本の個情法は「個人情報」を保護するものであって，必ずしも
「プライバシー」を保護するものではない。一方で，医学・医療においては，
「プライバシー」という語が生まれる前から，患者の秘密を守り，人権を守
るということが意識されてきた。医師が患者から信頼されていたのは，守秘
義務を含めた職業倫理の遵守がなされてきたことにも由来する。患者や研究
協力者といったデータを提供するものが一方的に搾取をされるのではなく，
プライバシーや人権を守りつつも，データ利活用による価値実現を行い，そ
の利益がデータ提供者にも社会にも還元されること，すなわち価値共創
（Value Co-creation）によってはじめて信頼が守られる。

　2015年の個情法改正はEUの十分性認定を得るという目的もあってなさ
れた。2020年に予定されている個情法の次回改正においても，トラストと
いう観点を含めた，国際的なデータの取扱いルールとの整合性を図ることは
必須となるだろう。本稿に示したような課題の解決も含め，価値共創の時代
のルールが求められている。

　〔謝辞〕本稿は，JSPS科研費17K17798，JST RISTEXの助成による研究成果の一部で
ある。

（56）　首相官邸HP「平成31年1月23日　世界経済フォーラム年次総会　安倍総理スピー
　　チ」https://www.kantei.go.jp/jp/98_abe/statement/2019/0123wef.html

11 医療現場での医療情報の利活用の現状と課題

栗 原 幸 男

医事法講座 第9巻 医療情報と医事法

Ⅰ　医療現場での個人情報保護法への基本的な対応
Ⅱ　医療現場での医療情報の利活用の課題

I　医療現場での個人情報保護法への基本的な対応

　医療現場での医療情報の利活用は，利用目的から大きく2つに分けられる。1つは，患者に直接関わる医療業務遂行のための利用であり，一次利用と呼ばれる。もう1つは，症例検討，業務改善，治療の統計分析等の直接患者の利益に繋がらない利用であり，二次利用と呼ばれる。一次利用は患者の方から予想できる利用であるが，二次利用は患者には想定外の利用も多く含まれる。一次利用であろうが，二次利用であろうが，個人情報保護法に従えば，個人情報提供者である患者に対して提供個人情報がどのように利用されるのか，予め明示しなければならない。

　この利用目的の患者への提示が，医療現場での医療情報の利活用における基本的な論点になるので，はじめに患者の個人情報を含む医療情報の利用目的が患者にどのように明示されているかを事例で見て行く。その前に，医療情報の一次利用，二次利用にどのような目的が含まれるか，示しておく。

1　医療情報の一次利用と二次利用

(a)　一 次 利 用
基本的に患者の同意を個別に取らずに行われる利用である。
(i) 医療サービス

　患者に直接関わる医師，看護師等の医療者が医療上の判断を行うための利用や，間接的な関わりとなる医療チームのメンバーへの情報共有が含まれる。また，医療サービスの一貫として，院外の処方箋薬局や他の医療機関への医療情報提供も含まれる。医療遂行（手術，輸血，リスクの高い処置等）のための患者家族やキーパーソン（患者の医療に責任を持つ者であり，家族とは限らない）への情報提供がある。なお，外来診療待合室や検査待合室での患者呼び出しや病室での名札掲示等は，医療サービス遂行上必要なことであるが，医療者以外が個人情報を知り得ることになるので，暗黙の了解とするかは医療機関で異なっている。
(ii) 医 事 業

　医療費計算のための医療実施部門から医事部門の職員への医療情報提供や，

医事法講座 第9巻 医療情報と医事法

医療保険上の診療報酬支払審査機関への診療情報提供が含まれる。また，予約（外来受診予約，検査予約，入院予約等）業務のために，患者の医療情報が医療実施部門と医事部門との間で共有されることも含まれる。

(b) 二 次 利 用

直接患者の利益に繋がらない利用であり，患者の個別同意を必要とする事項が多いが，法律上の必要な利用として，同意を必要としない事項もある。

(ⅰ) 医療安全対策のための利用

① 院内感染対策

感染した患者の情報を共有することにより，他の患者や医療者への感染を予防する。医療者での情報共有はやむを得ないとして，他の患者や見舞いの人にどの程度の内容まで伝えるかは注意を要する。

② 医療事故対策

インシデントやアクシデントが発生した場合，事故対策のためその事故の発生状況を記録し，リスクマネジメント部門や安全対策委員会で分析することが必要であるが，事故内容によっては患者を特定する情報まで記載し，情報共有しなければならない。この場合には，かなり限定された職員になるが，当該患者からはかなり離れた者まで情報が伝わることになる。

(ⅱ) 業務改善のための利用

業務の効率化やより良い連携のために，業務分析が行われる。多くの場合，患者個人を特定した分析ではなく，統計的な処理が行われる。しかし，特定の事案を検討する際には，患者を特定した情報が必要になることがある。

(ⅲ) 経営分析のための利用

病床の稼働率，紹介率等の分析では，患者個人を特定することはないが，症例別の資源投入状況の分析では，患者を特定し，様々な医療情報を集めることが必要となる。患者の名前は必要ないが，患者IDは情報を繋ぐキーであり，利用されることになる。元の患者IDを匿名化するため，無作為な番号に割り付けて，以後の処理を個人情報である患者IDではなく，無作為な番号を用いて行えば，個人情報漏洩のリスクはかなり軽減される。

(ⅳ) 症例検討や症例報告での利用

① 症 例 検 討

院内での医療の質向上のために，問題になった症例や大変うまく行った症

例について詳しく検討することが定例的に行われている。この場合，特定の患者について詳しいデータを示すことになるので，名前や患者IDを示さなくても，関係した医療職員には患者を特定することは容易である。また，直接関わっていない医療職員にとっても，呈示された医療データを用いて検索すれば，当該患者を特定することは難しくない。それにより，詳しい医療状況を確認でき，理解をより深めることができ，類似の患者の治療に生かすことができる。

②　外部への症例報告

学会専門医の認定や認定の継続のために，関わった症例について症例報告を作成し，学会に提出することは日常的に行われている。この場合，患者の個人情報は削除され，匿名化される。この他に，希少な症例や新たな成功事例として，症例報告が学会や学術雑誌で発表される。この場合，希少と言うことで，患者の個人情報を除いても，個人が特定される可能性があり，匿名化処理が不十分となる場合がある。

(ⅴ)　報告義務事項での利用

①　届け出義務

感染症法で規定されている感染症が確認された場合には，速やかに該当患者についての情報を都道府県知事または保健所設置市長・特別区長へ届け出なければならない。また，麻薬中毒者と判断した場合（麻薬及び向精神薬取締法）や不妊手術の施行の場合（母体保護法）等が該当する。

②　通　告　義　務

児童虐待防止法により，虐待が疑われる事案では，医療者には関係自治体もしくは児童相談所へ通告する義務がある。

③　法律上の情報提供・開示

診療情報は，民事訴訟法の証拠保全，文書提出命令の対象となっているので，裁判所から医療情報の提供命令があれば，提供しなければならない。また，医療法第二十五条の規定に基づき，都道府県知事，保健所を設置する市の市長または特別区の区長から医療監査として，診療録の開示を求められたら，応じなければならない。

(ⅵ)　医学研究での利用

①　治　　　験

薬事法に基づいて，医薬品・医療機器の承認申請を目的に行う患者を対象にした治験では，予め対象となる患者に対して十分な説明と同意の取得を行った上で治療・検査等が実施される。治験で発生した医療情報は日常診療のものとは区別され，厳しく管理される。当然，個人情報の取り扱いも厳格に行われる。

② 後ろ向き研究

特定の疾患に罹患した患者や特定の治療を受けた患者を対象に，診療経過を過去に遡って行くことで，その疾患の発症や治療結果に影響した患者の特性や病態を分析する研究である。この場合，対象患者に事前に医療情報の利用について同意を得ていることはないので，研究を開始する時点で患者の同意を得ることになる。

③ 疫学的な研究

設定した集団に対する医学的な特性や背景について統計学的な分析を行う研究が主であり，患者を区分するための属性は必要とするが，個人情報までは必要としない研究である。従って，医療情報から個人情報を除去したり，一部データを加工することにより，匿名化したデータにして利用されることが多い。

(vii) 医療系人材育成での利用

① 臨床実習・臨地実習での利用

医療機関は，医学生，看護学生，薬学生をはじめ多くの医療系専門職の育成の実習場として利用されており，その実習生たちは患者の医療情報にアクセスしている。収集された医療情報は担当患者の理解と必要となる医療やケアの検討に利用されるだけでなく，実習レポートの作成にも利用され，担当教員や実習クループメンバーと情報共有される。

② 教材としての利用

医学部附属病院や看護専門学校が併設されている病院では，病院の医療職を兼任している教員が事例を教材として利用することが日常的に行われている。この場合，当該教育機関内での利用であるため，個人情報の記載を削除したり，顔写真において目の部分をマスキングする等により，匿名化処理した上で，特別な場合を除けば，患者の個別同意は得ずに医療情報が利用されるのが通常である。

2 医療機関での個人情報の適切な取扱いのための厚生労働省ガイドライン

　厚生労働省は，2001年5月30日に施行された個人情報保護法下での医療機関における個人情報の適切な取扱いのためのガイドラインを2006年12月24日に公表し，2017年5月30日に施行された改正個人情報保護法についても同様のガイドラインを2017年4月14日に個人情報保護委員会との連名で公表している[1]。これらのガイドラインは正式には「医療・介護関係事業者における」となっているので，国立病院機構，国立大学法人の大学病院，地方自治体団体が運営する県立・市立等の医療機関は対象ではない。ただし，医療機関としての使命や業務は同じなので，このガイドラインに従うことが望ましいとなっているので，ここではこれを参考にすることにする。

　医療機関で個人情報を利用する上で特に留意すべきことは，利用目的の公表，個人情報保護法の対象外となるために必要な匿名化および第三者提供である。これら3点に絞って，以下に整理しておく。

(a) 利用目的の公表

　前款で考えられる利用目的を列挙したが，それらすべてをはじめから公表しておけば，個別の同意は不要となれば，医療機関側には大変都合が良いが，患者側には受け入れ難いものになる。適切な取扱いのためのガイドラインに従えば[2]，医療機関内で通常行われている利用であって，患者が容易に推測できない事項は必ず公表等の措置を講じる必要がある。ただし，明かな利用目的も合わせて公表することが望ましいとなっており，ガイドラインに例示されている利用目的のリスト（表1）にもそれらが明示されている[3]。この例示は法律の改正前後で変更はない。前款で列挙した利用目的の多くが含まれているが，医療情報の医療機関外部への提供や外部での公表は含まれておらず，その都度対象患者に通知もしくは患者が把握できる形式で公表した上で，その利用について同意を得なければならない。また，個人情報保護法

（1）　個人情報保護委員会・厚生労働省「医療・介護関係事業者における個人情報の適切な取扱いのためのガイダンス」，https://www.mhlw.go.jp/stf/seisakunitsuite/bunya-/0000027272.html（2018.8.11参照）。
（2）　ガイドライン・前掲注(1)16頁。
（3）　ガイドライン・前掲注(1)66頁。

医事法講座 第9巻 医療情報と医事法

表1：厚生労働省のガイドラインで例示された利用目的

利用区分	利用業務または利用内容
1) 患者への医療の提供に必要な施設内業務での利用	1-1) 当該医療機関等が患者等に提供する医療サービス（医療サービス提供）*
	1-2) 医療保険事務
	1-3) 入退院等の病棟管理（病棟管理）*
	1-4) 会計・経理
	1-5) 医療事故等の報告
	1-6) 当該患者の医療サービスの向上（医療サービス向上）*
2) 患者への医療の提供に必要な外部機関等との連携での利用	2-1) 他の病院，診療所，助産所，薬局，訪問看護ステーション，介護サービス事業者等との連携（外部機関等との連携）*
	2-2) 他の医療機関等からの照会への回答
	2-3) 患者の診療等に当たり，外部の医師等の意見・助言を求めの場合（外部医師等への意見・助言要請）*
	2-4) 検体検査業務の委託その他の業務委託（医療サービス関連の業務委託）*
	2-5) 家族等への病状説明
	2-6) 保険事務の委託
	2-7) 審査支払機関へのレセプトの提出（レセプト提出）*
	2-8) 審査支払機関又は保険者からの照会への回答（審査支払機関等からの照会への回答）*
	2-9) 事業者等からの委託を受けて健康診断等を行った場合における，事業者等へのその結果の通知（健診等での結果通知）*
	2-10) 医師賠償責任保険などに係る，医療に関する専門の団体，保険会社等への相談又は届出等（医師賠償責任保険等に係わる対応）*
3) 患者の医療に直接関わらない施設内業務での利用	3-1) 医療・介護サービスや業務の維持・改善のための基礎資料（業務の維持・改善の基礎資料）*
	3-2) 医療機関等の内部において行われる学生の実習への協力（学生実習）*
	3-3) 医療機関等の内部において行われる症例研究（症例研究）*
4) 患者の医療に直接関わらない外部機関等との連携での利用	4-1) 外部監査機関への情報提供

* ：括弧内は省略表記の際に用いる表記

で利用制限に該当しない利用としている法令に基づく情報提供や対象患者の生命・身体の保護のための利用等は例示には含まれていない。しかし，法令に基づく情報提供は必ずしも多くはないので，掲載しておくことが望ましいのではなかろうか。

利用目的の公表の仕方として，院内掲示や初診時や入院・入所時等における説明だけでは，個人情報について十分な理解ができない患者・利用者も想定されるとして，「患者・利用者が落ち着いた時期に改めて説明を行ったり，診療計画書，療養生活の手引き，訪問介護計画等のサービス提供に係る計画等に個人情報に関する取扱いを記載する」[4]ことが求められている。

(b) 匿 名 化

改正個人情報保護法では，個人情報に個人識別符号が明示されたため，匿名化では氏名，生年月日，住所に加え，個人識別符号を削除することが明示された。また，研究目的での匿名化に関して医学研究分野における関連指針や学会等関係団体が定める指針に従うこととされている。「人を対象とする医学系研究に関する倫理指針」で示されている匿名化では，「特定の個人を識別することができることとなる記述等（個人識別符号を含む。）の全部又は一部を削除すること（当該記述等の全部又は一部を当該個人と関わりのない記述等に置き換えることを含む。）をいう。」[5]されており，上記の匿名化と同様であるが，ガイダンスでは「この指針において「匿名化されているもの」と表記しているが，「匿名化されているもの」の中には，機関内で得られる他の情報や匿名化に際して付された符号又は番号と個人情報との対応表等と照合すること等で特定の研究対象者が識別されることも考えられ，特定の個人を識別することができるものとできないものの両者が含まれ得る。そのため，この指針では「匿名化されているもの」のうち，特に「特定の個人を識別することができないもの」を指す場合においては，「匿名化されているもの（特定の個人を識別することができないものに限る。）」と表記している。」[6]と説

（4）　ガイドライン・前掲注(1) 21 頁。

（5）　文部科学省，厚生労働省：人を対象とする医学系研究に関する倫理指針（平成 29 年 2 月 28 日一部改正），第 2 用語の定義(24)匿名化，5 頁，https:www.congre.co.jp/jssi31/data/ethical_guideline01.pdf（2018.10.10 参照）。

（6）　文部科学省，厚生労働省：人を対象とする医学系研究に関する倫理指針ガイダンス，

明されており，注意を要する。

研究以外での第三者提供のうち個人情報を必要としない場合には，匿名化処理（個人情報取扱事業者の保有する個人情報）または非識別処理（行政機関および独立行政法人等が保有する個人情報）を行って提供することになるが，この場合には個人情報保護委員会の「個人情報保護委員会：個人情報の保護に関する法律についてのガイドライン（匿名加工情報編）」[7]，「行政機関の保有する個人情報の保護に関する法律についてのガイドライン（行政機関非識別加工情報編）」[8]，「独立行政法人等の保有する個人情報の保護に関する法律についてのガイドライン（独立行政法人等非識別加工情報編）」[9]に従った匿名化が求められると共に匿名加工情報・非識別加工情報の作成について公表する等の義務を負うことになる。

（c）第三者提供

改正個人情報保護法では，本人の同意を得た個人情報の第三者提供であっても，提供に係わる記録を作成することになっているが，以下の場合の第三者提供では記録作成が不要とされており，医療機関の負担はかなり軽減されている。

（i）第三者が個人情報保護法第2条第5項各号に掲げる者である場合

国の機関，地方公共団体，独立行政法人等の保有する個人情報の保護に関する法律（平成15年法律第59号）第2条第1項に規定する独立行政法人等，）地方独立行政法人が該当する。

（ii）個人情報保護法第23条第1項各号に該当する場合

法令に基づく提供や対象者の権利利益の保護のための提供等が該当する。

第2用語の定義，28頁，https://www.mhlw.go.jp/file/06-Seisakujouhou-10600000-Daijinkanboukouseikagaku ka/0000166072.pdf（2018.10.10参照）。

（7）　個人情報保護委員会：個人情報の保護に関する法律についてのガイドライン（匿名加工情報編），https://www.ppc.go.jp/files/pdf/guidelines04.pdf（2018.8.12参照）。

（8）　個人情報保護委員会：行政機関の保有する個人情報の保護に関する法律についてのガイドライン（行政機関非識別加工情報編），https://www.ppc.go.jp/files/pdf/guidelines05.pdf（2018.10.10参照）。

（9）　個人情報保護委員会：独立行政法人等の保有する個人情報の保護に関する法律についてのガイドライン（独立行政法人等非識別加工情報編），https://www.ppc.go.jp/files/pdf/guidelines06.pdf（2018.10.10参照）。

(ⅲ) 個人情報保護法第23条第5項で第三者に該当しないものへ提供する場合

検体検査業務の委託先，保険事務の委託先，健康診断等の委託を受けた事業者，外部監査機関等であり，日常的頻繁に行われている業務が含まれる。

(ⅳ) 本人に代わって提供している場合

医療機関等が患者等に提供する医療サービスのために，他の病院，診療所，助産所，薬局，訪問看護ステーション，介護サービス事業者等と連携するための提供および他の医療機関等からの照会への回答としての医療情報提供であり，頻度の多い業務である。

(ⅴ) 本人と一体と評価できる関係にある者に提供する場合

本人の代理人又は家族等が該当する。

3 医療機関による利用目的の公表状況

個人情報の取得においては，通常取得情報項目とその利用目的をセットにして示し，対象者から同意を得るのが原則であるが，医療現場においては個人情報の付随した形で医療情報の取得が必要に応じて何度も行われる。そのため，個人情報の取得の度に取得とその利用目的について同意を得ることは現実的でない。「医療・介護関係事業者における個人情報の適切な取扱いのためのガイドライン」に例示されているように，個人情報取得に先立って利用目的を公表しておくことが効率的である。

利用目的の公表の仕方[10]としては，患者に分かり易い方法として外来や入院の受付で説明のパンフレット等を配布する，或いは外来ロビーや待合室等の患者の目の付く所に掲示することが求められている。これ以外に，受診に先立って患者に広く公表する方法として，インターネットを通じて医療機関等のホームページ内に掲載することも必要とされている。そこで，利用目的の公表状況として医療機関のホームページに公表されている内容を整理して示しておく。

対象とした医療機関は，設置主体が国立大学法人，地方自治体，民間である病院各10機関である。選定は，全国9ブロック（北海道，東北，関東，中

---

(10) ガイドライン・前掲注(1)20頁。

医事法講座 第9巻 医療情報と医事法

表2：ホームページ上での個人情報保護に関する掲載の仕方

掲載の仕方		医療機関の設置主体		
		国立大学法人	地方自治体	民間
入り口の設定	トップページ上で「個人情報保護について」等の項目表示	5	6	7
	病院説明等のタグの下位項目また下位ページで項目表示	3	3	2
	トップページから3階層以下のページでの表示	1	0	0
	病院ホームページ上にない，或いは上部組織の関連ホームページへのリンク	1	1	1
内容の表示の仕方	保護方針内容のWebページ上での表示	5	8	10
	保護方針内容のPDFリンク表示	5	0	0
	「個人情報保護方針」等の明記	4	7	10
	利用目的のWebページ上での表示	5	9	8
	利用目的のPDFリンク表示	5	1	0
	掲載日や更新日の記載	3	5	8
	個人情報保護法の公布以降の改訂	3	1	4

部，近畿，中国，四国，九州）から大規模病院を中心に1ないし2機関を任意に抽出した。全国の状況を十分反映しているとは言えないが，ある程度現状を反映していると考える。

(a) ホームページ上での公表の仕方

　各医療機関における個人情報保護への対応状況についてどのように記載されているかを表2にまとめた。ホームページのトップページで「個人情報保護について」等の項目を表示している機関が半分以上であった。ただし，中には表示文字が極めて小さかったり，トップページの一番下で，ページスクロールをしないと見つけられないものがあり，容易に第三者がアクセスできるようになっているとは言い難い状況である。また，中にはかなり下位のページに配置されていて，ホームページ上で検索するか，サイトマップで捜

248

す必要のあるものもあった。

　具体的な掲載内容は Web ページ上で参照できるものが多かった。しかし，大学病院では半数の施設で PDF ファイルをリンクした形式であり，PDF 参照ソフトが必要となっており，参照し難い形での情報提供であった。また，個人情報保護法改正が施行された 2017 年 5 月末以降に修正していることが分かるものは多くはなく，掲載の更新が間に合っていない状況と推察された。

　なお，今回の個人情報保護法の改正では第 4 章の「個人情報取扱事業者の義務等」が大きく追加修正されたためか，この対象となる民間医療機関での掲載が相対的には分かり易いものであった。

(b) 公表されている利用目的

　表 3 に各医療機関が公表している個人情報の利用目的をまとめた。個人情報の利用目的として公表する項目は，個人情報保護委員会と厚生労働省の連名で公表されているガイドラインに例示（表 1）があるため，各医療機関は基本的にこの例示を元に，利用目的を公表していることが窺える。3 施設だけ具体的な利用目的を示さず，「本来の利用目的」とだけ記載していた。「本来の利用目的」について明確な記載はないが，「表 3 の利用区分で言えば，「1）患者への医療の提供に必要な施設内業務での利用」と「2）患者への医療の提供に必要な外部機関等との連携での利用」が該当すると考えられる。だとすれば，「3）患者の医療に直接関わらない施設内業務での利用」や「4）患者の医療に直接関わらない外部機関等との連携での利用」に関わる利用については，その都度説明することになる。

　表 3 で利用内容の番号にダッシュを付したものは，付していないものと基本的な内容が同じで表現が異なるものである。また，A を付したものは，付していないものに関連する追加内容として表記した。それらは自由度の高い「4）患者の医療に直接関わらない外部機関等との連携での利用」の区分に多い。国立大学法人病院が表 1 に従った型通りの項目を列挙しているのに対して，地方自治体と民間の医療機関で細かく分けて明記していることが見て取れる。ただし，個別に追加している利用目的が具体的に何を意味しているかは，医療制度や医療に関する知識がないと分からないため，説明資料や問い合せの窓口等を用意しないと，形式的な公表になってしまう。

医事法講座 第9巻 医療情報と医事法

表3：利用目的の公表項目

公表内容		医療機関の設置主体		
利用区分	利用業務または利用内容	国立大学法人	地　方自治体	民間
1）患者への医療の提供に必要な施設内業務での利用	1-1）医療サービス提供	10	10	8
	1-2）医療保険事務	10	7	7
	1-3）病棟管理	10	10	7
	1-4）会計・経理	10	10	6
	1-5）医療事故等の報告	8	10	5
	1-6）医療サービス向上	10	8	4
	1-5'）医療安全／医療事故等の分析	2	0	2
	1-1A1）その他のサービス（外来診療／介護／健診）	0	0	2
	1A1）その他（防犯カメラによる録画／見舞い者の病棟訪問の手続き）	0	0	1
	1A2）その他（当該機関又は患者に係る管理・運営・業務に関する利用）	0	8	4
	1A3）その他（医療等のために必要な場合の利用）	0	3	1
	1'）本来の利用目的	0	0	2
2）患者への医療の提供に必要な外部機関等との連携での利用	2-1）外部機関等との連携	10	9	8
	2-2）他の医療機関等からの照会への回答	10	7	5
	2-3）外部医師等への意見・助言要請	10	9	5
	2-4）医療サービス関連の業務委託	10	10	5
	2-5）家族等への病状説明	10	10	8
	2-6）保険事務の委託	10	9	8
	2-7）レセプト提出	10	9	8
	2-8）審査支払機関等からの照会への回答	10	9	6
	2-9）健診等での結果通知	9	9	7
	2-10）医師賠償責任保険等に係わる対応	10	9	7
	2-1A1）地域医療連携システム等によるデータ保存／診療情報提供	2	1	2
	2A1）関係法令等に基づく行政機関・司法機関等への提出・照会等	9	1	3
	2A2）その他（患者の医療保険事務／公費負担医療の事務／介護・労災保険事務に関する利用）	0	7	4
	2'）本来の利用目的	0	0	2

3) 患者の医療に直接関わらない施設内業務での利用	3-1）業務の維持・改善の基礎資料	10	7	7
	3-2）学生実習	1	10	8
	3-3）症例研究	0	9	7
	3-2'）医学系教育／医学・看護等教育／医・歯学系教育	10	0	0
	3-3'）症例に基づく研究（学内，学会発表等を含む）	10	0	0
	3-2A1）教育・研修	0	0	4
	3-3'）研究活動（症例研究等の研究活動／治験及び市販後臨床試験）	0	2	2
	3A1）院内がん登録	1	2	2
4) 患者の医療に直接関わらない外部機関等との連携での利用	4-1）外部監査機関への情報提供	10	8	7
	4A1）他医療関連機関等との勉強会／症例研究	0	2	2
	4A2）学会・医学誌等への発表	0	3	3
	4A3）臨床研究のためのデータ収集／予後調査の実施	0	2	2
	4A3）学術調査・研究／学術研究（医療の発展を目的とした研究）	0	2	2
	4A4）学会・研究会等での利用・情報の提供／医療の発展を目的とした情報利用	0	1	1
	4A5）他医療機関の医学研究等への資料・情報提供（原則匿名化）	1	0	1
	4A6）がん登録関係の利用（地域がん登録／疾患別がん登録／質指標研究/協議会への報告）	0	2	1
	4A7）各種疾病登録／登録に伴う国等への照会	0	1	2
	4A8）公益性の高い疫学調査の実施／公衆衛生の向上又は児童の健全な育成の推進のための関係機関への情報提供	0	1	4
	4A9）医療スタッフの専門認定等の資格申請／医療上の専門資格に関わる外部機関からの照会回答	1	1	2
	4A10）医療行政に関わる統計・サーベイランス事業／健康政策に資するための関係機関への提供	1	0	3
	4A11）治験／製造販売後臨床試験に係る調査・支援業務／被験者治験情報の提供	1	2	1
	4A12）警察・公的機関からの緊急照会への回答	1	1	1
	4A13）救急搬送患者に関する照会への回答や報告	1	1	0
	4A14）設置主体への業務報告	0	0	2
	4A15）その他（当該機関が必要と認めた場合）	0	0	1
	4A16）学術研究における同一大学内の他部局との連携（個別同意取得）	1	0	0

医事法講座　第9巻　医療情報と医事法

4　同意未取得患者情報を活用した臨床研究の公表状況

　患者から個人情報の利用について直接同意を取る代わりに，対象となる患者と研究目的を公表し，個人情報の利用を拒否できる機会を設けることへの対応を表4にまとめた。

(a)　公表情報へのアクセサビリティ

　国立大法人病院と民間病院の半分が病院のトップページに臨床研究公表に繋がる入り口を設定していたが，2階層以上深いページにあり検索をしないと関係するページを見つけられない施設もあり，一応公開はしていると言う状況である。また，公表のページが見当たらない施設が6件あった。実際に情報利用がなければ，公開する必要がないので，これ自体が問題とは言えない。大学病院では多くの臨床研究を実施されているので，何らかの形で公開していると推測されるが，法律の趣旨からすれば，より分かり易い形での公表が望まれる。

　臨床研究公表の目的は，研究対象者と研究目的や利用の仕方等を示し，本人あるいは家族の医療情報が利用されることを許容できるものか判断できることである。しかし，各研究課題の詳細な記述はPDFファイルで提供され，かつ同時に公開されいる臨床研究が20件以上である施設において，個人がこの目的を達成することは容易ではない。確実に法律で求められていることを保障するには，患者・家族が当人に関わる情報を入力して，検索できる仕組みを用意する必要がある。そのためには多くの労力と費用が必要となる。したがって，この問題への現実的な対応としては，現在可能な範囲で改善を図ることと将来の医療情報活用の仕組みが実現される中で対応することとがあるので，以下私見を述べておく。

(b)　意味のある公表の在り方

　現在可能な範囲での対応としては，対象となる医療情報の発生時期により異なると考える。将来に発生する情報であれば，ホームページに掲載するよりは，病院内で掲示したり，説明文書を配布するのが有効であろう。

　過去に発生した医療情報が対象になる場合には，対象者が受診するとは限らないので，インターネットを用いた公表に頼らざるを得ないが，ほとんど有効性のない公表である。疫学的な研究で長期トレンドを調べる研究では，

252

11　医療現場での医療情報の利活用の現状と課題［栗原幸男］

表4：オプトアウトのためのホームページでの臨床研究の公表状況

臨床研究の公表状況		医療機関の設置主体		
		国立大学法人	地方自治体	民間
公開ページへの入り口	トップページ上での項目表示	5	1	5
	病院説明等のタグの下位項目また下位ページでの表示	0	2	0
	トップページから2階層以上深いページで容易に予想できないページでの表示	4	5	2
	病院ホームページ上なし（見つけられない場合を含む）	1	2	3
研究課題の表示の仕方	病院全体の公表として一覧で表示	1	3	6
	診療科別，部門別に分けられたページで一覧として表示	4	1	1
	倫理委員会議事録	0	3	0
	各診療科・部門のページに入ってからの研究に関するページで表示	4	0	0
	研究課題ごとにお知らせで表示	0	1	0
公表内容上の疑問点	オプトアウトの記載が不明確	6	5	1
	同時公表臨床研究が20件以上	9	5	5
	研究課題名，実施部署のみの表示	0	4	1
	研究の詳細をPDFで提供	7	4	5
	対象患者が分かり難いものがある	6	0	1
	対象患者が全員もしくは広範囲になるものがある	9	4	5
	対象となる期間が不明確なものがある	5	6	5
	対象となる期間が10年以上のものがある	9	2	4
	対象となる期間が未来を含むものがある	9	4	5

　表4にもあるように10年以上も前のデータを利用することがある。その場合，対象者本人が忘れているデータが対象となり，臨床研究の情報が公表さ

医事法講座 第9巻 医療情報と医事法

れても認識できない可能性が高い。そもそも個人情報保護法第18条には，「あらかじめその利用目的を公表している場合を除き」としており，あらかじめ利用目的が公表されていれば，新たに公表する必要はない。表3で各医療機関は研究での利用を謳っており，その意味では個別の研究課題についての公表は不要と考えられる。そうだとすれば，臨床研究を実施する中で施設外への個人情報の流出を防ぐ保障として，「臨床研究での利用。外部に臨床研究目的で提供する場合は匿名化する。」と利用目的の公表において示しておくのが合理的と考える。しかし，医学研究については，「人を対象とする医学系研究に関する倫理指針」が出されており，それほど単純ではなく，医療機関と医学研究者にかなり面倒な対応が求められているので，後で再度検討する。

II　医療現場での医療情報の利活用の課題

　医療情報は表3に示したように様々な目的で利用されているが，個人情報保護法の制約があるため，利活用する上での多くの課題がある。ここでは，医学系研究，医学系教育，業務改善および医療安全での利用おける課題を見て行くことにする。

1　医学系研究での利活用での課題

　人を対象とする医学系研究に関しては文部科学省と厚生労働省の共通の倫理指針が2014年に出された。この指針に従えば，人を対象とする医学系研究では，原則倫理審査を受けることになるため，無記名のアンケート調査のような研究でも倫理審査の対象となるため，研究者の負担となっている。また，その結果，審査対象の研究計画が非常に多くなっており，研究計画書を審査する審査委員にとってもかなりの負担となっている。個人情報保護法の改正に伴って，この倫理指針も改定されており，ほとんどの場合医療情報を利活用する研究者には研究対象者へのインフォームド・コンセントの実施または代替の措置を求められるようになった[11]。代替の措置においては，医

───────────

(11)　倫理指針・前掲注(5) 19-27 頁。

254

療情報の匿名化が重要なキーになるので，インフォームド・コンセントの実施と匿名化の処理について，検討する。

(a) インフォームド・コンセント実施における課題

求められるインフォームド・コンセントの実施内容は，研究のために人体から取得された試料（血液，体液，組織等）から新たに情報取得する場合と医療目的のために取得された既存の情報を利用する場合とで大きく異なるので，以下分けて検討する。

(ⅰ) 新たに情報を取得する場合

病歴が要配慮個人情報と位置づけられたため，個人情報を含む医療情報を新たに取得して利用する場合には，取得情報の匿名化の有無に関係なく調査対象者に対してインフォームド・コンセントを実施するのが原則である。インフォームド・コンセントの手続きをホームページ上での研究目的や対象者等を公開し，オプトアウトを可能とする等の簡易な方法で済ませられる場合として，「適切な同意を受けることが困難な場合」とされている。しかし，指針やガイダンスでもその具体的な事例が示されていないため，その運用は各施設の倫理審査委員会の判断に委ねられている。

表4に示したように未来に取得される医療情報を利用する研究も，ホームページ上の公開で済まされているのはこの解釈に依存しているものと推察される。

(ⅱ) 既存の情報を利用する場合

既存の医療情報を利用しようとする場合，該当する医療情報の対象者に直接インフォームド・コンセントを実施することが困難な場合が多い。そのため，倫理指針ではインフォームド・コンセントを実施しないあるいはオプトアウトの機会を保障することで医療情報の利用が認められる場合として，3つの場合が示されている。

① 匿名化して利用する場合

匿名化についてさらに2つの場合が示されている。「匿名化されているもの（特定の個人を識別することができないものに限る。）であること」と「匿名加工情報又は非識別加工情報であること」である。後者の「匿名加工情報」は改正個人情報保護法で規定された個人情報取り扱い事業者が従う匿名の処理であり，「非識別加工情報」は行政機関や独立行政法人等が従う匿名の処

理である。後で検討するが，後者の2つの匿名の処理の条件を厳格に医療情報で満足することは実用上極めて困難である。前者の「匿名化」は，先にも記したように個人特定につながる記述等の全部または一部を削除する（または置き換える）こととされており，後者の2つの匿名の処理の条件よりは緩められた条件となっている。ただし，「特定の個人を識別することができないものに限る。」との括弧書きがあり，その解釈によっては，結局後者の処理と同等の処理が必要となる。この点については，運用上は倫理審査委員会に判断が委ねられており，倫理審査委員会は責任を負わされた形になっている。

　② 関連する別の研究で同意を得ている場合

　対象患者から同意を受けている別の研究の目的が，申請する研究の目的と「相当の関連性があると合理的に認められる」との条件がある。この判断もガイダンスでは「先行する研究がこれから実施する研究と関連性があることについて倫理審査委員会の審査を受けて，研究機関の長が了承したときを指す。」としており，実質倫理審査委員会に重い責任が負わされた形となっている。

　③ 社会的に重要性の高い研究に当該既存試料・情報が利用される場合

　取得情報の匿名化もなく，関連する研究での同意もないが，「社会的に重要性の高い研究」には貴重な患者の資料・情報を効率的に利用できることを認めようと言う意図があると推察される。この場合問題となるのは「社会的に重要性の高い研究」の判断である。利用申請者が説明を述べ，倫理審査委員会がその適否を判断し，最終的には資料・情報を提供する機関の長が許可することになっている。しかし，実質的には倫理審査委員会に判断が委ねられている。

　以上見てきたように，医学系研究で医療情報を利活用する場合には，倫理審査委員会にその妥当性の判断が委ねられており，責任が重い。各機関でこれだけ重い責任を担う倫理審査委員会を設置することは大変な負担である。判断が難しい場合には，判断を委ねられるあるいは相談できる組織・機関が必要ではないかと考える。

(b) **匿名化処理の課題**

　医療情報において，匿名の処理が十分行えるかについて検討する。個人情報保護委員会から匿名化に関するガイドラインが出される前までは，かなり

簡単な処理がされていた。患者 ID を他の識別コードにしたり，患者の名前を仮名にするだけで，生年月日や住所の郵便番号を使用していた。これでは，無名化をしただけで，実質的な匿名化にはなっていない。

個人情報保護委員会から出されている匿名加工あるいは非識別加工では匿名性を確保するための5つの基準が示されている。個人情報取扱事業者に対するものを以下に記すが，「個人情報取扱事業者」を「行政機関」あるいは「独立行政法人等」とすれば，内容は同じである。

1) 個人情報に含まれる特定の個人を識別することができる記述等の全部又は一部を削除すること（当該全部又は一部の記述等を復元することのできる規則性を有しない方法により他の記述等に置き換えることを含む。）。

2) 個人情報に含まれる個人識別符号の全部を削除すること（当該個人識別符号を復元することのできる規則性を有しない方法により他の記述等に置き換えることを含む。）。

3) 個人情報と当該個人情報に措置を講じて得られる情報とを連結する符号（現に個人情報取扱事業者において取り扱う情報を相互に連結する符号に限る。）を削除すること（当該符号を復元することのできる規則性を有しない方法により当該個人情報と当該個人情報に措置を講じて得られる情報を連結することができない符号に置き換えることを含む。）。

4) 特異な記述等を削除すること（当該特異な記述等を復元することのできる規則性を有しない方法により他の記述等に置き換えることを含む。）。

5) 前各号に掲げる措置のほか，個人情報に含まれる記述等と当該個人情報を含む個人情報データベース等を構成する他の個人情報に含まれる記述等との差異その他の当該個人情報データベース等の性質を勘案し，その結果を踏まえて適切な措置を講ずること。

上記の2) の基準は患者 ID 等を削除または別の符号に置換することであり，対応は容易である。また，3) の基準は置換した符号と元の患者 ID 等の対応表を作らないことであり，1回切りの作成であれば問題ないが，追跡調査をする場合には，情報が増える度にすでに匿名処理した情報も含めて，匿名処理をすることになり，運用上は大変面倒な作業が求められることになる。

1)，4) および5) の基準は医療情報では満足することが困難な情報が多

く，この基準に従って匿名加工情報や非識別加工情報を作成することができない場合が多いと予想される。

　医療情報には検査値の特異値や希少病名等多くの特異性が含まれているため，対象者数が少ない場合には容易に特異かつ一意であるデータが生じてしまう。完全に一意性を排除するためには，データの値を加工することが必要になる。データの値の加工は分析結果に影響を与えるため[12]，臨床研究上受け入れ難い。その意味では，一意性の排除は出来なくても，他の情報と突合しても個人を特定できない処理を行うことが重要であり，臨床研究の倫理審査ではその点の評価をしっかり行わなければならない。

2　医学系教育での利活用での課題

　患者や施設利用者に直接接して実施される医学教育の臨床実習や看護学教育等の臨地実習では，必然的に医療情報を匿名化せずに教育に利用することになる。一方，医療機関から離れた講義室等で実施される講義・演習では，医療情報を匿名化して利用するので，それぞれについて課題を検討して行く。

(a)　臨床実習・臨地実習での課題

　表3に示したようにホームページ上で個人情報の利用目的を掲載していた28施設すべてで，表現は幾分異なるが学生実習等の教育に利用することを明記していた。したがって，個人情報の保護は前提であるが，個別同意を取得せずに，実習で利用できることになる。2014年に国立大学病院を対象として行われた臨床実習に関する調査[13]では，実習協力への個別同意を取得している国立大学病院は回答33施設中8施設（24%）であった。現在実施されている臨床実習は患者に関与する参加型の実習であることを考えると，直接学生が接する患者にはインフォームド・コンセントを行うのが望ましいと考える。なお，大学病院では電子カルテシステムが稼働しているため，直

---

(12)　栗原幸男・石田博・木村映善・入野了士「同意未取得の医療情報利活用に向けた匿名化技術の適用可能性検証」第24回ファイザーヘルスリサーチ進行財団研究助成・国内共同研究（年齢制限なし）研究報告書（2016年）29-33頁。

(13)　津久間秀彦・石田博・浜野英明「医学科での臨床実習支援システムの現状と課題──国立大学病院へのアンケート調査結果を基に」医療情報学36巻4号（2016年）181-195頁。

接担当しない患者の情報も参照可能とすることができる。先の調査では一部の患者または全患者の医療情報を参照可能としている施設が21施設（64％）あった。日本の医学生は米国の医学生に比べるとはるかに少ない患者にしか直接接していないことを考えると，守秘義務を徹底させて，多くの患者の医療情報に接することが必要ではなかろうか。

　実習では担当した患者についての実習報告書を必ず作成する。患者名を仮名にしても，患者の医療経過や病態から個人が特定される可能性があるため，実習報告書の管理が重要である。実習施設で実習報告書を作成し，教員による内容確認も実習施設で行えれば，実習報告書による個人情報漏洩はないが，臨地実習では教育機関から交通機関等で移動する必要がある場合が多く，実習施設内に限定することが難しい。2005年の言語聴覚士養成校での調査[14]によると，実習施設内のみでの記録物作成を指導していたのは21％であった。記録物紛失への対策としては，暗号化してた形でUSBメモリに保存し，移動することが考えられるが，実施するのは学生であり，完全とは言えない。

(b) 講義等での医療情報の利活用の課題

　症例紹介として医療情報を利用する場合，文字および数値だけの場合と画像を含む場合とでは，対応が大きく異なる。第14期日本医学教育学会教材開発委員会では2007年に教材作成のガイドラインを作成し，公表している[15]。

(i) 文字と数値だけの症例資料を利用する場合

　この場合は，個人特定に繋がる日時と場所および特異値を加工することで，匿名化が容易に行える。経過が重要な場合には，日時の代わりに何かのイベントを中心に前後の日数や経過時間で表せばよい。場所は，症例の事象と矛盾のない状況を設定すればよい。検査の特異値は適当な値に置き換えればよい。注意しなければならないのは，全体のストリーとして特異な場合である。この場合には，対象者の同意を得ておくのが妥当である。

(ii) 画像情報を含む症例資料を利用する場合

---

(14)　原修一・羽生耀子・東江浩美他「言語聴覚士養成課程における個人情報保護に関連する臨床実習教育」臨床福祉ジャーナル3巻1号（2006年）46-54頁。

(15)　第14期日本医学教育学会教材開発委員会「患者の個人情報を医学教材に使用するにあたってのガイドライン委員会案」医学教育38巻3号（2007年）173-177頁。

医事法講座 第9巻 医療情報と医事法

医用画像には患者情報や日付，検査番号等ユニークな記号が付与されているので，それらをすべて加工乃至は削除する必要がある。特に問題になるのが，顔写真や皮膚の写真である。顔写真では目を隠すことがよく行われるが，特徴的なアザ，シミ，ほくろ等があると個人が容易に特定される。また，皮膚の写真も露出する部位（腕，手，首等）では，顔写真と同様に特異なものがあれば，個人が容易に特定される。そのような場合には，対象者の同意を得るのが妥当である。

3　業務改善での利活用おける課題

基本的に患者中心に業務が行われている医療機関における業務改善を行うためには，患者に結び付いた形でのデータを利用することが必要となる。そのため，表3に示したように個人情報の利用目的を掲載していた28機関中24機関で「医療・介護サービスや業務の維持・改善のための基礎資料」での利用を記載している。対象業務によって，患者の個人情報が不可欠な場合と一意性が確保されれば良い場合とがあるので，分けて検討する。

(a) 個人情報が必要となる場合

医療業務の効率化のために個人情報を必要とする場合は多々ある。入院患者については，患者確認作業の効率化と安全確保からリストバンドに患者IDのバーコードを印字しておき，バーコード・リーダーでそれを読み込むことにより，患者確認が容易に行える。患者ID付きのリストバンドを拒否されると，患者IDカードを常に携帯してもらい，それを提示してもらって，カードリーダーで読み取るか，医療者が直接患者ID番号をシステムに打ち込まないといけないことになる。多くの大規模病院の外来では，診察室に患者を呼び入れる際にマイクを使って患者名で待合室へ呼び出しが行われている。また，待合室で見付けられない場合には，館内アナウンスで患者名で呼び出しが行われる。これも患者名での呼び出しを拒否されると代替方法がない訳ではないが，運用上は大変面倒なことになる。

取得済情報の利活用と言う点では，初診時における患者からの聞き取りの業務が考えられる。仮に，地域医療連携システムが稼働しているとすると，紹介患者であれば，紹介元で紹介に関する同意が患者から得られているので，医療情報を連携システムを介して紹介元から得ることができ，聴取業務の効

率化と取得情報の正確性を確保できる。しかし，紹介のない患者についての情報を地域医療連携システムを介して得ることについては，該当の患者に想定していない医療機関が医療情報を入手することが生じるので要注意である。表3に示したように「外部機関等との連携」を個人情報の利用目的に明示している機関は27機関あるが，各医療機関が地域医療連携ネットワークシステムに医療情報を提供することで，間接的に連携している状態を「外部機関等との連携」と認識できるとは限らない。少なくとも「参加している地域医療連携ネットワークへ提供する」ことを明示する必要があろう。和歌山県では災害時の医療情報提供を想定して，医療連携ネットワークを構築し，これに参加している医療機関からの外注検査結果はすべてこのネットワークのサーバに蓄積しているが，普段は個別同意（オプトイン）が得られた患者のデータだけが利用できるようにしている。その結果，普段利用できているデータは数％に過ぎないと言う状況である[16]。

　各医療機関における医療情報の電子保存が進んでいるが，その情報をオプトインでしか利用できないのでは，本格的な地域医療連携ネットワークシステムの構築はなかなか進まないと予想される。ただし，大規模な総合病院への受診制限のため，紹介状なしでの受診時の特別徴収が高額になって来ている。そのため，紹介患者が増え，大規模病院との連携に関係する医療情報については地域での共有化が進む可能性はある。また，ネットワークシステムに参加している医療機関のどこかで同意が得られれば，ネットワーク全体で利活用できる包括同意とすれば，参加者がスムーズに拡大すると予想されるが，運用については十分な検討が必要である。

(b) 個人情報を必要としない場合

　経費や医療機材の院内物流等を分析するためには，どのような患者にどれだけの医療資源が投入されたか，医療器材がどのように移動したかを把握するためには，患者個々が一意に把握できている必要がある。その意味では個人情報と規定された個人識別符号である患者IDが利用できることが望ましい。院内ですべてのデータ分析が行われるのであれば，情報漏洩の可能性は

―――――――――
(16)　入江真行・中井國雄・初山昌平他「クラウド型医療情報保全・連携システムと地域包括ケア支援システムとの相互接続」医療情報学35巻Supplement（2015年）346-349頁。

医事法講座　第 9 巻　医療情報と医事法

極めて低いので，患者 ID を別符号に変換する必要はないと考える。しかし，
データ分析を外注する場合には，データが外部に漏洩する可能性があるため，
委託業者と個人情報の扱いについて契約を結ぶ必要がある。より安全に利用
するためには，患者 ID を別符号に変換しておくことが必要であろう。

4　医療安全での利活用おける課題

　患者の確認は医療安全上不可欠であるが，個人情報保護法が施行された当
初個人情報保護の観点から従来の運用を変えた施設は多い。例えば，病室の
入口に患者名を表示していたものを目立たないベッドサイドに表示する或い
は表示しない変更が行われた[17]。一人の患者に関わる医療者の多い現代の
医療においてはミスを誘発する可能性があり，個人情報の適切な取扱いのた
めのガイドラインの Q&A[18]では必要に応じて適切な表示を妨げるものでは
ないことが示されている。

　入院患者に感染症が発生した場合にも，電子カルテ等だけで管理し，医療
者以外の第三者に知らせないようにした施設がある。このような運用をすれ
ば，うっかりミスで院内感染が起きる可能性はある[19]。

　また，透析室での対応として，使用する予定の患者の名前を掲示板に記入
していたのを止め，検査予定日を患者個々に口頭で連絡するようにした事例
もある[20]。

　管理上様々な物に患者名を添付することがされているが，それに対しても
バーコードだけにすれば，バーコード・リーダーなしには個人が特定されな
い。さらに表示自体をなくすのであれば，IC タグを用いることが考えられ
るが[21]，機器での確認に頼ることになり，人による確認がかえって疎かに

---

(17)　遠藤英子・土井まつ子・篠田かおる・山幡朗子「感染領域における病院での倫理的
　　取り組みの現状」日本環境感染学会誌 24 巻 4 号（2009 年）256 頁。

(18)　個人情報保護委員会事務局・厚生労働省「「医療・介護関係事業者における個人情
　　報の適切な取扱いのためのガイダンス」に関する Q & A（事例集）」A3-10，24 頁，
　　https://www.mhlw.go.jp/stf/seisakunitsuite/bunya/0000027272.html（2018.8.12 参
　　照）。

(19)　遠藤・前掲注(17) 257 頁。

(20)　姜伽耶・清水晴美・岡弘美他「透析室における個人情報保護の取り組み」大阪透析
　　研究会会誌 25 巻 2 号（2007 年）159-163 頁。

なり，ミスに繋がり得る。

　上記に例示したように従来の安全管理の運用では，個人情報保護と医療安全のコンフリクトが生じており[22]，これを解決するためには，医療安全の運用を修正する必要である。従来はゆるい運用で行っていた個人情報保護を厳格化することになるため，必然的にこの両立のためには医療者の作業が増えたり，電子的な道具が必要とり，コスト増になることを認識すべきである。

5　課題への解決策の提案

　これまで見て来たように，医療現場では個人情報を含む医療情報を利活用するのが当たり前としていた運用を個人情報保護法に従って急に変更をかけたために，様々なひずみが生じている。このひずみを適切に解決していかないと，形だけの個人情報保護法遵守になり，無駄な労力を医療現場に強いるだけでなく，医療の質に悪影響を及ぼすことにもなりかねない。そこで，以下に3つの観点で課題への解決策の提案を行っておく。

(a) 医療情報利活用の合理的な公表

　個人情報保護法では，「利用目的の特定」の項で「個人情報を取り扱うに当たっては，その利用の目的をできる限り特定しなければならない。」とし，「取得に際しての利用目的の通知等」の項で「個人情報を取得した場合は，あらかじめその利用目的を公表している場合を除き，速やかに，その利用目的を，本人に通知し，又は公表しなければならない。」としている。この趣旨からすれば，「あらかじめその利用目的を公表」を行うことが極めて重要となる。問題は「利用の目的をできる限り特定」とされているので，どの程度の粒度で示すかである。この点についてガイドラインにもそのQ＆Aにも詳しい説明はない。特に問題になるのが医学系研究での医療情報の利用であるが，個別の研究課題名をほとんど把握困難な状態で公表しても，対象者が気付くことは期待できない。患者側も医学系研究が利用目的に公表されていれば，個別の研究課題名での公表は求めないと推察される。「人を対象と

---

(21)　秋山昌範・名和肇・鈴木明彦・中島毅「血液のトレーサビリティとプライバシー保護に関する研究」医療情報学26巻Supplement（2006年）612-615頁。

(22)　遠矢雅史・橋本廸生「【個人情報保護法と医学・医療】医療安全の促進と個人情報保護のコンフリクト」医学のあゆみ215巻4号（2005年）241-244頁。

する医学系研究に関する倫理指針」の方で研究課題毎での公表を求めているが，それ自体が個人情報保護法の趣旨を越えた要求となっており，形だけの公表でも止むを得ないとなっているのではなかろうか。重要なのはどのような研究が各機関でなされているかが，広く社会に対して開示されていることである。各機関は広報誌や年報等で分かり易く，かつ容易にアクセスできる形で公表すべきであると考える。

　また，利用目的の公表はガイドラインでも記されているように，施設内掲示やパンフレット等で患者や地域住民が容易に把握できる形で行い，必要に応じて分かり易い説明を行うべきである。ホームページに掲載する場合も，トップページの目に付き易い位置に「個人情報の利用目的の公表」と分かり易い表示をすべきである。意味のない公表をなくことで医療現場の負担を軽減すると共に意味のある公表を増やすべきである。

(b) 業務改善・医療安全と個人情報保護との両立

　この課題の解決策も基本は(a)で述べたように利用目的の把握し易い公表と説明であると考える。対象者が利用拒否や利用の仕方の変更を求めた場合には，丁寧に対応することである。

　ベッドサイドの名前表示は医療安全上から否定される訳ではないが，星原等[23]の調査では，10%弱の患者が気になるとの回答があった。患者から申し出があれば，適切な対応が必要である。しかし，点滴ボトルや点滴バック等への患者名表示やバーコード付きのリストバンド使用は医療安全上不可欠なものであるため，丁寧に説明し，同意を得るべきである。

　医療安全は最大限重視されるべきだが，それを理由に患者プライバシー保護を軽視することがあってはならない。患者確認のためにベッドに患者名等を貼り付けていたとしても，ベッドを手術室や検査室等へ移動する際には，剥がすか隠すかの気配りを行い，移動中に医療者以外の者に触れないようにすべきである。医療者としては何の抵抗もなく行ってきた行為について，個人情報保護やプライバシー保護上問題がないか常に意識することで，多くの手間と労力をかけずに，それらの問題を回避できると考える。

---

(23)　星原千歳・佐藤ひろみ・大澤香織・佐伯節子「病院における個人情報保護の課題　個人情報保護に対する医療者と患者・家族との意識の差より」東京医科大学病院看護研究集録26回（2006年）44-48頁。

(c) 医学系研究における合理的な匿名化

　個人情報保護法の第1条には，「個人情報の適正かつ効果的な活用が新たな産業の創出並びに活力ある経済社会及び豊かな国民生活の実現に資するものであることその他の個人情報の有用性に配慮しつつ，個人の権利利益を保護することを目的とする。」と書かれており，個人情報の利活用と個人の権利利益の保護とを両立させることを目指している。経済活動における個人情報の利活用は新たな産業の創出に繋がり，豊かな国民生活をもたらす可能性があるが，利益追求のため個人の権利利益を侵しかねないリスクがある。一方，学術研究での利用はどのような成果が得られるか未知であり，予想することができない成果を産み出す可能性がある。また，利益追求が目的ではないので，個人の権利利益を侵すリスクは低い。そのため，研究機関での学術研究については，個人情報保護法自体としては利用制限に関する規定をかけないことになっている。ただし，何も制約がなく個人情報を利用できると言うのでは安心できないと言うことで，「人を対象とする医学系研究に関する倫理指針」が出され，バランスを取っている形となっている。ただし，この制約が個人情報保護法本体で付けなかった制約をまるまる付けることになっては，本末転倒と言わざるを得ない。

　倫理指針のガイダンスの解説では，「「匿名化」は本来，個人情報等の保護のためになされるものであり，研究者等又は既存試料・情報の提供を行う者が本人同意の手続等を免れるための便法として行うことは適当でない。この点については，「匿名加工情報」及び「非識別加工情報」を作成する場合も同様である。」[24] と記されているが，現実的な指導と言い難い。過去の症例や症例数の多い研究では，直接個別同意を取ることは不可能であり，「匿名化」に依拠せざるを得ない。

　医学系研究は基本的に社会的に重要性の高い研究である。しかし，それをもって個別同意ではなく，オプトアウトや Web 公表で個人情報が自由に利用可能となることは，一般に受け入れ難いと考える。「匿名化」して利用上問題のない研究では，合理的な「匿名化」によって利用すべきである。

　そこで問題なのが「匿名化」に求める要件である。実施困難な要件を付け

---

(24)　倫理指針ガイダンス・前掲注(6) 28 頁。

医事法講座 第9巻 医療情報と医事法

表5：学術研究目的での医療情報の匿名化に対する要件私案

利用形態		医療情報の共有形態	
		施設内のスタンドアロンコンピュータ又は閉じたネットワークでの共有	ネットワーク（インターネットも含む）を介した共有
一過性の利用	一施設での単独利用	①：匿名加工要件2）と3）の完全実施と要件1）の可能な限りの実施及び希少症例はこの枠組みで扱わない	
	数施設との共同利用	②：①に加え，要件1）のより十分な実施	③：②に加え，要件5）の可能な限りの実施
	多数施設との共同利用又は全国規模でのデータベース構築利用		④：③に加え，要件1）と5）のより十分な実施
継続的な利用	一施設での単独利用	⑤：匿名加工要件2）と要件1）の可能な限りの実施および連結符号表の厳重な管理及び希少症例はこの枠組みで扱わない	
	数施設との共同利用	⑥：⑤に加え，要件1）のより十分な実施と連結符号表の他施設への提供禁止	⑦：⑥に加え，要件5）の可能な限りの実施
	多数施設との共同利用又は全国規模でのデータベース構築利用		⑧：⑦に加え，要件1）と5）のより十分な実施

注：要件1）から3）および要件5）は匿名加工に関する基準1）から3）および基準5）に対応。

られても，利用することはできない。利用形態や医療情報の共有形態によって，求める要件を設定するのが，合理的ではないかと考える。表5に利用する施設の範囲と利用の仕方および医療情報の共有形態によって，匿名化の要件を整理してみた。インターネットに接続し得るネットワークを介した共有は避けることが望ましいので，外部ネットワーク接続なして運用できる利用

形態（一施設での単独利用）では，そのような共有形態を考慮しなかった。

　利用形態として，ある時点でのデータを利用して終わりと言う一過性の利用と，追跡調査のように発生して来るデータを逐次追加して継続的に利用する研究とでは，データに求められる要件が異なる。一過性の利用であれば，匿名化したデータの識別符号と元データの識別符号との対応が不必要であるが，継続的な利用ではその対応がなければ利用が大変困難となる。対応表がなければ，データを追加する度に匿名化データを作成しなければならず，長期の継続研究は実質不可能である。

　表5には匿名加工要件4）の一意性や特異性を排除する要件を入れていない。先にも述べたように，この要件を満足するためにはデータの値を加工する必要が生じ，分析結果に影響が出る。現時点で，統計分析上の問題がない加工方法は確立されていない以上，そのような加工はしないのが妥当である。特異性の最たるものが希少症例であり，対象者が地域で数例程度で全国でも100例未満のような場合は，表5の枠組みで「匿名化」要件を考えるのは適切でないと判断し，表5から外した。極めて特異性が高い場合には，患者又は家族に個別同意を得るのが合理的であると考える。

　医療情報は医学の発展には不可欠な情報であり，それが利活用できなければ，国民に還元される医療の発展にも大きな障害となる。個人情報保護法の目的に則り，個人の権利利益の保護を適切に配慮した上で，医療情報を利活用できる運用とされるべきである。

〈編 者〉

甲 斐 克 則（かい・かつのり）

1954年10月　大分県朝地町に生まれる
1977年 3 月　九州大学法学部卒業
1982年 3 月　九州大学大学院法学研究科博士課程単位取得
1982年 4 月　九州大学法学部助手
1984年 4 月　海上保安大学校専任講師
1987年 4 月　海上保安大学校助教授
1991年 4 月　広島大学法学部助教授
1993年 4 月　広島大学法学部教授
2002年10月　法学博士（広島大学）
2004年 4 月　早稲田大学大学院法務研究科教授（現在に至る），広島大学名誉教授
　　　　　　日本刑法学会監事，日本医事法学会前代表理事，日本生命倫理学会前代表理事

〈主要著書〉
アルトゥール・カウフマン『責任原理──刑法的・法哲学的研究』（九州大学出版会，2000年，翻訳）
『海上交通犯罪の研究［海事刑法研究第 1 巻］』（成文堂，2001年）
『安楽死と刑法［医事刑法研究第 1 巻］』（成文堂，2003年）
『尊厳死と刑法［医事刑法研究第 2 巻］』（成文堂，2004年）
『責任原理と過失犯論』（成文堂，2005年）
『被験者保護と刑法［医事刑法研究第 3 巻］』（成文堂，2005年）
『医事刑法への旅 I ［新版］』（イウス出版，2006年）
『遺伝情報と法政策』（成文堂，2007年，編著）
『企業犯罪とコンプライアンス・プログラム』（商事法務，2007年，共編著）
『終末期医療と生命倫理』（太陽出版，2008年，共編著）
『ブリッジブック医事法』（信山社，2008年，編著）
『企業活動と刑事規制』（日本評論社，2008年，編著）
『企業活動と刑事規制の国際動向』（信山社，2008年，共編著）
ペーター・タック『オランダ医事刑法の展開──安楽死・妊娠中絶・臓器移植』（慶應義塾
　　大学出版会，2009年，編訳）
『医事法講座第 1 巻 ポストゲノム社会と医事法』（信山社，2009年，編著）
『医事法六法』（信山社，2010年，編集）
『レクチャー生命倫理と法』（法律文化社，2010年，編著）
『生殖医療と刑法［医事刑法研究第 4 巻］』（成文堂，2010年）
『新版 医療事故の刑事判例』（成文堂，2010年，共編著）
『医事法講座第 2 巻 インフォームド・コンセントと医事法』（信山社，2010年，編著）
『中華人民共和国刑法』（成文堂，2011年，共編訳）
『医事法講座第 3 巻 医療事故と医事法』（信山社，2012年，編著）
『現代社会と刑法を考える』（法律文化社，2012年，編著）
ウルリッヒ・ズィーバー『21世紀刑法学への挑戦──グローバル化情報社会とリスク社会の
　　中で』（成文堂，2012年，共監訳）
『シリーズ生命倫理学第 5 巻 安楽死・尊厳死』（丸善出版，2012年，共編著）
『医療事故と刑法［医事法研究第 5 巻］』（成文堂，2012年）
『医事法講座第 4 巻 終末期医療と医事法』（信山社，2013年，編著）
アルビン・エーザー『「侵害原理」と法益論における被害者の役割』（信山社，2014年，編訳）
『医事法講座第 5 巻 生殖医療と医事法』（信山社，2014年）
『刑事コンプライアンスの国際動向』（信山社，2015年，共編著）
『医事法講座第 6 巻 臓器移植と医事法』（信山社，2015年，編著）
『海外の安楽死・自殺幇助と法』（慶應義塾大学出版会，2015年，編訳）
『臓器移植と刑法［医事刑法研究第 6 巻］』（成文堂，2016年）
『医事法講座第 7 巻 小児医療と医事法』（信山社，2016年，編著）
『終末期医療と刑法［医事刑法研究第 7 巻］』（成文堂，2017年）
『医事法講座第 8 巻 再生医療と医事法』（信山社，2017年）
『ブリッジブック医事法（第2版）』（信山社，2018年，編著）
『〈講演録〉医事法学へのまなざし──生命倫理とのコラボレーション』（信山社，2018年）
『医事法辞典』（信山社，2018年，編集代表）
『責任原理と過失理論（増補版）』（成文堂，2019年）

◆ 医事法講座 第9巻 ◆
医療情報と医事法

2019年6月30日　第1版第1刷発行

編　　者　　甲　斐　克　則
発 行 者　　今　井　　　貴
発 行 所　　株式会社　信山社

〒113-0033 東京都文京区本郷6-2-9-102
Tel 03-3818-1019
Fax 03-3818-0344
info@shinzansha.co.jp
出版契約 No.2019-1209-9-01010　Printed in Japan

Ⓒ甲斐克則，2019　印刷・製本／亜細亜印刷・牧製本
ISBN978-4-7972-1209-9-01010-012-050-015 C3332
分類328.700.b009 P284.医事法

JCOPY 〈(社)出版者著作権管理機構 委託出版物〉
本書の無断複写は著作権法上での例外を除き禁じられています。複写される場合は，
そのつど事前に，(社)出版者著作権管理機構(電話 03-5244-5088，FAX 03-5244-5089，
e-mail:info@jcopy.or.jp) の許諾を得てください。

生命科学と法の近未来　米村滋人 編

◆第Ⅰ部◆　研究に関する法制度の基礎理論
◇第1章
　医学・生命科学研究の法制度設計
　　──包括的制度構築に向けた立法提言…米村滋人
◇第2章
　研究を活性化させる規制の在り方
　　──医学研究規制の近未来像…辰井聡子
◇第3章
　医学研究・先端医療の規制の法理学的検討…樺島博志
◇第4章
　研究倫理は誰のものか──胎児組織の研究利用をめぐって…武藤香織
◇第5章
　学問の自由と生命倫理…奥田純一郎
◆第Ⅱ部◆　研究の国際化と法的規律
◇第6章
　海外での研究者主導臨床試験に対する法規制…磯部　哲
◇第7章
　生命科学研究に対する国際経済法の役割・機能
　　──医薬品特許の議論を中心に…猪瀬貴道
◆第Ⅲ部◆　生命科学研究・先端医療の実際的課題
◇第8章
　生命科学研究における利益相反マネジメント…谷内一彦・川嶋史絵
◇第9章
　生命科学研究・先端医療の実際的課題
　　──ゲノム研究規制の今日的課題…森崎隆幸
◇第10章
　大規模ゲノム解析・バンク事業に関する課題
　　──近年，勃興している新規課題を中心に…長神風二
◇第11章
　個体死としての心臓死
　　──NHBドナー（Non-Heart-Beating Donor）について…町野　朔
◇第12章
　医療ネグレクトに関する一考察…水野紀子

プライバシーの権利を考える　山本龍彦 著

◇第1部　総　論

◇第2部　警察による情報監視とプライバシー

◇第3部　民間事業者によるデータ処理とプライバシー

◇第4部　デモクラシーとプライバシー

──── 信山社 ────

〈講演録〉医事法学へのまなざし
―生命倫理とのコラボレーション

甲斐克則 著

1　医事法と生命倫理の交錯 ― 唄孝一の「ELMの森」を歩く
2　大震災と人権問題
3　尊厳死問題の法理と倫理
4　日本における終末期医療をめぐる法と倫理
5　人工妊娠中絶と生殖医療 ― 医事法・生命倫理の観点から
6　ES細胞・iPS細胞の研究推進をめぐる法的・倫理的課題
7　医療事故の届出義務と医療事故防止 ― 医師法21条の問題点と法改正への提言
8　持続可能な医療安全確保に向けた制度構築 ― 広島医療社会科学研究センターに期待される役割

ブリッジブック医事法（第2版）　甲斐克則 編

第1講 医事法の意義と基本原理/甲斐克則, 第2講 医療制度と行政規制/柳井圭子, 第3講 医療行為と刑事規制/溢谷洋平, 第4講 インフォームド・コンセント/小西知世, 第5講 医療情報/村山淳子, 第6講 治療行為/加藤摩耶, 第7講 人体実験・臨床試験/甲斐克則, 第8講 医療事故と医療過誤（民事）/山口斉昭, 第9講 医療事故と医療過誤（刑事）/日山恵美, 第10講 医療事故と届出義務・被害者救済/甲斐克則, 第11講 薬害/増成直美, 第12講 安楽死/武藤眞朗, 第13講 尊厳死/千葉華月, 第14講 臓器移植/秋葉悦子, 第15講 人工妊娠中絶/伊佐智子, 第16講 生殖補助医療/永水裕子, 第17講 クローン技術/甲斐克則, 第18講 遺伝をめぐる医療/山本龍彦, 第19講 ヒト由来物質の利用/佐藤雄一郎, 第20講 小児医療/久藤（沖本）克子, 第21講 精神科医療の基本原理と関連法制度/横藤田誠, 第22講 精神科医療と損害賠償/長谷川義仁

科学の不定性と社会

本堂　毅・平田光司・尾内隆之・中島貴子 編

―― 信山社 ――

◆医事法講座◆

甲斐克則 編

法理論と医療現場の双方の視点から、また、日本のみならず、
広く世界の最新状況も見据え、総合的に医事法学の深化を図る待望のシリーズ

◆第1巻 ポストゲノム社会と医事法

◆第1部◆医事法学の回顧と展望/1 日本の医事法学―回顧と展望/甲斐克則 2 医事（刑）法のパースペクティブ/アルビン・エーザー〔訳：甲斐克則・福山好典〕◆第2部◆ポストゲノム時代に向けた比較医事法学の展開―文化葛藤の中のルール作り/〈序論〉現代バイオテクノロジーの挑戦下における医事法のパースペクティブ/アルビン・エーザー〔訳：甲斐克則・新谷一朗・三重野雄太郎〕◆第1編 人体利用と法的ルール/ 4 人体商品化論―人体商品化は立法によって禁止されるべきか/粟屋剛 5 フィリピンにおける腎臓提供/ラリーン・シルーフ〔訳：甲斐克則・新谷一朗〕6 人格性と人体の商品化：哲学的および法倫理学的パースペクティブ/ジョージ・ムスラーキス〔訳：一家綱邦・福山好典・甲斐克則〕7 日本法における人体・臓器の法的位置づけ/岩志和一郎 ◆第2編 ゲノム・遺伝情報をめぐる比較医事法―生命倫理基本法への途/ 8 ポストゲノム時代における遺伝情報の規制：オーストラリアのおよび国際的なパースペクティブ/ドン・チャーマーズ〔訳：新谷一朗・原田香菜〕9 日本における遺伝情報の扱いをめぐるルール作り―アメリカ法との比較憲法的視点から/山本龍彦 10 人体組織・遺伝情報の利用に起因する紛争等の処理のための法的枠組みについて/手嶋豊 11 比較法的観点からみた先端医療・医学研究の規制のあり方―ドイツ・スイス・イギリス・オランダの議論と日本の議論/甲斐克則 12 ポストゲノム社会における生命倫理と法―わが国における生命倫理基本法の提言/位田隆一

◆第2巻 インフォームド・コンセントと医事法

1 インフォームド・コンセント法理の歴史と意義/手嶋豊 2 インフォームド・コンセントの法理の法哲学的基礎づけ/野崎亜紀子 3 治療行為とインフォームド・コンセント（刑事法的側面）/田坂晶 4 終末期とインフォームド・コンセント/加藤摩耶 5 生殖医療とインフォームド・コンセント/中村恵 6 遺伝子検査とインフォームド・コンセント/永水裕子 7 臨床研究とインフォームド・コンセント/甲斐克則 8 疫学研究とインフォームド・コンセント/佐藤恵子 9 ヒトゲノム研究とインフォームド・コンセント/佐藤雄一郎 10 高齢者医療とインフォームド・コンセント/寺沢知子 11 精神科医療とインフォームド・コンセント/神野礼斉 12 小児医療とインフォームド・コンセント/多田羅竜平

◆第3巻 医療事故と医事法

1 未熟児網膜症姫路日赤事件最高裁判決と医療現場感覚との落差―司法と医療の認識統合を求めて/川崎富夫 2 医療事故に対する刑事処分の最近の動向/押田茂實 3 医療事故に対する行政処分の最近の動向/勝又純俊 4 医療水準論の機能について―医療と司法の相互理解のために/山口斉昭 5 診療ガイドラインと民事責任/手嶋豊 6 注意義務論と医療慣行―日米比較の視点から/峯川浩子 7 術後管理と過失/小谷昌子 8 看護と過失/和泉澤千恵 9 診療録の記載内容と事実認定/鈴木雄介 10 医療過誤紛争におけるＡＤＲ（裁判外紛争解決）/大澤一記 11 医療事故と刑事過失責任―イギリスにおける刑事医療過誤の動向を参考にして/日山恵美 12 刑事医療過誤と過失の競合及び管理・監督過失/甲斐克則 13 医療事故の届出義務・医事審判制度・被害者補償/甲斐克則

信山社

◆医事法講座◆

甲斐克則 編

法理論と医療現場の双方の視点から、また、日本のみならず、
広く世界の最新状況も見据え、総合的に医事法学の深化を図る待望のシリーズ

◆第4巻 終末期医療と医事法

1 終末期医療における患者の意思と医療方針の決定―医師の行為が法的・社会的に問題にされた事例を踏まえて／前田正一　2 安楽死の意義と限界／加藤摩耶　3 オランダにおける安楽死論議／平野美紀　4 医師による自殺幇助（医師介助自殺）／神馬幸一　5 人工延命処置の差控え・中止（尊厳死）論議の意義と限界／秋葉悦子　6 アメリカにおける人工延命処置の差控え・中止（尊厳死）論議／新谷一朗　7 イギリスにおける人工延命措置の差控え・中止（尊厳死）論議／甲斐克則　8 フランスにおける人工延命処置の差控え・中止（尊厳死）論議／本田まり　9 ドイツにおける治療中止―ドイツにおける世話法改正と連邦通常裁判所判例をめぐって／武藤眞朗　10 終末期医療とルールの在り方／辰井聡子　11 成年後見制度と終末期医療／神野礼斉　12 認知症の終末期医療ケア―"認知症ケアの倫理"の視点から／箕岡真子　13 小児の終末期医療／甲斐克則

◆第5巻 生殖医療と医事法

1 生殖補助医療と医事法の関わり／岩志和一郎　2 医療現場からみた生殖医療技術の現実と課題／石原理　3 日本における挙児希望年齢の高齢化をめぐる生殖補助医療の実際／片桐由起子　4 生殖補助医療と法／中村恵　5 人工妊娠中絶と法／石川友佳子　6 出生前診断と法／丸山英二　7 アメリカにおける生殖補助医療の規制―代理母契約について考える／永水裕子　8 イギリスにおける生殖医療と法的ルール／甲斐克則　9 ドイツにおける生殖医療と法的ルール／三重野雄太郎　10 フランスにおける生殖医療と法規制／本田まり　11 スウェーデンにおける生殖医療と法的ルール／千葉華月　12 韓国における生殖医療と法的ルール／洪賢秀　13 生殖ツーリズム構造の背景に潜む国内の実情―始動する当事者／起動する支援／荒木晃子　14 晩産化時代の卵子提供ツーリズムと国内解決法／日比野由利　15 養子縁組と生殖補助医療／野辺陽子

◆第6巻 臓器移植と医事法

1 臓器移植と医事法の関わり／甲斐克則　2 臓器移植をめぐる法と倫理の基礎／旗手俊彦　3 脳死・臓器移植と刑法／秋葉悦子　4 生体移植と刑法／城下裕二　5 生体臓器移植と民法／岩志和一郎　6 アメリカにおける臓器移植／丸山英二　7 イギリスにおける臓器移植／佐藤雄一郎　8 ドイツ・オーストリア・スイスにおける臓器移植／神馬幸一　9 フランスにおける臓器移植／磯部哲　10 小児の臓器移植の法理論／中山茂樹　11 臓器売買と移植ツーリズム／粟屋剛　12 臓器移植制度の運用と課題／朝居朋子　13 臓器移植医療に見る課題と展望／絵野沢伸

信山社

◆医事法講座◆
甲斐克則 編

法理論と医療現場の双方の視点から、また、日本のみならず、広く世界の最新状況も見据え、総合的に医事法学の深化を図る待望のシリーズ

◆第7巻 小児医療と医事法

1 小児医療と医事法の関わり/甲斐克則 2 小児医療と子どもの権利/横藤田　誠 3 フランスにおける未成年者の医療/澤野和博 4 小児医療と生命倫理/河原直人 5 アメリカにおける小児の終末期医療/永水裕子 6 ドイツにおける小児の医療ネグレクトをめぐる医事法上の状況と課題/保条成宏 7 フランス・ベルギーにおける小児の終末期医療/本田まり/8 日本における小児医療の現状と課題──重い病気を抱えながら生きる子どもの権利を考える/多田羅竜平 9 小児の臓器移植/絵野沢伸 10 小児看護と医事法的問題──看護の専門性の視点から/久藤(沖本)克子 11 小児歯科をめぐる諸問題/藤原久子

◆第8巻 再生医療と医事法

1 再生医療と医事法の関わり/甲斐克則 2 再生医療の最前線(1)/澤芳樹 3 再生医療の最前線(2)/阿久津英憲 4 再生医療の倫理的問題/奥田純一郎 5 再生医療安全性確保法に関する考察/一家綱邦 6 再生医療と補償の問題/佐藤大介 7 米国における再生医療の規制の動向とヒトES細胞の医療応用の現状/三浦巧 8 イギリスにおける再生医療の現状と課題/佐藤雄一郎 9 ドイツにおける再生医療の現状と課題/神馬幸一 10 フランスにおける再生医療の現状と課題/小出泰士 11 日本における再生医療の課題と今後の展望/松山晃文

医事法辞典　甲斐克則 編集代表

〔編集委員〕手嶋豊・中村好一・山口斉昭・佐藤雄一郎・磯部哲

総項目数820からなる、わが国初の医事法に関する辞典。医事法に関連する用語を幅広く収集し、信頼の執筆陣により、正確な情報を提供。

信山社

JM244612

ドイツの建築規制執行

西 津 政 信

Masanobu NISHIZU

ドイツの建築規制執行

Bauaufsichtsvollstreckung in Deutschland

学術選書
194
比較法政策

信 山 社

はじめに／概要

　筆者は，JSPS 科研費 25380031 の助成を受け，わが国の行政上の義務履行強制（行政強制）及び行政上の義務違反に対する制裁（行政制裁）に係る法制度並びに行政執行体制の包括的な改革に向けた実践的な政策提言並びに将来的な立法政策及び行政実務において参考となる最新情報を，関係する国の機関，地方公共団体等に提示するため，ドイツ連邦共和国の 17 の州都等の下級建築監督官庁を対象として，2013 年度から 2016 年度までの 4 カ年度において 8 次にわたる現地調査を実施した。これにより，各州の行政執行法及び建築法に規定される行政強制手段である代執行（Ersatzvornahme），強制金（Zwangsgeld）及び直接強制（unmittelbarer Zwang）並びに連邦の秩序違反法に規定される行政制裁手段としての過料（Geldbuße od. Bußgeld）の直近の運用実態及びその適用を担当する下級建築監督官庁の執行体制（地方官吏養成システムを含む。）に関する最新情報を収集した。本書は，その成果となる知見を調査収集資料とともにご紹介するものである。

　本調査に際しては，特に，後期の往訪調査において，当該時期に急増した中東・北アフリカからの難民に対する住宅提供などの多忙な業務の時間を割いてご協力いただいた各州都等の下級建築監督官庁のカウンターパートの方々（役職・氏名は，本書第 2 章の各節に記載）はもとより，調査インタビューの実施を広範にサポートしていただいた（株）アイ・シー・エイチ・ジャパンの是沢正明氏や崎村千枝子氏をはじめとする皆様方に多大なるご支援をいただいた。また，本書の出版及び愛知大学出版助成の申請にあたっては，信山社出版編集部の柴田尚到氏に一方ならずご尽力をいただいた。ここに記して深甚なる感謝の意を表する次第である。

　なお，本書の出版に当たっては，2019 年度の愛知大学出版助成金を得ていることを，謝意を込めて申し添える。

　建築監督行政における行政上の義務履行確保制度とその運用については，調査対象とした 17 の州都等の建築監督部局では，わが国では類似の制度の現行立法例が一例のみであり，またその適用事例もほとんど確認されていない「強制金」

i

はじめに／概要

が中核的な行政強制手段として適用されており，多くは平均して 80% を上回る非常に高い目的達成率を挙げている。また，わが国には立法例のない，違法建築工事等の中止命令に係る行政強制手段としての「封印措置」（Versiegelung）なども，その適用件数こそ比較相対的には少ないものの，多くは州建築法上の特別の直接強制と位置づけられて相応に活用されている。さらに，建築法違反者には，わが国のように罰金等の刑事罰ではなく，連邦の秩序違反法に基づいて，行政機関による行政制裁手段としての過料が多く科されている。このように，ドイツの各州都等においては，多様な行政強制手段や行政制裁手段の活用によって，大幅に実効的な建築規制執行が，各自治体の多様な充実した執行体制により実現されていることが確認された。

また，法執行公務員の養成については，調査対象とした 4 州の行政専門大学（Verwaltungsfachhochschule）において，主に大学入学資格試験（Abitur）合格者である行政職の官吏（Beamte）任用候補者を中心に，月額約 1,000 ユーロの任用候補者給与を支給されて，学費無償で 3 年間にわたり実務的要素の強い法律科目を中心とする専門科目（Studium）の履修とともに，当該科目で得た知識を応用して，地方公共団体での実際の行政文書の試行的作成や規制執行現場への立ち会いなどを含む実務実習（Praktikum）によって構成される，法理論と行政実務を架橋する官吏養成教育（Ausbildung）が実施されている。これに匹敵するような専門的地方公務員養成教育システムはわが国にはなく，上掲の多様な行政上の義務履行確保制度の「実効的な運用」を支える行政執行体制の人的基盤を形成するための専門的人材養成制度として，極めて重要な役割を果たしていると評価される。

Vorwort / Zusammenfassung

Der Verfasser hat mit Unterstützung durch Forschungsfördergelder der Japanischen Vereinigung zur Förderung der Wissenschaft (JSPS-Förderung Nr. 25380031) eine auf Untere Bauaufsichtsbehörden der 16 deutschen Landeshauptstädte sowie Gotha gerichtete Feldstudie bei acht Deutschlandaufenthalten im Zeitraum der Fiskaljahre 2013 bis 2016 mit dem Ziel durchgeführt, relevanten staatlichen Organen Japans, örtlichen Gebietskörperschaften u. a. auf eine umfassende Reformierung des Rechtssystems des behördlichen Zwangs zur Pflichterfüllung (Verwaltungszwang) und behördlicher Sanktionen gegen Pflichtverletzungen (Verwaltungssanktionen) sowie des Verwaltungsvollstreckungssystems in Japan gerichtete praktische Vorschläge für politische Maßnahmen sowie bei zukünftiger Gesetzgebung und Verwaltungspraxis als Referenz dienliche neueste Informationen zur Verfügung zu stellen. Hierfür hat der Verfasser aktuelle Informationen zu den von Verwaltungsvollstreckungsgesetz und Bauordnungen der deutschen Bundesländer geregelten Zwangsmitteln der Ersatzvornahme, des Zwangsgelds, des unmittelbaren Zwangs sowie zum derzeitigen Anwendungsstand von Geldbußen als im Gesetz über Ordnungswidrigkeiten des Bundes festgelegtem behördlichen Sanktionsmittel und dem Vollstreckungssystem (einschließlich der Schulung lokaler Beamter) der für dessen Anwendung verantwortlichen Unteren Bauaufsichtsbehörden zusammengetragen. In vorliegender Schrift werden die Ergebnisse der Studie zusammen mit relevanten Materialien vorgestellt.

Im Verlauf der Studie, insbesondere bei den Besuchen vor Ort im späteren Teil, wurde mir neben der Kooperation der Ansprechpartner bei den Unteren Bauaufsichtsbehörden (Auflistung der Namen und Funktionen in den Abschnitten des zweiten Kapitels), welche mir einen Teil ihrer u. a. durch Wohnraumzuteilung an die seinerzeit zahlreich ankommenden Flüchtlinge aus dem Mittleren Osten und Nordafrika stark beanspruchten Dienstzeit zur Verfügung stellten, großer Beistand aller Beteiligten, u. a. durch Herrn Masaaki Koresawa von der ICH Japan Inc. und Frau Chieko Sakimura, welche die Durchführung der Interviews der Studie intensiv unterstützten, zuteil. Ihnen allen möchte ich an dieser Stelle meinen tiefen Dank ausdrücken.

Nebenbei, das Verlegen dieses Buchs wurde von der Universität Aichi im japanischen Studienjahr 2019 subventioniert.

Im Rahmen des Systems zur Sicherstellung der Pflichterfüllung in der Bauaufsichtsverwaltung und dessen Anwendung wird bei den in der Studie untersuchten 17 Bauaufsichtsbehörden in den Bundesländern das Zwangsgeld als zentrales Zwangsmittel angewendet und erreicht zumeist einen sehr hohen Zielerreichungsgrad, der durchschnittlich 80 % übersteigt. Doch ein Gesetz an sich, welches ein dem Zwangsgeld ähnliches System festlegt, existiert in Japan nur ein einziges und es sind nahezu keine Fälle bekannt, in denen das

Vorwort / Zusammenfassung

System basierend auf diesem Gesetz zur Anwendung gekommen ist. Und auch Mittel wie z. B. die Versiegelung als Zwangsmittel im Rahmen von Baueinstellungsverfügungen rechtswidriger Bauarbeiten, für die es in Japan keine Entsprechung gibt, werden, auch wenn deren Fallzahlen zwar im Vergleich relativ gering ausfallen, meistens als auf Landesbauordnung beruhender, besonderer unmittelbarer Zwang verortet und entsprechend angewendet. Weiterhin werden gegenüber Bauordnungssündern nicht wie in Japan strafrechtliche Strafen wie Geldstrafen, sondern auf dem Ordnungswidrigkeitengesetz des Bundes beruhend zahlreiche Geldbußen als Sanktionsmittel der Verwaltungsbehörden verhängt. Somit zeigt sich, dass in den deutschen Bundesländern durch die Anwendung diverser Zwangsmittel und Sanktionsmittel ein in hohem Maße effektiver Vollzug der Bauregulierung mittels eines vielschichtigen Vollstreckungssystems der Gemeinden realisiert wird.

Des Weiteren wird bei der Schulung der Vollzugsbeamten bei den Verwaltungsfachhochschulen der vier Bundesländer, die Gegenstand der Studie waren, mit Schwerpunkt auf Anwärtern zum Verwaltungsbeamten, welche zumeist über die Hochschulreife (Abitur) verfügen, ein Anwärtergehalt von monatlich etwa 1000 EUR gezahlt und einhergehend mit dem Absolvieren eines dreijährigen, kostenfreien Fachstudiums mit Hauptaugenmerk auf rechtlichen Fächern mit stark praxisorientierten Elementen eine zwischen Rechtstheorie und Verwaltungspraxis brückenschlagende Beamtenausbildung durchgeführt, die aus Praktika besteht, welche u. a. das probeweise Erstellen tatsächlicher Verwaltungsdokumente in örtlichen Gebietskörperschaften oder das Beiwohnen in der Vollstreckungspraxis u. a. unter Anwendung der in den jeweiligen Fächern erworbenen Kenntnisse umfassen. Ein diesem entsprechendes fachliches System zur Schulung regionaler Beamter existiert in Japan nicht. Ihm wird in Deutschland zuerkannt, als System zur fachlichen Personalschulung, das für die Formung der personellen Basis des Verwaltungsvollstreckungssystems, welche die „effiziente Anwendung" des oben beschriebenen vielgestaltigen Systems zur Sicherstellung der Pflichterfüllung stützt, eine äußerst wichtige Rolle zu erfüllen.

目　　次

はじめに／概要

Vorwort / Zusammenfassung

第1章　総　　説 ……………………………………………………………1

1. 本調査研究の概要について……………………………………………………1

⑴　本調査研究の目的 ……………………………………………………………1

⑵　本調査研究の学術的背景 ……………………………………………………1

1）行政強制制度等の法制度整備仮説 ………………………………………2

2）行政執行体制整備仮説 ……………………………………………………2

2. ドイツの各州都等の下級建築監督官庁による行政強制制度の適用実態

……………………………………………………………………………………4

⑴　強制金ほかの適用実態 ………………………………………………………4

①強制金手続の概要と立法政策上の選択肢 ………………………………4

②各州都等における強制金の適用実績総括 ………………………………7

③強制金の戒告額の算定方法…………………………………………………8

④強制金と過料の連携的運用 ………………………………………………10

⑤代償強制拘留の適用実態 …………………………………………………10

⑵　代執行の適用実態………………………………………………………………11

①代執行の概要 ………………………………………………………………11

②各州都等における代執行の適用実績総括 ………………………………12

③代執行費用の事前徴収制度 ………………………………………………13

④即時執行 ……………………………………………………………………15

⑶　直接強制，特に封印措置等の適用実態………………………………………16

①封印措置等の概要…………………………………………………………16

v

目　　次

　　　　②各州都等における封印措置の適用実績総括 ……………………18

　　　　③封印措置の事前手続要件 …………………………………………19

　　⑷　過料の適用実態 ……………………………………………………21

　　⑸　下級建築監督官庁の行政執行体制 ………………………………22

　　　　①ミュンヘン市地域建築コミッション……………………………23

　　　　②ゴータ市建築秩序課 ………………………………………………23

　3.　ドイツの州行政専門大学における行政職地方公務員養成教育 ………26

　　⑴　調査の趣旨 ……………………………………………………………26

　　⑵　チューリンゲン州公行政専門大学の概要 ………………………27

　　⑶　同大学行政職地方公務員養成課程の概要 ………………………27

　　⑷　行政職地方公務員養成に関する総括的私見 ……………………28

第2章　各都市下級建築監督官庁調査報告（訪問順）………30

　第1節　マクデブルク市（：ザクセン・アンハルト州都）………………30

　第2節　ポツダム市（：ブランデンブルク州都）………………………35

　第3節　ヴィースバーデン市（：ヘッセン州都）………………………45

　第4節　ミュンヘン市（：バイエルン州都）……………………………52

　第5節　ハンブルク市（：ハンブルク都市州都）………………………64

　第6節　キール市（：シュレスヴィヒ・ホルシュタイン州都）………70

　第7節　デュッセルドルフ市（：ノルトライン・ヴェストファーレン州都）…77

　第8節　エアフルト市（：チューリンゲン州都）………………………84

　第9節　ゴータ市（：チューリンゲン州）………………………………89

　第10節　ベルリン市トレプトウ・ケーペニック行政区 ………………98

　第11節　ドレスデン市（：ザクセン州都）………………………………103

　第12節　シュトゥットガルト市（：バーデン・ヴュルテンベルク州都）……109

　第13節　ハノーファー市（：ニーダーザクセン州都）…………………114

　第14節　ブレーメン市（：ブレーメン州都）……………………………120

　第15節　シュヴェリーン市（：メクレンブルク・フォアポンメルン州都）…126

　　　　　　　　　　　　　　　　　　　　　　　　　　　　目　　次

　　第16節　マインツ市（：ラインラント・プファルツ州都）……………131

　　第17節　ザールブリュッケン市（：ザールラント州都）………………138

第3章　行政専門大学調査報告（訪問順）……………………………………144

　　第1節　ノルトライン・ヴェストファーレン州公行政専門大学 …………144

　　第2節　チューリンゲン州公行政専門大学 ………………………………148

　　第3節　ニーダーザクセン州自治体行政専門大学 ………………………152

　　第4節　ザクセン州公行政専門大学 ………………………………………156

おわりに

　　　　　　　　関連主要参照条文編　　目次

【州　法】

ザクセン・アンハルト州行政執行法 ……………………………………………167

ザクセン・アンハルト州公共の安全及び秩序に関する法律 …………………167

ザクセン・アンハルト州建築法 …………………………………………………169

ブランデンブルク州行政執行法 …………………………………………………171

ブランデンブルク州建築法 ………………………………………………………173

ヘッセン州行政執行法 ……………………………………………………………174

ヘッセン州建築法 …………………………………………………………………176

バイエルン州行政送達・行政執行法 ……………………………………………177

バイエルン州建築法 ………………………………………………………………179

ハンブルク州行政執行法 …………………………………………………………180

ハンブルク州公共の安全と秩序に関する法律 …………………………………182

ハンブルク州建築法 ………………………………………………………………182

シュレスヴィヒ・ホルシュタイン州一般行政法 ………………………………183

シュレスヴィヒ・ホルシュタイン州建築法 ……………………………………186

vii

目　　次

ノルトライン・ヴェストファーレン州行政執行法　……………………………187

ノルトライン・ヴェストファーレン州建築法　…………………………………190

チューリンゲン州行政送達・行政執行法　………………………………………192

チューリンゲン州建築法　…………………………………………………………195

ベルリンの行政に係る手続に関する法律　………………………………………196

ベルリン州建築法　…………………………………………………………………196

ザクセン州行政執行法　……………………………………………………………197

ザクセン州建築法　…………………………………………………………………199

バーデン・ヴュルテンベルク州行政執行法　……………………………………199

バーデン・ヴュルテンベルク州建築法　…………………………………………201

ニーダーザクセン州行政執行法　…………………………………………………202

ニーダーザクセン州公共安全秩序法　……………………………………………202

ニーダーザクセン州建築法　………………………………………………………205

ブレーメン州行政執行法　…………………………………………………………206

ブレーメン州建築法　………………………………………………………………208

メクレンブルク・フォアポンメルン州行政手続・送達・執行法　……………209

メクレンブルク・フォアポンメルン州公共安全秩序法　………………………209

メクレンブルク・フォアポンメルン州建築法　…………………………………211

ラインラント・プファルツ州行政執行法　………………………………………212

ラインラント・プファルツ州建築法　……………………………………………214

ザールラント州行政執行法　………………………………………………………215

ザールラント州建築法　……………………………………………………………217

【連邦法】

行政執行法　…………………………………………………………………………218

行政裁判所法　………………………………………………………………………220

刑法典　………………………………………………………………………………221

秩序違反法　…………………………………………………………………………221

民事訴訟法　…………………………………………………………………………230

目　　次

公課法 ……………………………………………………………………231

資料編　目次

【強制金関係】

参考資料1：ミュンヘン市の強制金期限到来通知兼再戒告 ………………235

参考資料2：キール市の違法建築工事変更命令＆強制金戒告 ……………238

参考資料3：キール市の違反屋外広告物に係る撤去命令＆強制金戒告 …241

参考資料4：キール市の違法建築物使用中止命令に係る強制金賦課決定＆封印
　　　　　　措置の戒告 …………………………………………………244

参考資料5：キール市の建築物違法使用中止命令＆強制金戒告 …………247

参考資料6：キール市の建築物違法使用中止命令に係る強制金賦課決定 …251

参考資料7：デュッセルドルフ市の違法屋外広告物撤去命令＆強制金戒告 …254

参考資料8：ドレスデン市の老朽建築物に係る一部除却等命令＆強制金戒告

　　　　　　………………………………………………………………257

【代執行関係】

参考資料9：ポツダム市の建築物保全措置の代執行決定 …………………265

参考資料10：ベルリン市トレプトウ・ケーペニック行政区の費用事前納付命令付き
　　　　　　代執行決定 …………………………………………………270

参考資料11：ブレーメン市の老朽建築物に係る除却命令＆代執行戒告通知 …………272

【封印措置ほか関係】

参考資料12：ポツダム市建築監督課による封印措置の実施状況 …………276

参考資料13：キール市の建築物違法使用中止命令に係る封印措置実施通知 …………277

参考資料14：デュッセルドルフ市の封印書様式 …………………………279

参考資料15：エアフルト市の封印書様式 …………………………………280

ix

目　　次

参考資料 16：シュトゥットガルト市の違法建築工事中止命令＆封印措置戒告 ‥‥‥‥281

参考資料 17：シュヴェリーン市の建築物違法使用中止命令＆封印措置戒告 ‥‥‥‥283

参考資料 18：シュヴェリーン市の封印措置実施通知 ‥‥‥‥‥‥‥‥‥‥‥‥‥‥‥286

参考資料 19：マインツ市の封印書様式 ‥‥‥‥‥‥‥‥‥‥‥‥‥‥‥‥‥‥‥‥‥288

参考資料 20：ザールブリュッケン市の建築物違法使用中止命令に係る直接強制決定 ‥‥289

【過料手続関係】

参考資料 21：ポツダム市下級建築監督官庁の過料カタログ抜粋版 ‥‥‥‥‥‥‥‥‥292

参考資料 22：ポツダム市の過料に係る聴聞告知 ‥‥‥‥‥‥‥‥‥‥‥‥‥‥‥‥‥295

参考資料 23：ポツダム市の過料決定 ‥‥‥‥‥‥‥‥‥‥‥‥‥‥‥‥‥‥‥‥‥‥297

参考資料 24：ミュンヘン市の違法屋外広告物に係る過料決定 ‥‥‥‥‥‥‥‥‥‥‥301

参考資料 25：ハンブルク市管区庁の過料カタログ抜粋版 ‥‥‥‥‥‥‥‥‥‥‥‥‥305

参考資料 26-1：ドレスデン市の防火規制違反障害者施設に係る過料聴聞 ‥‥‥‥‥‥307

参考資料 26-2：ドレスデン市の防火規制違反障害者施設に係る過料決定 ‥‥‥‥‥‥310

参考資料 27：マインツ市の建築物違法増築に係る過料決定 ‥‥‥‥‥‥‥‥‥‥‥‥313

【行政執行体制関係】

参考資料 28：ヴィースバーデン市建築監督局組織図 ‥‥‥‥‥‥‥‥‥‥‥‥‥‥‥317

参考資料 29：ヴィースバーデン市の実務研修プログラム例 ‥‥‥‥‥‥‥‥‥‥‥‥318

参考資料 30：ミュンヘン市都市計画・建築秩序局第Ⅳ課地域建築コミッション組織図

‥‥‥‥‥‥‥‥‥‥‥‥‥‥‥‥‥‥‥‥‥‥‥‥‥‥‥‥‥‥‥‥‥‥‥‥‥‥319

参考資料 31：ハンブルク市の特別区における建築監督行政組織図 ‥‥‥‥‥‥‥‥‥320

参考資料 32：デュッセルドルフ市建築監督課組織図 ‥‥‥‥‥‥‥‥‥‥‥‥‥‥‥321

参考資料 33：ドレスデン市建築監督局組織図 ‥‥‥‥‥‥‥‥‥‥‥‥‥‥‥‥‥‥322

参考資料 34：ドレスデン市秩序局組織図 ‥‥‥‥‥‥‥‥‥‥‥‥‥‥‥‥‥‥‥‥323

参考資料 35：シュトゥットガルト市建築法課組織図 ‥‥‥‥‥‥‥‥‥‥‥‥‥‥‥324

参考資料 36-1：シュトゥットガルト市／BAURIS のメインメニュー画面 ‥‥‥‥‥325

参考資料 36-2：シュトゥットガルト市／BAURIS の個別事案情報の画面 ‥‥‥‥‥‥326

参考資料 36-3：シュトゥットガルト市／BAURIS の建築許可申請のデータ一覧画面 ‥327

目　　次

参考資料 37：ハノーファー市建築秩序課組織図 ‥‥‥‥‥‥‥‥‥‥328

参考資料 38：ブレーメン市環境・建築・交通局組織図 ‥‥‥‥‥‥‥329

参考資料 39：シュヴェリーン市内部部局組織図 ‥‥‥‥‥‥‥‥‥‥330

参考資料 40：マインツ市建築局組織図 ‥‥‥‥‥‥‥‥‥‥‥‥‥‥331

【行政専門大学関係】

参考資料 41：ノルトライン・ヴェストファーレン州公行政専門大学／行政職地方
　　　　　　　公務員養成課程スケジュール表 ‥‥‥‥‥‥‥‥‥‥332

参考資料 42：チューリンゲン州公行政専門大学／行政職地方公務員養成課程
　　　　　　　スケジュール表 ‥‥‥‥‥‥‥‥‥‥‥‥‥‥‥‥‥333

参考資料 43-1：チューリンゲン州公行政専門大学／カリキュラム概括表その 1 ‥‥‥334

参考資料 43-2：チューリンゲン州公行政専門大学／カリキュラム概括表その 2 ‥‥‥335

参考資料 44-1：チューリンゲン州公行政専門大学／シラバス／1（行政執行法関係）‥‥336

参考資料 44-2：チューリンゲン州公行政専門大学／シラバス／2（秩序違反法関係）‥‥337

参考資料 45-1：チューリンゲン州公行政専門大学／授業風景／1‥‥‥‥‥‥‥‥‥338

参考資料 45-2：チューリンゲン州公行政専門大学／授業風景／2‥‥‥‥‥‥‥‥‥339

参考資料 45-3：チューリンゲン州公行政専門大学／授業風景／3‥‥‥‥‥‥‥‥‥340

参考資料 46-1：ニーダーザクセン州自治体行政専門大学／地方行政職公務員養成
　　　　　　　　課程スケジュール表 ‥‥‥‥‥‥‥‥‥‥‥‥‥‥341

参考資料 46-2：ニーダーザクセン州自治体行政専門大学／行政強制法関連科目
　　　　　　　　シラバス ‥‥‥‥‥‥‥‥‥‥‥‥‥‥‥‥‥‥342

参考資料 46-3：ニーダーザクセン州自治体行政専門大学／建築法関連科目シラバス ‥‥343

参考資料 46-4：ニーダーザクセン州自治体行政専門大学／秩序違反法関連科目
　　　　　　　　シラバス ‥‥‥‥‥‥‥‥‥‥‥‥‥‥‥‥‥‥344

参考資料 47：ニーダーザクセン州自治体行政専門大学／教育用加除式法令集 ‥‥‥‥345

参考資料 48：ザクセン州公行政専門大学／地方行政職官吏養成課程スケジュール表 ‥‥346

参考資料 49：ザクセン州公行政専門大学／地方行政職官吏養成課程スケジュール表
　　　　　　　詳細 ‥‥‥‥‥‥‥‥‥‥‥‥‥‥‥‥‥‥‥‥‥347

参考資料 50：ザクセン州公行政専門大学／「侵害行政」（専門理論）シラバス ‥‥‥‥348

xi

目　　次

参考資料 51：ザクセン州公行政専門大学／「侵害行政」（職業実習）シラバス

　　　　　　…………………………………………………………………………352

既刊調査報告書：初出論文／引用・参考文献

主要事項索引

第1章　総　　説

1．本調査研究の概要について

(1)　本調査研究の目的

　本調査研究は，近い将来にその実現が強く期待されるわが国の行政強制制度，行政制裁制度及び行政執行体制の包括的な改革に向けた実践的な政策提言及び立法・行政実務上参考となる最新情報を立法府や中央・地方行政府に提示するため，ドイツ連邦共和国の 17 州都等の建築規制を所管する下級建築監督官庁（Untere Bauaufsichtsbehörde）を対象として，4 カ年度に 8 次にわたる現地調査を実施し（調査対象都市及び調査実施時期につき，次掲の表 1・図 1 を参照。），連邦の行政執行法及び秩序違反法並びに各州の行政執行法及び建築法に規定される行政上の強制手段である代執行，強制金及び直接強制並びに行政上の秩序罰である過料の直近の運用実態，さらにはその適用を担当する下級建築監督官庁の執行体制に関する最新情報を広範に収集することを目的としたものである。なお，本調査の後半期において，前述の下級建築監督官庁の執行体制に関連して，法執行に携わる地方公務員の養成教育を担う行政専門大学に係る調査を追加的に実施することとした。

(2)　本調査研究の学術的背景

　上掲の調査研究目的を達成するため，筆者の既往の立法論的研究[1]の発展的展開として，明治期における法継受の経緯にも照らして，わが国の関係法制度等の改善のために大いに参考になると思われるドイツの行政強制制度及び行政制裁制度の実務運用実態並びに行政執行体制の実態を広範に調査することとした。本調査研究による最新の広範な関連情報により，既往拙研究に係る次掲の 2 つの仮説をより高い確度で実証することを通じて，関連法制度の改正や行政執行体制の整備などに資する諸情報を提供しようとするものである。

---

1 ）主な既往研究成果として，西津（2006）及び同（2012）。

第1章　総　　説

表1　調査対象都市と調査実施時期

調査時期	対象都市1	対象都市2	対象都市3
2013年8-9月	マクデブルク	ポツダム	
2014年3月	ヴィースバーデン	ミュンヘン	
同年8-9月	ハンブルク	キール	
2015年3月	デュッセルドルフ	エアフルト＋ゴータ	ベルリン／トレプトウ・ケーペニック行政区
同年8-9月	ハノーファー（1次）	ドレスデン	
2016年3月	シュトゥットガルト	ハノーファー（2次）	
同年8月	ブレーメン	シュヴェリーン	
2017年3月	マインツ	ザールブリュッケン*	

注＊：ザールブリュッケンについては，先方の強い意向により往訪調査を行うことができず，当方の
　　　質問状に対する回答（二次的補足照会回答を含む。）及び関連提供文書によって情報収集したも
　　　のである。

　1）行政強制制度等の法制度整備仮説

　ドイツの各種行政強制手段は，その法制度設計を適切に行えば，わが国におい
ても十分実効的な行政上の強制手段となりうるものであり，特にわが国の既存の
法体系になじみやすい強制金制度や直接強制制度を範型として，わが国の行政規
制執行実務の要請に適合する制度内容を構築してこれらの制度を再導入すること
により，各種行政規制に係る義務履行確保の実効性を効率的に向上させることが
できる。また，ドイツをはじめとする欧州諸国で実現している秩序違反法制度を，
わが国に適するかたちで新たな行政制裁制度として導入し，行政犯の秩序違反行
為化（非犯罪化）を図り，行政機関が当該制度を積極的に活用することによって，
いわゆる「行政刑罰の機能不全」を解消し，違反者の権利利益の保護を図りつつ，
各種行政規制の実効化を図りうる[2]。

　2）行政執行体制整備仮説

　ドイツにおいて1）で述べた各種法制度を適切に運用するために整備されてき
た行政執行体制を重要な範型として，わが国に適する規制執行体制を再整備する

─────────

2）行政刑罰の機能不全問題等を含むわが国の行政上の義務違反に対する制裁制度の現状
　　分析と将来的な立法政策提案につき，西津（2014）参照。

2

図1 調査対象のドイツの州及び州都等

原図出所:『世界年鑑 2018』(共同通信社, 2018)

(法執行公務員の養成システムの拡充を含む。)ことにより,1)の行政強制制度等を円滑・効率的に運用することができ,これによって各種行政規制の実効化を図りうる。

第1章　総　　説

　以上に関連し，留意すべき事実として，新たな関連法制度の立案検討のための有識者等による「地方分権の進展に対応した行政の実効性確保のあり方に関する検討会」が平成24年6月に総務省に設けられ，筆者もその構成員としてこれに参画し，ドイツの強制金制度等に関する報告・討論などを行っており，平成25年4月に本検討会における一連の検討成果をとりまとめた報告書が公表されている[3]ことを紹介する。

　かかる政府レベルの動きも踏まえつつ，今後期待される国及び地方レベルの立法（法律，政省令，条例，規則など）政策等の検討作業に資するため，先行調査研究が稀少である本領域で最新の関連情報の包括的な収集を行うため，本調査研究を実施した次第である。

2．ドイツの各州都等の下級建築監督官庁による行政強制制度の適用実態

(1)　強制金ほかの適用実態

①強制金手続の概要と立法政策上の選択肢

　強制金（Zwangsgeld）は，州行政執行法のすべてにおいて規定されている間接強制手段であり，これに相当する行政強制手段のわが国での立法例（執行罰）は，ほぼ死文化しているといわれる砂防法36条（：500円以内の執行罰たる過料）のみである。

　強制金による強制執行手続については，まず，建築法違反行為是正命令の事前手続として，行政手続法による聴聞（Anhörung）が行われる。これは，わが国行政手続法の弁明の機会の付与と聴聞の機能を併有する事前の意見聴取手続であり，例えば，デュッセルドルフ市やゴータ市では，この当初の聴聞手続自体によっても，相当程度の違反の自主是正が達成されており[4]，わが国の各種規制行政において行政指導が担っている役割のかなりの部分を，行政行為たる違反是正命令の事前手続（フォーマル志向的手続）が担っていることが注目される。

　この事前手続を経て，違法行為是正命令に併せて強制金賦課決定の事前手続と

3）総務省地方分権の進展に対応した行政の実効性確保のあり方に関する検討会（2013）。同検討会の報告書，議事概要，配付資料等については，http：//www.soumu.go.jp/iken/gyousei_jikkousei_kakuho.html（2018/10/21アクセス）を，また，同報告書の概要については，小川（2013）を参照。なお，同検討会の設置に至った総務省担当者の問題認識については，小川（2012）を参照。

しての戒告（Androhung）がなされるが、その際、命令の履行期限を示して、その期限までに当該命令が履行されないときは、法定の下限額から上限額までの範囲内で、羈束裁量によって決定される額の強制金を課すことが告知される。

　定められた履行期限までに、是正命令が履行されないときは、行政行為としての強制金の賦課決定処分を行うことができるが、その際、戒告額を上限額の範囲内でさらに増額し、履行期限をさらに先延ばしして強制金の再戒告を行うことが多い。以上のプロセスにより、賦課決定された強制金は、次第に積み上がっていくこととなり、義務者にとって命令の自主的履行に向けた法的圧力が高まっていくことになる。

　なお、バイエルン州行政送達・行政執行法は、唯一例外的に、上掲の強制金の賦課決定を行わず、履行期限の途過によって強制金債務が自動的に確定する仕組みをとっている[5]。

　賦課決定ないし確定がなされた強制金については、行政上の金銭の強制徴収が行われるが、それまでの手続過程において義務者が是正命令に従い、命令に係る義務が履行されれば、その時点で一連の手続は中止となり、結果的に強制金は徴収されないこととなる。

　以上の強制金に係る手続の流れについては、およそ次図2のとおりである。

　強制金制度の法制度設計については、バイエルン州行政送達・行政執行法所定の上述の仕組み（「自動確定方式」）を採用すべきか、他州の行政執行法のような強制金の賦課決定（行政行為）を行う仕組み（「賦課決定処分方式」）を採用すべきかが、立法政策上の選択的決定を要する点となりうるが、この点についての私見は次のとおりである。

　強制金の賦課徴収をどのように行うこととするかについては、そもそも強制金は、租税等とは異なりその徴収額を増やすこと自体が目標とされるべきでなく、

---

4 ）デュッセルドルフ市建築監督課では、年間およそ800〜1,400件の建築法違反事案が処理されているが、これらのうち、違反者が現場での口頭指導に従って違反を是正することにより決着したものを除き、年間およそ600〜800件の事案については、事前の意見聴取手続としての聴聞（Anhörung）が行われている。この聴聞の実施手続のみで、年間400〜500件の違反事案で、違反が是正されているとのことである（本書第2章第7節1.（cf.77頁））。

5 ）第2章第4節1.1）（cf.53頁）、西津（2006）95-96頁。

第1章 総　説

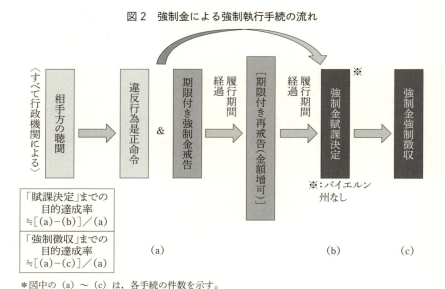

図2　強制金による強制執行手続の流れ

＊図中の（a）～（c）は，各手続の件数を示す。

　いかにして義務者に効果的なかたちで金銭賦課によるプレッシャーを与えて，義務の自主的履行を実現する事例を増やすか（図2左下の「目的達成率」をアップさせること）が目標とされるべきである。また，わが国では行政上の強制徴収制度についても機能不全の問題が内在しており，近年，地方税滞納整理執行体制の拡充等が進められるなど（詳細は，2.(5)②（cf.26頁）），その克服も重要な課題となっている[6]。以上の点を踏まえ，私見としては，わが国では各行政機関の執行体制の実情に応じて，合理的な裁量権の行使により強制金を賦課決定した上で強制徴収することを可能とする「賦課決定処分方式」の方がより適切ではないかと考える。

　なお，行政行為としての強制手段の「決定」(Festsetzung)については，Bergmann usw. (2016) によれば，連邦並びにベルリン及びノルトライン・ヴェストファーレンの各州については，即時執行を除いてすべての強制手段について決定が必要とするも，バーデン・ヴュルテンベルク，ブランデンブルク，ブレーメン，ヘッセン，メクレンブルク・フォアポンメルン，ニーダーザクセン，ラインラント・プファルツ，ザクセン，ザクセン・アンハルト，シュレスヴィヒ・ホルシュタイ

6）宇賀（2017）237頁，大橋（2016）314頁，黒川（2008）128-129頁。

ン及びチューリンゲンの各州については，強制金についてのみ必要とされている[7]。また，バイエルン州では，前述及び詳細後述（第2章第4節1.1）(cf.53頁))のとおり，強制金の戒告と徴収の間において，行政行為としての決定は行われず，強制金の戒告が支払命令となるとされ，ハンブルク州では，代執行及び強制金について決定が行われるとされ，さらに，ザールラント州では，強制金が行政行為により戒告され，決定されたときは，義務者が，命ぜられた作為，受忍又は不作為に係る義務を，全く，十分なかたちで又は期限までに履行せずかつ一般的な強制執行の要件を充たしているときには，その時点で決定の効力を生ずるとしている[8]。

　②各州都等における強制金の適用実績総括

　本調査により得られた各州都等の下級建築監督官庁における強制金の適用実績は，次表2のとおりである。建築法違反に係る強制執行について，確実な実務統計を作成している州都等は必ずしも多数ではなく，統計をとっていない場合は，担当者の実務経験に基づく推測により回答されているものも少なくない。

　しかしながら，総括的に看取できる点として，第一に，ドイツのほとんどの州都の建築監督行政において，最も多用されている行政強制手段は，強制金であると認められること[9]，第二に，特に，調査時の人口約147万人のミュンヘン市のように極めて多数の適用実績を上げている大都市もある一方で，同じく人口約4.4万人のゴータ市のような地方小都市においても，人口規模に見合って件数こそ少ないものの目的を達成する実効的なかたちで適用されていること，第三に，建築法違反行為の是正命令の自主的履行を実現する目的達成率については，多くは80%を超える高い成果を実現していることである。

　このデータから見ても，わが国において新たに（再）導入すべき行政強制手段として，ドイツの強制金のような行政上の間接強制制度（筆者の造語としての「間

7）ドイツの行政強制手続における「決定」の法的意義に関する考察として，森口（1999）参照。

8）Bergmann usw.（2016）Abschnitt 10, S.9–11.

9）唯一の例外として，ベルリン州トレプトウ・ケーペニック行政区においては，同州の行政執行法が連邦の行政執行法を適用し，代執行を強制金に優先して適用することとしていることなどにも起因して，代執行の戒告数が強制金のそれを上回っている（第2章第10節2.～3.（cf.99–100頁）参照）。

第1章 総 説

表2 各州都等下級建築監督官庁における

	2010		2011		2012		2013	
	戒告	決定(*0)	戒告	決定	戒告	決定	戒告	決定
Magdeburg			年間で戒告約250件，決定約5件					
Potsdam			49	17	88	9	62	9
Wiesbaden	187	36	133	25	135	31		
München			770	341(*1)	738	401(*1)	692	421(*1)
Hamburg			年間約1,000件の強制金関連手続					
Kiel			3年間で戒告約200件，決定約15件					
Düsseldorf			年間で戒告約200〜300件，決定約100件					
Erfurt			180	23	172	15	115	11
Gotha			3年間で戒告14件，決定3件					
Berlin/T-K			3年間で戒告24件，決定4件，強制徴収0件					
Dresden					?	?	?	?
Stuttgart					4年間で戒告発効（到達）110件，			
Hannover					136	27（*5）	95	27（*5）
Bremen								
Schwerin							約24(*6)	20
Mainz							7	0
Saarbrücken							年間で戒告約100〜	

注）*0：本表中では，簡略化のため，「賦課決定」を「決定」と略称
　　*1：決定件数ではなく，期限到来による強制金債務の確定件数
　　*2：第1次戒告後で債務確定前の目的達成率
　　*3：聴聞から強制金（賦課）決定までの手続過程での目的達成率
　　*4：実務統計未整備のため，統括責任者による推定実績
　　*5：第1次の強制金（賦課）決定件数
　　*6：担当者による概括的推計値（最少限）

接行政強制制度」[10]）の立法政策的優先度は非常に高いと評価しうると考える。
　③強制金の戒告額の算定方法
　強制金の戒告額の具体的な算定基準は，本調査対象都市のいずれの下級建築監

10）西津（2006）6-8頁参照。

調査時直近の強制金の適用実績総括表

2014		2015		2016（～8月）		決定前平均目的達成率	徴収前平均目的達成率
戒告	決定	戒告	決定	戒告	決定		
						約98%	
						約82%	約96%
						約80%	約88%（*4）
						約52%（*2）	
						約80～90%（*4）	
						約93%	約100%
						約83～88%（*3）	
104	21					約88%	約93%
						約79%	100%
						約83%	100%
?	?					約70%（*4）	約88%（*4）
決定58件，強制徴収12件						約47%	約89%
58	15(*5)	55	15(*5)			約76%	約95%（*6）
		93	22(*5)	81	12(*5)	約80%	約98%（*6）
約38(*6)	32	約37(*6)	31			約17%（*6）	
4	2	5	0			約88%	100%
200件（*6），決定約50～100件（*6）						約50%（*6）	

督官庁においても設けられておらず，また，後述の行政制裁たる過料の法定算定基準としての過料カタログ（Bußgeldkatalog）も，目的を異にする全く別の法制度に係るものとされて参照されることもない。しかし，明文の基準こそないものの，実務上は違反の態様に応じて，実務上の「暗黙の相場」は形成されている模様である。強制金戒告額の決定における裁量判断において，考慮される重要な要素と

第1章　総　　説

しては，違法行為の重大性，当該行為によって得られる経済的収益額（過料額の算定においては，当該経済的収益額を上回る額とすべきことが法定されている[11]。），義務者の資力などが挙げられている。

④強制金と過料の連携的運用

ところで，調査対象とした州都等の下級建築監督官庁では，多くは意識的には行われていない模様ではあるも，第2章の各都市別報告で後述する過料との「連携的な運用」を行うことは可能である。すなわち，強制金に係る手続過程において，命令履行を遅延させることによって故意に違法状態を長引かせ，その間違法な建築物や屋外広告物などによって経済的収益を稼得しようとするような悪質な違反者に対しては，当該違法収益を剥奪し，さらに制裁分を上乗せした過料を下級建築監督官庁等が科すことによって，「徹底抗戦」による利益を違反者のポケットに残させない加重的制裁を科すことにより，法違反の遷延を抑止することが可能である[12]。

他方で，都市によっては，各行政分野の過料手続を下級建築監督官庁とは別の秩序局（Ordnungsamt）に一括専管させる体制も多くとられており，そのようなケースでは，いわゆる「縦割り型」の行政運用から，上掲のような連携的な運用がなされにくいという実態も一部で認められるところである[13]。

⑤代償強制拘留の適用実態

代償強制拘留（Ersatzzwangshaft）は，相手方の支払能力の欠如が確実なときなど，強制金が徴収されえないときに，行政機関の申立てに基づく行政裁判所の決定により，法定の上限及び下限の範囲内で定める期間で義務履行がなされるまで，義務者を強制的に拘留するものである。代償強制拘留は，強制金の補完的行政強制手段として，ほとんどの州の行政執行法に規定されているが[14]，本調査の対象とした各州都等の建築監督官庁における調査時直近の適用事例は確認できなかった。

11）秩序違反法17条4項（cf.221頁）。西津（2006）108-109頁参照。

12）西津（2006）109-110頁。

13）本書第2章第6節5.（cf.75頁）参照。これに対し，下級建築監督官庁が，過料手続を専管する秩序局と連携して強制金戒告に従わない悪質な違反者に対する過料の厳格な適用に配慮している例として，第2章第11節4.（cf.107頁），同第16節4.（cf.136頁）参照。

10

同制度は，そもそも義務者の人身拘束という重大な人権制限をもたらすもので
あり，執行実務上も，義務者の拘留によっての義務履行確保の実現は困難である
として，下級建築監督官庁が適用する行政強制手段としての現実的な選択肢には
入れられていない状況にある。このような実態から，仮に州行政執行法上当該制
度が廃止されたとしても，少なくとも建築監督執行実務においては，何ら支障は
ないという一部の実務担当者の見解も示されている[15]。行政上の義務履行強制
手段としての強制拘留制度をめぐる立法論については，第 2 章第 2 節 6.（cf.40-41
頁）及び同第 5 節 4.（cf.68-69 頁）を参照されたい。

(2)　代執行の適用実態

　①代執行の概要

　ドイツの州行政執行法上の代執行（Ersatzvornahme）は，わが国の行政代執行（戒
告と代執行令書の通知の二段階の事前手続が前置）と異なり，事前手続は戒告に集約
されており，戒告において費用の概算見積額も示される。また，わが国の行政代
執行法が費用徴収については事後的徴収のみを認めているのに対し，原則的に連
邦行政執行法を適用するベルリン州法のほかバーデン・ヴュルテンベルク，ブ
レーメン及びザールラントの各州法を除き，本調査に係る各州の行政執行法にお
いては，代執行費用の「事前徴収制度」が明文で規定されている[16]（次掲図 3 ：
日独の行政代執行手続の比較）。しかしながら，本調査において当該制度が積極的
に活用されていることが確認できたのは，マクデブルク市及びベルリン市トレプ
トウ・ケーペニック行政区のみであった[17]。

　また，代替的作為義務に対する前述の強制金と代執行との適用関係について，
ほとんどの州の行政執行法は，両者の適用を並列選択的に認めることにしている
のに対し，ベルリン州法（連邦行政執行法の大部分を適用）のみは，代執行を先ず
適用し，代執行が適用困難な（untunlich）ときにのみ強制金を適用することとし

---

14) ハンブルク州及びザールラント州の行政執行法では，強制金の補充的強制手段として
　　の代償強制拘留ではなく，独立の補完的な最終的強制手段としての強制拘留（Erzwin-
　　gungshaft）が設けられている。なお，かつては，シュレスヴィヒ・ホルシュタイン州
　　でもこの強制拘留が制度化されていたとされている（Bergmann usw.（2016）Abschnitt
　　10, S.23.）。

15) 第 2 章第 6 節 1.（cf.72 頁）参照。

16) 具体的立法例につき，西津（2012）64 頁及び後掲の関連主要参照条文編参照。

17) 第 2 章第 1 節 2.（cf.31 頁）及び第 10 節 3.（cf.100 頁）参照。

第1章 総　説

図3　日独の行政代執行手続の比較

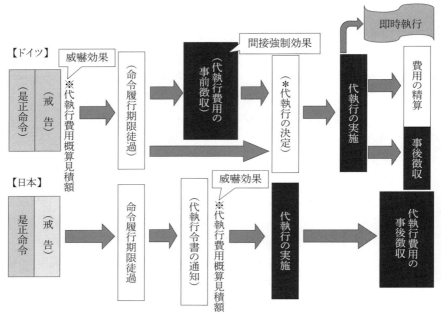

＊決定を実施しない州あり。括弧書きの手続は，緊急時等に省略可能なもの。

ている。ベルリン市トレプトウ・ケーペニック行政区において，代執行の適用件数が強制金のそれを上回るという，他の州都とは大きく異なる適用実態となっているのは，この行政執行法の規定ぶりも影響しているものと推測される。わが国に間接行政強制制度を新たに（再）導入する際には，代執行との適用関係について，この連邦及びベルリン州の立法例によるのではなく，他のほとんどの州が採用している並列選択的適用関係とするのが妥当であると考える[18]。その場合，両者の選択については，違反事案の重大性やその是正の緊急性などによってケースバイケースで行政庁の適正な裁量判断に委ねるべきであり，その裁量権行使は比例原則により統制されることとなる。

②各州都等における代執行の適用実績総括

調査時直近の代執行の適用実績は，次表3のとおりである。旧東独地域の新連

---

18) 詳細につき，西津（2006）89-92頁参照。

邦州において積極的に適用されているのに対し，旧西独地域の多くの州では適用実績が相対的に少ないか，ほとんどないという対照的な活用状況となっている。適用実績の少ない州都の下級建築監督官庁は，そもそも代執行には手続のために時間や経費がかかり，機動的な強制執行ができないばかりでなく，義務者が資力不足の場合には，代執行費用の徴収が十分にできないことによって行政側の持ち出し的費用負担が大きくなるため，代執行の積極的活用は困難としている。

　他方で，マクデブルク市においては，旧東独時代に大量に建築された Plattenbau と呼ばれる，パネル式中高層プレハブ建築物が老朽化して危険な状態となっており，これを撤去するために代執行が積極的に活用されている。また，ゴータ市においても，人口減少や高齢化の進展に伴い，老朽化した住宅が危険な状態となっており，調査時前の時期に適用された代執行はいずれもこれらの老朽建物を強制的に撤去するためとされている。さらに，ドレスデン市では，強制金戒告付き除却命令により，倒壊の危険性のある老朽別荘の所有者自身による撤去が実現された事例[19]など，強制金も実効的に活用されている。

　わが国では，近年いわゆる「空き家問題」が全国的な課題となって，先行的に「空き家対策条例」が多数制定されており[20]，また，2015年には空家等対策の推進に関する特別措置法が施行されているが，唯一の行政強制手段としての代執行の適用が進んでいないため[21]，対策の迅速な進捗が図りにくい状況にある。いわゆる「空き家対策」については，充実した行政上の義務履行確保制度の適用による，ドイツの旧東独地域における執行事例に学ぶべき点は少なくないと思料される。

　　③代執行費用の事前徴収制度

　前述のとおり，ベルリン州など4州を除き，多数の州の行政執行法は，代執行費用の事前徴収を認める明文の規定を設けている[22]。本制度は，代執行費用の

19）第2章第11節1.（cf.104頁）及び**資料編・参考資料8**（cf.257頁）参照。

20）わが国地方公共団体の「空き家対策条例」の制定に係る近時の取り組み状況につき，北村（2018）及び同（2015）参照。

21）北村（2015）80頁によれば，空き家に対して行政代執行を実施して除却した例として，秋田県大仙市3件，同県美郷町1件，同県八郎潟町1件，新潟県長岡市1件及び東京都大田区1件が挙げられている。なお，総務省の最新調査報告によるデータにつき，後出の注119）（96頁）参照。

13

第1章　総　説

表3　各州都等下級建築監督官庁における調査時直近の

	2010		2011		2012		2013	
	戒告	決定	戒告	決定	戒告	決定	戒告	決定
Magdeburg	老朽建築物につき，年間約10件実施							
Potsdam			1	1	2	2	3	0
Wiesbaden	0	0	0	0	0	0		
München			0	0	0	0	0	0
Hamburg	極めて少数							
Kiel	総計約20件の戒告，約10件の実施							
Düsseldorf	最近20年間で3〜4件程度							
Erfurt			2	1*	10	6*	2	1*
Gotha	総計約22件適用，4件実施。ほか4件の即時執行							
Berlin/T-K	総計約33件の戒告，同じく約4件の実施決定							
Dresden								ほとんど
Stuttgart								実施
Hannover					0	0	適用（不実施）1件	
Bremen								
Schwerin								最近13年間で年間
Mainz								実施
Saarbrücken							年間約11件（うち，	

注）＊：Erfurt及びBremenについては，実施し費用徴収した件数

徴収率を高めるために有効であると思われるのみでなく，多くの場合に自主是正経費よりも多額に上ると思われる代執行費用の事前徴収を行うこと自体が，強制金類似の間接強制的機能を果たし，義務者による命令履行を促すことも期待される[23]。

　このような効用が期待されるにもかかわらず，調査したほとんどの下級建築監督官庁においては，本制度は必ずしも十分に活用されてはいない。前述のとおり，

---

22) 本制度の詳細については，西津（2012）64-67頁及び Bergmann usw.（2016）Abschnitt 10. S.26. を参照。

23) 大橋（2010）252頁，西津（2012）65頁，80-82頁，90-92頁。

14

代執行の適用実績総括表

2014		2015		2016（～8月）	
戒告	決定	戒告	決定	戒告	決定
1	1*				
なし					
1件					
0	0				
		実施 29 件*		実施 25 件*	
1件程度					
1件					
約 8 件は煙突強制清掃)					

　その希有な例外として，ベルリン市トレプトウ・ケーペニック行政区の下級建築監督官庁においては，原則的な行政強制手段としての代執行については，「原則として」事前の費用徴収を行っていることが注目される（cf.100 頁）。
　　④即時執行
　連邦の行政執行法 6 条 2 項（cf.218 頁）により，刑法犯や秩序違反行為の実行を阻止するため，又は急迫の危険を防止するため必要がある場合においては，違反是正命令などの行政行為を前置せずに，行政代執行ないし直接強制の強制手段を適用する即時執行（Sofortiger Vollzug）が特例的かつ一般的な制度として認められており[24]，また，各州の行政執行法においても，同様の規定が設けられてい

第1章　総　　説

る。

　公共に対する危険性が高く，緊急の措置を要する建物やその一部については，即時執行として，直ちに危険の除去のための事実行為がなされているが，多くは下級建築監督官庁ではなく警察や消防によって実施されることが少なくない模様である[25]。

　わが国においても，同様の緊急的状況下では，命令の原則的事前手続としての弁明の機会の付与のほか，代執行の戒告や代執行令書の通知を省略することができるが，違反是正命令自体を省略することは認められていない。また，ドイツの即時執行に相当する即時強制が消防法や屋外広告物法などの個別法又は放置艇撤去に関する条例などにおいて定められているが，一般的な行政強制制度の特例とは位置づけられておらず，例えば，老朽化が進み，あるいは災害による被害で倒壊などの危険性が極めて高くなっている「特定空家等」（空家等対策の推進に関する特別措置法 2 条 2 項）などに対する緊急措置など[26]，様々な行政規制分野における（本来は先行すべき行政行為や事前の行政手続を省略した）「緊急的対応」を可能にするため，個別の法律や条例に係る立法対応もさることながら，ドイツのような「一般的即時執行制度」をわが国に導入する必要性も高いものと考える。

　(3)　直接強制，特に封印措置等の適用実態

　　①封印措置等の概要

　封印措置（Versiegelung）は，ほとんどの州の建築法において規定されている，違法建設工事や違法な用途使用に対処するための「現場封鎖」を実現する最終的

---

24) Engelhardt usw. (2017) § 6 Rdnr.4, 22ff., Sadler (2014) § 6 Rdnr.278ff., Bergmann usw. (2016) Abschnitt 10, S.14–17.

25) 第 2 章第 5 節 2.（cf.66–67 頁）参照。

26) いわゆる空き家対策について，北村（2018）38 頁は，「必要最小限度の強制措置」として，緊急にとりあえずの補強や危険部位の撤去といった暫定的措置を講じ，当該建物の所有者からその費用を徴収できる旨の（即時執行に関する）規定を設けるのが適切とする。また，北村ほか編（2016）66，84 頁は，京都市不良な生活環境を解消するための支援及び措置に関する条例 19 条の緊急安全措置と題された即時執行の規定を紹介し，「空家等が何らかの原因で危険性を増し，緊急に対応しなければ人の生命，身体または財産に危害が及ぶ結果になることは，十分に想定しておくべきである」とし，自治体の空き家対策条例に「法律にはないこのような規定を置いておく必要性は大きい。」としている。

16

図4 州建築法上の封印措置の手続フロー図

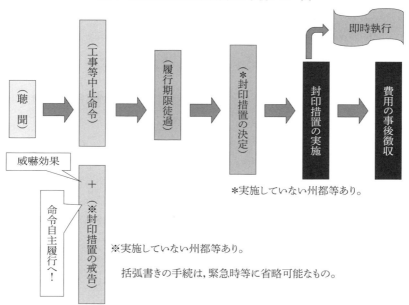

かつ補完的な行政強制手段であり，直接強制（Unmittelbarer Zwang）の一類型と位置づけられている。わが国には類似の立法例のない行政強制手段である（次図4の手続フロー図参照）。多くの州建築法上は，「封印措置」とともに「建築現場に置かれている建設機械等の差押え」が定められていることから，以下，「封印措置等」と総称する。

代表的な立法例として，例えば，バイエルン州建築法（2018年10月11日現在）は，次のように定めている（cf.179-180頁）。

バイエルン州建築法（仮訳）
第75条　建築工事の中止
(1) （略）
(2) 許容されない建設工事が書面又は口頭によりなされた中止命令に従わずに続行される場合は，建築監督官庁は建設工事現場を封印し，又は建設工事現場に置かれている建築用製品，建築工具，建築機械及び建築資材を差し押さえることができる。

封印を毀損し，損壊し，若しくは識別不能にした者又は当該封印により執行さ

第1章　総　説

れた封鎖措置の全部又は一部を無効にした者，すなわち，これらの行為を行って
違法建設工事を続行した者は，刑法典（Strafgesetzbuch）136条2項（cf.221頁）の
封印等破棄罪（Siegelbruch）の構成要件該当行為として，1年以下の自由刑又は罰
金刑に処せられる。すなわち，封印措置は，上掲の刑罰により現場封鎖を法的に
担保する行政強制手段である。

　封印措置の実施状況及び各州都の封印書の見本を，後掲**資料編・参考資料**12，
13，14，15，18及び19（cf.276，278，279，280，287，288頁）に掲げる。

　ヘッセン州では，他州とは異なって同州の建築法ではなく（同州建築法には，封
印措置等の根拠規定は置かれていない。），同州行政執行法75条1段（cf.175頁）にお
いて，受忍又は不作為義務の不履行の場合は，その更なる不履行を阻止するため
に「必要な措置（die erforderlichen Maßnahmen）」をとることができると規定してい
る。この「必要な措置」には明示されてはいないが，他の諸州の建築法に規定さ
れている封印措置が含まれると解されている[27]。また，ノルトライン・ヴェス
トファーレン州建築法においても，例外的に上掲のような明文の根拠規定が設け
られていないが，同州行政執行法の直接強制の一類型として，同法62条（cf.189
頁）の解釈によりその実施がなされる。

　封印措置は，先行する建築中止命令が建築工事の一部のみの中止を命ずるもの
であっても，一体的な建築工事現場の全体について実施することができるものと
されている[28]。

　この点，私見としては，封印措置についても，憲法原則たる比例原則に適合す
ることが必要であり（連邦及び各州の行政執行法には，いずれも比例原則を実定化する
規定が設けられている[29]。），必要最小限の範囲に限られるべきではないかと考える。

　封印措置に要した費用は，事後に義務者から徴収される。

　②各州都等における封印措置の適用実績総括

　各州都における調査時直近の封印措置の適用実績は，次表4のとおりである。

　なお，封印措置とともに州建築法に定められている，建設現場の建設機械，建
築資材等の差押え（Ingewahrsahmnahme）については，建設請負業者の所有権侵害

27）Hornmann（2011）§71 Rdnr.60. 同旨判例につき，同書 S.1041 の注90参照.

28）Busse/ Simon（2013）Art.75 Rdnr.120, König（2012）Art.75 Rdnr.11 = Bayerischer Ver-
waltungsgerichtshof, Beschluss vom 4. 5. 1987, Baurechtssammlung 47, 486.

29）西津（2006）96-98頁。

表4　各州都等下級建築監督官庁における調査時直近の封印措置の適用実績総括表

	2010	2011	2012	2013	2014	2015	2016
Magdeburg	?	?	0	?			
Potsdam	?	0	0	0			
Wiesbaden	0	0	0				
München		0	0	0			
Hamburg	?	僅少					
Kiel	?	実施約 15 件					
Düsseldorf	?	年間実施 10〜20 件程度					
Erfurt	?	0	1	1	1		
Gotha	?	0	0	1			
Berlin/T-K	?	戒告 20 件*，実施決定 5 件*					
Dresden			0	0	0		
Stuttgart			実施 12 件				
Hannover	0	0	0	0	0	0	
Bremen						0	?
Schwerin				年間約 5 件実施			
Mainz				0	0	0	
Saarbrücken				年間約 2 件実施			

注）＊：Berlin/T-K については，封印措置を含む「直接強制」の件数。

や営業妨害につながりうるほか，行政庁側の保管場所の確保や保管費用の問題もあるため，本調査の範囲内では，ほとんど適用されていない模様である。

　③封印措置の事前手続要件

　封印措置については，直接強制について州行政執行法上求められる法定事前手続としての戒告を要するかという法解釈及び執行実務上の問題がある。

　学説[30]及び各州建築法の注釈書[31]は，封印措置は行政執行法上の一般的手続

---

30) Engelhardt usw.（2017）§ 9 Rdnr.2（Troidl），Hoppe usw.（2010）§ 16 Rdnr.103, Lemke（1997）S.266, Rasch（1989）S.2.

31) App（1991）S.354：加えて，直接強制の補充性原則も適用されないとする。Jäde usw.（1994）Art.75 Rdnr.44, Otto（2016）§ 79 Rdnr.1943, Wilke usw.（2008）§ 78 Rdnr.37.

第 1 章　総　　説

規範が適用されない建築法独自の強制手段と位置づけ，事前の戒告なく実施しう
るとする立場（判例同旨[32]）が有力である。他方，同様の規定ぶりの州建築法の
根拠規定について，判例[33]の表現を引用しつつ封印措置は直接強制の「変種」
("Spielart") として，その実施には独自の封印措置等に係る命令が必要としたり[34]，
あるいは明確な根拠を示さずに，戒告を経たのちに封印措置を実施するものとす
るとする州建築法注釈書[35]もある。

　前述のとおり，例外的に建築法上封印措置等に係る根拠規定を設けていない
ヘッセン州及びノルトライン・ヴェストファーレン州でも，解釈上，直接強制と
して封印措置を実施することは可能とされており，その際には直接強制に係る手
続規定が適用され，戒告及び決定を経て実施すべきものと解されている[36]。す
なわち，州建築法上の明確な根拠規定が設けられている場合には，手続規範が定
められていないことから戒告は不要と解されて手続保障が不十分なかたちとなる
一方で，州建築法上の根拠規定が設けられていない場合には，反対に一般的行政
強制手段たる直接強制に含まれるとして，これに必要とされる事前手続たる戒告
が行われるべきと解されるという，アンバランスな法解釈となっている。

　実務的には，同一の州建築法の適用についても不統一が生じている。例えば，
チューリンゲン州エアフルト市では上掲（19-20頁）前者の解釈に立脚して，封
印措置の実施に先だっては，事前手続としての戒告は行っていない[37]。他方で，

---

32) Oberverwaltungsgericht Lüneburg, Beschluss vom 27. 9. 1983-6 B 87/83-, Baurechts-
　　sammlung 40, 488 = Niedersächsische Rechtspflege 1984, 48 ; Hessischer Verwaltungs-
　　gerichtshof, Beschluss vom 17. 5. 1984-3 TH 971/84, Baurecht 1985, 306 = Baurechtssammlung
　　42, 505 ; einschränkend Verwaltungsgerichtshof Baden-Württemberg, Beschluss vom 7. 9.
　　1981-3 S 1274/81-, Verwaltungsblätter für Baden-Württemberg 1982, 140.

33) Bayerischer Verwaltungsgerichtshof, Beschluss vom 26. 2. 1987, Bayerische Verwal-
　　tungsblätter. 1987, 437.

34) Wolf (2010) Art.75 Rdnr.12.

35) Graef (1996) S.212.

36) Hornmann (2019) § 81 Rdnr.60, Erlenkämper/ Rhein (2011) § 57 VwVG NRW Rdnr.15.

37) ほかに実務上封印措置の戒告を行っていない都市として，ミュンヘン市：第2章第4
　　節3．2）①（cf.56頁），キール市：同第6節3．（cf.74頁）（ただし，例外的に戒告を
　　実施する例もあり。），エアフルト市：同第8節3．（cf.87頁），ドレスデン市：同第11
　　節3．（cf.106頁）（ただし，同措置の実施の警告を含めた相手方との協議は行われて
　　いる。）。

同州のゴータ市では，上掲後者の解釈に立脚して，戒告を実施している。実務的には，前述の即時執行による場合を除き，封印措置の実施について事前に相手方に対して，戒告ないし警告を行う運用例が多い[38]。

　私見としては，実務上は事前の戒告を行った方が，義務者による自主的な中止・停止命令の履行を促しうるとともに行政手続保障的見地からも望ましいことから，行政執行担当部局間の法解釈の相違によって生じうる無用の混乱を回避するため，わが国に同制度を導入する場合には，統一的に行政代執行と同様に緊急時には事前手続たる戒告を省略しうるも「原則的には」これを実施すべきことを法文上明示すべきと考える[39]。

(4)　過料の適用実態

　ドイツでは，連邦の秩序違反法により，各種規制法違反行為について，いわゆる「行政犯の非犯罪化（秩序違反行為化）」が実現し，刑事罰ではなく，過料（Geld-buße od. Bußgeld）による行政制裁が広範に行われている。過料には，わが国の課徴金に付与されている，違法取得利益のはく奪機能が付与されており，所管行政庁において，過料カタログ（Bußgeldkatalog）と呼ばれる過料額算定基準を定めることとされている。**資料編・参考資料 21**（cf.292 頁）及び **25**（cf.305 頁）に，それぞれ，ポツダム市下級建築監督官庁及びハンブルク市管区庁の過料カタログの抜粋版の仮訳を掲げる。

　過料の賦課に関する事務についても，各種行政強制手段の適用とともに下級建築監督官庁が所管している州都が多いが，これを下級建築監督官庁ではなく，秩序局（Ordnungsamt）などと称される部局で「分野横断的に」所管している州都等は，本調査の実施時点で，ハンブルク市（第 2 章第 5 節 5.（cf.69 頁）），キール市（同章第 6 節 5.（cf.75 頁）），ゴータ市（同章第 9 節 5.（cf.94 頁）），マインツ市（同章第 16

---

38) 本文記載都市のほか，マクデブルク市：第 2 章第 1 節 4.（cf.32 頁），ポツダム市：同第 2 節 5.（cf.39 頁），ヴィースバーデン市：同第 3 節 4.（cf.49 頁），デュッセルドルフ市：同第 7 節 3.（cf.80 頁），ベルリン市トレプトウ・ケーペニック行政区：同第 10 節 4.（cf.101 頁），シュトゥットガルト市：同第 12 節 3.（cf.113 頁），ブレーメン市：同第 14 節 4.（cf.123 頁），シュヴェリーン市：同第 15 節 3.（cf.129 頁），マインツ市：同第 16 節 3.（cf.135 頁），ザールブリュッケン市：同第 17 節 3.（cf.141 頁：違法使用中止命令に係る封印措置のみ）など。

39) 封印措置の事前手続たる戒告の要否については，本書第 2 章の関連部分のほか，西津（2016）50–57 頁参照。

第1章　総　　説

節4.（cf.136頁））及びザールブリュッケン市（同章第17節5.（cf.142頁））である。これらの都市においては，建築規制上の過料手続の適切な実施において，下級建築監督官庁と秩序局との相互連携が重要となる。

　過料は，事前手続としての聴聞を経て，多くの州建築法では，50万ユーロの上限額の範囲内で，原則として行政庁の過料決定（Bußgeldbescheid）によって科され，不払いに対しては，過料決定をした行政庁の申立て又は職権によって，区裁判所（Amtsgericht）により6週間（複数義務違反は3月）以内の期間で強制拘留が命じられる。また，軽微な秩序違反行為については，行政庁は違反者に警告し，必要があるときは，5ユーロ以上55ユーロ以下の警告金を科すことができる。

　過料決定に対する司法的救済については，その送達後2週間以内における異議申立て（Einspruch）により，行政庁の所在地域を管轄する区裁判所が決定又は判決により審判を下すが，この事後的司法審査により，過料徴収手続が中止され(行政側敗訴)，あるいは当該過料決定に係る過料額が減額されることも少なくない。

　調査対象各州都等の下級建築監督官庁による調査時直近の過料の適用実績総括は，次表5のとおりである。

　「行政刑罰の機能不全」が指摘されているわが国の建築基準法違反に対する刑事罰の適用実績[40]と比較すれば，対照的な多数の適用実績を挙げていることが確認できる。

　なお，一部州都の実務運用実態として，異議申立てにより過料決定を不服とする訴訟が区裁判所に係属した場合には，当該過料は市の歳入とならなくなることから，デュッセルドルフ市では，建築法違反者との間で過料額についての事前協議を行うことにより，事後争訟を可及的に回避する運用がなされており，また，ミュンヘン市でも，違反者との間で過料の額について，裁判外の「実質的合意」を形成していくことが実務上重要であるとされている[41]。

　(5)　下級建築監督官庁の行政執行体制

　各州都等の下級建築監督官庁の組織構成は様々であるが，前掲のデータから建

40）総務省検討会（2013）19–20頁：「先行研究に基づいて行政刑罰の適用実績を概観すれば，例えば，建築基準法違反については，昭和52～62年の11年間，あるいは平成6～10年の5年間において第一審の有罪判決を受けた者（法人を含む）は，いずれも年間平均1名であった。」

41）第2章第4節6-1.（cf.61頁）参照。

築監督執行における中核的な強制手段である強制金について最多の適用実績を挙げているミュンヘン市のそれと調査対象都市のうち人口規模が最小であるゴータ市のそれを対比的に紹介すると次のとおりである。

①ミュンヘン市地域建築コミッション

違法建築取締りに係る建築監督業務を担当する都市計画・建築秩序局第Ⅳ課の地域建築コミッション（Lokalbaukommision）は，ミュンヘン市域を，中央部，東部及び西部の３つの建築地区（さらに全体で25の小地区に区分）に区分して，各建築地区を分担する建築地区班が設けられている（**資料編・参考資料30**（cf.319頁）の組織図参照）。この地区班にはそれぞれ２名の法律専門職員（Volljurist）が配属されており，また，必要に応じて各地区班を支援するために統括班（Ⅳ/1）にも法律専門職員が配置されているので，地域建築コミッションには全体で約10名の法律専門職員が勤務している。これらの法律専門職員のほか，約30名の行政職職員が組織図中に末尾が"Ｖ（＝Verwaltung：行政）"と表示された複数の小地区を担当する「行政チーム」に配属されており，これらの行政職職員は，３年間の法律（建築法のみならず，行政執行法や秩序違反法などの主要な行政一般法を含む。）に重点を置いた地方公務員養成専門教育（Ausbildung）を受けており，地域建築コミッションの法律専門職員と協働して建築監督実務を執行している。

②ゴータ市建築秩序課

同市建築秩序課においては，３名の行政専門職公務職員（２名は上級職，１名は中級職），１名の建築技師（上級職），１名の高層建築専門建築試補（上級職）及び１名の係員（初級職）が建築監督業務に従事している。現在，課長職には建築専門職兼上級技術行政職の者が就任しているので，法務課と密接に連携しながら業務を遂行しており，法律専門職の支援を確保している。法務課には法律専門職として２名の第二次司法試験合格者（Volljurist）[42]及び２名の行政職職員が所属しており，必要に応じて建築秩序課を支援する体制にある。

調査対象とした各州都等の下級建築監督官庁において，強制手段や過料の適用に関する実務上中核的な職員は，後述の行政専門大学を卒業した行政職官吏であり，行政文書作成支援ソフトウェアを活用して，多数の聴聞書，是正命令書，戒告書，強制手段の決定書などを作成し，あるいは建設現場等で強制手段の実施を監督するなどの行政強制実務に従事している。

規制執行業務の中核を担うドイツの行政職職員には，わが国の行政職地方公務

第1章　総　説

表5　各州都等下級建築監督官庁における調査時直近の

	2010		2011		2012		2013	
	聴聞	過料決定	聴聞	過料決定	聴聞	過料決定	聴聞	過料決定
Magdeburg	?	?	?	17	?	24	?	?
Potsdam	?	?	38	17	39	19	24	15
Wiesbaden	77	63	46	34	46	42	?	?
München	?	?	416	298	388	250	328	191
Hamburg	年間100件をかなり下回る件数							
Kiel	秩序局が包括的に所管するが，建築法違反の過料決定は比較的少ない。							
Düsseldorf	年間で150〜250件の聴聞，10〜20件の過料決定							
Erfurt	?	?	19*	12	12*	11	11*	10
Gotha	?	?	0	0	2*	2	2*	9
Berlin/T-K	?	?	?	0	?	0	?	0
Dresden					年間平均約50件の			
Stuttgart					建築許可関係3件（賦課過			
Hannover					職員不足のため近年は			
Bremen							13	6
Schwerin							総計111件	
Mainz							0	0
Saarbrücken								総計

注）＊：Erfurt 及び Gotha については，警告処分（Erfurt については，警告金賦課）の件数。

員のように，3年程度の比較的短期間での人事異動はなく，10〜20年以上の長

42）大学法学部で最低2年間の法学教育を受け，国（州）が実施する必修科目試験及び各
　　大学が実施する重点領域科目試験（それぞれ70％，30％の配点）により構成される
　　第1次司法試験に合格したのち，州が実施する2年間の実務実習（3ヵ月の養成講習
　　課程（授業）とヘッセン州では，民事4ヵ月，刑事4ヵ月，行政4ヵ月，弁護士事務
　　所9ヵ月，選択修習3ヵ月により構成）を経たのち，州が実施する第2次司法試験に
　　合格した者。いわゆる法曹三者のほか，行政官や大学教授となる者も少なくないが，
　　第2次司法試験の最終的合格率は，大学法学部入学者の5割程度とされ，このうち成
　　績優秀者のみが，裁判官，検察官及び行政官吏に任命され，該当者は全体の2割に満
　　たないとされている（藤田（2012）8-9頁，15-19頁）。

過料の適用実績総括表

2014		2015		2016（～8月）	
聴聞	過料決定	聴聞	過料決定	聴聞	過料決定
29*	14				
?	?				
?	?				
過料決定					
料総額 10,300 ユーロ）					
皆無に近い状況					
24	20	17	18		
（年間平均約 30 件）の過料決定					
0	0	0	0		
3 件の過料決定					

期間にわたって建築規制執行事務に従事することにより，個人的にも組織的にも当該実務に関する知識・経験が十分に蓄積されている。筆者の管見では，わが国のように慣行として上述のような人事異動が繰り返される人事政策を常とすると，OJT などによりある程度実務上経験を積み専門研修で法的知識を得て，ようやく本格的に執行実務に取り組める基盤が形成された頃には，定例の異動により全く別の部局に移ることとなる。このように，短期的な人事異動によって職員の所管規制執行に係る専門的知識・経験の「リセット」が繰り返されることにより，個人的にも組織的にも法的執行実務に関する知識・経験が十分に蓄積されず，これに，いわゆる行政代執行等の機能不全問題43)が加わると，重大な違反事案が生

第1章　総　　説

じた場合，多くは十分な専門性を欠く職員がこれに対処することとなり，いきおい，法社会学の規制執行過程研究において「インフォーマル志向」[44]と称されるような，法的強制力なき行政指導に過度に依存する執行態様にならざるを得ないことが懸念される。

　ところで，近年，わが国では，累積する租税の滞納問題に対応するために地方税滞納整理機構など[45]として，地方自治法上の一部事務組合や広域連合などによる広域的な行政上の金銭徴収体制が設けられている。これらの関係地方公共団体による共同的執行組織を発展させて，新たに導入される行政強制制度や行政制裁制度の運用も任務に加えるかたちで行政執行体制の整備を行う際には[46]，上述のような定例的人事異動とは別系統の執行実務上の知識・経験の十分な蓄積を可能とする人事政策が特に求められるのではないかと考える。

3. ドイツの州行政専門大学における行政職地方公務員養成教育

(1)　調査の趣旨

　前述のとおり，調査対象各州都等の下級建築監督官庁においては，建築監督上の強制執行及び過料の手続について，行政職地方公務員（官吏：Beamte）が主として行政文書の作成などの重要な法的事務を担当している。これらの行政職地方公務員の養成機関として，1960年代末に従前の総合大学と並ぶレベルの行政専門大学（Verwaltungsfachhochschule）が創設されている[47]。その任務である公務員養成教育（Ausbildung）の実情を調査するため，州都等の下級建築監督官庁の調査と並行して，実施順にノルトライン・ヴェストファーレン州公行政専門大学，チューリンゲン州公行政専門大学，ニーダーザクセン州自治体行政専門大学及びザクセン州公行政専門大学に対する訪問調査を本調査の後半期に実施した。以下では，このうち州政府による厳格な統制が行われているチューリンゲン州公行政

---

43) 西津（2012）58-59頁，74-75頁。

44) 北村（1997）237-273頁。

45) 一部事務組合として，茨城県債権管理機構，三重県地方税管理回収機構，和歌山地方税回収機構，徳島滞納整理機構，愛媛地方税滞納整理機構などが，また，広域連合として，長野県地方税滞納整理機構などが設置されている。

46) 西津（2012）23-24頁参照。

47) ブリューメル（1993）23頁。

専門大学の概要を紹介する。各行政専門大学に関する詳細情報については，第3章を参照されたい。

(2)　チューリンゲン州公行政専門大学の概要

本大学は，1994年4月にチューリンゲン州法[48]に基づき設置されたチューリンゲン州立の教育機関であり，①地方自治体行政及び一般国家行政，②税務及び③警察の専門コースで構成され，①及び②の校舎はゴータ市に所在し，③の校舎はマイニンゲン市に所在している。以下は，本件調査テーマとの関連から，主に①の概要についてご紹介する。

①のコースの学生のほとんどは，大学入学資格試験（Abitur）の合格者であり任命を撤回しうる養成教育中の公務員で，各科目の授業は，最大30人以内，平均的には20～25人の規模で行われている。学生には，生活費として月額約1,000ユーロの任命候補者給与が支給され，学生寮も設けられているが，多くの学生は近傍から通学している。教員には，大学学位などのほか，担当科目関連分野について，最低5年間の職業経験が必要とされる。

(3)　同大学行政職地方公務員養成課程の概要

チューリンゲン州公行政専門大学の①の2014年の地方公務員養成課程は，**資料編・参考資料42**（cf.333頁）のスケジュールによって実施されている。第一年次は，基礎課程（Grundstudium）として，2週間の実務ガイダンスののち，7.5ヵ月の基礎的科目履修が行われる。この間，4回のレポート（3時間で6～12頁程度を作成）提出が義務づけられ，筆記による中間試験が行われる。この中間試験及び最終の修了試験は，問題（択一式はなく，すべて事例論述式である。）の作成（大学教員からの提案要請も可能）及び採点がすべて州内務省においてなされる。採点は，最低3名の同省試験担当官が行い，極めて中立的かつ厳正に実施されている。基礎課程履修の後，約6ヵ月の第1次実務実習（Praktikum I）が行われる。2年次は，実務実習の後半に続いて，主課程（Hauptstudium）として，7ヵ月半の科目履修が行われるが，この間6回のレポート提出に加え，主課程最終段階で卒業論文（50頁程度）の作成が求められる。この後，6ヵ月間の第2次実務実習（Praktikum II）が行われる。最終の3年次は，第2次実務実習の後半の後，6ヵ月間の修了

---

48) Thüringer Gesetz über die Verwaltungsfachhochschule vom 20. Dezember 2010（GVBl. S.537）.

第1章　総　　説

課程（Abschlussstudium）の科目履修が行われて，州内務省による6科目（各5時間）の筆記試験が実施される。この修了課程科目履修の後，修了実務実習(Abschlussprak-tikum）が2ヵ月半行われ，この最終段階で口述試験（4科目，各45分）が実施され，最終合格者には，Diplom-Verwaltungswirt/-in の学位が付与される。以上の課程において，3年間（休暇期間を除き21ヵ月）にわたり，総計約2,400コマ（1コマ＝45分）の多様な科目を受講することとなる。

　履修科目としては，**資料編・参考資料43－1**（cf.334頁），**同43－2**（cf.335頁）に掲げるように，法律学，経済学，財政学，行政学，社会学などの多くの科目が必修として課されているが，特に本調査研究に直接関連する，行政執行法，秩序違反法及び建築法に係る科目は，次のとおりである。すなわち，前者については，2年次の主課程（Hauptstudium）で開講される40コマの「一般行政法」(Allgemeines Verwaltungsrecht）の一部とされ，そのうち6コマが割り当てられている。中者については，基礎課程及び主課程における「警察及び秩序法」において，実に70コマが割り当てられている。後者については，基礎課程，主課程及び修了課程にわたり，都市計画法，建築法及び法的救済に関する総計110コマで構成されており，建築中止などの建築監督官庁の執行権限については，5コマが当てられている。

　本大学のカリキュラムの特徴として，各法律専門科目を基礎的な部分から発展的な部分までに区分して，内容レベルごとに，基礎課程，主課程及び修了課程に振り分けている点が挙げられる。このように各レベル段階に応じて区分された法律専門科目を履修したのちに，実務実習受け入れ行政機関との協議・調整を経て，科目履修の各段階において習得した知識を応用するにふさわしい実務実習が設定されるように工夫されている。

(4)　行政職地方公務員養成に関する総括的私見

　前述のような充実した行政強制制度や行政制裁制度の運用を担うドイツの地方公務員については，州行政専門大学が，チューリンゲン州では州内務省の厳格な統括管理のもとで，広範な法的知識と実務遂行能力を習得した専門的人材養成に大きく貢献しており，「実質的法治国家」の人的基盤の形成という点でも，わが国に比して相当に先進的な状況にあると認められる。

　ドイツの公務員養成制度については，既に少なからぬ先行的調査研究もなされているが[49]，特に，本調査研究のテーマである「行政上の義務履行確保運用」

28

の注目すべきアウトカムは，これを担う専門的人材の養成システムを抜きにして語ることはできないと強く実感されるところである。わが国に新たに（再）導入されるべき行政上の義務履行確保制度を実効的に活用するためには，その多くが同制度についていわば「白紙に近い状態」で，専門的規制執行実務に従事している現在の地方公務員について，着任後の職務関連研修のより一層の拡充のみならず，「着任前の専門的地方公務員養成教育」の導入の是非についても，根本的な公共政策的議論を行う必要があると思料される。

---

49) ブリューメル（1993），木佐（1996）107-127頁，工藤（2006）ほか。

第2章　各都市下級建築監督官庁調査報告（訪問順）

第1節　マクデブルク市（：ザクセン・アンハルト州都）

　マクデブルク市は，旧東独地域（再統一後の新連邦州）のザクセン・アンハルト州の州都であり，かつて神聖ローマ帝国の初代皇帝であるオットー大帝が即位前に宮殿を設けて居住していた都市で，同大帝が司教座を置き，ハンザ同盟都市としても繁栄した。また，真空に関する物理学の「マクデブルク半球」の実験でも知られている。調査時直近の 2012 年 12 月末現在の人口は，約 23.3 万人である。

　本市の調査は，2013 年 9 月 2 日に同市の下級建築監督官庁（Untere Bauaufsichts-behörde）である建築秩序局（Bauordnungsamt）を往訪して実施し，面談担当者は職務執行部門統括官のハルトムート・シュット氏（Herr Hartmut Schütt）であった。

1. マクデブルク市の建築行政上の今日的重要課題

　第 2 次大戦前あるいは戦後の旧東独時代に建築され老朽化したパネル式中高層プレハブ建築物（Plattenbau）が十分に改修されずに放置されて危険な状態になっており（マクデブルク市建築秩序局の庁舎も同様の問題がある由。），それらの除却を代執行で強制的に行うことが同局の目下の緊急的な課題となっている。

　他方で，再統一後に建築された違法建築物（建築許可を得ていないものなど）で公共の安全のため代執行による除却がなされたものは比較的少ない。

2. 代執行の適用実績

　建築秩序局が把握しえた年間 100 件程度の違法建築物のうち，倒壊などの危険性の大きな建築物が最大限 10％ 程度に上るが，これらについては代執行による除却がなされる。しかし，そのような危険性が比較的小さい残りの 90％ につ

いては，主として後出の強制金による是正強制がなされており，後者は，前者に比して手続が比較的簡便なことから選択されている。

　また，代執行費用の徴収については，同州の行政執行法等ではその事前徴収が可能とされ（同法 71 条 1 項（cf.167 頁），同州公共の安全及び秩序に関する法律 55 条 2 項（cf.168 頁）），また実務でも当該事前徴収がなされているが，実際には当該費用の総額の 10% 程度しか徴収できておらず，結果的に残りの 90% は義務者の資力不足などにより行政の負担とならざるを得ない状況となっている。すなわち，マクデブルク市では代執行費用の事前徴収によっても代執行費用の徴収不全状況は解消されていない。

　他方，マクデブルク市では，資力の不十分な義務者については，公課法（Abgabenordnung）222 条（cf.231 頁）に基づき代執行費用の支払猶予制度（Stundung）も活用されており，これにより月割賦とするケースもある。この点，わが国においても，代執行費用の徴収不全問題が行政庁における行政代執行の適用についての消極的スタンスの重要な要因となっており[50]，既にその導入の提案がなされている代執行費用の事前徴収制度[51]に加え，事案に応じて国税徴収法 151 条に規定される換価の猶予制度及び 152 条に規定される分割納付制度[52]を積極的に活用することにより，代執行費用徴収率の一層の向上を図ることも検討の対象とすべきと思われる。

　なお，屋外広告物に対する代執行の適用については，後述のとおり建築監督に従事する職員も限られている中では十分な対応が困難な実情にあり，郊外部の大規模で危険な違反物件に限定して年間で 1，2 件の適用実績があるにとどまっている。

3．強制金及び代償強制拘留の適用実績

　調査時直近 3 年における強制金の戒告実績は年間 250 件程度であるが，賦課決定にまで至るものはそのうちの 2% 程度にとどまっている。すなわち，戒告された事案の 98% は，賦課決定に至らず是正命令に従っており，強制金の「目的

50）西津（2012）77–79 頁，90 頁。
51）総務省検討会（2013）32 頁，小川（2013）27 頁，大橋（2010）252 頁，北村（2016）208 頁，西津（2012）64–67 頁，90–92 頁。
52）本制度の詳細については，吉国ほか編（2018）921–946 頁

第 2 章　各都市下級建築監督官庁調査報告

達成率」は極めて高いと評価しうる。

　また，強制金の戒告額の算定基準は定められていないが，当該違法建築によってもたらされる経済的収益の多寡に応じて強制金の額を設定することとしている。この点，過料カタログ（Bußgeldkatalog）が強制金戒告額の算定において事実上参考にされることもないとのことである。施主に利益をもたらす建築物については戒告額を高く設定するなど，違法建築物がもたらす経済的利益が裁量判断の重要な要素を占めている。

　また，マクデブルク市では強制金を補完する代償強制拘留（Ersatzzwangshaft）の適用実績はほとんどなく，建築規制行政において同制度は重要性を有していないとの実務的な認識がある。

4.　封印措置（Versiegelung）の適用実績及び戒告の要否

　マクデブルク市では違法建築に対する封印措置の適用実績は極めて少なく，調査の前年の 2012 年は実績なしとのことである。

　同市建築秩序局においては，行政実務運用として，建築工事中止命令の強制手段としての封印措置（Versiegelung）についても，当該建築法上の強制手段も州行政執行法上の直接強制(Unmittelbarer Zwang)の一類型と理解されていることから[53]，直接強制の事前手続としての戒告は必要であり，緊急の場合は省略されることがあるも，原則的には行われているとのことである。

　この点，Jäde usw.（Stand：2013）§ 78 Randnummer（以下，脚注中など "Rdnr." と略称）28 は，封印は行政執行法上の一般的手続規範が適用されない建築法独自の強制手段と位置づけ，事前の戒告なく実施しうるとしている（判例同旨[54]）こと

---

53) Sadler（2014）§ 12 Rdnr.64. 同じ解釈から戒告を不要とする立場として，App usw.（2019）Kapitel 35 Rdnr.19. なお，封印措置は州建築法上の独自の強制手段であり，州行政執行法の手続規定（特に「戒告」）は適用されないとする解釈も有力である（Engelhardt usw.（2017）VwVG § 9 Rdnr.2, Finkelnburg/ Ortloff（2010）S.164–165, Hoppe usw.（2010）§ 16 Rdnr.103, Lemke（1997）S.266）。

54) Oberverwaltungsgericht Lüneburg, Beschluss vom 27.9.1983 –6 B87/83– Baurechtssammlung 40, 488 = Niedersächsische Rechtspflege 1984, 48；Hessischer Verwaltungsgerichtshof, Beschluss vom 17. 5. 1984 –3 TH 971/84–, Baurecht 1985, 306 = Baurechtssammlung 42, 505；einschränkend Verwaltungsgerichtshof Baden-Württemberg, Beschluss vom 7. 9. 1981 –3 S 1274/81–, Verwaltungsblätter für Baden-Württemberg 1982, 140.

第1節　マクデブルク市（：ザクセン・アンハルト州都）

から[55]，州建築法の注釈書の解釈と現場担当行政機関による実務的な解釈運用
とは異なっている。マクデブルク市の担当者は，このような法解釈の相違はよく
あることとしている。

　筆者の私見としては，州建築法の解釈として封印の事前戒告は不要と解しうる
余地は十分あるとしても，実務上はマクデブルク市建築秩序局のように事前の戒
告を行った方が行政手続保障的見地からも望ましいことから，行政執行担当部局
間の解釈の相違によって生じる無用の混乱を回避するため，わが国に同制度を
導入する場合には統一的に，代執行と同様に緊急時には事前手続たる戒告を省略
しうるも「原則的には」実施すべきことを立法上も明文化すべきと考える。

　すなわち，上掲の私見を敷衍すれば，次のとおりである。州建築法上の封印制
度は，工事現場の封鎖という強力な強制措置を実施し，この法的封鎖措置を破っ
て工事を続行した場合は，刑法典（Strafgesetzbuch）136条（cf.221頁）の封印破棄
罪（Siegelbruch）の構成要件該当行為となり，行為者は1年以下の自由刑又は罰
金刑としての刑罰による法的制裁を受けることとなる。このような措置を事前の
戒告なく，突如として実施する場合には，確かにそれによって建築主や請負業者
に大きなショックを与えるといった現実的な効果は期待できようが，相手方に対
するそのようなインパクトの発現が本制度の本来的な目的とはいえず，他方で無
戒告による封印措置の実施は建築監督行政庁と建築請負業者など義務者側との間
での現場での無用な混乱やその結果を十分認識しないなかでの犯罪行為としての
封印破棄に至ることもありえよう[56]。特に，長年本制度の運用実績のあるドイ
ツとは異なり，このような現場封鎖的行政強制制度にほとんど馴染みのないわが
国においては，上掲のような現場において生ずべき種々のトラブルは安易に軽視
すべきではない。

　封印措置の戒告を工事中止命令に際して行うことは，行政庁にとってさほど手
間やコストのかかるものではなく，むしろこれを行うことによって，義務者によ
る当該措置の法的効果の理解の増進のみならず，封印措置実施前の戒告の段階で

55）ほかにFinkelnburg/ Ortloff（2010）S.164–165ほか前掲脚注30, 31, 53掲記の文献参照。
56）後出のポツダム市での聴取では，他都市で封印破棄罪が実際に適用された事例も側聞
　　しているとされているが，他方で周辺に防犯カメラなどが設置されていない建設工事
　　現場に施された封印が夜陰にまぎれて破棄されるケースもあり，当該行為者の摘発が
　　困難な場合も少なくない模様である。

第2章　各都市下級建築監督官庁調査報告

義務者側の自主的な命令履行（違法工事の自主的中止）に至ることも十分期待される。これにより前述のような執行現場における無用のトラブルの防止のみならず，命令による義務の任意履行の確保にもつながりうる。以上の点で，事前の戒告の実施は行政手続保障上もより望ましく，また，もし封印措置の実施に要した費用を徴収するのであれば，戒告においてあらかじめこのことを義務者に告知しておく必要もあると思われる。

さらには，行政救済の観点からは，事前の戒告がなされないと封印措置の実施時期の不当性（例えば，ある段階での突然の封印措置による工事中止の強制によって，特に工事の実施上危険な状態が発生し，あるいは施主側に過大かつ不当な損害が生じるような場合など）を主張して，戒告に対する行政上の不服申立てや抗告訴訟によって，事後の封印措置の実施を差し止める可能性も排除されるなど，戒告が原則的に前置される代執行や強制金といった他の行政強制手段に比較して義務者の法的救済にも欠けるおそれもある。

以上のことから，ザクセン・アンハルト州建築法の規定ぶりと学説・判例によるその解釈論は前述のとおりであるとしても，わが国で新たな行政強制手段として封印制度を導入する場合には，前述のマクデブルク市建築秩序局の実務運用のように（後述のポツダム市ほかの州都の実務も同様），代執行や強制金といった他の行政強制手段と同様に原則として戒告を行う（但し，緊急を要する場合には例外的に戒告の省略を認める）こととするのが立法政策としてより妥当であると考える。

5. 強制手段の適用に対する訴訟

上掲の強制手段については，適用実績の約1割程度について訴訟が提起されている。また特に，強制金の適用に対する取消訴訟は，前述の年間250件の適用事例のうちの10％程度において提起されている。

6. 過料の適用実績

違法建築に係る過料の適用実績は，2012年で24件，2011年で17件というように，年間20件程度である。

過料が高額となる場合は，相手方も弁護士を代理人として立てるなどして訴訟で争うこともあり（年間2〜3件程度），裁判所の判決で建築秩序局が決定した過料決定による過料額が引き下げられることもある。

7. 建築規制行政執行体制

　前述のとおり，マクデブルク市の人口は約23万人であるが，全体で37名の職員が建築監督行政に従事しており，そのうち違反建築物の取り締まり活動には，技術職を中心とする22名（5つの専門領域について4名の技術職職員に加え，防火担当の職員1名の計21名を課長が統括）が従事し，重要な執行業務においては，法律職の職員もその決定プロセスに参画している。なお，この組織体制は，強制執行等の執行事務のほか通常の建築許可などの建築規制業務全般をカバーするものと思われる。

　また，マクデブルク市の建築監督行政においては，周辺の自治体と適宜情報交換をすることはあるものの，これらと共同で行政執行体制を構築し，広域の管轄地域において行政執行活動を行うような取り組みはなされていない。

第2節　ポツダム市（：ブランデンブルク州都）

　ポツダム市は，旧東独地域の「新連邦州」であるブランデンブルク州の州都であり，かつてはプロイセン王家の居住地で，啓蒙君主として名高いフリードリヒ大王が晩年居住したサンスーシ宮殿などの著名な世界遺産を有し，またわが国のアジア太平洋戦争の終結につながるポツダム宣言が発せられた連合国首脳によるポツダム会談の開催地としても有名な都市であり，調査時直近の2012年の人口は，約15万人である。

　同市の調査は，先方からの当初予定期日の変更申し出により，2013年9月5日に同市の下級建築監督官庁（Untere Bauaufsichtsbehörde）である建築監督局において実施した。面談担当者は法律顧問（Justitiar）のヨアヒム・ティートィェン氏（Herr Joachim Tietjen）及び法律事務グループ担当官のクラウディア・ヴェーアマン氏（Frau Claudia Wehrmann）であった。

　ポツダム市の建築監督行政における強制手段及び過料の適用実績並びに行政執行体制は，次のとおりである（適用実績は，先方から手交された統計資料による。なお，いずれも 2011.01.01～2013.08.31 のデータである。）。

第2章　各都市下級建築監督官庁調査報告

1. 強制金の適用実績

　　①調査時直近3年間（2011〜2013）の戒告の総件数　199件

2011年の戒告件数　　　　49件（うち，屋外広告物に係る件数　5件）

2012年　　〃　　　　　88件（同上　13件）

2013年　　〃　　　　　62件（同上　6件）

　　②調査時直近3年間（2011〜2013）の賦課決定の総件数　35件

2011年の賦課決定件数　17件（うち，屋外広告物に係る件数　3件）

　上掲中，2011年に戒告がなされたもの4件（うち，屋外広告物に係る件数　3件）

　　このうち，強制徴収実施件数　3件

2012年の賦課決定件数　9件

　上掲のうち，2011年に初回戒告がなされたもの　2件

　同じく，2012年に初回戒告がなされたもの　4件

　　このうち，強制徴収実施件数　4件

2013年の賦課決定件数　9件（うち，屋外広告物に係る件数　1件）

　上掲のうち，2011年に初回戒告がなされたもの　3件

　同じく，2012年に初回戒告がなされたもの　3件

　同じく，2013年に初回戒告がなされたもの　3件

　　このうち，強制徴収実施件数　0件

　ポツダム市においてもマクデブルク市と同様に，強制金の戒告額に関する適用基準は特に定められていない。また，後述の過料カタログが強制金の戒告額の算定において参照されることもないとのことである。強制金の戒告額については，例えば通常の違反建築であれば，当初の段階では1,000ユーロ程度を目安として，個別事案の違反の程度に応じて加減するほか，違反屋外広告物についてはより低額からスタートするなど，実務経験則的な運用がなされている。

　この点，わが国で強制金制度を再導入するにあたっては，比例原則適合性（過剰及び過少の禁止）を確保するため，その戒告額の基準を規制領域ごとに定める必要性は高いと思われ，その際ドイツの強制金運用実務において蓄積されている違反事案ごとのおよその「相場」やその法的限界を画す重要判例を参照することも有益と考える。

　なお，ポツダム市においては，マクデブルク市のような旧東独時代に建築され

第2節　ポツダム市（：ブランデンブルク州都）

老朽化した大規模建築物の問題は少ないとのことであり，これはポツダム市が特に再統一後ボンに代わって首都となったベルリンのベッドタウンとして発展し，古い建築物でも改修を行ってテナントを入れるなどして収益を上げるケースが多いためと思われる。

2．代償強制拘留の適用実績

　調査時直近 3 年間（2011〜2013）あるいは面談した担当者が認知している範囲では，適用実績は皆無である。同制度は人身の自由に対する制限となり，裁判所もその適用に慎重であるので，強制金が奏功しない場合は，本制度ではなく代執行の適用に移行するのが通例である。しかし，ポツダム市の建築規制執行実務においては，本制度の適用可能性に関する警告が義務者に対して一定の威嚇効果を有するとの認識は共有されている。

3．代執行の適用実績

　　①調査時直近 3 年間（2011〜2013）の戒告の総件数　6 件

2011 年の戒告件数　　　1 件

2012 年　　〃　　　　　2 件

2013 年　　〃　　　　　3 件

　　②調査時直近 3 年間（2011〜2013）の実施決定件数　3 件

2011 年の実施決定件数　1 件

2012 年の　　　〃　　　2 件

2013 年の　　　〃　　　0 件

　代執行の適用は，主に危険性が大きく緊急に是正すべき違法建築に限定されている。このため強制金に比して適用件数は少なく，また，代執行による緊急除却を必要とするような大規模で危険な屋外広告物も僅少なため，屋外広告物に係る調査時直近の適用実績はない。

　代執行の実施を請け負う業者は，3 社程度による指名競争入札によって選定される。

　代執行費用の事前徴収は，法的には認められているが（州行政執行法 32 条 2-4 項（cf.172-173 頁）），ポツダム市建築監督局の執行実務では行われておらず，請負業者の精算に基づく事後的徴収のみとなっている。行政代執行費用の事後徴収に

ついては，建築監督部局とは別の市の会計部局（Stadtkasse）が担当しており，建築監督部局では当該費用の徴収率に関する統計データは持ち合わせていないが，実務経験的には全額徴収されているとしている。

また，前出のマクデブルク市と同様に，ポツダム市においても，公課法（Abgabenordnung）222条（cf.231頁）により資力不足の義務者に対する代執行費用の支払猶予制度（Stundung）も活用されているとされる。

なお，特に悪質・重大な事案として，ポツダム市の**資料編・参考資料9**（cf.265頁）の事例は，後出のドレスデン市の同**参考資料8**（cf.257頁）の事例とともに，わが国の多くの市町村で建築規制上の重要課題となっている「空き家対策」にも通ずる事案である。前者の文書には，即時執行（Sofortiger Vollzug）[57]に係る記述があるが，担当者によれば，このような告知はすべての代執行について通例的になされるものであり，ポツダム市の代執行に係る具体的事例においては，行政行為たる命令及び事前手続が省かれる即時執行としても実施されうる旨が義務者に提示されているとのことである。

4．封印措置の適用実績

調査時直近3年間（2011〜2013）は戒告・実施決定いずれも0件であった。違反建築の中止命令については，強制金によってその強制的な遵守の確保が実現されている。

なお，同市から提供された，2005年9月に撮影された封印措置の実施状況を，**資料編・参考資料12**（cf.276頁）に掲げる。

5．封印措置に係る戒告の要否ほか

封印措置（Versiegelung）は，州建築法によって独自に創設された直接強制の特別な手段であり，行政上の強制執行の一般法であるブランデンブルク州行政執行法は適用されず，従って直接強制の事前手続として戒告を行うことを定める現行の同法28条（cf.171頁）によらず，戒告は必要でないと解されている[58]。他方，

57）連邦及び州の行政執行法上設けられている補完的な執行手段。急迫の危険を防止するため必要がある場合などに違反是正義務を課す命令や強制手段の事前手続としての戒告を前置せずに，代執行及び直接強制にあたる人や物に対する実力行使を行うもの。代執行及び直接強制の即時執行について，西津（2012）98-99頁，138-139頁参照。

第 2 節　ポツダム市（：ブランデンブルク州都）

ポツダム市の行政執行実務においては，違法建築が発見された場合には，現場で職員が（聴聞手続を経ずに）口頭で中止命令を発し，その際命令不遵守の場合には封印措置がなされうるとの口頭の警告（口頭での封印措置の「戒告」とも解される。：筆者）もなされる。さらに事後に確認的に公文書による工事中止命令書が発出され，その中で当該命令不遵守の場合には封印措置が実施されうる旨も付記される。また，違法建築物の危険性が大きいなどにより緊急性が高い場合には，当該権限を付与された職員によって，現場で口頭での中止命令の発出と同時に，戒告を省略して即時的に封印措置を実施することも可能とされている。

　封印措置に要した費用は，通常さほど多額には上らないが事後に義務者から徴収される。

　また，本調査当時の州建築法 73 条（現行 79 条）2-3 項（cf.173 頁）は，いずれも「～するものとする（sollen）」としており，この文言により，強制手段の選択についての裁量権は狭く制限され，法定要件が充足されているときは建築監督官庁は当該法定強制手段を発動すべきであるとする趣旨と解されていた[59]。さらに，封印措置の実施決定には本調査当時の州行政執行法 39 条 1 段（現行 16 条：cf.171 頁）が適用され，同決定に対する異議申立て（Widerspruch）は，執行停止効を生じないとされていた。

6．強制手段適用実績の概括及び補足的私見

　前掲の提供データから見ると，ポツダム市の（屋外広告物規制を含む）建築規制行政において最も重要な役割を果たしている強制手段は強制金であり，その実効性を評価する目的達成率［強制徴収までの過程で命令が履行されたこと（強制執行の目的達成）により，以降の手続が中断されたもの，すなわち，（戒告件数－強制徴収件数）／戒告件数］は，直近 3 年間の平均で 96％ に上っている。これに対し，

---

58) Otto (2016) §79 Rdnr.1943：それにもかかわらず封印措置の戒告とされるものが発せられた場合は，それは法的状況に関する教示に過ぎないものであって，侵害的な行政行為にはあたらず，法的な規制内容をもつものではないので，異議申立て（Widerspruch）の対象にはならないとしている。判例同旨：Oberverwaltungsgericht Brandenburg, Beschluss vom 22.02.2002 –3 B 374/01–, Verwaltungsgericht Frankfurt（Oder）Urteil vom 06.04.2004 –7 K 367/01– und Beschluss vom 15.10.2001 –7 L 181/01.

59) Otto (2012) § 73 Rdnr.8.

39

第 2 章　各都市下級建築監督官庁調査報告

代執行の適用実績は，ポツダム市が比較的中小規模の都市であるにもかかわらず，わが国の建築規制等行政におけるように「皆無に近い僅少」といった状況[60]にはなく，戒告ベースで直近では平均して年に 2 件程度であり，またこのうち実施決定にまで至るものはその半数程度である。ポツダム市程度の規模のわが国の自治体では，近年の代執行の適用経験が「皆無」といった状況も決して珍しくはないが，ポツダム市ではこのような状況あるいはわが国の代執行について指摘されている「機能不全状態」[61]は認められない。また，封印措置の実施実績については，調査時直近においては僅少にとどまっているが，この強制手段については，実務上は建築中止命令に関し強制金を「補完する」かたちでの「最終的強制手段」としての運用実態となっていると認められる。

　また，建築監督行政において，強制金の補完的強制手段としての代償強制拘留制度[62]の近年における適用実績は皆無の状況である。

　ところで，以下はあくまで補足的な私見であるが，近時わが国でも頻発しているストーカー殺人事件の再発抑止を図るため，ストーカー行為等の規制等に関する法律 5 条のつきまとい等禁止命令の強制手段として，刑事罰のほかにドイツの強制金制度及びその補完的強制手段としての上掲の「代償強制拘留制度」を一般的行政強制制度として創設し，あるいは同法のような個別法に導入することが考えられる。特に，極めて危険度が高いと客観的に判断されるストーカーに対しては，上掲の禁止命令により課されたつきまとい等を止めるという不作為義務の補完的な強制手段として，裁判所の決定により（すなわち「司法的強制」）代償強制拘留処分を行い，法定上限の範囲内で期間を定めた特別の施設での拘留中に，特に精神的障害を抱えた高危険度ストーカーには最適な専門治療を施すことにより[63]，将来的な重大犯罪者となりうるストーカーの隔離矯正と被害者の安全確

60）わが国の建築規制，屋外広告物規制及び主要公物管理規制の執行実務を所管する行政庁において行政代執行の適用実績が僅少と認められる実務運用実態については，西津（2012）74-76 頁参照。

61）総務省検討会（2013）15-16 頁，福井（1996）206-212 頁，小川（2012）9-10 頁，宇賀（2017）232-233 頁，大橋（2016）314-315 頁，黒川（2008）119-122 頁ほか。

62）本制度の概要及びその評価については，西津（2006）106 頁，160-162 頁，198-201 頁参照。

63）ストーカーに対する「治療」の必要性とその具体的なあり方につき，ミューレンほか（2003）15 章参照。

第2節　ポツダム市（：ブランデンブルク州都）

保を一括して実現しうるのではないかと思われる。また，ドイツにおける代償強制拘留制度の実務運用と同様に，例えば強制金の戒告書において，相当の期間に及びうる[64]代償強制拘留の適用可能性についての警告文を記載すること自体も，ストーカーのタイプによっては警察による警告を補完するかたちで相当程度に実効的な違法行為抑止効果を発揮することも期待される。

　欧米諸国の反ストーキング法によるストーカーに対する刑事罰の適用ないしそのための勾留が常にストーカーの改善のために有効であるかについては，専門家による重要な疑義も提起されており[65]，本規制領域においても，わが国における行政処分たる命令に係る実効的な強制手段拡充の方向について，前述のような視点も含めて実効的な犯罪予防措置の確立に向けた積極的な検討を進めることも有意義ではないかと考える次第である。

7．強制手段の適用に対する訴訟

　強制手段に係る戒告及び決定はいずれも行政行為であり，義務者はこれらに対し行政上の不服申立て及び行政裁判所へ取消訴訟を提起することができる[66]。また，行政強制措置に対するこれらの争訟は，本調査当時の州行政執行法の規定[67]により，執行停止の効果を生じないこととされていた。

　ポツダム市における調査時直近3年間（2011〜2013）における強制手段の適用に対する取消訴訟（Anfechtungsklage）の提起状況は，強制金の賦課決定に対して2件，代執行の戒告に対して2件である。

8．過料の適用実績

　秩序違反法55条（cf.225頁）は，過料決定（Bußgeldbescheid）の事前手続として，

64）ドイツの各州の行政執行法による代償強制拘留の上限期間は，最長6ヶ月（ザクセン・アンハルト州）最短2週間（ベルリン州など13州）である。また，ハンブルク州及びザールラント州は独立の補完的強制手段として最長6週間の強制拘留（Erzwingungshaft）を設けている（cf.181頁，217頁）：Sadler (2014) § 16 Rdnr.44.

65）ミューレンほか（2003）323–326頁。

66）強制金の戒告及び賦課決定に対する争訟手段につき，App (1996) S.86.

67）§ 39 Verwaltungsvollstreckungsgesetz für das Land Brandenburg (VwVGBbg). 現行法では，§ 16（cf.171頁）。

41

第2章　各都市下級建築監督官庁調査報告

相手方に対する聴聞（Anhörung）を定めており，手続を中止する場合や相手方に対して既に警告がなされ警告金が課される場合を除き，予め実施すべきものとされている[68]。なお，ポツダム市の執行実務においては，過料手続における上掲の聴聞は，行政強制手続に準ずるかたちで「戒告（Androhung)」と，また，過料決定は，「決定（Festsetzung)」と呼ばれている。

　聴聞における意見陳述の具体的方法は，法55条には特に定められていないが，聴聞告知書所定の期日までに，書面により又は口頭で（建築監督官庁の面談時間内に）なすべきこととされている[69]。

　ポツダム市の建築監督行政における近時の過料の適用実績は，次のとおりである。

　①調査時直近3年間（2011〜2013）の聴聞実施総件数　101件

2011年の聴聞実施件数　38件（うち，屋外広告物に係る件数　3件）

2012年の聴聞実施件数　39件

2013年の聴聞実施件数　24件（うち，屋外広告物に係る件数　2件）

　②調査時直近3年間（2011〜2013）の過料決定の総件数　51件

2011年の過料決定件数　17件

　上掲のうち，2011年に聴聞がなされたもの　7件

2012年の過料決定件数　19件

　上掲のうち，2011年に聴聞がなされたもの　10件

　上掲のうち，2012年に聴聞がなされたもの　7件

2013年の過料決定件数　15件

　上掲のうち，2011年に聴聞がなされたもの　3件

　上掲のうち，2012年に聴聞がなされたもの　10件

　上掲のうち，2013年に聴聞がなされたもの　2件

なお，上掲実績データにおいて過料の聴聞実施件数より過料決定件数が少ない理由は，担当者の説明によれば，義務者が建築違反について是正を行った場合は，建築監督官庁の裁量判断によって過料手続自体を中止し，あるいは過料額を軽減することができることによる。

---

68) Lemke/ Mosbacher (2005) § 55 Rdnr.2, Göhler usw. (2012) § 55 Rdnr.1.

69) dito/ erstes § 55 Rdnr.7, dito/ letztes § 55 Rdnr.4, ポツダム市提供の過料聴聞告知書（**資料編・参考資料22**）中の記載内容（cf.296頁）参照。

第2節　ポツダム市（：ブランデンブルク州都）

参考までに，特に悪質・重大な具体的事案における過料に係る聴聞告知書及び過料決定書としてポツダム市から提供された行政文書の仮訳版を**資料編・参考資料22**（cf.295頁）及び**同23**（cf.297頁）に，また，同市から提供された過料の賦課額の基準を示す「過料カタログ」（Bußgeldkatalog）の抜粋仮訳版を**資料編・参考資料21**（cf.292頁）に掲げる。

　　③調査時直近3年間(2011〜2013)における過料不払いに係る強制拘留(Erzwingungshaft)の適用実績は，皆無である。

9. 過料適用実績の概括及び関連私見

　ポツダム市の（屋外広告物規制を含む）建築監督行政においては，調査時直近では年間平均で17件の行政上の秩序罰たる過料の決定が発せられており，わが国の建築規制における行政刑罰の機能不全状況とは大きく異なって，相当程度実効的に建築規制違反に対する「行政制裁」が実現されていると認められる。また，過料決定の事前手続としての聴聞についても，直近で年間平均約34件が実施されており，同規制の違反者に対する重要な警告機能及び前述のとおり「違反の自主的是正誘導機能」を果たしているものと認められる。

　またさらに，本制度に関連する私見として，秩序違反法17条4項によりドイツの過料（Geldbuße）一般に付与されている違法取得利益のはく奪機能[70]については，特に，2012年に相次いで発覚したわが国のホテルやデパートなどでの食材虚偽表示事件などの消費者保護規制違反に実効的に対処するため，消費者から違法に稼得した利益をはく奪する行政規制違反行為に対する新たな一般的行政制裁手段として大いに参考にすべきものであると考える。すなわち，わが国も行政刑罰の非犯罪化（秩序違反行為化）に併せて，多様な課徴金制度の個別法への逐次的導入という煩瑣な立法政策ではなく，行政上の秩序罰たる過料一般に課徴金と同様の高額に上りうる違法取得利益のはく奪機能を付与することにより，ドイツにならった行政上の義務違反に対する制裁制度の一般的かつ大幅な改革の実現を

---

70) Göhler usw.（2012）§ 17 Rdnr.37, Lemke/ Mosbacher（2005）§ 17 Rdnr.32, Drathjer（1997）S.62–63, Sannwald（1986）S.84–85. ドイツの判例・学説によれば，この違法取得利益には，現存する金銭のみならず，競争相手に対しての市場における地位の向上，必要コストの節減，あるいは将来的な利益獲得の確実な見込みなども含まれるとされている（Drathjer（1997）S.62, Göhler usw.（2012）§ 17 Rdnr.40）。

第 2 章　各都市下級建築監督官庁調査報告

前向きに検討すべきである[71]）。

　上掲事件の当時，一部の違反企業においては，虚偽表示を信じた顧客消費者への返金や震災寄付などもなされた模様であるが，現行法のように罰則所定の刑事罰が極めて悪質な少数の事例を除いて多くのものには実際に適用されず，仮に適用されたとしても（懲役刑や上限ある罰金刑の適用により）違法取得利益のはく奪が十分になされないため，結果的に規制違反企業の手元に多額の違法稼得利益が残るような状況のもとでは，これらの違法利益の稼得をねらう新たな類似の違反行為が将来にわたり繰り返される懸念は，依然として払拭されないといわざるを得ない[72]）。また，このような大がかりな法制度改革に伴っては，ドイツの規制執行行政機関の執行体制の具体的なあり方も参考にして，わが国に適した効率的な行政規制執行体制の確立に向けた行政改革[73]）も併せて必要となることを付言しておきたい。

10.　建築規制行政執行体制

　ポツダム市の建築監督官庁の行政強制等の法的業務に専従する組織として，法律専門職（Jurist）の班長が指導する法執行班（Arbeitsgruppe Recht）が設けられている。この他に，市の管轄地域を三分した各区域を分掌する，主に技術職から構成され建築許可等の審査などの専門技術的業務を担当する組織がある。法執行班は前述の班長のもとに，同じく法律専門職の 1 名の補助職員及び行政運営の専門資格を有する 4 名の計 5 名の補助職員で構成されているが，これらの職員は 3 年程度の短期間で異動するようなことはなく，10〜15 年程度にわたって継続的に当該業務に従事している。基本的に班長ほか 2〜3 人の比較的年配の職員が指導的役割を果たしているが，若手の職員も配属されている。法律専門職の職員は，

71）詳細につき，西津（2012）第 5 章参照。

72）例えば，2013 年に発覚した米の産地等偽装に係る三瀧商事事件は，2008 年の三笠フーズによる事故米不正転売事件を，また，2013 年のホテル等の食材虚偽表示事件は，2007 年の船場吉兆のブランド牛等偽装事件や比内鶏偽装事件を想起させるなど，近年わが国では「食」をめぐる偽装表示事件が繰り返されている。なお，上掲の一連の「食に係る偽装表示事件」を契機に，2016 年 4 月 1 日から施行された景品表示法の一部改正によって，同法にも新たに課徴金制度が導入されている。

73）大橋（2010）251-253 頁，西津（2012）23 頁，99-100 頁，184-185 頁。西津（2006）205-206 頁。

大学で法律学を専攻した知的基盤のうえに，現場での OJT や実務実習などを通して強制執行実務に関する知識・経験も蓄積されている。従って多少複雑な執行事案であっても行政外部の法律家の支援を仰ぐ必要もなく，わが国の中小自治体における行政代執行の実施過程において行われる外部の弁護士への法的指導依頼[74]なども実務上なされていない。なお，ポツダム市周辺の中小自治体もその規模は異なるもののそれぞれ独自の執行体制を構築しており，これらとの間で実務情報の交換を行ったり，上級建築監督官庁が下級建築監督官庁の責任者を招集する連絡会議を開催したりすることはあるものの，建築監督業務についてわが国の地方税滞納整理機構[75]のような広域的な共同執行体制を構築する対応はなされていない。

　このように，ポツダム市の建築監督業務執行体制は相応に整備されたものではあるが，それでも前述のマクデブルク市と同様に州建築法に基づく違法屋外広告物の取締りにまでは十分には手が回らず（従って，市内の違法屋外公告物は少なくない由。），より公益保護的重要性が高い違法建築物等の取締りの方に執行実務上の重点を置かなければならないという現状にあるとのことである。

第3節　ヴィースバーデン市（：ヘッセン州都）

　ヴィースバーデン市は，フランクフルトの近傍に位置するヘッセン州の州都であり，その鉱泉発見がローマ時代に遡るヨーロッパでも最も古い温泉地の一つに立地する国際保養都市として名高い都市である。19世紀初頭よりナッサウ公国の首都として都市建設が進められ，普墺戦争の結果プロイセン王国に併合されて宮廷都市としての地位は失ったが，保養・会議・行政都市として発展し今日に至っている。調査時直近の2013年末現在の人口は，約28万人である。

　本市の調査は，2014年3月20日に同市の下級建築監督官庁（Untere Bauaufsichts-behörde）である建築監督局（Bauaufsichtsamt）を往訪して実施した。面談担当者は

74）具体例として，岡山市行政代執行研究会（2002）36頁参照。

75）わが国では地方税滞納整理業務を広域的に執行するため，茨城租税債権管理機構，三重地方税管理回収機構，和歌山地方税回収機構などの地方自治法上の一部事務組合や，静岡地方税滞納整理機構のような広域連合として，広域的な行政上の強制徴収執行体制が構築されている（宇賀（2017）237頁，黒川（2008）128頁）。

第 2 章　各都市下級建築監督官庁調査報告

建築法審査手続担当官（Baurechtliche Prüfverfahren）のシュテファン・フリーザー氏（Herr Stefan Frieser）及び陪席として法務部（Rechtsamt）のマレン・ベッカー博士（Frau Dr. Maren Becker）であった。

　ヴィースバーデン市での面談に先立って，フリーザー氏から事前に関連統計データや個別事案に係る関連行政文書等の送付があり，これらに基づいてインタビューで補足的質疑を行った。

1.　強制金及び代償強制拘留の適用実績

　ヴィースバーデン市では，通常建築監督実務において適用される強制手段は，強制金（Zwangsgeld）である。他の強制手段（代執行，封印措置など）は，特別の例外的な場合においてのみ適用され，それらの適用実績は僅少である。

　ヴィースバーデン市の建築監督実務における調査時直近 3 年間（2010 年～2012 年：以下同じ）の強制金の適用実績は，次のとおりである。

　　①調査時直近 3 年間の戒告件数　年平均約 152 件

2010 年の戒告件数　　　　187 件

2011 年　　　〃　　　　　133 件

2012 年　　　〃　　　　　135 件

　　②調査時直近 3 年間の賦課決定件数　年平均約 31 件

2010 年の賦課決定件数　36 件

2011 年の賦課決定件数　25 件

2012 年の賦課決定件数　31 件

以上のように，ヴィースバーデン市では年間平均約 152 件の強制金戒告がなされ，同じく約 31 件の強制金賦課決定がなされており，強制金中心の義務履行強制が実務上定着している。

　一事案について，2 回以上にわたり強制金の賦課決定がなされることは極めて稀であり，大抵の場合，一度の戒告又は強制金賦課決定によって，命令履行がなされるとのことである。また，第一次の強制金の賦課決定には，第二次の（増額された）強制金の戒告が統合されるのが通例であり，第二次の強制金の賦課決定は，第一次の強制金賦課決定がなされた後，第二次の強制金戒告の期限までに命令が履行されないときに限ってなされるのが基本であるとのことである。賦課決定から強制徴収に至る過程で，さらにそれらの威嚇力により命令履行がなされる

こととなるが，賦課決定後の強制金の徴収事務は，同市の会計・税務局が所管しており，その強制徴収の実施件数については，同局の租税等徴収システム（EDV Finanzsystem）の膨大なデータを対象として調査する必要があり，事務的負担が過大となるため正確な実数把握は困難とのことであった。ただし，面談において確認したところでは，実務経験則上違反是正命令を履行せずに強制金賦課決定を経て強制徴収手続が執行される事案の割合は全体の約 12％であり，ヴィースバーデン市の建築監督実務における強制金の目的達成率（強制徴収前に命令に従う事案の割合）は，88％程度と見込まれるとのことである。

なお，調査時直近 3 年間の代償強制拘留（Ersatzzwangshaft）の適用実績は皆無であった。

2．強制金の適用に対する争訟

違反是正命令及び強制金の戒告並びに賦課決定に対して提起された争訟の実績は，次のとおりである。

①命令＋戒告に対する異議申立て件数　年平均 24 件

2010 年の異議申立て件数	30 件
2011 年　　〃	17 件
2012 年　　〃	25 件

②賦課決定に対する異議申立て件数　年平均約 10 件

2010 年の異議申立て件数	11 件
2011 年　　〃	12 件
2012 年　　〃	6 件

③強制金の適用に対する取消訴訟の提起件数　年平均約 0.3 件

2010 年の取消訴訟提起件数	0 件
2011 年　　〃	0 件
2012 年　　〃	1 件

強制金戒告付き違反是正命令及び強制金賦課決定に対し，それぞれ年間で 24 件及び 10 件の異議申立てが提起されているが，取消訴訟の提起は極めて少ない。

3．代執行の適用実績ほか

調査時直近 3 年間における代執行（Ersatzvornahme）の適用実績も皆無であった。

第2章　各都市下級建築監督官庁調査報告

すなわち，代執行を適用して緊急に除却等をしなければならない違反建築物や違反屋外広告物は，ヴィースバーデン市においてはほとんど存在していないとのことである。なお，代執行については，相手方の資力不足により費用の徴収が十分できないため，公費による負担を避けえないという問題があるとの指摘もあった。

　また，ヘッセン州行政執行法72条2項（cf.175頁）は，公共の安全や秩序に対する現在の危険を回避するため必要な場合に違反是正命令を省略して代執行や封印措置などを行う即時執行（Sofortiger Vollzug）を定めているが，ヴィースバーデン市の執行実務では，（違反是正命令に対する）法的救済の機会の付与の見地から基本的に行われないとのことである。

4．封印措置及び補完的強制手段の適用実績

　ヴィースバーデン市では，調査時直近3年間における封印措置（Versiegelung）の適用実績も皆無であった。

　ところで，封印措置などに関し，ヘッセン州では他の多数州と異なる立法例を採用している。すなわち，ヘッセン州では，同州の建築法においてではなく（ヘッセン州建築法には，封印措置の根拠規定は置かれていない。），同州行政執行法75条1段（cf.175頁）において，受忍又は不作為義務の不履行の場合は，その更なる不履行を阻止するために「必要な措置（erforderliche Maßnahmen）」をとることができると規定している。

　この「必要な措置」には，明示されてはいないが他の多数州の建築法に規定されている封印措置が含まれると解されている[76]。さらに，封印措置以外にも，違反工事現場への「立ち入り禁止仮囲い」（Bauzaun）の設置や建築資材・建設機械の工事現場からの撤去といった措置をとることができるとされており，強制金や封印措置でも工事中止を強制できない悪質な違反者に対しては，比例原則適合性を確保することを前提に，これらの補完的強制手段をとることができると解されている[77]。

　また，その場合には，同条2段によって74条2項から4項までの規定（cf.175頁）が準用されており，当該「必要な措置」の実施に要する費用は，代執行費用

76）Hornmann（2019）§ 81 Rdnr.60. 同旨判例につき，同書 S.913 の注98参照。

77）dito § 81 Rdnr.61-63.

第3節　ヴィースバーデン市（：ヘッセン州都）

と同様に概算見積額の事前徴収及び事後精算を行うことができるとされている。

　上掲の例示に係る各補完的措置は，封印措置と同じく直接強制（unmittelbarer Zwang）の類型に属するものと思われるが，他州の建築法上広く実定化されている封印措置等をよりヴァリエーションに富んだかたちで広く許容するとともに，特に，前述の強制執行費用の事前徴収等を明定している点も含めて注目すべき立法例と考えられる。

　なお，封印措置及び上掲の補完的強制手段は，他州の封印制度のように州建築法上の特別な強制手段ではなく，いずれもヘッセン州行政執行法上の強制手段であるので，戒告は必要であり（同法69条1項1-3号（cf.174-175頁）），かつ，75条は多様な強制手段を予定しているので，戒告においては当該補完的強制手段の内容を詳細に提示する必要があると解されている[78]。

　ただし，ヴィースバーデン市建築監督局の執行実務運用においては，前述のとおり強制金によって義務履行強制が十分に実現できているため，ヘッセン州行政執行法では認められている上掲の「必要な措置」の適用事例も，封印措置と同様に皆無に近いとのことである。

5．過料の適用実績

　調査時直近3年間の過料の適用実績は，次のとおりである。

　　①調査時直近3年間の聴聞（Anhörung）実施件数　年平均約56件

2010年の聴聞実施件数　　　77件（屋外広告物　1件）

2011年　　〃　　　　　　　46件

2012年　　〃　　　　　　　46件（同上　2件）

　　②調査時直近3年間の過料決定（Bußgeldbescheid）件数　年平均約46件

2010年の過料決定件数　　　63件

2011年　　〃　　　　　　　34件

2012年　　〃　　　　　　　42件（屋外広告物　2件）

また，過料決定に対する異議申立ての件数は，次のとおりである。

78）dito § 81 Rdnr.60. この点，封印措置は州建築法上の特別の強制手段として，州行政執行法の手続規定の適用がなく，戒告は不要と解され，そのように実務運用されている後出のバイエルン州などとは異なる。

第2章　各都市下級建築監督官庁調査報告

　③調査時直近3年間の異議申立て（Einspruch）件数　年平均約14件

2010年の異議申立て件数　　20件

2011年　　　〃　　　　　　11件

2012年　　　〃　　　　　　12件

　検察官への移送（Angabe an Staatsanwaltschaft）の件数は，次のとおりである。検察官への移送とは，秩序違反法41条に基づき，当該行為が犯罪行為と認められる根拠があるときは，行政官庁は当該事件を検察官に移送するとされているものである。

2010年の移送件数　　　　4件

2011年　　　〃　　　　　0件

2012年　　　〃　　　　　1件

区裁判所における事後的司法審査の件数等は，次のとおりである。

2010年　手続中止　3件

　　　　　判決　　1件：過料額の軽減

2011年　　なし

2012年　　判決　　1件：過料額の軽減

　なお，「手続中止（Einstellung）」とは，裁判所が過料制裁を不要と認定した場合に検察官の同意を得て，又は事後的裁判所手続において決定による審判としてなされるもので（秩序違反法47条2項（cf.224頁），72条3項（cf.227頁）），実質上行政側の敗訴を意味する。

　上掲のように，調査時直近3年間では，年平均約56件の聴聞を実施し，同じく約46件の過料決定を下しており，わが国の建築基準法違反に対する有罪判決が僅少であるとされている状況[79]（いわゆる「刑事罰の機能不全問題」）と比較して，迅速かつ実効的な行政制裁を実現していると評価しうる。

　他方，秩序違反法53条1項（cf.224頁）によれば，警察署及び警察官は羈束裁量により秩序違反行為を捜査し，罪証の湮滅を防止するため，猶予を許さぬあらゆる命令を行うことができると規定されている。この点，ヴィースバーデン市の建築監督実務においては建築監督局に十分な行政調査権限が付与されているので，

───────────────

79)　建築基準法違反について昭和52〜62年の11年間，あるいは平成6〜10年の5年間において第一審の有罪判決を受けた者（法人を含む）は，いずれも年間平均1名であったとされている（総務省検討会（2013）19-20頁）。

第3節　ヴィースバーデン市（：ヘッセン州都）

過料手続においては，消防や一般市民などと同様に警察からの規制違反行為についての通報を受けることはあっても，違法行為の捜査について警察の協力を仰ぐことはないとのことである。

6. 建築規制行政執行体制

　ヴィースバーデン市建築監督局の組織図は，**資料編・参考資料 28**（cf.317 頁）のとおりである。4 つの課（6301～6304）及びそれぞれの下部組織によって構成され，同局所属の職員数は 66 名である。局長は，2009 年までは建設技術職（Bauingenieur），その後 2013 年までは法律専門職（Jurist）であり，現在は建築専門職（Architektin）である。このうち，行政強制及び行政制裁の執行並びに異議申立ての処理を担当するのは図の左下の 630120 のセクションであり，12 名の職員が配置されているが，現在法律専門職の職員は配属されておらず，一定の法律知識を必要とする行政強制等の執行業務も建設技術職や建築専門職などの技術職の職員が担当している。ただし，事後争訟手続などについて，ベッカー博士の所属する法務部の法律専門職員が必要に応じてアドバイスを行うことがある。

　このようにヴィースバーデン市建築監督局の法執行体制は，「技術職職員中心」に構成されている点が特徴的であるが，これら執行担当職員に対しては，任用前の試用期間に行政執行法や秩序違反法などの法律科目を含む実務的な専門的養成教育（Ausbildung）がなされているほか[80]，州行政執行法による行政強制関連事務及び連邦秩序違反法に基づく秩序違反行為に対する行政制裁関連事務を含む法執行実務に関する多様な実務研修（Fortbildung）が実施されている（**資料編・参考資料 29**（cf.318 頁）参照。前述のヴィースバーデン市の建築監督執行体制の人的構成についてもこれらの養成教育や実務実習などを通じて実務的法知識の習得が初任時から確保されていることが重要な前提となっている。ヴィースバーデン市にとどまらず，広くドイツでは，これらの養成教育及び任用後の実務研習により，

---

80) 16 歳以上で入学し 2 年間の教育が行われる行政学校，18 歳以上で入学し 3 年間の教育が行われる官吏（養成）大学校（本書で紹介する「公行政専門大学」）など（これらの養成機関は，州ごとに設置形態が異なる。）による公務員養成教育がなされている（木佐（1996）109–110 頁）。わが国は，このような「公務員を事前に養成する特別の機関をもたない極稀な国」となっているとされる（片岡（1991）26 頁，他に工藤（2006）52 頁）。

第2章　各都市下級建築監督官庁調査報告

法治国家を支える専門職公務員の人的基盤が形成されているものと認められる。

　また，担当職員についても 10 年以上の継続勤務が通例となっており，実務及び研修を通じての関連法知識や法制度運用経験の十分な蓄積が可能となっている。

<h2 style="text-align:center">第4節　ミュンヘン市（：バイエルン州都）</h2>

　ミュンヘン市は，ドイツ諸州のうちで最大の面積及び第二の人口を擁するバイエルン州の州都であり，また，都市としてもベルリン，ハンブルクに次ぐドイツ第三の大都市（調査時直近の 2014 年 4 月末現在の人口は，約 147 万人）である。ミュンヘンの起源は，9 世紀にベネディクト会修道院の近傍にできた村が，その村名を修道僧たちを意味する Mönche としたことに遡るとされる[81]。長くバイエルンを統治し，2 人の神聖ローマ皇帝も輩出したヴィッテルスバッハ家の居城レジデンツがおかれ，18 世紀前半のルートヴィヒ 1 世の治世下においては，芸術，学問，工業などが奨励され，「イーザル河畔のアテネ」とも称される文化都市となった。他方で，ミュンヘンは両大戦間期においてナチズムの揺籃となった都市でもあり，近郊のダッハウにはドイツでも最初期の強制収容所が設けられている。

　本市の調査は，2014 年 3 月 25 日に同市の都市計画・建築秩序局（Referat für Stadtplanung und Bauordnung）において実施し，面談担当者は同局のジルヴォ・シャラー博士（Herr Dr. Silvo Schaller）ほか 6 名であった。

1．強制金及び代償強制拘留の適用実績

1）調査時直近 3 年間の強制金の適用実績

　ミュンヘン市の建築監督実務における調査時直近の 3 年間（2011〜2013：以下同じ）の強制金（Zwangsgeld）の適用実績は，次のとおりである。なお，②〜④の「事案件数」は，正確な統計数値としてカウントされているものではなく，経験則上の推計値とされている。

　　①調査時直近 3 年間の強制金戒告の件数　年平均約 941 件(x)

　2011 年の強制金戒告件数　948 件

81）ミシュラン・タイヤ社『ミシュラン・グリーンガイド　ドイツ』（1998，実業之日本社）231 頁。

第 4 節　ミュンヘン市（：バイエルン州都）

2012 年　　　〃　　　　950 件

2013 年　　　〃　　　　924 件

　②調査時直近 3 年間の強制金戒告がなされた違反建築事案の件数　年平均約
　　733 件

2011 年の当該事案件数(a)　770 件

2012 年　　　〃　　　　738 件

2013 年　　　〃　　　　692 件

　③調査時直近 3 年間の強制金戒告が 1 回のみなされた違反建築事案の件数
　　　年平均約 384 件

2011 年の当該事案件数(b)　463 件

2012 年　　　〃　　　　377 件

2013 年　　　〃　　　　313 件

　④調査時直近 3 年間の強制金戒告が 2 回以上なされた違反建築事案の件数
　　　年平均約 349 件

2011 年の当該事案件数　　307 件

2012 年　　　〃　　　　361 件

2013 年　　　〃　　　　379 件

　⑤調査時直近 3 年間の確定件数　年平均約 388 件(y)

2011 年の確定件数　　　　341 件

2012 年　　　〃　　　　401 件

2013 年　　　〃　　　　421 件

　上掲の①の戒告件数は，同一事案において 2 回以上反復された戒告を含む，戒告の総件数であり，②～④は，強制金戒告がそれぞれの回数なされた違反建築事案数（推計値）である。

　また，上掲の⑤について，他州のように「賦課決定件数」ではなく「確定件数」としたのは，バイエルン州行政送達・行政執行法 31 条 3 項 2-3 段（cf.178 頁）が，他州の行政執行法と異なり，強制金の戒告が履行期限の到来により支払期限の到来した支払命令となり，行政行為たる強制金の「賦課決定」を経ずに，戒告に係る強制金の強制徴収手続に移行できるとする独自の立法例を採用していること82)によるものである。同規定を踏まえ，ミュンヘン市の執行実務においては，他州のような強制金の賦課決定(Festsetzung)ではなく，期限到来通知(Fälligkeitsmit-

53

第 2 章　各都市下級建築監督官庁調査報告

teilung）が発せられている[83]）：参考のために，この期限到来通知を含む再戒告書の実例を**資料編・参考資料 1**（cf.235 頁）に掲げる。

　以上のように，人口規模でドイツ第三の大都市であるミュンヘン市では，年間平均約 733 件の違反建築事案について同じく総計約 941 件の（反復を含む）強制金戒告がなされ，同じく約 388 件の強制金確定がなされており，強制金主体の義務履行強制が実務上定着している。また，強制金の目的達成率をみると，上掲の調査時直近 3 年間における初回の強制金戒告のみで（確定及び再戒告に到らず）目的を達成した事案件数の強制金が戒告された事案総件数に対する割合（平均的初回戒告目的達成率）は約 48％ であり，強制金戒告が 2 回以上反復された事案の強制金戒告がなされた事案総数に対する割合は約 52％ であり，総戒告件数を母数とした戒告期限の到来による強制金の確定までの平均的命令履行率（総戒告目的達成率：$(x-y)/x$）は約 59％ である。以上のデータからみると，強制金の初回戒告によって約半数の違反事案で目的が達成され，これに続く強制金戒告の反復的自動確定によって，段階的に目的達成率が上がっていくものと推測できる。

　また，バイエルン州行政送達・行政執行法 31 条 2 項（cf.177–178 頁）は，（戒告・確定に係る）強制金の上限額について，法定額たる 5 万ユーロを当該違法行為による経済的利益の額が上回る場合には，法定額を超過する当該経済的利益の額に達していなければならないと規定し，強制金上限額の「青天井システム」を採用しているが[84]，ミュンヘン市の建築監督実務においては法定上限額を超過した例はないとのことである。

　なお，ミュンヘン市提供の資料によれば，調査時直近 3 年間の建築監督業務に係る強制金の徴収実績は，次のとおりである。

　2010 年の強制金徴収総額　約 20 万ユーロ（徴収達成率約 75％）

　2011 年　　　　〃　　　　　約 20 万ユーロ（　　〃　　約 70％）

82）西津（2006）95 頁。Giehl（Stand : Oktober 2013）Art.31, S.10 は，「強制金賦課決定」と明示された文書が発せられているときは，当該決定は根拠規範のない違法なものであり，取り消されうるものとしている。

83）dito Art.31, S.10 は，このような期限到来の通知文書を発出することは，州行政執行法上は義務づけられておらず，義務者に対する支払の督促や催告として不定式的に告知することでも足りるとしている。

84）西津（2006）93–94 頁。

54

第4節　ミュンヘン市（：バイエルン州都）

2012年　　　　　 〃　　　　　約30万ユーロ（　　 〃　　　約70％）

2）代償強制拘留の適用実績

　ミュンヘン市における調査時直近3年間の代償強制拘留（Ersatzzwangshaft）の適用実績は，皆無である。これは，同制度が人身の自由の制限という強度の基本権制限につながるものであるため，バイエルン州行政送達・行政執行法33条1項（cf.178頁）に基づく当該処分の決定主体たる行政裁判所のみならず，申立権限のあるミュンヘン市都市計画・建築秩序局においても極めて慎重にならざるを得ないためとされている。

　なお，バイエルン州の代償強制拘留制度は，他の多くの州のそれとは異なり，強制金のみの補完的強制手段ではなく，「強制金及び直接強制の双方」を補完する強制手段と位置づけられており，「強制金の適用が不適当であり，かつ直接強制も奏効することが見込めない」ことが，行政裁判所の決定によるその適用要件とされている（バイエルン州行政送達・行政執行法33条1項（cf.178頁））。

2．代執行の適用実績

　調査時直近3年間（2011～2013）の適用件数

　2011年の適用件数　0件

　2012年　　 〃　　　 0件

　2013年　　 〃　　　 0件

　以上のとおり，調査時直近3年間における代執行の適用実績は皆無であるので，代執行費用の事前徴収の実績もないが，当該制度については，先方より次のコメントがなされている。すなわち，代執行費用の事前徴収の実施は，第一にミュンヘン市は当該費用を事前に予算確保するために十分な財政力を有しており，第二に当該費用を事後徴収しえないことは想定しにくいことから，比例原則に適合的でないとしている。

　また，代執行費用の支払猶予制度（Stundung）については，必要であれば適用は可能ではあるも，実務的にはほとんど適用されていないとのことである。

3．封印措置の適用実績ほか

　1）調査時直近3年間（2011～2013）の適用件数

　2011年の適用件数　0件

第2章　各都市下級建築監督官庁調査報告

2012 年　　〃　　　0 件

2013 年　　〃　　　0 件

　上掲のとおり封印措置が全く適用されていない背景については，建築監督担当官が外勤で工事現場に出向き，所要の法令遵守を指示すれば，建築主はこれに従い，その目的を達するのが通例であるので，結果的に封印措置をとる必要はほとんど生じないとされている。敷衍すれば，一般的にミュンヘン市内において建築工事が中止となると多大のコストがかかるため，建築主は自身の経済的な考慮から，建築現場で封印措置がなされないように対応するとコメントされている。また，屋外広告物についても，広告主と直接にコンタクトをとり，話し合いによって強制手段を適用することなく監督目的を達しているとされている。

　2）封印措置の事前手続等について

　　①戒告の要否

　バイエルン州建築法においても，封印措置（Versiegelung）は同法によって独自に創設された特別の独立した強制手段であり，直接強制の変種（Spielart）とされている[85]。かかる理解から，その実施に先立っては，多くの建築法注釈書は行政上の強制執行の一般法であるバイエルン州行政送達・行政執行法は適用されず，従って直接強制の事前手続として戒告を行うことを定める同法 36 条（cf.178-179 頁）の適用はなく，戒告は不要と解している[86]。ミュンヘン市都市計画・建築秩序局の建築監督実務においても，封印措置の戒告はなされていない。

　この点，わが国に封印制度を導入する際には，事前手続たる戒告を原則として行うべきものとする私見については，既に本章第 1 節 4.（cf.33-34 頁）において述べたとおりであるが，ミュンヘン市の実務においても，封印措置を実施する場合には，義務者側の抵抗などによる現場でのトラブルを防止するために，警察の協力を依頼することとなる由である。このような対応は，わが国でも公共事業に係る収用に伴う代執行の実施に際して義務者の物理的抵抗が予想される場合に，警察の協力を仰ぐことが多いことと共通している。このような封印措置の実施によって現場で生じうる衝突的状況も建築監督官庁に封印措置の実施を躊躇わせる

85）Busse/ Simon（2013）Art.75 Rdnr.118, Wolf（2010）Art.75 Rdnr.12 : Bayerischer Verwaltungsgerichtshof, Beschluss vom 26.2.1987, Bayerische Verwaltungsblätter 1987, 437.

86）Busse/ Simon（2013）Art.75 Rdnr.115, Jäde usw.（1994）Art.75 Rdnr.44, Koch usw.（2014）Art.75 Rdnr.65.

第4節　ミュンヘン市（：バイエルン州都）

一因となっているとも考えられる。このことも，私見のように封印措置の事前手続として戒告を原則的に実施することにより，義務者による違法建設工事の自主的中止などの「より穏やかな」義務履行確保を期待しうるという点でもその制度的合理性を裏付けるものと考える。

　②封印措置の適用範囲

　封印措置は，先行する建築中止命令が建築工事の一部のみの中止を命ずるものであっても，一体的な建設工事現場の全体について実施することができるとされている[87]）。

4．行政強制手段の適用実績の概括及び補足的私見

　前掲の各データから見ると，ミュンヘン市の（屋外広告物規制を含む）建築規制行政において最も重要な役割を果たしている強制手段は，他の強制手段の調査時直近の適用実績が皆無であるという対照的な状況からしても疑いなく強制金である。ミュンヘン市がドイツで第三位の人口規模を有する屈指の大都市であることもよると思われるが，同制度については「非常に多数の」適用実績を挙げていることが確認される。

　バイエルン州の強制金制度については，前述のとおり，行政行為による強制金の賦課決定を経ずに，戒告に係る履行期限の到来によって強制金債務が確定するという，各州行政執行法のうちでも独自の仕組みを採用している。これに加えて，強制金の徴収については，調査対象とした都市計画・建築秩序局とは別の会計部局が専管していることもあり，違反是正命令の履行と強制金の（累積的）徴収との関係についての詳細な統計的把握は困難な状況にある。このため，ミュンヘン市の建築監督実務における強制金の実効性の程度を，ヴィースバーデン市などの他の州都と同様に強制金の強制徴収までの「目的達成率」の指標で評価することは困難である。しかしながら，前述のように強制金戒告がなされた違反建築事案の件数(a)と強制金戒告が1回のみなされた違反建築事案の件数(b)を比較することにより，第一次の強制金戒告はされたがその期限までに義務を履行したことによって手続が中止され，第一次強制金の確定及び第二次の強制金戒告には到らな

87）Busse/ Simon（2013）Art.75 Rdnr.120, König（2012）Art.75 Rdnr.11 = Bayerischer Verwaltungsgerichtshof, Beschluss vom 4.5.1987 -2 B 86.1597, Baurechtssammlung 47, 486.

第2章　各都市下級建築監督官庁調査報告

かった件数の強制金適用事案総件数に占める割合［b/a］として，強制金確定までの強制金第一次戒告による目的達成率をみると，調査時直近3カ年の強制金の第一次戒告目的達成率の推移は次のとおりとなり，漸減傾向が認められる。

2010年の強制金の第一次戒告目的達成率　約60%

2011年　　　　　　　　〃　　　　　　　約51%

2012年　　　　　　　　〃　　　　　　　約45%

　ところで，強制金制度の法制度設計については，バイエルン州行政送達・行政執行法31条3項所定の上述の仕組み（「自動確定方式」）を採用すべきか，他州の行政執行法のような強制金の賦課決定（行政行為）を行う仕組み（「賦課決定処分方式」）を採用すべきかについては，立法政策上の適否判断を要するが，この点についての私見は次のとおりである。

　前者の「自動確定方式」を採用すると，当然のことながら，複数の戒告期限徒過分についてまとめて賦課決定処分を行うことを可能とする後者の「賦課決定処分方式」に比して強制金の徴収件数は増加することとなる。その結果，上述のミュンヘン市における徴収総額実績データに見るように，強制金の徴収による自治体の収入も増加すると思われる。しかしながら，反面その徴収手続による事務的なコストも増大し，多数の件数に上る行政上の金銭徴収の執行体制の整備も必要となる。ミュンヘン市の会計部局が強制金の徴収を含む行政上の金銭徴収実務をどのように執行しているかは今回の現地調査では明らかになっていないが，建築監督部局からは，特に強制金の徴収上の重大な問題が生じているという指摘もないところから，バイエルン州行政送達・行政執行法による強制金制度も，大都市であるミュンヘン市ではそれなりに円滑に運用されていると思われる。しかし，バイエルン州においても中小規模の自治体もあり，それらの自治体においても実際の適用件数は少ないにしても，ミュンヘン市と同様に「円滑な」強制金の徴収実務が遂行されているのかという疑問も生じうるところである。

　強制金の賦課徴収をどのように行うこととするかについては，そもそも強制金に関しては，租税等とは異なりその徴収達成額を増やすこと自体が目標とされるべきでなく，いかにして義務者に効果的なかたちで金銭賦課によるプレッシャーを与えて，義務の自主的履行を促すか，すなわち，目的達成率の向上が目標とされるべきである。また，わが国では行政上の強制徴収制度についても機能不全の問題が内在しており[88]，租税滞納整理執行体制の拡充等が先行するかたちで[89]，

第4節　ミュンヘン市（：バイエルン州都）

その克服も重要な課題となっている。以上の点も踏まえ，私見としては，わが国では各行政機関の執行体制の実情に応じて，合理的な裁量権の行使により強制金を賦課決定することができる「賦課決定処分方式」の方がより適切ではないかと思料する。

　なお，ミュンヘン市においては上述のとおり，多数の強制金関連処分がなされているが，当該事務の円滑な執行のため，名宛人などの固有名詞や（強制金等の）金額などを省いた，建築中止命令，使用禁止命令，除却命令，強制金期限到来通知兼再戒告などの多数の公文書の「ひな型」が用意されており，これらを十分に活用した迅速な公文書作成が行われていることも有用な実務的ノウハウとして注目される。

5．強制手段の適用に対する訴訟

　ミュンヘン市担当部局のデータバンクでは，建築監督官庁の命令ないし個別の強制手段の戒告や決定について提起された訴訟件数が，総数についてのみ記録されており，そのデータによれば，調査時直近3年間の是正命令ないし強制手段の戒告に対する訴訟提起件数は，およそ次のとおりとされている。上掲の強制手段の活用状況からこれらのほとんどは，強制金に関するものと思われる。

2011年の強制手段の戒告・決定に対する訴訟提起件数　　データなし

2012年	〃	約60件
2013年	〃	約35件

6-1．過料の適用実績

　第1章（cf.22頁）で述べたとおり，秩序違反法55条（cf.225頁）は，過料決定（Bußgeldbescheid）の事前手続として，相手方に対する聴聞（Anhörung）を定めており，手続を中止する場合や相手方に対して既に警告がなされ警告金が課される場合を除き，予め実施すべきものとされている[90]。

　聴聞における意見陳述の具体的方法は，法55条には特に定められていないが，

88）宇賀（2017）237頁，大橋（2016）314頁，黒川（2008）127-128頁。

89）地方自治法上の一部事務組合や広域連合としての「滞納整理機構」の設置や徴税嘱託員制度など（宇賀（2017）237頁，黒川（2008）128-129頁）。

90）Lemke/ Mosbacher（2005）§ 55 Rdnr.2, Göhler usw.（2012）§ 55 Rdnr.1.

第 2 章　各都市下級建築監督官庁調査報告

聴聞告知書所定の期日までに，書面により又は口頭で（建築監督官庁の面会時間内
に）すべきこととされている[91]。

　　ミュンヘン市の建築監督行政における近時の過料の適用実績は，次のとおりで
ある。

〈違法建築物に係るもの〉

　　　①調査時直近 3 年間の聴聞実施件数　年平均 336 件

　　2011 年の聴聞実施件数　　381 件

　　2012 年　　　　〃　　　　339 件

　　2013 年　　　　〃　　　　288 件

　　　②調査時直近 3 年間の過料決定（確定したもの）の件数　年平均 213 件

　　2011 年の過料決定件数　　266 件

　　2012 年　　　　〃　　　　208 件

　　2013 年　　　　〃　　　　165 件

　　　③調査時直近 3 年間の異議申立ての件数　年平均 17 件

　　2011 年の異議申立て件数　24 件

　　2012 年　　　　〃　　　　12 件

　　2013 年　　　　〃　　　　15 件

〈違法屋外広告物に係るもの〉

　　　①調査時直近 3 年間の聴聞実施件数　年平均約 41 件

　　2011 年の聴聞実施件数　　35 件

　　2012 年　　　　〃　　　　49 件

　　2013 年　　　　〃　　　　40 件

　　　②調査時直近 3 年間の過料決定（確定したもの）の件数　年平均約 33 件

　　2011 年の過料決定件数　　32 件

　　2012 年　　　　〃　　　　42 件

　　2013 年　　　　〃　　　　26 件

91）dito/ erstes § 55 Rdnr.7, dito/ letztes § 55 Rdnr.4.

第4節　ミュンヘン市（：バイエルン州都）

③調査時直近 3 年間の異議申立ての件数　年平均 4 件

2011 年の異議申立て件数　3 件

2012 年　　　〃　　　　1 件

2013 年　　　〃　　　　8 件

　なお，調査時直近 3 年間における過料不払いによる強制拘留（Erzwingungshaft）の適用実績は，皆無であった。

　上掲実績データにおいて過料の聴聞実施件数より過料決定件数が年間平均 120 件程度少ない理由は，担当者の説明によれば，その差分は比較的軽微な建築法違反の事案において，過料額よりも徴収コストの方が高額になるなどのため，手続を中止するものがほとんどであり，違反を是正したことにより手続を中止する事例はほとんどないとのことである。

　また，担当者によれば，過料の決定においては，所轄の区裁判所が，事後的争訟手続において，過料決定による過料額を相当程度減額する決定を行うことが反復されていることから，相手方との間で過料額についての裁判外の「実質的合意」を形成していくことが実務上重要であるとされている。

　参考までに，州建築法違反の屋外広告物に係る過料決定書としてミュンヘン市から提供された行政文書の仮訳を，**資料編・参考資料 24**（cf.301 頁）に掲げる。

6-2.　過料の適用実績に関する総括

　上掲のようにミュンヘン市においては，比較的軽微な建築法違反事案も含めて違反建築物及び違反屋外広告物について，「非常に多くの」件数の過料手続が執行されている。この実績データからみて，ミュンヘン市における建築監督実務においては，強制金と並んで過料が，建築法上の義務履行確保のための「車の両輪」となっていると評価できよう。特に，過料においては，実務上も違法取得利益額を十分に考慮した過料額の算定がなされているとされ，事後的司法救済手続において，上述のように過料額の減額がなされる事例もあるものの，わが国の罰則所定の刑事罰に比較すれば，非常に実効的な行政制裁手段として積極的に運用されているものと評価しうると考える。

7.　建築規制行政執行体制

　違法建築等取締りに係る建築監督業務を担当する都市計画・建築秩序局第Ⅳ課

第2章　各都市下級建築監督官庁調査報告

の地域建築コミッション（Lokalbaukommission）は，ミュンヘン市域を，中央部，東部及び西部の3つの建築地区（さらに全体で25の小地区に区分）に区分して，各建築地区を分担する建築地区班が設けられている（**資料編・参考資料30**（cf.319頁）の組織図参照）。この地区班にはそれぞれ2名の法律専門職員が配属されており，また，必要に応じて各地区班を支援するために統括班（IV／1）にも法律専門職員が配置されているので，地域建築コミッションには全体で約10名の法律専門職員が勤務している。

　これらの法律専門職員の職種は，"Volljurist"と称され，大学での法学履修を終えて第1次国家試験に合格したのち，さらに試補見習（Referendar/-in）として2年間の実務実習を経て，第2次国家試験に合格して正規の法律専門職公務員となるものである[92]。

　上掲の法律専門職員のほか，約30名の職員が組織図中に末尾が"V（＝Verwaltung：行政）"と表示された複数の小地区を担当する「行政チーム」に配属されており，これらの職員は，3年間の法律（建築法のみならず，行政執行法や秩序違反法などの主要な行政上の義務履行確保関連法を含む。）に重点を置いた，行政専門大学における公務員養成専門教育[93]を受けており，地域建築コミッションの法律専門職員と協働して建築監督実務に従事している。

　このように，ミュンヘン市の建築監督行政においても，前述の行政上の義務履行確保制度運用の主たる担い手である法律ないし行政専門職の職員は，正式任用前の2～3年にわたる養成教育によって，かなりのレベルの法執行実務遂行能力が涵養されているものと認められる。わが国においても，将来的な行政上の義務履行確保制度の拡充に伴い，特に，地方分権の進展によって各種規制行政の主たる担い手となっている地方公務員について，ドイツのような専門職公務員の「養成教育制度」導入の要否についても十分な検討が必要ではないかと思われる。

　上掲の3つの建築地区班においては，「検査主任（Kontrollmeister）」が18名置かれている。検査主任は，大工，左官，屋根工などの専門教育を受け高度の専門技術的知識を有しており，地域建築コミッションに配属される以前に建設現場で実際の建設工事に従事した経験を有している。検査主任は，外勤（建設現場の監

92）詳細につき，前出の注42）（24頁）参照。

93）具体例については，第3章参照。

視）に重点を置いた実務を担当している。技術工科大学等で建築学を専攻し卒業した者は管理職となることができる。技術系の大学を卒業し，管理職及び職務系列に属する職員は総数約50名である。すべての技術系職員は，庁内勤務のほかに外勤を担当しており，総勤務時間のうち外勤の時間の占める割合は約20％となっている。

都市計画・建築秩序局の資料によれば，上掲の外勤及び監視業務の実施状況は，2008年のバイエルン州建築法改正に係る立法者意思とされている。すなわち，これは建築関係者の自己責任の強化及びこれに伴う建築監督官庁の人員削減に係る政策の方向に沿ったものとされている。これにより，建築監視業務は，従前のように市内の全域にわたるすべての建設工事について詳細な実地検査を実施しえなくなっている。このため，新たな建築監視業務は，次の3つの手法に集約されることになる。

1．通例的に現地見分を行わずに実施されている通常検査
2．予め設定された重要な建築監督対象に関する無作為抽出検査
3．機会を捉えた検査

上掲の「通常検査」とは，すべての建設工事に求められる最低限の建築監督業務を意味し，基本的に書面審査に限定してなされる。この検査においては，然るべき証拠，証明書，説明書などが建設工事開始前に提出されているかが審査される。このような通常検査の行われる範囲は，当該建設工事がいかなる手続（バイエルン州建築法60条に基づく許可手続か同法59条に基づく検査範囲が制限された簡略手続か）によって許可されるかによって決まる。許可手続の種類にかかわらず，離隔距離制限の遵守及び避難路の確保については，常に書面審査によって検査される。

機会を捉えた検査とは，建築監督官庁が違反建築による被侵害者からの通報で違反を認知し，あるいは違反を疑うに足る事実が明らかとなったときにのみ行われるものである。

無作為抽出検査においては，すべての建設工事が公法上の規定に適合したものであるかを審査されうるという点で，いずれの建築主についても自らの建設工事だけは審査されないという保証はないとされる。また，建築監督官庁は，この無作為抽出検査を重要な法規定を遵守すべきことを公衆に認識させるために活用している。すなわち，近時，住宅その他の建築物への身体障害者の出入りや利用に

第2章　各都市下級建築監督官庁調査報告

関する法規定はより厳格なものとなっていることから，最近ではバリアフリー建築について無作為抽出検査が行われている。

　以上，ミュンヘン市都市計画・建築秩序局第Ⅳ課地域建築コミッションでは，法的問題はすべて部内の専門職員によって処理できるので，行政強制手続において外部の弁護士の協力を依頼することはなされていない。行政強制に関する部内研修は，ある程度期間をおいて実施されている。最近では，2005年に行政強制に関する研修が，部内の女性法律専門職員を講師として実際の判決を主な素材として開催されたとのことであった。

第5節　ハンブルク市（：ハンブルク都市州都）

　ハンブルク市は，ベルリン市に次ぎドイツ第二の人口（調査時直近の2013年12月31日現在約175万人）を擁する大都市であり，一都市で一州を構成するいわゆる「都市州」の一つでもある。ハンブルク市の歴史は，カール大帝が810年にザクセン戦争ののちに，エルベ川の小支流アルスター川の両岸に築いた定住地に始まり，825年にはハンマブルク（Hammaburg）という名の城が建設されたとされている。ハンブルク市の貿易港としての歴史も古く，1189年に神聖ローマ皇帝フリードリヒ1世（バルバロッサ）から関税特権を与えられ，1321年にハンザ同盟に加入し，1460年には帝国直属都市となり，1510年にその地位を永続的なものとした。1819年には「自由ハンザ都市ハンブルク（Freie und Hansestadt Hamburg)」として独立的な地位を獲得して以来その地位は引き継がれ，今日特別市として州と同格の行政単位となっている[94]。

　ハンブルク市は，戦前から海運・造船業や金融・保険業の中心をなしていたが，戦後は斜陽の造船業に代わって航空・宇宙，電子工学，精密機械，化学工業などのハイテク産業が発展し，ドイツ有数の工業都市となっているとともに，代表的な新聞・雑誌の本社や大手出版社が集中し，マスメディアの中心地ともなっている[95]。

　ハンブルク市における面談調査は，2014年8月26日（火）の午後2時過ぎか

94）下中直人編『世界大百科事典【改訂新版】第23巻』（平凡社，2007）303頁。加藤雅彦ほか編『事典　現代のドイツ』（大修館書店，1998）757頁。

95）加藤ほか編（1998）：注94）758頁。

ら，同市都市開発・環境局建築秩序・高層建築課において実施した。先方出席者は，同課長のミヒャエル・ムンスケ氏（Herr Michael Munske），同課長補佐のアンドレアス・ヴィヒェルン氏（Herr Andreas Wichern）及びアルトナ区経済・建設・環境局建築検査課のタッドイス・クルピエルツ氏（Herr Thaddäus Kurpierz）であった。

　基本的に，ハンブルク市では7つある行政区（Bezirk）に建築監督行政の執行権限が付与されているが，当該行政実務について，各種義務履行確保手段がどの程度適用されたかについてのデータが統計処理されておらず，従って行政区レベルでも全市レベルでも，各種の義務履行確保手段の適用実績に関する信頼できる統計データは存在していない。このため，特に行政強制関連の最近の実績データについてはインタビューで回答された実務担当者の実務経験的推測に基づく聴取内容を紹介する。

1．強制金の適用実績

　ハンブルク市全体で，年間およそ2,000件程度の強制執行手続（戒告，決定，強制徴収などの個別の処分）がとられるが，そのうち半数の1,000件程度を強制金（Zwangsgeld）に関する手続が占めているであろうとの実務者の推測が示されており，ハンブルク市においても強制金が最も多く活用されている建築監督上の行政強制手段であることが確認された。

　また，取締り対象を大きく，①建築施設に関する建築法違反，②屋外広告物に関する建築法違反，③これらの維持管理に関する違反に大別すると，アルトナ区（2013年末の人口：約26万人）については，その構成要素は，それぞれ①が80％，②及び③がそれぞれ10％といった構成比であるが，ミッテ区のエルベ川北岸に位置するかつての港湾地区で，現在は欧州最大の再開発地区となっているハーフェンシティ（Hafencity）においては，8割が維持管理関係の違反で占められているとのことである。違反対応手続件数としては，2011年にアルトナ区では261件であったのに対し，ハーフェンシティでは8件にとどまっている。

　また，アルトナ区においては，強制金の強制徴収手続の実施前，すなわち，強制金の戒告ないし賦課決定までの段階での違反是正率（目的達成率）は，概ね80～90％程度と推測されるとのことである。特に，建設工事の施工途中で発見された違反については，強制金の適用により是正を実現しうる可能性が高いと見込

第2章　各都市下級建築監督官庁調査報告

まれるとのことである。

　強制金の戒告額の算定基準は，ハンブルク市においても特に定められていない。また，後掲の過料カタログを参照して強制金の戒告額を決定するような運用も行われておらず，担当者が事案ごとに裁量によって戒告額を決定しているが，違反による経済的収益額は，強制金の実効性を確保する見地から，戒告額を決定する際の重要な考慮要素とされている。

　なお，アルトナ区においては，上掲の強制金適用事例に対しておよそ15％程度の割合で取消訴訟が提起されていると推測されるとのことであった。

2．代執行の適用実績

　建築監督実務において代執行が適用されることは，ハンブルク市全体でも極めて稀であり，アルトナ区でも年に1回あるかどうかといった程度である。具体的には，代執行は，建築監督官庁が入札等の手続により選定した業者に建築施設等の撤去作業等を実施させるが，その手続に少なくとも数ヵ月の期間を要することとなるため，強制金に比して機動的・簡便な強制手段となっていない。しかしながら，例えば倒壊などにより公共の安全を脅かす危険性の高い建築施設などについては，公共の危険の回避のために警察や消防が代執行を適用して自力で強制的にこれらを撤去することは少なからず行われている。また，州行政執行法において代執行費用の事前徴収制度は設けられているも[96]，義務者が当初から代執行費用を負担するための十分な資力を有しない場合など，その費用徴収が十分に行えないケースが少なくないことも代執行の適用が少ない要因の一つである。

　1）即時執行の適用実績

　ハンブルク市建築・交通局建築秩序・高層建築課が建築監督上の強制執行手続の統一的運用のために部内配布している文書[97]によれば，行政強制（代執行・直接強制）は，切迫する危険を回避するために即時の執行が必要となる場合は，行政行為を先行させることなく実施することができるとされているが[98]，この即時執行手続についても，警察・消防の出動に際して秩序・安全の確保のために実

---

96) Hamburgisches Verwaltungsvollstreckungsgesetz § 13 Abs.2 Satz 3 (cf.180 頁)．なお，ドイツの代執行費用の事前徴収制度については，西津（2012）64–67 頁参照。

97) Bauprüfdienst（BPD）: 8/2002 Erzwingung von Handlungen, Duldungen und Unterlassungen im Aufgabenbereich der Bauaufsicht（BPD Verwaltungszwang）.

第5節　ハンブルク市（：ハンブルク都市州都）

施されることはあっても，建築監督行政においてはその適用例はほとんどない由である。

　前出のハンブルク市内部文書によれば，即時執行による代執行の適用例として，次のものが例示されている。

　——颶風（大暴風）や暴風雨の際の被害物件の交通空間からの除却，動物や人間の救出，建築物の一部の落下の防止，危険な建築物の除却

　——洪水の危険がある際に，危険な堤防部分を保全するための建設機械や建設資材による地表（地下）工事の実施のための出動

　——火災に際しての延焼防止のための危険な建築物の保全又は除却，動物や人間の救出，かけがえのない経済財の搬出

　——切迫した危険の除去のための出動，例えば，歩行者を保護するための軒先から下がった氷柱の除去，風雨にさらされて劣化した，あるいは腐朽した飾りぶちやバルコニーその他これらに類するものの除去

　ちなみに，この即時執行を行うに当たっては，当該措置によって相手方に不利益が生じるときは，当該相手方に対して遅滞なく通知しなければならない（ハンブルク州公共の安全及び秩序を保全するための法律7条2項（cf.182頁））。この通知は，即時執行措置の実施後になされればよく，方式は自由とされているが[99]，前出文書によれば，この通知に対しては，相手方は異議申立て又は訴訟により，当該措置の適法性を争うことができるとされている。

3. 封印措置等の適用実績

　ハンブルク州建築法75条2項（cf.183頁）は，違法建築中止命令の強制手段として，封印措置（Versiegelung）及び建設現場の建設機械等の差押え（Ingewahrsamsnahme）を規定しているが，これらの直接強制的手段の適用実績もさらに僅少である。この点に関しては，これらの措置は，建設労働者の保護に関する法制度に基づいて危険な建設現場を封鎖するために適用されることは少なからずあるも，建築監督行政においては，前述の強制金によって違法建設工事の中止強制は

---

98) Gesetz zum Schutz der öffentlichen Sicherheit und Ordnung（SOG）vom 14. März 1966 §7（cf.182頁）. 同条では，「直接的実施」（Unmittelbare Ausführung）という用語を用いている。同規定の趣旨等につき，Beaucamp usw.（2009）§7 Rdnr.1-3.

99) Beaucamp usw.（2009）§7 Rdnr.10.

第2章　各都市下級建築監督官庁調査報告

ほとんど実現されており，強制金戒告を無視して違法建設工事を継続するような悪質な違反事案がハンブルク市では極めて稀であるとも説明されている。

なお，州建築法注釈書によれば，上掲の封印措置等を実施するに際しては，文書により即時に執行しうることを命令しなければならないが，事前手続としての聴聞や戒告は不要とされている[100]。

4. 強制拘留の適用実績ほか

ハンブルク州行政執行法16条（cf.181-182頁）は，強制金の補完的強制手段たる代償強制拘留を設けている他の多数の州と異なり，独立の補完的強制手段として，1日以上6週間以内の期間での強制拘留（Erzwingungshaft）を設けている[101]。行政裁判所の拘留命令による司法的執行であることもあってその近年の適用実績は皆無であり，建築監督行政においては仮に本制度が存在しなくても実務上何ら支障はないとのことである。

ドイツでは，ハンブルク州のほかにザールラント州においても，独立の補完的な最終的強制手段としての司法的執行による強制拘留（Erzwingungshaft）が設けられている[102]。強制手段としての拘留制度を，わが国に導入するか否かは行政強制制度の立法政策における重要な論点の一つであるが，特に消極・積極の見解対立が鮮明となっている制度でもある[103]。

もし仮に強制拘留制度を導入するとした場合に，14州で採用されている代償強制拘留制度のような強制金（間接強制）制度を補完するものとするか，上掲2州のような独立の補完的強制手段として位置づけるかという選択肢が生ずることとなる。

私見としては，新たに再導入されるべき強制金（間接強制）制度を，代替的作為義務については適用できないと解されていた戦前の執行罰と異なり，ドイツの

---

100) Oberthür（2012）S.309：事前の聴聞・戒告不要，Alexejew usw.（2012）§75 Rdnr.29, 30：事前の戒告不要。

101) 西津（2006）106頁，特に同頁の脚注248）参照。なお，ヘッセン州は，同州行政執行法76a条を新設して，2013年から代償強制拘留制度を導入している。

102) Saarländisches Verwaltungsvollstreckungsgesetz §28（cf.217頁）.

103) 代表的な消極説として，折登（2005）70-72頁，同（1992）123頁。積極説として，西津（2006）199-201頁。なお，ドイツの行政強制制度における本制度の位置づけとその意義に関する最近の論攷として，石垣（2015）がある。

第 5 節　ハンブルク市（：ハンブルク都市州都）

ように代替的作為義務を含めすべての義務履行を強制するために適用できること
とすれば，第一次的に強制金（間接強制）で義務履行強制を図り，（相手方の無資力
や頑強な違反継続の意思などにより）それが奏功しない場合に補完的に代償強制拘
留を適用しうることとしておけば足りると考える。あるいは，このような代償強
制拘留に代えて，既にわが国に導入された社会貢献活動制度[104]を司法的執行の
かたちで行政強制法に導入することは，義務者にとってより侵害的でない方法に
よって矯正教育上の副次的効果をもたらしうることも勘案すれば，立法政策上の
有力な選択肢になりうると考える。いずれにしても，代償強制拘留や強制拘留は
本調査においてもほとんど適用されていないことが確認されており，間接強制（強
制金）の戒告に際してその警告を行うことによる「心理的威嚇手段」としての存
在意義にとどまっているものと見られる。但し，ストーカー対策における強制金
（間接強制）及び代償強制拘留制度の導入とその積極的活用の提案については，既
に本章第 2 節 6.（cf.40-41 頁）で述べたとおりである。

5. 過料の適用実績

　過料の執行事務は，各行政規制領域に係る秩序違反行為について横断的かつ包
括的に手続を行っている部局が所管しているため，都市開発・環境局では建築法
違反の秩序違反行為に関する実績データを把握していないが，ハンブルク市全体
でも年間で 100 件をかなり下回る規模の件数にとどまっていると推測されてい
る。なお，秩序違反行為に対する過料の適用については，行政機関においてかな
りの手間がかかるため，ハンブルク市においても，その機動的適用が困難な状況
もあると説明されている。

　ハンブルク市から提供された過料カタログの建築法に係る部分の抜粋版仮訳を，
資料編・参考資料 25（cf.305 頁）に掲げる。

104）社会奉仕命令の行政強制法における導入について，西津（2006）200-201 頁。なお，
　　社会貢献活動の導入に関する平成 22 年 4 月の法制審議会答申に至る経緯については，
　　森本（2011）を，同制度の意義及び展望については，今井（2014）をそれぞれ参照。
　　また，社会貢献活動を紹介する法務省の次のサイト参照：http://www.moj.go.jp/hogo
　　1/soumu/hogo02_kouken.html 2018/9/30 アクセス。

第 2 章　各都市下級建築監督官庁調査報告

6. 建築規制行政執行体制

　アルトナ区などの各行政区ごとに，**資料編・参考資料 31**（cf.320 頁）に掲げるような組織体制をとっており，同資料の下の図のように，それぞれ官吏である班長及び約 8 名程度の公務職員で構成される 4 班から成る建築監督課で建築監督実務を執行している。具体の建築法違反事案について法的手続開始のイニシアチブをとるのは，公務職員ではなく実務経験を積んだ班長である。

　ハンブルク市全体では，約 300 名の職員が建築監督実務に従事しており，このうち約 200 名が技術系職員である。上掲の建築監督課は，経済・建設・環境局に属しており，同局にはさらに 20 名の技術系職員が配属されて建築監督関連業務を担当しており，また，建築構造検査のみを担当する技術系職員が 10 名配属されている。このように全市で約 330 名の職員が建築監督業務に従事しており，うち約 1 割が上位の建築監督業務に携わっている。これに対して法律専門職員はごく少数であり，各行政区において義務者から提起された訴訟の対応などに従事している。

　上述のように，ハンブルク市において建築監督行政に従事する官吏（Beamter/-tin）は全体の 1 割にとどまり，他の 9 割は公務職員（Tarifbeschäftigte）であるが，前者は 1 年〜2 年半の養成教育（Ausbildung）を経て着任しており，公務職員については勤務しながら研修（Fortbildung）を受講することによって，必要な建築監督上の法律・技術的専門知識を習得している。

　上述の建築監督実務に従事する専門的職員にあっては，わが国の多くの地方公共団体の職員のような比較的短期で人員交代する定期人事異動（このような制度について，先方は非常に奇異なものと受け止めている。）はなく，長期にわたり継続して執務することが通例となっている。

第 6 節　キール市（：シュレスヴィヒ・ホルシュタイン州都）

　キール市は，ユトランド半島の付け根に位置し，北のデンマークと国境を接するドイツの最北部に位置するシュレスヴィヒ・ホルシュタイン州の州都である。この地方は 19 世紀半ばにデンマークがプロイセンとの戦いに破れ，1866 年にプロイセンに併合されるまではデンマーク領であった。キール市は，バルト海へ向けた玄関口として，北ドイツでもハンブルクに次いで重要な位置を占める港湾都

第6節　キール市（：シュレスヴィヒ・ホルシュタイン州都）

市であり，調査時直近の 2013 年 12 月末現在の人口は約 24 万人である。

　キール市は，13 世紀にフォン・ホルシュタイン伯爵によって建設され，1284年にはハンザ同盟に加入し，この地方の中心都市として繁栄した。14 世紀に開港したキール港は，19 世紀末の北海＝バルト海運河の開通（同運河の開通により，北海からバルト海への航行時間は大幅に短縮）により飛躍的に発展した。キール港は，第一次世界大戦まではドイツ第一の軍港で，同大戦末期のドイツ革命の発端となったのはここでの水兵の反乱であった[105]。

　本件調査に係る面談は，2014 年 8 月 28 日（木）の午前 10 時から同市の旧市庁舎で実施し，担当者は建築監督課長のカール＝ハインツ・シュミット氏(Herr Karl-Heinz Schmidt) 及び担当官のホルスト氏（Frau Horst）であった。

1．強制金の適用実績ほか

　キール市建築監督課においては，2011〜2013 年の直近 3 年間において，合計約 200 件の建築物及び屋外広告物（前掲件数のうち約 30 件）の違反事案について，初回の強制金戒告を行っており，年間平均では約 67 件の強制金適用実績がある。これらの強制金戒告がなされた 200 件の事案のうち約 15 件については強制金の賦課決定及び増額された強制金の再戒告がなされている（屋外広告物に係る違反事案について強制金の賦課決定がなされるのは極めて稀である。）。すなわち，残りの約 185件については，強制金の初回戒告で命令に係る義務が履行され目的を達成しており，強制金手続の早期段階での目的達成率は 92.5％ に上っている。また，強制金の強制徴収が行われる事案件数も極めて少なく，シュミット氏の約 20 年にわたる実務経験範囲においても 1 回のみ強制徴収手続に携わったにとどまるとのことで，ほとんど 100％ に近い「強制徴収前目的達成率」を実現しているとされている。

　強制金戒告額の算定基準については，キール市においても定められていない。具体の事例における強制金戒告額の算定においては，第一に違反による経済収益額を評定してこれを上回る額とするとともに，第二に義務者の支払能力又は資産状況，あるいは義務者の行政に対する対応状況なども勘案して，比例原則に適合する必要最小限の額をケース・バイ・ケースに裁量決定するとのことである。例

105）加藤ほか編（1998）：注 94）739 頁。

第2章　各都市下級建築監督官庁調査報告

えば，ゲームセンターのように収益性の高い建築施設については1万ユーロ以上に及ぶケースもある一方で，違反屋外広告物については，500ユーロ程度にとどめることが多い。また，強制金の再戒告（2回目）においては，戒告額を2倍に増額するという実務運用を行っている。

　過料処分については，後述のとおり，建築監督課ではなく秩序局（Ordnungsamt）が建築法違反事案も含めて包括的に所管し，シュミット氏自身，過料カタログの存在を認知したのは本件調査の質問リストを通じて知ったのが初めてであったとしており，同課の従来の強制金適用実務上，強制金戒告額の算定に際して過料カタログは全く参照されていない。

　また，強制金の補完的強制手段としての代償強制拘留（Ersatzzwangshaft）は，シュミット氏の実務経験の範囲で適用したことはなく，強制金が奏功しない場合は，後述の代執行に移行して義務履行を実現することになるとしている。なお，仮に将来シュレスヴィヒ・ホルシュタイン州一般行政法[106]が改正されて，代償強制拘留制度が廃止されたとしても，キール市の建築監督実務において全く支障はないとの実務責任者としての所見も示されている。

　特に「景観規制」との関連から，地区詳細計画で指定された建築物外壁の色彩制限に違反する建築工事の変更命令及び強制金戒告に係る行政文書の仮訳を，**資料編・参考資料2**（cf.238頁）に掲げる。

2．代執行の適用実績ほか

　同じく，2011〜2013年の直近3年間で，違反建築物及び違反屋外広告物について約20件の代執行戒告がなされ，このうち約10件について代執行の実施がなされている。適用事案の内容としては，建築物については，ほとんどが無許可の用途変更に係る事案であり，当該違反により開設されたゲームセンターから，店舗の看板やゲーム機器類を代執行により強制撤去したケースや集合住宅を撤去したケースなどがある。また，無許可で掲出された屋外広告物（Werbanlagen）を代執行により強制撤去したケースもある。違反屋外広告物の撤去について市側の指示に従わないであろうと認められるようなケースについては，強制金適用を前

---

106) Allgemeines Verwaltungsgesetz für das Land Schleswig-Holstein（cf.183頁）．同法は，第1部：行政組織，第2部：行政作用，第3部：終末規定から成る統合型行政法典となっている。

第 6 節　キール市（：シュレスヴィヒ・ホルシュタイン州都）

置せず，直ちに代執行を適用する場合も少なくなく，キール市の実務運用におい
ては，わが国のような「行政代執行の機能不全」的実態は認められない。

　これらの適用事例のうち，わが国では類似の事例が僅少であると思われる，無
許可掲出屋外広告物に関する撤去命令及び代執行の実施並びに無許可再掲出の禁
止に係る強制金戒告に関する行政文書の仮訳並びに関連新聞記事の写真を，**資料
編・参考資料 3**（cf.241 頁）に掲げる。

　代執行の費用徴収は，建築監督課ではなく会計局（Stadtkasse）執行課が所管し
ているため，詳細な徴収実態は不明であるが，建築監督課ではその徴収率はかな
り低く，また時間もかかっているのではないかと見ている。この点，シュレスヴィ
ヒ・ホルシュタイン州一般行政法 238 条 2 項（cf.185 頁）において定められてい
る「代執行費用の事前徴収」の積極的活用によるメリット（前倒し手続による徴収
率の向上やその強制金類似の間接強制機能の発現）については，建築監督課ではほ
んど認識されていない。

　1）即時執行の適用実績

　シュレスヴィヒ・ホルシュタイン州一般行政法 230 条（cf.184 頁）は，現在の
危険（建物の倒壊のおそれなど）が他の方法によっては回避できない場合に，行政
庁の権限内において行政行為たる違反是正命令を省略したかたちでの即時執行の
実施を認めているが，かかる即時執行は，直近 3 年間で 5〜7 件ほど実施された
とのことである。

3．封印措置等の適用実績

　直近 3 年間（2011〜2013 年）においては，シュレスヴィヒ・ホルシュタイン州
建築法 59 条 3 項（cf.187 頁）（旧 85 条 2 項）に基づく工事現場の建設機械，建築資
材等を対象とする職権差押えの適用はなかったが，封印措置の適用実績は約 15
件（年平均 5 件）あった（大規模屋外広告物の違反事案については，適用実績なし。）。
この封印措置等については，工事現場の監督を行う担当官（通常 2 名で行動）が
違反を確認したうえで，危険性が高いと認められる場合には，ただちにその場で
口頭通告によって実施することができ，その実施後に違反事実を明記した工事中
止命令に係る文書を相手方に送付する。この即時執行的封印措置に際しては，相
手方の物理的抵抗等によるトラブルが予想される例外的な場合においては警察の
協力を仰ぐこともあるが，多くの場合は相手方の抵抗等はなく，建築監督課のみ

73

第 2 章　各都市下級建築監督官庁調査報告

で実施している。また，直近 3 年間において，義務者によって封印破棄罪の構成
要件該当行為がなされたことはないとされている。

　封印措置等について，事前の戒告が必要か否かについては，州建築法の注釈書
では必要としないとしており[107]，キール市の建築監督実務上も前述のように事
前戒告をせずに即時に実施することが多い。ただし，屋根裏の空間を許可なく居
室に改築するような場合，あるいは新築の戸建て住宅の外壁の色彩が B プラン
(Bebauungsplan：地区詳細計画) の指定 (黄色) と異なって，赤色にしようとしてい
るような場合など，現実的な危険が小さく，緊急に工事中止を実現する必要が少
ない場合には，例外的に戒告を行って自主的な工事中止を促す対応もなされてい
る。封印措置に係る事前戒告の具体例については，**資料編・参考資料 4** (cf.244
頁) を参照されたい。

　また，州建築法の注釈書では，封印措置及び職権差押えに係る費用は，原因者
としての名宛人に負担させるものとされている[108]。

　違法に住宅の用に供されている建築物の住宅としての使用禁止命令に係る強制
金の賦課決定及び封印措置の戒告に係る行政文書の仮訳を，**資料編・参考資料 4**
(cf.244 頁) に，また，用途制限違反のスポーツ賭け施設 (「賭けオフィス」) の使用
禁止命令及び同命令を強制するための強制金の戒告，強制金賦課決定通知及び(倍
額) 強制金の再戒告並びに封印措置実施の事後通知に係る行政文書の仮訳を，**資
料編・参考資料 5** (cf.247 頁)，**6** (cf.251 頁) 及び **13** (cf.277 頁) に掲げる。

4．強制執行に対する争訟について

　建築法違反者に対する命令，強制手段の戒告・決定 (2 次以降のものも含む。) な
どの処分が 150 件ほどなされているが，これらのうちのおよそ三分の二につい
て異議申立て (Widerspruch) がなされ，さらに異議申立てのなされたものの三分
の一以下について取消訴訟などが提起されている。中核的強制手段である強制金
の戒告や決定に対しては，2011〜2013 年の直近 3 年間で約 75 件の異議申立て及

---

107) Dommning usw. (2013) § 59 Rdnr.491：封印措置等は，完結的ではないが，原状に戻
　　すことが困難な事実状態を形成する迅速な実施を要するものとする。また，同 § 85
　　Rdnr.49：封印措置等は，建築法独自の物に対する直接強制であり，戒告などの一般
　　的な強制執行手続規範 (229 条及び 236 条：cf.184-185 頁) は適用されないとする。
108) dito § 85 Rdnr.61.

第6節　キール市（：シュレスヴィヒ・ホルシュタイン州都）

び訴訟が提起されている。

　なお，3. の封印措置等に対しては，直近3年間において事後争訟は提起されていない。

　これらの行政訴訟については，法務部（Rechtsamt）が担当し同部所属の法律専門職員（Jurist/-in）が訴訟対応を行っており，外部の弁護士に訴訟関連業務を委任することは行われていない。

5.　過料の適用実績ほか

　過料に関する処分権限は建築監督課にはなく，秩序局（Ordnungsamt）が各行政分野の秩序違反行為について包括的に所管している。建築監督課から秩序局に建築法上の秩序違反行為を通報して，特定の事件について過料決定（Bußgeldbescheid）を発してもらうことはできるが，過料手続は煩雑であることに加え，建築監督課の主たる任務は建築法違反に対する制裁実施ではなく，あくまで義務履行の確保（違反是正）であるので，過料の適用促進にはさほど関心をもっておらず，また，秩序局による建築法違反事案に対する過料の適用実績も比較的少ないとのことである。

　筆者は，命令に係る義務を早期に履行せず意図的に違反状態を長引かせて，違法取得利益を稼得しようとする悪質違反者に対し，当該違反による違法取得利益を過料によって取り上げるとともに付加的制裁を加えることにより，違反是正を意図的に遅延させても割に合わなくさせることによってこれを抑制するという連携的運用が有効と考えている。このような問いかけに対し，建築監督課では，確かにそのような運用も可能であろうとするものの，上述の自らの主たる任務の理解に加えて全体的に資力に乏しい違反者が多いことなどから，特に上述のような考慮に基づいて，秩序局に対して過料の違法取得利益はく奪機能の積極的活用を促すような対応は行っていないとのことである。

　私見として，上述のようなキール市建築監督課の実務運用実態については，自治体内部で強制金を執行する部局と過料を執行するそれが異なっているために，いわゆる「縦割りの弊害」の一例として，両義務履行確保制度の連携運用が困難となっている状況にあるとも評価しうると考えられる。また，前出のハンブルク市やキール市のように，諸般の行政規制に係る秩序違反行為の取締りを横断的に行っている自治体内部部局（秩序局など）における過料適用実務の運用実態につ

第2章　各都市下級建築監督官庁調査報告

いての調査は，今後に残された課題である。

6. 建築規制行政執行体制

　建築許可に関する事務を行うセクションは別にして，強制執行などの建築監督業務（金銭徴収実務は，会計局の公務職員が担当）については，シュミット氏とフロスト氏の2名でキール市全域を所管して統括している。両者は，上級行政職の官吏であり，行政専門大学（Verwaltungsfachhochschule）を卒業しているが，大学で法律学を専攻した法律専門職（Jurist/-in）ではない。

　キール市で公務員に採用された後，公務員養成教育（Ausbildung）として，2年間の専門大学での研修と1年間の実務実習（一つの部局で3ヶ月間にわたる，複数の部局での実地研修）を受け，配属先が決まると当該部局の職務遂行に必要な特化された内容の専門性を養成するOJTをさらに受ける。また，人事異動については，わが国の地方公共団体のように定期的なものはないが，当人の希望により他の部局（例えば，前出の秩序局など）に空きが出れば応募して異動することは可能である。しかし，シュミット氏はこの職務が気に入っていて，既に約20年建築監督課でこの職務を担当しているとのことであり，また，フロスト氏もこの建築監督の職務は，事例ごとに非常に多様な事案を処理することが求められるため，長年勤務しても退屈することは少なく，また同時にかなりの実務経験の蓄積がないと的確な判断をすることが困難な職務でもあるとしている。

　特に法的に複雑な事案の処理については，法務部の法律専門職員の助言を得ることもあるが，通常の執行実務は，州法等の注釈書などの専門文献や法令データベースとしての"Juris"を活用することによって行っており，定例的な部内職務研修などは実施されていない。また，違反建築の中止命令に係る手続や前掲の封印措置などは，部内の建築監察官（Baukontrolleur）によって，必要な場合は警察の協力を得て執行されているが，当該職員についても部内の職務研修は実施されておらず，必要な場合は，外部の団体で実施されている研修プログラムに参加することはあるとのことである。

　既往の各州都における本件調査の結果，ドイツの地方公務員養成教育の実態は，わが国の行政規制執行体制のあり方を考察するうえで重要性が高いと認識されたことから，以降の本調査の後半期においては，建築監督行政の中核を担う行政職地方公務員の養成教育を実施する教育機関に対する補足的調査を並行的に実施す

ることとした。

第7節　デュッセルドルフ市（：ノルトライン・ヴェストファーレン州都）

　デュッセルドルフ市は，ドイツ西部に位置するノルトライン・ヴェストファーレン州の州都であり，調査時直近の2013年12月31日現在の人口は，約60万人である。市の名称は，ライン川右岸のデュッセル川が合流する地点に位置したかつての漁村（「デュッセル川の村」）に由来する。14世紀後半にベルク公国の首都に，19世紀初頭にはベルク大公国の首都とされたのち，プロイセンの統治下に入る。現在は，ドイツ第二の金融・株式取引の中心都市として，ライン工業地帯の多数の企業が本拠を置くほか，多くの日本企業が拠点を設けている。

　デュッセルドルフ市建築監督課での面談は，2015年3月9日（月）の午前10時過ぎから約2時間半にわたり実施した。面談の担当者は，同課のラルフ＝ウルリッヒ・シュリューター氏（Herr Ralf-Urlich Schlüter）であった。なお，あえてジェンダー的観点から付言すれば，第四次の調査にご協力いただいた3市1行政区の下級建築監督官庁である担当課の課長（Abteilungsleiterin）は，すべて女性であった。

　デュッセルドルフ市建築監督課では，強制手段の適用実績（戒告，決定など）に関する厳密な統計的集計を行っていないほか，違反事案件数等について違反建築物と違反屋外広告物の区別もしていないのが現状であり，従って以下に紹介する各種データは，あくまで実務担当者の経験に基づく概括的なものとされている。

1.　強制金及び代償強制拘留の適用実績ほか

　建築法違反行為に対する是正命令において強制手段の戒告を行うもののうち，およそ90％は強制手段として強制金が選択されている。

　デュッセルドルフ市建築監督執行においては，年間およそ800～1,400件の建築法違反事案が処理されているが，これらのうち，違反者が現場での口頭指導に従って違反を是正することにより決着したものを除き，年間およそ600～800件の事案については，書面による事前の意見聴取手続としての聴聞（Anhörung）が行われている。この聴聞の実施手続のみで，年間400～500件の違反事案は，違反が是正されている。例えば，外国からの移民のように規制に関する（屋外広告

第2章　各都市下級建築監督官庁調査報告

物の掲出については許可が必要といった）基本的法知識が乏しい者などを中心に違反が自主是正されず，あるいは危険が除去されないものについて，年間200～300件の事案において，書面による強制金戒告付きの違反是正命令が発出されている。このうち，年間約100件については，違反者が是正命令に従わず，その結果として戒告された強制金の賦課決定処分がなされている。

　以上の概括的運用状況からすれば，違反是正命令の事前手続である聴聞から強制金の賦課決定処分がなされるまでの手続段階における強制金の目的達成率は，約83～88％である。なお，強制金の強制徴収事務については会計局が所管しており，建築監督課には当該データへのアクセス権限がないため，その実績件数は不明とのことである。

　無許可で掲出されている屋外広告物については，一般的に，違反者が聴聞手続において違反の事実を示唆された段階でほとんどが自主撤去されている。建築法上必要となる建築許可を得ずに掲出されている屋外広告物で，許可申請があれば許可されるものについては，実務上はこれを黙認し，強制金戒告付きの除却命令を発出することはないが，監督手続上（例えば，写真撮影などの）行政経費を要しているので，合法的な屋外広告物に比較して3倍の許可手数料を徴収しているとのことである。

　違反者が聴聞手続によっても違反を是正しない年間約50件の許可しえない違反屋外広告物事案においては，当該屋外広告物について強制金戒告付きの除却命令が発出されている。この除却命令に従わない年間約20件の違反屋外広告物事案については，戒告された強制金の賦課決定がなされ，特殊な事例では再戒告及び再賦課決定を反復せざるを得ないこともある。

　デュッセルドルフ市の建築監督執行においては，代償強制拘留の適用実績はない。

　強制金の戒告額の算定基準は，デュッセルドルフ市建築監督課においても設けられていない。強制金の戒告においても，裁量権の行使は比例原則によって統制される。

　なお，シュリューター氏個人の実務者的見解として，違反者及び違反行為の内容は千差万別であり，強制金の戒告額の設定について，一律の算定基準で裁量を拘束することについては賛成できないとしている[109]。また，ノルトライン・ヴェストファーレン州行政執行法60条1項（cf.188-189頁）に基づき建築法上の違法

第7節　デュッセルドルフ市（：ノルトライン・ヴェストファーレン州都）

行為による経済的収益額が強制金の戒告額の算定についても考慮されているかについては，例えば，屋外広告物の広告利益などの算定は困難な場合が多く，強制金の戒告額については，秩序違反法において違法な経済的収益額を超えるものとされている過料とは算定の考え方が異なり，主に違反行為の内容，義務者の資力等を踏まえて事例ごとに設定しているとのことである。

なお，デュッセルドルフ市においても，賭けオフィス（Wettbüro）の使用禁止命令に義務者がなかなか従わず，強制執行手続を引き延ばす事例があるとされている110)。

強制金による屋外広告物違反是正の事例として，違法屋外広告物に係る強制金戒告付き撤去命令の仮訳を，**資料編・参考資料7**（cf.254頁）に掲げる。なお，当該事案に係る違反屋外広告物については，訴訟も提起されたのち最終的に義務者自身が撤去して決着している。

2．代執行の適用実績ほか

デュッセルドルフ市では，代執行は，基本的に生命や健康に対する具体的な危険が認められる場合においてのみ適用され，戒告や決定がなされており，最近20年間に3〜4件程度の僅少な適用実績にとどまっている。また，代執行が発動される場合でも，しばしば州行政執行法55条2項（cf.187頁）により，行政行為たる是正命令なしに代執行が執行される即時執行（Sofortiger Vollzug）が行われている（例えば，崩落の危険のあるファサードなど）。また，違法屋外広告物の除却は，基本的に強制金のみによって強制されている。

代執行の適用実績が極めて少ない理由としては，義務者の資力不足などにより代執行費用の徴収が困難な場合が多く，当該費用が市の持ち出しとなるリスクがあることに加え，強制金と比較しても一連の執行手続に多くの時間や手間を要すること，手続違反などを理由とする事後の訴訟提起リスクなどがその背景にあるとしている。

また，州行政執行法59条2項（cf.188頁）により，代執行費用の事前徴収が定

---

109) Gädtke usw. (2011) § 61 Rdnr.91 も，過料カタログに対応する「強制金カタログ」の設定は，「型にはまった裁量権行使」を導くおそれがあるとして，不適当としている。
110) キール市における類似の「賭けオフィス」の使用禁止に関する事案につき，第6節3.（cf.74頁）参照。

第 2 章　各都市下級建築監督官庁調査報告

められているが，これも上掲のような義務者の一般的資力不足などから，この制
度が適用されることは少ない。

　代執行が実施された場合においては，約 80％ の事例について，費用の強制徴
収が実施されている。その場合，支払猶予制度（Stundung）は適用されていない。

　シュリューター氏が了知している範囲では，代執行関連の法的救済争訟の提起
としては，費用決定に対して 1 件のみ訴訟が提起されているが，この件は調査時
点では未だ訴訟係属中で行政裁判所の決定はなされていないとのことである。

3．封印措置の適用実績ほか

　ノルトライン・ヴェストファーレン州建築法は，他の多くの州の建築法と異な
り，特別の直接強制制度としての封印措置（Versiegelung）に関する規定を設けて
いない[111]。このため，州建築法旧 61 条 1 項 2 段（cf.191 頁）を根拠規定とする
使用禁止命令や建設工事中止命令の最終的な強制執行は，州行政執行法上の直接
強制として封印措置を講ずることができると解されている[112]。このため，ノル
トライン・ヴェストファーレン州法上は，建築法上根拠規定を設けている他州と
異なり，州行政執行法の定める直接強制の手続規定がすべて適用され，原則とし
て，是正命令の事前手続としての聴聞，是正命令，強制手段の事前手続としての
戒告及び強制手段の決定を経て，封印措置が実施されることとなる。ただし，危
険性・緊急性が高い違反事案について，例外的に即時執行（Sofortiger Vollzug）に
よって，上掲の手続過程を省いて直ちに封印措置を実施することも可能である。
この点は，州建築法上封印や建設機械等の差押えの規定を設けている他州では，
これらの強制手段が州法上の特別のものであり，かつこれについて戒告などの手
続規定が定められていないことから，建築法上の封印措置については州行政執行
法上の戒告手続を要しないと解されていることとの対比上，実務運用実態はとも
かく，法解釈上の事前手続過程についての大きな差異を生じている[113]。

111）本調査の実施後，2018 年 7 月 21 日に全面改正され，2019 年 1 月 1 日から施行され
　　た同州建築法は，第 81 条 2 項で，他の多数の州と同様のモデル建築法の該当規定に
　　準じた「封印措置等に関する規定」を新たに設けている。：後掲主要参照条文編の
　　同州建築法関係条文の末尾（cf.192 頁）を参照。

112）Erlenkämper/ Rhein（2011）§ 57 VwVG NRW Rdnr.15, Oberverwaltungsgericht NRW,
　　Beschluss vom 30.12.1971–X B 506/71, Baurechtssammlung 24 Nr.204.

第 7 節　デュッセルドルフ市（：ノルトライン・ヴェストファーレン州都）

　直接強制としての封印措置は，州行政執行法 62 条（cf.189 頁）により，他の強制手段が危険切迫の緊急性などのために考慮に値しない場合，奏功しない場合ないし合目的的でない場合における最終的かつ補充的な適用に限定されている。このため，直接強制としての封印措置の適用実績は，無許可の違反建築などを中心に，強制執行を必要とする違反事案の約 5％ 程度，年間で 10〜20 件程度にとどまっている。また，犯罪事実の立証上の困難性などもあり，封印破棄罪（Siegelbruch）の有罪判決が下された例も極めて少なく，過去 29 年間で 2 件の比較的低額の罰金判決にとどまっている。

　封印措置に対する訴訟は，近年まったく提起されていない。

　違法屋外広告物に関する封印措置の戒告ないし決定の適用実績もない。既に掲出された違法屋外広告物に対する封印措置は，建築物の使用禁止の場合とは異なり，違反者が当該屋外広告物を直ちに撤去しなくてもよいことになるので行政目的の達成につながらないと考えられている。また，ビルボードなどの大規模な違法屋外広告物についても，その設置には数時間程度を要するのみであることから，監視担当職員が巡視中にたまたまその違法な設置工事を発見するというような例外的な場合でなければ，その設置工事を中止させるための現場での適用は困難であるとのことである。

　また，州建築法の注釈書[114]によれば，封印措置の執行において留意すべきことは，義務者が封印措置を潜脱することができないようにすることであり，義務者が禁じられた行為を思いとどまらざるをえないようなかたちで行うことにあることから，工事現場や建築施設への立ち入りがなされた場合に，その事実が明らかに認定できるように施すべきものとされている。

　なお，参考までに，デュッセルドルフ市建築監督課で使用されている封印書（様式）を，**資料編・参考資料 14**（cf.279 頁）に掲げる。

4．強制明渡の適用実績

　ノルトライン・ヴェストファーレン州行政執行法は，第 62a 条（cf.189 頁）で強制手段の一種として，強制明渡（Zwangsräumung）を規定しており，他州の行政

113）Rasch（1989）S.2.
114）Gädtke usw.（2011）§ 61 Rdnr.95a.

第2章　各都市下級建築監督官庁調査報告

執行法でも同様の規定が設けられている例がある。本制度について想定される適用例としては，建築物内に違法に収容されている危険物を搬出するような場合がありうるが，実務上は，建築物の使用禁止のみならず必要な場合には居住者の退去や動産の搬出を強制金で強制することが可能であることから，その適用例は極めて少なく，シュリューター氏自身も実務上これを適用した経験はないとしている。

5. 過料の適用実績ほか

　建築法違反事案については，年間で150〜250件の聴聞が行われ，そのうち約半数は，違法に掲出された屋外広告物に関するものである。このうち，年間で10〜20件の過料決定がなされ，同様にそのうち約半数は，無許可掲出の屋外広告物に関するものである。

　過料決定に先だっては，事後的訴訟の提起を可及的に回避するため，違反者と適切な折衝を行って相手方が受け入れ可能な相当額を設定するように努めているとしている。これは，一旦訴訟になれば，そもそも市の過料決定が取り消されたり，過料額が減額されたりすることが少なくないほか，賦課が認められても当該過料は区裁判所による徴収となり，市には過料収入が入らないこととなることもその背景にある。ただし，市側にも個別事案ごとに譲れない過料額の最低限度はあり，どうしても相手方と折り合いがつかない場合は，訴訟も覚悟して過料決定をすることになる。以上のような過料額の設定運用により，最近では若干の異議申立ての提起はあるものの，区裁判所に訴訟が係属することは極めて少なくなっている。シュリューター氏は，上掲のような過料賦課の運用は，区裁判所にとっても過料訴訟事案の削減により負担の軽減となっている面もあると述べている。

　また，前出の賭けオフィスや違反屋外広告物の事案のように，相手方が違反是正命令になかなか従わずに違反行為を引き延ばし，強制金の賦課決定額が積み上がるも，最終的な強制金の強制徴収の直前に至って是正命令に従い，強制金の手続中止によりその強制徴収を免れるような悪質な違反者に対し，過料によりその間の違法取得利益をはく奪するような運用がなされているかについては，違法取得利益としての経済的収益額の算定が必ずしも容易ではないという執行実務上の課題はあるも，シュリューター氏自身は，過料によってそのはく奪を追求すべきと考えるとしている。

第7節　デュッセルドルフ市（：ノルトライン・ヴェストファーレン州都）

　ところで，このような法制度の連携的な運用は，デュッセルドルフ市のように，下級建築監督官庁が強制金と過料の双方の適用事務を行っている場合において行いやすいものと考えられるが，建築監督課の配属人員も限られていることから，組織体制が充実しており，かつ実務経験も豊富な秩序局（Ordnungsamt）に，建築法に係る秩序違反行為の取り締まりも委ねてはどうかという考え方もあり，建築監督課で引き続き建築法違反に係る過料事務も担当することについては，なお議論があるとのことである。

6. 建築規制行政執行体制

　建築工事現場の監視業務は，建築秩序局の技術部局の職員によって行われている。当該職員は，建築士及び建築技士の職員，建築職人の養成教育を受けた検査官と協働して監視業務に従事している。違反事案について危険性が確認されれば，所要の手続をとるために，建築法関係の専門部局に伝達され，3名の行政職職員により，事前の聴聞手続や違反是正命令の発出が行われる。各行政職職員は，行政専門大学を卒業し，以前は Diplomverwaltungswirt/-in，現在では Bachelor の学位を得ている。

　屋外広告物の設置・掲出許可申請の処理及び現地監視業務については，目下のところ2名の職員がフルタイムで専従している。

　建築法違反に対する強制執行を含む法手続は，3名の建築法専門の職員が担当している。建築監督課の処分に対して訴訟が提起された場合市の法務部が関与し，行政裁判所における訴訟手続は，法務部の法律専門職員（第二次司法試験合格者：Volljurist）が担当する。強制金の強制徴収事務は市会計局の職員が担当している。

　なお，建築監督課の組織図を，**資料編・参考資料32**（cf.321頁）に掲げる。

　ところで，強制執行や過料に係る事務に携わる行政職公務員の養成教育（Ausbildung）は，後述のとおり，州立の行政専門大学において，建築監督実務に関連する建築法，行政執行法，秩序違反法などを含む広範な法律科目に係る座学教育と行政機関における実務実習が3年間にわたってそれぞれ概ね1／2の割合で交互に行われる。特に後者については，5〜6程度の自治体内部部局で実務実習を受けることになる。シュリューター氏自身もこの課程を修了しているが，建築監督課に配属されるまでは同課の事務に「特化した」養成教育を受けている訳ではない。調査実施時点で，建築監督課に2名の女性の養成教育受講者がそれぞれ養

83

成監督者付きで3ヵ月間の実務実習のために配属されているが，建築法などに係る専門的な実務知識を与えたのち，現場での監督業務を体験させている。加えて，公文書作成用のプログラムやマニュアルを活用して，具体的な聴聞，命令，戒告，決定などの行政文書作成の実習をさせ，必要に応じて養成監督者が指導を行う。最終的には，行政専門大学の Bachelor の試験のほかに，各配属部局でも，例えば，具体的な想定事例について，どのように対処すべきかを問うような口頭や筆記の試験を実施している。ただし，各配属部局での試験で不合格となる例はほとんどないとのことである。

　この課程を修了して Bachelor の資格を得た後，建築監督課に配属された職員には，それぞれメンターが6ヵ月間程度ついてその指導を受けながら実務を担当していくことになる。昨年は，退職者の補充も見込んで，市全体で60名程度の行政職公務員の実務実習を引き受けている。なお，建築等の技術職については，これよりも大幅に少なく，年に4〜5人程度である。技術系公務員については，空席公募により，民間から専門家を採用することもある。シュリューター氏自身も，建築監督課に勤務して30年以上の実務経験を重ねているが，法的知識を活用していかに現実の事案を処理していくかが日々問われる，やり甲斐のある仕事と考えていると述べている。

　州行政執行法や秩序違反法などに関する部内の職員研修（Fortbildung）は，行政専門大学における公務員養成教育で，関連する実務実修も含めて行われているので，必要性がないとして行われていない。ただし，自学を補完するため，関係する重要な法律改正などについてのセミナーも市や単科大学などで開催されており，それに参加することも可能である。

第8節　エアフルト市（：チューリンゲン州都）

　エアフルト市は，旧東独地域南西部に位置するチューリンゲン州の州都であり（1990年〜），調査時直近の2014年12月末現在の人口は，約21万人である。エアフルトは，ライン川とロシアを結ぶ通商路（「王の道」）沿いの地の利を生かし，中世にはドイツ有数の商業都市として栄え，15世紀にはハンザ同盟に参加し，当時は北ドイツの重要な港と中央ヨーロッパを結ぶ結節点であった。また，エアフルト市は，マルティン・ルターがエアフルト大学で哲学を学び，修道者を志し

第8節　エアフルト市（：チューリンゲン州都）

た都市であるほか，著名な社会学・経済学者であるマックス・ヴェーバーの生誕
地でもある。

　エアフルト市建築局建築監督課での面談は，2015年3月17日（火）の午後2
時から約3時間半実施し，面談担当者は，建設局建築監督課長のエルケ・イェン
シュ氏（Frau Elke Jänsch）及び行政法専門分野長のイェルク・フォン・エーレン
シュタイン氏（Herr Jörg von Ehrenstein）であった。

1．強制金ほかの適用実績

　エアフルト市における州建築法違反事案に係る強制金の2011～2014年の適用
実績は，次表6のとおりである。

表6　エアフルト市建築監督課の強制金の適用実績

	2011年	2012年	2013年	2014年
強制金の戒告がなされた件数	180件	172件	115件	104件
強制金の賦課決定がなされた件数	23件	15件	11件	21件
強制金の賦課決定の後，強制金の支払又は強制徴収の前に義務履行がなされた件数	9件	5件	6件	8件
強制金の支払又は強制徴収がなされた件数	14件	10件	5件	13件

　以上のとおり，全体的として戒告実施件数は漸減傾向にあるが，各年の強制金
賦課決定までの手続段階での目的達成率（義務履行により手続中止となった事案の全
戒告事案に対する割合）は，2011年が約87％，2102年が約91％，2013年が約
90％，2014年が約80％であり，また，強制金の支払又は強制徴収までの目的達
成率（同上）は，2011年が約92％，2012年が約94％，2013年が約96％，2014
年が約88％となっている。

　建築法違反事案の是正については，強制金は，賦課決定までの段階で最近4年
間の平均88％，支払又は強制徴収までの段階で同じく平均93％と，非常に高い
目的達成率を挙げていることが確認できる。

　強制金の戒告額の算定基準は，エアフルト市においても設けられておらず，ま
た，過料カタログも制度の目的を異にするものであることから，強制金戒告額の
算定においては実務上参照されることはない。また，戒告額の設定においても，
建築法違反行為による違法取得利益は評価自体が実務上困難であるため，義務者

85

第2章　各都市下級建築監督官庁調査報告

の資力の程度が重視されているほか，代替的強制手段としての代執行費用の見積額が戒告額の上限とされており，違法取得利益額がこれを超えても代執行費用見積額を超えることはできないとされている。しかしながら，類似の違反事案相互間で強制金の戒告額に不合理な差異が生じないよう，実務運用上の「暗黙の相場」といったものは確かに存在しているとしており，これは他の調査対象都市においても同様であると思われる。

　強制金を補完する代償強制拘留（Ersatzzwangshaft）については，エアフルト市建築監督課では適用実績がない。その理由としては，①行政裁判所の命令が必要であるが，そのハードルが高いこと，②行政サイドの手続コストの負担が少なくないこと，③最長2週間の拘留にとどまるため威嚇力としても限定的であり，違反是正の実効性に乏しいこと，④建築物の危険性除去のためには迂遠であることなどが挙げられている。

2．代執行の適用実績

　エアフルト市建築監督課の執行に係る直近2011〜2014年の代執行（Ersatzvornahme）の適用実績は，次表7のとおりである。

表7　エアフルト市建築監督課の最近の代執行の適用実績

	2011年	2012年	2013年	2014年
代執行の戒告がなされた件数	2件	10件	2件	1件
代執行の実施及び費用徴収がなされた件数	1件	6件	1件	1件

　代執行費用の事前徴収については，チューリンゲン州行政送達・行政執行法50条2項及び3項（cf.194頁）により明文で認められているが，エアフルト市建築監督課では近年その適用実績はない。その理由としては，事前徴収手続にはかなりの時間を要し，当該手続を実施している間執行を保留する余裕のないものが多いからとしている。この点，行政執行法上の明文の規定により，代執行費用の事前徴収を認めている他の多数の州[115]の州都と同様に，エアフルト市建築監督課でも実務上当該制度を活用していないのに対し，第10節のベルリン市トレプトウ・ケーペニック行政区においては，強制金の上限額規定を除いて（代執行費用の事前徴収に関する明文規定を欠く）連邦の行政執行法を適用しているが，代執行費用の事前徴収を積極的に実施しているという対照的な実務運用状況となってい

第8節　エアフルト市（：チューリンゲン州都）

る（第10節3.（cf.100頁）参照）。

　代執行に対する法的救済としては，2011年に1件の異議申立て，2012年に3件の異議申立て及び1件の取消訴訟（異議申立てを経たもの），2013年に1件の取消訴訟（異議申立てを経たもの），2014年に1件の異議申立てが提起されている。

　なお，即時執行（Sofortiger Vollzug）により代執行が実施された件数は，最近4〜5年で2件程度とのことである。この点，緊急性の高い事案は市民からの通報によって消防部局が緊急対応を行うことにより，事案が建築監督官庁に至る以前に処理されているものも多い模様である。

3.　封印措置等の適用実績

　エアフルト市建築監督課の執行に係る封印措置（Versiegelung）の適用実績は，2012〜2014年の各年についてそれぞれ1件であった。また，これらの封印措置の実施においては，刑法典の封印破棄罪が適用されたケースはなかったとしている。

　なお，違法な大型屋外広告物の設置工事を中止させるための封印措置は，法的には想定されうるが，実務的にそのような措置を実施した例はないとしている。

　なお，エアフルト市で用いられている封印書の様式（前出のポツダム市のものと同一である。）を，**資料編・参考資料15**（cf.280頁）に掲げる。

　封印措置に係る戒告（Androhung）の要否について，チューリンゲン州建築法の注釈書は，理由を明示することなく，「事前の戒告の後」封印措置等を実施するものとするとしている[116]。しかしながら，エアフルト市建築監督課の執行担当者は，封印措置等は州建築法上の特別の強制手段であり，同法上戒告などの事前手続に関する定めがなければ，聴聞，戒告及び決定はいずれも不要であるという解釈（同旨の連邦行政裁判所の判例あり。）をとり，実務上も，戒告等を経ずに直接に封印措置を実施しているとしている。この点は，後述（第9節4.：cf.93-94頁）のとおり，同じチューリンゲン州に属するゴータ市の建築監督課とは，封印措置

115）ブレーメン州は代執行費用については事後徴収のみ認め，ザールラント州は，連邦行政執行法と同様に代執行費用の事前徴収に関する明文規定を設けていないが（第17節2. 参照），他の諸州はこれについての明文の規定を設けている。各州法の根拠規範の概要につき，西津（2012）64-66頁参照。

116）Meißner（2014）§78 Rdnr. 4 S.260.

第 2 章　各都市下級建築監督官庁調査報告

に係る戒告の要否について，解釈及び運用を全く異にしている点が注目される。

　チューリンゲン州建築法 78 条 2 項（cf.195 頁）に規定される建築現場の建設機械等の差押え（Ingewahrsahmsnahme）については，①対象物の差押えに費用がかかること，②それらの保管場所を確保する必要があること，③建設業者の所有権の侵害や営業妨害となりうることなどから，適用実績は皆無に近いとのことである。

4．過料の適用実績

　エアフルト市建築監督課の執行に係る過料の 2011〜2014 年の適用実績は，次表 8 のとおりである。

表 8　エアフルト市建築監督課の過料等の適用実績

	2011 年	2012 年	2013 年	2014 年
警告金（Verwarnungsgeld）の適用件数	19 件	12 件	11 件	29 件
過料決定（Bußgeldbescheid）の件数	12 件	11 件	10 件	14 件

　上掲の警告金（Verwarnungsgeld）は，連邦秩序違反法 56 条 1 項（cf.225 頁）に基づいて，軽微な秩序違反行為の初犯行為者に対して 5〜55 ユーロの範囲内で科される行政制裁金である。

　エアフルト市建築監督課においては，過料額の算定においては，過料カタログを基準に違反者の支払能力ないし資産状況，家族構成，違反期間などを参酌して所要の調整は行うが，区裁判所による事後的司法審査を回避するために違反者との間で過料額の交渉を行うことは，法的公平の観点などから基本的にはないとしている。なお，過料が，区裁判所の訴訟手続となった場合は最終的に過料決定を行った自治体の収入とならず，訴訟に至らなければその収入となるのは，チューリンゲン州においても同様であるとしている。

　前述の「強制金と過料の連携的運用」については，①厳密な違法取得利益の算定が容易でないこと，②両制度の基本的目的が異なることから，あまり意識的には行われていないが，意図的に違法状態を長引かせるような悪質な違反者に対しては，早い段階で命令に従った違反者に比較して高額の過料額による過料決定を下すような運用はなされているとのことである。

5. 建築規制行政執行体制ほか

エアフルト市域を3つの区域に区分して，建築監督官（Baukontrolleur）が各区域を担当し，現場で建築施設の監督業務を行っている。この建築監督官という職には，建築士又は建築技師としての専門養成教育が必要とされる。これらの技術系職員と協働するかたちで，上級職の官吏又は行政専門大学の養成教育を修了した行政職官吏が，行政法専門班として，現在は公務職員（Tarifbeschäftigte）であり班長であるエーレンシュタイン氏のほかに総計7名の官吏（Beamte）ないし公務職員のグループで，法的執行業務に当たっているが，行政組織の整理・縮小や定数削減を経て現在の体制となっているところ，違反事案の総数との関係では必ずしも十分な人員配置とはいえないとしている。

法的に複雑な事案については，同市の法務部の法律専門職職員と連携して処理方針を決定することもあり，また，例えば，運送会社の巨大な物流センターの建設事案など，大型の訴訟事案では，敗訴を回避するために外部の弁護士などの支援を受けることもある。

州行政専門大学の実務実習については，建築監督課において公務員法及び一般行政法の二つのコースで実習生を半年に4～5名，年間10名（エアフルト市全体では40～60名）程度受け入れており，エーレンシュタイン氏が実務実習監督官を務めている。実習生には対外的な業務は任せないが，要処理事案を割り当てて公文書作成などを行わせ監督官がチェックするかたちで，最低一度は事案の初期段階から最終段階までの実務処理経験を得させている。

部内の職員研修については，エアフルト市の財政状況が厳しいため，継続的な実施は困難であり，限定的かつ散発的な実施にとどまっている。新たに生じる実務上の問題に対しては，出来る限り焦点を絞って個別の専門的研修に参加するかたちで対応している。

第9節　ゴータ市（：チューリンゲン州）

ゴータ市は，チューリンゲン州都エアフルト市の西約20km，チューリンゲンの森の北に位置する小都市であり，調査時直近の2013年12月31日現在の人口は，約4.4万人である。

ゴータ市の歴史は，カール大帝の775年の古文書において「ヴィラ・ゴタハ」

第2章　各都市下級建築監督官庁調査報告

と言及された時代に遡るとされる。1640年にザクセン・ゴータ公国の首都となり，1826年以降はコーブルクとともに，ザクセン・コーブルク・ゴータ公国の首都として繁栄した。ゴータ公は，18世紀フランス啓蒙思想に共鳴してフランス百科全書派の哲学者ヴォルテールを招き，全71巻のヴォルテール全集が同市で出版されるなど，ドイツにおける啓蒙主義の重要な中心地となった。市中心部にあるゴータ公の居城建物は，現在では博物館及び研究図書館として活用されている。1875年には現在のドイツ社会民主党の前身であるドイツ社会主義労働者党がゴータにおいて結党され，ゴータ綱領が採択された。これについて，カール・マルクスが有名な『ゴータ綱領批判』を著している。

　今回ゴータ市建築監督部局を現地調査の対象としたのは，同市に所在するチューリンゲン州公行政専門大学の往訪調査の事前調整に伴い，同大学学長のロベルト・クリューゼナー博士からのご紹介により，ゴータ市長(Oberbürgermeister)のクヌート・クロイヒ氏から本件調査に対する協力の申し出をいただいたことにより実現したものである。これにより，州都以外のドイツの小都市における本件調査実施の貴重な機会が与えられたことに感謝する次第である。

　2015年3月19日（木）の午後2時より約3時間半にわたり，ゴータ市建築秩序課において面談調査を実施した。先方の担当者は，次の両氏であった。

・建築秩序課長　カトリン・フィッシャー氏（Frau Katrin Fischer）
・建築行政・郡開発課長　ピア・フロイッツハイム氏（Frau Pia Froitzheim）

1. 建築法違反事案に係る手続件数

　ゴータ市においては，2011〜2013年の3年間において，総計264件の建築法違反事案について，その是正に向けた行政手続がとられている。

　このうち，224件については，行政行為としての違反是正命令の事前手続としての聴聞（Anhörung）を実施した後に，相手方が違反状態を自主的に是正することにより，命令発出に至らずに，行政目的を達して手続が中止されている。すなわち，事前の意見聴取手続の実施による目的達成率は，約85%となっている。この点につき，フィッシャー課長は，多くの違反者には，法規制に対する認識不足が認められ，違反者に対する啓蒙がなされ今後の行政処分等の展開が示唆されることのみで，違反是正に向けた違反者の自主的是正対応が喚起される場合が多いとしている。特に，違反者ないし違反行為の態様によっては，聴聞告知書にお

いて強制手段の適用や秩序違反行為に対する過料制裁を示唆することにより可及的早期の違反是正に向けた実効的な威嚇を行う例もある。

フィッシャー課長は，この多数の聴聞手続の実施にも相当の労力を要しており，それが違反是正に果たす役割は大きいと評価している。すなわち，ゴータ市建築秩序課では，是正命令などの行政処分の事前手続としての聴聞が，建築法違反是正のための第一段階としての重要な法的手続と認識されている。

2. 強制金の適用実績ほか

2011～2013年の3年間において，14件（年平均約5件）の事案について，事前の聴聞手続を経て強制金戒告付きの是正命令がなされている。このうち，強制金の賦課決定がなされたのは，3件のみである。すなわち，賦課決定前の目的達成率は，約79％である。さらに，すべての事案について，義務者は強制金の強制徴収前には是正命令に従って義務を履行しており，その結果として強制金が実際に任意に支払われ又は強制徴収された事例はないとのことで，強制徴収前の目的達成率は100％となっている。

違法な建築行為あるいは建築物の違法な使用については，通常，処分対象者としての建築主が存在するので，強制金が適用される。実際に強制金の賦課決定が迫ってくると，建築主は強制金徴収による直接的な経済的損失が生ずることを見越して，建築監督官庁の命令に従うことになる。強制金は反復して適用することができ，建築主は引き続き命令に従わざるを得ないので，すべての義務者は少なくとも強制金の適用を回避するために，命令に従って義務を履行する意思決定をすることになると説明されている。

強制金戒告額の算定基準は，ゴータ市においても設けられていない。戒告される強制金の額は，羈束裁量により，個別の事案ごとに，具体的な違反事実関係を踏まえて決定される。その場合には，特に違反行為により得られる経済的利益が考慮される（例えば，建築法違反の賃貸住宅で家賃が1,000ユーロの場合に，100ユーロの強制金戒告を行うのは実効的ではなく，家主に対して10,000ユーロの強制金を戒告するなど。）。この違法取得利益の観点からの強制金戒告額の設定の内訳については，戒告の相手方に対して戒告書中に提示される。しかしながら，強制金戒告額の算定においても，実務上過料カタログが参照されることはない。実務上は，違反行為に対する強制金の戒告額は，当該行為に対する過料額を相当程度上回る額で設

第 2 章　各都市下級建築監督官庁調査報告

定されることが多いとのことである。

　強制金の適用において難航した事案としては，例えば，極右的思想傾向から，行政庁のいかなる命令にも応じないことを信条とする義務者の事案や，違法占用で屋外の売り場を撤去せざるを得なくなった商店主が，売上高や利益の減少をおそれて，なかなか是正命令に従わなかったが，最終的に自ら隣接する土地を取得して命令に応じた事案などがあった。

　上掲の 14 件の強制金戒告付き是正命令が発せられた事例のうち，8 件については，異議申立て（Widerspruch）がなされた。これらの異議申立てについては，いずれも義務者の命令履行がなされることによって決着している。

3．代執行の適用実績ほか

　2011〜2013 年において，代執行が適用された事案は 26 件（年平均約 9 件）である。このうち，4 件の事例については，差し迫った危険を回避するため，先行する行政行為たる是正命令なしに執行が実施される即時執行（Sofortiger Vollzug）としての代執行がなされている。そのほかの 22 件については，聴聞を経てなされる是正命令の強制手段としての正規の代執行手続がとられている。後者のうち，11 件については代執行の決定がなされ，うち 4 件について代執行の実施がなされている。

　上掲の代執行の適用事例は，いずれも公共の危険をもたらし，保全措置ないし撤去が必要となる老朽建物に関するものである。これらの事案の一部は，危険回避のための緊急措置（即時執行）が必要となるものである。

　老朽建物については，しばしばその所有者の不明や支払能力の欠如などの問題がある（例えば，相続人の不明，無主建物，多重債務者など）。そのような場合には，強制金は適切な強制手段とはいえない。倒壊の危険性のある老朽建物は，これを迅速に除却することによって危険を除去しなければならず，よって，代執行が適切な強制手段となる。義務者たる所有者の支払能力が欠如している場合には，強制金戒告付き命令よりも代執行戒告付き命令が，より多く選択されることになる。

　屋外広告物に係る代執行戒告事案については，すべて義務者の自主的命令履行により代執行の実施には至らず，代執行が実施された 8 件のうち，5 件については義務者たる企業の倒産や無主の建物などの理由から強制徴収ができず，2 件については割賦払いがなされ，1 件については代執行費用が全額支払われた。

第9節　ゴータ市（：チューリンゲン州）

州行政送達・行政執行法50条2項及び3項（cf.194頁）が規定する代執行費用の事前徴収制度については，上述のように当該制度を活用する余地のある事例が比較的少ないこともあり，最近のゴータ市建築秩序課の実務ではその適用実績はない。

10件の代執行戒告付きの是正命令に対して異議申立てが提起され，このうち4件については，命令の履行により決着し，他の6件は審理中であり，そのうち1件は訴訟の提起に至っている。

4. 封印措置等の適用実績ほか

2011〜2013年の直近3年間で，直接強制としての封印措置が適用された例は，2013年の1件のみである。当該事案は，崩落の危険性のあるバルコニーの封鎖に関するものである。この事案では，当該バルコニーの使用が禁止され，借家人の同所への立入りを阻止するために当該バルコニーに出るための扉が封印された。その後，当該バルコニーは取り壊され，バルコニーに出る扉は外側からの格子柵の設置により閉鎖保全された。

封印措置については，ゴータ市では，州建築法78条2項（cf.195頁）の解釈について，緊急性の高い事例に対する即時強制（Sofortiger Vollzug）の場合を除き，原則的に戒告及び決定が必要であると解して運用されており，この解釈は，エアフルト市のそれとは異なるが，チューリンゲン州建設・交通省の建設法担当局長が著者である州建築法の注釈書の記述[117]に合致している。前述のとおり，例外的に建築法上封印措置等に係る根拠規定を設けていないノルトライン・ヴェストファーレン州でも，法解釈により直接強制として封印措置を実施することは可能とされており，その際には直接強制に係る手続規定が適用され，戒告及び決定を経て実施すべきものと解されている[118]。すなわち，州建築法に封印措置等の明確な根拠規定が設けられている場合には，同法に事前手続たる戒告に関する規定が設けられていないことから当該事前手続は不要と解されて手続保障が不十分なかたちとなる一方で，州建築法上封印措置等に係る明文の根拠規定が設けられて

117）Meißner（2014）§ 78 Rdnr. 4 S.260：「建築主が建築中止命令に反して建築工事を続行する場合には，（州建築法78条）2項に基づいて，事前の戒告の後（：下線筆者）封印措置等を実施することができる。」としている。

118）Erlenkämper usw.（2011）§ 57 VwVG NRW Rdnr.15.

93

第 2 章　各都市下級建築監督官庁調査報告

いない場合には，反対に一般的行政強制手段たる直接強制の一類型とされて，直接強制に必要とされる事前手続等が行われるべきと解されるという，非常にアンバランスな法解釈となっている。

このようにチューリンゲン州内の自治体間で当該州法の解釈に相違があり，その結果，財産権に対する重大な侵害的効果をもたらす直接強制としての封印措置等において手続的保障に係る大きな差異ないし不公平を生じており，行政強制の重大な手続的瑕疵の問題につながる余地がありうると考える。封印措置の事前手続の要否に関する筆者の私見については，既に第 1 節 4.（cf.33-34 頁）及び第 4 節3.2）①（cf.56-57 頁）で提示しており，再述は割愛する。

また，同条項に規定される建設現場の建設機械や建設資材などの差押え（Inge-wahrsamnahme）については，建設工事を施工する建設会社の所有権に対する侵害や業務の妨害となるほか，それらの運搬や保管に要する場所ないしこれらの費用確保上の問題もあり，実務上の適用実績はない。

5．過料の適用実績

建築法違反行為に対する過料の手続及び処分は，建築秩序課からの情報提供により，秩序局（Ordnungsamt）において行われている。2011〜2013 年においては，それ以前よりは多くの過料処分がなされている。すなわち，2011 年には建築法違反に関する過料手続は行われなかったが，2012 年には 4 件の手続が行われ，そのうち 2 件は警告処分が，また 2 件は過料決定がなされている。2013 年には13 件の過料手続が行われ，そのうち 2 件は警告処分が，また 9 件は過料決定がなされている。

違反行為の是正を意図的に遅らせ，違法取得利益の稼得増大を狙うような悪質な違反者に対しては，過料手続を所管する秩序局に建築秩序課から違法事実関係に関する情報提供を行って，過料決定によって当該違法取得利益のはく奪を実現するような部局間での連携も行われている。

6．建築規制行政執行体制

郊外部での違法建築監視業務は，建築秩序課の担当官により実施されている。建築秩序課に対する違反事案通報は，地域住民のほか，他の専門部局，特に秩序局の外勤監視チームから受けることが多い。ゴータ市の建築監督行政に従事する

第9節　ゴータ市（：チューリンゲン州）

公務員の養成過程は多様であるが，特に技師又は土木建築単科大学卒業生及び上級の非技術系行政職の資格を有する人材が必要とされており，建築技師あるいは建築工学士ないし建築士並びに行政専門一般職員（中級職）ないし行政専門大学卒業生（上級職）及び建築試補（上級職）が任に当たっている。ゴータ市においては，3名の行政専門職公務員（2名は上級職，1名は中級職），1名の建築技師（上級職），1名の高層建築専門建築試補（上級職）及び1名の係員（初級職）が建築監督業務に従事している。現在，課長職には建築専門職兼上級技術行政職の者が就任しているので，法務課と密接に連携しながら業務を遂行しており，法律専門職の支援を確保している。法務課には法律専門職として2名のVolljurist及び2名の行政専門公務職員が所属しており，必要に応じて建築秩序課を支援する体制にある。

後述の州立行政専門大学で実施される公務員養成教育における実務実修（Praktikum）に際しては，例えば，実際の要処理事案について，聴聞告知書や行政処分等に係る行政文書を，先例となる実際の行政文書を提示しつつ建築秩序課で使用している文書作成支援ソフトウェアを用いて実習生に作成させ，実務実修指導担当の職員がそれをチェックして所要の修正を加えるなどして，重要な行政文書作成の実務的ノウハウを習得させている。

日常の建築監督業務において，外部の弁護士から助言を得ることは基本的にはないが，訴訟が提起された場合は，その都度外部の弁護士を訴訟代理人に委任している。

州行政執行法についての定例的な部内職員研修は，目下のところ実施されていない。他方で，様々な教育機関によって研修プログラムが提供されており，必要な場合（法改正があった場合や判例の新しい傾向などについて）には，人材育成ニーズを充たす研修に参加することはあるとのことである。

フィッシャー課長は，同課の建築監督業務においては，法手続の各段階において，公務職員の雇用とその職務遂行能力の確保が必要不可欠であるとしている。

7.　総括的私見

旧東独地域に所在する人口約4.4万人に過ぎない小都市であるゴータ市において，上述のように，多数の建築法違反に対し，相当件数の強制手段及び過料の適用によって，違反是正に係る義務履行確保が実現されていることに，改めて感嘆

第 2 章　各都市下級建築監督官庁調査報告

せざるを得ない。おそらく，わが国の同規模の市町村では，現行唯一の一般的強制手段である行政代執行の適用実績があるものは極めて例外的であり[119]，過去に全く代執行を実施した経験のない自治体が圧倒的多数を占めているものと推測される状況と比較して極めて対照的である。

　ゴータ市も，旧東独地域で広範に進展している人口減少（流出）と高齢化により，上述の代執行適用実績において紹介したように，いわゆる「空き家問題」を抱えるわが国の多くの地方公共団体と同様に[120]，老朽建築物の危険除去が建築監督行政上の重要な課題となっている。同様の行政課題に対して，ゴータ市においては，州の行政執行法や建築法に定められている多様な強制手段を実効的に活用して，積極的な義務履行確保措置を実施しており，わが国の空き家対策においても，ドイツの先進的な行政上の義務履行確保制度，その実務運用ノウハウ及び「少数精鋭の」人的執行体制や人材育成のあり方に学ぶべき点は極めて多いと思われる。

　この点，わが国でも，2015 年 5 月 26 日に空家等対策の推進に関する特別措置法（平成 26 年 11 月 27 日法律第 127 号）が全面施行されたが，危険な「特定空家等」（同法第 2 条第 2 項）としてその撤去が命じられた所有者に対し，先ずはその自主的義務履行を強力に促す，ドイツの強制金のような間接強制制度は未だ導入されていない。仮に従来と同様に行政による先行的な費用負担を前提とする行政代執行「のみ」を行政強制手段として義務履行強制を図るとしても，例えば，代執行費用の事前徴収制度を新たに導入することにより，当該費用の徴収率の可及的な向上やその間接強制的効果[121]の発現によって目的達成を促進することも，財政難を抱える多くの自治体にとっては必要ではないかと考えられる。特に，今後は空き家全体の増加に伴って（次図 5 参照）危険な「特定空家等」も大きく増加す

119）総務省の空き家対策に関する実態調査結果報告書（平成 31 年 1 月，総務省行政評価局）によれば，調査対象とした 93 自治体のうちの 37 の自治体において合計 48 件の代執行（代執行 10 件，略式代執行 38 件）が実施されている（同報告書 147 頁）。http：//www.soumu.go.jp/menu_news/s-news/hyouka_190122.html（2019/1/24 アクセス）。また，西津（2012）74-75 頁参照。

120）わが国地方公共団体の「空き家対策条例」の制定による近時の取り組み状況につき，北村（2015）78-84 頁参照。

121）西津（2012）65，80-82，91 頁。

第9節　ゴータ市（：チューリンゲン州）

図5　種類別の空家等の推移

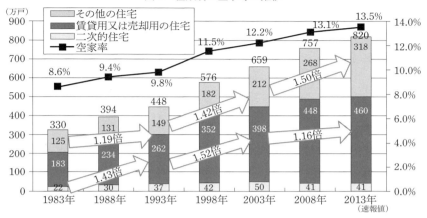

【出典】：住宅・土地統計調査（総務省）

ることが予想され，これら多数の事案について，将来的にさらなる財政逼迫が予想される地方公共団体の建築規制部局の適切な対応を図るためには，所有者自身による自主的な危険除去対応を可及的に強力に促進する必要がある。

　そのためには「機能不全」が指摘されている現行の行政代執行制度のみに徒に依存し続けるのでなく，上述のような実効的な間接強制効果を有する強制手段の導入も不可欠と考える。さらには，緊急に撤去等の措置をとることが必要な事案については，命令を先行させずに当該措置を実施するための即時執行制度や，事例によっては重度の認知症などにより，危険な老朽家屋に居住を続ける所有権者等を退去させるための直接強制制度の導入も将来的に必要となるのではないかとも思料される。同法の所管省である国土交通省によるプロアクティブな法改正対応が強く期待される。

　他方で，行政上の義務履行確保制度を実効的に適用しうる行政執行体制の整備拡充も，法制度整備とともに看過しえない重要な公共政策課題である。これについては，主題の建築規制行政分野などにおいて職員の派遣を含めた日独の自治体間交流を積極的に行うことにより，わが国の自治体が多くの新たな公共政策（ないし法政策）的知見を得られる蓋然性は高いと思料される。なお，本調査に際して面会の機会を得たゴータ市副市長も，地域振興政策について先進的取り組みを行っている日本の自治体との交流に関心を持っており，お互いが必要とする公共

第2章　各都市下級建築監督官庁調査報告

政策領域について有益な情報交換を行うことは，実りある公共政策的自治体間国際交流につながるものと期待される。

第10節　ベルリン市トレプトウ・ケーペニック行政区

　トレプトウ・ケーペニック行政区は，ドイツ連邦共和国の首都であり，かつ，都市州の一つでもあるベルリン市南東部の旧東ベルリン地域に位置する行政区である（次図6参照）。2001年1月1日，ベルリンの行政改革の一環として，トレプトウ行政区とケーペニック行政区が合併して現在のトレプトウ・ケーペニック行政区となった。ベルリンの12行政区の中では，最も面積が広く，人口密度が少ない区である。区内にはミュクゲル湖があり，区庁舎前をシュプレー川が流れ

図6　ベルリンの行政区

原図出所：https://ja.wikipedia.org/wiki/ベルリンの行政区

98

る優れた水辺空間を有する行政区で，調査時直近の2014年6月末現在の人口は，約25万人である。なお，ベルリン市には12の行政区（Bezirk）があるが，ほとんどの行政区では，海外からの各種調査の受け入れについて消極的なスタンスをとっている模様であり，本件調査の当初の段階より複数の行政区に調査の申し入れを行ったがいずれも実現せず，第4次調査に至ってようやく本行政区から調査受け入れの承諾をいただいた経緯がある。

面談調査は，トレプトウ・ケーペニック行政区建設・都市開発・環境課において，2015年3月23日（月）午前10時から12時まで実施し，先方は，都市開発課長のウルリケ・ツァイドラー氏（Frau Ulrike Zeidler）及び建築・住宅監督班長のミヒャエル・プファイファー氏（Herr Michael Pfeifer）であった。

1．ベルリン州（市）の行政執行法制
ベルリン州は，他の連邦州とは異なり，再統一後も独自の州行政執行法を制定しておらず，ベルリンの行政に係る手続に関する法律[122]第8条第1項（cf.196頁）により，強制金の上限額を50,000ユーロとする特例規定以外は，（再統一前と同様に）連邦の行政執行法を適用している。なお，連邦行政執行法11条3項（cf.219頁）に規定される強制金の上限額は，2014年11月25日の法改正により，従前の2,000ドイツマルク（約1,000ユーロ）から，25,000ユーロに大幅増額改定されている。

2．強制金の適用実績
2011〜2013年の直近3年間において強制金戒告がなされた違反事案の件数は，24件（年平均8件）であり，このうち強制金の賦課決定がなされた違反事案の件数は，4件（年平均1.3件）であった。また，強制金の強制徴収がなされた違反事案の件数は0件であった。

このようにトレプトウ・ケーペニック行政区においては，強制手段の中でも比較的に穏やかで制限的でない強制金を積極的に適用しているが，建築法違反事案に対する強制金の適用実績は比較的少ない。その背景として，後述の人員的制約

122）Gesetz über das Verfahren der Berliner Verwaltung vom 8. Dezember 1976（GVBl. S. 2735, 2898）（cf.196頁）

から，トレプトウ・ケーペニック行政区では聴聞から始まる一連の手続過程において，極力義務者の自主的違反是正に向けた合意形成を図っているからと説明している。このような極力合意による解決を追求する実務上のスタンスは，特に区長などの市上層部の政治的意向に沿ったものであるとしている。上掲のデータによれば，強制金の賦課決定までの目的達成率は約83％であり，強制徴収までの目的達成率は100％となる。以上の運用状況の背景として，トレプトウ・ケーペニック行政区においても建築法違反事案は相当数抱えているが，ベルリン市全体の財政難のため，同課では最近15年間にわたって新任職員の配置がなく，退職等により従前に比べて職員数が半減しているため，現在では，違反監督業務よりも，建築許可事務に主として注力しているとのことである。

トレプトウ・ケーペニック行政区においても，強制金戒告額の算定基準は設けていない。強制金戒告額の算定に際しては，違法行為による経済的収益額を考慮することはあるが，秩序違反に係る過料は別の法制度であることから，当該額を基準として作成されている過料カタログを参照することは行われていない。

3．代執行の適用実績

2011〜2013年の直近3年間において代執行戒告がなされた違反事案の件数は，33件（年平均11件）であり，このうち代執行の実施決定がなされた違反事案の件数は，4件（年平均約1.3件）であった。また，代執行費用の強制徴収がなされた違反事案の件数は，14件（年平均約4.7件）であり，強制徴収された代執行費用の総額は，約25,000ユーロとされている。代執行の適用件数が前掲の強制金のそれよりも多いのは，（連邦の）行政執行法11条1項2段（cf.219頁）により，代替的作為義務の強制においては代執行の適用を原則とし，強制金は補充的に適用されることによるものと解される。

トレプトウ・ケーペニック行政区においては，代執行費用については，同区の会計部局が「事前徴収を原則として」運用している。この実務運用は，本調査ではマクデブルク市を除きほとんど確認されていないものであり，特に注目される。その一例として，費用の事前納付命令を含む代執行決定書の仮訳を，**資料編・参考資料 10**（cf.270頁）に掲げる。ただし，原則事前徴収を行っているトレプトウ・ケーペニック行政区においても，相手方の資力不足などにより，徴収率が低くとどまるケースもある。

他方，この代執行費用の事前徴収については，その根拠規範との関連で重要な論点がある。すなわち，前述のとおりベルリン州（市）に適用される連邦の行政執行法は，他の多数の州の行政執行法と異なり，代執行費用の事前徴収に関する明文の根拠規定を設けていない点である。

これについて，現在の判例・学説の支配的解釈は，行政代執行費用の支払義務は既に行政代執行の執行前においても，その前提となる命令が執行可能となり，かつ強制手段が戒告され，さらに強制手段の決定がなされたときに生じており，明文の事前徴収根拠規定がなくとも，事前徴収できるとするものであるが，これについては有力な反対説も提唱されている[123]。

代執行費用の事前徴収が，州行政執行法上の明文の根拠規定を有する諸州都においては実務上積極的に活用されず，逆に明文の根拠規定を有しないベルリン市のトレプトウ・ケーペニック行政区では（ベルリン市の他の行政区でも同様の実務運用がなされているかについては，さらなる調査を要する。）原則的な徴収方法として積極的に運用されていることは，極めて興味深い。この論点については，筆者は，現行のわが国行政代執行法 5 条に基づく「事後的」費用徴収が定着しているわが国においては，ドイツの多数州の行政執行法と同様に，明文の根拠規定を新たに設けた上で，代執行費用の事前徴収制度を導入することが立法政策上適切であると考えている[124]。

4. 直接強制の適用実績

2011～2013 年の直近 3 年間における州建築法上の封印措置を含む直接強制の適用実績については，戒告がなされた事案が 20 件（年平均約 6.7 件），実施決定のなされた事案が 5 件（年平均約 1.7 件）となっている。

州建築法上の封印措置について，直接強制と同様に戒告及び実施決定を必要とするかについては，トレプトウ・ケーペニック行政区においては必要という解釈をとり，実務上これを行っている。この点は，ベルリン州建築法の注釈書が，行政裁判所の判例[125]を引用しつつ，事前の戒告を不要と解している[126]のに対し，これとは逆の解釈に立脚して封印措置の戒告が実務上行われている。

---

123) この争点の詳細につき，西津（2012）66–67 頁。
124) 同制度の導入提案として，総務省検討会（2013）32 頁，大橋（2010）252 頁，北村（2016）208 頁，西津（2012）90–92 頁。

第2章　各都市下級建築監督官庁調査報告

　トレプトウ・ケーペニック行政区では，封印措置以外の直接強制として，例えば，煙突掃除人が建物に入ることを受忍させる強制措置もとられており，解錠による強制的な開扉がなされている。

　以上の強制手段の適用に対しては，実務的な推測として，適用件数の約80〜90％について異議申立て（Widerspruch）が，また，約80％について取消訴訟が提起されているとしている。

5．過料の適用実績

　トレプトウ・ケーペニック行政区建設・都市開発・環境課においては，強制手段の適用のほかに過料の適用も所管しているが，2011〜2013年の直近3年間における適用実績はない。この点，行政強制手続よりも手間やコストのかかる過料手続については，より消極的な運用状況にとどまっているものと推測される。

　また，違反行為を長引かせて違法取得利益の積み増しを狙うような悪質な違反者に対して，すべての違法取得利益のはく奪を実現するような高額な過料を科すといった強制金と過料の連携的な運用は，特に意識してなされてはいない。この点，強制金と過料の執行をともに所管していても，両者は全く別の法制度という「法制度間の縦割り意識」が根強いようである。

6．建築規制行政執行体制など

　建設・都市開発・環境課において建築・住宅関連事務に従事している職員は24名であり，このうち，11名が建築許可関連業務を，3名が住宅を中心とする建築監督業務を，2名が異議申立て及び秩序違反に関する手続を，1名が訴訟をそれぞれ担当している。

　行政強制ないし過料の手続に係る事務に従事しているのは，州立行政専門大学で3年間の養成教育を修了して，Verwaltungsfachwirt/-in の学位を取得した行政専門職員が中心となっている。なお，ツァイドラー課長及びプファイファー班長はともに，旧東独時代に大学を卒業して技師（Ingenieur）の資格を得ており，さ

125）Hessischer Verwaltungsgerichtshof, Beschluss vom 17.5.1984, Baurechtssammlung 42 Nr. 228.

126）Wilke usw.（2008）§ 78 Rdnr.37.：封印措置等が行政執行法に規定されているものではないこと及びその迅速な適用が必要であることが理由とされている。

らに行政執行などに関する専門的研修（Fortbildung）を受けて現在の職務に就いている。

　同課では，2年ほど前に行政専門大学の学生を実務実修で受け入れており，例えば，異議申立てを行う義務者に対してどう対応すべきかなどを学ばせているが，彼らに実際の行政文書を作成させるというような実習は行っていない。現場で代執行などの行政強制の実施を行う機会があるときは，彼らを事前の準備や執行現場に立ち会わせて実地体験させることは行っている。

第11節　ドレスデン市（：ザクセン州都）

　ドレスデン市は，旧東独地域の南東部に位置するザクセン州の州都であり，2014年末時点の人口は，約54万人である。

　ドレスデンは，1206年の古文書に初めてその名が記され，エルベ川の両岸に村落が発展し，北岸の街（現在のノイシュタット）は1216年に，南岸の街（王宮を含む旧市街）は1403年にそれぞれ都市権を得ている。さらに，16世紀のモーリッツ大公の時代に選帝侯国の首都となり，18世紀前半のフリードリヒ・アウグスト1世（通称「アウグスト強王」）及びアウグスト3世（フリードリヒ・アウグスト2世）の治世に宮廷都市として経済的・文化的一大興隆期を迎えた。1806年に神聖ローマ帝国が解体し，ザクセン王国が成立した後は，ドレスデン市はその首都となった。

　第二次世界大戦では連合軍による徹底した爆撃を受け市内中心部はほぼ灰燼に帰し，市街地の75％までが破壊された。戦後はソ連占領地域にあったため，旧東ドイツ（ドイツ民主共和国）の一県となり，ライプツィヒなどと並ぶ工業都市として発展したほか，1990年のドイツ再統一後はザクセン州の州都となった。観光都市としての発展も顕著で，東部ドイツ有数の大都市として賑わいを見せており，今日ドレスデン復興の象徴ともされている聖母（フラウエン）教会が，戦後50年近くも放置されていた30万個以上の瓦礫の破片も使って2005年に再建されるなど歴史的建築物の再生・保全が重点的に推進されてきている。

　ドレスデン市建築監督局への往訪調査は，2015年8月31日（月）の14〜16時に実施し，先方は建築監督局長（Amtsleiterin）のウルスラ・ベックマン氏（Frau Ursula Beckmann）及び研修業務担当のゼフナー氏（Herr Seffner）であった。

第 2 章　各都市下級建築監督官庁調査報告

1. 強制金及び強制拘留の適用実績ほか

　ドレスデン市建築監督局においては，建築法違反事案に対する強制手段等の適用についての統計を全く作成していないとのことで，具体的な適用件数データ（実務担当者の推計も含め）を入手することができなかった。

　ただし，強制金の適用実績については，ベックマン局長の実務的な把握として，建築法違反事案のうち違反是正手続がとられた件数を 100％ とすれば，そのうち約 30％ について強制金の賦課決定（Festsetzung）がなされ，同じく 12％ について強制金の強制徴収（Beitreibung）がなされている（強制金の徴収事務は，会計局が所管）とされている。従って，この概括的手続状況からすれば，強制金の賦課決定に至る前までの行政指導や事前手続としての聴聞あるいは強制金戒告付きの命令の手続プロセスにおける目的達成率は約 70％ であり，また，強制金の強制徴収までのそれは約 88％ となる。また，強制金を補完する強制拘留[127]（Zwangshaft）の適用実績は，過去一例もないとのことである。ドレスデン市の無資力違反者に対する執行実務運用では，代執行や封印措置などの他の強制手段の適用を，その執行費用が同市の最終的負担となることを覚悟しつつ検討することになるとのことであった。

　強制金の具体的な最新適用事例として，市の中心部から 2km ほどの場所に所在し，既に 25〜30 年ほど人が居住していない倒壊の危険性のある老朽建築物（別荘）に係る強制金戒告付き命令書の仮訳を，**資料編・参考資料 8**（cf.257 頁）に掲げる。本件建物については，最終的に強制金戒告（Androhung）付き除却命令（Anordnung）の発出後，強制金の賦課決定（Festsetzung）前に所有者によって解体撤去がなされ，市による除却費用の負担なしに目的が達成された事案であるとされている。なお，当該事例のような危険な老朽建築物は，旧東独時代からドレスデン市内に相当数存在しているとのことであった。他方で，マクデブルク市のような老朽化したパネル式中高層プレハブ建築物（Plattenbau）の代執行による撤去[128]は，ドレスデン市においては住宅の需要が大きいため，自主的に解体撤去や建て直しが行われているため，ほとんど実施されていないとされている。

---

127) ザクセン州行政執行法では，「代償強制拘留」（Ersatzzwangshaft）ではなく「強制拘留」（Zwangshaft）という用語を用いている（同州行政執行法 19 条 2 項 1 号（cf.197 頁），23 条（cf.198 頁））。

128) 第 2 章第 1 節 1.（cf.30 頁）参照。

第11節　ドレスデン市（：ザクセン州都）

強制金戒告額の算定基準は，ドレスデン市建築監督局においても作成されておらず，また，強制金戒告額の算定において，秩序違反法に係る過料カタログが参照されることもない。

2. 代執行の適用実績

ドレスデン市建築監督局による最近の代執行の適用実績は，ほとんどないとのことである。

また，代執行費用の事前徴収制度については，ザクセン州行政執行法24条2項（cf.198頁）で明示的に認められているが，ドレスデン市建築監督局では，事前徴収手続に時間を要するため，代執行を緊急に実施すべき場合に支障を生ずるなどの理由により，当該制度を実務上はほとんど活用していないとしている。この点，当方から，当該制度を積極的に適用している，ベルリン市トレプトウ・ケーペニック行政区の実務運用を紹介するとともに，同制度の積極的適用によって「違反の自主是正に向けた間接強制効果」も期待できるのではないかと述べたうえで，「事前徴収による代執行実施の遅れ」の懸念は，事前徴収手続と代執行手続を同時並行的に実施することにより解消しうるのではないかと問うたところ，当該指摘も説得的であるとの回答を得ている。

代執行費用の事前徴収制度については，多くの州の行政執行法に明文の規定が設けられているにもかかわらず，この制度が実務上積極的に活用されている州都は，本調査の範囲内では，マクデブルク市及びベルリン市トレプトウ・ケーペニック行政区のみである[129]。その背景として，ドレスデン市建築監督局のように，費用の事前徴収手続には相応の時間を要することから，これを先行させると代執行の事実行為の実施自体が遅れるという認識があるとすれば，代執行の事実行為を速やかに実施する必要性のある事案においても，前述のように費用事前徴収手続と代執行の本体手続を「同時並行的に」実施することにより，費用徴収手続の早期の開始によって代執行費用の最終的徴収率を可及的に高めるとともに，手続の初期段階で費用の事前徴収による間接強制的効果を発現させることによって義務者による早期の自主是正を実現するという複合的な効用も期待されるところである。代執行費用の事前徴収制度のわが国への導入に向け，実務的立場からのさ

129）第2章第1節2.（cf.31頁）及び同第10節3.（cf.100頁）参照。

105

第 2 章　各都市下級建築監督官庁調査報告

らなる検討が必要である。

3. 封印措置等の適用実績ほか

　州建築法 79 条 2 項（cf.199 頁）に規定されている封印措置等のドレスデン市建築監督局による近年の適用実績もないとのことである。

　この点，ベックマン局長によれば，15 年ほど前に消火設備が不備なサーカスの仮設施設について封印措置を実施した例があるが，その際封印が破棄されたため告発を行ったが，実行犯の特定に至らず刑事罰による制裁が実現できなかったという経緯があり，目的達成に向けた実効性の観点から強制金の適用を優先させているとのことであった。これについて，当方より封印措置の実施現場における防犯カメラの設置の必要性を指摘したが，同課長からはその実施可能性には疑問がある旨の返答があった。

　封印措置の事前手続としての戒告の要否については，不要と解しており執行実務上も戒告は行っていない。この点については，州建築法の注釈書[130]も同旨の行政裁判所判例[131]を引用して戒告は不要としている。他方で，封印措置に先立って建築主に対する聴聞（Anhörung）の実施が必要とする裁判例[132]がある。

　ドレスデン市の実務では，現場で違反建築物について危険な状況が確認された場合に，封印措置の実施について相手方に警告することを含めた「話し合い」を行うとしており，これは即時執行として中止命令なしに封印措置を実施する場合も同様であるとしている。

4. 過料の適用実績ほか

　建築法違反事案については，ドレスデン市建築監督局において年間約 50 件の過料決定がなされ，そのうち 5% 強について異議申立てがなされるとのことであった。

130）Böthe/ Schröder (2005) S.147, Dammert usw. (2005) § 79 Rdnr.26, Hasske usw. (2006) § 79 Rdnr.36, Jäde usw. (2014) § 79 Rdnr.28.

131）Oberverwaltungsgericht Lüneburg, Beschluss vom 27.9.1983 – 6 B 87/83 –, Baurechtssammlung 40, Nr.227 ; Hessisches Verwaltungsgerichtshof, Beschluss vom 17.5.1984 – 3 TH 971/84 –, Baurechtssammlung 42, 505.

132）Dammert usw. (2005) § 79 Rdnr.26: Sächsisches Oberverwaltungsgericht, Beschluss vom 13.12.1996 – 1 S 688/96 –.

第11節　ドレスデン市（：ザクセン州都）

また，建築法違反に対する過料(Geldbuße)に係る処分〔過料決定(Bußgeldbescheid)の発出など〕は，後述のとおり，建築監督局とは別の部局である秩序局(Ordnungsamt)が横断的に所管しているが，後者との間では，強制金により威嚇された違反是正を意図的に遅延させて違法取得利益の稼得をねらうような悪質な違反者に対しては，建築監督局からの連絡により過料額を増額するなどの部局間連携による調整が行われているとのことである。

過料に係る処分の具体的事例として，**資料編・参考資料 26-1**（cf.307 頁）及び**同 26-2**（cf.310 頁）に，心身障害者施設における防火規制に係る建築法違反に対して，約 6,300 ユーロの過料決定がなされたケースに係る聴聞書及び過料決定書の仮訳を掲げる。

わが国では，消防法や建築基準法の防火規制違反に対して法的強制力を伴わない行政指導を多用する執行がなされ，また，法的強制力を伴う命令に違反しても「迅速かつ実効的な制裁」がなされず，かつ，命令の履行確保のための強制執行もほとんどなされないため，結局違反状態が是正されないままに推移し，不幸にも実際に火災が発生して多くの犠牲者が出た後で責任者が訴追され，数年後にようやく有罪判決が確定して，「事後的に」責任者に刑事罰が科せられる例が少なくない。例えば，新宿歌舞伎町雑居ビル火災事件においては，階段やエレベーターホールへの可燃物件の放置，防火戸閉鎖障害をもたらす物件存置，防火戸連動感知器の二重天井による感知障害などの防火管理上の注意義務違反が火災発生の約2 年前に実施された立入検査の際に複数指摘され，関係者に対してその是正を求める行政指導がなされるも多くの違反が是正されていなかった。その結果，44名の死者と 6 名の負傷者を出した（放火の疑いの強い）火災の発生（2001 年 9 月 1日）から約 7 年後の 2008 年 7 月に，当該ビルのオーナーやテナント店長らに禁固 3 年・執行猶予 5 年ないし禁固 2 年・執行猶予 4 年の有罪判決が言い渡され，検察官による控訴はなされずに，一審で確定している[133]。

火災発生時に生命・健康などの最も重要な法益に対する大規模な侵害の発生する危険性の高い防火規制違反について，かねてより行政法学上「行政刑罰の機能不全問題」[134]が指摘されているわが国においては，その制裁手段を刑事訴訟を

133）山本豊（2009）「新宿歌舞伎町雑居ビル火災の判決概要等について」近代消防 47 巻 8号通巻 583 号 56-60 頁。

107

第 2 章　各都市下級建築監督官庁調査報告

通じての行政刑罰にのみ依存するのでなく，ドイツの秩序違反法制度に基づく過料決定のように，違法取得利益のはく脱機能も有する行政上の秩序罰として，比例的な高額の過料を，規制執行行政機関が（火災発生の）事前に迅速かつ機動的に科すことにより，「事前の実効的な違反是正」を実現できるような法制度整備を行うことが，違反是正命令の強制執行に係る行政強制法制度の整備・拡充とともに喫緊の立法政策課題であると考える[135]。

5. 建築規制行政執行体制

ドレスデン市建築監督局は，本調査当時 90 名の職員で構成され，法律専門職の Volljurist であるベックマン氏が局長としてこれを統括している。なお，同市の職員定数削減政策により，同局の職員数は，2000 年の 140 名から，2004 年には 117 名に，さらに 2015 年には上掲の調査時点での職員数にまで縮減されている。同局には，**資料編・参考資料 33**（cf.322 頁）の組織図に掲げるように二つの課が設けられている。当該組織図右下の建築監督課は 60 名の職員で構成され，ゼフナー氏が課長である。同市の管轄区域を 5 つに区分してそれぞれに建築監督事務所が置かれ，各事務所において後掲のザクセン州公行政専門大学の学生が実務実習を行っている。また，各事務所の行った建築許可等の処分に対する異議申立ては，各事務所から，組織図左下の行政／建築法課に送致される。同課は 30 名の職員で構成され，同課の課長も Volljurist である。各事務所から送致された異議申立てなどは，同課の下部組織であり，行政専門大学を卒業した行政職官吏 5 名で構成される法問題室（SG Grundlagen）で統括処理している。

建築監督局の職員のほとんどは，大学又は専門大学を卒業して任用されており，大別して技師職種と一般行政職種に区分される。後者は，後出のザクセン州公行政専門大学で 3 年間の養成教育を受けている。建築監督局の幹部職員については，例えば，上級の技術職職員の養成教育や研修を担当しているゼフナー氏のように

134）宇賀（2017）246 頁，大橋（2016）321-322 頁，小川（2012）7 頁，総務省検討会（2013）27 頁。

135）ドイツの秩序違反法制度を参考にして，わが国の現行行政刑罰制度の見直しと過料制度の再検討ないし過料制度の一本化のための総則・手続法の制定を提案する近時の論攷として，田中（2017）198 頁，同（2014）492 頁，真島（2014）36, 37, 40 頁，西津（2014）100-101 頁。

ドレスデン工科大学を卒業したのち，建設会社で1～2年建築技師として職業経験を積んだ上で，ザクセン州政府の研修機関で1～2年間，実務実習のほかに行政法，建築法などの法律科目さらには自然保護・文化財保護を含む専門的研修を受けている。

一般行政職官吏の養成教育については，建築監督局でもザクセン州公行政専門大学の実務実習生をドレスデン市の様々な行政部局の一つとして，毎年10～15人程度受け入れている。建築監督局における具体的な実務実習の内容としては，任用後の職務となる建築監督局の執行事務全般を経験させるように努めているが，特に違反建築や建築許可を下ろす前の小規模な事案を対象とし，事務所の現職職員の指導監督を受けながら各種強制手段の戒告付き命令書などを，例えば公文書作成支援ソフトウェアなども活用して作成する実習を行っている。

また，同市では建築監督局とは別に，秩序局（Ordnungsamt）が設けられており（資料編・参考資料 34：323 頁に組織図を掲載），過料決定事務を部局横断的に所管している。建築法違反に対する行政制裁手続の初期段階の聴聞（Anhörung）の手続は建築監督局で処理し，過料決定（Bußgeldbescheid）の発出は秩序局で行われる。過料決定に対する異議申立て（Einspruch）に対しては，区裁判所（Amtsgericht）において事後的司法審査が行われる。

第 12 節　シュトゥットガルト市 （：バーデン・ヴュルテンベルク州都）

シュトゥットガルト市は，ドイツ連邦共和国の西南部に位置するバーデン・ヴュルテンベルク州の州都であり，調査時直近の 2016 年 3 月末時点の人口は，約 60.5 万人である。ネッカー川に沿った盆地上の峡谷に発達した起伏の多い都市で，ダイムラー，ポルシェ，ボッシュなどドイツを代表する企業の本社や関連産業が立地するドイツ有数の工業都市である。他面では，中央駅からもブドウ畑が眺められるほど，ブドウ栽培やワイン生産も盛んな農業地域の中心都市でもある。シュトゥットガルトという集落名が史料に現れるのは，1160 年頃とされており，1250 年頃にヴュルテンベルク伯ウルリヒ 1 世によって都市に昇格してから，伯領ないし公領の中心として発展，手工業の中心となった。18 世紀後半カール・オイゲン公の下に栄え，次いでナポレオン 1 世下のヴュルテンベルクの領土拡大とともにその中心都市となり，19 世紀後半に始まる工業化と鉄道網の発達

第 2 章　各都市下級建築監督官庁調査報告

につれて今日の繁栄の基礎が形成された。

　シュトゥットガルト市建築法課 (Baurechtsamt) への往訪調査は，2016 年 3 月 22 日（火）の 10～12 時に実施し，先方は建築法課長（Amtsleiter）のライナー・グルント氏（Herr Rainer Grund）であった。

1．強制金及び強制拘留の適用実績ほか

　シュトゥットガルト市建築法課では，三種類の法定強制手段（強制金，代執行及び直接強制）のうちでは，義務者に対する侵害を最小限にする強制金を最優先に適用している。

　また，同課においては，建築法違反行為の是正手続として，緊急性のある事案を除いて，期限付き是正命令（Anordnung）を発出した後，当該期限までに命令が履行されていないことを現地で確認した場合に，第二段階の措置として期限付きの強制金戒告（Androhung）を発し，これにも従わない場合は賦課決定（Festsetzung）を行うという運用がなされており，この点は，強制金戒告付き是正命令を発することにより，強制金戒告と是正命令を一本化している他の自治体とは異なる実務運用がなされている。

　2012～2015 年の直近 4 年間の強制金の適用実績（総計）は，次表 9 のとおりである。

表 9　シュトゥットガルト市の最近 4 年間の強制金の適用実績

	戒告書発送件数	戒告書発効件数	賦課決定件数	強制徴収件数
建築法違反関係	74 件	65 件	48 件	11 件
建築許可関係	55 件	45 件	10 件	1 件

　このうち，戒告書発送件数は，建築法課において強制金の戒告書を実際に作成し，発送した件数であり，戒告書発効件数は，当該発送件数から同戒告書が相手方に到達する前に違反是正がなされ，これにより手続が中止された件数を差し引いた，同戒告書が有効に送達され，発効した件数である。

　強制金の戒告書の発効によって，具体的な強制金の威嚇力が発現されているとすれば，強制金の「戒告書の発効」から強制徴収に至るまでの一連の強制金の適用手続過程における目的達成率（命令に係る義務の履行による手続中止の実現率）は，違反建築などの建築法違反関係分については，(65 - 11)／65 で約 83％ となり，

110

第12節　シュトゥットガルト市（：バーデン・ヴュルテンベルク州都）

建築許可手続分も含めれば，（110－12）／110 で約 89％ となる。

　また，強制金適用業務の開始段階にあたる強制金の「戒告書の作成及び発送」から強制徴収に至るまでの一連の強制金の適用手続過程における目的達成率は，違反建築などの建築法違反関係分については，（74－11）／74 で約 85％ となり，建築許可手続分も含めれば，（129－12）／129 で約 91％ となる。

　強制金の戒告から賦課決定までの手続は建築法課で実施し，賦課決定された強制金の強制徴収手続は市の会計課（Stadtkasse）で実施している。

　強制金の戒告額は，個別の事案ごとに，①違反による経済的収益の額，②故意によるものか過失によるものかといった違反行為の悪質さの程度などを勘案して羈束裁量により設定しているが，過料カタログに相当するような強制金戒告額の算定基準はシュトゥットガルト市においても作成されていない。そのような算定基準の必要性は，建築監督行政担当者の間でも議論されてきてはいるが，様々な実務的な困難性もあり実現に至っていないとのことである。

　また，建築法に係る過料の適用も下級建築監督官庁たる建築法課の所管である。過料の適用において，違反是正を引き延ばす悪質な違反者からは，そのような引き延ばしによって得られた違法収益を過料によってはく奪するといった強制金と過料の連携的な適用については，後掲のとおり過料の適用実績は非常に限定的であり，必ずしも十分なかたちでは行われていない。

　なお，強制金を補完する強制手段としての強制拘留（Zwangshaft）[136]の適用実績は，シュトゥットガルト市の建築監督行政においてグルント課長が勤務した過去 30 年間にわたり皆無であり，同市の周辺地域（Region）においても全く適用されていないとのことである。

2.　代執行の適用実績

　シュトゥットガルト市建築法課による 2012〜2015 年の 4 年間における代執行の執行実績は，1 件のみである。

　当該事案は，所有者が居住している危険な老朽家屋について修復を命じたが，所有者は社会保障で生活しており，修復工事を行うことができなかったため，代

136）バーデン・ヴュルテンベルク州でも，ザクセン州と同様に「代償強制拘留（Ersatzzwangshaft）」ではなく「強制拘留（Zwangshaft）」という用語を用いている（同州行政執行法 19 条 1 項 1 号：200 頁，24 条：200–201 頁）。

執行を実施せざるを得なかったとのことである。代執行費用については，義務者の居住権を尊重してただちに強制徴収手続を執行するのでなく，事後的に強制徴収手続として当該家屋の土地を対象として公的債権を設定し，相続後に相続人に支払わせるか土地を売却してその代金から市に返済させるかたちで徴収する予定とのことである。

　バーデン・ヴュルテンベルク州行政執行法では，その他の多くの州とは異なり，代執行費用の事前徴収制度は設けられていないため（同法25条：201頁），代執行費用を事前徴収することはできず，わが国と同様に事後徴収ができるのみである。ただし，代執行費用の見積額については，代執行の戒告において義務者に明示することとなる（同法20条5項：200頁）。

　上掲のように代執行の適用実績が少ないのは，グルント課長によれば，強制手段として義務者に対する侵害性の少ない，すなわち義務者による義務履行方法の選択の余地をより広く残す強制金を優先的に適用するという基本方針に沿っているからであり，事後的費用徴収の困難性がその主たる要因ではないとしている。

3. 封印措置の適用実績ほか

　シュトゥットガルト市建築法課による2012〜2015年の4年間における封印措置（Versiegelung）の適用実績は，実施12件であった。

　このうち11件は，違反建設工事の中止命令に従わず，強制金も奏功しなかったものについて執行したものであり，他の1件は，住宅が売春宿に転用された事案で多額の経済収益が見込まれるものについて，最終的に使用中止を強制するために封印措置を執行したものである。

　封印措置の事前手続としての戒告（Androhung）や決定（Festsetzung）の要否については，州建築法の注釈書においても，建築法執行官庁は州行政執行法20条（cf.200頁）により，建設機械等の差押えとともにその実施に先立ち戒告を行うべきものとしているもの[137]がある一方，複数の州上級裁判所の判例を引用して不要とする解釈を示すもの[138]もある。

　この点，シュトゥットガルト市建築法課では，即時執行（Sofortiger Vollzug）の

137）Sauter usw.（2015）§ 64 Rdnr.45.

138）Schlotterbeck usw.（2016）§ 64 Rdnr.21.

第12節　シュトゥットガルト市（：バーデン・ヴュルテンベルク州都）

場合を除き，州行政執行法上の強制手段としての直接強制の適用のために必要と
される戒告及び決定を経て，封印措置の実施ができるという解釈に立脚して，実
務運用を行っているとのことである。このことは，グルント氏により公刊されて
いる文献[139]においても，建築中止命令に係る封印措置の戒告例として示されて
いる[140]）。

　具体的な事例として，シュトゥットガルト市建築法課による封印措置の戒告付
き建築中止命令書の仮訳を，**資料編・参考資料 16**（cf.281頁）に掲げる。

　この論点については，既発表の別論攷において詳述している[141]ので再説は避
けるが，前掲州建築法注釈書のうちの前者の解釈及びシュトゥットガルト市建築
法課の解釈が適正手続原則にも実務運用上の諸要請にも適合的であるものとして
支持したい。

4. 過料の適用実績ほか

　2012～2015 年の 4 年間における過料の適用実績は，建築法違反に係るものは
適用実績がなく，建築許可に係る過料決定が 3 件，過料の総額として 10,300 ユー
ロにとどまっている。すなわち，徴収された過料額は，平均して約 3,430 ユーロ
（州建築法上の過料の上限額は 10 万ユーロ）であり，過料額自体では必ずしも最も重
大悪質な事案というわけでもない。

　建築法関連の過料の適用が，このように極めて限定的な適用実態となっている
理由として，グルント課長は，次の二点を挙げている。すなわち，①過料手続の
執行にはかなりのマンパワー（人件費等）を必要とするため，そのような少なか
らぬ労力等の投入によって得られる過料額との兼ね合いから，「経済的合理性」
を欠く場合が多く，建築法課としても限られた人員体制のもとで，付随的な行政
制裁処分としての過料手続に注力しにくいこと，②過料決定に異議申立て（Ein-
spruch）が提起され，区裁判所（Amtsgericht）に事案が係属すると最終的な過料の
収入額がシュトゥットガルト市ではなく州に帰属することがあるとされている。

　なお，上掲の 3 件の過料決定に対しては，異議申立ては提起されていない。

139）Grund（2015）
140）dito Rdnr.210.
141）西津（2016）51–54 頁。

第2章　各都市下級建築監督官庁調査報告

5. 建築規制行政執行体制

建築法課では，是正命令や強制手段の戒告・決定，過料に係る処分などの法執行業務は，建築技師などの技術系職員と行政職の職員が，事案の発生の都度，2名一組でチームを組んで協働するかたちで対応しているとのことである。また，取消訴訟への対応などの争訟関係業務は，3名の Volljurist が担当しており，外部の弁護士などに業務を委託することは行われていない。

建築法課の組織図を，**資料編・参考資料 35**（cf.324 頁）に掲げる。

ルートヴィヒスブルク及びケールに所在する州立公行政・財務専門大学では，3年間にわたり理論と実務を交互に履習させる行政職官吏の養成教育を行っており，同大学を卒業すると行政管理学士の資格を得ることができる。ただ，シュトゥットガルト市では州内の別の養成機関や他州の行政専門大学を卒業した者なども採用の対象となりうる。本調査の時点で，建築法課では，2.5 の行政職のポストを公募している。

実務実習生の受け入れについては，2016 年にシュトゥットガルト市全体で 25名，建築法課で 4 名を受け入れる予定とのことである。建築法課での実務実習の内容としては，建築監督上の強制執行に係る公文書の作成を職員の監督のもとで行わせることも行っている。

また，建築法課では，建築監督業務に係る公文書の迅速な作成のため，市で約20 年前に特注して導入した公文書作成支援ソフトウェアである BAURIS を使用しており（メインメニューの画面を**資料編・参考資料 36-1**（cf.325 頁）に，個別事案情報の画面を**参考資料 36-2**（cf.326 頁）に，建築許可申請のデータ一覧画面を**参考資料 36-3**（cf.327 頁）に，それぞれ掲げる。），上掲の州立行政専門大学に係る実務実習においても活用されるとのことである。

第 13 節　ハノーファー市（：ニーダーザクセン州都）

ハノーファー市は，ドイツ連邦共和国の北西部に位置するニーダーザクセン州の州都であり，調査時直近の 2015 年 6 月末時点の人口は，約 55 万人である。

同市は，州政府・諸官庁や州議会のある官庁都市であるとともに，多数の教育・研究機関が立地する文教都市でもあり，かつ，機械，車両，電機，化学等の近代的工業の発達した工業都市でもある。1947 年以来毎年開催されている世界最大

第13節　ハノーファー市（：ニーダーザクセン州都）

級の産業見本市（メッセ）でも有名である。内陸都市ながら運河もあり，国際空港も擁して交通・運輸の便が良い。歴史的には，ライネ川にのぞむ市場町として12世紀末頃から発展し，1241年にブラウンシュヴァイク公の下で都市権を認められた。14世紀には自治都市としてハンザ同盟にも加入し，経済的にも繁栄したが，三十年戦争で打撃を受け，政治的自立性も失った。1636年ブラウンシュヴァイク公が王宮をここに移し，以後同公（一般にはハノーファー公と呼ばれ，1692年に選帝侯の資格を得る。）の宮廷都市として発展した。1714年ハノーファー選帝侯ゲオルク・ルートヴィヒがイギリス国王ジョージ1世となり，以後1837年までハノーファー選帝侯国とイギリスとの間に同君連合の関係が続いた。1866年ハノーファー王国はプロイセンに併合され，1945年までプロイセンの地方行政都市の地位に甘んじたが，ハノーファーの工業化はこのプロイセン時代に，北ドイツを東西に結ぶミッテルラント運河が市の北部近郊を通過するかたちで建設されたことを契機として大きく進展した。市街は第2次大戦中大きな被害を受けたが，戦後近代都市として再生し，市内に湖や多数の広大な公園を有し，緑の大都会とも呼ばれている。

　ハノーファー市建築秩序課（Bereich Bauordnung）への往訪調査は，2016年3月29日（火）の10〜12時に実施し，先方は計画・都市開発局建築秩序課のマルコ・ザムラント氏（Herr Marco Samland：建築監督担当）及びハンス＝アヒム・ケルバー氏（Herr Hans-Achim Körber：屋外広告物規制及び歴史的建造物保護担当）であった。

1．強制金及び代償強制拘留の適用実績ほか

　ハノーファー市において最も重要な建築監督上の強制手段は強制金（Zwangsgeld）であり，通常，建築法違反行為の是正命令に併せて強制金の戒告がなされ，命令の後に強制金戒告が分離したかたちで発出されることは希であるとのことである。

　強制金の適用に至る過去4年間（2012〜2015年）の建築監督手続の実績件数は，次表10のとおりである。

　このうち，建築監督手続件数とは，違反建築が建築秩序課によって認知され，建築法上の監督手続が開始された事案の件数である。

　命令履行件数は，当該年において是正命令が履行された件数であるが，当該年に建築監督手続が開始されたもののみでなく，当該年以前に当該手続が開始され

第2章　各都市下級建築監督官庁調査報告

表10　直近の強制金手続の適用実績

	2012 年	2013 年	2014 年	2015 年	総計
建築監督手続件数	776	733	729	622	2,860
是正命令に係る聴聞	447	235	248	247	1,177
強制金戒告付き是正命令の発出件数	136	95	58	55	344
第1次賦課決定件数	27	27	15	15	84
第2次賦課決定件数	8	9	5	7	29
第3次賦課決定件数	3	4	6	0	13
第4次賦課決定件数	1	1*	2	0	4
強制徴収実施件数	?	?	?	?	?
命令履行件数	487	379	321	297	1,484
建築監督手続外での解決事案件数	322	283	244	208	1,057
監督手続終結件数	734	697	623	605	2,659
異議申立提起件数	4	11	7	?	?
取消訴訟提起件数	0	3	1	?	?

*注：この1件は，強制金から代執行に強制手段を最終的に変更して決定されたものである。また，
　　本表のデータには，屋外広告物及び歴史的建造物に係る事案も含まれている。

たものも含まれている。

　上掲の適用実績データによれば，第1次賦課決定処分までの強制金戒告付き是正命令の目的達成率は，2012 年で約80％，2013 年で約72％，2014 年で約74％，2015 年で約73％，2012〜2015 年の総計で約76％となる。また，第4次賦課決定処分までの強制金手続による目的達成率は，2012〜2015 年の総計で約99％となる。

　なお，ハノーファー市においては強制金の強制徴収は，建築秩序課の所管事務ではなく，同市の会計課（Stadtkasse）が所管しているため，正確な強制徴収の件数は把握できていないが，戒告件数全体の5％程度に過ぎないとしている。

　強制金の戒告額については，義務者に義務履行に向けた最適な威嚇力となるような額を設定する必要があるとしているが，ハノーファー市においても過料カタログのような強制金の戒告額の算定基準は作成されていない。このため，違反事案ごとにケースバイケースに強制金の戒告額を算定しているが，過去の類似事案

116

における先例を勘案して設定している。その際，違反建築物による違法な収益額も参酌され，当該収益額を上回る実効的な戒告額が設定されている。しかしながら，秩序違反行為による違法収益額を重要な算定基準としている過料カタログを直接的に参照することは，実務上行われていないとのことである。

　また，違反是正を遅延させて違法収益額を蓄積させる悪質な違反者に対して，違法に蓄積された収益額をはく奪するような過料を科す実務運用について質したところ，確かにそのような運用が望ましいとするも，後述のとおり，現在の同課の執行体制では，過料事務を担当すべき職員が十分確保できていないため，そのような強制金と過料の連携的な実務運用も残念ながら実現できていない状況にある。そのため，目下人員の拡充によって，過料の執行事務も適正なかたちで行えるような執行体制の再構築を進めているとのことであった。

　なお，強制金を補完する代償強制拘留（Ersatzzwangshaft）の適用実績は，ザムラント氏が認知している限りの過去に遡ってもないとのことであった。

2．代執行の適用実績

　ハノーファー市建築監督業務においては，代執行の適用実績は僅少であり，最近の状況は前掲のとおり 2013 年に 1 件行われたのみである。この代執行の適用事案は，建物の外壁が剥落して危険な状況にあったものについて，代執行の戒告・決定を行ったがその実施に至る前に義務者が修復工事を実施して解決されたとのことである。

　このように代執行の適用が僅少である理由については，ザムラント氏は，代執行の適用実施には多大の労力及びコストを要し，また，義務者から費用を十分徴収できない場合に市の財政上の負担を生ずる可能性があるため，どうしても代執行を行わざるを得ない場合を除いては，強制金による義務履行強制を原則とするとしている。

　また，特に危険性や緊急性の高い事案について応急対策工事や使用禁止を行うための即時執行（Sofortiger Vollzug）の適用については，前述の外壁の剥落に関する事案についても即時執行を適用する選択肢もありえたとしつつ，即時執行を適用する前提としての違反建築物の危険性や緊急対応の必要性の認定については，十分な行政調査が必要であるとしている。

　また，ニーダーザクセン州行政執行法 70 条 1 項（cf.202 頁）により，作為，受

第2章　各都市下級建築監督官庁調査報告

忍又は不作為を命ずる行政行為に係る行政強制の根拠法とされているニーダーザ
クセン州公共安全秩序法 66 条 2 項（cf.203 頁）に規定されている代執行費用の事
前徴収制度を，その間接強制効果に着目して活用することについては，義務者側
も争訟などの法的救済手段を提起して争うことなども想定されるため，強制金の
適用によって間接強制を行う方が義務履行確保の実現に向けてはより適合的であ
るとしている。

3. 封印措置等の適用実績ほか

　ハノーファー市建築監督行政における封印措置（Versiegelung）ないし建設機械
等の差押え（Sicherstellung）の適用実績も，ザムラント氏が認知している限りで
は皆無であるとしている。その理由として，違法な建築工事部分を区分して封印
措置を施すことが難しい場合も少なくなく，違法な工事や使用の中止命令（現場
において口頭で先ず命じ，事後に命令書を発出する運用がなされることが多い。）も強制
金で強制することができるためとしている。これに関し，例えば，キール市にお
けるスポーツ賭け施設（Wettbüro）に対する封印措置の実施事案に類似するもの
はないか質したところ，カフェなどの合法的な飲食物提供施設が併設されている
ような場合には，合法的な使用に係る建物部分まで封印することは過剰な強制執
行となるため封印措置の実施は困難となりうるとの回答があった。ただし，ハノー
ファー市の他の部局で違法なゲームセンターのゲーム機器類を対象に封印措置を
講じたケースは過去にあったと側聞しているとのことであった。

　封印措置等の事前手続たる戒告の要否については，州建築法の注釈書で戒告を
行わずに封印措置を実施しうるとしているものがある[142]。他方で，州公共安全
秩序法第 6 章では，直接強制については，その戒告に関し一般規定たる 65 条 2
項（cf.203 頁）及び 70 条 1 項（cf.204 頁）のほかに，特に 74 条 1 項 1 段（cf.205 頁）
においても（原則的に）その適用前の戒告を要する旨を規定している。この点，
ハノーファー市の建築監督実務上は，危険性及び緊急性が高い事案については，
即時執行により命令，戒告等を前置せずに封印措置を講ずることは可能である。
しかし，時間的余裕がある事案においては，原則的に直接強制に必要な事前手続
たる戒告及び封印措置の決定を経たうえで，封印措置を実施することが望ましい

---

142) Große-Suchsdorf usw.（2013）§ 79 Rdnr.141.

と考えており，今後その方向で封印措置の適用を検討中の事案があるとの回答があった。

　また，封印破棄行為（Siegelbruch）は，ハノーファー市の他の部局でも実際に確認されており，悪天候のせいにされることも多いとのことである。このような行為への対策として，当方より封印措置現場への防犯カメラの設置に加え，その設置費用についても義務者から徴収することが有効ではないかと提案したところ，興味深い発想であるとして賛同を得た。

4．過料の適用実績ほか

　建築秩序課は，過料決定の発出などの建築法上の秩序違反行為に対する過料の適用事務（過料の徴収事務も，強制金と同様に会計課の所掌事務となる。）も所管している。しかしながら，現在のハノーファー市の人事政策上同課の職員数が十分に割り当てられていないため，過料の適用事務までをカバーすることができず，近年の過料の適用実績は皆無に近い状況にあるとのことである。

5．建築規制行政執行体制

　ハノーファー市の計画・都市開発局の組織図は，**資料編・参考資料37**（cf.328頁）に掲げるとおりであるが，このうち，ザムラント氏（行政職）が統括しているセクションは，61.35の法事務班であり，ケルバー氏（建築職）が統括しているセクションは，61.36の建築保全・歴史的建造物保護班である。この両セクションで，前述の強制執行手続（主に公文書作成）に従事している行政専門大学を卒業した行政職官吏は，約10名である。現場における建築監督業務は，技術系職員が担当している。両セクションには，法律専門職員（Volljurist）は配置されておらず，異議申立てに関する手続は，61.35の法事務班の行政職職員が処理するが，取消訴訟に関する事務は，ハノーファー市の別の部局に配属されている法律専門職員が担当している。

　ニーダーザクセン州自治体行政専門大学の実務実習生の受け入れは，ハノーファー市の他の部局では行っているが，上掲の両セクションでは，以前（2009年ないし2010年頃）は行っていたが，最近では行っていない。

　公文書作成支援ソフトウェアは，上掲両セクションでも活用しているが，ハノーファー市が特注したものではなく，他の自治体でも使用されている汎用タイプの

第 2 章　各都市下級建築監督官庁調査報告

ものである。

第 14 節　ブレーメン市（：ブレーメン州都）

　ブレーメン市は，ドイツ北西部に位置する都市で，同市の北西部に位置し北海に面するブレーマーハーフェンとともにブレーメン州（いわば「二都市州」）を構成している。調査時直近の 2016 年 1 月 1 日現在のブレーメン市の人口は，約 56 万人（ブレーマーハーフェン市は，約 11 万人）である。全長が連邦水路とされているヴェーザー川に沿った，ハンブルクに次ぐドイツ第二の港湾都市である。自動車生産，航空宇宙産業，食料加工業などの重要拠点となっている。旧市街は第 2 次大戦中に甚大な戦災被害を受けたものの，復興によって往時の美しい景観の旧市街の街並みを再建している。

　フランク王国時代の 787 年に司教座が置かれ，キリスト教の北方伝道の拠点となったことが本市の起源であり，ハンブルクに既に置かれていた大司教座もこの地に移された。この間商業の中心地としても栄え，10 世紀には神聖ローマ皇帝から商業の保護特権が与えられ，それ以降は，宗教都市としてよりも貿易拠点，商業都市として成長した。ハンザ同盟加盟都市の中でもハンブルクをもしのぐ格式をもって遇された。宗教改革時代に急速に新教化し，ハンザ全体が衰亡した三十年戦争中，リューベック及びハンブルクとともに三都市同盟を結んで安全保障を図り，同同盟はハンザに代わるものとして近代まで存続した。ブレーメン市が，他の 2 都市とともに，「自由ハンザ都市（Freie Hansestadt）」という称号を冠するのはこのためである。19 世紀以降アメリカ大陸との貿易が盛んとなり，この世界貿易によって港湾都市としての地位を著しく高めた。ナポレオン時代にフランス領に編入されて一時繁栄が足踏みしたものの，解放後再び発展し，多くの有力企業が設立されてドイツ経済の発展に貢献した。

　ブレーメン市環境・建築・交通局（Der Senator für Umwelt, Bau und Verkehr）への往訪調査は，2016 年 8 月 23 日（火）の 10〜12 時に実施し，先方は同局法務課長（Fachbereich 01, Rechtsfragen）のクリスティアン・クラーネ博士（Herr Dr. Christian Krane）（法律職），全市建築秩序課の技術行政担当のイエンス・シャファルツィク氏（行政職）（Herr Jens Schaffarczik）及びギュンター氏（行政職）（Herr Günther）であった。後述のとおり，全市建築秩序課は，人口約 56 万人のブレーメン市の区

120

域を管轄しており，以下の各強制手段等の適用実績も当該管轄区域のものである。

1. ブレーメン市の建築監督行政上の特徴的課題

　ブレーメン市には，建築監督行政上の特徴的な課題として"Kaisenhäuser"があるとのことである。これは，第2次大戦後の戦災による住宅難に対処するため，当時の市長であったKaisen氏が，法的に居住が禁じられている市民農園(Kleingarten)の「農作業小屋」の建物に居住することを，緊急避難的措置として特例的に許可したことに端を発するものであり，そのように居住使用されている市民農園の建物をKaisenhäuserと称している。この特例的な市民農園の居住利用は，戦後70年以上を経た今日でも，包括承継人（相続人）や特定承継人（譲受人）によって継続されて既成事実化している。しかし，そのようなKaisenhäuserは，本来の住宅ではないため，必要なインフラも十分には整備されておらず，用途違反や老朽化による危険な状況の発生など様々な建築法違反状況をもたらしており，建築監督上の強制手段の適用対象となっているものが多い。このため，全市建築秩序課の職員のうち3名を，このようなKaisenhäuserに対処する専従の担当者としているとのことである。**資料編・参考資料11**（cf.272頁）の事案の老朽建築物は，このKaisenhäuserにあたるものである。

2. 強制金及び代償強制拘留の適用実績ほか

　ブレーメン市全市建築秩序課における最近の建築監督上の強制金の適用実績は，次表11のとおりである。

表11　直近の強制金の適用実績

	聴聞	作為命令& 強制金戒告	不作為命令& 強制金戒告	強制金賦課決定	強制金再戒告 分賦課決定
2015年	289	37	56	22	3
2016年（～8月）	130	30	51	12	4

　本データによれば，強制金戒告付き命令の第一次強制金賦課決定段階までの目的達成率は，2015年では，$(37+56)-22／(37+56)$により約76％となり，2016年の8月までの期間では，$(30+51)-12／(30+51)$により約85％となる。同じく，強制金再戒告決定段階までの目的達成率は，2015年では，$(37+56)-3／$

第2章　各都市下級建築監督官庁調査報告

$(37+56)$により約97%となり，2016年の8月まででは，$(30+51)-4 / (30+51)$により約95%となる。

　強制金の強制徴収は，市会計局の事務とされており，その執行結果も全市建築秩序課にはフィードバックされているが，それらについての統計処理はなされていないとのことである。ただし，クラーネ氏らの実務的な経験則からは，戒告付き命令がなされた事案のうち強制徴収までに至る事案は，2%程度であるとのことである。

　また，建築監督実務における代償強制拘留（Ersatzzwangshaft）の適用実績は，近年においては皆無である。ちなみに，州行政執行法20条1項及び3項（cf.208頁）では，代償強制拘留は，行政裁判所の承認を得て，執行官庁が命ずることができると規定されており（執行は警察によるとのことである。），裁判所の命令によるとする他の多数州法とは異なる「司法判断併置型の行政的執行」として制度化されていることが注目される。

　強制金の戒告額の算定基準は，ブレーメン市全市建築秩序課においても作成されていない。実務上は多くの類似先例での戒告額を参考にしており，州行政執行法14条2項後段（cf.206頁）により違法行為による経済的収益額が重要な基準とされているが，当該額を法定算定基準としている過料カタログ（Bußgeldkatalog）も，目的を異にするものであるとして参照されてはいない。

　また，強制金と過料の連携的な運用（違反是正の意図的遷延により得られた違法収益の過料によるはく奪）を行っているかについては，そのような連携的運用ももちろん可能であり，それが必要な場合には行われているとのことである。例えば，一部公道にはみだしているオープン・カフェについて，強制金戒告によりはみだした部分の撤去を命じつつ，はみだした部分による違法収益額を越える過料を科すといった運用を行っている。

3．代執行の適用実績

　ブレーメン市全市建築秩序課による2015年及び2016年（～8月）までにおける代執行の実施実績は，それぞれ29件及び25件である。これらは，強制金戒告が奏功しないために，代執行に切り替えた事案（具体的適用事例として，代執行戒告付き除却命令通知書の仮訳を，**資料編・参考資料**11（cf.272頁）に掲げる。）及び早急な危険性除去の必要から，当初段階から代執行が適用されたものを含んでいる。

第14節　ブレーメン市（：ブレーメン州都）

これらの事案については，義務者の金融資産が乏しいなどの理由から代執行費用の徴収が困難な場合も多く，またその徴収手続に時間がかかる場合が多い模様である。

ちなみに，州行政執行法15条（cf.206頁）には，代執行費用の事前徴収に係る根拠規定が設けられておらず，当該規定を設けている他の多くの州と異なり，代執行費用の事前徴収はできない。しかし，そのことにより，重大な実務上の支障は生じていないとの認識である。

命令や戒告を先行させずに，代執行の即時的実施を行う即時執行(Sofortiger Vollzug）は，区で実施されている分もあるため，そのすべてがブレーメン市全市建築秩序課で把握されてはいないが，およそ年間15〜20件程度実施されている模様である。

4. 封印措置の適用実績ほか

ブレーメン市全市建築秩序課による，州建築法78条2項（cf.208-209頁）に基づく封印措置の適用実績は極めて少なく，2015年には0件であった。

封印破棄行為の防止対策を講じているかについては，封印措置現場における防犯カメラの設置などを提案して聴取したが，当該行為はここ数年で1件のみであり，ほとんど問題とならないとのことである。また，警察との連携により，休日や夜間などの下級建築監督官庁の勤務時間外において封印措置実施現場周辺のパトロールを依頼することもある。

封印措置と並んで州建築法78条2項（cf.208-209頁）に規定されている建設機械等の差押えについては，35年に及ぶ担当者の実務経験でも，個人がリースした建設機械を対象に20年ほど前に1回行われたのみである。

封印措置の事前手続としての戒告（Androhung）や決定（Festsetzung）の要否については，違反行為の危険性や是正の緊急性が高い場合は，即時執行というかたちで，命令や戒告を経ずに封印措置を実施することもあるが，他方で用途違反などについては，命令や戒告などを経て，通常の強制手段の適用手続により実施することとしているとのことである。

5. 強制手段に対する争訟の提起状況

最近5年間の上掲のすべての強制手段の戒告付き命令に対する異議申立て提起

123

第2章　各都市下級建築監督官庁調査報告

件数は，次表 12 のとおりである。なお，取消訴訟については，他の部局が所管
しており，その実績データはブレーメン市全市建築秩序課では把握されていない。

表 12　最近の異議申立て提起件数

2016 年（～8 月）	2015 年	2014 年	2013 年	2012 年
106	156	157	142	175

6．過料の適用実績ほか

　ブレーメン市全市建築秩序課による直近 3 年間の過料手続の件数は，次表 13
のとおりである。

　下掲のデータのうち，異議申立件数と検察官への引渡件数の差については，訴
追官庁における異議申立ての審査の結果，過料手続が中止され，あるいは過料が
減額されたことにより，異議申立てが取り下げられたことにより終結したものと
説明されている。また，2014 年の検察官への引渡件数と区裁判所手続件数の差
及び 2015 年の聴聞実施件数と過料決定発出件数の差は，暦年をまたいだかたち
で各手続が行われているためとされている。申立てにより強制拘留が実施された
件数やその期間については，具体的な情報が得られていないとのことである。

　異議申立ての審査の結果，過料決定が全面的に維持されるときは，一件書類を
検察官に送付し，検察官はこれを裁判所に提出して，公判期日の指定を求める。
事案が輻輳する場合は，検察官に送付された一件書類が，翌年になってようやく
区裁判所で処理されることもある。

　区裁判所における過料手続は，原則として公判により裁判（判決）されるべき
ものとされている（秩序違反法 71 条：226 頁）が，例えば相手方（過料決定の名宛人。
以下同じ。）が被疑事実を認めている場合や法律問題のみを決定すればよい場合な
どで，書面による資料で事案が既に十分に解明されており，裁判所が公判を必要
としないと認めたときは，相手方と検察官の双方が異議を提起しないときは，裁
判を（公判を経た判決によることなく，書面審理によって）決定により行うことがで
きる（同法 72 条：227 頁）[143]。

　また，相手方は原則として公判に出廷する義務を負うが（同法 73 条 1 項：227

143）Bohnert（2010）Rdnr.507, 508.

第14節　ブレーメン市（：ブレーメン州都）

表13　過料手続件数

	2013 年	2014 年	2015 年
聴聞実施件数	13	24	17
過料決定発出件数	6	20	18
異議申立件数	6	8	11
検察官への引渡件数	5	4	3
区裁判所手続件数	4	6	3
強制拘留決定申立件数	3	2	－

頁），公判手続の簡素化により，事実関係についてさらなる陳述を行わず，その出廷が事実関係の解明のために必要でないときは，裁判所に申し立てることにより出廷義務を免除される（同法73条2項：228頁）[144]。さらに事実関係が裁判官に一義的に明らかであって，行政官庁の特別の専門的知識を必要としないときは，所管官庁の代理人の出廷も求められないことがある（同法76条2項：228頁）[145]。

　当事者が過料の支払いを拒むときは，訴追官庁は区裁判所に強制拘留（Erzwingungshaft）の申立てをすることができ（同法96条1項：229頁），事前手続としての聴聞を経て，1件の過料につき6週間までの期間で強制拘留が決定される。当事者は，過料を支払えばこの拘留措置を免れることができる。ただし，強制拘留がなされても過料の支払義務が免除されるわけではない。

7. 建築規制行政執行体制

　ブレーメン市環境・建築・交通局全体の組織図は，**資料編・参考資料 38**（cf.329頁）のとおりである。ブレーメンは都市州であるため，州の組織と市の組織がいわば統合された形態となっている。このうち，本調査の主な対象である建築監督上の行政強制を担当しているセクション，すなわち，ブレーメン市の下級建築監督官庁にあたる部局は，65の番号が付された「全市建築秩序課」であるが，管轄区域は前述のとおりブレーメンのみで，ブレーマーハーフェンは管轄外となっている。シャファルツィク氏は同課を統括する立場にある。また，ギュンター氏

144）dito Rdnr.526.

145）dito Rdnr.519.

は，同課で建築許可や行政強制に係る事務を担当しており，同氏も含めて4名が行政強制手続を担当している。

また，クラーネ氏の所属する法務課（組織図のFB 01）は，州の上級建築監督官庁に相当する部局であり，異議申立て，取消訴訟（Anfechtungsklage）及び秩序違反法に基づく過料に係る事務を所管している。

ブレーメン市で建築監督業務に携わっている職員は，区のそれも含めると100名弱と見込まれる。このうち，法律職（Jurist）は3名に過ぎず（うち1名は病欠中であり，実質上法律職としては，クラーネ氏のみで後述の法的事務を統括している。），上述の異議申立て（Widerspruch）等の法的救済や秩序違反関係の事務も，ほとんどは行政職の職員が処理している。

行政専門大学の行政機関における実務実習は，ブレーメン市の様々な行政部局において，3ヵ月間のものが2回，6ヵ月間のものが1回行われるが，全市建築秩序課では必ずしも毎年受け入れてはおらず，偶々現在1名が同課にこの実務実習生として派遣されている。実務実習の内容としては，建築監督行政に係る公文書の作成などを行わせている。

また，ブレーメン市の建築監督官庁では，各事案に応じた最適な公文書作成を行うとともに無用のミスを防ぐため，公文書作成支援ソフトにあまり依存しすぎないようにしているとのことである。

第15節　シュヴェリーン市（：メクレンブルク・フォアポンメルン州都）

シュヴェリーン市は，ドイツ連邦共和国の北東部の旧東独地域の最北部に位置するメクレンブルク・フォアポンメルン州の州都であり，調査時直近の2016年3月時点の人口は，約10万人である。

同市は，シュヴェリーン湖の南西岸に位置する水と緑に恵まれた風光明媚な小都市であり，中世におけるドイツ人の東部植民を背景に成立した。

古くは原住スラブ人の砦であったが，12世紀にザクセン公ハインリヒ獅子公の支配下に入り，都市として発展した。本来，防衛上の要衝であったが，同公がここに司教座を置いてからは宗教上の中心地ともなり，同時に東西交易の中心地として経済活動も活発化した。しかし，当初から同公の強い支配を受けたため，ハンザ都市のような独立性に乏しく，居城都市，司教座都市としての性格が濃厚

第15節　シュヴェリーン市（：メクレンブルク・フォアポンメルン州都）

であった。今日も残るゴシック様式の大聖堂とフランスのシャンボール城をモデルとする居城がこうした性格を物語る。14世紀中頃以降メクレンブルク公の支配下に入り近代を迎えた。現在，同市は，州議会も設けられているシュヴェリーン城の世界遺産登録へ向けた活動を推進している。

シュヴェリーン市建築・歴史的建造物保全課（Fachbereich für Bauen und Denkmalpflege）への往訪調査は，2016年8月25日（火）の14〜16時に実施し，先方は同課長のギュンター・ラインコーバー博士（Herr Dr. Günter Reinkober）及びラウシュケ氏（Frau Rauschke）（屋外広告物規制，相隣関係ほか担当）であった。また，特に同市第一副市長のベルント・ノッテバウム氏（Herr Bernd Nottebaum）より，歓迎の挨拶及び眺望の良い副市長室への招待を受けた。

1．強制金の適用実績ほか

シュヴェリーン市建築・歴史的建造物保全課においては，強制金手続に係る戒告件数などを抽出できるような統計的整理を行っておらず，それらの正確なデータを提供することは困難とのことであり，事後的に筆者に提供された担当者ベースの情報では，次表14に示す強制金賦課決定がなされたとのことである。

表14　直近の強制金適用実績

	強制金賦課決定件数	強制金賦課決定額
2013年	20	300〜 5,000 ユーロ
2014年	32	200〜10,000 ユーロ
2015年	31	500〜10,000 ユーロ

当該担当者は，これらの強制金賦課決定に先行して，これを20％上回る件数の強制金戒告付き命令がなされていると推測しており，この推測が正しいとすると強制金の賦課決定までの段階での目的達成率は約17％にとどまることとなる。

強制金の強制徴収は，市の会計課（Stadtkasse）で他の金銭徴収事務と併せて包括的に行われているが，その徴収手続の成果については，命令の履行の有無などとは異なり，必ずしも建築・歴史的建造物保全課において関心をもってフォローされているわけではない。

また，前述の「強制金と過料の連携的運用」は，シュヴェリーン市建築・歴史的建造物保全課においても実務上広く行われている。

127

第2章　各都市下級建築監督官庁調査報告

　強制金の戒告額の算定基準は，同課においても作成されていない。ケースバイ
ケースに強制金戒告額を算定するための考慮要素としては，違反物件の規模，違
法行為による経済的収益額，違反が故意によるものか過失によるものかなどがあ
り，金額的には，200〜7,500ユーロ程度が多いとされている。また，取消訴訟
等が係属する行政裁判所から，強制金や過料の額が過小ではないかという指摘を
受けたこともあるとのことである。反対に，それらの額が過大であるとの指摘は
ほとんどなされていない。その背景には，違反者たる市民の経済的負担を配慮す
る政治的な考慮もあるとしている。さらに，過料については異議申立てがなされ
なければ市の収入となるが，異議申立てにより事案が区裁判所に係属すると過料
収入は州に帰属することも過料額の決定の際の考慮要素となっている模様である。
ただし，違反者と協議して過料の額を決定するような運用は行っていないとして
いる。

2．代執行の適用実績

　シュヴェリーン市建築・歴史的建造物保全課では，ラインコーバー氏が勤務し
た過去13年間において，代執行の適用は年に1件程度にとどまっている。また，
屋外広告物に対する代執行の適用実績はないとのことである。

　代執行を適用せざるを得ない事例として，倒壊の危険のある老朽建物について，
その所有者が定かでなく，あるいは相続人が海外に居住しているために連絡がと
れない場合などがある。また，シュヴェリーン市のような新連邦州（旧東独）に
属する都市においては，統一前は土地が国有とされており，建物は個人の所有と
なっても，土地所有権は1945年以前に当該土地を所有していた者に帰属される
ため，土地所有者を確認しにくい状況となっているとのことである。

　また，即時執行（Sofortiger Vollzug）により，倒壊によって道路や隣接建物に危
険を及ぼすおそれのある老朽建築物を緊急に撤去した事例も，過去10年間で3
件ほどあったとのことである。

　なお，メクレンブルク・フォアポンメルン州公共安全秩序法89条2項（cf.211
頁）は，代執行費用の事前徴収命令を規定しているが，シュヴェリーン市建築・
歴史的建造物保全課の実務では，代執行費用については専ら事後徴収により運用
されている。

第15節　シュヴェリーン市（：メクレンブルク・フォアポンメルン州都）

3．封印措置の適用実績ほか

　シュヴェリーン市建築・歴史的建造物保全課による封印措置の最近の適用実績は，年間で5件程度となっている。事例としては，建築物の用途違反が多く，例えば，車庫，飲食店，ディスコ，ヨットの艇庫などである。

　同課による封印措置の適用事例（許可されない用途の違反事例）に係る封印措置の戒告文書（強制金賦課決定書に統合されたもの）並びに当該事例に係る封印措置の実施通知及び実施状況写真を，**資料編・参考資料 17**（cf.283頁）及び **18**（cf.286頁）に掲げる。このような封印措置の実施により，一般市民に建築法違反の事実が周知されることによる「見せしめ的な」効果も大きいとしている。

　他方，このような封印措置に対し，封印破棄行為がなされた例もあるが，実行犯を特定することが困難なために行為者が処罰された例はほとんどないとのことである。例えば，ある飲食店では，封印破棄行為が4〜5回にわたり繰り返されたこともあり，そのようなケースでは，当該行為がなされるたびに封印措置をやり直すこととなる。

　上掲のような封印破棄行為を抑止するための防犯カメラの設置については，ラインコーバー氏らは，一般市民のプライバシー保護の観点から，駅や大使館，市庁舎などの公共建築物の入口などを除き，道路などの公共空間での防犯カメラの設置には問題があるという認識を示しつつも，一つのアイデアとしてその可否について検討してみたいとのことであった。

　封印措置について事前の戒告等が必要か否かという論点については，2006年州建築法・強制執行手続ガイドライン（2013年改定版）では，建築監督官庁は，事前の戒告なしに違法建築工事の現場を封印することができるとしている[146]。しかしながら，シュヴェリーン市建築・歴史的建造物保全課では，強制執行に係る手続的保障を重視する行政裁判所の裁判例（聴聞の不実施を瑕疵と評価するもの）を踏まえて，通常の直接強制の執行に必要とされる戒告及び決定を経て，封印措置を実施している。上掲のガイドラインも，「事前の戒告なしに（中略）封印することができる。」（傍点筆者）としており，上述の実務運用と矛盾するものではないと説明している。また，実際に封印措置の戒告付き命令に従って，違法な工

146）Runkel usw.（2015）Handlungsempfehlungen zum Vollzug der Landesbauordnung Mecklenburg-Vorpommern 2006, S.41, Nr.79.2.

第 2 章　各都市下級建築監督官庁調査報告

事や使用を自主的に中止するケースも 10％ 程度はあるとのことであった。

　本論点については，既に公刊されている別論攷[147]で詳述しているので再説を避けるが，私見としては，シュヴェリーン市建築・歴史的建造物保全課のように，違反者による中止命令の自主履行を促す機能を有する戒告などを前置する法制度及び実務運用が望ましいと考える。

4．過料の適用実績ほか

　シュヴェリーン市建築・歴史的建造物保全課は，建築法上の秩序違反行為に対する過料の適用も所管しており，同課における最近の過料（Geldbuße）の適用実績としては，2013 年 1 月 1 日から面談調査時点までの期間（約 3.7 年）において，総計 111 件（年平均約 30 件）の過料決定（Bußgeldbescheid）を発出している。これらに対して，総計 47 件の異議申立て（Einspruch）が提起され，区裁判所の事後的司法審査を受けている。

5．建築規制行政執行体制

　シュヴェリーン市建築・歴史的建造物保全課は，連邦及び州の所有建築物（州都であるので，これらの建物の数は少なくない。）を除く市内の建築物に係る建築規制を所管している。

　同課を含むシュヴェリーン市内部部局の組織図を，**資料編・参考資料 39**（cf.330頁）に掲げる。同課所属の職員には，法律職（Jurist）はおらず，大多数は行政職（Verwaltung）の職員であり，技術職として建築職，技師などが在職している。訴訟が提起された場合には，事務総局の法律職職員が建築・歴史的建造物保全課の職員とともに対応することとなる。

　行政専門大学の公務員養成教育との関連では，毎年 3 名ほどの実務実習生を 2.5 か月ほど受け入れている。彼らのための実務実習としては，行政執行手続の理解や文書作成実習を行っている。他方で，一般の大学からも，インターンシップとして，法律，建築，都市計画の実務を学ぶ学生を 4〜6 週間程度受け入れている。前述の行政職職員のうちで，行政専門大学を卒業して採用された者は半数程度であり，他の半数の行政職職員は，行政専門大学以外で行政分野の教育を受

147）西津（2016）50–57 頁。

けて採用され，採用後に勤務の傍ら外部の別の養成機関で専門的養成教育を受けている。

第16節　マインツ市（：ラインラント・プファルツ州都）

　マインツ市は，ドイツ西部，ライン川とマイン川の合流点に位置する交通の要衝で，古くから軍事上，政治上の拠点，宗教，商工業の中心地として発展した，ラインラント・プファルツ州の州都である。調査時直近の2016年12月31日現在の人口は，約22万人である。

　紀元前38年頃にローマ人が建設した軍団宿営地がゲルマニア進攻の拠点となり，兵士の家族，商工業者などの移住により都市的発展の基礎が形成された。民族移動期には荒廃するも，フランク王国成立後司教座都市として再生し，8世紀後半大司教座に昇格，975年に大聖堂が建立され，大司教は，全盛期にはヨーロッパ最大の教会管区の統括者として，また神聖ローマ帝国の官房長かつ筆頭選帝侯として，聖俗両界に絶大な影響力をもった。1244年自由都市に，1254年ライン都市同盟結成の主役となり，経済的にも東西交易の結節点として「黄金のマインツ」とうたわれ，繁栄を享受した。1445年頃都市門閥出身のグーテンベルクが活版印刷術を発明し，1477年選帝侯イゼンブルクにより大学が創設された。17世紀にマインツ市も堅固な要塞として防備され，三十年戦争，フランス革命戦争では敵の攻略目標となった。1792–93年にフランス革命軍の占領下にドイツ最初の共和政体が発足し，1798年にフランスに併合され，ウィーン会議により1816年ヘッセン大公国に加えられた。しかし，要塞と軍事施設は，ドイツ連邦のプロイセンとオーストリアの駐屯軍の共同管理にとどめられ，その後ドイツ帝国に帰属したため，市域の拡大，工業地帯の形成は19世紀末にようやく実現した。第2次大戦で市街の8割以上が破壊されたが戦後再建された。同市の後背地のラインヘッセンはドイツ最大のワイン栽培地域であり，同市はドイツワインの主都とも呼ばれ，また，ドイツの二大公共TV局の一つであるZDFが本拠を置いている。

　マインツ市建設局（Bauamt）への往訪調査は，2017年3月13日（月）の午後2時から4時まで実施し，先方は，建設局長のエルヴィン・ブロート氏（Herr Erwin Brod：建築職）及びペトラ・ハイガート氏（Frau Petra Heigert：法的問題ほか担当）であった。

第 2 章　各都市下級建築監督官庁調査報告

1. 強制金及び代償強制拘留の適用実績ほか

　下級建築監督官庁であるマインツ市建築監督課における最近の建築監督上の強
制金及び代償強制拘留の直近 3 年間（2013〜2015 年：以下同じ）の適用実績は，次
表 15 のとおりである。

表 15　直近の強制金の適用実績

	聴聞	強制金戒告	強制金賦課決定	代償強制拘留
2013 年	8	7	0	0
2014 年	11	4	2	0
2015 年	8	5	0	0

　本データによれば，強制金戒告付き命令の強制金賦課決定段階までの目的達成
率は，2013 年及び 2015 年では，100％ となり，2014 年では，（4−2）／4 で 50％
であり，3 年間の通算での強制金賦課決定までの目的達成率は，（7＋4＋5−2）／
（7＋4＋5）＝87.5％ である。また，マインツ市においても，強制金の強制徴収は
市会計局（Stadtkasse）の事務とされているが，強制金の賦課決定がなされた 2014
年の 2 件の事案についても，同決定の送達後に義務者が命令を履行しているため，
いずれも強制徴収手続に至っておらず，直近 3 年間の強制金戒告の強制徴収まで
の手続段階における目的達成率は，いずれも 100％ である。

　強制金戒告額の算定基準（ガイドライン）は，マインツ市においても作成され
ていない。ラインラント・プファルツ州行政執行法 64 条 2 項 2 段（cf.213 頁）に
は，強制金の額は，行政行為（違反是正命令）に従わないことにより得られる経
済的利益の額を勘案すべきものとしているが，各事案について当該経済的利益の
額を個別的に算出することは行われておらず，また，強制金戒告額の設定に際し
て，秩序違反法 17 条 4 項（cf.221 頁）により，秩序違反行為から得た経済的利益
を超える額として算定される過料の算定基準たる過料カタログ（Bußgeldkatalog）
も参照されていない。

　このほかマインツ市の実務では，強制金の戒告額は，違反による（倒壊や火災
などの）危険や違反者の（反復的違反などに徴表される）態度も勘案して個別事案ご
とに裁量により設定するが，なるべく低めの額に設定するよう運用している旨を
強調しており，1 万ユーロを超える額とする例はほとんどないとしている。ちな
みに，強制金戒告額の算定のための考慮要素として，州行政執行法の注釈書では，

132

第16節　マインツ市（：ラインラント・プファルツ州都）

違反行為の是正目的の重要性，相手方違反者の個人的・経済的状況及び同者の従前の（違反是正に向けた）態度を勘案すべきとするもの[148]や回避すべき危険の重大性，従前に示されている義務者の反抗的態度，同者の経済的支払能力や同者に期待される自主是正に向けたイニシアチブも勘案しうるとするもの[149]がある。

　強制金戒告に対する異議申立て（Widerspruch）は，直近3年間において5件であり（年平均1〜2件），このうち1件（多数のコンテナを無許可で林地に設置した事案）は，取消訴訟（Anfechtungsklage）が提起されたが，行政裁判所において原告敗訴となり，命令履行に至っている。

　強制金の補完的な強制手段である代償強制拘留（Ersatzzwangshaft）の適用実績は，ブロート局長がこれまで在職してきた26年間を通じても皆無であるとのことである。強制金の戒告書において，代償強制拘留の適用に関する警告を記載すること[150]も実務上行われていない。同制度の建築監督行政上の必要性に関し，ブロート局長は，マインツ市建築監督課が処理する違反事案のほとんどは，融資による建築プロジェクトであり，建築主にとって最も痛手となるのは建築中止命令が強制されることであって，同制度の対象となるような強制金の支払能力がないというケースはほとんどなく，無資力者に対する補完的威嚇強制手段としての存在意義があるため，法制度としては存続されているが，マインツ市の建築監督実務上の必要性はほとんどないとしている。

2. 代執行の適用実績ほか

　マインツ市建築監督課による直近3年間における代執行の実施実績は，1件のみであり，高齢者の所有する非現住の建物の壁が隣接する道路へ崩落する危険のある事案について，強制金から代執行に切り替えて実施したケースのみである。当該事案では，義務者が高齢者であり，支払能力に乏しいため，代執行費用の事後徴収は行われていない。ブロート局長は，当該高齢者の重要な資産としての当該土地を対象にして費用の事後徴収手続を行うことは，土地収用類似の結果となり，義務者の居住権の保護ないし比例原則的観点から，また政治的にも妥当でな

---

148) Heuser (2016) S.136, § 64 Rdnr.6.

149) Roos/ Lenz (2011) S.603, § 64 LVwVG Rdnr.3.

150) 州行政執行法67条1項1段（cf.214頁）により，代償強制拘留の事前手続要件とされている。

いとしている。

　ちなみに，マインツ市では，既往報告で紹介したような旧東独地域やわが国における老朽空き家の増加のような問題は発生しておらず，これは近時の流入難民のみならず他州からの人口流入を背景とした旺盛な住宅需要があるためとしている。ちなみに，他州と同様に近時の中東等からの難民に対する住宅の提供も，マインツ市建設局の所掌事務とされている。

　州行政執行法 63 条 2 項（cf.213 頁）に規定されている代執行費用の事前徴収制度は，州行政執行法の注釈書によれば，義務者に命令に係る行為を行うことを促す効果（間接強制効果）を併有するとされているが[151]，マインツ市建築監督課ではほとんど適用されていない。その理由として，マインツ市は財政状況が良いため，代執行費用の事前徴収を行ってまで費用徴収の実効化を図る必要もなく，また，当該事前徴収手続のために，危険回避を図る補完的強制手段としての代執行の実施が遅延する問題もあるとしている。なお，後者の点については，当方より，緊急を要する事案については，代執行費用の事前徴収手続と代執行の実施を同時並行的に進めることも可能ではないかと指摘した。

　特に違反是正の緊急性が高い事案については，行政行為たる是正命令を前置せずに代執行の実施を行う，いわゆる即時執行も，州行政執行法 61 条 2 項（cf.212 頁）により認められているが，その適用実績は，15〜20 年ほど前に倒壊危険度の高い老朽住宅について実施した例が 1 件あるのみとのことである。

　直近 3 年間における，代執行戒告に対する異議申立ては 1 件のみであり，取消訴訟の提起はなかった。代執行の適用に至るようなケースでは，義務者が弁護士に相談しても，さらなる争訟を提起しても救済される可能性は少なく，命令に従わざるを得ないとの結論に至ることが多いとされている。

3. 封印措置の適用実績ほか

　直近 3 年間における，封印措置（Versiegelung）の適用実績も皆無であった。それ以前には，危険な住宅への立ち入りを封印措置によって強制的に阻止し，あるいは建設現場の（コンクリートミキサーなどの）建設機械に封印措置を行った事例はあった。建設現場に封印措置を施す方法としては，当該現場の仮囲い（ない場

151）Roos/ Lenz（2011）S.601, § 63 LVwVG Rdnr.16.

第16節　マインツ市（：ラインラント・プファルツ州都）

合には，新たに設置して）の出入り口に封印措置を施している[152]。また，封印破棄行為がなされた例もあり，それが反復されるようなケースでは，錠前を設置したこともあるとされている。いずれにしても，封印破棄行為の実行犯を特定することは往々にして困難であり，また司法警察機関もそのような行為を捜査によって摘発・起訴するには至らず，現実に処罰された例は寡聞にして不知とのことである。このような状況のもとでは，封印破棄行為を処罰することによる封印措置の法的実効性はほとんど失われているともいえる。この点について，当方より，今日わが国で広く普及している監視カメラの設置（仮設）によって封印措置がなされた現場を監視することの可否を問うたところ，そのような監視カメラの設置は一般市民のプライバシーの侵害となるため違法とされており，実施できないとの回答があった。

　封印措置の事前手続たる戒告の要否については，危険な建物への立ち入りを直ちに阻止する必要があるなど緊急性の高い場合は省略することもあるが，違法建設工事の中止命令などについては，原則として実施しているとのことである。この点，州建築法の最も詳細な注釈書では，建築中止命令と同時に封印措置を実施することは許されず，建築主に中止命令から封印措置の実施に至るまでに自主的に行政庁の当該命令に従うための一定の時間的猶予を与えるべきものとしているが[153]，同じ注釈書の最新版[154]では，判例[155]を引用して建設現場の封印措置は，特別法により定められた強制手段であるため，事前の戒告は不要としている。

　この点については，マインツ市の実務運用のように，戒告によって封印措置の実施を予告することにより，可及的に相手方に自主的な違法工事等の中止を促す間接強制効果が期待されるとともに適正手続の要請にも応ずることができると考える。

　代執行と同様に，緊急性が極めて高い場合には，即時執行として中止命令を前置せずに，封印措置を行うことも可能である。

　参考までにマインツ市建築監督課から提供された封印書の様式を，**資料編・参**

152）他州都のものではあるが，建設工事現場の封印実施例として，**資料編・参考資料 12**（cf.276 頁）参照。

153）Jeromin usw.（2012）S.1013, § 80 Rdnr.40.

154）dito（2016）S.1099, § 80 Rdnr.41.

155）Obervewaltungsgericht Schleswig-Holstein, Beschluss vom 15.3.1996 – 1 M 12/96.

135

第2章　各都市下級建築監督官庁調査報告

考資料 19（cf.288 頁）に掲げる。

州建築法 80 条 2 項 1 段（cf.214 頁）に規定されている，建設現場にある建設機械，建築資材等の差押え（Sicherstellung）については，前述した建設機械に対する封印措置（操縦ハンドルをバインドして封印書を貼るなど。ただし，建設業者が当該建設現場以外で当該建設機械を使用する場合には，同者からの申立てにより行政庁が封印を外す運用を行っている。このような弾力的な運用は，差押えではできない。）で足り，実務上差押えまで行うことはないとのことである。

4．過料の適用実績ほか

州建築法違反に係る過料手続については，2015 年までは建設局が所管していたが，同年 11 月 1 日からは，過料事務は一括してマインツ・ビンゲン郡の中央過料局の所管に移行したため，現在では所管していない。また，直近 3 年間については，職員数の制約のため，行政制裁よりも強制金の適用などの行政強制手続を優先させざるを得ないことから，過料手続を行う余裕がなく，そのために過料の適用実績は皆無であった。

また，強制金と過料の連携的運用（違反状態の引き延ばしによって違反者により取得された違法利益の過料によるはく奪）については，前述の所管変更がなされた後は，違反是正を遅延させる悪質な違反者に対しては，マインツ市建築監督課から郡中央過料局に，事案情報を提供するとともに具体的な過料額を提示して過料手続の実施を求めるといった運用を行っているとのことである。

過料決定に対して異議申立て（Einspruch）がなされ，区裁判所で過料額を減額する決定がなされると（過料額についての判断は，区裁判所裁判官の建築監督行政に関する知識・理解の程度によって異なってくる。），当該減額された過料は州の歳入となり，過料決定に係る過料額が認められた場合は，過料決定を発した行政庁（現時点では，前述のマインツ・ビンゲン郡）の歳入とされる。このことから，マインツ市でも違反者と話し合いを行って異議申立てのなされないいわば「合意された」過料額を決定するような運用をしているかと問うたところ，聴聞で違反者から違反行為についての事情聴取を行い，争訟が起こらないような「適切な」過料額を追求しているが，具体的な金額について違反者との話し合いまでは行っていないとのことである。

なお，マインツ市建築監督課発出の過料決定書の仮訳を，**資料編・参考資料 27**

第16節　マインツ市（：ラインラント・プファルツ州都）

（cf.313頁）に掲げる。

5. 建築規制行政執行体制

　マインツ市建設局は，1898年当時は，建築警察（Baupolizei）を所管する建築警察局としてスタートし，その後1963年に建築監督局(Bauaufsichtsamt)とされ，2007年に歴史的建造物保護や測量を所管する部局と統合して，現在の建設局となっている。同局の部内組織である建築監督課が，建築許可や建築監督に係る事務を所管する下級建築監督官庁に相当する。建設局全体では，約100名の職員がおり，そのうち25名が建築監督課の職員である。建築監督課には，法律職職員(Volljurist)は配属されておらず，ハイガート氏を含む3名が行政専門大学を卒業した行政職職員として，行政強制などの法的問題を担当している。他の22名は，建築職などの技術系職員であり，3名の行政職職員と協働して事案処理を行っている。また，特に訴訟に係る法律事務は，3名の行政職職員が主体的な役割を果たしつつ市の法務局（Rechtsamt）の法律職職員と協働して処理している。

　参考までにマインツ市建設局の組織図を，**資料編・参考資料40**（cf.331頁）に掲げる。

　建築監督課では，本調査当時2名の行政専門大学からの実務実習生（都市監察官候補者）を受け入れており，相手方との話し合いに参加し，建設現場にも同行し，戒告付き命令書の起案（職員が所要の修正を加える。）などを行わせている。ハイガート氏は，この実務実習生の指導・監督も担当している。行政専門大学の卒業生は，広範な行政分野についての理論・実務に関する学習を行っているため，建築監督行政もその一環ではあるものの，必ずしも直ちに即戦力になるというものではなく，着任後半年くらいまではOJTにより建築監督実務に習熟させることとしている。なお，行政文書の作成に際しては，サンプルを参照することはあるも，事案に応じた適正なものをケースバイケースに作成しており，機械的処理によるミスを回避する観点から，行政文書作成支援ソフトウェアは導入していない。

　マインツ市においても，わが国の地方公共団体において広く行われている定期人事異動の制度はなく，建築監督課においても個人が希望して別の部局の欠員補充に応募して異動することはあるも，通常は長期間にわたって（ブロート氏は勤続26年，ハイガート氏は同じく22年）建築監督事務に従事することとなる。しかしな

137

第2章　各都市下級建築監督官庁調査報告

がら，建築監督課においても，建築主等との癒着防止のため，新人が入った際などに不定期的に担当区域のローテーションを行っているとのことである。

第17節　ザールブリュッケン市（：ザールラント州都）

　ザールブリュッケン市は，ドイツ南西部のザールラント州の州都であり，調査時直近の 2017 年 2 月 28 日現在の人口は約 18 万人である。

　初めて歴史的記録に現れるのは 999 年とされるが，実際の起源はケルト人，ローマ人の時代に遡る。紀元後 1 世紀，ローマ人は，メッツ＝ヴォルムスとトリーア・ストラスブール間を結ぶ道路が交差するザール川の渡河点に，市場の立つ町を築いた。彼らはまたザール川に石橋を架け，その橋は中世まで使用された。中世にはザールブリュッケン伯の居所となり，1321 年，ザール川右岸のザンクト・ヨハンとともに，都市の権利を獲得。1381 年，婚姻によって町はナッサウ家の所有に帰した。1752 年以降，ザール川左岸のアルト＝ザールブリュッケンは居城都市として新たな相貌を得ることになった。

　ザール地方の工業化によって，19 世紀のザールブリュッケンには，新たな発展と転換，富がもたらされたが，それは同時に町の単一構造化を招いた。1909 年，アルト＝ザールブリュッケン，ザンクト・ヨハン，マルシュタット＝ブーアバッハが合併してザールブリュッケン市が誕生した。第二次大戦では甚大な戦災を被ったが，ザールラントがフランスの管轄下から旧西ドイツに復帰して同国第 11 番目の連邦州となり，1959 年ザールブリュッケン市がその州都となって以来，同市はめざましい発展を遂げた。ザールブリュッケン市はフランスとの国境に近いという地理的条件を有効に生かしている[156]。

　下級建築監督官庁であるザールブリュッケン市建築監督課への往訪聴き取り調査は先方の強い意向により実施できず，同課行政法班の都市監察官のティノ・ボラ氏（Herr Tino Bolla）からの二次にわたる文書回答による情報提供を受けるにとどまった，なお，同地での現地調査に際しては，ザールラント州立・大学図書館で関連文献収集を行った。以上の方法による調査結果の概要は，以下のとおりで

156）以上のザールブリュッケンの歴史につき，ミシュランタイヤ社『ミシュラン・グリーンガイド　ドイツ』（1996 年）290 頁。

第17節　ザールブリュッケン市（：ザールラント州都）

ある。

1．強制金の適用実績ほか

　州行政執行法20条3項（cf.216頁）により，強制金は，最高50,000ユーロの上限額の範囲内で，強制効果を発揮させるために行政庁の裁量によって命令履行を実現しうるものとして決定された金額により戒告される。使用禁止命令に係る強制金については，当該命令に従わないことによって得られる利益を明らかに超える額により戒告される。

　ザールブリュッケン市建築監督課では，年間200〜400件の建築監督手続がとられているが，そのうち約半数について，強制金の戒告がなされ，さらにそのうちの約半数について，強制金の賦課決定がなされている。この見立てによれば，強制金戒告の概括的目的達成率は，約50％となる。また，この強制金賦課決定の約90％については，異議申立て（Widerspruch）が提起され，約30％については，取消訴訟等が提起されている。これらの適用実績（強制徴収手続を含む。）についての正確な統計データを得るためには，電子統計処理システムが導入されていないため，多数の関係行政文書を個別にチェックしなければならず，困難であるとされている。

　また，強制金の徴収は，市会計局(Stadtkasse)の所管とされている。直近(2013〜2015年：以下同じ。)における強制金の金額ベースでの賦課決定実績は，合計約160,000ユーロであり，このうち約56,000ユーロが命令の履行又は徴収不能により徴収されていない結果となっている。これは，強制金の適用によっても命令履行がなされない場合に，自動的に強制徴収手続が進められた結果によるものである。

　強制金の強制徴収を契機とした命令の履行について，ザールブリュッケン市建築監督課の担当者は，近時の実務的経験則から，当初の強制金賦課決定ののち督促や口座差押えなどの強制徴収手続が行われてから，あるいは第二次の強制金強制徴収手続によって命令が履行されるケースもしばしばあり，義務者が行政庁によっていわば「財布に手を突っ込まれてから」ようやく命令が履行されることが少なくないとしている。

　ザールブリュッケン市建築監督課においても，秩序違反法に係る過料カタログに相当するような強制金戒告額の算定基準は作成されておらず，また，強制金戒

第2章　各都市下級建築監督官庁調査報告

告額の算定においてこの過料カタログが参照されることもない。実務上，強制金の戒告額は，必要となる違反状態の是正措置を講ずるための費用ないし違法な使用によって得られた経済的収益額によって算定されるとしている。

2.　代執行の適用実績ほか

　ザールブリュッケン市建築監督課では，年間約3件の代執行が実施され，費用徴収率は約30％である。代執行は，主に倒壊のおそれのある建築物やその一部の除却のような危険回避措置として適用されている。また，これに加えて煙突清掃法（Schornsteinfegergesetz）に基づき，年間約8件の煙突の強制清掃（個別法による代執行）が実施されているとのことである。

　なお，ザールラント州行政執行法21条（cf.216頁）においては，代執行費用の事前徴収に関する根拠規定は設けられていない。代執行費用の事前徴収規定を設けない立法例は，州行政執行法上は少数にとどまっている[157]。代執行費用の事前徴収については，同課の実務責任者の所見として，行政官庁が最終的に当該費用を負担しなければならなくなるリスクを軽減する効用があると評価している[158]。また，最近4年間において，代執行に係る土地の登記簿に建築監督官庁の代執行費用請求権を登録した例が2件あるとしている。

　緊急に危険を回避するため，代執行の即時執行（行政行為たる命令を先行させず，直ちに代執行の実施を行うもの）[159]がなされたケースについて，建築監督課の担当者によれば，雨樋と屋根の一部の固定が緩み，落下のおそれが生じた事案について，付近の公共交通空間を長期間にわたり閉鎖することが困難なため，屋根施工業者に委託して短時間で代執行の即時執行を行わせた例があったとしている。このような場合も，近傍公共交通空間の閉鎖が可能でこれによって直接の危険を排

157）ブレーメン州行政執行法15条（cf.206頁）も，同様に代執行費用の事前徴収に係る規定を設けていない。

158）北村（2016）208頁は，わが国では行政代執行法6条2項により民事債権が先に設定されている場合には代執行費用債権はそれに劣後する問題があるとしつつ，代執行費用の事前徴収制度を立法論として検討する必要性は十分にあるとしている。

159）北村（2016）209頁は，即時執行について，個別の法律や条令において，制度趣旨の観点から発生する可能性がある状態を想定して，それへの対応策として要件を明確にして規定するならば問題は少ないとし，最近の地方公共団体の空き家対策条例における立法例を紹介している。

140

第17節　ザールブリュッケン市（：ザールラント州都）

除できるときは，正規の代執行手続がとられるとのことである。

　法的救済の提起状況として，前掲の代執行の最近の適用事例については，すべて異議申立て（Widerspruch）が提起されているが，取消訴訟等は提起されていない。

3. 封印措置等の適用実績ほか

　ザールブリュッケン市建築監督課による封印措置の最近の適用実績は，年間で2件程度（屋外広告物に係る実績はなし。）とされている。また，同課の実施した封印措置に係る封印破棄行為は確認されていないとのことである。

　州建築法81条2項（cf.217頁）に基づく封印措置等は，「建設工事現場，施設の全部又は一部を封印し，又は建設工事現場に置かれている建築用製品，建築工具，建設機械及び建築補助具を職権により差し押さえることができる」とするものである[160]。これに対し，同法82条2項（cf.218頁）による違法な使用の中止命令に対する封印措置は，ザールブリュッケン市建築監督課の回答によれば，州行政執行法22条（cf.216頁）に規定する直接強制の一種として当該措置が適用される。後者については，同法22b条（cf.217頁）により事前の戒告が必要とされており，実務上も直接強制に係る戒告を行った上で封印措置の決定がなされている（**資料編・参考資料20**（cf.289頁）参照）。他方，前者の違法建設工事現場の封鎖に係る封印措置については，州建築法の上掲規定には，戒告手続を要する旨規定されていないため，実務上事前の戒告は不要と解されている。

　この結果，同じ州建築法上の違法建築工事中止命令と違法な建物使用の中止命令とで，封印措置の事前手続としての戒告の要否が異なることとなる。他の州都では，州建築法上の違法建設工事現場の封印措置についても事前の戒告は必要と解して，そのように運用しているケースも，例えば，前述のマインツ市のように少なくない。この論点については，第1節4.：33-34頁及び第4節3. 2)①：56-57頁並びに別論攷（西津（2016）51-57頁）において既に詳述しているところであり再説はしないが，私見としては，上掲前者の封印措置についても事前の戒告を必要とすることにより，統一的に事前手続たる戒告を行う方向での実務運用を支

---

160) Dürr/ Seiler (1995) S.135, Rdnr.272.：本規定は，建築工事が完了した建物には適用されないとしている。

141

第2章　各都市下級建築監督官庁調査報告

持したい。

　なお，即時執行的なかたちで，行政行為たる命令を前置せず緊急に現場封鎖を行うべきときは，危険回避のための緊急直接強制措置として，例えば，木の板でドアや窓を釘付けにするなどの立入禁止措置（Zugangsverhinderung）を講ずるとのことである。

4．強制拘留の適用実績

　ザールラント州行政執行法28条（cf.217頁）は，他の強制手段が奏功しないとき，かつ，その反復的適用や他の強制手段の適用によっても目的を達しないとき（同条1項）の補完的強制手段として，1日以上6週間以内の期間により，執行官庁の申立てにより行政裁判所が強制拘留（Erzwingungshaft）を命ずることができるとしている（同条2項）が，2013〜2015年におけるその適用実績はない。

5．過料の適用実績ほか

　ザールブリュッケン市においては，過料手続は，建築監督上のそれも含めて，包括的に秩序局（Ordnungsamt）の所管とされており，建築監督については，直近3年間に3件の過料手続が行われ，3件の過料決定が発出されている。この3件のうち，2件については異議申立て（Einspruch）が提起されている。

　秩序局の過料適用手続において，強制金の戒告を受けても違反是正を遷延させて違法取得利益の可及的な稼得を図る悪質な違反者に対しては，建築監督課からの情報提供により，当該利益をはく奪しうる額の過料を科すような連携的な運用を行っているかについては，各所管部局において並行的に各手続を進めることを基本としており，建築監督課としては強制金の適用に専ら注力している旨回答されており，意識的なかたちで上掲のような義務履行強制と義務違反制裁との連携的運用がなされてはいない模様である。

6．建築規制行政執行体制

　ザールブリュッケン市建築監督課は，調査時点において概略次のような組織構成となっている（最近，組織改編がなされたためとして，同課の組織図は提供されなかった。）

・課長（法律職たる第二次司法試験合格者）

142

第17節　ザールブリュッケン市（：ザールラント州都）

・課長代理（欠員）

・技術班（建築許可，建築監督）

・建築サービス及び行政法班（行政文書管理，建築相談，行政法関連手続，共通事務）

　第二次司法試験合格者たる法律専門職（Volljurist）の職員は，現在同課に２名配属されているが，これは例外的であるとのことである。

　行政専門大学卒業生の行政職職員は，現在２名おり，官吏（Beamte）として非技術的な上級職務を担当している。具体的には，州建築法，州行政手続法及び州行政執行法に基づく秩序官庁の命令，強制手段の適用並びに異議申立ての処理などである。

　また，ザールブリュッケン市建築監督課では，行政専門大学の実務実習生を，４〜８週間程度受け入れており，その実務実習期間においては，聴聞（Anhörung）手続に参加し，行政文書の原案を作成するなどの実習を行っている。なお，強制執行手続については，実習生は，通常，行政文書に関する事案討議に参加するにとどめている。

143

第3章　行政専門大学調査報告（訪問順）

第1節　ノルトライン・ヴェストファーレン州公行政専門大学
(Fachhochschule für öffentliche Verwaltung NRW)

　本大学は，州内7カ所に校舎を有しているが，本部はゲルゼンキルヒェン市にあり，今回の調査では，2015年3月13日（金）午前10時から約2時間にわたり，同本部でヒアリングを行った。先方の主な出席者は，次のとおりであった。

・同大学副学長　イリス・ヴィースナー博士（Prof.'in Dr. Iris Wiesner）
・同大学教授　マッティアス・アインマール博士（Prof. Dr. Matthias Einmahl）
・同上　ライナー・ティルマンス博士（Prof. Dr. Reiner Tillmanns）（一般行政法及び建築法担当）
・同上　トルステン・アテンドルン博士（Prof. Dr. Thorsten Attendorn）

1. 本大学の概要

　本大学は，市町村又はノルトライン・ヴェストファーレン州の官吏となるべく志願し，選抜され，「官吏準備候補生（：仮訳）」（Inspektoranwärter）として採用された者が，撤回権を留保された公務員関係において，3年間の養成教育を受ける教育機関である。この官吏準備候補生たる本大学学生には，学費は無償とされることに加えて月額1,000ユーロ程度の官吏準備候補生給与が支給され，その養成教育受講期間の生活費を賄うこととなる。後述の官吏養成課程を修了した後は，当該志望先の行政官庁の財政状況によって決まる採用枠ないし当該課程の成績によって当該官庁において任用され，又は志望先以外の他の官庁に任用されることとなる。

　多くの学生は自宅などから本学に通学している。例えば，デュッセルドルフ市

144

第1節　ノルトライン・ヴェストファーレン州公行政専門大学

などの地方公共団体の下級建築監督官庁の行政職官吏については，後掲の行政職官吏養成に係る Bachelor 課程の修了後に退職者補充としての選任人事手続を経て，正式に職員として任用される。また，本学は，州内務省などの公的資金により運営費が支出されている。

　以下では，本調査研究の対象機関である下級建築監督官庁において執行実務の中核を担っている行政職官吏の養成教育課程である Bachelor 課程について紹介する。

2．カリキュラム

　本学の3年間にわたる行政職官吏養成のための Bachelor 課程のスケジュールは，**資料編・参考資料41**（cf.332頁）のとおりであり，「S」と表示されているものが専門的な科目講義に係るもので，「P」が地方公共団体等における実務実習に係るものである。すなわち，専門的な科目講義と実務実習が，ほぼ交互にスケジューリングされている。S1・S2 は一般行政法に係る科目ほかを履修し，行政手続法，州行政執行法（連邦行政執行法は含まれない。），連邦秩序違反法及び州建築法は2年次の S3 の課程に，また州建築法は特別行政法として，S4 の課程に位置づけられている。本調査時点では，S3 の課程はかなり負担が大きいので，上掲のうち2科目は S4 に移す方向で検討されていた。

3．科目内容・講義・試験

　具体的には，Modul と呼ばれている各専門科目のうち，州行政執行法に関する Modul 5.1.1 は，45分の講義が24コマ及び同じ時間の自習19コマによる43コマで構成されている。このほかに，5.1.2 の警察・秩序法（合計62コマ），5.1.3 の秩序違反法（同62コマ）及び 5.1.4 の行政裁判所による行政救済法（同43コマ）を継続して履修する。なお，これらの科目も，Bachelor 課程履修科目全体のうちの重要ではあるが，ごく一部に過ぎないことにも留意すべきである。

　本学においては，一般の大学法学部で履修する法律科目よりも，より実務に重点を置いた密度の高い内容を履修することとなると思われる。各 Modul の受講者は平均して30人程度であり，通常の講義のほか，ケースメソッドを相当程度取り入れた双方向的な方式で行われることが特色となっている。Modul 5.1 に含まれる4つの科目に係る総合的な修了試験（4時間の筆記試験）に合格することに

145

第 3 章　行政専門大学調査報告

より，Modul 5.1 の Credit Point（単位：以下，「ポイント」と略称）が得られること
になる。

　各 Modul には共通の複合的な論点を内包する事例論述問題に係る筆記試験（大
学で採用されている方式を採用したもの）が設定されており，試験問題は本部の 2〜
3 人のメンバーで構成される専門委員会で作成され，担当教員の最終チェックを
経て確定される。修了試験では，例えば，関係法令集を参照しながら過料決定書
（Bußgeldbescheid）などの行政文書を作成させ，あるいは裁判所の立場から係争事
案を法的に分析する「法的評価書」を作成させるような実務的応用力を試す問題
も出題される。

4．教員の属性

　本学の教員は，最低 5 年間の実務経験を有することが共通要件となっており，
大学で法律学の博士号を取得している者は教授として，また必ずしも博士号をも
たなくとも専門的な能力を有する者は講師として教鞭をとっている。

5．講義テキストなど

　各 Modul について，シラバスにおいて文献リストが提示されており，担当教
員がその中からテキストを指定し，あるいは講師が独自に作成した教材（講師に
よっては，OHC やパワーポイントも活用）を用いることもある。シラバス記載の文
献は，すべて 7 カ所の本学校舎図書室に所蔵されており，学生の利用に供されて
いるとのことである。ちなみに，「行政執行」のシラバス記載のテキスト用文献
の一つとして Hofmann/ Gerke (2010)〔586 頁〕が，また，「秩序違反法」シラバ
ス上では，Rosenkötter/ Louis (2011)〔379 頁〕などが掲げられている。

6．学位と修了要件

　最終的に Bachelor の資格を取得するために，2010 年までは最終修了試験が課
されていたが，本調査時点では，3 年間で 20 の Modul を修了し（再試験あり），
さらに 6〜7 週間をかけて（病気による執筆期間の延長及び一度限りでの再提出は可な
るも，該当例は少ない。）40 頁程度の法律論文を提出して 10 ポイントを得て，合
計 180 ポイントを取得すれば修了でき，その後の任用手続を経て各地方公共団
体などに着任することとなる。さらに，2 年間の課程でこれに追加して 120 ポイ

146

第 1 節　ノルトライン・ヴェストファーレン州公行政専門大学

ントを取得すれば（合計 300 ポイント），Master の学位を得ることができる。これ
は，ボローニャ・プロセスと呼ばれるヨーロッパ共通の高等教育システムに準拠
したものである。現在，同校では 7 つの校舎で併せて約 7,500 名が Bachelor の課
程に，約 30 名が Master の課程に在籍している。さらに Master の資格を取得す
ることにより，将来的により高位の役職へのキャリア実現につながるとのことで
ある。

7．筆者私見

　以上のとおり，ノルトライン・ヴェストファーレン州公行政専門大学では，実
務への応用に主眼を置いた，非常に充実した法執行公務員養成教育が実施されて
おり，わが国の行政職地方公務員の新規採用職員研修のあり方[161]と比較すれば
その教育内容には歴然たる格差があると認めざるを得ない。ドイツでは，このよ
うな地方公務員養成教育によって，実質的法治国家（materieller Rechtsstaat）を支
える人的基盤が長年にわたり継続的に形成されていると評価できる。本調査にお
いて確認されている，下級建築監督官庁による州建築法，州行政執行法，連邦秩
序違反法などの運用実績もこのような法執行公務員の人的基盤を前提とするもの
であり，わが国にドイツの法制度をモデルとした新たな行政上の義務履行確保制
度を（再）導入するに際しては，その適正な運用を確保するための専門的人材の
養成システムをどのように拡充していくべきかが，法制度運用の実質的な成否を
左右する極めて重要な公共政策課題とならざるを得ないと思われる。

161）例えば，愛知県の新規採用職員研修は，初年次の前期研修では，4 月（4 日間）に県
　　職員としての立場と役割を認識し，入庁初期に必要な基本的かつ基礎的な知識を修
　　得し，中期研修では，7 月〜8 月（3 日間）に職場における実務経験を踏まえ，職務
　　遂行に当面必要な基礎的知識・技術等を修得し，後期研修では，10 月〜11 月（3 日
　　間）に職場における実務経験を踏まえ，職務遂行に必要な基礎的知識・技術等を修
　　得し，防災基礎研修として，10 月頃（1 日間）にあいち防災協働社会推進協議会主
　　催の防災・減災カレッジ（防災基礎研修）を受講するとされている。http : //www.pref.
　　aichi.jp/jinji/syokuin/treatment/kenshu.html（2018.09.30 アクセス）

第3章　行政専門大学調査報告

第2節　チューリンゲン州公行政専門大学 (Thüringer Fachhochschule für öffentliche Verwaltung)

　本大学は，ゴータ市及びマイニンゲン市に校舎を有しているが，本部はゴータ市にあり，今回の調査では，2015年3月19日（木）午前10時から約2時間にわたり，同本部で聞き取り調査を行った。先方の出席者は，次のとおりであった。

・同大学学長　ロベルト・クリューゼナー博士（Dr. Robert Klüsener）

・同大学建築法担当教授　ブロースマン氏（Herr Broßmann）

・チューリンゲン州内務省　ヒンケル博士（Dr. Hinkel）

・同上　ベーニッシュ氏（Herr Behnisch）

1．本大学の概要

　本大学は，チューリンゲン州行政専門大学法（以下，「専門大学法」と略称。）に基づき設置されたチューリンゲン州立の教育機関であり，①地方自治体行政及び一般国家行政，②税務及び③警察の専門コースで構成され，①及び②はゴータ市で開講し，③はマイニンゲン市で開講している。以下は，本調査研究テーマとの関連から，上掲の①について報告する。

2．概要及び教育目標

　行政職官吏養成コースの学生は，専門大学法11条1項の定めるところにより，準備教育実習（Vorbereitungsdienst）中の官吏（Beamte）であり，そのほとんどは大学入学資格試験（Abitur）の合格者である。彼らの官吏としての暫定的な身分は，司法審査の対象となりうるものであり，任命権者によって撤回されうるものであるが，卒業論文，筆記試験及び口述試験で構成されるラウフバーン試験（Laufbahnprüfung）の最終的合格又は不合格によって終了し，同試験に合格した者は，最終的に市町村の正規の官吏の身分を得て，その一部は本報告に係る建築監督規制執行実務を担当することとなる。

　主要な法律科目の授業は，最多で30人以内，平均的には20〜25人の規模で行われている（資料編・参考資料45−1〜45−3（cf.338-340頁）の授業風景写真参照。）。また，学生には，生活費として月額約1,000ユーロの任用候補者給与が支給され，

148

第2節　チューリンゲン州公行政専門大学

学内に学生寮も設けられてはいるが，多くの学生は比較的近傍から通学している。

　本大学は，2014 年の①のカリキュラム冒頭において，次の教育目標を掲げている。

第1段階：知識の獲得及び再現（再生産）

　学生は，ある学問分野に関する知識を習得し，当該知識を付加的な学習活動なく再現できなければならない。

第2段階：整理及び理解（再構成）

　学生は，獲得した知識をその関係性によって整理し，独力で再現できなければならない。

第3段階：応用（移転）

　学生は，獲得した知識を新たな事実関係に適用し，その際特に具体的な問題（事例）を事実関係に即し，形式的に誤りなく解決することができなければならない。

第4段階：問題解決的思考（分析）

　学生は，既に養成教育を終えた者を批判的に評価することができ，与えられた問題をより困難性の高い段階で取り扱える状況になっていなければならない。その際，学生は独自の問題解決方法を開発する能力があることを示さなければならない。

3. カリキュラム

　チューリンゲン州公行政専門大学の①の 2014 年の課程は，**資料編・参考資料42**（cf.333 頁）のスケジュールによって実施されている。第一年次は，基礎課程（Grundstudium）として，2 週間の実務ガイダンスののち，7ヵ月半の基礎的科目履修が行われる。この間，4 回のレポート（3 時間で 6〜12 頁程度を作成。）提出が義務づけられ，筆記試験による中間試験が実施される。この中間試験及び最終の修了試験は，択一式はなく，すべて事例論述式の問題が出題されるが，その作成及び採点は，すべて州内務省（大学教員からの部分的な出題提案や要請も可能。）において行われる。採点は，最低 3 名の同省の試験担当官が行い，極めて中立的かつ厳正に実施されている。基礎課程履修の後，約 6ヵ月の第 1 次実務実習（Praktikum Ⅰ）が行われる。2 年次は，実務実習の後半に続いて，主課程（Hauptstudium）として，7ヵ月半の科目履修が行われるが，この間 6 回のレポート提出に加え，主

149

第3章　行政専門大学調査報告

課程最終段階で卒業論文（50頁程度）の作成が求められる。この後，6ヵ月間の第2次実務実習（Praktikum II）が行われる。最終の3年次は，第2次実務実習の後半の後，6ヵ月間の修了課程（Abschlussstudium）の科目履修が行われた後，州内務省による6科目（各5時間）の筆記試験が実施される。この修了課程の科目履修の後，修了実務実習（Abschlusspraktikum）が2ヵ月半行われ，この最終段階で口述試験(4科目：各45分)が実施され，最終合格者には，Diplom-Verwaltungswirt/-in（FH）の学位が付与される。以上の課程において，3年間（休暇期間を除き21ヵ月）にわたり，総計約2,200コマ（1コマ＝45分）の多様な科目を受講することとなる。

　履修科目としては，**資料編・参考資料43－1**（cf.334頁）及び**43－2**（cf.335頁）に掲げるように，法律学，経済学，財政学，行政学，政治学，社会学，心理学などの多くの科目が必修として課されているが，特に本調査研究テーマに直接関連する，行政執行法，秩序違反法及び建築法に係る科目概要は，次のとおりである。

　すなわち，前者については，2年次の主課程（Hauptstudium）で開講される40コマの「一般行政法」（Allgemeines Verwaltungsrecht）の一部とされ，そのうち6コマが割り当てられている。中者については，基礎課程及び主課程における「警察・秩序法」において，実に総計70コマが割り当てられている。後者については，基礎課程，主課程及び修了課程にわたり，都市計画法，建築法及び法的救済に関する総計110コマで構成されており，建築中止，使用中止及び除却に係る建築監督官庁の執行権限については，5コマが当てられている。

　参考までに，行政執行法及び秩序違反法に関連する科目シラバスの一部の仮訳を，**資料編・参考資料44－1**（cf.336頁）及び同**44－2**（cf.337頁）に掲げる。

　本大学のカリキュラムの特徴として，各法律専門科目を基礎的な部分から発展的な部分に区分して，内容レベルごとに，基礎課程，主課程及び修了課程に振り分けている点が挙げられる。このように各レベル段階に応じて区分された法律専門科目を履修したのちに，実務実習受け入れ行政機関との協議・調整を経て，科目履修の各段階において習得した知識を応用するにふさわしい実務実修が設定されるように工夫されているとのことである。

　なお，クリューゼナー学長のご厚意により，上掲基礎課程の「警察・秩序法」（Polizei- und Ordnungsrecht）の授業の模様を撮影する機会が得られ，面談会合後に撮影した写真を**資料編・参考資料45－1～45－3**（cf.338–340頁）に掲げる。

第2節　チューリンゲン州公行政専門大学

4. 教授資格

本学教授には，専門大学法第10条第2項により，大学学位などのほか，担当科目関連分野について，最低5年間の職業経験が必要とされる。

5. 講義テキストなど

本大学においては，ノルトライン・ヴェストファーレン州公行政専門大学のシラバスのように，各科目の重要文献リストは示されておらず，既刊文献をテキストに指定して用いるか，あるいはパワーポイントなどの教員作成教材を用いるかは，担当教員の広範な裁量に委ねられており，クリューゼナー学長も，最終的に科目シラバスに記された教育内容が十分に教授され，教育目標が達成される限りは，いかなる教材を用いても構わないとしている。

6. 筆者私見

わが国に比してはるかに充実した行政強制制度や行政制裁制度の運用を担うドイツの地方公務員の養成プロセスにおいては，特にチューリンゲン州公行政専門大学において特徴的に認められるように，州内務省の厳格な統括管理のもとで，広範な法的知識と実務遂行能力を習得した専門的人材養成に大きく貢献しており，「実質的法治国家」を支える人的基盤の形成という点でも，わが国に比してはるかに先進的な状況にあると認められる。

ドイツの公務員養成制度については，既に少なからぬ先行的調査研究報告もなされているが[162]，特に，本調査研究のテーマである「行政上の義務履行確保運用」の成否は，これを担う専門的人材の養成システムを抜きにして語ることは困難であると考えられる。

前述の調査結果から，新たに（再）導入されるべき行政上の義務履行確保制度を実効的に活用するためには，その多くが，これらの法制度についていわば「白紙に近い状態」で，各種の規制執行実務に従事している現在のわが国の地方公務員について，着任後の職務関連研修のより一層の拡充のみならず，「着任前の専門的地方公務員養成教育」の導入の是非についても，根本的な公共政策的議論を行う必要があると思料される。その際には，ドイツのVolljuristと称される法律

162）ブリューメル（1993），木佐（1996），工藤（2006）ほか。

第3章　行政専門大学調査報告

専門職官吏に相当する公務員として，新たな国・地方の行政規制執行組織におい
て，行政職公務員等を指揮・監督し関連する行政争訟にも対処する統括職に，法
科大学院を修了し，あるいはさらに司法修習を終了した法務博士を積極的に登用
する方策についても併せて検討すべきであろう。

第3節　ニーダーザクセン州自治体行政専門大学（Kommunale Hochschule für Verwaltung in Niedersachsen）

　本大学は，ニーダーザクセン州の州都ハノーファー市に所在しており，今回の
調査では，2015年8月27日（木）午前10時から約2時間にわたり，同大学に
おいて聞き取り調査を行った。先方の出席者は，次のとおりであった。
- ・同大学学長　ミヒャエル・クープ博士（Herr Prof. Dr. Michael Koop）
- ・　〃　行政法（建築法含む。）担当教授　グロービッシュ氏（Herr Prof. Helmut Globisch）
- ・　〃　建築法担当教授　ロートアウク氏（Herr Prof. Michael Rotaug：本学就任前は，ハノーファー市で主に都市計画行政（建築監督行政を含む。）を担当）

1.　本大学の概要及び州との関係

　ドイツでは各州内務大臣連合協議会において，行政職官吏の養成教育のあり方
を審議し，各州で最低限どのような共通内容による教育を行うかが決定される。
具体的には，専門職的公務員ではなく，一般行政職として実務的行政法に精通し
地方公共団体の様々な部局で実務を担当しうる公務員を養成することを基本とし
ており，この基本的養成方針のもとに，本学でも，行政法に精通した一般行政職
官吏たる地方公務員の養成教育を実施している。

　ただし，本学の法的根拠としては，ニーダーザクセン州の大学法によって規律
されてはいるが，チューリンゲン州公行政専門大学のような個別的な州設置法は
制定されていない。

　本学の行政職官吏養成教育課程の内容については，実質的なチェックとしての
第三者機関の認証を得た上で，形式的な州の許可が必要とされる。

　本学は，2007年までは州立の教育機関であったが，2007年以降は州内の120
〜130の地方自治体が自らの職員を養成するために会員として共同で設立した登

第3節　ニーダーザクセン州自治体行政専門大学

録協会により運営されるかたちとなり，州政府の関与は上掲の手続を除いてなくなっている。

2．カリキュラム，授業方法及び単位認定

　調査時点におけるニーダーザクセン州自治体行政専門大学の一般行政コースの課程は，**資料編・参考資料 46−1**（cf.341 頁）のスケジュールで実施されている。本学においても，3 年間の養成教育プログラムとなっており，およその内訳として理論学習（座学）が 2 年，実務実習が 1 年であり，両プロセスは交互に実施される。

　本調査研究のテーマに関連する州行政執行法，州建築法及び連邦秩序違反法に関連する科目の個別シラバスを，**資料編・参考資料 46−2〜46−4**（cf.342−344 頁）に掲げる。**参考資料 46−2** の科目は**参考資料 46−1** の矢印 "a" で，**参考資料 46−3** の科目は同じく矢印 "b" で，**参考資料 46−4** の科目は同じく矢印 "c" で図示したものである。

　本課程の授業のクラス受講者数は，20〜30 人の少人数編成となっている。高学年になると，理論に関する専門科目授業を行った後，受講生が事例問題について行政処分に係る行政文書を起案し，事後にこれについての討論や講師による指導を行うような実践演習的な内容となる。

　実務実習は，地方自治体の関連部局で行われるが，下級建築監督官庁での実習は，小都市では行われないが，郡（Kreis）やハノーファー市（本調査当時の人口約 55 万人），ブラウンシュヴァイク市（同じく約 25 万人）などの比較的大きな市で実施されている。

　個々の学生の実務実習の配属先行政機関部局の選定については，各学生を派遣した親元の自治体において決定されており，本大学では実務実習の実施要領についての指示は行うものの配属先部局についての斡旋や調整などは行っていない。

　Modul（科目）の単位認定のための試験の実施については，チューリンゲン州のような州政府（州内務省）の関与はなく，本大学が自主的に行っている。具体的には，3 年間で約 35 科目について単位授与試験（筆記試験が中心であるが，口述試験，小論文，プレゼンテーションなど多様な試験手法を採用。）に合格して，卒業論文（約 35 頁程度）を 9 週間で執筆・提出することにより，Bachelor of Arts の学位が授与される。これまでは，Modul が 3 つに細分されているときは，3 つの試験

153

第3章　行政専門大学調査報告

をパスしなければならなかったが，前述の第三者認証機関により再認証がなされ
ると，そのように細分化されている Modul についても，1回の試験で単位認定さ
れるようになるとのことである。

3. 本学学生の身分及び処遇並びに本学教員の職務経験要件

　本学の学生は，大学入学資格試験（Abitur）に合格した後，各自治体で人事コ
ンサルティング会社又は行政専門大学が実施する2日間にわたる適性試験（実施
主体が適性者の推薦を行う。）及び各自治体の面接試験から構成される選抜試験に
合格することにより，養成教育中試用公務員（Beamten auf Probe）の身分を得て，
派遣元の各自治体から月額約 1,000 ユーロの給与が支給され，本課程受講中の生
活費を賄う。当該試用公務員の選抜については，ハノーファー市のような大都市
であれば，例えば 100 名の応募者から 10 名を選抜するようなかたちとなるが，
中小自治体では応募者も合格者もはるかに少数となる（小規模な自治体では，1〜2
名となる場合もある。）。

　州大学法により，本学の教員には最低5年間の職務経験，うち最低3年間は
本大学以外の企業や行政機関などでの実務経験が必要とされている。

4. 州都ハノーファー市の下級建築監督官庁ほかへの就職状況

　ロートアウク氏によれば，ハノーファー市の下級建築監督官庁との関係では，
本大学の行政職官吏養成課程の学生は，4〜6週間の期間で実務実習を行うため
に派遣されることとなるが，最終的に同官庁に任用される学生の数は比較的少な
い。建築規制行政は，技術的要素も多いが多分に「法化」されていることから，
法的執務に従事する行政職官吏の占める割合も大きいが，ハノーファー市全体か
らすれば同官庁の人員的シェアは比較的小さく，また，他都市と同様，基本的に
職員の新規採用は退職者の欠員補充によることもその背景となっている。

　具体的な例として，ロートアウク氏の息女も本学の行政職官吏養成課程で学び，
ハノーファー市の狩猟規制を所管する部局で実務実習を受け，現在は社会的・経
済的に不遇な青少年の育成関連業務に従事している。ハノーファー市のように大
規模な自治体であれば，市の様々な部局のうちで欠員補充に係るポストの中から，
自身の希望により近いものを選択することができることとなる。

　本課程の卒業生は，原則的には派遣元自治体に空きポストを得て任用されるが，

154

一時期大都市が必要以上に本学に学生を送り込み，当該自治体では本学の卒業生すべてを受け入れて任用することができずに，やむなく他の自治体に任用された例，あるいはより待遇の良い州政府に任用された例もある。さらに，州境近くの自治体では他の州の自治体に任用される例も少数ながらある。本大学では州政府の行政職官吏の養成課程を，2015 年 8 月 1 日から 30 名の受講者で開設したが，それ以前は税務及び警察関係を除いて州政府の一般行政職官吏の養成教育機関は存在しておらず，本学の自治体行政職官吏課程卒業者が州政府に引き抜かれることが少なからずあったとのことである。クープ学長の推測では，州政府の一般行政職官吏のニーズは，年間 300～400 名はあるとのことであるが，州政府も定員削減政策により，一旦は独自の養成機関を大幅に縮小したが，自由労働市場から十分な職員採用を行うことができないことから，2015 年から州の行政職官吏養成事業を拡充しており，本学の上掲新課程の受講者も今後は増加することが見込まれている。また，本課程卒業生の連邦政府の出先機関への任用も想定されるが，人数は極めて少数であり，連邦地質諸科学局に任用された例がある。

5．講義テキストなど

建築法関連では，学生に推薦している文献として，例えば，Stollmann (2015)，Weidemann usw. (2013)，Große-Suchsdorf usw. (2013) などが用いられている。

また，本学が出版に大きく関与しているものとして，Suckow/ Weidemann(2014)のように本学教授が執筆した，行政実務的内容を多く含む，特に本学学生向けに刊行された一般行政法テキストや，Bittorf usw. (2013) のように行政処分事例（公文書例）や筆記試験を想定した事例論述問題を多く収録し，具体的な義務履行確保を含む行政処分に関する「実務的技術・ノウハウ」の習得を目的とする文献も活用されている。建築法に係る同種のテキストも，2016 年夏の上梓に向けて執筆が進められているとのことであった。また，以上のような文献のほかに，パワーポイントや OHC などによる視覚教材も積極的に活用されている。さらに，「ドイツ行政実務」（Deutsche Verwaltungspraxis）という雑誌に，本学教員が各行政分野に関する具体的な事例問題についての論稿を掲載している。

また，本課程の学生は，授業や学期末試験において全 3 巻（連邦法 2 巻，州法 1巻）の教育用加除式法令集を使用することとされており，クープ学長のご好意により撮影する機会を得たその写真を**資料編・参考資料 47**（cf.345 頁）に掲げる。

155

第3章　行政専門大学調査報告

第4節　ザクセン州公行政専門大学（Fachhochschule für öffentliche Verwaltung und Rechtspflege Meißen, Fortbildungszentrum des Freistaates Sachsen）

　本大学は，ザクセン州都ドレスデン市の北西約27km に位置する，高級磁器の産地として名高いマイセン市に所在している。ちなみにマイセンはドレスデンよりも古い歴史を有しており，ザクセン家のハインリヒ1世が，929年にエルベ川河畔のスラブ人集落マイスニを制圧して軍事拠点として要塞を築いたことに起源を発する。その息子のオットー1世は962年に初代神聖ローマ皇帝となり「オットー大帝」と称されるが，東方からの異教徒民族の侵入に備えるための帝国東部の軍事拠点としてマイセンに辺境伯マルクグラーフを置いた。1123年に辺境伯領マイセンは，皇帝からこの地方の有力な伯爵家であったヴェッティン家に邦土として与えられ，1150年にザクセン地方で最初に都市権を獲得している。ヴェッティン家は1547年に選帝侯の地位を得，マイセンは選帝侯国ザクセンの宮廷都市として繁栄した。15世紀後半にはヴェッティン家の兄弟の内紛により1500年に宮廷はドレスデンに移されたため，マイセンは次第に衰退した。その後，ザクセン宮廷が置かれる予定であったアルブレヒト城は，アウグスト強王に雇われた錬金術師ベトガーが白磁器を発明したことにより製造秘密の保持のためこの城に囲い込まれ，マイセン磁器製作所となった。同製作所は1865年に街の南端に移転され，今日では多くの観光客を集める一大観光名所となっている。

　今回の調査では，2015年9月2日（木）午前10時から約2時間にわたり，同大学において聞き取り調査を行った。先方の出席者は，次のとおりであった。

・同大学専門領域長　イェルク・シュミット氏（Herr Jörg Schmitt）
・　〃　建築法担当教授　グードルン・ケッペル＝エステルレ氏（Frau Gudrun Köppel-Österle）

1. 地方行政職官吏養成課程の概要

　地方行政職官吏養成コースの履修課程は，2011年に開講されており，そのスケジュールは**資料編・参考資料48，49**（cf.346–347頁）のとおりである。すなわち，全体で3年間の課程で，濃い着色部分（第1，第2，第4及び第5学期）がいわ

156

ゆる座学の学期であり，22ヵ月の専門科目に係る授業期間と2ヵ月の卒業論文作成期間によって構成されている。薄い着色部分（第3及び第6学期）が地方公共団体における実務実習期間であり，13ヵ月の期間が設定されている。なお，第6学期の実務実習期間の終了1月前に学士（卒業）論文の口頭試問が行われる。本課程は，毎年70〜80名程度の学生を受け入れ，25〜28名でクラス（ゼミナール）が編成されている。

　本調査研究のテーマに関連する具体的な専門科目としては，第2学期に配置されている「侵害行政（Eingriffsverwaltung）」の科目で，州建築法に関連した建築許可，違反是正命令，強制手段の適用，秩序違反行為に対する過料決定などについて学習した後（**資料編・参考資料50**（cf.348頁）にシラバス仮訳を掲載），第3学期に配置されている同じく「侵害行政」というタイトルが付された実務実習科目で，例えば地方自治体の建築監督官庁や環境規制部局において，行政文書の作成などを含む実務実習（**参考資料51**（cf.352頁）にシラバス仮訳を掲載）を行うこととなる。

　ちなみに，専門科目としての「侵害行政」のECTS（：欧州単位互換制度[163]）単位は6単位であり，実務実習科目としての「侵害行政」のそれは10単位である。本課程の卒業には，3年間で合計180ECTS単位を取得する必要がある。

　専門科目のテキスト・リストは入手できなかったが，各担当講師が受講者に当該科目の推薦文献を提示し，パワーポイント等を活用した講義を行うとともに，ケース・スタディとして，授業中に当該講義内容に関連する事例を配布して検討させ，1週間後に講師が解説をするといったかたちで行われている。また，テキストや講義内容は極めて実務に即した内容となっており，双方向的なコミュニ

163）欧州単位互換制度（ECTS）は，「学習成果と学習過程の透明性を土台とする単位累積・互換のための学習者中心の制度である。その目的は学位の設計・提供・評価・認可・検証を促進することで，学習のユニット化と学生の移動も意図している。ECTSは，正式な高等教育で幅広く活用されるものであり，その他の生涯教育活動にも用いることができる」。ECTSの単位は，「期待される学習成果へと到達するのに必要な，学生の課業量に基づくものである。（ここでの）学習成果とは，学習過程を成功裏に修了した学習者が，何を知り，理解しておくべきか，そして何が出来るべきかを記述したものである」。全日制の一年間の課業量に対して，60単位が与えられる。多くの場合，「学生の課業量は，一年間で1,500〜1,800時間と見込まれている。よって，1単位は25〜30時間となる」。（田中正弘，森利枝「ボローニャ・プロセスへの対応による新たな学位・単位制度の活用と課題」21世紀教育フォーラム9号9-18頁）

第 3 章　行政専門大学調査報告

ケーションにより，受講者の理解を深める手法をとっている。

2．実務実習機関の選定及び実務実習科目の単位認定

　実務実習の受け入れ先については，約80％がドレスデン市の内部部局となっており，基本的に学生自身がその関心に応じて申し込んで決めているが，それが困難な場合には大学側で適当な部局を推薦し，あるいはこれまで受け入れ実績のない部局については受け入れの仲介をするなど必要な支援を行っている。例えば，ドレスデン市では行政管理局が10名を必ず受け入れており，他方外国人局や福祉局でも新任職員への需要も大きく，これらの部局にも学生を送るようにしている。学生は3年間のうちに必修とされているすべての科目（Modul）に合格しなければならないが，最近実務実習の受け入れ部局が決まらないために実務実習科目の単位を取得できなかった学生が3名出ている。また，専門科目と実務実習科目との関係としては，第1，第2学期での専門科目における学習内容を活用して第3学期の実務実習内容が，同じく第4，第5学期での学習内容を前提として第6学期の実務実習内容が設定されているが，最終の第6学期については，最終的な任用先で実務実習を受けることも多い。

　実務実習科目の単位認定は合格か不合格かで評価し，合格評価を受けるためには，①受け入れ先の部局が作成した実習内容報告（通常4～5頁，多いときは10頁程度），②当該部局が作成した実務実習修了報告書（いくつかの要求基準についての該当を証明），③学生自身による実務実習報告（パワーポイントによる20分程度のプレゼンテーション）が必要とされる。③では，具体的な事例をどう処理したかを提示することもある。本課程が開講されてきた4年間に一件だけ③が不合格となった例があり，それは，電子署名をテーマとしたものであったが，実務実習先のゲルリッツ市の行政事務に電子署名をどのように導入すべきかをプレゼンテーションすべきであったのに，そもそも電子署名とは何かの説明にとどまったため合格水準に達しなかったと評定されたとのことである。

3．本大学の教員資格

　本大学の教員となるためには，最低6年間の行政実務経験が必要とされており，ちなみにケッペルレ氏はVolljuristとして3年間の私法弁護士としての経験と州政府の出先機関（ドレスデン及びケムニッツに所在）での建築法関連勤務経験によ

158

第4節　ザクセン州公行政専門大学

りこの実務経験要件を充足している。このように教員資格として一定期間の行政
実務経験を求めているが，基本的には実務的要請に立脚した専門的知識を教える
能力を重視しているとのことである。

4. 試験等と州内務省の関与の有無

　試験の実施については，担当教員が問題案を作成して，学内の試験実施委員会
でチェックを受けたうえで実施しているが，ザクセン州においてはチューリンゲ
ン州のような試験実施についての州政府の関与はなく，大学の自主的実施に委ね
られている。また，試験としては，論文試験のほかに，口述試験，ゼミナールで
の課題，長文のレポートなど多様な手法が用いられている。また，卒業（学士）
論文としては，40±5頁程度のものが求められている。

5. 卒業生の行政機関への任用状況について

　本大学の卒業生の95～98％は行政機関に任用されており，残りは修士課程に
進学している。卒業生の任用先としては，ほとんどがザクセン州内の自治体ない
しザクセン州政府である，他方で他州の自治体（例えば，ミュンヘン市，ヴィース
バーデン市など）への任用例もあり，連邦の出先機関への任用は極めて少ないが
例（例えば，連邦犯罪調査庁）はある。他州自治体に任用されるケースとしては，
ザクセン州内の自治体に比して給与水準が高いことや官吏（Beamte）の身分が得
られる可能性が高いことによる。確かに州内の自治体における公務員の定数削減
は進められているが，退職者の空きポストの補充は常にあり，一時期よりも地方
官吏への就職状況は改善しているとのことである。

6. 法執行公務員の人材育成に関する総括的私見

　一連の現地調査において，4州の行政専門大学における行政職官吏の養成課程
教育の実態について概括的な情報を収集したが，州ごとに少なからぬ制度面での
相違はあるものの，いずれの機関もドイツの先進的な行政上の義務履行確保制度
を実務的に十分に活用できる有能な人材を十分な時間とコストをかけて養成して
いる事実は共通しており，わが国の法執行実務に従事する地方公務員の専門的人
材育成施策に示唆するところは大であると思われる[164]。ご紹介したドイツ各州
の行政専門大学に見るような地方公務員養成システムが，わが国において基本的

159

第3章　行政専門大学調査報告

に欠落していることは，先行調査研究でも既に繰り返し指摘されているところであり165)，将来的に大幅な拡充が求められるわが国の行政上の義務履行確保に係る法制度を「十分に使いこなせる」公務員をどのように養成していくかは，実質的法治国家を支える法執行行政組織の人的基盤の強化として不可欠な喫緊の行政政策的課題と考えられる。

　また，既に各都市の報告で述べたように，ドイツの地方公務員にはわが国のような「定期人事異動」はなく，20年以上の長期間にわたって，本調査の対象である自治体の下級建築監督官庁に勤務することにより，建築規制執行に係る実務経験・知識を個人的にも組織的にも豊富に蓄積することも可能となっている。これに比較して，可及的に広範な行政領域について広く知見を有するゼネラリストとしての管理職の養成などを意図して，概ね3年といった比較的短期間の任期で人事異動（すなわち職務上の「リセット」）を繰り返す自治体人事政策166)は，特に行政規制実務に従事する「法執行公務員」に求められる実務経験・法的知識の蓄積による専門性の継続的な向上については，少なからざる負の効果をもたらしているといわざるを得ない。これについては，既にわが国の一部自治体においても，中堅職員の専門性を高めることを目標とした先進的な人事施策の導入が試みられており167)，このような新たな人事施策のわが国自治体への将来的な普及拡大を強く期待したい。

---

164) 同旨：木佐（1997）33頁，また，ブリューメル（1993）43頁は，訳者（木佐茂男）解説として，「初任者から管理職に至るまで，公務員の各段階にどのような法的研修が行われるべきかは今後重要な検討課題となろう。」としている。

165) 片岡（1991）26頁，木佐（1996）108頁，工藤（2006）52頁，ブリューメル（1993）21頁，また，同左43頁の訳者（木佐茂男）解説は，「わが国の公務員には原則として養成制度がなく，採用後の研修においても法的研修は十分に行われていない」としている。

166) 森（2002）46-47頁，稲継（2009a）42頁は，若手地方公務員の一定年限までの「計画的ジョブローテーション」を肯定的に評価している。

第 4 節　ザクセン州公行政専門大学

---

167)　例えば，職員の専門的キャリア開発を目指した先駆的な「静岡県キャリア・デベロッ
　　　プメント・プログラム」について，稲継（2008）58-60頁参照。また，愛知県におい
　　　ても，若手職員としてのジョブローテーションの終了後において職員が自ら進むべ
　　　き職務分野を選択し，積極的にキャリア開発に取り組んでいく，職員の主体性を重
　　　視した「職務選択型人事制度」の検討を進めることとしている。この制度では，特
　　　定の職務分野を選択した職員は，選択した職務分野に軸足を置いた人事異動を行い，
　　　計画的にキャリアを積むことで，その職務分野における「専門人材」を目指すこと
　　　となる。さらに，高度な専門性を有する業務において，専門能力の向上と職員の計
　　　画的育成を図るため，段階ごとに身に付けるべき知識・技能・経験などの目安をま
　　　とめた「専門分野の職員のスキルを計画的に育成する指針」の作成も検討されてい
　　　る。

161

おわりに

　本調査研究により収集しえたドイツ諸州都等の建築監督上の義務履行確保制度の運用実態に関する諸情報により，前述（2‑3頁）の調査開始時に設定した行政強制制度等の法制度整備仮説及び行政執行体制整備仮説は，少なくともドイツの建築監督行政においては，比較相対的に見て大幅に実効的な法執行がなされていることが確認できた点において，分野的に限定的なかたちではあるが相当程度において実証されたのではないかと考えている。

　本調査で明らかになったように，比較法政策的観点からすれば，日独の行政上の義務履行確保法制とその運用に係る行政執行体制について，彼我の格差は極めて大きく，長年月を経て構築されてきたドイツの先進的な法制度や専門的公務員養成システムを含めた行政執行体制に急速に接近することは容易ではないと思われる。当面はわが国において最も必要性が高いと認められるものから逐次的に取り入れていくといった現実的な取り組みが望まれよう。他方で，ドイツにおいても，代執行費用の事後徴収にわが国と同様の課題を抱えており，これに関連してその対応策として期待されていた代執行費用の事前徴収制度が多くの州都において十分に活用されていない。さらに，封印措置等の戒告の要否についても，下級建築監督官庁の解釈と運用が分かれている。加えて，一部の都市では定員削減による行政執行体制の縮小によって，行政強制手続に加えて行政制裁手続にまで十分なマンパワーを割くことが困難となっている実務状況も確認されている。

　本調査でその一端が確認されたドイツの下級建築監督官庁の実務実態も踏まえつつ，わが国が「後発国のアドバンテージ」を十分に活かすかたちで，ドイツの各州法による多様な法制度等のあり方のなかから，国や地方公共団体にとって最適なものを選択的に導入したうえで，わが国の得意な「応用的展開」を図ることも十分に可能なのではないかと思料されるところである。

　本調査研究を終えてなお残された究明課題としては，例えば，過料手続を横断的に所管する各都市の「秩序局」，あるいは強制金や過料などの行政上の金銭徴収を広く所管する「会計局」が，どのようなかたちで関係する手続を執行してい

162

おわりに

るか，特にわが国で指摘されているような，規制違反に対する制裁や行政上の金銭徴収の機能不全状況の有無の検証が関心の持たれるところである。

　締め括りに，本調査研究に対するドイツの関係諸機関の懇切なご協力に改めて深い謝意を表すとともに，今後本調査研究で得られた知見・情報が活用されて，わが国の行政上の義務履行確保制度の整備拡充及びこれに関する研究がさらに進展し[168]，併せて国や地方公共団体の行政執行体制の拡充が進むことにより，規制受益者たる広範な国民の法益保護が一層図られることを衷心より期待して，本書を擱筆することとしたい。

　　平成 31 年 1 月吉日

　　　　　　　　　　　　　名古屋寓居にて

　　　　　　　　　　　　　　　　　　西 津 政 信

168）本書の校正の過程で，外為法への「履行強制金」（執行罰）及び過料でない行政制裁金の導入に向けた立法検討過程を詳細に紹介した，遠藤（2019）に接した。

関連主要参照条文編

Zusammenhängende Hauptgesetzestextübersetzungen

※以下の関連主要参照条文の仮訳は，2019年1月1日現在の各法律に係るものであり，事後の改正により本調査時点ないし資料編に収録した公文書作成の時点の条文とは異なっている場合がある。

【州　法】

ザクセン・アンハルト州行政執行法（2015.02.20 最新改正）

第71条　ザクセン・アンハルト州公共の安全及び秩序に関する法律の適用

⑴　物の引き渡し又はその他の作為，受忍又は不作為を命ずる行政行為で，第2条第1項に該当しないものは，それが危険回避に資するものでない場合であっても，ザクセン・アンハルト州公共の安全及び秩序に関する法律第4章により強制することができる。

⑵，⑶（略）

ザクセン・アンハルト州公共の安全及び秩序に関する法律（2014.05.20 最新改正）

第4章　強制

第1節　作為，受忍及び不作為の強制

第53条　行政強制の要件

⑴　安全担当官庁による又は警察上の行政行為で，作為，受忍又は不作為を命ずるものは，それが不可争力を得，又は法的救済が執行停止効を生じないときは，強制手段によって強制することができる。

⑵　行政強制は，危険回避のために必要なとき，特に第7条から第10条までの規定による人に対する措置が全く又は適時に行えず，又はそれが奏功せず，かつ安全担当官庁又は警察の権限の範囲内であるときは，先行すべき安全担当官庁又は警察による行政行為なしに適用することができる。

⑶　強制手段の適用については，行政行為を発出する権限を有する安全担当又は警察官庁が権限を有する。（以下，略）

⑷　強制手段の個別の戒告及び決定に対する法的救済の提起は，執行停止効を生じない。この場合においては，行政裁判所法第80条第4項から第8項までの規定を準用する。

第54条　強制手段

⑴　強制手段は，次のものとする。

　　1．代執行（第55条）

　　2．強制金（第56条）

　　3．直接強制（第58条）

⑵　強制手段は，第59条から第63条までに定めるところにより，戒告されなければならない。

⑶　強制手段は，刑罰又は過料と併科することができ，行政行為（たる命令：筆者）が履行され，又は他のかたちで実現されるまで反復し，かつ他の強制手段に切り替えることができる。

167

関連主要参照条文編

第55条　代執行
⑴　他の者によって為すことができる作為（代替的作為）に係る義務が履行されないときは，安全担当官庁及び警察は，相手方の費用負担により，当該作為を自ら又は委託した第三者に行わせることができる。物を保管する場合には，第46条から第48条までの規定を準用する。
⑵　相手方が，代執行に要する費用を事前に支払うべきことを決定することができる。相手方が，当該代執行費用を期限までに支払わないときは，行政執行手続により強制徴収することができる。相手方が命ぜられた作為を行ったときは，費用見積額の徴収手続は，直ちに中止するものとする。

第56条　強制金
⑴　強制金は，安全担当官庁又は警察が，最低5ユーロ以上最高500,000ユーロ以下で書面により賦課決定する。
⑵　強制金の賦課決定により，相手方に対し適切な支払の期限を定めるものとする。
⑶　相手方が強制金を期間内に支払わないときは，行政執行手続により強制徴収される。相手方が，命ぜられた作為を行ったとき又は受忍されるべき措置がとられたときは，強制徴収手続は，直ちに中止するものとする。

第57条　代償強制拘留
⑴　強制金が実効的でないときで，強制金の戒告においてその適用が警告されているときは，行政裁判所は，安全担当官庁又は警察の申立てにより，代償強制拘留を命ずることができる。代償強制拘留は，最短1日以上最長6月以下とする。
⑵　代償強制拘留は，安全担当官庁又は警察の申立てにより，司法行政が民事訴訟法第802g条第2項及び第802h条の規定により執行する。

第58条　直接強制
⑴　直接強制は，身体によって補助具又は武器を使用して行う人又は物に対する有形力の行使である。
⑵　身体による有形力の行使とは，人又は物に対するあらゆる直接的な身体による有体的作用をいう。
⑶～⑻　（略）

第59条　強制手段の戒告
⑴　強制手段は，戒告されなければならない。戒告は，できる限り書面により行う。戒告においては，相手方が義務を履行するための適切な期間を定めなければならない。ただし，受忍又は不作為を強制するときは，期間を定めることを要しない。状況によってそれが許されないとき，特に危険を回避するため強制手段を即時に適用する必要があるときは，戒告を行わないことができる。

168

ザクセン・アンハルト州建築法

(2) 戒告は，安全担当官庁又は警察による，作為，受忍又は不作為を命ずる行政行為と併せて行うことができる。法的救済が執行停止効を生じないときは，戒告は，行政行為と併せて行わなければならない。

(3) 戒告は，特定の強制手段について行わなければならない。複数の強制手段について戒告するときは，いかなる順番でそれらの強制手段が適用されるかを示さなければならない。

(4) 代執行を戒告するときは，その戒告において，費用の概算見積額を示さなければならない。

(5) 強制金は，特定の金額により戒告しなければならない。

(6) 戒告は，送達されなければならない。戒告の前提となる安全担当官庁又は警察による行政行為と併せて戒告される場合で，当該行政行為について送達が定められていない場合においても同様とする。

ザクセン・アンハルト州建築法（2013.09.10 最新改正）

第4章　建築監督措置

第78条（工事の中止）

(1) 施設が公法上の規定に違反して建設され，改修され又は除却される場合は，建築監督官庁はその工事の中止を命ずることができる。これは次の各号に該当する場合にも適用される。

　　1．当該工事が 71 条 6 項及び 8 項の規定に違反して開始され，あるいは，

　　2．当該工事が，

　　　a）許可を必要とする建設工事で許可された建築計画と異なる内容で実施され，又は，

　　　b）許可を必要としない建設工事で届出に係る書類と異なる内容で実施されているとき

　　3．EU 指令第 305/2011 号又は第 21 条に違反し，CE マーク又は Ü マークのない建築用製品が使用されているとき

　　4．不正に CE マーク又は 21 条第 3 項の規定による Ü マークが表示されている建築用製品が使用されているとき

(2) 許容されない建設工事が，書面又は口頭による中止命令に違反して続行される場合は，建築監督官庁は工事現場を封印し，又は工事現場にある建築用製品，建築工具，建設機械及び建築資材を職権により差し押さえることができる。

【各州の建築法における秩序違反行為に関する規定は，秩序違反行為の構成要件規定をはじめとして州ごとに異なるが，以下では，紙幅の節減のため，モデル建築法(Musterbauordnung Fassung November 2002：最新改正 2012 年 9 月 21 日) の該当条文の仮訳を掲げ，この条項に相当する各州建築法の該当条文の仮訳は割愛する。】

169

関連主要参照条文編

第 84 条　秩序違反行為

(1)　次の各号に掲げる行為で故意又は過失によるものは，秩序違反行為とする。

　　1．第 85 条第 1 項から第 3 項までの規定により発せられた法規命令又は第 86 条第 1
　　　項及び第 2 項の規定により公布された条例に違反し，当該法規命令又は条例がこの
　　　過料規定に係る特定の構成要件を提示しているとき

　　2．この法律又はこの法律に基づいて定められた法規命令の規定に基づく書面による
　　　建築監督官庁の執行可能な命令に違反し，かつ当該命令においてこの過料規定を提
　　　示しているとき

　　3．必要な建築許可（第 59 条第 1 項），部分建築許可（第 74 条）若しくは施工変更
　　　許可（第 67 条）を得ずに，又はこれらから乖離して，建築施設の建設，改修若し
　　　くは使用をすること又は第 61 条第 3 項第 2 段から第 4 段までの規定に違反してこ
　　　れを除却すること

　　4．第 62 条第 3 項第 2 段から第 4 段までの規定に違反して，建設計画の施工を開始
　　　すること

　　5．移設式建物を，設置許可（第 76 条第 2 項）を得ず，又は届出及び検査（第 76 条
　　　第 7 項）を経ずに供用すること

　　6．第 72 条第 6 項の規定に違反して建設工事を開始し，第 61 条第 3 項第 5 段の規定
　　　に違反して施設の除却を開始し，第 82 条第 1 項の規定に違反して建設工事を続行
　　　し，又は第 82 条第 2 項第 1 段及び第 2 段の規定に違反して建築施設を使用するこ
　　　と

　　7．建設開始届け（第 72 条第 8 項）を全く又は所定の期限までに提出しないこと

　　8．第 22 条第 4 項の要件を充たさずに建築用製品に Ü マークを表示すること

　　9．第 17 条第 1 項第 1 段第 1 号の規定に違反して Ü マークの表示されていない建築
　　　用製品を使用すること

　　10．第 21 条の規定に違反して，一般的な建築監督上の許可を得ずに，又は一般的な
　　　建築監督上の検査済証又は個別の同意を得ずに，建設方式を採用すること

　　11．建築主，建築設計者，施工業者若しくは現場監督者若しくはこれらの代理人が，
　　　第 53 条第 1 項，第 54 条第 1 項第 3 段，第 55 条第 1 項又は第 56 条第 1 項の規定に
　　　違反すること

　　　　前段第 8 号から第 10 号までの秩序違反行為がなされたときは，秩序違反行為に
　　　係る物件は没収することができる。この場合には，秩序違反法第 19 条の規定を適
　　　用する。

(2)　十分な知識がありながら次に掲げる行為をすることも秩序違反行為とする。

　　1．この法律によりなされるべき行政行為をなさせ，又はこれを阻止するために虚偽
　　　の届出をし，虚偽の図面若しくは書類を提出すること

　　2．検査技師が不正な検査報告を作成し，検査専門家が建築秩序法上の要請が充たさ
　　　れていることに関し不正な証明書を発行すること

　　3．第 66 条第 3 項第 1 段第 2 号による規格基準について，不正な認定をすること

ブランデンブルク州行政執行法

(3) 秩序違反行為には，500,000 ユーロ以下の過料を科すことができる。

(4) 秩序違反法第 36 条第 1 項第 1 号にいう行政官庁は，第 1 項第 1 段第 8 号から第 10 号までの規定については上級建築監督官庁とし，その他の規定については下級建築監督官庁とする。

ブランデンブルク州行政執行法（2014.07.10 最新改正）

第 16 条　執行停止効の解除

執行官庁の措置に対して提起された法的救済は，執行停止効を生じない。

第 4 章　その他の作為，受忍又は不作為の強制執行

第 27 条　強制手段

(1) その他の作為，受忍又は不作為を命ずる行政行為は，強制手段によって強制執行される。強制手段は，現在の危険を避けるために必要であり，執行官庁がその権限内で行う場合には，先行する行政行為なしに適用することができる。

(2) 強制手段は，次のものとする。

　　1．強制金（第 30 条）
　　2．代執行（第 32 条）
　　3．（略）
　　4．直接強制（第 34 条）
　　5．〜 6．（略）

第 28 条　強制手段の適用

(1) 強制手段は，その適用に先立ち書面により戒告されなければならない。執行債務者に対しては，戒告において適切な義務履行の期間を定めなければならない。受忍又は不作為を強制するときは，期間を定めることを要しない。即時執行（27 条 1 項 2 段）（中略）の場合は，戒告を必要としない。

(2) 戒告は，作為，受忍又は不作為を命ずる行政行為と併せて行うことができる。法的救済の提起が執行停止効を生じないときは，戒告は行政行為と併せて行わなければならない。

(3) 戒告は，特定の強制手段について行わなければならない。複数の強制手段を戒告するときは，いかなる順番でそれらが適用されるかを示さなければならない。強制手段を反復する場合においても戒告がなされなければならない。

(4) 強制金は，特定の額により戒告しなければならない。

(5) 代執行の戒告においては，代執行費用の概算見積額を示さなければならない。

(6) 戒告は，送達されなければならない。戒告が，その基礎となる行政行為と併せて行われ，当該行政行為について送達が定められていないときも同様とする。

関連主要参照条文編

第 29 条　強制手段の適用

⑴　強制手段は，反復し，行政行為が執行され，又は他の方法で実現されるまで適用することができる。強制手段は，刑罰又は過料を科すことと併せて適用することができる。受忍又は不作為の強制においては，さらなる違反のおそれがなくなったときは，強制手段を適用することはできない。

⑵　複数の強制手段を適用しうるときは，執行官庁は，執行債務者及び公共の利益を最も侵害しない強制手段を適用しなければならない。

⑶　強制手段の適用により，執行の目的を達成する限度を超えた不利益を生じてはならない。

第 30 条　強制金

⑴　その他の作為，受忍又は不作為の義務が全く，又は十分なかたちで履行されないときは，執行債務者に対して，命ぜられた作為，受忍又は不作為を強制金の賦課決定によって促すことができる。

⑵　強制金は，10 ユーロ以上 50,000 ユーロ以下の額とする。強制金の額の算定においては，相手方が行政行為に従わないことにより得られる経済的な利益を考慮するものとする。

⑶　強制金の賦課決定においては，執行債務者に適切な支払期限を付与しなければならない。

⑷　強制金は，第 2 章の定めるところにより，強制徴収する。

第 31 条　代償強制拘留

⑴　強制金が実効的でないときは，強制金の戒告において又は代償強制拘留の申立てがなされる遅くとも 1 月以前に事後的に代償強制拘留適用の警告がなされたときは，行政裁判所は執行官庁の申立てにより，執行債務者に対する聴聞を経て，代償強制拘留を命ずることができる。事後的な代償強制拘留適用の警告は送達されなければならない。裁判所が代償強制拘留を命ずるときは，裁判所は申立てをした官庁，義務者及び拘留の理由を記載した拘留状を発するものとする。

⑵　代償強制拘留は，最短 1 日以上最長 2 週間までとする。

⑶　代償強制拘留は，執行官庁の申立てにより，司法行政により執行する。代償強制拘留の執行は，民事訴訟法第 802g 条第 2 項及び第 802h 条並びに行刑法第 171 条から第 175 条までの規定により行う。

⑷　強制金の支払請求権が時効消滅したときは，代償強制拘留の執行はもはや許容されない。

第 32 条　代執行

⑴　他の者が行うことのできる作為（代替的作為）に係る義務が履行されないときは，執行官庁は，執行債務者の費用負担により，他の者に当該作為を行うことを委託し，又は

当該作為を自ら行うことができる。執行債務者並びに同者と部屋及び動産を共有している者は，代執行の受忍を義務づけられる。

(2)　執行官庁は，執行債務者に対し，代執行費用の概算見積額の事前支払いを求めることができる。

(3)　代執行の費用及びその事前支払いは，執行官庁により支払命令によって徴収される。当該命令は，即時に執行しうる。

(4)　代執行費用は，支払命令の送達後2週間以内に支払われなければならない。この期限から代執行費用については，延滞利息が課される。事前支払いにおいては，事前支払額を実際に要した費用が超過した場合に延滞利息が課される。延滞金利は，民法第247条の規定による当該時点の基本利率に5％を加算したものとする。（以下略）

第34条　直接強制

(1)　直接強制は，身体による又は補助具若しくは武器の使用による人又は物に対する有形力の行使をいう。武器の使用は，それが法律の明文の規定により認められている場合に限り許容される。

(2)　直接強制は，強制金及び代執行が奏功しない場合又はその適用が実効的でない場合に限り適用できる。

(3)　人に対する直接強制は，執行の目的が物に対する直接強制では達成できないと認められる場合に限り適用できる。適用される手段は，その種類及び程度において，対象となる人の年齢及び状態に応じて適切なものでなければならない。

ブランデンブルク州建築法（2018.10.15最新改正）

第79条　建設工事の中止

(1)　施設が公法上の規定に違反して，建設され，改修され又は除却されるときは，建築監督官庁は，当該工事の中止を命ずることができる。次の場合についても同様である。

　　　1．建設計画の施工が，第72条第7項から第9項までの規定に違反して開始されたとき

　　　2．建築許可を必要とする建設計画が，許可された建設計画と異なる内容により，施工されているとき

　　　3．EU指令第305/2011号に違反してCEマークが，又は第21条第3項から第5項までの規定に違反してÜマークが表示されていない建築用製品が使用されているとき

　　　4．CEマーク又はÜマーク（第21条第3～5項）が不正に表示されている建築用製品が使用されているとき

(2)　許可がなされていない建設工事が書面又は口頭によりなされた中止命令に従わずに続行される場合は，建築監督官庁は建設現場を封印し，又は建設現場に置かれている建築用製品，建築工具，建設機械及び建築資材を職権により差し押さえるものとする。

関連主要参照条文編

第80条　施設の除却，使用禁止

⑴　施設が公法上の規定に違反して建設され，又は改修され，他の方法では合法的な状態
　にすることができないときは，建築監督官庁は，当該施設の全部又は一部の除却を命ず
　ることができる。施設が公法上の規定に違反して使用されるときは，当該使用を禁止す
　ることができる。当該使用が，確定力を得た又は迅速な執行が可能な使用禁止命令に反
　して継続されるときは，建築監督官庁は，当該建築施設を封印することができる。

⑵　建築監督官庁は，建築施設が使用されておらず，倒壊のおそれがあり，かつ公共の利
　益又は保護に値する私的利益に照らしその存続が許容されないときも，当該建築施設の
　除却を命ずることができる。

【参考：2010.11.29 最新改正に係る旧条文】

第75条　建築施工検査

⑴～⑷　（略）

⑸　【第2段】建築監督官庁は，建設工事の継続又は建築施設の使用は，検査技師又は委
　託された専門家による検査が実施された後にのみ行うことを求めることができる。

第76条　建築施設の完成及び使用

⑴　（略）

⑵　建築施設は，それ自体について進入路及び上下水道設備が必要とする範囲において使
　用でき，かつ第68条第5項による通知の到達後2週間を経過した後に初めて使用する
　ことができる。次の各号のいずれかに該当する場合には，建築施設は使用することがで
　きない。

　　1．完成の時期が届け出られていないとき
　　2．前項の規定により提出されるべき説明書又は証明書が提出されず，又は不十分な
　　　かたちでしか提出されていないとき
　　3．第75条第5項第2段により求められた検査が建築主の協力を得て実施すること
　　　ができないとき

　第75条に基づく建築監督官庁の権限は変更されない。

⑶　建築監督官庁は，公共の安全又は秩序に関する懸念がないときは，建築施設の全部又
　は一部の使用を，当該施設の完成前に許容することができる。

ヘッセン州行政執行法（2012.11.21 最新改正）

第69条　強制執行の要件

⑴　第68条に基づく行政行為は，次の各号のすべてに該当するときは，第2条の要件を
　充たす場合において強制執行をすることができる。

　　1．義務者に対し，特定の強制手段の適用による強制執行が，書面により戒告されて
　　　いること
　　2．当該戒告により，義務者に対して，その義務を履行すべき相当の期間が定められ

ヘッセン州行政執行法

ていること。受忍又は不作為が強制されるべきときは，履行期間を定める必要はない。

3．戒告が送達されていること

4．義務者に対して定められた履行期限を徒過していること

⑵　戒告は，それが義務者に対して送達が行われない行政行為に基づいているものである場合においても，第1項第3号により送達がなされなければならない。

第72条　危険回避の際の例外

⑴　危険回避のための行政行為は，第74条，第75条，第77条及び第78条による強制手段の適用に際し，公共の安全又は秩序に対する現在の危険を回避する限りにおいて，第2条第1号，第4条第3項，第6条第2項から第4項まで，第7条第2項，第9条，第10条，第69条及び第78条第1項の規定によらずに執行することができる。

⑵　行政強制は，公共の安全や秩序に対する現在の危険を避けるために必要であり，かつ官庁がこれについて法的権限を有しているときは，行政行為を先行させることなく，適用することができる。特に，義務者に対する措置が実施できない又は適時に実施できない場合も同様とする。この場合においては，ヘッセン州公共の安全と秩序に関する法律第8条の規定が適用される。

第74条　代執行

⑴　他の者が義務者に代わって行うことのできる作為（代替的作為）に係る義務が全く又は不十分なかたちでしか履行されないときは，執行官庁は当該作為を義務者の費用負担により行い，又は行わせることができる。

⑵　作為が，物に対する有形力の行使を必要とするときは，執行官庁は，身体による有形力の行使及びそのための補助手段の使用を命ずることができる。

⑶　費用については，代執行の戒告においてその概算見積額を提示するものとする。執行官庁は，義務者に対し当該概算見積額の支払を求めることができる。代執行の実施によって超過費用が生ずる場合には，超過額を事後徴収することができる。過剰に徴収された費用については，義務者に還付するものとする。

⑷　義務者が，代執行費用又はその概算見積額を期限設定に係る期限までに支払わないときは，義務者は，当該費用額に当該期限から支払日までの間について，法定基本利子率に5％を上乗せした利息を支払わなければならない。当該利息が少額の場合には，徴収しないことができる。当該利息のほかに，延納追徴金は課せられない。

第75条　受忍及び不作為の実現

　義務者が受忍義務又は不作為義務を履行しない場合には，執行官庁は義務者の費用負担により，さらなる不履行を阻止するために必要な措置をとり，又はとらせることができる。この場合には，第74条第2項から第4項までの規定を準用する。

175

関連主要参照条文編

第76条　強制金

(1) 他の者が義務者に代わって行うことのできない作為（非代替的作為）に係る義務又は受忍若しくは不作為に係る義務が全く又は不十分なかたちでしか履行されないときは，執行官庁は，義務者に対し，強制金の賦課決定によって，命ぜられた作為，受忍又は不作為を促すことができる。代替的作為についても，義務者に対し強制金の賦課決定によってその実行を促すことができる。

(2) 強制金の額は，最低10ユーロ以上最高50,000ユーロ以下とする。

(3) 次の各号に該当するときは，強制金決定に係る新たな戒告は行わないことができる。
　　　１．強制金による強制執行が奏功しないとき
　　　２．強制金が新たに同額で決定されたとき
　　　３．義務者が当初の強制金の戒告に際して，前2号の可能性を示唆されたとき

第76a条　代償強制拘留

(1) 強制金が実効的でないときは，行政裁判所は，強制金の戒告においてその適用の警告がなされているときは，執行官庁の申立てにより代償強制拘留を命ずることができる。代償強制拘留は，最短1日以上最長2週間以下とする。

(2) 代償強制拘留は，執行官庁の申立てにより司法行政が民事訴訟法第802g条第2項及び第802h条の規定により執行する。

ヘッセン州建築法（2018.05.28 最新改正）

第81条　建築工事の中止

　施設が公法上の規定に違反して建設され，改修され，取り壊され又は除却される場合は，建築監督官庁は当該工事の中止を命ずることができる。前段は特に次の場合に適用される。
　　　１．建設計画の施工が第75条第1項から第3項までの規定に違反して開始され，あるいは，
　　　２．当該建設工事が，
　　　　　a）許可を必要とする建設計画が許可された又は第69条第3項により届け出られた建設計画と異なる内容で実施され，又は，
　　　　　b）第64条により許可を必要としない建築工事が届出に係る書類と異なる内容で実施されているとき。
　　　３．EU指令第305/2011号に違反してCEマークが，又は第24条の規定に違反してÜマークのない建築用製品が使用されているとき
　　　４．不正にCEマーク（第19条）又はÜマーク（第24条第3項）が表示されている建築用製品が使用されているとき。

第82条　使用禁止，除却命令

(1) 施設が，公法上の規定に違反して建設され又は改修されるときは，建築監督官庁は，他の方法では合法的な状態を実現することができないときは，その全部又は一部の除却

を命ずることができる。前段の施設が，公法上の規定に違反して使用されているときは，当該使用を中止させることができる。

(2)　建築監督官庁は，必要な手続を行い，又は第64条第3項第1段の規定により必要な建設図書の提出を命ずることができる。

バイエルン州行政送達・行政執行法（2018.05.15 最新改正）

第23条　強制執行の特別要件

(1)　公法上の金銭支払を命ずる行政行為（支払命令）は，次の各号に該当する場合に強制執行することができる。

　　　１．支払義務者に当該行政行為が送達されているとき。

　　　２．支払命令の期限が到来しているとき。

　　　３．支払義務者に対し，命令を発した官庁，同官庁を担当する会計部局又は支払窓口から，支払期限の到来後に，封緘した書簡，着払い又は土地慣行の公的公示方法により，少なくとも1週間の期間内に支払うべきこと（督促）を行ったが支払がなされないとき。

(2)　物税の決定及び徴収に際して発出される行政行為については，送達に代えて第17条による送付によることができる。

(3)　督促は，重要な公共の利益のために即時の執行が必要なとき又は督促により強制執行の目的達成が阻害されるおそれがあるときは行わないことができる。

第3章　作為，受忍又は不作為を命ずる行政行為の執行

第29条　行政強制の要件；強制手段

(1)　物の引渡し，その他の作為，受忍又は不作為の履行を命ずる行政行為は，本章の規定により，強制手段により強制執行することができる（行政強制）。

(2)　強制手段は，次のものとする。

　　　１．強制金（第31条）

　　　２．代執行（第32条）

　　　３．代償強制拘留（第33条）

　　　４．直接強制（第34条）

(3)　強制手段は，その目的に照らし適切なものでなければならない。強制手段は，相手方及び公共の利益に対する侵害を最少限にするように定めなければならない。

(4)　（略）

第31条　強制金

(1)　作為，受忍又は不作為の義務が全く又は不十分なかたちでしか履行されず，あるいは相応の時期までに履行されないときは，執行官庁は強制金により義務者に履行を促すことができる。

(2)　強制金の額は，最低15ユーロ以上最高50,000ユーロ以下とする。強制金は，義務者

関連主要参照条文編

が当該作為又は不作為によって得る経済的利益に相当する額に達していなければならない。法定上限額がこれに満たない場合は，強制金の額は法定上限額を超過することができる。義務者の経済的利益の額は，羈束裁量によって算定するものとする。

(3) 強制金は，第2章の規定に基づき徴収されるものとする。その場合において，強制金の戒告（第36条）は，第23条第1項に規定する支払命令となる。第1項の義務が第36条第1項第2段の期限までに履行されないときは，強制金の支払命令の期限が到来した（第23条第1項第2号）ものとする。

第32条　代執行

他の者によっても行うことのできる作為（代替的作為）に係る義務が，全く，若しくは不十分なかたちでしか又は相応の時期までに履行されないときは，執行官庁は，当該作為を義務者の費用負担により行わせることができる。代執行は，強制金が奏功しないと認められるときに限り許容される。

第33条　代償強制拘留

(1) 強制金の適用が実効的でなく，かつ直接強制も奏効することが見込めないときで，強制金の戒告において義務者に対し代償強制拘留の適用が警告されている場合には，行政裁判所は，執行官庁の申立てにより義務者を聴聞したうえで，決定により代償強制拘留を命ずることができる。

(2) 代償強制拘留の期間は，最短1日以上最長2週間以下とする。

(3) 代償強制拘留は，執行官庁の申立てにより，司法行政が民事訴訟法第802g条第2項，第802h条及び第802j条第2項の規定により執行するものとする。

第34条　直接強制

他の許容される強制手段が目的を達せず，若しくはそれらが義務者に対して直接強制よりも相当重大な不利益を与えるとき，又はそれらの適用が目的適合的な適時の効果を期待できないときは，執行官庁は行政行為を直接強制によって執行することができる。執行官庁は，代執行に対して抵抗がなされるときも直接強制を適用することができる。

第36条　強制手段の戒告

(1) 強制手段は，第34条第2段及び第35条の場合を除き，書面により戒告しなければならない。その場合，義務の履行のために義務者が義務を履行するために適切と認められる期限を定めなければならない。

(2) 戒告は，作為，受忍又は不作為を命ずる行政行為と併せて行うことができる。戒告は，迅速な執行が命ぜられ，又は法的救済の提起が執行停止効を生じないときは，行政行為と併せて行わなければならない。

(3) 戒告は，特定の強制手段について行わなければならない。複数の強制手段を同時に適用するとする戒告を行ってはならない。

バイエルン州建築法

(4) 代執行により作為を義務者の費用負担により実施するときは，戒告において概算見積額を提示しなければならない。戒告において，当該概算見積額が代執行の実施前に支払期限が到来することを定めることができる。代執行の費用が概算見積額を超過した場合は，当該超過額を事後徴収することができる。

(5) 強制金は，特定された金額で戒告しなければならない。

(6) 強制手段は，刑罰又は過料と併せて戒告することができる。新たな戒告は，先行する強制手段の戒告が奏功しないときに限り許容される。

(7) 戒告は送達されなければならない。戒告がその基礎となる行政行為と併せて行われる場合で，当該行政行為については送達がなされないときも同様である。

第37条　強制手段の適用

(1) 戒告において定められた期限までに義務が履行されないときは，執行官庁は，戒告された強制手段を適用することができる。強制手段は，義務が履行されるまで，必要な期間にわたり繰り返して適用することができる。特定の行政行為を強制するために決定される代償強制拘留は，合計して最長4週間を超えて適用することはできない。

(2) 直接強制の適用のために，警察官の動員が必要な場合には，当該地区を所管する担当派出所は，執行官庁の求めに応じて支援を行うものとする。

(3) 行政強制の執行を命じられた執行官庁の職員及び警察官は，強制執行の目的を達するために必要な場合は，義務者の住居に立ち入り，施錠された門扉ないし貯蔵庫を開扉することができる。夜間（第5条第3項第2段），日曜日及び法定祝日においては，強制手段の適用は，執行官庁の書面による許可を得て行わなければならない。

(4) 強制手段の適用は，義務者がその義務を履行したときは直ちに中止されるものとする。戒告された強制金は，強制金の戒告によって強制されるべき受忍義務又は不作為義務の不履行があった場合には，徴収することができる。さらなる不履行のおそれがなくなった場合には，執行官庁はその徴収が特別に苛酷なものとなる場合には，当該徴収を行わないことができる。

バイエルン州建築法（2007.08.14 最新改正）

第55条　原則

(1) 施設の建設，改修及び用途の変更は，第56条から第58条まで，第72条及び第73条に別段の定めがない限り，建築許可を得なければならない。

(2) （略）

第75条　建築工事の中止

(1) 施設が，公法上の規定に違反して，建設され，改修され，又は除却されるときは，建築監督官庁は，当該工事の中止を命ずることができる。次の各号に掲げる場合も，同様とする。

　　1．建設計画の施工が，第68条第5項の規定に違反して開始され，又は，

関連主要参照条文編

　　２．建設工事において，
　　　　ａ）許可を必要とする建設計画が，許可された建設計画と
　　　　ｂ）許可を必要としない建設計画が，届出に係る書類と
　　　　それぞれ異なる内容により，施工されているとき
　　３．EU 指令第 305/2011 号に違反して CE マークが，又は第 21 条の規定に違反して Ü
　　　　マークがそれぞれ表示されていない建築用製品が使用されているとき
　　４．不正に CE マークが又は第 21 条第 2 項第 2 段の規定に違反して Ü マークが表示
　　　　されている建築用製品が使用されているとき
⑵　許容されない建設工事が書面又は口頭によりなされた中止命令に従わずに続行される
　　場合は，建築監督官庁は建設工事現場を封印し，又は建設工事現場に置かれている建築
　　用製品，建築工具，建設機械及び建設資材を差し押さえることができる。

ハンブルク州行政執行法（2013.05.21 最新改正）

第 2 章　作為，受忍及び不作為の強制

第 11 条　強制手段

⑴　作為，受忍又は不作為を実現するための執行については，執行官庁の羈束裁量により
　　次の強制手段を適用することができる。
　　１．代執行（第 13 条）
　　２．強制金の決定（第 14 条）
　　３．直接強制（第 15 条，第 17 条から第 19 条まで）
　　４．強制拘留（第 16 条）
⑵　（略）

第 12 条　強制手段の選択と適用

⑴　強制手段は，それが目的達成のために適切なものであり，かつ義務者及び公共の利益
　　を必要以上に侵害しないものを選択し適用しなければならない。
⑵　強制手段は，刑罰又は過料と併せて適用することができ，命令が履行され，又は他の
　　方法によって実現されるまでの間反復して又は他の強制手段に切り替えて適用すること
　　ができる。

第 13 条　代執行

⑴　他の者によっても行うことができる作為（代替的作為）をなす義務が，全く，又は不
　　十分なかたちでしか履行されないときは，執行官庁は当該作為を自ら行い，又は他の官
　　庁若しくは第三者に行わせることができる。義務者及び義務者と動産又は不動産を共同
　　保有している者は，代執行を受忍する義務を負う。
⑵　代執行の費用は義務者が負担するものとする。当該費用は，執行官庁が決定する。執
　　行官庁は，義務者に対し当該費用の概算見積額の事前支払いを命ずることができる。こ
　　の命令に対して提起された法的救済は，執行停止効を生じない。代執行費用は，それが

180

極めて不適切な額である場合には，徴収することができない。

(3) 義務者が代執行費用又はその概算見積額を定められた期限までに支払わないときは，義務者は，当該費用額に当該期限から支払日までの間について，法定基本利子率に5％を上乗せした利息を支払わなければならない。当該利息が少額の場合には，徴収しないことができる。

(4) 1986年5月5日の手数料法（ハンブルク州法律官報37頁）最新改正2010年12月14日（ハンブルク州法律官報667頁）の最新公布条文が適用される。

第14条　強制金

(1) 強制金は，代替的又は非代替的作為及び受忍又は不作為を強制するために適用しうる。

(2) 強制金は，執行されるべき行政行為と併せて又は執行されるべき公法上の契約において賦課決定することができる。この場合においては，当該賦課決定は，義務者が命ぜられた作為を期限までに行わず，又は受忍若しくは不作為に係る義務に違反し，8条の要件を充たすときに効力を生ずる。

(3) 強制金の賦課決定は，受忍又は不作為を強制するためには，将来これらの義務に違反したときに，作為を強制するためには，定められた将来の期限までに当該作為がなされなかったときにすることができる。当該賦課決定がなされても，執行の目的が達成され，又はさらなる受忍若しくは不作為に係る義務の違反が明らかに生じないと認められるときは，もはや執行することはできない。

(4) 個別の強制金の上限額は，1,000,000ユーロとする。強制金の額の算定にあたっては，義務者が命令に従わないことによって得る利益及び義務者の経済的な支払能力を考慮するものとする。

第15条　直接強制

(1) 直接強制の適用については，第17条から第19条までの場合においても，1966年5月16日の公共の安全及び秩序の保護に関する法律（ハンブルク州法律官報77頁）最新改正2012年12月4日（ハンブルク州法律官報510頁，518頁）の最新公布条文による。

(2) （略）

第16条　強制拘留

(1) 強制拘留は，他の強制手段が奏功しないとき及びこれを反復し，又は別の強制手段に切り替えても明らかに目的を達成できないときに適用することができる。

(2) 強制拘留は，最短1日以上の期間で命ずることができる。その期間は，同一の違反について反復してこれを命ずる場合においても，合計して6週間を超えてはならない。

(3) 強制拘留の命令は，執行官庁の申立てにより，行政裁判所の拘留命令により行う。その手続は，2008年12月17日公布（連邦官報第I部2586-2587頁）最新改正2012年3月15日（連邦官報第II部178頁）の家庭事件及び非訟事件の手続に関する法律第7編並びに行政裁判所法の定めるところによる。

関連主要参照条文編

(4) 義務者の拘留は，執行官により執行される。民事訴訟法第802g条第1項第2段及び第3段，第2項第2段並びに第802h条の規定を準用する。

(5) 強制拘留は，執行官庁の申立てにより，州司法行政により執行される。

(6) 拘留の費用は，義務者から徴収する。費用の額は執行官庁により決定される。

ハンブルク州公共の安全と秩序に関する法律（2016.12.08 最新改正）

第2章　危険回避措置

第7条　直接的実施

(1) 直接的実施に係る措置は，他の方法では公共の安全若しくは秩序に対する直接的に切迫した危険を回避しえず，又は公共の安全又は秩序に対する阻害を除去しえない場合にのみとることができる。

(2) 当該措置によって相手方に対する不利益が生ずるときは，その者に対して遅滞なく通知しなければならない。

(3) 行政官庁は，直接的実施に係る費用を，第8条及び第9条による責任者に対し，行政強制に係る費用と同等の額によって支払うことを要求することができる。手数料法による費用の徴収は妨げられない。

第3章　直接強制

第17条　適用領域

(1) 危険回避措置において直接強制が実施されるときは，本章の規定が適用される。直接強制が許容される他のすべての場合も同様である。

(2) この章の規定による直接強制は，それが拘束の確保や施設の秩序保持のために必要であるときは，職権による拘束下にある又は公の施設に収容されている人に対しても行うことができる。

(3) 他の法律における直接強制の種類及び実施方法に関する特別の規定の適用は妨げられない。

第18条　直接強制の形式

(1) 直接強制は，人又は物に対する身体による又は補助具若しくは武器を使用して行う有形力の行使である。

(2) 身体による有形力の行使とは，人又は物に対する身体によるあらゆる直接的な有形力の行使である。

(3), (4)　（略）

ハンブルク州建築法（2018.01.23 最新改正）

第75条　工事中止

(1) 施設が公法上の規定に違反して建設され，改修され，又は除却されるときは，建築監督官庁は，工事の中止を命ずることができる。次の各号に掲げる場合も同様とする。

シュレスヴィヒ・ホルシュタイン州一般行政法

1．建設計画の施工が，第72a条の規定に違反して開始されたとき

2．建設計画の施工が，建築許可の内容と異なるかたちで施工されているとき

3．EU指令第305/2011号に違反してCEマークが，又は第22条に違反してÜマークが表示されていない建築用製品が使用されているとき

4．不正にCEマーク又はÜマーク（第22条第3項）が表示されている建築用製品が使用されているとき

　工事の中止は，口頭により命ずることもできる。

⑵　許容されない工事が中止命令に違反して続行されるときは，建築監督官庁は，工事現場を封印し，又は工事現場にある建築用製品，建築工具，建設機械及び建築補助具を職権により差し押さえることができる。

第76条　合法的な状態の実現

⑴　施設が公法上の規定に違反して建設され，又は改修されるときは，建築監督官庁は，他の方法では合法的な状態を実現することができないときには，当該施設の全部又は一部の除却を命ずることができる。

⑵～⑷　（略）

シュレスヴィヒ・ホルシュタイン州一般行政法（2018.09.25最新改正）

第4節　行政行為及び公法上の契約による行政作用

第1款　一般原則

第73条　裁量

⑴　行政庁は，権限を行使することあるいはどのような方法で権限を行使するかについての法規定の定めがないときは，行政庁に与えられた権限の範囲内で，客観的な観点から公共の利害と個人の利害を衡量して当該行政官庁がとるべき措置を決定する（羈束裁量）。

⑵，⑶　（略）

第218条　人の行為による責任

⑴　公共の安全が人の行為によって阻害され，又は個別の場合において危険にさらされているときは，当該阻害又は危険をもたらした人が責任を負う。

⑵，⑶　（略）

第4章　作為，受忍又は不作為の強制

第1節　一般的強制執行手続

第228条　基本原則

⑴　物の引き渡し，作為，受忍又は不作為を命ずる行政行為は，行政強制の手段により執行することができる（強制執行）。

⑵　強制執行は，第229条から第249条までに定めるところにより，これらの規定による別段の定めがない限り，この法律のその他の規定の定めるところによる。

183

関連主要参照条文編

第229条　行政行為に係る強制執行の要件
⑴　行政行為の強制執行は，次の各号に掲げる要件を充たす場合に行うことができる。
　　1．行政行為が不可争力を得ているとき，又は
　　2．法的救済が執行停止効を生じないとき
⑵　代執行による又は直接強制の適用による行政行為の強制執行においては，次の各号に該当する場合には，前項の規定によらないことができる。
　　1．他の方法では，公共の安全に対する現在の危険を回避することができないとき又は
　　2．違法な行為又は過料が適用される行為を，他の方法では阻止することができないとき

第230条　即時執行
⑴　行政行為を先行させない行政強制（即時執行）は，他の方法では現在の危険を回避することができず，かつ行政庁がこれについて法的権限を有するときは，代執行又は直接強制として実施することができる。同制度は，義務者に対する措置が全く又は適時に行えないときに特に適用される。即時執行の要件に関する特別の定めとなる規定の適用は妨げられない。
⑵　代執行を即時執行する場合には，相手方に対し遅滞なく告知されなければならない。
⑶　即時執行については，別段の定めのない限り，次条以下に定める行政行為の強制執行に係る規定を準用する。

第235条　強制手段
⑴　強制手段は，次に掲げるものとする。
　　1．強制金（第237条）
　　2．代執行（第238条）
　　3．直接強制（第239条）
⑵　強制手段は，刑罰又は過料と併せて適用することができ，相手方が行政行為に従うことにより，又は他の方法でその目的が達成されるまでの間，反復し又は強制手段を切り替えて適用することができる。

第236条　強制手段の戒告
⑴　強制手段は，書面により戒告されなければならない。第229条第1項第2号及び第2項並びに第230条に定める要件を充たす場合には，強制手段は，口頭で戒告し，又は戒告を行わないことができる。
⑵　戒告においては，義務者に対し義務の履行を期待しうる適切な期限を定めなければならない。受忍又は不作為を強制する場合には，期限を定める必要はない。
⑶　戒告は，強制執行されるべき行政行為と併せて行うことができる。戒告は，迅速な執行が命ぜられ，又は法的救済が執行停止効を生じない場合（第229条第1項）には，行

シュレスヴィヒ・ホルシュタイン州一般行政法

政行為と併せて行わなければならない。

(4) 戒告は，特定の強制手段について行わなければならない。複数の強制手段が戒告される場合は，どの順番で適用されるかを提示しなければならない。執行官庁が複数の強制手段からの選択を留保する戒告は許容されない。

(5) 強制金は，特定の金額により戒告しなければならない。

(6) 代執行（第238条）を適用する場合には，戒告において費用の概算見積額を提示しなければならない。事後的な追徴を行う権利は，妨げられない。

第237条　強制金

(1) 強制金は，次のいずれかの場合に適用することができる。

　　1．義務者に作為義務を履行することを促すとき

　　2．義務者が措置の受忍又は不作為に係る義務に違反するとき

(2) 強制金は，書面により賦課決定しなければならない。

(3) 強制金は，最低15ユーロ以上最高50,000ユーロ以下とする。

第238条　代執行

(1) 他人が行うことのできる作為を行う義務が履行されないときは，執行官庁は，義務者の費用負担により，当該行為を代わって行い，又は受任者に行わせることができる（代執行）。

(2) 執行官庁は，義務者に対し，代執行費用の概算見積額を事前に支払うことを命ずることができる。

第239条　直接強制

　　代執行若しくは強制金が奏功せず，又はこれらが実施困難な場合は，執行官庁は，直接強制により，当該作為を自ら行い，又は義務者に作為，受忍若しくは不作為を強制することができる。

第240条　代償強制拘留

(1) 強制金が実効的でないときで，強制金の戒告においてその適用が警告されているときは，行政裁判所は執行官庁の申立てにより代償強制拘留を命ずることができる。

(2) 代償強制拘留は，執行官庁の申立てにより司法行政が民事訴訟法第802g条第2項及び第802h条第2項の規定により執行する。

第241条　強制執行の中止

(1) 次の場合には，強制執行を中止するものとする。

　　1．行政行為が取り消されたとき

　　2．行政行為の強制執行が停止されたとき

　　3．法的救済の提起により執行停止が命ぜられ，又は執行停止効が回復されたとき

185

関連主要参照条文編

　　4．強制執行の目的が達せられたとき

　　5．受忍義務又は不作為義務のさらなる不履行が見込まれないとき

⑵　執行担当職員（第252条）は，執行中止の義務が明確に生じていると認められる事実関係が証明された場合に限り，さらなる強制執行措置の適用を中止する義務を負う。

第5章　公法上の金銭債権の強制執行

第1節第1款　一般規定

第262条　基本原則

⑴　公行政主体の公法上の金銭債権については，行政上の強制徴収（強制執行）がなされる。

⑵　強制執行は，第263条から第322条までに定めるところにより，これらの規定による別段の定めがない限り，この法律のその他の規定の定めるところによる。

シュレスヴィヒ・ホルシュタイン州建築法（2016.06.08 最新改正）

第59条　建築監督官庁の任務及び権限

⑴　建築監督官庁は，施設の建設，改修，用途の変更及び除却並びに使用及び維持補修について，覊束裁量により，公法上の規定及び同規定に基づいて発せられた命令が遵守されるように監督しなければならない。同官庁は，覊束裁量により必要な措置を講じなければならない。

⑵　建築監督官庁は，前項第2段の定めるところにより，特に次の各号に掲げる権限を有する。

　　1．施設が公法上の規定に違反して建設され，改修され又は除却されるときに，当該工事の中止を命ずること；特に，次に掲げる場合も含む。

　　　a）建設計画の施工が，第73条第6項及び第8項の規定に違反して開始され，又は

　　　b）当該施工において，

　　　　aa）許可を要する建設計画が，許可された建設図面等と

　　　　　又は

　　　　bb）許可を要しない建築計画が，届け出られた書類の内容と

　　　　　それぞれ乖離しているとき

　　　c）第18条第1項に違反して，CEマーク又はÜマークが表示されていない建築用製品が使用されているとき

　　　d）不正にCEマーク（第18条第1項第1段第2号）又はÜマーク（第23条第4項）が表示されている建築用製品が使用されているとき

　　2．第23条に違反してÜマークが表示されている建築用製品の使用を禁止し，当該表示を無効にし，又は削除させること

　　3．公法上の規定に違反して建設され又は改修され，他の方法では合法的な状態とすることができない，又は当該施設の現状のままでは継続的に使用することができな

いと認められる施設の全部又は一部の除却を命ずること

　　４．公法上の規定に違反して使用されている施設の使用を禁止すること

　　第７条第１項に違反する場合においては，第１段第３号及び第４号を準用する。

⑶　許容されない建設工事が，前項第１号に基づき書面又は口頭によりなされた中止命令に従わずに続行される場合は，建築監督官庁は，建設工事現場を封印し，又は建設工事現場にある建築用製品，建築工具，建設機械及び建築資材を職権により差し押さえることができる。

⑷　建築監督上の許可その他の措置は，権利承継人に対しても効力を有する。

⑸～⑺　（略）

参考）旧第85条　建設工事の中止（：改正により第59条に統合。）

⑴　次の各号のいずれかに該当する場合には，当該建設工事の中止を命ずることができる。

　　１．許可を要する又は第83条に基づく承認を必要とする建設計画又は第74条第１項にいう建設計画の施工に係る工事が，第78条第６項及び第８項の規定に違反して開始されるとき

　　２．建設計画の施工に係る工事が，許可された建築許可申請書類若しくは第74条第９項第１段の規定による届出に係る建設計画書類の内容と乖離して又は公法上の規定に違反して行われているとき

　　３．不正にCEマーク（第23条第１項第１段第２号）又はÜマーク（第28条第４項）が表示されている建築用製品が使用されているとき

⑵　許容されない建設工事が書面又は口頭によりなされた中止命令に従わずに続行される場合は，建築監督官庁は建設工事現場を封印し，又は建設工事現場に置かれている建築資材，建築部材，建築工具，建設機械及び建築補助具を職権により差し押さえることができる。

ノルトライン・ヴェストファーレン州行政執行法（2016.07.08 最新改正）

第55条　行政強制の要件

⑴　作為，受忍又は不作為の義務を課す行政行為は，当該行政行為が不可争力を得，又は法的救済の提起が執行停止効を生じない場合は，強制手段により強制執行することができる。

⑵　行政強制は，現在の危険を回避するために必要であり，執行官庁が権限を有しているときは，先行する行政行為なしに適用することができる。

⑶　行政行為が物の引渡義務を課すものであり，その相手方がその物の所有を否認しているときは，第44条第３項及び第４項を準用する。

第57条　強制手段

⑴　強制手段は，次に掲げるものとする。

　　１．代執行（第59条）

関連主要参照条文編

　　2．強制金（第60条）

　　3．強制明渡（第62a条）を含む直接強制（第62条）

⑵　強制手段の適用においては，第63条及び第69条の規定により戒告を行わなければならない。

⑶　強制手段は，刑罰又は過料と併せて適用することができ，行政行為に係る義務が履行されるまで，又は他の方法により行政行為の目的が実現されるまで，反復し，あるいは強制手段を切り替えて適用することができる。受忍又は不作為の強制においては，相手方の不服従が生ずるたびごとに，強制手段を決定することができる。

第58条　比例原則

⑴　強制手段は，その目的に照らし適切なものでなければならない。強制手段は，個人及び公共の利益への侵害が最小限となるように決定しなければならない。

⑵　強制手段によって生ずると予想される侵害は，達成しようとする目的に対して比例的な限度を超えて生じることが予見されるものであってはならない。

⑶　直接強制は，他の強制手段によっては目的を達することができない場合又はその実施が困難な場合においてのみ適用することができる。直接強制の適用においては，複数の適用可能な相応しい措置のうちから，個人及び公共の利益への侵害が最小限となる措置を選択しなければならない。

第59条　代執行

⑴　他の者によって履行することが可能な作為（代替的作為）に係る義務が履行されないときは，執行官庁は相手方の費用負担により，当該作為を自ら又は他の者にその実施を委任することにより実施することができる。相応の費用請求は直ちに執行することができる。

⑵　相手方に対し，代執行費用の概算見積額を事前に支払うよう命ずることができる。相手方が代執行費用又は代執行費用の概算見積額を期限までに支払わない場合は，行政上の強制徴収手続によりこれらを強制的に徴収することができる。費用の概算見積額の強制徴収は，相手方が命じられた作為を行った場合は，中止されるものとする。

⑶　相手方が，代執行費用を定められた期日までに支払わない場合は，相手方は，当該期日から支払日までの利息を支払わなければならない。その場合の年利子率は，民法典第247条に定める法定基本利子率に5％を加えたものとする。利息の額が50ユーロ未満の場合は，その徴収は行わないことができる。当該利息は，行政上の強制徴収手続により，強制徴収されるものとする。

⑷　代執行の土地に係る費用は，当該土地又は土地と同様の権利に係る公的負担とする。

第60条　強制金

⑴　強制金は，10ユーロ以上100,000ユーロ以下の額で書面により決定するものとする。強制金の額の算定においては，相手方が行政行為に従わないことによって得る経済的利

ノルトライン・ヴェストファーレン州行政執行法

益を考慮するものとする。この強制手段は，必要な限り反復して適用することができる。

⑵　強制金の賦課決定においては，相手方に対し適切な支払期限を設定するものとする。

⑶　相手方が強制金を所定の期限までに支払わないときは，行政上の強制徴収手続により強制徴収するものとする。強制徴収は，相手方が命じられた作為を行い，又は受忍すべき措置を受け入れた場合には，直ちに中止するものとする；強制金の戒告により強制される受忍又は不作為に係る義務に違反した場合には，強制金は強制徴収され，その場合には第 26 条を準用する。

第 61 条　代償強制拘留

⑴　強制金が実効的でないときは，行政裁判所は，執行官庁の申立てにより，強制金の戒告において又は事後にその適用について警告がなされている場合には，代償強制拘留を命ずることができる。代償強制拘留の期間は，1 日以上 2 週間以内とする。

⑵　代償強制拘留は，執行官庁の申立てにより，司法行政によって民事訴訟法第 802g 条から第 802j 条までの規定により執行するものとする。

第 62 条　直接強制

⑴　執行官庁は，他の強制手段が考慮に値しない場合，奏功しない場合又は合目的的でない場合において，直接強制を適用することができる。直接強制の種類及び執行方法については，第 66 条から第 75 条までの規定を適用する。

⑵　意思表示をさせるための直接強制は，行うことができない。

第 62a 条　強制明渡

⑴　執行債務者が不動産，部屋又は船舶を，引き渡し，又は明け渡すべきときは，その占有を解除することができる。強制明渡の時期は，執行債務者に対し，事前の適切な時点において通告されなければならない。

⑵　強制執行の目的物ではない動産は，執行債務者に又は同者が不在の場合は，その代理人又は同者の世帯又は営業所に属する成人に引き渡し，又は処分させるものとする。

⑶　執行官庁が，前項の手続をとることができないときは，執行官庁は当該物件を保管し，又はその他の方法で寄託するものとする。執行債務者に対し，当該物件を所定の期限までに引き取ることを命ずることができる。執行債務者がこの命令に従わないときは，執行官庁は，第 30 条から第 37 条までの規定を準用して，当該物件を公売にかけ，売上金を執行官庁の所在地を管轄する区裁判所に供託するものとする。公売に付すことができない物件については，執行官庁は，その所有者に告知したうえで，同者の費用負担によりこれを廃棄することができる。

第 63 条　強制手段の戒告

⑴　強制手段は，書面により戒告されなければならない。戒告においては，相手方に義務の履行のために適切な期間を定めなければならないが，受忍又は不作為を強制するとき

189

関連主要参照条文編

は，この期間を定めることを要しない。行政行為が確定力を得ず，かつ即時に執行できるものでないときは，前段の期間は，法的救済の提起期間より短く設定してはならない。履行期間の開始時点として送達の時点又はその他の時点が定められているときは，法的救済の提起により執行停止効が生じない限りにおいて，これらの時点に代えて確定力の発生時点から当該期間が開始する。戒告を行う余地のない状況にあるとき，特に現在の危険を回避するために強制手段の即時の適用が必要なとき（第55条第2項）は，戒告を行わないことができる。

(2) 戒告は，作為，受忍又は不作為を命ずる行政行為と併せて行うことができる。法的救済の提起が執行停止効を生じないときは，戒告は行政行為と併せて行わなければならない。

(3) 戒告は，特定の強制手段について行わなければならない。複数の強制手段を戒告するときは，いかなる順番でそれらが適用されるかを示さなければならない。

(4) 代執行を戒告するときは，戒告において費用の概算見積額を提示しなければならない。

(5) 強制金は特定の額により戒告しなければならない。

(6) 戒告は送達しなければならない。戒告がその基礎となる行政行為と併せて行われ，当該行政行為を送達すべきことが定められていないときも同様とする。

第64条　強制手段の決定

　義務が戒告において定められた期間内に履行されないときは，執行官庁は強制手段を決定する。即時執行（第55条第2項）においては，この決定を要しない。

第65条　強制手段の適用

(1) 強制手段は，決定に従って適用される。

(2) 相手方が代執行又は直接強制に際して抵抗するときは，実力の行使によりこれを阻止することができる。警察は，執行官庁の要請により，執行の支援を行う。その際においては，警察はノルトライン・ヴェストファーレン州警察法に定める補助手段を用いて身体による有形力を行使し（同法第58条第3項），及び同法第61条，第63条から第65条までの規定に従って許容された武器（同法第58条第4項）を使用することができる。

(3) 次の場合には，直ちに強制執行を中止するものとする。

　　a）目的が達成されたとき

　　b）相手方が強制された義務の履行をなしえなくなったとき　又は

　　c）執行の要件が事後的に充たされなくなったとき　第60条第3項の適用を妨げない。

ノルトライン・ヴェストファーレン州建築法（2016.12.15 最新改正）

第1条　適用範囲

(1) この法律は，建築施設及び建築用製品に適用する。同様に，この法律又はこの法律に基づく法令の規定に基づいてなされる命令の対象となる土地並びに他の施設及び設備に

ノルトライン・ヴェストファーレン州建築法

ついても適用する。

(2) （適用除外：略）

第10条　屋外広告施設及び自動販売機

(1) 屋外広告施設（広告施設）は，営業又は職業についての告知，宣伝又は案内を表示する固定式の設備とする。同施設は，特に看板，文字表示，壁面彩色，電光広告，ショーケース並びにビラ，湾曲広告又は電光広告のために設置された広告柱，広告板及び広告面を含む。

(2) 建築施設である広告施設については，この法律で建築施設について定められた要求が適用される。建築施設でない広告施設は，建築施設，街路，周辺の景観を阻害し，又は交通の安全及び秩序に危険を及ぼしてはならない。前段の阻害は，広告施設が緑化された土地の眺めを遮断し，又は建築施設の統一的な形成及び建築様式上の構成への阻害を含む。広告施設の設置管理により，侵害的な環境影響をもたらしてはならない。広告施設の阻害的な集積は許容されない。

(3)〜(6) （略）

旧第61条　建築監督官庁の任務及び権限

(1) 建築監督官庁は，建築施設並びに第1条第1項第2段に規定する他の施設及び設備の建設，改修，除却，使用，用途の変更及び維持補修について，公法上の規定及びこれらの規定に基づき発せられた命令が遵守されているかを監督しなければならない。同官庁は，この任務を遂行するため，羈束裁量により必要な措置を講じなければならない。このことは，法に定められた他の行政官庁の所管及び権限を変更するものではない。

(2) 建築監督官庁は，建築施設の建設又は改修について，街路や周辺の景観に対する阻害を防止し，若しくは除去するため，又は敷地表面と交通施設若しくは隣接土地との高さを均一化するため，敷地表面を保持し，又は改良することを命ずることができる。

(3) 第77条による建築許可又は第81条による同意を行った後においても，これらの処分時においては予見しえなかった公共の危険又は公共の利益に対する不当な侵害又は建築施設を使用することにより生ずるそれらを回避するために，必要な命令を行うことができる。前段の規定は，建築施設又は第1条第1項第2段に規定する他の施設若しくは設備が，許可又は承認を得ずに設けられた場合に準用する。

(3)〜(4) （略）

(5) 建築用製品に第24条第4項に違反してÜマークが表示されているときは，建築監督官庁は，当該建築用製品の使用を禁じ，かつその表示を無効にし，又は除去させることができる。

(6) 次の各号に該当する建築用製品が使用されているときは，建設工事の中止を命ずることができる。

　　1．EU指令第305/2011号に違反してCEマークが表示されておらず，又は第24条第4項に違反してÜマークが表示されていないとき

関連主要参照条文編

2．EU 指令第 305/2011 号による CE マーク又は Ü マークが不正に表示されているとき

(7)　建築監督官庁は，建築施設が次の各号に該当するときは，その除却を命ずるものとする。

1．建築許可を得ずに建設され，

2．既存不適格の扱いをされないとき

3．無許可で用途の変更が行われているとき

（以下略）

(8)　（略）

※なお，2018 年 7 月 21 日に全面改正された同州建築法では，第 81 条第 2 項（次掲）で，他の多数の州と同様の「封印措置等を定める条項」を新たに設けている。

第 81 条　建設工事の中止

(1)　施設が公法上の規定に違反して，建設され，改修され，又は除却されるときは，建築監督官庁は，当該工事の中止を命ずることができる。（以下，略）

(2)　許容されない建設工事が，書面又は口頭によりなされた中止命令に従わずに続行される場合は，建築監督官庁は工事現場を封印し，又は建設工事現場に置かれている建築用製品，建築工具，建設機械及び建築補助具を職権により差し押さえることができる。

チューリンゲン州行政送達・行政執行法（2015.09.23 最新改正）

第 4 章　作為，受忍又は不作為を命ずる行政行為の強制執行

第 44 条　行政強制の要件及び強制手段

(1)　第 43 条による行政行為は，第 19 条に定める要件のもとで，本章の規定に基づき強制手段によって強制することができる。

(2)　強制手段は，次に掲げるものとする。

1．強制金（第 48 条）

2．代執行（第 50 条）

3．意思表示の擬制（第 50a 条）

4．直接強制（第 51 条）

(3)　官庁及び公法上の法人に対する強制執行は，法律により又は法律に基づいて特別に許容されている場合に限り，行うことができる。

第 45 条　比例原則

(1)　強制手段の選択及び適用は，その目的に照らし適切なものでなければならない。

(2)　複数の強制手段の適用が想定される場合においては，執行官庁は，執行債務者及び公共の利益への侵害を不可避的なものにとどめる強制手段を適用しなければならない。

チューリンゲン州行政送達・行政執行法

第46条　強制手段の戒告

⑴　強制手段は、この法律の別段の定めがない限り、その適用に先立ち書面により戒告されなければならない。執行債務者に対しては、戒告において義務履行のために適切な期限を定めなければならない。受忍又は不作為を強制すべきときは、期限を定めることを要しない。

⑵　戒告は、作為、受忍又は不作為を命ずる行政行為と併せて行うことができる。戒告は、迅速な執行が命ぜられ、又は法的救済の提起が執行停止効を生じない場合には、行政行為と併せて行わなければならない。

⑶　戒告は、特定の強制手段について個別の義務ごとに行わなければならない。複数の強制手段の同時の戒告又は執行官庁に複数の強制手段からの選択を留保する戒告は許されない。新たな強制手段の戒告は、当初に戒告された強制手段が奏功しない場合にのみ行うことができる。

⑷　強制金は、特定の額により戒告しなければならない。

⑸　作為を代執行により強制すべき場合には、戒告において費用の概算見積額を提示しなければならない。戒告において、当該概算見積額が代執行の実施前において支払期限にあることを定めることができる。代執行により超過的な費用が生じたときは、事後的な精算を行う権利は、妨げられない。

⑹　戒告は送達しなければならない。戒告がその基礎となる行政行為と併せて行われ、当該行政行為について送達が定められていないときも同様である。

⑺　強制手段の戒告に対しては、強制執行がなされる行政行為に対して提起することが認められている法的救済を提起することができる。戒告が、その基礎となる行政行為と併せて行われるときは、法的救済は、当該行政行為が既に法的救済若しくは裁判手続の対象となっている、又は法的救済が明確に強制手段の戒告に対してのみ限定的に提起されている場合を除き、当該行政行為にも及ぶ。戒告がその基礎となる行政行為と別になされ、当該行政行為に不可争力が生じているときは、当該戒告は、それ自体が違法であると主張しうる限りにおいてのみ争うことができる。強制手段が、第54条の要件を充たして先行する行政行為なしに適用されるときは、行政行為に対して一般的に認められる法的救済を提起することができる。

第47条　強制手段の適用

⑴　義務が戒告において定められた期間内に履行されないときは、執行官庁は、戒告された強制手段を適用することができる。強制手段は、義務が履行されるまで必要な期間及び頻度により適用することができる。

⑵　強制手段は、刑事罰又は過料と併せて適用することができる。

⑶　強制手段は、強制されるべき義務が執行債務者にとって履行不可能な場合には、適用することができない。

⑷　強制執行措置は、強制執行の目的が達成された場合には、直ちに中止しなければならない。この場合においては、手数料及び立替金の請求を妨げない。

193

関連主要参照条文編

(5) 第50条から第53条までの規定による強制手段の適用に際して，警察官の動員が必要なときは，管轄の警察署は執行官庁の要請に基づいて支援をしなければならない。この場合において，警察は警察業務法により認められた補助具により身体的実力を行使し，かつ，同法で許容された武器を使用することができる。

第48条　強制金

(1) 作為，受忍又は不作為に係る義務が全く又は不十分なかたちでしか履行されないときは，執行官庁は執行債務者に対し，強制金の賦課決定により，命ぜられた作為，受忍又は不作為を促すことができる。

(2) 強制金の額は，10ユーロ以上250,000ユーロ以下とする。強制金の額の算定においては，執行債務者が行政行為に従わないことにより得られる経済的利益を考慮するものとする。

(3) 強制金は，本法第2章の諸規定に基づき徴収される。義務が第1項の規定により第46条第1項第2段の期間内に全く又は不十分なかたちでしか履行されないときは，強制金を決定するものとする。強制金の支払債務は，同決定により満期となる（第33条第2項第2段）。

第49条　代償強制拘留

(1) 強制金が実効的でない場合において，強制金の戒告において代償強制拘留の適用が警告されているときは，行政裁判所は執行官庁の書面による申立てにより，執行債務者の聴聞を行った上で，代償強制拘留を命ずることができる。

(2) 代償強制拘留の期間は，1日以上2週間以内とする。

(3) 代償強制拘留は，執行官庁の申立てにより，司法行政により執行されるものとする。この場合においては，民事訴訟法第802g条第2項，第802h条並びに第802j条第1項及び第2項を準用する。

第50条　代執行

(1) 他の者が執行債務者に代わって行うことができる作為（代替的作為）に係る義務が全く又は不十分なかたちでしか履行されないときは，執行官庁は，執行債務者の費用負担により，当該作為を自ら代わって行い，又は行わせることができる。

(2) 執行官庁は，代執行費用の概算見積額が戒告において提示されているとき（第46条第5項）は，執行債務者に対し，代執行費用の概算見積額を事前に支払うことを命ずることができる。

(3) 代執行の費用又は代執行費用の概算見積額は，執行官庁により，支払命令により決定され，執行債務者が支払命令の送達後2週間以内にこれを支払わないときは，本法第2章の諸規定により強制徴収することができる。概算見積額の強制徴収は，執行債務者が命ぜられた作為を行ったときは，ただちに中止するものとする。

(4) 執行債務者が代執行費用又はその概算見積額を前項第1段の期間内に支払わないとき

は，支払期限から年率6％の遅延利息を加えた費用額を支払わなければならない。当該利息が少額のときは，その徴収を行わないことができる。

(5) 第3項第1段の規定に基づく支払命令に対して提起される法的救済は，執行停止効を生じない。

第51条　直接強制

(1) 執行官庁は，他の強制手段が考慮に値しない場合，奏効しない場合又は合目的的でない場合には，直接強制を適用することができる。

(2) 直接強制の適用については，警察業務法第58条から第67条までの規定を準用する。ただし，本法の執行官については，武器の使用は許容されない。

(3) 執行官庁は，代執行に対して抵抗がなされる場合においても直接強制を適用することができる。意思表示を強制するための直接強制は，許容されない。

チューリンゲン州建築法（2018.06.29最新改正）

第78条　建築工事の中止

(1) 施設が公法上の規定に違反して建設され，改修され，又は除却されるときは，建築監督官庁は，当該工事の中止を命ずることができる。次に掲げる場合も同様である。

　　1．建設計画の施工が，第71条条第6項から第8項までの規定に違反して開始され，又は，

　　2．当該施工が，

　　　a）許可を要する建設計画に係るものであり，当該許可に係る申請書類と乖離するかたちで施工されているとき，あるいは

　　　b）許可を要しない建設計画に係るものであり，提出された書類と乖離するかたちで施工されているとき

　　3．EU指令第305/2011号の規定に違反してCEマークが，又は第21条の規定に違反してÜマークが表示されていない建築用製品が使用されているとき

　　4．不正にCEマーク又はÜマーク（第21条第3項）が表示されている建築用製品が使用されているとき

(2) 許容されない建設工事が書面又は口頭によりなされた中止命令に従わずに続行される場合は，建築監督官庁は建設工事現場を封印し，又は建設工事現場に置かれている建築用製品，建築工具，建設機械及び建築補助具を職権により差し押さえることができる。

第79条　施設の除却，使用禁止

(1) 施設が公法上の規定に違反して建設され，又は改修されるときは，建築監督官庁は，他の方法では，合法的な状態にすることができないときは，当該施設の全部又は一部の除却を命ずることができる。施設が公法上の規定に違反して使用されるときは，当該使用の中止を命ずることができる。

(2) 建築監督官庁は，施設が使用されず，倒壊の危険があり，これを維持すべき公共の利

関連主要参照条文編

益又は保護されるべき私的利益が存しないときは，当該施設の除却を命ずることができる。

ベルリンの行政に係る手続に関する法律（2018.07.05 最新改正）

第 8 条　強制執行

(1)　ベルリンの行政官庁の強制執行手続については，最新改正 2014 年 11 月 25 日の法律第 1 条（連邦官報第 I 部 1770 頁）による連邦官報第Ⅲ部分類番号 201－4 の删定公布版（連邦）行政執行法を適用する。（中略）行政執行法第 11 条第 3 項の適用においては，強制金の上限額は 50,000 ユーロとする。行政執行法第 7 条の適用においては，道路交通上の措置については，ベルリン市警察長官，ベルリン市行政区及びベルリン交通営団が執行官庁となる。（以下，略）

(2)～(7)（略）

ベルリン州建築法（2018.04.09 最新改正）

第 79 条　工事の中止

(1)　施設が公法上の規定に違反して建設され，改修され，又は除却されるときは，建築監督官庁は，工事の中止を命ずることができる。次に掲げる場合においても同様である。

　　1．建設計画の施工が，第 72 条第 1 項及び第 2 項の規定に違反して開始される場合

　　2．工事の施工において，

　　　a）許可を要する建設計画の施工内容が，許可を受けた建設申請書類の内容と乖離するかたちで行われているとき

　　　b）許可を要しない建設計画の施工内容が，提出された書類の内容と乖離するかたちで行われているとき

　　3．EU 指令第 305/2011 号に違反して CE マークが，又は第 21 条の規定に違反して Ü マークが表示されていない建築用製品が使用されているとき

　　4．不正に CE マーク又は Ü マーク（第 21 条第 3 項）が表示されている建築用製品が使用されているとき

(2)　許容されない建設工事が書面又は口頭によりなされた中止命令に従わずに続行される場合は，建築監督官庁は建設工事現場を封印し，又は建設工事現場に置かれている建築用製品，建築工具，建設機械及び建築補助具を職権により差し押さえることができる。

第 80 条　施設の除却，使用の禁止

　施設が公法上の規定に違反して建設され，又は改修されるときは，建築監督官庁は，他の方法では，合法的な状態を実現することができないときは，施設の全部又は一部の除却を命ずることができる。施設が公法上の規定に違反して使用されるときは，当該使用の中止を命ずることができる。

ザクセン州行政執行法

ザクセン州行政執行法（2013.10.06 最新改正）

第3章　その他の行政行為の強制

第1節　総則

第19条　強制手段

⑴　その他の作為，受忍又は不作為を義務づける行政行為は，強制手段により執行される。

⑵　強制手段は，次のものとする。

　　　1．強制金及び強制拘留

　　　2．代執行及び意思表示の擬制

　　　3．強制明渡及び収去を含む直接強制

⑶　複数の種類の強制手段の適用が想定される場合においては，執行官庁は，執行債務者及び公共の利益への侵害が最小限となると見込まれる強制手段を適用しなければならない。

⑷　強制手段の適用によって，強制執行の目的外のものと認められる不利益を生じてはならない。

⑸　強制手段は，行政行為に係る義務が履行されるまで，又は他の方法によりその目的が実現されるまでの間，反復し，継続して適用することができる。受忍又は不作為の強制においては，さらなる義務履行違反のおそれがなくなったときは，強制手段を適用することができない。

第20条　戒告

⑴　強制手段は，その適用に先立って執行官庁によって書面により戒告されなければならない。執行債務者に対しては，戒告において義務履行のために適切な期間を定めなければならない。受忍又は不作為の義務を強制すべきときは，期間を定めることを要しない。

⑵　戒告は，強制執行されるべき行政行為と併せて行うことができる。

⑶　戒告は，特定の強制手段について行わなければならない。複数の強制手段を戒告する場合には，いかなる順番でそれらが適用されるかを告知しなければならない。

⑷　強制金は，特定の額により戒告しなければならない。

⑸　代執行を戒告する場合には，当該戒告において費用の概算見積額を提示しなければならない。

第21条　危険切迫の際の強制執行

　　第3条第3項，第5条，第8条，第9条及び第20条第1項の規定は，切迫する公共の安全に対する直接的な阻害を回避し，又は既に生じている阻害を除去するために必要なときは，適用しないことができる。

第2節　個別の強制手段

第22条　強制金

⑴　強制金の額は，最低5ユーロ以上最高 25,000 ユーロ以下とする。

197

関連主要参照条文編

(2)　強制金は，その徴収前に書面により賦課決定しなければならない。

第23条　強制拘留
(1)　強制金が実効的でない場合においては，強制金の戒告において又はその後に強制拘留の適用が警告されているときは，区裁判所は執行官庁の申立てにより，執行債務者の聴聞を行った上で，拘留命令を発することができる。拘留命令においては，債権者，債務者及び拘留の理由を明記しなければならない。
(2)　強制拘留は，最短1日以上最長2週間以内とする。
(3)　強制拘留は，執行官庁の申立てにより，司法行政により執行されるものとする。この場合においては，民事訴訟法第802g条第2項，第802h条及び第802j条第2項の規定を準用する。

第24条　代執行
(1)　他の者が代わって行うことができる作為（代替的作為）に係る義務が履行されないときは，執行官庁は，執行債務者の費用負担により，当該作為を他の者に委託して行わせ，又は自ら行うことができる。執行債務者並びに執行債務者の部屋及び動産の共同保有者は，代執行を受忍する義務を負う。
(2)　執行官庁は，執行債務者に対し，代執行費用の概算見積額の事前支払いを請求することができる。
(3)　代執行費用又はその事前支払いは，執行官庁により，給付命令により決定される。給付命令は直ちに執行することができる。
(4)　代執行費用は，給付命令の送達後2週間以内に支払われなければならない。当該期日以降は，代執行費用について利息を支払わなければならない。代執行に実際に要した費用が事前支払額を上回るときは，利息を課す。利子率は，当該時点の民法典第247条に規定する基本利子率に5%を加算したものとする。民法典第247条に規定する基本利子率の変更は，ドイツ連邦銀行が，連邦公報で当該変更を公示した日から効力を生ずる。利息のほかには，延滞加算金は課されない。

第25条　直接強制
(1)　直接強制は，身体による又は補助具若しくは武器の使用による人又は物に対する有形力の行使をいう。武器の使用は，それが法律の明文の規定により認められている場合に限り許容される。
(2)　直接強制は，強制金及び代執行では目的を達せられない場合又はこれらの適用が困難な場合にのみ，適用することができる。
(3)　人に対する直接強制は，強制執行の目的が物に対する直接強制では達成できないと認められる場合に限り適用することができる。適用される手段は，その種類と程度においてその人の年齢及び状態に照らし適切なものでなければならない。

198

バーデン・ヴュルテンベルク州行政執行法

第4章　終末規定
第28条　基本権の制限
　この法律に基づく措置により，身体の無瑕性への権利（基本法第2条第2項第1段及びザクセン州憲法第16条第1項第1段），人身の自由（基本法第2条第2項第2段及びザクセン州憲法第16条第1項第2段）及び住居の不可侵（基本法第13条及びザクセン州憲法第30条）に関する権利は制限される。

ザクセン州建築法（2017.10.27 最新改正）
第79条　建設工事の中止
⑴　施設が公法上の規定に違反して建設され，改修され，又は除却されるときは，建築監督官庁は，当該工事の中止を命ずることができる。次に掲げる場合も同様である。
　　1．建設計画の施工が，第72条条第6項及び第8項の規定に違反して開始され，
　　　又は，
　　2．当該施工工事が，
　　　a）許可を要する建設計画に係るものであり，当該許可に係る申請書類と乖離する内容で施工されているとき，あるいは
　　　b）許可を要しない建設計画に係るものであり，届け出られた書類と乖離する内容で施工されているとき
　　3．EU指令第305/2011号に違反してCEマークが，又は第21条第3項の規定に違反してÜマークが表示されていない建築用製品が使用されているとき
　　4．不正にCEマーク又はÜマーク（第21条第3項）が表示されている建築用製品が使用されているとき
⑵　許容されない建設工事が書面又は口頭によりなされた中止命令に従わずに続行される場合は，建築監督官庁は建設工事現場を封印し，又は建設工事現場に置かれている建築用製品，建築工具，建設機械及び建築補助器具を職権により差し押さえることができる。

第80条　施設の除却，使用禁止
　施設が公法上の規定に違反して建設され，又は改修されるときは，建築監督官庁は，他の方法では合法的な状態を実現することができないときは，施設の全部又は一部の除却を命ずることができる。施設が公法上の規定に違反して使用されるときは，当該使用の中止を命ずることができる。

バーデン・ヴュルテンベルク州行政執行法（2017.02.23 最新改正）
第12条　異議申立て及び取消訴訟の提起による執行停止効の不発生
　異議申立て及び取消訴訟の提起は，それらが行政強制においてとられた措置に対するものであるときは，執行停止効を生じない。この場合においては，行政裁判所法第80条第4項から第7項までの規定を準用する。

199

関連主要参照条文編

第3章　その他の作為，受忍又は不作為の義務を課す行政行為の強制
第1節　総則
第18条　強制執行の種類及び方法
　金銭の支払を除く作為，受忍又は不作為の義務を課す行政行為は，強制手段により強制執行される。

第19条　強制手段
(1)　強制手段は，次のものとする。
　　1．強制金及び強制拘留
　　2．代執行
　　3．直接強制
(2)　複数の種類の強制手段の適用が想定される場合においては，執行官庁は，義務者及び公共の利益への侵害が最小限となるような強制手段を適用しなければならない。
(3)　強制手段の適用によって，強制執行の目的外のものと認められる不利益を生じてはならない。
(4)　強制手段は，行政行為に係る義務が履行されるまで，又は他の方法によりその目的が実現されるまで，反復し，継続して適用することができる。

第20条　戒告
(1)　強制手段は，その適用に先立って執行官庁によって書面により戒告されなければならない。義務者に対しては，戒告において義務履行のために適切な期間を定めなければならない。受忍又は不作為を強制すべきときは，期間を定めることを要しない。
(2)　戒告は，強制執行されるべき行政行為と併せて行うことができる。
(3)　戒告は，特定の強制手段について行わなければならない。複数の強制手段を戒告する場合には，いかなる順番でそれらが適用されるかを提示しなければならない。
(4)　強制金は，特定された額により戒告しなければならない。
(5)　代執行を戒告する場合には，当該戒告において費用の概算見積額を提示しなければならない。

第2節　個別の強制手段
第23条　強制金
　強制金は，最低10ユーロ以上最高50,000ユーロ以下の範囲で書面により賦課決定する。

第24条　強制拘留
(1)　強制金が実効的でない場合においては，強制金の戒告において強制拘留の適用が警告されているときは，行政裁判所は執行官庁の申立てにより，義務者の聴聞を行った上で，強制拘留の命令を発することができる。行政裁判所は，強制拘留の命令を発するに際しては，申立てを行った行政庁，義務者及び拘留の理由を明記した拘留命令書を作成しな

けなければならない。拘留命令を執行するには，事前の当該命令書の送達を要しない。

⑵　強制拘留は，最短1日以上最長2週間以内とする。

⑶　強制拘留は，執行官庁の申立てにより，司法行政によって執行されるものとする。この場合においては，民事訴訟法第802g条第2項及び第802h条の規定を準用する。

第25条　代執行

代執行は，執行官庁又は執行官庁から委託された第三者が，義務者の費用負担により，行政行為によって義務付けられた代替的作為を実施する。

第26条　直接強制

⑴　直接強制は，身体による又は補助具若しくは武器の使用による人又は物に対する有形力の行使をいう。武器の使用は，それが法律の明文の規定により認められている場合に限り許容される。

⑵　直接強制は，強制金及び代執行では目的を達せられない場合又はこれらの適用が困難な場合に適用することができる。

⑶　人に対する直接強制は，強制執行の目的が物に対する直接強制では達成できないと認められる場合に限り適用することができる。適用される手段は，その種類と程度において相手方の年齢及び状態に照らし適切なものでなければならない。

第4章　終末規定

第29条　基本権の制限

この法律に基づく措置により，身体の無瑕性への権利（基本法第2条第1項第1段），人身の自由（同法第2条第2項第2段），住居の不可侵（同法第13条）及び所有権（同法第14条）に関する権利は制限される。

バーデン・ヴュルテンベルク州建築法（2017.11.21最新改正）

第64条　建築中止

⑴　施設が公法上の規定に違反して建設され，又は除却されるときは，建築法官庁は，当該工事の中止を命ずることができる。特に次に掲げる場合も同様である。

　　1．建設計画の施工が，第59条の規定に違反して開始されているとき

　　2．当該施工が，必要となる建築検査（第67条）及び証明（第66条第2項及び第4項）を経ずに，又は部分建築許可（第61条）の範囲を超えて継続されているとき

　　3．建設計画の施工が

　　　a）付与された建築許可又は同意に係る内容

　　　　又は

　　　b）建設申請書類の提出によって届け出られた内容

　　と乖離しているとき，ただし，その乖離が第50条の規定により手続を要しない場合はこの限りではない。

201

関連主要参照条文編

4．EU 指令第 305/2011 号に違反して CE マークが，又は第 21 条の規定に違反して Ü マークが表示されていない，又は不正にこれらが表示されている建築用製品が使用されているとき

工事中止命令に対する異議申立て及び取消訴訟の提起は，執行停止効を生じない。

(2)　建設工事が書面又は口頭によりなされた中止命令に従わずに続行される場合は，建築法官庁は，建設工事現場を封印し，又は建設工事現場に置かれている建築資材，建築部材，建築工具，建設機械及び建築補助具を職権により差し押さえることができる。

第 65 条　除却命令及び使用禁止

施設が公法上の規定に違反して建設されているときは，他の方法では合法的な状態とすることができないときは，施設の全部又は一部の除却を命ずることができる。施設が公法上の規定に違反して使用されるときは，当該使用の中止を命ずることができる。

ニーダーザクセン州行政執行法（2017.02.01 最新改正）

第 70 条　ニーダーザクセン州公共安全秩序法の適用

(1)　物の引き渡し又はその他の作為，受忍若しくは不作為を命ずる行政行為で，第 2 条第 1 項が適用されない（筆者注：金銭徴収に係るものでない）ものは，たとえそれが危険回避に資するものでなくとも，ニーダーザクセン州公共安全秩序法第 6 章の定めるところにより強制執行される。

(2)　（略）

ニーダーザクセン州公共安全秩序法（2018.05.16 最新改正）

第 6 章　強制

第 1 節　作為，受忍及び不作為の強制

第 64 条　許容性，所管及び法的救済の効力

(1)　作為の履行，受忍又は不作為を命ずる行政行為は，当該行政行為が不可争力を得，又は法的救済の提起が執行停止効を生じないときは，強制手段によって強制することができる。

(2)　強制手段は，次に掲げる場合に該当するため必要な場合で，行政官庁又は警察の権限により行うことができる場合においては，行政行為を先行させずに適用することができる。

　　1．現在の危険を回避するため，特に第 6 条から第 8 条までの規定による人に対する措置が，全く又は適時に実施されえない，若しくはそれが奏功しないとき又は，

　　2．行政官庁又は警察に課せられた，裁判所により命じられた措置を実施すべきとき

相手方に対しては，これを告知しなければならない。第 1 段第 1 号の場合においては，代執行の強制手段は，当該代執行の適用によって当該法人の公的任務を妨げることのない限り，第 7 条の規定により責任のある公法上の法人に対しても適用することができる。

ニーダーザクセン州公共安全秩序法

(3) 強制手段の適用は，行政行為を発出する権限を有する行政官庁又は警察官庁が所管する。行政行為が州の最上級官庁又は特別の行政官庁から発せられている場合は，内務を所管する省が，専門の省と協議して命令により所管を変更することができる。

(4) 強制手段の戒告又は決定に対する法的救済の提起は，執行停止効を生じない。行政裁判所法第80条第4項から第8項までの規定を準用する。

第65条　強制手段

(1) 強制手段は，次のものとする。

　　1．代執行（第66条）

　　2．強制金（第67条）

　　3．直接強制（第69条）

(2) 前項の強制手段は，第70条及び第74条の定めるところにより，戒告しなければならない。

(3) 強制手段は，刑罰又は過料と併せて適用することができ，また，行政行為に係る義務が履行されるまで，又は他の方法によりその目的が実現されるまでの間，反復し，あるいは他の強制手段に切り替えて適用することができる。

第66条　代執行

(1) 他の者が代わって行うことができる作為義務（代替的作為義務）の履行がなされないときは，行政官庁又は警察は，相手方の費用負担により，当該作為を自ら行い，又は他の者にその実施を委託することができる。作為の実施のために付加的に必要となる職務行為に係る費用及び立替金は，ニーダーザクセン州行政費用法の定めるところにより徴収される。

(2) 相手方に対し，当該代執行の概算費用額を事前に支払うべきことを命ずることができる。代執行の費用が定められた期限までに支払われないときは，当該費用を行政強制手続により強制徴収することができる。費用の概算見積額の強制徴収は，命令された作為が履行されたときは，中止するものとする。

第67条　強制金

(1) 強制金は，最低5ユーロ以上最高50,000ユーロ以下の範囲で書面により賦課決定する。その算定においては，相手方が行政行為に従わないことにより取得する経済的利益を考慮するものとする。

(2) 強制金の賦課決定においては，相手方に支払のための適切な期間を与えなければならない。強制金の強制徴収は，命令された作為が行われ，又は受忍されるべき措置が実施されたときは，中止するものとする。

第68条　代償強制拘留

(1) 強制金が実効的でない場合においては，強制金の戒告においてその適用が警告されて

203

関連主要参照条文編

いるときは，区裁判所は，行政官庁又は警察の申立てにより，代償強制拘留を命ずることができる。代償強制拘留の期間は，最短1日以上最長2週間以内とする。

(2) 区裁判所の地域管轄については，相手方の居所がある地区を管轄する区裁判所とする。相手方が，ニーダーザクセン州内に居所を有していないとき，又は居所を特定することができないときは，申立てを行う行政官庁又は警察官庁が所在する地区を管轄する区裁判所とする。その他については，第19条第4項の裁判所手続が準用される。強制拘留を命ずる裁判所の決定は，確定力の発生により有効となる。

(3) 代償強制拘留の執行のために必要となる決定は，区裁判所が行政官庁又は警察官庁の申立てにより行う。民事訴訟法第802g条第2項及び第802h条を準用し，その他については，前項の規定を適用する。

第69条　直接強制

(1) 直接強制は，身体による又は補助手段若しくは武器を使用した人又は物に対する有形力の行使である。

(2) 身体による有形力の行使とは，人又は物に対するあらゆる直接的な有体的作用をいう。

(3)～(5)　（略）

(6) 行政官庁又は警察は，他の強制手段が考慮に値せず又は奏功しないときは，直接強制を適用することができる。

(7)～(9)　（略）

第70条　強制手段の戒告

(1) 強制手段は，可能な限り書面により戒告しなければならない。戒告においては，相手方に義務を履行するための適当な期間を定めなければならない。ただし，受忍又は不作為を強制すべきときは，この期間を定めることを要しない。状況がそれを許さないとき，特に，現在の危険を回避するために強制手段の即時の適用が必要なときは，戒告を行わないことができる。

(2) 戒告は，作為，受忍又は不作為を命ずる行政行為と併せて行うことができる。法的救済の提起が執行停止効を生じないときは，戒告は行政行為と併せて行わなければならない。

(3) 戒告においては，特定の強制手段を明示しなければならない。複数の強制手段について戒告するときは，いかなる順番でそれらの強制手段が適用されるかを示さなければならない。

(4) 代執行を戒告するときは，その戒告において費用の概算見積額を明示しなければならない。

(5) 強制金は，特定された額により戒告しなければならない。

(6) 直接強制の戒告については，第74条が補完的に適用される。

ニーダーザクセン州建築法

第74条　直接強制の戒告

⑴　直接強制は，その適用に先立って戒告をしなければならない。状況がそれを許さない
　とき，特に，現在の危険を回避するために強制手段の即時の適用が必要なときは，戒告
　を行わないことができる。以下（略）

⑵～⑷　（略）

ニーダーザクセン州建築法（2018.09.12 最新改正）

第79条　建築法に違反する状況，建築用製品並びに建築措置及び倒壊の危険ある建築施
設

⑴　建築施設，土地，建築用製品又は建設措置が，公の建築法に違反し，又はそのおそれ
　があるときは，建築監督官庁は，羈束裁量により，合法的な状態を作出し，又はこれを
　確保するため必要な措置を命ずることができる。すなわち，同官庁は，次のことができ
　る。

　　　１．違法な工事の中止を命じ，必要な工事の実施を命ずること

　　　２．不正にÜマーク（第21条第3項）若しくはCEマークを表示し，又は第21条に
　　　　違反して必要なÜマークを，若しくはEU指令第305/2011号に違反して必要なCE
　　　　マークを表示していない建築用製品を使用している工事の中止を命ずること

　　　３．第21条の規定に違反してÜマークを表示している建築用製品の使用を禁止し，
　　　　当該表示を無効とし，又は除去させること

　　　４．施設の全部又は一部の除却を命ずること

　　　５．施設の使用を禁止し，特に住宅については居住できない旨を宣告すること

　　　建築監督官庁は，第52条から第56条までの規定により，責任者とされる者に対して
　　命令を発する。ニーダーザクセン州公共安全秩序法の定めるところにより，建築監督官
　　庁は，責任者以外の者に対しても命令することができる。建築監督官庁の命令は，命令
　　の名宛人の権利承継人に対しても効力を有する。

⑵　建築監督官庁は，第1項に基づく命令の強制執行のために必要であるときは，建築施
　設の全部又は一部及び建設工事現場を封印し，建築用製品，建築工具，建設機械及び建
　築補助具を差し押さえることができる。

⑶　建築施設が使用されておらず，倒壊のおそれがあるときは，建築監督官庁は，第56
　条の規定による責任者に対し，当該建築施設を取り壊し，又は除却することを命ずるこ
　とができる。ただし，その保存について公共の利益あるいは保護に値する私的利益があ
　るときは，この限りでない。敷地については，第9条第1項第1段及び第2項の規定を
　準用する。

⑷　建築監督官庁は，第1項及び第3項の規定による命令を発する前に，即時の介入が必
　要な場合を除き，相手方の意見を聴取する機会を付与しなければならない。

関連主要参照条文編

ブレーメン州行政執行法（2016.08.30 最新改正）

第 11 条　行政強制の要件

(1)　行政官庁は，人に作為，不作為又は受忍を命ずる書面による行政行為により，あるいはこれを命ずる公法の規定により，法律，命令，書面による和解又は行政庁に対する書面による認諾によって課された義務を強制することができる。行政行為は，それが不可争力を得，その迅速な執行が命ぜられ，又は法的救済の提起が執行停止効を生じないときは，第 13 条に定める強制手段により強制することができる。

(2)　行政強制は，犯罪行為又は秩序違反行為に該当する違法な行為を抑止し，又は切迫する危険を回避するために必要と認められ，かつ，これについて官庁に法的権限が付与されているときには，先行する行政行為なしに適用することができる。行政強制の即時の実施は，その実施により相手方にすでに認知されている場合を除き，同者に遅滞なく告知しなければならない。

第 12 条　執行官庁

(1)　行政行為は，それを発した官庁によって強制執行される。当該官庁は，異議申立てについての決定も併せて行う。

(2)　下級行政官庁は，個別の事案において又は一般的に強制執行を行う権限が付与される。

第 13 条　強制手段

(1)　強制手段は，次のものとする。

　　　１．強制金（第 14 条）
　　　２．代執行（第 15 条）
　　　３．直接強制（第 16 条）

(2)　強制手段は，その目的に照らし適切なものでなければならない。加えて，強制手段は，可能な限り相手方及び公共の利益への侵害が最小限となるよう定めなければならない。

第 14 条　強制金

(1)　強制金は，第 11 条第 1 項に定めるすべての場合に許容される。

(2)　強制金の額は，最低 5 ユーロ以上最高 50,000 ユーロ以下とする。強制金の額の算定においては，行政行為に従わないことによって得られる義務者の経済的利益を考慮するものとする。

第 15 条　代執行

　他の者が代わって行うことができる作為（代替的作為）を行う義務が履行されないときは，執行官庁は，当該作為を義務者の費用負担により，自ら行い又は第三者に行わせることができる。

206

ブレーメン州行政執行法

第16条　直接強制

　強制金が目的を達しないとき，又はそれが実施困難なときは，執行官庁は，義務者に作為，受忍又は不作為を実力により強制することができる。

第17条　強制手段の戒告

(1)　強制手段は，即時に適用することができる場合（第11条第2項）でないときは，戒告されなければならない。戒告は，書面によりなされなければならない。戒告においては義務履行のための期間又は期限を定めなければならない。当該期間又は期限は，義務者による義務履行を期待しうるよう適切に設定するものとする。

(2)　戒告は，作為，受忍又は不作為を命ずる行政行為と併せて行うことができる。迅速な執行が命ぜられ，又は法的救済の提起が執行停止効を生じさせないときは，行政行為と併せて行わなければならない。

(3)　戒告は，特定の強制手段について行わなければならない。複数の強制手段の同時戒告又は執行官庁に複数の強制手段からの選択を留保する戒告は許容されない。

(4)　強制金は，特定された額により戒告しなければならない。

(5)　作為を義務者の費用負担により実施する場合（代執行）には，当該戒告において費用の概算見積額を提示しなければならない。代執行費用が概算見積額を超過した場合には，事後に精算を行う権利は妨げられない。

(6)　強制手段は，刑罰又は過料の適用と併せて戒告し，義務が履行されるまでの間，反復し，その都度金額を高め，又は他の強制手段に切り替えることができる。反復する作為，受忍又は不作為を命ずる行政行為においては，それに対する違反のたびごとに強制手段を戒告することができ，この場合においては，第1項第3段及び第4段は適用しない。

(7)　戒告は送達しなければならない。戒告がその基礎となる行政行為と併せて行われ，当該行政行為について送達が定められていないときも同様とする。

第18条　強制金の賦課決定

(1)　義務が戒告に定められた期間内に履行されないとき，又は義務者が，作為を受忍し，不作為を遵守し，又は反復的に作為を行う義務に違反するときは，執行官庁は，戒告された強制金の賦課決定を行う。

(2)　強制金の賦課決定は，送達されなければならない。

第19条　強制手段の適用

(1)　強制金の賦課決定又は代執行若しくは直接強制の戒告が不可争力を得たとき，それらの迅速な執行が命ぜられたとき又は法的救済の提起が執行停止効を生じさせないときは，
　　　1．賦課決定された強制金は徴収される。
　　　2．代執行又は直接強制は，戒告に従い実施される。

(2)　義務者が代執行に際して抵抗するときは，その抵抗は実力により排除される。

(3)　作為を義務者の費用負担により代執行によって実施するときは（第15条），執行官庁

207

関連主要参照条文編

は，それによって同官庁において必要となる特別な支出（費用）を義務者に対して賦課
決定する。

⑷　賦課決定された強制金及び賦課決定された代執行費用は，行政強制手続により徴収す
るものとする。

⑸　強制手段の執行は，その目的が達せられたときは直ちに中止するものとする。

第 20 条　代償強制拘留

⑴　強制金の強制徴収ができなかった場合又は強制金が奏功しないと認められる場合には，
強制金の戒告において強制拘留の適用が警告されているときは，執行官庁は，代償強制
拘留を命ずることができる。

⑵　代償強制拘留の期間は，最短 1 日以上最長 2 週間以内とする。

⑶　代償強制拘留の命令は，行政裁判所の承認を必要とする。同裁判所は，相手方の聴聞
の後，決定によりこれを行う。

⑷　代償強制拘留は，その決定が不可争力を得たのち，執行官庁の申立てにより，司法行
政によって，民事訴訟法第 802g 条，第 802h 条及び第 802j 条第 2 項の規定により執行さ
れる。相手方は，支払うべき強制金を支払うことによって，いつでも代償強制拘留の執
行を回避することができる。この場合においては，第 19 条第 5 項の規定を準用する。

第 21 条　基本権の制限

この法律の規定により，次の権利は制限される。

　　　1．身体の無瑕性への権利（基本法第 2 条第 2 項第 1 段）

　　　2．人身の自由（同法第 2 条第 2 項第 2 段）

　　　3．住居の不可侵（同法第 13 条）

ブレーメン州建築法（2018.09.04 最新改正）

第 78 条　建築中止

⑴　施設が公法上の規定に違反して建設され，改修され又は除却されるときは，建築監督
官庁は，当該工事の中止を命ずることができる。次に掲げる場合も同様である。

　　　1．建設計画の施工又は除却の工事が，第 61 条第 3 項又は第 72 条第 5 項及び第 7 項
　　　　の規定に違反して開始されているとき　又は

　　　2．a）許可を要する建設計画の施工が，許可された建設図書と乖離しているとき

　　　　　b）許可を要しない建設計画の施工が，届け出られた建設図書と乖離していると
　　　　　　き

　　　3．EU 指令第 305/2011 号に違反して CE マークが表示されていない，又は第 21 条の
　　　　規定に違反して適合認定表示のない建築用製品が使用されているとき

　　　4．不正に CE マークを表示している又は第 21 条第 3 項の規定による適合認定表示が
　　　　なされている建築用製品が使用されているとき

⑵　許容されない建設工事が書面又は口頭によりなされた中止命令に従わずに続行される

場合は，建築監督官庁は建設工事現場を封印し，又は建設工事現場に置かれている建築用製品，建築工具，建設機械及び建築補助具を職権により差し押さえることができる。

第79条　施設の除却，使用禁止
⑴　施設が公法上の規定に違反して建設され，又は改修されているときは，建築監督官庁は，他の方法では合法的な状態を実現することができないときは，当該施設の全部又は一部の除却を命ずることができる。施設が公法上の規定に違反して使用されているときは，当該使用の中止を命ずることができる。
⑵　建築施設が使用されておらず，倒壊のおそれがあるときは，建築監督官庁は，その取り壊し又は除却を命ずることができる。その保全について公的な又は保護に値する私的な利益が存する場合は，この限りでない。
⑶　建築監督官庁は，必要な手続をとるべきこと，又は建築図書を第68条第2項又は第62条第3項の規定により提出すべきことを命ずることができる。

メクレンブルク・フォアポンメルン州行政手続・送達・執行法（2016.04.25最新改正）
第110条　行政行為の強制執行
　物の引渡し又は作為の実施，受忍若しくは不作為を命ずる行政行為の強制執行については，公共安全秩序法第79条から第100条までの規定を適用する。

メクレンブルク・フォアポンメルン州公共安全秩序法（2018.03.22最新改正）
第8章　作為，受忍及び不作為の強制
第1節　一般的強制執行手続
第80条　行政行為の強制執行許容要件
⑴　行政行為の強制執行は，次の場合に許容される。
　　１．行政行為が不可争力を得ているとき，又は
　　２．法的救済の提起が執行停止効を生じないとき
⑵　代執行（第89条）又は直接強制（第90条）による行政行為の強制執行においては，次の各号に該当する場合には，前項の規定を適用しないことができる。
　　１．他の方法では，公共の安全又は秩序に対する現在の危険を回避することができないとき，又は，
　　２．他の方法では，違法行為又は過料が科される行為を抑止することができないとき

第81条　即時執行
⑴　他の方法によっては現在の危険を回避し得ず，かつその際行政庁が法的権限の範囲内で対応するときは，先行すべき行政行為を経ない行政強制（即時執行）を，代執行又は直接強制により行うことができる。義務者に対する事前手続を，全く又は適時に行うことができない場合も同様とする。即時執行の要件に関し，別の法の定めがあるときは，その定めるところによる。

209

関連主要参照条文編

(2) 代執行の即時執行を行うときは，その責任者を遅滞なく告知するものとする。

(3) 即時執行については，別段の定めがない限り，次条以下の行政行為の強制執行に関する規定を準用する。

第82条 執行官庁

　行政行為は，当該行政行為を発した官庁が強制執行し，当該官庁は異議申立てに対する裁決も併せて行う。

第86条 強制手段

(1) 強制手段は，次に掲げるものとする。

　　1．強制金（第88条）

　　2．代執行（第89条）

　　3．直接強制（第90条）

(2) 強制手段は，刑罰又は過料と併せて適用することができ，また，行政行為に係る義務が履行されるまで又は他の方法によりその目的が実現されるまでの間，反復し，又は強制手段を切り替えて適用することができる。

第87条 強制手段の戒告

(1) 強制手段は，書面により戒告しなければならない。第80条第2項及び第81条の要件を充たす場合においては，強制手段の戒告は，口頭で行い，又は行わないことができる。

(2) 戒告においては，義務者が義務を履行するための適切な期間を定めなければならない。ただし，受忍又は不作為を強制すべきときは，この期間を定めることを要しない。

(3) 戒告は，強制執行されるべき行政行為と併せて行うことができる。迅速な執行が命ぜられ，又は法的救済の提起が執行停止効を生じないとき（第80条第1項第2号）は，戒告は行政行為と併せて行わなければならない。

(4) 戒告においては，特定の強制手段を明示しなければならない。複数の強制手段について戒告するときは，いかなる順番でそれらの強制手段が適用されるかを示さなければならない。執行官庁に複数の強制手段からの選択を留保する戒告は，許容されない。

(5) 強制金は，特定された額により戒告しなければならない。

(6) 代執行（第89条）については，その戒告において費用の概算費用額を提示しなければならない。事後の精算を行う権利は妨げられない。

第88条 強制金

(1) 強制金は，次の場合に許容される。

　　1．義務者にある作為を行うことを強制すべきとき，又は

　　2．義務者がある作為を受忍する又は不作為に係る義務に違反するとき

(2) 強制金は，書面によって賦課決定するものとする。

(3) 強制金は，最低10ユーロ以上最高50,000ユーロ以下の額とする。

メクレンブルク・フォアポンメルン州建築法

第89条　代執行
⑴　他の者が代わって行うことができる作為に係る義務の履行がなされないときは，執行
　　官庁は，義務者の費用負担により，当該作為を自ら行い，又は受任者にそれを行わせる
　　こと（代執行）ができる。
⑵　執行官庁は，義務者に対し，代執行費用の概算見積額を事前に支払うべきことを命ず
　　ることができる。

第90条　直接強制
　　代執行若しくは強制金が奏功しないとき，又はそれらが合目的的でないときは，執行官
庁は，直接強制により自ら作為を行い，又は義務者に作為，受忍若しくは不作為を強制す
ることができる。

第91条　代償強制拘留
⑴　強制金が実効的でない場合においては，強制金の戒告においてその適用が警告されて
　　いるときは，行政裁判所は，執行官庁の申立てにより，代償強制拘留を命ずることがで
　　きる。代償強制拘留の期間は，最短1日以上最長2週間間以内とする。
⑵　代償強制拘留は，執行官庁の申立てにより，司法行政によって民事訴訟法第904条か
　　ら910条まで（筆者注：「第802g条，第802h条及び第802j条第2項」などと改正され
　　るべき？）の規定により執行される。

第92条　強制執行の中止
⑴　強制執行は，次の各号に該当する場合には，中止するものとする。
　　　1．行政行為が取り消されたとき
　　　2．行政行為の強制執行が猶予されたとき
　　　3．法的救済の提起により執行停止効の発生が命ぜられたとき，又は執行停止効が回
　　　　復されたとき
　　　4．強制執行の目的が達せられたとき，又は，
　　　5．受忍又は不作為の義務に対する違反のおそれがなくなったとき
⑵　執行官庁（第103条）は，中止の義務を一義的明白に生ぜしめる事実が証明された場
　　合にのみ，さらなる強制執行措置の実施を行わない義務を負う。

メクレンブルク・フォアポンメルン州建築法（2018.07.05最新改正）
第79条　工事中止
⑴　施設が公法上の規定に違反して建設され，改修され又は除却されるときは，建築監督
　　官庁は，当該工事の中止を命ずることができる。次に掲げる場合も同様である。
　　　1．建設計画の施工が，第72条第7項及び第9項の規定に違反して開始されている
　　　　とき
　　　2．a）許可を要する建設計画の施工が，許可された建設図書と乖離しているとき

関連主要参照条文編

　　　　b）許可を要しない建設計画の施工が，届け出られた建設図書と乖離していると
　　　　き
　　3．第17条第1項の規定に違反してCEマーク又はÜマークが表示されていない建
　　　築用製品が使用されているとき
　　4．不正にCEマーク（第17条第1項第1段第2号）又はÜマーク（第22条第4項）
　　　を表示している建築用製品が使用されているとき
⑵　建設工事が書面又は口頭によりなされた中止命令に従わずに続行される場合は，建築
　監督官庁は建設工事現場を封印し，又は建設工事現場に置かれている建築用製品，建築
　工具，建設機械及び建築補助具を職権により差し押さえることができる。

第80条　施設の除却，使用禁止
⑴　施設が公法上の規定に違反して建設され，又は改修されているときは，建築監督官庁
　は，他の方法では合法的な状態を実現することができないときは，当該施設の全部又は
　一部の除却を命ずることができる。
⑵　施設が公法上の規定に違反して使用されているときは，当該使用の中止を命ずること
　ができる。許容されない使用が書面による使用禁止命令に従わずに継続されているとき
　は，建築監督官庁は，当該施設の全部又は一部を封印することができる。

ラインラント・プファルツ州行政執行法（2012.09.12最新改正）
第Ⅲ章　作為，受忍又は不作為を命ずる行政行為の強制執行
第61条　強制手段の適用，強制執行の基礎
⑴　物の引き渡し又は作為，受忍若しくは不作為を命ずる行政行為は，強制手段の適用に
　よって強制執行される。
⑵　強制金（第64条）を除く強制手段は，犯罪又は秩序違反行為に該当する違法な行為
　を抑止し，又は現在の危険を回避するために必要であり，かつ，これについて官庁に法
　的権限が付与されているときには，先行する行政行為なしに適用することができる。

第62条　強制手段
⑴　強制手段は，次のものとする。
　　1．代執行（第63条）
　　2．強制金（第64条）
　　3．直接強制（第65条）
⑵　強制手段は，その目的に照らし適切なものでなければならず，可能な限り執行債務者
　及び公共の利益への侵害が最小限となるよう定めなければならない。
⑶　強制手段は，刑罰又は過料と併せて適用することができ，作為の強制においては，義
　務が履行されるまでの間，反復して又は他の強制手段に切り替えて適用することができ
　る。受忍又は不作為の強制においては，不服従のたびごとに強制手段を適用することが
　できる。

212

⑷　強制に係る作為が実施され，又はその実施が不可能となったと認められるときは，強制手段はもはや適用してはならない。

第63条　代執行
⑴　他の者が代わって行うことができる作為（代替的作為）を行う義務が履行されないときは，執行官庁は，当該作為を執行債務者の費用負担により，自ら行い又は他の者にこれを行うことを委託することができる。
⑵　執行債務者が代執行費用の概算見積額を事前に支払うべきことを定めることができる。執行債務者が代執行費用又は代執行費用の概算見積額を期限までに支払わないときは，第19条から第60条までの規定により，強制徴収することができ，この場合においては，第22条第2項の督促は要しない。

第64条　強制金
⑴　作為，受忍又は不作為の義務が履行されないときは，執行官庁は，強制金によって執行債務者にその履行を促すことができる。
⑵　強制金は，書面によって賦課決定する。その額は，最低5ユーロ以上最高50,000ユーロ以下とする。強制金の算定においては，行政行為に従わないことによって得られる経済的利益の額を勘案するものとする。強制金の賦課決定においては，執行債務者に支払いのための適切な期間を設定しなければならない。
⑶　強制金は，第19条から第60条までの規定により強制徴収し，この場合において，第22条第2項の督促は要しない。

第65条　直接強制
⑴　代執行若しくは強制金が目的を達しないとき，又はそれらの実施が困難なときは，執行官庁は，直接強制を適用することができる。
⑵　直接強制は，身体による又は補助手段若しくは武器を用いてする，人又は物に対する有形力の行使により行う。武器の使用は，それが法の規定により明示的に定められている場合に限り行うことができる。
⑶　意思表示を強制するために直接強制を適用することはできない。
⑷　直接強制は，法の規定により又は執行官庁の長により一般的に又は個別的にそれについての権限が付与されている者によってのみ実施することが許容される。

第66条　強制手段の戒告
⑴　強制手段の戒告は，書面によりなされなければならない。強制手段が即時に適用することができる場合（第61条第2項）又は他の事情によりそれが必要なときは，口頭でこれを行い又は戒告を行わないことができる。戒告においては義務履行のために適切な期間を定めなければならない。ただし，受忍又は不作為を強制すべき場合は，この期間を定めることを要しない。

関連主要参照条文編

(2) 戒告は，作為，受忍又は不作為を命ずる行政行為と併せて行うことができる。迅速な執行が命ぜられ，又は法的救済の提起が執行停止効を生じさせないときは，行政行為と併せて行わなければならない。

(3) 戒告は，特定の強制手段について行わなければならない。複数の強制手段を戒告する場合は，いかなる順番によりそれらが適用されるかを明示しなければならない。執行官庁に複数の強制手段からの選択を留保する戒告は許容されない。

(4) 代執行を戒告する場合には，当該戒告において費用の概算見積額を提示しなければならない。

(5) 強制金は，特定された額により戒告しなければならない。

(6) 書面による戒告は送達されなければならない。戒告がその基礎となる行政行為と併せて行われ，当該行政行為について送達が定められていないときも同様とする。

第67条　代償強制拘留

(1) 強制金の強制徴収ができなかった場合又は強制金が奏功しないと認められる場合には，強制金の戒告において代償強制拘留の適用が警告されているときは，行政裁判所は，執行官庁の申立てにより代償強制拘留を命ずるものとする。代償強制拘留の期間は，最短1日以上最長2週間以内とする。

(2) 代償強制拘留は，執行官庁の書面による申立てにより，司法行政が，民事訴訟法第802g条，第802h条及び第802j条第2項の規定により執行する。

(3) 代償強制拘留の命令及びその執行は，執行債務者が強制執行に係る義務を履行しない期間内においてのみ許容される。

ラインラント・プファルツ州建築法（2015.06.15最新改正）

第80条　建築中止

(1) 建設工事が建築法若しくは他の公法上の規定に違反して施工され，又は不正にCEマーク（第18条第1項第1段第2号）若しくはÜマーク（第23条第4項）を表示する建築用製品が使用されているときは，建築監督官庁は，当該工事の中止を命ずることができる。

(2) 建設工事が中止命令に従わずに続行される場合は，建築監督官庁は建設工事現場を封印し，又は建設工事現場に置かれている建築用製品，建築補助具，足場，建設機械及びこれらに類する物件を建築主の費用負担により差し押さえることができる。この場合においては，警察・秩序官庁法第22条第1号及び第23条から第25条までの規定を準用する。

第81条　除却命令及び使用禁止

建築施設又は第1条第1項第2段にいう他の施設及び設備が，建築法又は他の公法上の規定に違反して建設，改修，維持管理又は使用変更されるときは，建築監督官庁は，他の方法では合法的な状態を実現することができないときは，これらの全部又は一部について，第54条による責任者に対しその費用負担により除却すること又はその使用を中止するこ

とを命ずることができる。建築監督官庁は，建築許可申請をすることを命ずることができる。除却命令及び使用中止命令は，権利承継人に対しても行うことができる。

ザールラント州行政執行法（2015.12.01 最新改正）
第2章　行政行為の強制執行
第1節　作為，受忍又は不作為の強制
第13条　行政強制：強制手段
⑴　作為，受忍又は不作為を命ずる行政行為は，行政強制により強制執行される。強制手段は，次に掲げるものとする。
　　　１．強制金（第20条）
　　　２．代執行（第21条）
　　　３．直接強制（第22条）
　　　４．強制拘留（第28条）
⑵　強制手段は，その目的に照らし適切なものでなければならない。強制手段は，可能な限り相手方及び公共の利益を不可避な程度以上に侵害しないように決定しなければならない。
⑶　強制手段は，刑罰又は過料と併せて適用することができ，行政行為が服従され，又は他の方法により実現されるまでの間，反復し又は他の強制手段に切り替えて適用することができる。強制拘留は，合計して6週間を超えてはならない。
⑷　複数の強制手段を同時に適用してはならず，新たな強制手段は，従前の強制手段が奏功しないときに，初めて適用することができる。

第14条　執行官庁
⑴　強制手段の適用は，行政行為を発出した官庁が所管する。
⑵　州政府は，法規命令により，前項の規定による所管官庁以外の他の官庁が発出したいかなる行政行為について強制執行を行うかを定めることができる。

第18条　強制執行の基礎
⑴　行政強制は，行政行為が不可争力を得，又は法的救済の提起が執行停止効を生じないときに適用することができる。
⑵　行政強制は，即時執行が直接的な切迫した危険を回避するために必要であり，かつ，当該官庁がその法的権限の範囲内で対応するときは，先行する行政行為なしに適用することができる。

第19条　強制手段の戒告
⑴　戒告は，可能な限り書面によりなされなければならないが，強制手段を即時に適用しうる場合（第18条第2項）は，この限りでない。戒告においては義務者に対し義務履行のために適切な期間を定めなければならないが，受忍又は不作為を強制すべき場合は，

関連主要参照条文編

この期間を定めることを要しない。

(2)　戒告は，強制執行されるべき行政行為と併せて行うことができる。法的救済の提起が執行停止効を生じさせないときは，行政行為と併せて行わなければならない。

(3)　戒告は，特定の強制手段について行わなければならない。強制金は，特定された額により戒告しなければならない。

(4)　代執行を戒告する場合には，当該戒告において費用の概算見積額を提示しなければならない。事後徴収の権利は妨げられない。

(5)　戒告は送達しなければならない。戒告がその基礎となる行政行為と併せて行われ，当該行政行為について送達が定められていないときも同様とする。

第20条　強制金

(1)　作為，受忍又は不作為の義務が全く，適時に又は十分なかたちで履行されないときは，義務者に対し強制金によって義務の履行を促すことができる。

(2)　強制金が，行政行為に併せて戒告され，賦課決定されるときは，当該賦課決定は，義務者が命ぜられた作為，受忍又は不作為に係る義務を全く，十分なかたちで又は適時に履行しないとき並びに第18条及び第19条に定める要件を充足するときに有効となる。義務者が，当初の強制金の戒告に際して予告されているときは，新たな強制金の賦課決定の戒告を行わないことができる。

(3)　強制金の額は，最低5ユーロ以上最高50,000ユーロ以下とする。

第21条　代執行

代替的作為に係る義務が全く，適時に又は十分なかたちで履行されないときは，執行官庁は，当該作為を義務者の費用負担により，自ら行い又はこれを行わせることができる。

第22条　直接強制

(1)　代執行若しくは強制金が考慮に値しない，奏功しない，又は合目的的でないときは，執行官庁は，直接強制を適用することができる。意思表示を強制するための直接強制は行うことができない。第26条の適用は妨げられない。

(2)　他の法律が直接強制及びその適用の方法について定めているときは，当該規定の適用を妨げない。

第22a条　概念規定

(1)　直接強制は，人又は物に対する身体による，又は補助手段若しくは武器を使用して行う有形力の行使をいう。

(2)　身体による有形力の行使は，人又は物に対するあらゆる直接的な影響をいう。

(3)〜(4)　（略）

216

ザールラント州建築法

第22b条　直接強制の戒告

⑴　直接強制は，その適用に先立って戒告されるものとする。個別の事情がそれを許さないとき，特に現在の危険を回避するために強制手段の即時の適用が必要なときは，戒告を行わないことができる。（以下略）

⑵～⑷　（略）

第28条　強制拘留

⑴　強制拘留は，次の場合にのみ許容される。
　　１．他の強制手段が奏功しないとき，及び
　　２．強制手段の反復的適用又は他の強制手段の適用により，目的を達することができないとき

⑵　強制拘留は，執行官庁の申立てにより，行政裁判所がこれを命ずる。その期間は，最短1日以上最長6週間以内とする。

⑶　強制拘留は，行政裁判所の命令が不可争力を得た後，行政官庁の申立てにより，司法執行施設において民事訴訟法第904条から第910条まで（筆者注：第802g条，第802h条及び第802j条第2項などと改正されるべきか？）の規定により，義務者の費用負担により執行される。義務者の拘留は，執行官庁の申立てにより，執行官が執行する。

ザールラント州建築法（2018.6.13最新改正）

第81条　建築中止

⑴　施設が公法上の規定に違反して建設され，改修され又は除却されるときは，建築監督官庁は，当該工事の中止を命ずることができる。特に，次に掲げる場合がこれに該当する。
　　１．許可を要する，又は第63条により許可を免除されている建設計画の施工が，建築許可を得ずに，又は第63条第2項により必要とされている建設図書の提出をせずに，第73条第6項及び第7項の規定に違反して開始されているとき
　　２．建設計画の施工が，付与された建築許可の内容と乖離しており，かつ当該乖離について必要とされる許可を得ていないとき
　　３．第63条により許可を免除されている建設計画の施工が，提出された建設図書の内容と乖離しているとき。ただし，当該乖離が第61条により変更手続を要しないときはこの限りでない。
　　４．不正にCEマーク（第18条第1項第2号）若しくはÜマーク（第23条第4項）が表示されている，又は第18条第1項の規定に違反してCEマーク若しくはÜマークが表示されていない建築用製品が使用されているとき

⑵　許容されない建設工事が書面又は口頭によりなされた中止命令に従わずに続行される場合は，建築監督官庁は建設工事現場，施設の全部若しくは一部を封印し，又は建設工事現場に置かれている建築用製品，建築工具，建設機械及び建築補助具を職権により差し押さえることができる。前段の規定は，不可争力を得，又は迅速な執行が命ぜられた

217

関連主要参照条文編

使用禁止命令が発出された後，禁じられた使用が継続されている場合にも適用される。

第82条　施設の除却，使用禁止
⑴　施設が公法上の規定に違反して建設され，又は改修されているときは，建築監督官庁は，他の方法では合法的な状態を実現することができないときは，当該施設の全部又は一部の除却を命ずることができる。
⑵　前項の施設が，公法上の規定に違反して使用されているときは，当該使用の中止を命ずることができる。
⑶　建築監督官庁は，建設図書を提出し，又は建築許可を申請するよう命ずることができる。

【連邦法】
行政執行法（2017.06.30 最新改正）
第2章　作為，受忍又は不作為の強制
第6条　行政強制の要件
⑴　物の引き渡し，作為の履行，受忍又は不作為の義務を課す行政行為は，それが不可争力を得たとき，その迅速な執行が命ぜられたとき又は法的救済の提起に執行停止効が付与されないときは，第9条の規定による強制手段によって強制執行することができる。
⑵　犯罪構成要件若しくは過料構成要件の実行行為に当たる違法行為を阻止するため又は急迫の危険を避けるため，即時執行を行う必要があるときは，官庁は，その法的権限の範囲内で，先行的に行政行為を行うことなく，行政強制を適用することができる。

第7条　執行官庁
⑴　行政行為は，それを発出した官庁によって強制執行される。当該行政庁は，異議申立ての裁決も行う。
⑵　下位の行政階層の官庁は，個別に又は一般的に，強制執行を委任されうる。

第9条　強制手段
⑴　強制手段は，次のとおりである。
　　a）代執行（第10条）
　　b）強制金（第11条）
　　c）直接強制（第12条）
⑵　強制手段は，その目的に照らし適切なものでなければならない。加えて，強制手段は可能な限り相手方及び公共の利益への侵害が最小限になるように決定しなければならない。

第10条　代執行
　他の者が行うことのできる作為（代替的作為）に係る義務が履行されないときは，執行

行政執行法

官庁は，義務者の費用負担により他の者に当該作為の履行を委託することができる。

第11条　強制金
⑴　ある作為が他の者によってなされ得ず，かつそれが義務者の意思のみにかかるもので
　ある場合には，義務者に対し，強制金によって当該作為の履行を促すことができる。代
　替的作為については，代執行が実施困難であるとき，特に，義務者が他の者による履行
　から生ずる費用を負担する資力がないときにおいて，強制金を課すことができる。
⑵　強制金は，義務者が作為を受忍する義務又は不作為義務に違反するときもこれを課す
　ことができる。
⑶　強制金の額は，25,000 ユーロ以下とする。

第12条　直接強制
　　代執行又は強制金によって目的を達せられないとき，又はそれらが実施困難であるとき
　は，執行官庁は，義務者に作為，受忍又は不作為を強制し，又は作為を自ら行うことがで
　きる。

第13条　強制手段の戒告
⑴　強制手段は，それが即時に適用されうる場合（第6条第2項）でないときは，文書に
　より戒告しなければならない。その場合においては，義務の履行のために，当該義務を
　履行することが期待される適切な期間を定めなければならない。
⑵　戒告は，作為，受忍又は不作為を命ずる行政行為と併せて行うことができる。迅速な
　執行が命ぜられ，又は法的救済の提起に執行停止効が付与されない場合には，戒告は行
　政行為と併せて行わなければならない。
⑶　戒告は，特定の強制手段について行わなければならない。複数の強制手段の同時戒告
　及び執行官庁に複数の強制手段の選択権を留保する戒告は許容されない。
⑷　作為が義務者の費用で実施されるべき場合（代執行）は，戒告において費用の概算見
　積額を提示しなければならない。代執行において概算見積額を超えた費用が生じたとき
　は，追加的な請求を妨げない。
⑸　強制金は，特定された額により戒告しなければならない。
⑹　強制手段は，刑罰又は過料が科される場合でも戒告することができ，義務が履行され
　るまで反復し，その都度程度を高め，又は他の強制手段に切り替えることができる。新
　たな戒告は，直近に戒告された強制手段が奏功しないときにのみ行うことができる。
⑺　戒告は送達しなければならない。戒告がその基礎となる行政行為と併せてなされ，当
　該行政行為について送達が定められていない場合も同様である。

第14条　強制手段の決定
　　戒告において定められた期間内に義務が履行されないときは，執行官庁は，当該強制手
　段を決定する。即時執行（第6条第2項）においては，決定を要しない。

219

関連主要参照条文編

第15条　強制手段の適用

(1)　強制手段は，その決定に従って適用される。

(2)　義務者が，代執行又は直接強制に際して抵抗する場合には，その抵抗を実力によって排除することができる。警察は，執行官庁の要請に基づき職務上の援助を行わなければならない。

(3)　強制執行は，その目的が達せられた場合には，直ちに中止しなければならない。

第16条　代償強制拘留

(1)　強制金が実効的でない場合においては，強制金の戒告においてその警告がなされているときは，行政裁判所は執行官庁の申立てにより，義務者に対する聴聞を行った後，決定により代償強制拘留を命ずることができる。基本法第2条第2項第2段の基本権（人身の自由：筆者注）は，この限りにおいて制限される。

(2)　代償強制拘留の期間は，1日以上2週間以内とする。

(3)　代償強制拘留は，執行官庁の申立てにより，司法行政が民事訴訟法第802g条，第802h条及び第802j条第2項の規定に基づき執行する。

行政裁判所法（2018.06.12 最新改正）

第80条

(1)　異議申立て及び取消訴訟の提起は，執行停止効を生ずる。形成的及び確認的行政行為並びに二重効果的行政行為（第80a条）についても同様である。

(2)　執行停止効は，次の各号に掲げる場合に限り生じない。

　　1．～3.（略）

　　4．当該行政行為をした，又は異議申立てについて裁決する権限を有する行政官庁が，公共の利益又は関係人の優越する利益のために，特に迅速な執行を命じた場合

　　州は，法的救済が，連邦法により州によってとられた行政強制に係る措置に対して提起された場合については，当該法的救済の提起には執行停止効が生じないことを定めることができる。

(3)　前項第4号の場合においては，行政行為の迅速な執行に係る特別の利益を，書面により理由提示しなければならない。行政官庁が切迫した危険，特に生命，健康又は財産に対する侵害のおそれがあるため，予めそのように明示された緊急措置を公共の利益のために講ずる場合には，特別の理由提示をする必要はない。

(4)（略）

(5)　申立てにより，本案管轄裁判所は，（中略）第2項第4号の場合については執行停止効の全部又は一部の回復を命ずることができる。この申立ては，取消訴訟の提起前においても行うことができる。行政行為が判決の時点で既に執行されているときは，裁判所は，執行の取消しを命ずることができる。執行停止効の回復は，担保の提供又はその他の負担に係らしめることができる。執行停止の回復は，期限を付すこともできる。

(6)～(8)（略）

秩序違反法

刑法典（2017.10.30 最新改正）
第 136 条　差押破棄；封印破棄
⑴　差し押さえられ，又はその他の職権により押収された物を，毀損し，損壊し，使用不能にし，又はその他の方法でその全部又は一部を差押えから免脱させた者は，1 年以下の自由刑又は罰金に処する。
⑵　物を差し押え，職権により封鎖し又はこれを表示するために職権によって施された封印を毀損し，損壊し，若しくは識別不能にした者又は当該封印により執行された封鎖措置の全部若しくは一部を無効にした者も同様の罰に処する。
⑶　差押え，押収又は封印の施行が適法な職務行為によりなされたものでない場合は，前 2 項の行為は処罰されない。行為者が，職務行為が適法になされたものと誤認した場合も同様とする。
⑷　第 113 条第 4 項を準用する。

秩序違反法（2018.12.17 最新改正）
第 1 編　総則
第 1 章　適用領域
第 1 条　概念定義
⑴　秩序違反行為とは，法律が過料に処することを定める構成要件を実現する違法かつ有責な行為をいう。
⑵　過料が科される行為は，たとえ非難可能でない状態で犯されたものであっても，前項にいう法律に定める構成要件を実現する違法な行為をいう。

第 2 条　事物適用
　　本法は，連邦法及び州法に定められる秩序違反行為について適用される

第 3 章　過料
第 17 条　過料の額
⑴　過料の額は，最低 5 ユーロとし，法律に別段の定めがなければ最高 1,000 ユーロとする。
⑵　法律が故意の行為及び過失の行為について，その上限額を区別することなく過料を科すことを規定しているときは，過失の行為には定められた上限額の半分の額を上限として過料を科すことができる。
⑶　過料額の算定根拠は，秩序違反行為の重大性及び行為者に向けられる非難とする。行為者の経済状況も考慮されるが，軽微な秩序違反行為については通常その限りでない。
⑷　過料は，行為者がその秩序違反行為から得た経済的利益を超えるものとする。法律の定める上限額がこれに達しないときは，当該上限額を超えることができる。

関連主要参照条文編

第 18 条 支払容易化措置

　相手方がその経済的事情のために，過料を即時に支払うことが困難である場合には，その者に支払期間が付与され，又は過料を定められた割賦金により支払うことが認められる。その場合において，相手方が割賦金を適時に支払わないときには，過料を定められた割賦金により支払う優遇措置を取り消すことを命ずることができる

第 4 章　複数の法律違反の競合
第 19 条　観念的競合

(1)　同一の行為が，当該行為を秩序違反として罰する複数の法律に違反し，又は同一の法律に複数回違反するときは，1 件の過料のみが決定される。

(2)　複数の法律に違反するときは，最も高額の過料を規定する法律に基づいて過料が決定される。他の法律に規定された付加処分は，これを言い渡すことができる。

第 5 章　目的物の没収
第 22 条　目的物の没収

(1)　法律が明文で許容している場合に限り，秩序違反行為に関連する付加処分として，対象物を没収することができる。

(2)　没収は，次の各号の一に該当する場合のみ許容される。

　　　1．決定時に行為者が当該目的物を所有し，又はその処分権限を有しているとき

　　　2．当該目的物がその性質又は状態により，公共の利益を害し又は刑罰若しくは過料を科される行為をなすのに役立つおそれがあるとき

(3)　第 2 項第 2 号の要件を充たす場合は，当該目的物の没収は，行為者が非難可能性なく行為した場合にも許容される。

第 23 条　没収の拡張要件

　法律が本条を援用しているときは，決定時に目的物を所有し，又はその処分権限を有している者が次の各号の一に該当する場合にも，第 22 条第 2 項第 1 号の規定にかかわらず，当該目的物を没収することができる

　　　1．当該物又は権利が行為又は予備の手段又は目的物となることに少なくとも軽率に寄与したとき

　　　2．没収が許容されるであろうという情況を知りつつ，当該目的物を有責的に取得したとき

第 24 条　比例原則

(1)　第 22 条第 2 項第 1 号及び第 23 条の場合において，没収が，なされた行為の重大性及び没収処分を受ける行為者又は第 23 条の場合における第三者に向けられる非難に照らし比例的でないときは，これを命じてはならない。

(2)　第 22 条及び第 23 条の場合においては，没収の目的が侵害の程度のより少ない措置に

よっても達成しうるときは，没収を留保し，当該代替的措置をとることが命じられる。この場合には，次の各号に掲げる命令が考慮されるものとする。

　　1．当該目的物を使用禁止とすること
　　2．当該目的物から一定の設備若しくは記号を除去し，又はその他の方法で目的物を改変すること
　　3．当該対象物を特定の方法で処分すること

　命令が履行されたときは，没収の留保は撤回される。その他の場合は，事後に没収が命じられる。

⑶　没収は，目的物の一部に限定してこれを行うことができる。

第30条　法人及び団体に対する過料

⑴　ある者が，次の各号のいずれかに該当する立場で，犯罪行為若しくは秩序違反行為を行い，法人若しくは団体に課された義務を履行せず，又は法人若しくは団体が利益を得，若しくは得ると見込まれるときは，これらの法人等に対して過料を決定することができる。

　　1．法人の代表権を有する機関又は当該機関の構成員
　　2．権利能力なき社団の代表又は代表機関の構成員
　　3．権利能力を有する団体の代表権を有する社員
　　4．包括代理人，支配人として経営しうる地位にある者，法人又は第2号又は第3号に規定する団体の行為代理権者
　　5．法人又は第2号又は第3号に規定する団体の企業体を経営する権限を付与されたその他の者で，業務の執行その他の経営業務に属する監督権を行使する権限を付与された者

⑵　過料は，次の各号に掲げる額とする。

　　1．故意の犯罪行為については，1,000万ユーロ以下
　　2．過失の犯罪行為については，500万ユーロ以下

　秩序違反行為については，過料の上限額は，当該秩序違反行為について規定されている過料の上限額とする。（以下，略）

(2a)　～⑹　（略）

第2章　過料手続

第1節　秩序違反行為の訴追及び制裁の所管関係

第35条　行政官庁による訴追及び制裁

⑴　秩序違反行為の訴追については，本法の規定により検察官が，又は検察官に代わって個々の訴追行為につき裁判官が管轄権限を付与されていない限り，行政官庁が管轄権を有する。

⑵　行政官庁は，秩序違反行為に係る制裁についても，本法により裁判所がこれに関する権限を付与されていない限り，権限を有する。

関連主要参照条文編

第2節　一般的手続規定

第46条　刑事手続に関する規定の適用

(1)　過料手続には，本法に別段の定めのない限り，刑事手続に関する一般法の規定，特に刑事訴訟法，裁判所構成法及び少年裁判所法の規定が準用される。

(2)　訴追官庁は，本法に別段の定めのない限り，過料手続においては，犯罪行為の訴追の際の検察官と同じ権限及び義務を有する。

(3)　施設への収容，勾留，仮逮捕，郵便物及び電報の押収並びに郵便及び電信電話の秘密保護に係る情況の報告要請は許容されない。刑事訴訟法第160条第3項第2段の裁判所の援助の規定は適用されない。訴追強制手続は行われない。以下（略）

(4)　刑事訴訟法第81a条第1項第2段は制限的に適用され，検査のための採血その他の軽微な侵害のみ許容される。（中略）刑事手続において採取された血液及びその他の体細胞は，その採取が過料手続においても第1段の規定に基づき許容されたであろう場合にはこれを用いることができる。採取された血液及びその他の体細胞を刑事訴訟法第81e条（被疑者の検査）の検査のために用いることは許容されない

(5)　召喚に応じない相手方及び証人の引致命令は，裁判官に留保される。証言の強制のための拘留（刑事訴訟法第70条第2項）は，6週間を超えてはならない。

(6)～(8)　（略）

第47条　秩序違反行為の訴追

(1)　秩序違反行為の訴追は，訴追官庁の羈束裁量に委ねられる。訴追官庁は，手続が自らに係属しているときは，これを中止することができる。

(2)　手続が裁判所に係属しており，当該裁判所が制裁を必要でないと認めるときは，当該裁判所は，検察官の同意を得て，いかなる段階でもその手続を中止することができる。検察官の同意は，100ユーロ以下の過料が過料決定により科されている場合で，かつ検察官が公判に参加しないと表明しているときはこれを必要としない。この決定は争うことができない。

(3)　手続の中止を，公共の施設又はその他の官公署への一定額の金銭の支払いにより，又はそれと関連づけて行ってはならない。

第3章　事前手続

第53条　警察の任務

(1)　警察署及び警察官は，羈束裁量により秩序違反行為を捜査し，その際に事案に係る罪証の隠滅を防止するために，猶予を許さぬあらゆる命令を行う。それらは，秩序違反行為の捜査に際して，この法律が別段の定めをしていない限り，犯罪行為の訴追と同様の権利義務を有する。それらは，その書類を遅滞なく行政官庁に，また，犯罪関連性のある場合（42条）には，検察庁に送付する。

(2)　警察官は，検察庁の捜査員に任命されたときは（裁判所構成法第152条），同者に適用される刑事訴訟法の規定により，押収，捜索，取調べ及びその他の措置を命ずること

ができる。

第 55 条　相手方の聴聞

⑴　相手方に対し制裁が課されることについて意見を陳述する機会を付与することで足りるという条件のもとで，刑事訴訟法 163a 条 1 項の規定が適用される。

⑵　相手方は，その尋問に先立ってその者によって選任された弁護人と面談することができることを告知される必要はない。この場合において，刑事訴訟法第 136 条（初回の尋問：筆者注）第 1 項第 3 段から第 5 段までの規定は適用されない。

第 2 節　警告手続

第 56 条　行政官庁による警告

⑴　軽微な秩序違反行為については，行政官庁は，相手方に警告し，最低 5 ユーロ以上最高 55 ユーロ以下の警告金を科することができる。行政官庁は，警告金を科さないで警告することもできる。

⑵　第 1 項第 1 段の規定による警告は，相手方が拒否権について教示を受けた後当該警告を受け入れ，かつ当該警告金を行政官庁の指定に従って即時に支払うか，あるいは 1 週間の期間内に，そのために指定された官公署若しくは当該官公署への郵便振替によって払い込まれた場合にのみ発効する。前段の期間の付与は，相手方が当該警告金を即時に支払うことができないとき又は警告金が 10 ユーロ以上のときに認められる。

⑶　第 1 項第 1 段の規定による警告，警告金の額及び支払又は支払期間が定められているときはその支払期間については，証明書が発行される。費用（手数料及び立替金）は徴収されない。

⑷　第 1 項第 1 段の規定による警告が発効したときは，当該行為は，当該警告が発せられた事実上及び法律上の観点からは，もはやこれを訴追することはできない

第 4 節　過料決定

第 65 条　総則

秩序違反行為は，本法に別段の定めのない限り，過料決定により制裁される。

第 66 条　過料決定の内容

⑴　過料決定には，次の事項を定める。
　　1．相手方及び利害関係人に関する記載
　　2．弁護人の氏名及び宛先
　　3．相手方に帰責されている行為の記述，それを行った日時及び場所，当該秩序違反行為の法律上の特性並びに適用される過料規定
　　4．証拠方法
　　5．過料及び付加処分
⑵　過料決定には，さらに次の事項を定める。

関連主要参照条文編

  1．次の告知

   a）当該過料決定は，第67条の規定に基づく異議申立てがなされなければ，確定力及び執行力を生ずること

   b）異議申立てにより，相手方にとりさらに不利な決定がなされることもありうること

  2．確定力を生じた後又はそれより後の時点における支払期限が設定された場合（第18条）にはその期限から遅くとも2週間以内に次に掲げることをするようにとの相手方に対する催告

   a）過料又は所定の割賦額を所轄の受払窓口に支払うこと

   b）支払能力がない場合には，執行官庁（第92条）に対し，書面により又は同官庁での口述記録によって，いかなる理由により期限内の支払が相手方の経済的事情によって期待しえないかを説明すること

  3．相手方が第2号による義務を履行しないときは，強制拘留（第96条）が命じられ得ることの教示

(3) 過料決定の理由は，第1項第3号及び第4号に定める事項について以外は必要でない。

第5章　異議申立て及び裁判所の手続

第1節　異議申立て

第67条　形式及び期限

(1) 相手方は，過料決定に対し，その送達後2週間以内に，当該過料決定を発出した行政官庁に対し書面により又は同官庁での口述記録により異議申立てをすることができる。上訴に関する刑事訴訟法第297条から第300条まで及び第302条の規定が準用される。

(2) 異議申立ては，定められた異議事項に制限することができる。

第68条　管轄裁判所

(1) 過料決定に対する異議申立てについては，当該行政官庁の所在地を管轄する区裁判所が裁判する。区裁判所の裁判官が単独で裁判する。

(2)～(3)　（略）

第2節　公判手続

第71条　公判

(1) 適法な異議申立て後の手続は，本法に別段の定めのない限り，略式命令に対する適法な異議申立て後に適用される刑事訴訟法の規定による。

(2) 裁判所は，事案の一層の解明のため，次の各号に掲げる措置をとることができる。

  1．個別の証拠調べを命ずること

  2．官庁及びその他の官公署に職務上の知見，調査及び情報の説明を求めること（第77a条第2項）。

  裁判所は，公判準備のため，相手方に対しても指定する期間内に，その免責を得るた

秩序違反法

めに，新たな事実及び証拠物件を出す意思があるか否か，またいかなるものを出すかを述べる機会を与えることができる。（以下，略）

第72条　決定による裁判

(1) 裁判所は，公判が必要でないと認めるときは，相手方及び検察官が決定による裁判に異議を唱えない場合には，決定により裁判することができる。裁判所は，予めこれらの者に文書により当該手続を行う旨を告知するとともにこれに対する異議の有無を照会し，当該文書の送達の日から2週間の期間内において意見を述べる機会を与えるものとする。この場合においては，刑事訴訟法第145a条（弁護人に対する送達：筆者注）第1項及び第3項の規定を準用する。

　裁判所は，相手方に無罪を宣告するときは，第2段の告知をせず，かつ当該異議申立てに対して決定により裁判することができる。

(2) 異議が期間満了後に提出されたときは，当該異議は無効とする。ただし，この場合において，当該決定に対しては，その送達から1週間以内に期間遵守の解怠に対してと同様の要件の下で原状回復を申し立てることができる。このことについては，決定の送達の際に相手方に教示しなければならない。

(3) 裁判所は，相手方に無罪を宣告するか，相手方に対し過料を決定するか，付加処分を命ずるか又は手続を中止するかについて判断する。裁判所は，過料決定の内容を相手方に不利益となるように変更してはならない。

(4) 過料を決定する場合には，決定において秩序違反行為を宣告しなければならない。過料構成要件が法律の条見出しに示されているときは，それを秩序違反行為の表示のために使用しなければならない。刑事訴訟法第260条第5項第1段（判決主文中の適用法律題名・条文の明示：筆者注）の規定を準用する。決定の理由には，裁判所が秩序違反行為の法的な徴表を見出す証明されたと認める事実を記載しなければならない。証明が他の事実から推断されているときは，その事実も記載しなければならない。さらに，過料及び付加処分に係る命令の量定を基礎づける諸事情も記載しなければならない。

(5) 相手方に無罪を言い渡すときは，理由において，相手方を有罪と証明することができなかったのか，あるいは，証明されたとされた事実が秩序違反行為に当たらないとしたのか及びその理由を示さなければならない。当該決定が法違反抗告によって争うことができないときは，相手方がその責めを問われた秩序違反行為が事実上又は法律上の理由から確定されなかったことを示せば足りる。

(6) 手続参加者が同意するときは，理由を示さないことができる。この場合においては，過料決定の内容を示せば足りる。この場合，裁判所は，個別の事案における諸事情を勘案して，その裁量により，付加的な説明を付することができる。当該決定に対して法違反抗告が提起されたときは，5週間以内に理由の全体を書類上追完しなければならない。

第73条　相手方の公判への出廷

(1) 相手方は，公判への出廷が義務づけられる。

関連主要参照条文編

(2) 裁判所は，相手方が事案について陳述又は説明を行っており，同者が公判においては事案について陳述を行わない意向であり，同者の出廷が事案の事実関係の解明において本質的な観点から必要でないと認められるときは，同者の申立てにより前項の義務を免除することができる。

(3) 裁判所が相手方本人の出廷義務を免除したときは，相手方は代理権が証明された弁護人に代理させることができる。

第76条　行政官庁の参加

(1) 裁判所は，行政官庁にその立場から決定において重要とする見解を申し述べる機会を与えるものとする。裁判所が，第47条第2項の規定により手続の中止を検討する場合も同様とする。公判の期日は，行政官庁に通知される。行政庁の代表者は，公判において裁判所の求めにより陳述する。

(2) 裁判所は，行政官庁の特別の専門的知識がその決定のために必要ではないと認めるときは，前項による行政官庁の参加を求めないことができる。

(3), (4) （略）

第3節　上訴

第79条　法違反抗告

(1) 判決及び第72条による決定に対しては，次の各号に該当する場合には，法違反抗告をすることができる。

　　1．相手方に対し250ユーロ以上の過料が科されることとされているとき

　　2．付加処分が命じられているとき　ただし，財産権的性格を有する付加処分で，その価額が判決又は第72条による決定において250ユーロ以下に相当するものとされている場合はこの限りでない。

　　3．相手方が秩序違反行為について無罪を宣告され，手続が中断され，又は運転禁止処分が猶予された場合であって，当該行為のために過料決定又は略式命令において，600ユーロ以上の過料に処せられており，運転禁止処分がなされており，又はそのような過料又は運転禁止処分が検察官によって請求されていたとき

　　4．異議申立てが不適法として判決により却下されたとき　又は，

　　5．抗告人が手続に対して所定期間内に異議を唱えていたにもかかわらず，第72条により決定によって裁判されたとき

　　判決に対する法違反抗告は，それが許可されたとき（第80条）にも許容される。

(2)〜(6) （略）

第9章　過料の決定の執行

第89条　過料決定の執行力

　過料決定は，それが確定力を有するに至ったときに執行することができる。

秩序違反法

第90条　過料決定の執行
⑴　過料決定は，法律に別段の定めのない限り，連邦の行政官庁が当該過料決定を発出したときは，1953年4月27日の行政執行法（連邦官報第Ⅰ部157頁）の定めるところにより，それ以外のときは，これに相当する州法の規定の定めるところにより，執行される。
⑵　過料は，法律に別段の定めのない限り，連邦の行政庁が過料決定を発出したときは連邦国庫に，それ以外の場合には州庫に収入するものとする。前段の規定は，金銭支払を義務づける付加処分について準用する。
⑶　目的物の没収又は物件の使用不能化措置が命ぜられたときは，当該命令は，当該物件が相手方又は没収関係人から収去されることにより執行される。当該物件がこれらの者のもとで発見されないときは，行政官庁の申立てにより区裁判所において当該物件の所在について宣誓に代わる保証がなされなければならない。この場合においては，民事訴訟法第883条（特定の動産の引き渡し：筆者注）第2項及び第3項を準用する。
⑷　第1項の規定は，行政官庁によって賦課決定された秩序金の執行に準用する。

第92条　執行官庁
　本章の以下の規定にいう執行官庁とは，第90条の場合には当該過料決定を発出した行政官庁をいい，それ以外の場合は，第91条の規定により執行責務を負う官公署をいう。

第95条　過料の徴収
⑴　過料又はその割賦金は，相手方がその支払いを免れようとしていることが特定の事実により明らかであるときにのみ，支払期限到来後2週間を経過する前に強制徴収される。
⑵　相手方がその経済的状況から，近い将来には支払いができないことが判明したときは，執行官庁は，その執行を猶予することができる。

第96条　強制拘留命令
⑴　第95条第1項に定める期間の経過後は，次の各号のすべてに該当するときは，裁判所は執行官庁の申立てにより，又は裁判所が自ら執行の責務を負っているときは職権により，強制拘留を命ずることができる。
　　1．過料又はその特定の割賦金が支払われていないこと
　　2．相手方が自己の支払能力の欠如を説明しなかったこと　（第66条第2項第2号b））
　　3．相手方が第66条第2項第3号の規定により教示されていること　かつ
　　4．相手方の支払能力の欠如を生ぜしめる事情が知られていないこと
⑵　相手方がその経済的事情により支払うべき額の過料を直ちに支払うことが困難であることが明らかとなったときは，裁判所は，支払容易化措置（第18条：筆者注）を付与し，又は当該措置についての決定を執行官庁に委任する。この場合においては，既に発せられた強制拘留命令は取り消されるものとする。
⑶　強制拘留の期間は，1件の過料については6週間を，1件の過料決定で決定された数

229

関連主要参照条文編

件の過料については3月を超えてはならない。この期間は，支払われるべき過料の額を勘案して，日数により量定され，また事後にこれを延長することはできないが，短縮することはできる。同一の額の過料について，強制拘留を反復してはならない。

第97条　強制拘留の執行
⑴　強制拘留の執行については，刑事訴訟法第451条（執行官庁：筆者注）第1項及び第2項を，少年及び未成年者に対する手続においては，少年裁判所法第82条第1項，第83条第2項，第84条及び第85条第5項の規定を準用する。
⑵　相手方は，支払うべき額の過料を支払うことにより，いつでも強制拘留の執行を免れることができる。
⑶　相手方が，強制拘留命令が発せられた後に，自らの経済的状況により，支払うべき額の過料をただちに支払うことができないと主張しても，それによって当該命令の執行は妨げられない。しかしながら，裁判所は当該執行を猶予することができる。

民事訴訟法（2018.12.18 最新改正）
第8編　強制執行
第2章　金銭債権の強制執行
第1節　総則
第802g条　強制拘留
⑴　裁判所は，債務者が財産調書の提出の期日に無断欠席し，又は第802c条（債務者の財産調書）に規定する財産調書の提出を理由なく拒むときは，債権者の申立てにより，債務者に対し，その提出の強制のために拘留命令を発する。拘留命令には，債権者，債務者及び拘留の理由を明記しなければならない。執行前に拘留命令を送達することは要しない。
⑵　債務者の拘留は，執行官が執行する。執行官は，拘留に際して職権により拘留命令の認証された謄本を債務者に手交する。

第802h条　拘留の執行禁止
⑴　拘留命令は，当該命令が発せられた日から2年を経過したときは，執行することができない。
⑵　拘留の執行によりその健康に対する切迫した重大な危険を生ずると認められる債務者に対しては，当該状態が継続する限りにおいて，拘留は執行することができない。

第802j条　拘留の期間；新たな拘留
⑴　拘留の期間は，6月を超えてはならない。この6月の経過後は，債務者は職権により拘留から解放されるものとする。
⑵　自らの行いによってではなく債権者の申立てによって拘留から解放された債務者に対しては，当該債権者の申立てによって新たな拘留を行うことはできない。

（3）　財産調書の提出を拒んだことによって 6 月の拘留を執行された債務者は，その後 2 年以内において，他の債権者の申立てにより，第 802d 条（新たな財産調書：筆者注）の要件を充たす場合に限り，財産調書の提出を改めて拘留によって強制されうる。

公課法（2018.12.18 最新改正）
第 222 条　支払猶予
　財務官庁は，納付期限における徴収が，租税義務者にとって著しく過酷となり，かつ，それによって租税債権が害されないと認められるときは，租税義務関係による請求の全部又は一部を猶予することができる。支払猶予は，原則として申立てによって担保の供与を条件として認められる。租税義務者に対する租税債権は，第三者（支払義務者）が当該租税を租税義務者のために支払い，なかんずく天引きして支払うべきときは，支払いを猶予することができない。支払義務者に対する債務履行請求権の支払猶予は，同者が租税天引額を天引きし，又は租税を含む額を受領したときは，認められない。

資料編

Materialiensammlung

【強制金関係】

○参考資料１：ミュンヘン市の強制金期限到来通知兼再戒告

州都ミュンヘン市
都市計画・建築秩序局
地域建築コミッション
下級自然保護官庁
下級歴史的建造物保全官庁
PLAN HA IV/20
（連絡アクセス情報）
担当者名

土地の表記
文書類型
文書番号
【以上のような文書発行行政庁や案件に関する情報を含む公文書ヘッダーは，各都市の下級建築監督官庁ごとに共通に設定されているが，以下の公文書仮訳では煩雑を避けるために割愛し，文書年月日，タイトル及び本文のみを掲げる。】

2012.10.29

期限到来通知及び強制金の再戒告

Ⅰ．期限到来通知
　貴殿が，2010 年 6 月 14 日付け，2010 年 9 月 15 日付け，2010 年 10 月 26 日付け，2010 年 12 月 16 日付け，2011 年 1 月 27 日付け，2011 年 3 月 9 日付け，2011 年 5 月 12 日付け，2011 年 8 月 4 日付け，2011 年 10 月 10 日付け，2011 年 12 月 12 日付け，2012 年 2 月 13 日付け，2012 年 4 月 16 日付け，2012 年 6 月 18 日付け及び 2012 年 8 月 20 日付けの命令通知，命令 1b によって課された義務（確認：安定性Ⅱ証明書の提出）を所定の期限までに履行しなかったため，戒告された 3,000 ユーロの額の強制金は，バイエルン州行政送達・行政執行法（以下，「バイエルン州行執法」と略称）31 条 3 項の定めるところにより期限到来し確定した。

Ⅱ．強制金の再戒告
　同時に，ミュンヘン市 ── 都市計画・建築秩序局第Ⅳ課地域建築コミッション ── は，この際，次のとおり通告する。
1．2010 年 6 月 14 日付け，2010 年 9 月 15 日付け，2010 年 10 月 26 日付け，2010 年 12 月 16 日付け，2011 年 1 月 27 日付け，2011 年 3 月 9 日付け，2011 年 5 月 12 日付け，2011 年 8 月 4 日付け，2011 年 10 月 10 日付け，2011 年 12 月 12 日付け，2012 年 2 月 13 日付け，2012 年 4 月 16 日付け，2012 年 6 月 18 日付け及び 2012 年 8 月 20 日付けの命令が

235

資料編

遅滞なく，遅くともこの通知の送達後 6 週間の期間内に履行されないときは，ここに新たに次の強制金を戒告する。

　　命令 1b：安定性 II 証明書に関して，3,500 ユーロ

2．この通知の手数料及び立替金は，添付の 2012 年 10 月 29 日付け費用計算書に従い徴収される。添付の費用計算書は，この通知の一部である。

I．の理由：防火証明書 II は，既に提出されている。バイエルン州建築法 78 条 2 項 1 段及び 2 段の規定により，建物の使用は，安定性 II 証明書も提出されてはじめて開始することができる。当該証明書は，再三の電話及び担当者の往訪による指示にもかかわらず提出されていない。貴殿は，2012 年 2 月 17 日付けの FAX で，工学博士・教授○○氏の書簡を提出したが，その書簡には，検査が 2012 年の 3 月末までに終了するという所見が記載されていた。当方は，4 月半ばに工学博士・教授○○氏に連絡をとった。同氏の報告によれば，当該証明書は，今後も発行される見通しはなく，おそらく当該建築施設の改修ないし補修がなされなければ，将来的にも発行されないであろうとのことであった。当該建築施設を使用禁止とする必要があるか否かという当方の質問に対し，工学博士・教授○○氏は，明確な所見を示さなかった。かかる状況のもとで，当方は既に 2012 年 4 月 16 日付け，2012 年 6 月 18 日付け及び 2012 年 8 月 20 日付けの直近の通知を発するとともに，本日電話により貴殿に借家人の氏名を連絡するように命ずるとともに改めて前述の命令を告知した。

II．の理由：

　1．について：

　　強制金の再戒告は，名宛人に課せられた義務の履行を促すために必要である。再戒告の根拠規範は，バイエルン州行執法 36 条及び 37 条である。これについては，強制金の戒告は，課された義務が履行されるまでの間反復して行うことができると明確に規定されている（バイエルン州行執法 37 条 1 項 2 段）。強制金の戒告は，バイエルン州行執法 23 条 1 項にいう支払命令となる（バイエルン州行執法 31 条 3 項 2 段）。必要となる義務履行上の負担を考慮しても，所定の期限設定は，義務者が義務を履行するために適切なものである（バイエルン州行執法 36 条 1 項）。それゆえ，強制金は，貴殿が期限までに義務を履行しないときは，別段の行為を要せず期限の経過によって支払満期となる（バイエルン州行執法 23 条 1 項 2 号）。強制金の額は，命令の不履行による経済的利益，不履行の期間の長さ及び従前の通知に係る奏功しなかった，より低額の強制金の額に照らして適切である。

　2．について：

　　費用の決定は，費用法 1 条，2 条，5 条，6 条及び 10 条並びに同法の費用表に基づくものであり，添付の費用計算書を参照されたい。手数料の額は，個々の場合に生じた物的及び人的経費を考慮したものである。当該額は，当該土地建物及びこれらに関する調査に要した時間的負担及び本事案の意義に照らし適切である。当方は貴殿に対し，指定された額を同封の振替用紙により支払うことを要求する。

法的救済手段の教示

　この決定に対しては，その通知から1月以内に，ミュンヘン市のバイエルン行政裁判所（郵便私書箱宛先：郵便私書箱 20 05 43，80005 ミュンヘン，住所：バイヤー通り 30，80335 ミュンヘン）に，書面又は当該裁判所の事務課書記官による口述筆記により訴えを提起することができる。訴状には，原告，被告（ミュンヘン市）及び訴訟物を記載しなければならず，所定の申立書を添付しなければならない。訴えの理由を根拠づける事実関係及び証拠資料は主張・提出しなければならず，取消訴訟の対象となる決定通知の原本又は謄本を添付しなければならない。訴状及びすべての訴訟書類については，他の関係人のために謄本を添付しなければならない。

法的救済手段に関する助言

－2007 年 6 月 22 日の行政裁判所施行法を改正する法律（法令官報 2007 年 6 月 29 日 13/2007 号）により，建築法領域における異議申立手続は，廃止された。この通知に対しては，異議申立てを提起することはできない。

－電子的形式（例えば，電子メール）による異議申立ては許容されない。

－強制金の期限到来に関する通知（Ⅰ）に対する法的救済は許容されない。名宛人が，強制金の期限が到来していないと考えるときは，同人はミュンヘンのバイエルン州行政裁判所（住所上掲）に確認の訴えを提起することができる（行政裁判所法 43 条）。

－名宛人が，事後的に生じた事情により命令に係る義務をもはや履行しえないと考えるときは，同人は，都市計画・建築秩序局，第Ⅳ総局，地域建築コミッション，ブルーメン通り 28 b，80331 ミュンヘンに抗弁を提起することができる（バイエルン州行政送達・行政執行法 21 条）。

－この通知（Ⅱ）に対する訴えの提起は，バイエルン州行政送達・行政執行法 21a 条により執行停止効を生じない。しかしながら，ミュンヘンのバイエルン州行政裁判所（住所上掲）に執行停止命令の申立てを行うことはできる（行政裁判所法 80 条 5 項 1 段）。

－連邦法により，行政裁判所への法的救済の申立てについては，2004 年 7 月 1 日より，原則として手数料の納付が必要とされている。

敬具

担当者記名

添付書類：費用計算書 1 通

資料編

○参考資料２：キール市の違法建築工事変更命令＆強制金戒告

2014.08.06

建築監督命令

名宛人殿

　ここに当方は，貴殿に対し，○○の土地において建築工事中の住宅建築物の組積造工事を，2014年9月30日までに，地区詳細計画（Bebauungsplan）Nr. 935cの決定第3（ファサード）に適合するように変更することを命ずる。これにより，ファサードは赤ないし赤褐色の組積造として建築しなければならない。

　貴殿が，前述の当方の命令を所定の期限までに履行しない場合は，当方は，貴殿に対し，2,000ユーロの強制金を賦課決定することを戒告する。

　この建築監督命令の迅速な執行を，行政裁判所法80条2項4号に基づき命ずる。

理由：

　シュレスヴィヒ・ホルシュタイン州建築法59条1項により，建築監督官庁は，施設の建設，改修，用途の変更及び除却並びに使用及び維持補修について，羈束裁量により，公法上の規定及び当該規定に基づく命令が遵守されているかを監督しなければならない。同官庁は，羈束裁量により必要と認められる措置をとらなければならない。

　州建築法59条1項にいう公法上の規定は，州都キール市によって計画決定され，法的拘束力を有する地区詳細計画 Nr. 935c である。

　決定された地区詳細計画 Nr. 935c の第3によれば，計画区域内のすべての建物のファサードは，赤色ないし赤褐色の組積造としなければならない。ただし，ファサード全体の面積の30％までは，他の建築材料で仕上げることができる。

　当該土地○○は，地区詳細計画 Nr. 935c の適用区域内に所在している。貴殿により景観を損ねるかたちで施工された組積造は，黄色ないし黄褐色の色調のものとなっている。点々と散りばめられている小さな赤色の色斑は，基本的色調における全体的な外観に対して影響を及ぼしていない。このため，貴殿により選択された組積造は，地区詳細計画の決定内容に適合していない。

　これにより，公法上の規定に対する違反が生じている。

　州行政法73条1項により，とるべき措置は，公共の利害と個人の利害を客観的な観点から衡量して決定すべきこととされている。

　地区詳細計画の明確な形成基準により，誤った建築開発は抑止されなければならない。ファサードの形成や屋根の色彩に関する制限の決定は，計画対象地区全体に対する共通の建築指針となるものである。この基準のもとでも，赤色ないし赤褐色の煉瓦によって個性的な外装が可能となるよう，ファサードの30％までは別の素材を用いて構成できることとされている。

　すなわち，地区詳細計画の目的の一つは，建物のファサードを構成するものを，色彩上統一的な全体的印象を生じさせるものにすることにある。計画内容から乖離した色彩の組

積造を作出しようとする貴殿の利益は，統一的な街並みを形成する公共の利益に劣後する。特に，貴殿により提出された建築許可申請においては，「外装」について，次のように記載されている：「外壁：外装煉瓦（色彩：地区詳細計画に適合するもの）」。

この建築監督命令は，州行政法218条1項により建築主としての貴殿に対してなされるものであり，それは貴殿が，当該住宅建物の建築のために定められている公法上の規定を遵守する責任を負っているからである。

強制金の戒告は，州行政法228条，229条，236条及び237条に基づくものである。強制金は，過去になされた違法行為に対する制裁としての刑罰ではなく，将来に向けて行為を強制するための強制手段である。強制金の戒告により，命令に従うべき貴殿の義務は強調される。当方の権限に属する最も穏やかな強制手段としての強制金は，当該組積造が違反前例となることのマイナス効果を考慮すれば，貴殿に本命令を履行させるために適切であると当方は考える。

迅速な執行の命令は，行政裁判所法80条3項に基づき，次のとおり理由づけられる。

行政裁判所法80条1項により，建築監督命令に対し異議申立てがなされると，当該命令は，異議申立手続あるいは取消訴訟の手続がなされている間は，行政強制による執行はなされえないこととなりえた。本件において，地区詳細計画の決定による色彩規制に違反する組積造は，長期にわたって違反前例となってマイナス効果を及ぼし，これを模倣する違反の発生が懸念される。それゆえ，懸念される違法行為の拡散は，できる限り早期の時点で防止しなければならない。上述の理由により，迅速な執行の命令は公共の利益に資する。

手数料の決定：

建築手数料令の手数料番号8により，本建築監督命令について100ユーロの手数料を徴収する。貴殿は，上掲額の金銭を2014年9月30日までに1頁下の欄外に表示されている，州都キール市の口座に，納付番号を付記して振り込まれたい。

法的救済の教示：

この通知に対しては，その送達後1月以内に，州都キール市長－建築秩序・測量・地理情報課－フリートヘルン9，24103キールに書面又は口述記録により異議申立てを提起することができる。

注意　迅速な執行の命令については，シュレスヴィヒ・ホルシュタイン行政裁判所，ブロックドルフ・ランツァウ通り13，24837シュレスヴィヒに異議申立てによる執行停止効の回復の申立てをすることができる。

敬具
市長に代わり
責任者名

資料編

【前掲建築監督命令に関連する工事中止命令の工事現場掲出状況】

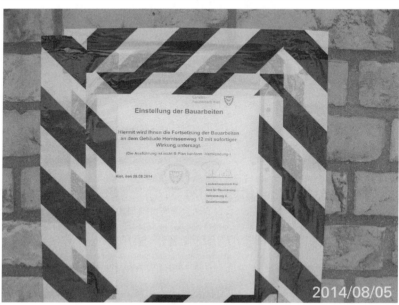

(キール市建築監督課提供)

○**参考資料3：キール市の違反屋外広告物に係る撤去命令＆強制金戒告**

2011.09.19

建築監督命令

名宛人殿

当方は，貴殿に対し，キール市○○所在の建築物に掲出された，「△△M.C.GERMANY」と表示された屋外広告物を直ちに撤去するよう命ずる。

行政裁判所法80条2項4号に基づき，本建築監督命令の迅速な執行を，公共の利益のために命ずる。

当該屋外広告物の撤去は，行政代執行により，建築秩序課の職員により実施された。

本建築命令の費用は，貴殿が負担するものとし，その額は200ユーロと決定する。

貴殿が，再び必要とされる許可を得ることなく当該建築物に屋外広告物を掲出したときは，貴殿に3,000ユーロの強制金を課すことをここに戒告する。

理由：

シュレスヴィヒ・ホルシュタイン州建築法59条1項により，建築監督官庁は，施設の建設，改修，用途の変更及び除却並びに使用及び維持補修について，覊束裁量により，公法上の規定及び当該規定に基づき発せられる命令が遵守されているかを監督しなければならない。同官庁は，覊束裁量により必要と認められる措置をとらなければならない。

州建築法59条1項にいう公法上の規定として，特に同法62条1項及び11条がある。これらの規定によれば，屋外広告物の掲出は，原則として許可を必要とする。

現地見分において，当該建築物に長さ約8m，幅約0.5mの，「△△M.C.GERMANY」と表示された広告バナー及び広告物支持具が設置されたことが確認された。当該屋外広告物の掲出には許可が必要である。これについての許可は申請もされておらず，許可処分もなされておらず，また，仮に許可申請がなされたとしても許可することを約束することもできない。

当該建築物の敷地周辺は，建築利用令3条による一般住居地域である。州建築法11条4項によれば，住居地域における屋外広告物は，営業場所においてのみ許容される。「△△M.C.GERMANY」の屋外広告物の掲出は，それが営業場所でなされているものではないので，許容されない。当該屋外広告物が，当該建物にあるクラブに関するものであるとしても，当該建物をクラブの用に供することは，建築監督命令によって中止を命じられているものであるため，許容されない。建築法上許可されていない使用に係る屋外広告物は，許可されえない。

以上のように，建築監督命令の発出要件は充たされている。当該介入措置は，建築監督官庁の裁量によるものである。州行政法73条1項により，当該措置は，公共の利害と名宛人の個別の利益を比較衡量して客観的な観点から決定されることとなる。

恣意的に設置され建築監督官庁の審査を受けていない屋外広告物が存続することにより生ずる危険ないし生活妨害を防止することは，特別の公共の利益を保護するものである。

資料編

本件においては，同好者を集めて他と張り合う複数のモーターバイククラブが当該屋外広告物によってまさに引き寄せられ，以前から抗争や器物損壊などが生じており，周辺住民から苦情も寄せられていた。

許可なく設置された「△△M.C.GERMANY」の屋外広告物により広告する貴殿の利益は，上掲の公共の利益に劣後するものである。

建築監督官庁は，他の方法では合法的な状態を実現できないときは，公法上の規定に違反して設置された施設の一部又は全部の撤去を命ずる権限を有する（州建築法59条2項3号）。

本件においては，本命令の迅速な執行は，公共の利益のために必要であり，その理由は次のとおりである。

行政裁判所法80条1項によれば，異議申立ては執行停止効を生ずる。この建築監督命令に対する異議申立てが提起された場合は，それによって同命令は行政強制（強制執行）によって実現されえないことになったであろう。迅速な執行の命令がなければ，当該屋外広告物は，異議申立手続の期間中当該建物に掲出され続けることができたであろう。

これによって，同好者を集めて他と張り合う複数のグループは，引き続き自分たちが呼びかけられ続けていると感じ，その周辺住民はさまざまなモーターバイククラブの「権力闘争」により，生活妨害を受け続けることになったであろう。

作為義務（屋外広告物の撤去）を課する行政行為は，それが不可争力を得るか，又は本件のように迅速な執行が命ぜられた場合は，強制手段により強制執行されうる。州行政法235条により権限付与された強制手段として，当方は代執行を選択した。代執行により，違法状態を直ちに排除することを確保することができる。

同時に行政行為たる本命令は，不作為義務（当該屋外広告物の再掲出をしないこと）も課するものである。本建築監督命令のこの部分を実現するため，当方は強制金を選択した。強制金は刑罰ではなく，強制手段の一つであり，それゆえ，犯された違法行為に対する法的制裁ではなく，将来に向けて一定の行為を強制する手段である。強制金の戒告により，無許可の屋外広告物を○○所在の当該建築物に掲出することを禁ずることが強く求められるのである。

戒告に係る強制金とその金額は，追求されている目的に照らし，適合的であり適切なものであると思われる。

州行政法218条1項により，この建築監督命令は，当該屋外広告物の掲出に責任ある者として，貴殿を名宛て人とするものである。

費用決定の理由：

2009年4月1日の建築手数料令の手数料番号7により，本建築監督措置については，200ユーロの手数料を課す。貴殿は，この額を2011年10月21日までに指定された口座のいずれかに納付番号を付記して振り込まれたい。

242

法的救済の教示：

　この通知に対しては，その送達後1月以内に，書面により州都キール市長－建築秩序課－郵便私書箱1152，24099キールに，又は州都キール市長－建築秩序課－フリートヘルン9，24103キールにおける口述記録により異議申立てを提起することができる。

　迅速な執行の命令については，シュレスヴィヒ・ホルシュタイン行政裁判所，ブロックドルフ・ランツァウ通り13，24837シュレスヴィヒに，行政裁判所法80条5項に基づき異議申立てによる執行停止効の回復を申し立てることができる。

敬具
市長に代わり
責任者名

【本件代執行の実施状況：2011年9月20日付け地元紙掲載の写真（筆者マスキング）】

（キール市建築監督課提供）

資料編

○参考資料4：キール市の違法建築物使用中止命令に係る強制金賦課決定＆封印措置の戒告

2014.01.22

強制金賦課決定及び封印措置の戒告

名宛人殿

　2014年1月13日付けの建築監督命令により，当方は貴殿に対し2014年1月17日から，○○の土地所在の建築施設を住宅として使用することを禁止した。

　この命令については，迅速な執行が命ぜられた。

　2014年1月21日の現地見分において，上掲の建物には暖房がなされ，貴殿により住宅の用途に供されていることが確認されている。このため，2014年1月13日付けの通知により戒告された2,000ユーロの額の強制金を賦課決定する。

　この2,000ユーロの額に，強制金賦課決定処分の手数料として13.5ユーロ，さらにその郵送料3.45ユーロを加算した，

総額2,016.95ユーロ

を，2014年1月26日までに，指定口座に納付番号を明記して振り込まれたい。

　州行政法241条1項4号によれば，強制執行はその目的が達成された場合には中止されるべきこととなる。2014年1月13日付けの建築監督命令に係る使用中止が，2014年1月26日までに履行されるときは，当該強制金が支払われる必要はない。それゆえ，貴殿は強制金の執行を回避することができる。

　もし貴殿が当該命令に係る義務を，改めて2014年1月26日までに，期限を遵守してあるいは十分なかたちで履行しない場合は，上掲の額について州行政法262条1項に基づき，行政上の強制徴収（強制執行）がなされることとなる。加えて，その場合には，当方は貴殿に対し，○○の土地所在の建築施設について，封印措置を講ずることを戒告する。

法的根拠：

・2009年1月22日の文言におけるシュレスヴィヒ・ホルシュタイン州建築法
・1991年3月19日の公布条文の文言における行政裁判所法
・1992年6月2日の公布条文の文言におけるシュレスヴィヒ・ホルシュタイン州一般行政法（州行政法）
・1974年1月17日のシュレスヴィヒ・ホルシュタイン州行政費用法
・2007年9月11日の州執行・強制執行手続費用令

理由：

　州建築法59条1項により，建築監督官庁は，施設の建設，改修，用途の変更及び除却並びに使用及び維持補修について，羈束裁量により公法上の規定及び同規定に基づいて発せられた命令が遵守されているかを監督しなければならない。同官庁は，羈束裁量により必要と認められる措置をとらなければならない。

　州建築法59条1項並びに州行政法164条1項4号，228条1項及び231条により，不作

為義務の履行に係る行政行為は，特別秩序・執行官庁により，行政強制（強制執行）が執行される。

2014年1月13日付けの建築監督命令（使用禁止）に従うことは，不作為義務の履行である。当該義務は，定められた期限までに貴殿によって履行されていない。

2014年1月13日付けの通知により戒告された強制手段としての強制金の賦課決定は，貴殿に当該建築命令に係る義務を履行させる必要があるため，州行政法229条1項1号，236条及び237条により許容される。

封印措置の戒告は，州行政法228条，229条，236条及び239条に基づくものである。州行政法235条により，強制手段は，刑事罰又は過料と併せて適用することができ，行政行為たる命令に係る義務が履行されるまでの間反復し，又は強制手段を切り替えて適用することができる。

封印措置は，犯された違法行為に対する制裁としての刑罰ではなく，将来の行為を強制するための強制手段である。それゆえ，強制措置に対する法的救済の提起は，行政裁判所法80条2項及び州行政法248条1項2段により，執行停止効を有しない。

その結果として，強制金賦課決定及び封印措置の戒告に対する異議申立てが提起されても執行停止効は生じない。

州行政法73条1項により，とるべき措置は，公共の利害と名宛て人の個別の利益を比較衡量して客観的な観点から決定されなければならない。

建築監督上許可し得ない建設計画に基づく工事の施工や建築施設の使用によって生じうる危険ないし生活妨害を予防することは，公共の利益に特に資するものである。問題となっている建築施設を住居及び宿泊の目的に供することは，公共の利益のためにその所有者に対し禁止されるのであるから，使用者に対しても同様の使用禁止が命ぜられなければならない。

さらに，無許可の住宅使用に対しては，それが悪い手本となること及び平等取り扱いの観点からも公的介入が必要となる。その理由として，これに対して公的介入がなされなければ，法規定に違反する者が有利となるからである。

貴殿が当該建築施設を違法に使用する利益は，上述の公共の利益に劣後する。

この強制金賦課決定及び封印措置の戒告は，貴殿に2014年1月26日以降当該建築施設を住宅用途に供用することを止めさせるという目的達成のために適合的であり，必要であり，適切であると認められる。念のために当方は貴殿に注意しておくが，「封印破棄」は犯罪行為となる。

州行政法218条1項に基づき，当方は貴殿に対し，使用禁止命令，強制金賦課決定及び封印措置の戒告を発する。その理由は，貴殿が建築監督命令に（その履行期限までに）従わず，公共の安全を害し，これに危険を及ぼし，それにより生活妨害と危険を発生させたからである。

公共の安全とは，特に生命及び健康への侵害を生じないこと並びに公益及び私益を保護する規範（法規定）違反とならないことである。

州行政法249条に基づき，執行・強制執行手続費用令の適用のもとで，強制執行手続に

245

資料編

係る費用，手数料及び立替金が徴収される。同令2条により，手数料として13.5ユーロを徴収する。郵送料の償還債務は，執行・強制執行手続費用令17条1項1号により発生し，これにより送達のための郵送料が，立替金として徴収される。

法的救済の教示：

　この通知に対しては，その送達後1月以内に，書面により州都キール市長－建築秩序，測量及び地理情報課－郵便私書箱24099キールに，又は州都キール市長－建築秩序，測量及び地理情報課－フリートヘルン9，24103キールにおける口述記録により異議申立てを提起することができる。

敬具
市長に代わり
担当者記名

○参考資料 5：キール市の建築物違法使用中止命令＆強制金戒告

2011.04.19

建築監督命令

名宛人殿

　本通知により，貴殿に対し，キール市所在の本件建物 1 階のベッティングオフィス兼ラ イブスポーツベッティング（ライブスポーツ賭け）の仲介のための営業所として使用され ているテナントスペースの使用を禁止し，2011 年 4 月 18 日の 14：00 頃に口頭で行った使 用禁止命令を確認する。当該使用禁止命令は，現場において，貴殿の責任職員○○氏に対 してなされたものである。さらに，当該命令は，電話連絡によって，△△氏及び代理人弁 護士××氏に対しても通告されている。

　行政裁判所法 80 条 2 項 4 号の規定に基づき，公共の利益のために，この建築監督命令 の迅速な執行を命ずる。

　貴殿が当該使用禁止命令に違反するときは，貴殿に対し 5,000 ユーロの強制金を賦課徴 収することを併せて戒告する。

理由：

　2009 年 1 月 22 日の文言におけるシュレスヴィヒ・ホルシュタイン州建築法 59 条 1 項に 基づき，建築監督官庁は，施設の建設，改修，用途変更及び除却並びに使用及び維持補修 について，羈束裁量により，公法上の規定及び同規定に基づいて発せられる命令が遵守さ れるよう監督しなければならない。同官庁は，羈束裁量により必要と認められる措置をと らなければならない。

　州建築法 59 条 2 項 4 号にいう公法上の規定は，特に州建築法 62 条 1 項である。当該規 定によれば，州建築法又はこれに基づく法令の規定によりその基準が定められている施設 の建設，改修及び用途変更については，州建築法 63 条，68 条，76 条及び 77 条に別段の 定めのない限り，建築許可を得なければならない。

　用途変更とは，施設の改修を伴うか否かにかかわらず，施設の許可された使用方法の変 更をいう。

　キール市▽▽の住民の当方に対する通報によれば，本件建物のテナントスペースにおい て，いわゆるベッティング（賭け）オフィス（Wettbüro）が営業されているとのことであ り，関連する賭け投票券が証拠として提出されている。

　2011 年 4 月 18 日に実施された現地見分において，本件建物の 1 階において貴殿が賃借 しているテナントスペースにおいて，ライブスポーツベッティングのブックメーカー（胴 元）である“□□”によるスポーツベッティングが仲介されていることが確認された。約 180m² の部屋の壁には，14 台の大型ディスプレイが設置され，そのうち 12 台のディスプ レイが使用されていた。使用中のディスプレイには，ライブのスポーツ中継が上映され， 賭け率表や配当表が表示されていた。また，ディスプレイ画面には“□□”のロゴが認め られた。このほかに，12 席のインターネット接続された PC 席が提供されていた。これら

247

資料編

の PC 席のうち 6 席が使用中であり，これらもまた，"□□"のサイトにアクセス中であった。

以上のほか，上掲の部屋には，それぞれ 4 人がけのテーブルが 8 卓あった。またその際，この営業所には，約 15 人がいた。

本件においては，ライブ賭けのブックメーカーである"□□"の仲介が行われているのは，疑う余地なく明らかである。

"□□"は，インターネットで次のように広告している：「当社が提供するライブスポーツベッティングのストレートな興奮！ 当社が日々提供する広範なライブスポーツベッティングは，多数のスポーツ競技について，10 を超える賭け項目に及んでいる。（中略）すべてのスポーツベッティングと賭け率は，オッズ TV の大画面ディスプレイ又は PC ディスプレイで表示される。」このような賭けを開催し，あるいはこれを仲介する営業所は，日常用語では「ベッティングオフィス（Wettbüro）」と呼ばれている。

判例では，この「ベッティングオフィス」は，遊興場（Vergnügungsstätte）に含まれるとされている（例えば，ヘッセン州行政裁判所の 2008 年 8 月 25 日決定 Az. 3 ZU 2566/07）。すなわち，当該建物 1 階においては，疑問の余地なく，遊興場の営業が行われていたのである。

当該用途については，建築法上の許可はなされていない。商店舗として許可を得た建物用途は，ベッティングオフィス（遊興場）の開設を含むものではない。さらには，そのような施設の開設は，許可を必要とする用途変更に該当する（商店舗からベッティングオフィスへの違法な用途変更に関するミンデン行政裁判所 2006 年 2 月 10 日判決）。

インターネットカフェ及びカジノへの用途変更に係る建築事前照会は，2010 年 9 月 29 日の通知及び 2011 年 3 月 3 日の異議申立決定により拒否決定がなされている。

ベッティングオフィスを開設するための建築許可（用途変更許可）は，この遊興場がキール市が地区詳細計画（B プラン）を策定することを決定した地区内に設けられることになることからも，付与しえない。当該地区詳細計画は，遊興場を排除することを内容とするものである。2010 年 7 月 8 日をもって，当該地区については現状変更禁止が決定された。現状変更禁止に係る条例は，2010 年 7 月 27 日に施行された。

従って，貴殿によって営業されている遊興場は，許可がなされえないものである。使用禁止命令の発出要件は充たされている。

使用禁止命令は，既に形式的法規に違反することによっても許容される（ヘッセン行政裁判所 1994 年 11 月 10 日-4 TH 3115/94：Baurechtssammlung 57, Nr. 259, ラインラント・プファルツ上級行政裁判所 1996 年 5 月 22 日-8 A 1180/95 BRS 58, Nr. 202, ノルトライン・ヴェストファーレン上級行政裁判所 2002 年 7 月 23 日-10 E 434/01：Nordrhein-Westfälische Verwaltungsblätter 2002, S. 191, ヘッセン行政裁判所 2006 年 9 月 19 日-3 TG 2161/06）。

これについては，形式的建築法規の秩序維持機能からも正当化される。形式的な手続への顧慮及びその厳格な実施は，公益に資するものである。

形式的な違法性のみを理由として使用禁止命令を発出することは，行政庁に許可しうる

建築申請が提出され，申請された建築許可の発出を妨げる理由がほかにない場合にのみ比例原則に反することとなる（ミュンスター行政裁判所 1995 年 6 月 23 日-2 L 566/95，ノルトライン・ヴェストファーレン上級行政裁判所 2003 年 1 月 13 日-10 B 1617/02）。

　本件事例については，このことはあてはまらない。なぜなら，当該用途変更は都市計画法上許容されず，遊興場の開設に関する事前照会に対し，拒否決定がなされているからである。

　本件においては，迅速な執行の命令は公共の利益のために必要であり，次のように理由づけられる。

　公的建築法は，必要な建築許可を得ない施設の用途変更を禁じている。この形式法規の秩序維持機能は，すべての市民の利益に資するものである。形式的建築法を実効的ならしめることは，建築監督官庁の責務である。経験則上，使用禁止命令に対してはあらゆる法的救済手段が活用される。行政裁判所法 80 条 1 項により通常の事例では認められる法的救済手段の発動による執行停止効が生じた場合には，建築施設の違法な使用が長期間にわたりなされることとなるであろう。なぜなら，法的救済手続が開始されると，経験則的に，比較的長期間にわたると考えられるからである。ひとたび，これによって長期間の使用が可能となると，他の者に無許可で同様の使用を行おうという動機づけを生じさせてしまう。さらに，法規定に違反して施設を建設したり，使用したりする者が，行政官庁の決定が得られるまでその建設計画の実現を控えている市民よりも有利な状況におかれてはならないのである（この点につき，バーデン・ヴュルテンベルク行政裁判所 2007 年 2 月 1 日-8 S 2606/06 参照）。

　加えて，本件においては，州建築法 34 条に規定されている二つの避難路が確保されていない（指定された脱出・避難路の終端部分の高さ 1.8m，幅 0.55m の出口扉が十分ではない）。被害の大きくなる火災が発生した場合は，脱出路の不備により死傷者の発生のおそれが排除されない。それゆえ，迅速な執行の命令が必要である。

　不作為を命ずる行政行為は，それが不可争力を得，あるいは本件のように迅速な執行が命ぜられたときは，強制手段を適用することができる。適用可能な強制手段として，当方は強制金を選択した。強制金は刑罰ではなく，強制手段である。すなわち，犯された違法行為に対する制裁ではなく，将来に向けた行為を強制する手段である。強制金の戒告により，使用禁止命令の遵守に向けた圧力が加えられる。強制手段たる強制金の選択及び戒告に係る強制金の額は，目的達成のために適合的であり，必要であり，かつ適切である。

　当方は，州行政法 219 条 2 項の規定により，ベッティングオフィスの経営者であり，支配権を行使している貴殿に対し，命令を発するものである。

手数料の決定：

　2009 年 4 月 1 日の建築手数料令の手数料番号 7 により，本建築監督命令の手数料として，400 ユーロを課す。当方は，この額を 2011 年 5 月 25 日までに，キール貯蓄銀行のキール市の口座（口座番号等付記）に納付番号を付記して振り込むことを求める。

資料編

注意：

第 4 警察署及び秩序局は，本命令の謄本を保管する。

法的救済の教示：

この通知に対しては，その送達後 1 月以内に，書面により州都キール市長－建築秩序課－郵便私書箱 24099 キールに，又は州都キール市長－建築秩序課－フリートヘルン 9, 24103 キールにおける口述記録により異議申立てを提起することができる。

迅速な執行命令については，シュレスヴィヒ・ホルシュタイン行政裁判所，ブロックドルフ・ランツァウ通り 13, 24837 シュレスヴィヒに，行政裁判所法 80 条 5 項に基づき，異議申立ての執行停止効の回復を申し立てることができる。

敬具
市長に代わり
担当者記名

○参考資料6：キール市の建築物違法使用中止命令に係る強制金賦課決定

2011.05.04

強制金賦課決定

名宛人殿

　2011年4月19日付けの建築監督命令により，当方は，貴殿に対し，○○所在の当該建物1階のテナントスペースを，ベッティングオフィスの営業の用に供することを禁じた。

　この命令の迅速な執行が命ぜられた。

　2011年5月3日の現地見分により，貴殿が当該使用禁止命令に違反していることが確認された。

　このため，2011年4月19日付けの通知により戒告した5,000ユーロの額の強制金を賦課することを決定し，貴殿から，強制金の賦課決定に係る手数料12ユーロ及びその郵送料3.45ユーロを加算して，次掲の額を徴収する。

総額　5,015.45ユーロ

　上掲の額を2011年5月10日までに，州都キール市の口座に納付番号を明記して，振り込むこと。

　州行政法241条1項4号によれば，強制執行の目的が達成されたときは，強制執行は中止される。貴殿が，現時点で本通知の送達以降，上掲のテナントスペースの使用をとりやめれば，当該強制金はもはや支払う必要はないこととなる。すなわち，貴殿がスポーツベッティングのために設置している機器類及び設備（モニター，大型ディスプレイ，賭け用端末，インターネット接続PC）を撤去すれば，強制金の徴収を回避することができるのである。

　もし，貴殿が2011年4月19日の建築監督命令に，これを更新する本決定の送達後も十分に秩序あるかたちで従わない場合は，前掲の額につき州行政法262条1項に基づき行政上の強制徴収がなされる（強制執行）。これに付加して，当方は，そのような場合において，貴殿が，2011年4月19日付けの命令を十分なかたちで所定の期限までに履行しないときは，新たに10,000ユーロの強制金を再戒告する。

　以上により，2011年5月3日になされた当方の口頭による強制金賦課決定及び強制金の再戒告を確認する。当該口頭による通告は，証人としての貴殿の従業員△△氏の立ち会いのもとになされたものである。

法的根拠：
・2009年1月22日の公布条文の文言におけるシュレスヴィヒ・ホルシュタイン州建築法
・1991年3月19日の公布条文の文言における行政裁判所法（BGBl. I S. 686）：最新改正；2009年8月21日の法律3条
・1992年6月2日の公布条文の文言におけるシュレスヴィヒ・ホルシュタイン州一般行政法（州行政法）：最新改正；2009年9月24日の法律3条
・1974年1月17日のシュレスヴィヒ・ホルシュタイン州行政費用法：最新改正；2008年

資料編

12 月 12 日の法律 11 条 7 号
・2007 年 9 月 11 日の州執行・強制執行手続費用令

理由：

　州建築法 59 条 1 項により，建築監督官庁は，施設の建設，改修，用途変更及び除却並びに使用及び維持補修について，羈束裁量により，公法上の規定及び同規定に基づいて発せられる命令が遵守されるよう監督しなければならない。同官庁は，羈束裁量により必要と認められる措置をとらなければならない。

　州建築法 59 条 1 項及び州行政法 164 条 1 項 4 号，228 条 1 項及び 231 条によれば，不作為を求める行政行為（命令）については，特別秩序・執行官庁たる建築監督官庁により，行政強制（強制執行）が執行される。

　2011 年 4 月 19 日の通知により，貴殿に対しては，○○所在の当該建物の 1 階のテナントスペースをベッティングオフィスの営業の用途に供することが禁じられている。

　また，行政裁判所法 80 条 2 項 4 号に基づき，公共の利益のため，迅速な執行が命ぜられている。

　本命令（使用禁止）の遵守は，不作為義務の履行を意味する。貴殿は，当該義務を定められた期限までに履行しなかった。

　2011 年 5 月 3 日に実施された現地見分においては，当方の外勤職員及び警察官 2 名によって，命じられた使用禁止が遵守されていない事実が確認された。いつでも使用できるかたちで設置されたインターネット接続 PC は，ライブのスポーツベッティングのブックメーカー（胴元）のインターネットサイト“□□”に接続されていた。明らかに来客を対象とするライブ賭けの営業が行われていた。

　貴殿の従業員××氏の説明によれば，当該営業所においてはテレホンカードのみを販売しているとのことであったが，これは単なる自己弁護的弁明と認められる。180m² の営業所において，約 10 席の PC 席と多様な大画面モニターが供用されており，そのうえにテレホンカードの販売も行われていたことに疑いの余地はない。

　州行政法 218 条 1 項に基づき，当方は，その行為が公共の安全の阻害を惹起している個人としての貴殿に対し，強制金の賦課決定及び再戒告を行う。州行政法 219 条 2 項に基づき，当方は，当該遊興場の経営者として当該営業所について実質的な権限を行使する貴殿に対し，命令するものである。

　2011 年 4 月 19 日付けの書面による通知により戒告された強制金の賦課決定は，州行政法 229 条 1 項 1 号，236 条及び 237 条により強制手段として法定されているものであり，それゆえ貴殿はこれによって命令を遵守しなければならない。

　本強制金賦課決定及び再戒告は，州行政法 228 条，229 条，232 条，236 条及び 237 条に基づくものである。州行政法 235 条により，強制金は刑罰又は過料と併せて適用することができ，行政行為たる命令に係る義務が履行されるまで，反復しあるいは他の強制手段に切り替えて適用することができる。

　強制金は，犯された違法行為に対する制裁としての刑罰ではなく，将来に向けて行為を

強制するための強制手段である。

　このため，強制執行措置に対する法的救済は，行政裁判所法80条2項及び州行政法248条1項2段により，執行停止が認められないこととなる。その結果として，強制金の賦課決定及び再戒告に対し異議申立てが提起されても，執行停止効は生じないこととなる。それゆえ，賦課決定された強制金は，事後争訟手続が行われている間でも，強制徴収されうる。

　強制金の再戒告により，使用禁止命令に従うべき貴殿の義務は，さらに強く追求される。再戒告に係る強制金の額は，貴殿が必要とされる用途変更許可を得ずに建築施設を使用しており，そのような用途変更許可が付与される見込みがないことを考慮して定められている。それゆえ，賦課決定され，また再戒告された強制金は，達成しようとする目的，すなわち貴殿に命令を遵守させることに照らして適合的であり，必要であり，適切である。

　州行政法73条1項により，とるべき措置は，公共の利害と個人の利益を客観的な観点から比較衡量して決定すべきこととされている。

　違法な又は危険な状況の発生を防止するため，建築施設の秩序ある使用を実現することは，公共の利益につながる。さらに，公法上の規定の違反に対する介入措置は，公平になされる必要がある。なぜなら，公平な介入措置がとられない場合は，違反行為を行った者が有利になるからである。当該ベッティングオフィスを必要とされる用途変更許可なく使用する貴殿の利益は，前述の公共の利益に劣後するものである。

　州行政法249条に基づき，執行・強制執行手続費用令の適用のもとで，執行手続に係る費用，手数料及び立替金が徴収される。執行・強制執行手続費用令1条1段1号及び3段により，強制金賦課決定に係る手数料として，12ユーロを徴収する。郵送料の償還義務は，執行・強制執行手続費用令20条1項1号により発生し，これにより送達のための郵送料が，立替金として徴収される。

法的救済の教示：

　この通知に対しては，その送達後1月以内に，書面により州都キール市長－建築秩序課－郵便私書箱24099キールに，又は州都キール市長－建築秩序課－フリートヘルン9，24103キールにおける口述記録により異議申立てを提起することができる。

敬具
市長に代わり
担当者記名

資料編

○参考資料 7：デュッセルドルフ市の違法屋外広告物撤去命令＆強制金戒告

2013.09.12

秩 序 命 令

名宛人殿

　ここに当方は，貴殿に対し，○○通り 2 に所在する建物に掲出されている屋外広告物で，添付写真（後掲）において着色マーキングしたものを撤去するよう命ずる。

　対象物件 1　　当該建物 2 階の 6 箇所の窓に貼付掲出されている貼り紙広告物
　　　　　　　　（写真上 Pos. 1 と表示されているもの）
　対象物件 2　　当該建物 2 階のバルコニー格子柵に掲出されている横断幕広告物
　　　　　　　　（写真上 Pos. 2 と表示されているもの）

　貴殿が，この通知の送達後遅くとも 2 週間以内にこの命令を全く，又は十分なかたちで履行しないときは，当方は貴殿に対し，撤去されていない横断幕広告物及び各窓に掲出されている貼り紙広告物 1 件ごとに 100 ユーロの強制金を課すことを戒告する。
　この秩序命令については，迅速な執行を命ずる。

理由：

　2013 年 6 月 4 日に，当方は現地見分によって上掲の屋外広告物が○○通り 2 の建物に掲出されていることを確認した。

　建築施設，その他の施設，設備等の建設，改修，用途変更及び除却については，建築許可を得なければならない（ノルトライン・ヴェストファーレン州建築法 63 条 1 項及び 1 条 1 項 2 段）。しかしながら，本件においては，建築法上の許可申請もなされておらず，許可もなされていない。それゆえ，当該屋外広告物は形式的に違法である。この事実関係については，当方は貴殿に対し 2013 年 6 月 11 日付けの文書により聴聞を行っている。その後，当方は，弁護士△△氏からの 2013 年 7 月 8 日付けの書面を受領したが，それによれば，貴殿は当該窓に掲出された屋外広告物を前賃借人から引き継いだとのことであった。また，横断幕についても，同様に，印刷されていない状態でもともと設置してあったとのことである。この横断幕は，目隠しのために必要であり，その後□□氏が貴殿に対しこの横断幕に広告を印刷することを認めたとしている。しかしながら，これらについての許可申請はなされていない。

　しかし，なされるべき許可申請を詳細に審査しても，これらの既掲出の屋外広告物は明らかに許可しえないものである。その理由は，それらが州建築法 13 条 2 項の規定に違反しているからである。既に当該建物に許可を得て掲出されている屋外広告物に加えての，当該 6 つの窓に掲出された貼り紙広告物及び横断幕印刷広告物は，上掲の規定によって禁じられている「屋外広告物の阻害的な集積」をもたらすものである。

　このことは，既に前掲の文書により，貴殿に対して告知されている。2013 年 7 月 8 日の

254

△△氏との電話で，これらの屋外広告物を許可しうるレベルまで減らして許可申請すべきことを内容とする当方の提案を提示した。当方は，2013年7月31日付けの文書で，再度△△氏にこのことを提示し，貴殿に無許可屋外広告物を撤去する機会を与えた。しかしながら，それは，現在に至るまで実現されていない。

建築監督官庁は，公共の安全や秩序に対する危険を防止し，公共の安全又は秩序に対する阻害を除去することを任務とする（州建築法61条1項1-2段及び州秩序官庁法14条）。

判例及び学説によれば，前掲の規定（州建築法13条2項：筆者）の違反は，公共の安全に対する危険又は阻害と認められる。当方に認められた裁量の範囲内において，当方はこの秩序命令を決定した。

当該屋外広告物は，形式的に違法であるので，命ぜられた措置内容は必要であり，適切である。判例法及び当方に認められた裁量により，当該屋外広告物が形式的に違法なものであれば，その撤去を命ずることができる。

さらに命ぜられた措置は，当該命令を履行することによる公共の利益が貴殿の私的利益を凌駕しているので適切である。加えて，上掲の違反に対する行政介入は，建築法の秩序維持機能を実現するものである。

当該措置は，貴殿が当該建築施設の状況に責任のある実際上の支配力を有する者であることから，貴殿に向けられている（州秩序官庁法18条2項）。

強制金の戒告は，現行の州行政執行法55-65条に基づいてなされたものである。

迅速な執行の命令は，1960年1月21日公布の現行の行政裁判所法80条2項4号に基づいてなされたものである。同命令は，貴殿が現行の建築法を無視していることから，貴殿に対し要求されるべきものである。

当該屋外広告物は形式的に違法なものであるから，公共の安全に対する危険が生じている。

形式的に違法な屋外広告物の撤去は，建築監督官庁による迅速な執行の命令により，合法的に要求することができる。なぜなら，そうしないと，許可が得られて初めてその建設計画を実現して法を遵守する市民の方が，不当なかたちで不利な立場に置かれるからである（同旨：デュッセルドルフ行政裁判所1989年9月29日決定，4 L 1364/89）。

さらにいえば，迅速な執行は，次の観点からも，過剰ではない。すなわち，実質的な損失なく撤去された屋外広告物も，場合によって建築監督上の許可が得られれば，何の問題もなく再掲出できるのである。

しかしながら，もし訴訟が提起されて執行停止効が生ずれば，公共の安全に対する危険を適時に回避することができなくなってしまう。この理由から，この決定の確定力が生ずる以前にその執行を行うことが特別の公共の利益に資することになる。

法的救済の教示：

この通知に対しては，その送達後1月以内に，訴訟を提起することができる。

その訴えは，デュッセルドルフ行政裁判所（バスティオン通り39，40213デュッセルドルフ又は郵便私書箱200860，40105デュッセルドルフ）に書面で，又は同裁判所事務課書

資料編

記官による口述記録若しくは 2012 年 11 月 7 日公布のノルトライン・ヴェストファーレン州行政裁判所及び財政裁判所における電子的手続規則（行政・財政裁判所電子手続規則）に基づいて電子的方式により提起しなければならない。

　書面により訴えを提起するときは，出来る限り 3 通の訴状を提出しなければならない。

　当方は，貴殿に注意しておくが，訴訟の提起は，迅速な執行の命令により執行停止効を生じない。貴殿が，訴訟提起の権利を行使するに際しては，貴殿は，デュッセルドルフ行政裁判所，バスティオン通り 39，40213　デュッセルドルフに，訴訟提起による執行停止効の回復を，書面により，又は行政裁判所事務課の書記官による口述記録により，申し立てることができる。

　違法屋外広告物の撤去又は違法状態の解消に関する命令については，現行の一般行政手数料令の手数料番号 2.8.2.1 により，手数料が徴収される。手数料については，別添の手数料通知を参照されたい。

敬具
市長に代わり
責任者名

【本件違法屋外広告物の掲出状況】

（デュッセルドルフ市建築監督課提供：一部マスキング処理済み．）

○参考資料8：ドレスデン市の老朽建築物に係る一部除却等命令＆強制金戒告

2015.03.12

名宛人氏名・住所
除却及び保全措置に関する命令：二階部分の除却，一階部分の保全措置実施及び倒壊の危険ある建物の完全除却並びに土地の囲いの保全及び更新

下級建築監督官庁たる州都ドレスデン市は，次のとおり命ずる。

命　令

1．ドレスデン市内の土地○○について，秩序と安全の確保のため，次の措置を遅滞なく，遅くとも 2015 年 4 月 30 日までに講ずることを命ずる。
　a．かつての別荘の二階部分の除却及び残りの（一階）部分の安定性に関する<u>資格を有する建築構造設計者</u>による確認書の提出，又は当該別荘の全部の除却
　b．当該土地のすべての囲い，特に北側の入口門に接する砂岩石積塀の保全及び更新
　　この命令に対する異議申立て又は取消訴訟の提起による執行停止効が回復され，又は迅速な執行の命令が取り消されたときは，この命令が不可争力を得たのち 6 週間以内に履行されなければならない。
2．前掲 1. a. 及び 1. b. の命令については，行政裁判所法 80 条 2 項 4 号の規定により，迅速な執行を宣告する。
3．貴殿が，前掲 1. a. 及び 1. b. の命令を全くあるいは期限までに，又は十分なかたちで履行しないときは，当方は貴殿に対し，前掲 1. a. の命令については 5,000 ユーロの，前掲 1. b. の命令については 2,000 ユーロの強制金を賦課決定することを戒告する。
4．この職務行為については，費用を徴収する。費用の決定は，別添の費用決定によってなされる。

事実関係
　当該土地において，ドレスデン市建築監督局が 2015 年 2 月 18 日に実施した建築査察により次の事実を確認した。すなわち，当該土地にある老朽化した二階建て別荘（母屋）の建築物の状況は，2011 年に確認された状況より悪化していた。これにより，当該建築物の全部又は一部がいつでも倒壊しうる危険が生じていた。そのような倒壊が発生すると，当該土地にある一階建ての使用されていない別棟の建物や隣接する土地に所在する人ないし建築施設に被害を与えるおそれがあった。
　また，当該土地には囲いが設けられていたが，当該囲いの安定性は部分的に十分なものではなかった。特に，北側の入口門に接する砂岩石積塀は倒壊するおそれがあった。もしその倒壊が生ずれば，これに接する公共歩道の通行の安全が脅かされることとなる。
　上掲の状況に鑑み，貴殿に対しては 2015 年 2 月 20 日に必要な除却命令が告知され，貴

257

資料編

殿には行政手続法 28 条により，上掲の重大な事実関係について陳述する機会が付与された。

ドレスデン市建築監督局は，2015 年 2 月 25 日に，当該建物の安定性及びこれにより生じうる隣人及び公共道路空間への危害を調査するために，建築監督に従事する指導的な静力学者とともに共同の現地見分を実施した。

2015 年 2 月 26 日に，貴殿は建築監督局において口頭陳述を行い，その際貴殿は，2015 年 3 月 6 日までに書面により陳述したい旨を申し出た。2015 年 3 月 2 日に電話によりなされた，貴殿による 2015 年 3 月 9 日までの回答期限の延長要請は，当方により承認された。陳述書は，2015 年 3 月 5 日に貴殿自身により建築監督局に提出された。

この聴聞手続において，貴殿は，書面により貴殿にとって周辺に対する危害は生じておらず，また当該建築施設（かつての別荘及びその囲い）によって生ずることもないと主張し，当方によって示された公共の秩序と安全を確保するための措置は，比例的でないとした。

貴殿は，当方に次の第 1 から第 3 の提案を行った。すなわち，第 1 に，貴殿は，専門的にみて必要となる改善措置（支持構造物）を導入することができ，第 2 に，これにより従前の建物使用が再び可能になるか，あるいは，第 3 に，現状における当該土地の売却を実現できるとした。資格ある建築構造設計者による静力学証明書は提出されなかった。

理由
Ⅰ．形式的な手続に係る要件
地域的及び事物的管轄

本処分については，ザクセン州行政手続・行政送達法施行法 1 条及び行政手続法 3 条 1 項の規定により，州都ドレスデン市が地域的管轄権を有する。事物管轄権は，ザクセン州建築法 57 条 1 項 2 号の規定により，下級建築監督官庁たる州都ドレスデン市が有する。

Ⅱ．実体的な手続に係る要件
命令内容 1．について

貴殿は，ザクセン州警察法 5 条により，本件土地の所有権者かつ占有権者として，その立場から，当該建築施設の安全性及び当該土地の維持管理について責任を有するのであるから，本命令を履行する法的義務を負う。

ザクセン州建築法 58 条 2 項により，建築監督官庁は，施設の建設，用途変更及び除却並びに使用及び維持管理について，公法上の規定及び同規定に基づいて発せられる命令が履行されるように監督しなければならない。同官庁は，この任務を遂行するため必要な措置をとることができる。

ザクセン州建築法 3 条 1 項により，建築施設その他の施設及び設備は，公共の安全及び秩序，特に生命及び健康又は自然的生活基盤に危害を加えないように，維持管理されなければならない。さらに，ザクセン州建築法 12 条 1 項により，すべての建築施設は，全体としてまたその構成部分について，それ自身安定していなければならない。他の建築施設の安定性及び建築敷地の支持力は，隣接する土地に危害を及ぼすものであってはならない。

上掲土地の状況は，公共の安全及び秩序に対し具体的な危険を及ぼすものであると認められる。すなわち，歩行者，隣人及び直接当該土地に接する駐車場の利用者の生命・健康に対し，壁面（かつての別荘，囲いの一部）の全部又はその一部の倒壊によって危害が及ぼされる可能性がある。

　母屋は，老朽化した二階建ての別荘で，南西側に隣接する駐車場施設から約2.5m，東側の隣接地からは約4.0m，北側に隣接する公道からは約4.5mの位置に所在している。特に，かつての別荘の老朽化した状況からすれば，疑う余地なく，建築から長年月を経てその安定性はもはや十分なものではなくなっている。当該別荘の屋根及び二階部分の天井部はともに完全に，また一階部分の天井部は少なくとも部分的に崩落している。この崩落によって被った風雨の影響により，壁面もすでに大きく損傷を受けている。漆喰塗りもほとんどはげ落ち，壁面にも広い面積にわたって，数センチ幅の大きな亀裂が生じている。いくつかの窓枠も既に完全に破損している。壁冠（壁の上端部）に乗せられた組積造用煉瓦や屋根瓦にも不安定なものがある（壁面とのモルタル接合の欠損あり）。

　二階部分の壁冠に乗せられた瓦が不安定であり，風によって落下する現在の危険が認められる。さらに，水平補強構造（階天井）の欠落が，壁面構造の老朽化と相まって，建物構造の内側部分で生じた崩落によって水平方向の圧力が生ずると，全面的な倒壊に至る危険性を排除できない。建物壁面の高さは約6mに及んでいるので，その倒壊によって，隣接するレッシャー通り3aの土地及び公道に被害が生ずる可能性がある。

　当該土地の囲いの安定性も部分的に十分な状態とはいえない。問題なのは，一体式構造の長手積みで構築された，北側の門に接続する砂岩の石積塀である。これは，既に土地に対して傾斜した状態となっており，倒壊のおそれがある。その他の部分の囲いは，しっくい塗りされたオランダ焼きの硬質レンガ積みや，金網及び木柵となっている。これらの囲いも同様に部分的にかなりの程度傾斜しており，一部公共歩道空間にはみ出している。レッシャー通り3aの土地との北側境界部分の歩道に面した組積塀付近には，二つのケーブル分配器が設置されている。このため，現状においては公共歩道における公共供給システム及び隣接する公共歩道の交通の安全に危険を及ぼしている。

　上掲土地の状況は，ザクセン州建築法3条1項及び12条1項の規定に違反しており，それゆえに違法である。

　ザクセン州建築法58条2項に基づいて必要となる措置に関する決定は，下級建築監督官庁の裁量に係るものであり，本件においては，他の方法では合法的な状態にすることができないときは，建築施設の全部又は一部の除却を命ずるものである。

　上掲土地にある施設の全般的な状況及び当該建物及び土地囲いについての建築監督に従事する指導的な静力学者による2015年2月25日付けの安定性評価により指摘された危険性を踏まえて，秩序及び安全の確保に向けた短期的な措置が求められた。

　貴殿が提出した文書の第1から第3に掲げられた提案は，あまりに具体性を欠いている。特に，第1及び第2の提案は，貴殿により計画されている静力学的補強策に対する資格ある建築構造設計者の評価を含んでいない。第2の提案については，さらに建築許可申請が必要となる。第3の提案については，全般的な危険状態を何ら改善するものではない。

資料編

　さらに，本通知により命ぜられた秩序及び安全の確保のための措置が貴殿に経済的な破綻をもたらすものとは認められない。なぜなら，貴殿は，上掲土地の所有者であり，それゆえ貴殿は当該不動産の資産的価値を活用することができ，それによって当該安全確保措置に要する経費を支弁することができるからである。

　前掲1. a. 及び1. b. の命令を発出するに際しては，所管の建築監督官庁は，公建築法を遵守させることにより，秩序及び安全を確保することによる利益と当該建築施設の全部又は一部を残置させることによる私的な利益を衡量しなければならない。本命令に違反することにより公法上の規定に違反することは決して軽視しうるものではない。

　今後，この廃屋及び土地囲いが倒壊する可能性が増大することにより生ずる，隣接地を公共の交通空間として供用し，あるいは駐車場として使用することに及ぼされる危険は決して軽視しうるものではない。それゆえ，貴殿による比例原則違反との主張は，本事案において認められる具体的な保護法益を勘案すれば，これに与することはできない。

　また，他の方法によって合法的な状態が実現できるかも定かではない。二階部分を補強材で保全するという方策は，当該廃屋の現状からすれば経済的合理性を有するとは認められない。隣接する土地及び公共の交通空間の一部の遮断は，不十分な手段となろう。というのも，当該建物又はその一部がどのように倒壊するかを予測することはできないからである。倒壊した廃屋の一部がどの範囲まで，周辺に向かう慣性によって及んでいくかは，現在のところ予測評価することはできない。本事案では，約6m（建物の高さ）に加えて当該廃屋の周辺にその破片がちらばっていくことに備えた，詳細には知り得ない保安領域に係る空間を遮断すべきことになるであろう。隣接する土地は直接的な影響を受け，これによって交通に著しい制限が生ずることになろう。それゆえ，そのような方策は，公共の安全及び秩序に対する現在の危険を，直接かつ速やかに除去するためには不適当である。

　命ぜられた措置は，上掲の土地について合法的な状態を実現し，それによって公建築法を貫徹するためには疑いなく相当なものである。

　命ぜられた措置は，上掲土地について合法的な状態をもたらすためには他のより穏やかな代替方策を見いだすことができないため，必要なものである。

　最も穏当な手段を考慮して，この命令は名宛て人に対し，建築監督の立場から合法的な状態を実現するための二つの選択肢（廃屋の全部又は一部の除却）を与えている。

　本命令では，一方では，二階部分の除却（一部除却）を実施するとともに，残った一階部分については危険が生じないことについて資格を有する建築構造設計者によるザクセン州建築法66条2項に基づく証明を求めている。この措置は，建築構造設計者への委託及びより経費のかかる部分除却によって，より大きな経済的負担を伴うこととなる。

　他方で，当該建築施設全体の完全除却は，より小さな経済的負担で実施することができる。しかしながら，この措置は行政庁によるより重大な財産権への侵害となる。

　土地の囲いは補強するか，又は更新する必要がある。なぜなら，公共の交通空間を利用する人に対し，囲いの全部又は一部の倒壊によって危害が及ぶ可能性があるからである。

　この除却及び安全確保に係る命令は，上掲土地において合法的な状態を実現するとともに実効的に実施しうるのみならず，基本法14条に基づく所有権の行使に係る基本権に対

260

する侵害をより少なくするような他の代替的措置を見いだすことができないことから，適切なものである。本事案においては，建築法の貫徹によって確保される公共の利益を上回るような例外的な私的又は経済的な利益が存在するような事情も認められない。

当該建築施設の（一部）除却及び保全並びに土地囲いの保全又は更新に伴う経済的なリスクは土地所有者が負担しなければならない。なぜなら，貴殿は土地所有者としての義務を履行しておらず，当然にこれを甘受すべきだったにもかかわらずこれを回避してきた結果として，公共の安全と秩序に危険を及ぼすような状態をもたらしたからである。

同 2. について

本命令は，本件において直接的な介入をもたらすものでなければならず，行政裁判所法80条2項4号に基づいて迅速な執行が宣言される場合にのみその機能を全うすることができる。

迅速な執行の命令は，公的な強制執行により確保される公共の利益と，基本法19条4項によって憲法上効果的な法的救済が付与される権利として保障されている私的な執行停止の利益との衡量を経て発せられる。

本件においては，公共の安全及び秩序に対する具体的かつ直接の危険，特に生命及び健康に対する危険が生じており，事柄の性格上迅速な，実効的なかつ当面は停止されない措置が必要となる。

まさに，本件においては，1. a. 及び 1. b. の命令に係る公的強制執行の公共の利益は，違法な状態をさらに維持する私的利益を上回っている。

異議申立てによる執行停止を認めると，執行が停止されている間に当該廃屋の倒壊の危険が現実化することを阻止できない。

従って，迅速な執行の命令の根拠として，貴殿の私的利益を上回る特別の公共の利益が存在しているといえる。

同 3. について

ザクセン州行政執行法19条及び22条による強制金の賦課決定の戒告は，本件除却及び保全に係る命令を職権で促すために適切である。なぜなら，それは命令に従わない場合には，相当な経済的不利益を被ることを警告するものだからである。

強制金の戒告は必要であり，またその戒告額についても適切である。なぜなら，それは公法上の規定に対する違反の重大性を考慮したものであり，この手段によってしか，違法状態が除去されることによって安全を確保することができないからである。私的な利益は，公法上の被侵害利益を保護する公共の利益を上回るものではない。なぜなら，強制金の賦課決定の戒告は，それ自体ではなんら経済的不利益をもたらしうるものではなく，それゆえに行政行為を強制するための最も穏当な手段と認められるからである。

同 4. について

この職務行為については，ザクセン州行政費用法1条及び2条に基づき，費用が徴収さ

261

資料編

れる。詳細な理由については，費用決定書を参照されたい。

法的救済の教示

　この決定に対しては，その通知から1月以内に異議申立てをすることができる。異議申立ては，州都ドレスデン市に提出しなければならない。主たる所在地は，市庁舎，Dr.-Külz-Ring 19, 01067 Dresden である。

市長に代わり　　　　　　　　　　　　　　　　　　　　　　　　　市長に代わり

　　　　　　　　　　　　　　　　印章

担当課長名　　　　　　　　　　　　　　　　　　　　　　　　　　担当者名

添付書類
2015年3月12日付け費用債務者宛て費用決定書（整理番号付記）

【本件老朽別荘の写真／1】

（ドレスデン市建築監督局提供）

資料編

【本件老朽別荘の写真／2】

（ドレスデン市建築監督局提供）

【代執行関係】

○参考資料 9：ポツダム市の建築物保全措置の代執行決定

2012.10.2

名宛人殿

　州都ポツダム市長，下級建築監督官庁たる建築監督局は，貴殿に対し次の代執行決定を発する。

代執行決定通知

１）州都ポツダム市長，下級建築監督官庁たる建築監督局は，以降の当該土地への立入りを阻止するため，○○社及び△△社に，2012 年 10 月 8 日までに当該土地における建築保全工事の実施を指示した。

２）本件代執行の費用概算見積額は，○○社分につき 464.10 ユーロ（建築自由の創出のため）及び△△社分につき当初 1 月分 537.60 ユーロ，後続する各 1 月分 33.6 ユーロ（建築現場仮囲いの設置のため）である。○○社及び△△社の決算後に別途費用決定を行う。

３）本決定通知自体の費用は生じない。

理由

Ⅰ

　貴殿は本件土地の所有者である。

　2011 年 12 月 22 日に，本件土地について建築査察がなされた。この査察において次の事実が確認された。すなわち，当該土地の囲い設備の内側約 1.5 メートルの前庭部分及び本件土地の後方に，幅 0.6 メートル奥行き 0.6 メートル深さ 1.5 メートルの穴があった。そのほか，建物についていずれの側の窓にもガラスがなく，破損行為により壊されていた。当該土地の左側部分の囲いは設置されていなかった。当該建物への出入りは，地下室を通じて行うことができる状態であった。

　2012 年 4 月 3 日付けの書面によって，貴殿に対し本件土地に関係者以外の者が立ち入ることのできないように措置すべきことが指示された。また，貴殿に対し当該土地にある穴を埋め，建物への侵入可能な箇所をすべて閉鎖するように要請された。

　2012 年 4 月 13 日付けの書面によって，貴殿は前掲の文書に対して意見陳述を行った。それによれば，当該建物は近いうちに修繕され，当該土地の穴も埋め戻されるということであった。さらに，当該土地の左側の囲いは，隣地の建築主によって撤去されたものであると陳述した。その他として，貴殿は保全措置実施の期限延期を申し出た。

　これに対して，貴殿に対し，2012 年 4 月 19 日付けの書面により期限を延期することが伝達され，併せて，土地の左側境界の囲いの問題は私法に関するものであり，下級建築監督官庁に対し善処を要求し，さらには強制執行を求めうるものではない旨が伝達された。

　貴殿は，2012 年 4 月 24 日付けの書面により次の報告を行った。すなわち，囲いについては，それまでの間に土地の境界に沿って隣地の建築主によって再度設置されたとのこと

265

資料編

であった。さらに，貴殿は，2012 年 5 月 8 日付けの書面によって，保全措置はすでに一部着手されているとして，再度の期限の延期を求めた。この期限延期は，2012 年 6 月 4 日まで認められた。

2012 年 5 月 21 日付けの書面により，貴殿は，本件土地の前庭部分の穴については，それによる危険が生じないように保全措置がなされたと報告した。当該土地については，その時点で道路側に囲いが設置されたとのことであった。さらに，貴殿は，本件建物については 2012 年 6 月から修繕工事がなされる旨報告した。

2012 年 6 月 4 日に行われた現地見分においては，次の状況が確認された。すなわち，依然として様々の建築物の損壊状況が認められた。（特に，存在していない又は一部破壊された窓ガラスへの対応措置はとられていなかった。）その他の点については，当該土地のベットヒャーベルク 5 番の通りに面した囲いは設けられていなかった。入口の門は閉鎖されておらず，入口付近の縦穴も塞がれていなかった。

前述のとおり確認された建築欠陥については，貴殿に対して 2012 年 6 月 18 日付けの文書により告知され，貴殿にこれらの欠陥を除去するよう要請された。

貴殿は，2012 年 6 月 20 日付けの書面により，穴の覆い及び既に設置した囲いは盗み取られた旨報告した。さらに，貴殿の報告によれば，縦穴は再度塞ぎ，欠けていた部分の囲いも新たに設け，入口の門も閉鎖したとのことであった。2012 年 6 月 22 日付けの貴殿の陳述によれば，前庭部分の穴もそれまでに塞がれたとのことであった。

その後，2102 年 7 月 6 日に再度の現地見分が実施された。これにより，次の事実が確認された。すなわち，前回の 2012 年 6 月 4 日の現地見分以降何らの保全措置もとられておらず，当該土地は相変わらず保全されていなかった。前庭部分の縦穴はただ段ボールで応急的な覆いがなされ，それで十分な安全確保がなされたとは認められなかった。

2012 年 7 月 25 日にさらに実施された現地見分において，次の欠陥が確認された。

－ベットヒャーベルク 6 番の土地に面する左側の囲いが 5 メートル欠けている。

－ベットヒャーベルク 4 番の土地に面する右側の囲いが 5 メートル欠けている。

－耕牧地 182/8 に面する後方部分の囲い（長さ約 45 メートル）がすべて欠けている。

－当該土地の入口部分と門が開いた状態で，閉鎖されていない。

－0.67 メートル×0.67 メートルの縦穴が塞がれずに残っている。

－建物 1 階右側の窓が開いている。

－建物玄関の扉は閉鎖されているが，ガラスが欠けている。

－増築された建物 1 階部分については，すべての窓ガラスが破損し，あるいは全く欠けている。

－増築された建物の地階及び切り妻側の右の部分につき，窓ガラスが欠けている。

2012 年 8 月 31 日付けの書面により，貴殿は，前庭部分の縦穴はそれまでに厚い金属板で塞いだと報告した。このことは，2012 年 9 月 5 日に行われた現地見分で確認された。しかしながら，上掲のその他のすべての欠陥は解消されていなかった。

当該土地の保全措置が実施されないことから，下級建築監督官庁部局は，○○社及び△△社に 2012 年 10 月 8 日までに，将来的な危険を防止するために保全措置をとるよう指示

した。

　当該保全措置の詳細については，関係文書を参照されたい。

Ⅱ

　代執行の法的根拠は，ブランデンブルク州行政執行法（以下，「行執法」と略称）15条2項（筆者注：現行法では27条1項2段），17条1項（筆者注：現行法では27条2項），23条1項2段（筆者注：現行法では28条1項3段）及び（旧）24条2段である。

　行執法15条2項によれば，行政強制は現在の危険を避けるために必要であり執行官庁がその権限の範囲内で行う場合は，先行する行政行為たる命令なしに適用することができる。

　ポツダム市長，下級建築監督官庁たる建築監督局は，その権限の範囲内でこれを行使したものである。同者は，秩序命令を合法的に発することができる。行政庁は，相手方に作為又は不作為を求める秩序命令を発出する権限を有する場合は，当該命令を強制する権限の範囲内にある（エンゲルハルト／アップ著，行政執行法注釈書第6版6条欄外番号29，72頁参照）。

　この秩序命令を発する法的根拠は，ブランデンブルク州建築法（以下，「州建築法」と略称）52条2項2段である。これによれば，建築監督官庁は，建築施設その他の施設及び設備の建設，改修，除却，維持補修及び利用について監督する任務を遂行するため，公法上の法規定及びこれらに基づき発せられた命令が遵守されるよう必要な措置をとることができる。

　この秩序命令の発出については，ポツダム市長，下級建築監督官庁たる建築監督局が，州建築法51条及び52条により，担当行政庁となる。

　本件土地上の建物は，疑いなく州建築法2条の建築施設に該当する。

　本件建物及び土地の維持補修は，公法上の法規定に適合していない。

　州建築法3条1項1号によれば，建築施設は，公共の安全及び秩序，特に生命，健康及び財産権を侵害しないよう適切に維持補修しなければならない。現状においては，とくにホームレスや遊ぶ子どもが本件土地において，塞がれていない窓から本件建物に立ち入ることによって，これらの者の健康や身体的安全が侵害される危険にさらされている。

　本件建物及び土地は十分に保全されておらず，誰でも立ち入ることができる。このため，公共の安全及び秩序に対する危険が存在している。

　州建築法3条にいう危険は，事象の自然な推移過程において，公共の安全及び秩序に関する法益の侵害が生ずる蓋然性が十分に存在する場合に認められる。

　公共の安全に関する法益とは，特に生命，健康及び財産権である。

　公共の安全の法益とは，生命，健康，財産権及び総体的資産などのすべての個人的法益並びに国家の諸施設などの国家資産及び全体的な法秩序である。

　公共の秩序に関する法益とは，不文法の総体，その時々の支配的解釈によるこれらに対する顧慮が秩序ある共同生活の不可欠の前提とみなされることをいう。

　本件土地の左側の隣接地に面する部分には囲いが5メートルにわたり欠けており，また右側の隣接地に面する部分でも囲いが5メートルにわたり欠けている。さらに後方の耕牧

資料編

地 182/8 に面する部分には約 45 メートルにわたって囲いが全く設けられていない。本件土地の入口部分の門は開いたままになっている。1 階の右側の窓は同様に閉じられていない。玄関の扉のガラスは欠落しており，このため安全が確保されていない。増築部分の 1 階の窓ガラスはすべて破損しているか欠落している。増築部分の地階及び切り妻右側の窓ガラスも欠落している。

上掲の建物及び土地の欠陥により，公共の安全及び秩序に対する危険が生じている。

行政強制手段の適用は，現在の危険を避けるために必要であった。

2011 年 12 月 22 日，2012 年 6 月 4 日，2012 年 7 月 6 日，2012 年 7 月 25 日及び 2012 年 9 月 5 日における建築監督局の確認によれば，指示された作為がなされないことにより，近い将来人に対する侵害が生じる可能性を排除することができない。

既に，2011 年 12 月 22 日の時点で，建築監督局の職員により，当該建物及び土地によって，当該土地に権限なく立ち入った者の身体，生命及び健康に対する危険が生じていることが確認されていた。

本件保全措置実施の指示は必要であった。先行する秩序命令の発出と行政裁判所法 80 条 2 項 4 号に規定される迅速な執行によったのでは，現在の危険を除去するという代執行の目的を適時に達成することは困難であったであろう。

強制手段たる代執行は，手続的瑕疵なく実施された。

行執法 19 条 1 項によれば，執行官庁は，他者によってその実行が可能な作為（代替的作為）を行う義務が履行されないときは，相手方の費用負担により，当該作為を自ら行い，又は他の者にその実施を委託することができる。保全措置の実施は，その実施が他者によっても可能な代替的作為である。

原則として強制手段は戒告され，その戒告に従って決定される。行執法 23 条 1 項 2 段によれば，同法 15 条 2 項に規定する場合（：即時執行（Sofortiger Vollzug）の場合（筆者注））は，戒告を行わないことも可能である。代執行は，2012 年 2 月 23 日付けの文書により戒告された。その他の手続は，本事案では迅速な行政介入が必要であったことから省略すべきであった。同法 15 条 2 項の場合には，同法 24 条 2 段により（：強制手段の（筆者注））決定は行われない。

上述の理由，特に緊急性により，ポツダム市長，下級建築監督官庁たる建築監督局は，代執行の実施を命じた。この行政強制手段の適用は，比例原則にも適合する。ある措置は，それが危険の除去のために適合的であり，他のより穏当なしかも同様に適合的な手段を用いることができず，かつ当該措置がその他の点で適切であるときは，比例原則に適合する。

本事案においては，代執行は現在の危険を除去するために適合的である。より穏当なしかし同様に目的適合的な手段は存在しない。貴殿自らによる安全確保措置の実施はなされなかった。

代執行はまた適切な手段である。ある措置は，当該措置の実施によってもたらされる公益が私益を上回る場合に適切と認められる。本事案においては，現在の危険が存在する。それゆえ，従前の状態を維持する貴殿の利益は，危険回避のための措置の実施により実現される公共の利益に劣後するといわれなければならない。

代執行により生ずる費用（手数料及び立替金）は，行執法 37 条 1 項及びブランデンブルク州行政執行法費用令 11 条 2 項 7 号により費用負担義務が生ずる。これについては，別途なされる費用決定によって確定される。

法的救済の教示

この決定に対しては，その送達から 1 月以内に，ポツダム市長（建築監督局所在地表示）に対して書面又は口述記録により異議申立てを行うことができる。

上掲の期間が，貴殿の代理人の過失により徒過されたときは，その過失の責めは貴殿に帰せられる。

市長に代わり
担当者記名

資料編

○**参考資料 10：ベルリン市トレプトウ・ケーペニック行政区の費用事前納付命令付き代執行決定**

2012.XX.YY（：日付マスキング）

戒告された代執行の決定及び費用前払命令

名宛人殿

　欠陥の改修命令は，上掲のとおり，当該文書により命ぜられた。

　当該命令は，これまでの間に不可争力を得た。貴殿に与えられた履行期間は経過した。

　当方は，貴殿が当該命令に従わない場合には，行政執行法 6 条，9 条，10 条及び 13 条に基づき，強制手段として代執行を適用することを戒告した。

　この間において，当方は専門業者から代執行費用の詳細な見積もりを得た。それによれば，必要な作業に要する費用額は，8,000 ユーロとされている。これに加えて，場合によっては地下室の扉の解錠費用が加算される。その理由は，担当の区煙突掃除人親方○○氏によれば，賃貸人は当該暖房用ボイラー室の鍵を所持していないからである。この解錠費用は，約 100 ユーロと見積もられる。

　行政執行法 14 条により，当方は，次の費用概算見積額により，貴殿に対し代執行を決定する。

8,100 ユーロ

　貴殿は，この概算見積額をこの通知の送達から 4 週間以内に，当方の区会計局に事案番号及び振込番号を明示して，ベルリン市貯蓄銀行の指定口座に振り込まれたい。もし，貴殿がこの命令に従わないときは，当方は，上掲額を強制的に徴収する。

　作業の実施上，暖房設備を数日間にわたり運転停止させる必要があるため，当方は，暖房稼働時期の終了後に欠陥を改修し，欠陥リストに基づいて貴殿の費用負担により作業を実施させる。

　当該作業の実施に際して，欠陥の改修と直接的に関係する作業が必要となった場合には，それらの作業も併せて実施される。これにより生じた費用のすべては，行政執行法 10 条により貴殿が負担する。当官庁は，行政執行法 13 条 4 項により，代執行により，戒告において暫定的に見積もられた費用よりも多額の費用が生じた場合には，当該超過分を事後請求する権限を有する。当該費用は，行政執行法 19 条により徴収される。

　（貴殿によって：筆者）欠陥が適正に改修されたときは，行政執行法 15 条 3 項により，強制執行は中止される。

　しかしながら，この通知の送達から 1 週間が経過した以降に当方において生じた費用は，貴殿の負担となる。

法的救済の教示

　この通知に対しては，異議申立てをすることができる。異議申立ては，この通知の送達

270

後1月以内に，ベルリン市トレプトウ・ケーペニック行政区，建設・都市開発・環境課，建築・住宅監督班：郵便私書箱910240，12414ベルリン宛てに書面で，又は上掲の庁舎における口述記録により行うことができる。書面による異議申立てにおいては，異議申立期間は当該異議申立てがその期間内に到達した場合にのみ遵守されることを申し添える。

手続の迅速化のため，異議申立てを行う場合には，正副2通の異議申立書を提出することを勧める。

2012年XX月YY日（日付マスキング）付けの命令及び2012年XX月YY日（日付マスキング）付けの強制手段の戒告がいずれも不可争力を得ているので，強制手段－本件では代執行－の決定のみを，当該決定自身の違法性のみを主張して争うことができる。

行政裁判所法施行法4条により，法的救済（異議申立て）の提起は，それが行政上の強制執行に係る措置に対するものである限りにおいては，執行停止効を生じさせない。すなわち，命ぜられた強制執行措置は，この決定に対し異議申立てが提起された場合においても，実施される。

貴殿は，当方に**4週間以内**に，当該欠陥を2013年XX月YY日（日付マスキング）までに改修することを委託された業者も含めて当方に通知することにより，なお代執行を回避することができる。その場合には，費用の事前支払いは不要となる。

敬具
市長に代わり
担当者記名

根拠法令

1953年4月27日公布の行政執行法：最新改正2009年7月29日公布の法律第4条

1992年6月20日の公布条文の文言における行政裁判所法施行法：最新改正2007年12月20日公布の法律第2条

【事後的事実関係に関する追記：追加照会に対する回答】

本件の義務者は，最終的に本件改修命令には従わなかったため，代執行が実施された。代執行費用については，所管する会計局によって，義務者の資産の差押えがなされたが，その額は，某業者によって費用見積額として提示された4,500ユーロとされた。この額は，前掲の概算費用見積額（通常，2～3の業者から見積り徴集。）と大きく乖離しているが，建築・住宅監督班長はこのような乖離が生じるのは例外的であるとしている。当該作業の実施は，行政庁により当該業者に委託された。代執行費用の決算額は，約4,072ユーロとなり，この額で行政行為としての支払命令がなされた。これにより生じた差額は，義務者に還付された。

271

資料編

○参考資料 11：ブレーメン市の老朽建築物に係る除却命令及び代執行戒告通知

2016.7.11

名宛人殿

　1991 年 4 月 16 日付けの当方の命令，当方の 2002 年 7 月 25 日付けの文書及び 2004 年 12 月 3 日付けの強制金賦課決定の通知に関連し，次の通知を発する。

通　　知：

　当方は，貴殿に次のことを命ずる。

1．当該建物（従前の仮設住宅）及び当該土地（所在地表記）にあるその他の工作物を除却すること
　　<u>期限：この通知の送達の日から 2 週間以内</u>
2．1．の命令に従わないときは，当方は代執行により当該除却を貴殿の費用負担により，業者により行わしめる。費用の概算見積額は，20,000 ユーロである。
3．上掲につき迅速な執行を命ずる。
4．この決定の手数料は，200 ユーロと決定する。

<u>理由</u>：
1．について

I

　当方の決定は，次の事実関係に基づくものである。

　1991 年 4 月 16 日に前掲土地について前占有者に対してなされた命令により，許容されていない住居としての利用及び／又は賃貸の禁止のほかに，その後に取り片付けを行った上で，2 月後に当該土地にある建物の除却を行うことが命ぜられた。

　当方の 2002 年 7 月 25 日付けの文書により，当方は貴殿に対し当該土地の新所有者として，法的効力ある命令を通知し，貴殿に対し当方が企図している命令の強制執行に関して意思決定する機会を付与した。2004 年 12 月 4 日に貴殿に対し戒告された強制金の賦課決定の通知が送達された。貴殿が，当該土地にある建物及び工作物を除却せよという命令に従わなかったため，強制金が賦課決定されたのである。

　この時点で提起された苦情に基づき 2016 年 6 月 14 日に現地見分が行われた。その際，当該建物には建築法上の行政介入を必要とする瑕疵があることが確認された。これにより，2016 年 7 月 5 日に貴殿の立ち会いのもとで実施された建築技術検査により，当該建物は維持補修が不十分であったことが明らかとなった。屋根及び 1 階の天井の一部は既に崩落していた。破風の壁及び外壁には隙間があいており，ほとんどすべての壁には顕著な亀裂及びしっくいの剥離が認められた。風雨及び降雪により，さらなる建物の一部の損壊の発生が予測された。これらの状況が確認されたことにより，隣接する建物との離隔距離が小さ

272

いことから，直接的な危険状況があると認められる。立入禁止が命じられ，当該土地はフェンスが設けられ，許可なき立ち入りから保全された。

II

ブレーメン州建築法（2009年10月6日全部改正ブレーメン州法律公報401頁）3条1項により，建築施設については，公共の安全又は秩序，特に生命及び健康を侵害せず，不当な生活妨害を生じないように建設し，改修し，維持補修することを命ずることができる。

州建築法12条1項により，すべての建築施設は全体として及びその構成部分についてそれ自身安定的なものでなければならない。本件においては，この最小限の要請が充たされていない。

貴殿は，建物所有者かつ当該土地及び当該土地にある建築施設全体に現実の支配権を行使する占有者であるので，貴殿は状況妨害者として秩序ある建築施設の状態保持及び命令の履行について責任ある立場にある。

州建築法58条2項により，建築監督官庁は，施設の建設，改修，用途変更及び除却並びにその使用及び維持補修に際して，他の官庁が所管しない限りにおいて，公法上の規定が遵守されるよう監督しなければならない。同官庁は，この任務を遂行するため必要な措置をとることができる。

本件においては，当該土地における当該建築施設（従前の仮設住宅及び付属家屋）の全体が安定性を欠いている。

当該建築施設の老朽化は，当該建物の全部又は一部の抑止できない倒壊が直接的に発生するまでに進行している。これにより当該土地あるいは建築施設に所在する人の生命及び健康に対する切迫した危険が排除されない状況となっている。この危険な状況は，当該建物と隣接する建物，特に隣接地との間隔が狭いことから生じている。

本件においては，倒壊のおそれのある施設の除却によってのみ，切迫した危険を必要な範囲で除去することができる。除却による公共の利益には，発生の可能性のある当該建築施設全体の倒壊によって生ずるおそれのある，隣接する土地の使用者及び／又は居住者並びに訪問者の身体及び生命への侵害を防ぐことも含まれる。危険状態の除去による公共の利益は，違法な状態を維持する貴殿の私的利益に優越している。このような状態を黙認することは，平等原則に反し，他者への悪い手本となりうる。

III

比例原則には適合している。特に，危険な状態を実効的かつ継続的に排除するためには，他のより穏当な手段は認められない。倒壊のおそれのある建物の一部を支える保全措置の種類とその範囲に鑑みれば，それにより生じる費用は，除去ないし取り壊しの場合と比較して，適切な比例関係にはないと認められる。さらに，切迫した危険状況にもかかわらず，1991年から法的効力をもっている除却命令を強制執行するという目的が存在している。

資料編

2．について

　当方の 2004 年 12 月 3 日付けの通知により決定された強制手段である「強制金」（ブレーメン州行政執行法 14 条）は，除却命令の強制執行に向けた成果を上げえず，それゆえ奏功しないかたちとなっていた。実際に生じている危険な状態を速やかにかつ継続的に除去するためには，もはや賦課決定はされたものの奏功していない強制金に代わる強制手段として，ブレーメン州行政執行法 15 条の代執行を適用せざるを得ない。命ぜられた作為（当該建築施設の除却）を行う義務が履行されないときは，執行官庁は当該作為を義務者の費用負担により第三者をして行わしめることができる。これにより，代替的作為としての除却（取り壊し）は，委任された業者により貴殿の費用負担によって実施される。費用の概算見積額は，ブレーメン州行政執行法 17 条 5 項 1 段の規定により提示される。代執行の費用が概算見積額を超過した場合は，事後的追徴が妨げられないことについては，ブレーメン州行政執行法 17 条 5 項 2 段を参照されたい。

　この通知の法的根拠は，ブレーメン州行政執行法 11 条である。

3．について

　この命令の迅速な執行の命令は，行政裁判所法 80 条 2 項 4 号に基づくものである。これによれば異議申立て等による執行停止効は，公共の利益のために迅速な執行が命ぜられたときには，生じないこととなる。迅速な執行による公共の利益は，起こりうる当該建築施設の倒壊による人々の危機がこの命令によってのみ防止しうることよって認められる。加えて，迅速な執行の命令により，法的救済手段の提起によって公共の利益のために必要な除却命令が不定の期間において妨げられないという効果を生ずる。なされうる法的争訟の結果をまつことはできない。この命令の確定力の発生を待つことは，違法な危険状態が裁判所の本案判決まで引き延ばされることにつながる。迅速な執行の命令は，義務者の基本権を考慮しても執行の延期をなしえないことから，比例原則に適合する。異議申立ての提起による執行停止効に係る貴殿の利益は，それゆえ迅速な執行に係る公共の利益に劣後する。

　さらに，戒告された代執行の決定が法的救済手段の提起によって妨げられないことが公共に利益に資する。他の方法では，除却命令の迅速な執行が実効的に強制されることは不可能である。それゆえ，迅速な執行は，強制手段の戒告を顧慮して命ぜられるものである。

4．について

　この通知には，建築費用令 1 条 1 項により手数料が課せられる。手数料の額は，建築費用令の費用リストの 101.23.00 により，標準的行政経費により算定される。添付の手数料請求書は，この通知の一部を構成する。

法的救済に関する教示：

　この通知に対しては，その送達から 1 月以内に異議申立てを提起することができる。異議申立ては書面により又は環境・建築・交通局，アンスガリトア通り 2，28195 ブレーメ

274

ンにおける口述記録によりすることができる。

　迅速な執行が命ぜられているため，もし異議申立てを提起しても本決定内容及び戒告された強制手段について執行停止効は生じない。異議申立ての提起に併せて執行停止を申し立てることができるのみである。また，ブレーメン州行政裁判所，アム・ヴァル 198, 28195 ブレーメンに迅速な執行の停止の申立てをすることも可能である。

異議申立てを提起しても手数料の支払期限は変更されない。

アドバイス：
　異議申立ての提起に際しては，手数料は徴収されないが，異議申立てが棄却されたときは，延滞利子／遅延加算金が支払期限の日から課されうる。

敬具
市長に代わり
担当者記名

添付書類
手数料計算書

資料編

【封印措置ほか関係】

○参考資料 12：ポツダム市建築監督課による封印措置の実施状況

※封印書の様式は，参考資料 15 のエアフルト市のものと同じ。

（ポツダム市建築監督課提供）

○参考資料 13：キール市の建築物違法使用中止命令に係る封印措置実施通知

2011.05.16

名宛人殿

　2011 年 5 月 14 日に○○において現地見分が実施された。同現地見分には，第 4 警察署の警察官 2 名，キール市会計課の強制執行担当官吏 2 名及び建築秩序課の職員 2 名が参加した。これにより，次の事実が確認された。すなわち，○○所在の当該建物 1 階の営業所は，午前 11 時から営業を開始していた。当該施設は，ベッティングオフィス（Wettbüro）の営業の用に供されていた。ライブの賭けの実施のために必要なすべての機器類はいつでも使用できる状態にあるか，あるいは実際に使用されていた。PC 等のディスプレイには，ライブのスポーツベッティングのブックメーカー（胴元）である"□□"の表示を認めることができた。同様に，4 台の賭け用端末もすぐに使える状態であった。テナントスペースの中には，積極的に賭けに参加していた者が 10 名ほどいた。

　このように，当方の 2011 年 4 月 19 日付けの当方の建築監督命令に対し，反復して違反がなされている状況であった。

　市会計課の強制執行担当官吏は，2011 年 5 月 4 日付けの通知により賦課決定され，2011 年 5 月 10 日に支払期限が到来した 5,015.45 ユーロ及び 4,515 ユーロの額の強制金の強制徴収を行った。

　このほかに，当該営業所（ベッティングオフィス）の入口ドアに封印措置を行った（後掲写真参照：筆者）。これは，2011 年 4 月 19 日に迅速な執行が命ぜられた使用禁止命令で命じられた状態を実現するための直接強制措置である。直接強制は，他の強制手段では目的を達せられない，あるいはそれらが実施困難な場合に，これを適用することが許容される。本件においては，使用禁止命令に対する違反行為が反復されている。封印措置は，使用禁止命令に対するさらなる違反行為を実効的に阻止することに資するものである。さらに，当該封印措置により，2 つの避難通路が確保されていないテナントスペースに人がとどまることを防ぐ必要がある。封印の貼付は，事実行為である。即時執行により実施された封印措置は，この書面により実施通告される。この通告は行政行為ではない。

　したがって，封印措置に対する異議申立て（Widerspruch）は，行政行為がなされていないことにより，行うことができない。

敬具
市長に代わり
担当者記名

資料編

【本件違法用途使用建築物に対する封印措置の実施状況】

(キール市建築監督課提供)

○参考資料 14：デュッセルドルフ市の封印書様式

（見本：地の色はオレンジ）

Landeshauptstadt
Düsseldorf
Der Oberbürgermeister
Bauaufsichtsamt

Auskunft erteilt		Zimmer	Telefon (02 11)
	Brinckmannstr. 5		89–
Objektlage			Aktenzeichen
			Datum

MUSTER

Achtung!
Diese Baustelle/Anlage ist amtlich versiegelt!
Betreten verboten!

Nach § 136 des Strafgesetzbuches wird mit Freiheitsstrafe bis zu einem Jahr oder mit Geldstrafe bestraft, wer ein dienstliches Siegel beschädigt, ablöst oder unkenntlich macht, das angelegt ist, um Sachen in Beschlag zu nehmen, dienstlich zu verschließen oder zu bezeichnen, oder wer den durch ein solches Siegel bewirkten Verschluss ganz oder zum Teil unwirksam macht.

Hinweis
Der Tatbestand des Siegelbruches ist auch dann erfüllt, wenn eine weitere Nutzung erfolgt, ohne dass dabei das Siegel abgelöst oder beschädigt wird.

(Unterschrift)

LANDESHAUPTSTADT DÜSSELDORF

63/390 - 03.2004

（デュッセルドルフ市建築監督課提供）

資料編

○参考資料 15：エアフルト市の封印書様式

（見本：地の色は，赤）

C 10

ACHTUNG

DIESE BAULICHE ANLAGE
( )

IST AMTLICH VERSIEGELT.
BETRETEN VERBOTEN!

Gemäß § 136 des Strafgesetzbuches wird mit Freiheitsstrafe bis zu einem Jahr oder mit Geldstrafe bestraft, wer ein dienstliches Siegel beschädigt, ablöst oder unkenntlich macht, das angelegt ist, um Sachen in Beschlag zu nehmen, dienstlich zu verschließen oder zu bezeichnen, oder wer den durch ein solches Siegel bewirkten Verschluß ganz oder zum Teil unwirksam macht.

Hinweis:

Der Tatbestand des Siegelbruches ist auch dann erfüllt, wenn die Anlage benutzt oder an ihr gearbeitet wird, ohne daß dabei das Siegel beschädigt, abgelöst oder verdeckt wird.

Dienststelle		Aktenzeichen
		Datum
Auskunft	Zimmer	Telefon-Durchwahl

Im Auftrag

Siegel

（エアフルト市建築監督課提供）

○参考資料 16：シュトゥットガルト市の違法建築工事中止命令＆封印措置戒告

2016.01.21

建築中止命令

名宛て人：○○殿（住所）
事案：ガレージ付き 2 戸建て住宅の建築
土地：△△70599 シュトゥットガルトービルクアッハ，土地番号□□

1．州建築法 47 条及び 64 条の規定に基づき，貴殿に対し本件建物の屋階の建築工事を直ちに中止することを命ずる。
2．建築工事が続行される場合には，貴殿に対し，州建築法 64 条 2 項並びに州行政執行法 2 条，19 条，20 条及び 26 条に基づき，封印措置を講ずることを戒告する。
3．州建築法 47 条に基づき，貴殿に対し，施工開始された建設計画を審査するために必要となる書類（建築申請書）を 2 部作成して建築法課に提出することを命ずる。
●添付された理由は，この決定の一部を構成する（理由に係る添付書類を参照されたい）。
●手数料に関する決定は，独立した決定書による（手数料に係る添付書類を参照されたい）。

法的救済に関する教示
　この決定に対しては，その通知から 1 月以内に書面により又は州都シュトゥットガルト市，建築法課，エーベルハルト通り 33，70173 シュトゥットガルトにおける口述記録により異議申立てを行うことができる（行政裁判所法 68 条〜70 条）。
　1．及び 2．の命令は，法律により，迅速に執行されるものとする（州建築法 64 条 1 項 3 段及び州行政執行法 12 条）。このため，この命令に対して提起される異議申立ては執行停止効を生じない。

（担当者名）

添付書類：
理由に係る添付書類
手数料決定に係る添付書類

正本及び副本作成者
（マスキング）

理由
（2016 年 1 月 21 日付けの決定に関するもの）
建築中止命令の理由：

資料編

　2016 年 1 月 19 日に実施された建築監督において，2015 年 3 月 3 日付けの建築許可及び 2015 年 8 月 18 日付けで許可された施工変更からの著しい乖離が確認された。当該建築物の屋階（筆者注：屋根の部分に設けた最上階）は，約 90cm 広く施工されていた。これにより，建設計画に係る二つの避難通路が狭隘化されていた。この許可を要する建設工事については許可申請もなされておらず，必要な建築法上の許可も付与されていなかった。この改修状況は書類により記録された。

　州建築法 64 条 1 項 3 号によれば，建築監督官庁は，建設計画の施工において付与された許可内容からの乖離が認められ，この乖離について必要となる許可がなされていないときは，建設工事の中止を命ずることができる。本事案はこの場合に該当する。開始された建設工事の実体的適法性が詳細な審査により確認されていないため，建築中止を命ずるものである。

　建築中止命令の迅速な執行は，2010 年の州建築法 64 条 1 項 3 段により行われる。これにより，本建設工事中止命令に対する異議申立て及び取消訴訟は，執行停止効を生じない。

　不作為義務を強制するため，貴殿に対し，封印措置の実施を戒告する。その理由は，当該強制手段は法律により認められ，本件においては，さらなる工事を阻止するために最も効果的であるからである。強制金は，本件においては適用困難である。

　屋階においてなされている変更が許可しうるかを審査することができるよう，現在の建築状況を明示し，今後の建設計画が予測できるような建築申請書類が提出されなければならない。当該書類においては，特に，二つの避難路の施工がどのようになされるのかが明示されなければならない。

　州建築法 75 条の違反に係る過料手続の開始は保留する。

　決定された手数料の額は，発生した行政経費に照らし適正である。

○参考資料 17：シュヴェリーン市の建築物違法使用中止命令＆封印措置戒告

2014-04-08

決定通知書

○○殿
　ここに以下のとおり決定通知を行う。

強制金賦課決定
　当方は，ここに貴殿に 2014 年 3 月 31 日付けの秩序命令（即時の使用中止）の 2．により書面により戒告した 1,000 ユーロの額の強制金を，貴殿に対し賦課することを決定する。

　この 1,000 ユーロの額の強制金は，この通知の送達後 2 週間以内に，次の支払番号を付記して，指定された口座に振り込まなければならない。

（支払番号）

費用決定
　メクレンブルク・フォアポンメルン州安全秩序法（以下，「州安全秩序法」と略称。）114 条 1 項により，上掲に加えて，この命令の発出に係る費用（手数料及び立替金）を徴収する。

　州行政執行費用令 1 条 1 項 2 号により，強制金の賦課決定に係る手数料を徴収する。
　当方は，州行政執行費用令 1 条 2 項に付属する手数料表 3 により，行政手数料として総額次の金銭を徴収する。

100 ユーロ

　貴殿は，この 100 ユーロの額の行政費用を，この通知の送達後 2 週間以内に，次の支払番号を付記して，指定された口座に振り込まなければならない。

（前掲と同じ支払番号）

　支払がなされないときは強制徴収が行われ，さらにそのための費用が生ずる。

新たな強制手段の戒告
　貴殿が，2014 年 3 月 31 日付けの秩序命令（即時の使用中止）の 1．にこの決定通知の送達後すみやかに従わないときは，当方は，貴殿に対し，ここに貴殿により使用されている前掲建物の地上階のテナントスペースを**職権により封印する**ことを戒告する（州安全秩序法 90 条及び州建築法 80 条 2 項 2 段）。

理由
　2014 年 3 月 31 日付け通知の 1．により，当方は貴殿に対し，前掲建物の地上階のテナ

資料編

ントスペースの使用をすみやかに全面的に中止するよう命じた。この決定は，いうまでも
なく明らかとなった「プライベートクラブ」としての使用に係るものであり，貴殿には当
該テナントスペースの当該使用について建築許可が付与されていないことによるものであ
る。当方は，再度明確に指摘しておくが，建築許可がなされなければ，当該スペースは，
居酒屋ないし「プライベートクラブ」として内装工事をすることも，また，使用を開始す
ることも許されない。貴殿には，何度も明確に指摘しているところであるが，改装工事及
び使用開始は，法的に有効な建築許可書が送達されてはじめて行うことが許されるのであ
る。

　貴殿が 2014 年 3 月 31 日付けの即時の使用中止命令の 1. に従わなかったときは，当方
は当該秩序命令の 2. で 1,000 ユーロの額の強制金を課すことを既に戒告している。

　しかしながら，2014 年 4 月 4 日（22：25 頃）と 2014 年 4 月 5 日（22：10 頃）の現地見
分において，当該スペースの使用がなされ，客が入店していることが再度確認されている。

　当方の 2014 年 3 月 31 日付けの即時の使用中止命令の強制執行は，州安全秩序法 80 条 1
項 2 号により許容されている。下級建築監督官庁として，当方は，州安全秩序法第 82 条
により，当該強制執行を行う権限を付与されている。州安全秩序法 83 条 1 項 1 号により，
貴殿は，義務者として，行為妨害者たる貴殿に対してなされた行政行為（筆者注：使用中
止命令）の履行が要求される。

　強制金は，強制手段として許容される。州安全秩序法 86 条によれば，強制金は行政強
制の手段である。強制金は，州安全秩序法 88 条により，義務者がある作為を行い，ある
いはある作為を受忍し，又は本件のようにある作為を行わないことを強制すべきときに適
用される。

　2014 年 3 月 31 日付けの即時の使用中止命令の 1. で命ぜられた措置を，貴殿は行って
いない。そこで，当該秩序命令の 2. で貴殿に戒告された強制金は，いまや州安全秩序法
88 条 2 項に定めるところにより賦課決定され，この書面により通知される。

　州安全秩序法 87 条に規定されているように，当方は既に，貴殿に対しこの強制金を賦
課決定することを書面により戒告している。この戒告は，当方により今回賦課決定された
額により決定された強制手段のみに係るものである。

　この決定による新たな強制手段としての職権による封印の戒告は，州安全秩序法第 90
条及び州建築法 80 条 2 項 2 段に基づくものである。州安全秩序法 86 条 2 項によれば，強
制手段は，命ぜられた措置が行われ，又は他の方法により実現されるまで，反復して適用
し，又は他の強制手段に切り替えることができる。

　行政強制手段たる代執行によっても，また強制金によっても目的を達することができず，
あるいはそれらが目的適合的でないときは，執行官庁は，直接強制により作為を自ら行い，
又は義務者に作為，受忍又は不作為を強制することができる（州安全秩序法 90 条）。書面
により命ぜられた使用中止にもかかわらず当該使用が継続されるときは，建築監督官庁は，
州建築法 80 条 2 項 2 段により，当該施設の全部又は一部を封印することができる。

284

法的救済の教示

　この決定通知に対しては，その送達から1月以内に書面により，又は州都シュヴェリーン市長のもとでの口述記録により，異議申立てを提起することができる。

<u>助言</u>

1．（新たな強制手段の戒告の）期限が，代理人の過失によって徒過されるときは，当該過失は義務者の責めに帰されるものとする。
2．強制手段の決定通知に対する異議申立ては，州安全秩序法99条1項により，執行停止効を生じない。しかしながら，シュヴェリーン行政裁判所，ヴィスマルシェ通り323aは，申立てにより執行停止効の全部又は一部を回復し，又は執行の停止を命ずることができる。

敬具
市長に代わり
（担当者署名）
担当者記名

資料編

○参考資料 18：シュヴェリーン市の封印措置実施通知

2014-5-21

○○殿

　当方は，ここに，△△通り 73 左側の地上階にある「(店名)」のテナントスペースを，職権により封印したことを通知する。

助言

　職権によりなされた封印を毀損し，損壊し，若しくは識別不能にした者（中略）又は当該封印により執行された封鎖措置の全部又は一部を無効にした者は，1 年以下の自由刑又は罰金に書せられる（刑法典 136 条 2 項）。

敬具
市長に代わり
(担当者署名)
担当者記名

【本事案における封印措置の実施状況】

(シュヴェリーン市建築・歴史的建造物保全課提供)

資料編

○参考資料 19：マインツ市の封印書様式

（見本：地の色は白）

（マインツ市建築監督課提供）

○参考資料 20：ザールブリュッケン市の建築物違法使用中止命令に係る直接強制決定

2016.03.03

建築主：（氏名）
建築敷地：ザールブリュッケン○○
案件：**住居地域内の売春宿の営業**
本文書：直接強制の決定

拝啓
　迅速な執行が可能な 2015 年 1 月 5 日付けの基本命令（2015 年 4 月 24 日付けの第一次修正分），2015 年 4 月 24 日付けの強制金賦課決定，2015 年 9 月 21 日付けの第二次強制金賦課決定及び 2016 年 2 月 23 日付けの直接強制の戒告に関し，当方は，次のとおり命令する。

Ⅰ．命令
　1．ここに当方は，州行政執行法 13 条から 19 条まで及び第 22 条から第 22b 条までの規定により 2015 年 1 月 5 日付けの使用禁止命令の強制のため，直接強制を**決定**する。
　この直接強制は，物に対する身体による有形力の行使に係る適切な措置及び／又は身体による有形力行使に関連する補助的手段の使用，特に技術的阻止手段（封印措置）によりなされる。

Ⅱ．理由
　上掲の強制金賦課決定は，その強制的効果をもたらさなかった。命ぜられた使用中止は履行されなかった。
　2016 年 2 月 23 日付けの直接強制の戒告は，同様に強制的効果をもたらさなかった。
　2016 年 3 月 1 日の現地見分によれば，営業はなお停止されていなかった。営業の停止は，当方にも届け出られていない。
　この決定の発出については，当方は州行政執行法 14 条により権限を有する。
　貴殿は，州行政執行法 15 条 1 項にいう義務者の立場となる。
　州行政執行法 19 条により，強制金は戒告されなければならず，またなかんずく州行政執行法 22b 条 1 項により，直接強制も戒告がなされなければならない。当該戒告は，2016 年 2 月 23 日付けの書面によってなされている。
　州行政執行法 19 条 3 項にいう特定の強制手段に係る戒告がなされている。
　州行政執行法 22 条により，執行官庁は，代執行若しくは強制金が奏功せず，又は目的適合的でないときは，直接強制を適用することができる。
　本件については，これが当てはまる。
　総額で約 19,000 ユーロの額に上る強制金の戒告，賦課決定及び強制徴収は強制の目的を達しなかった。本件においては，代執行は目的適合的でなく，適用できない。命令の目的は，直接強制の適用によってのみ達成しうる。

資料編

州行政執行法 13 条 2 項により，強制手段はその目的に対して適切な関係に立つもので
なければならない。

本件では，許容されない使用を中止させる目的で，2015 年 1 月 5 日付けの迅速な執行の
可能な命令を経て 2015 年 4 月 24 日付けの基本命令が発せられている。ザールルイス行政
裁判所 2014 年 2 月 11 日決定（5 L 57/14）に照らしても，本件事案における使用中止の合
法性に対する重大な疑義は存在しない。より穏当な強制手段は実効的ではなかった。

例外的なケースではあるが，直接強制，特に営業所に対する封印措置による方法は，当
該封印措置によって許可された使用に供されている建物部分の使用も妨げられるときは，
比例的な措置とはいえない。

本件の場合はそうではない。

州建築法 74 条により許可は失効している。

2008 年 7 月 24 日付けの建築許可証 Az. 20080369 によって，「フィットネス・サウナク
ラブ」とされる施設の建築許可はなされている。売春宿としての使用は，申請されておら
ず許可されてもいない。

工事開始は，州建築法 73 条により形式的に届け出られていない。また工事完了届もな
されていない。

独自の文書記録及び調査並びに写真データにより確認を行える現地検分によれば，当該
営業用の部屋としては，どの時点でも許可された用途に供されるかたちで設けられておら
ず，かつ当該用途に使用されていないことが確認されている。この間，ロッカールーム用
の部屋は，テーブルダンスの部屋としての内装設備が施されていた。さらに，フィットネ
ス・サウナクラブとしての広告は全くされてはおらず，ただ「クラブ○○」及び「世界各
国の女の子」とのみ広告されていた。

警察の 2016 年 2 月 18 日付けの捜査記録 LPP224 においても同様に，当該建物において
は，2008 年以降売春宿が営まれており，どの時点においても「フィットネス・サウナクラ
ブ」の営業はなされていなかった。

仮に，好意的にみて，過去のいずれかの時点において許可の変更に係る準備が開始され
たと考えても，現地検分により，仕様変更のために必要となる措置は 1 年以上にわたって
中断されていることが確認されている。

2013 年末より営業用の部屋には実態上使用や内装の変更はなされておらず，これまでの
ところ 2008 年から許可に全く適合していない。奥の部屋は，一部建築資材が置かれてお
り，改装が未完了となっているところがある。しかしながら，それらの部屋は前述した許
可の対象とはなっておらず，明らかに当該建物の後背部分の増築に当たるものである。

従って，要約すれば，明らかに 2008 年に付与された州建築法 74 条による許可は，失効
している。

以上より，当該営業用の部屋については，このように許可された使用がなされていない
のであるから，封印措置を講ずることが許容される。封印措置がなされる営業用の部屋（ダ
ブルベッドのある準備作業部屋とされている小部屋を含む。）は，いかなる許可も及んで
いない。

現地検分により，また提出されている図面により，実態上住居として使用されている部屋は，封印措置の対象から外され，加えて当該建物への出入りは基本的に妨げられない。

所有者の所有権及び使用者の占有権は，建築施設の法適合的な使用及び近隣保護に係る公共の利益に対して優越するものと評価することはできない。なぜなら，許容される使用に係る許可がなされているが，当該許可は明らかに何年にもわたって実質的なかたちでは活用されておらず，本件係争事案においては，同様に営業目的ではあるが許可された内容とは程遠い内容の営業目的に係る許容されない使用の「隠れ蓑」として用いられているにすぎないからである。

従って，また当該措置は全体として比例的である。

設定された期限は，比例的なものである。

Ⅲ．手数料は，別途なされる決定によって徴収される。

Ⅳ.法的救済の教示

この決定に対しては，その通知から1月以内に異議申立てをすることができる。異議申立ては，書面により又は州都ザールブリュッケン市長，市庁舎広場 1, 66111 ザールブリュッケン又は建築監督課，ゲルバー通り 29, 66111 ザールブリュッケンにおける口述記録により提起することができる。

異議申立期間は，異議申立書が所定の期間内に市法務委員会，ハウスベルリン，コールヴァークス通り 4, 66111 ザールブリュッケンに到達したときも遵守されたものとする。

しかしながら，異議申立ては，行政裁判所法 80 条及び 1960 年 7 月 5 日のザールラント行政裁判所法施行法（ザールラント公報 1960 年 558 頁）最新改正条文 20 条により執行停止効を生じない。

ザールラント行政裁判所，ヴィルヘルム皇帝通り 15, 66740 ザールルイスは，貴殿の申立てにより，異議申立ての提起による執行停止効の全部又は一部を回復することができる。

敬具
市長に代わり
担当者記名

資料編

【過料手続関係】

○参考資料 21：ポツダム市下級建築監督官庁の過料カタログ抜粋版

番号	故意・過失による秩序違反行為の構成要件 ＊筆者注：条項はブランデンブルク州建築法のもの	ブランデンブルク州建築法 79 条の該当条項及び同法上の違反条項	過料標準額（ユーロ）	過料額の調整枠（ユーロ）
1	80 条に基づき発せられた法規命令で特定の構成要件について過料規定の適用が明示されているものに対する違反行為	79 条 3 項 1 号，80 条 1 項 1-4 号，80 条 2 項 1-3 号	250	50-5,000
1a	避難口が確保されていないもの	80 条に基づく法規命令参照	500	150-2,500
2	本法又は本法に基づく法規命令又は条例に基づいて発せられた執行可能な文書による命令で過料規定の適用が明示されているものに対する a）軽微な違反行為 b）平均的な違反行為 c）重大な違反行為	79 条 3 項 3 号	 500 3,250 7,500	 250-2,500 2,500-5,000 5,000-25,000
2a	建築中止命令に違反してなされる建設工事	79 条 3 項 3 号 過料手続がとられることが明示されていることが必要	建築中止命令に係る過料額に 50％加算	
3	建設現場の設営又は運営において 10 条 1 項に反して危険又は防止し得た迷惑状況をもたらし，又は 10 条 2 項に反して安全措置をとらなかったこと a）囲い，警告標識又は安全設備の不設置・不実施 b）その他の欠缺	79 条 1 項 4 号 a）79 条 1 項 4 号，10 条 2 項 b）79 条 1 項 4 号，10 条 3 項	 2,000 200	 250-10,000 250-10,000
4	54 条により必要な建築許可又は 68 条 1 項により必要な許可，検査済証又は証明書を得ずになされる建築施設の建設，改修又は用途変更	79 条 1 項 1 号，54 条及び 68 条		

4a	地区詳細計画の適用地区又は内部地域における前掲の行為で 　a）影響が軽微なもの* 　b）影響が平均的なもの* 　c）影響が重大なもの*			400 3,000 10,000	250–1,000 1,000–7,500 7,500–50,000
4b	外部地域における前掲の行為で 　a）影響が軽微なもの* 　b）影響が平均的なもの* 　c）影響が重大なもの*			2,000 30,000 50,000	500–5,000 5,000–40,000 40,000–500,000
5	許可を要する屋外広告物（自動販売機を含む）の無許可での設置又は改修	79条1項1号，13条及び54条			
5a	地区詳細計画の適用地区又は内部地域における 　a）面積2m²までの小規模屋外広告物 　b）面積10m²までの中規模屋外広告物 　c）面積10m²を超える大規模屋外広告物			125 300 500	50–200 200–400 400–5,000
5b	外部地域における 　a）面積2m²までの小規模屋外広告物 　b）面積10m²までの中規模屋外広告物 　c）面積10m²を超える大規模屋外広告物			250 750 2,500	150–400 400–1,500 1,500–12,500
6	必要な許可を得ないでなされる次の建築施設を使用する行為で 　a）影響が軽微なもの* 　b）影響が平均的なもの* 　c）影響が重大なもの*	79条1項10号，67条及び54条			750 2,000 7,500	250–1,500 1,500–5,000 5,000–10,000
7	許可又は届出に係る建設図書と異なる建築施設の建設又は改修	79条1項3号，67条及び54条			

293

資料編

7a	地区詳細計画の適用地区又は内部地域における			
	a）軽微な乖離		200	100–150
	b）平均的な建設計画からの乖離でその影響が			
	aa）軽微なもの*		400	250–1,000
	bb）平均的なもの*		1,250	1,000–2,500
	cc）重大なもの*		5,000	2,500–10,000
	c）大幅な建設計画からの乖離でその影響が			
	aa）軽微なもの*		750	400–1,500
	bb）平均的なもの*		2,500	1,500–5,000
	cc）重大なもの*		12,500	5,000–25,000
7b	外部地域における			
	a）軽微な乖離		400	200–1,000
	b）平均的な建設計画からの乖離でその影響が			
	aa）軽微なもの*		500	250–1,500
	bb）平均的なもの*		2,500	1,500–5,000
	cc）重大なもの*		7,500	5,000–50,000
	c）大幅な建設計画からの乖離でその影響が			
	aa）軽微なもの*		2,500	1,500–7,500
	bb）平均的なもの*		10,000	7,500–25,000
	cc）重大なもの*		50,000	25,000–500,000
8	許可内容から乖離してなされる建築施設の変更で	79条1項3号，67条及び54条		
	a）軽微な乖離		150	100–400
	b）平均的な乖離		500	400–1,000
	c）重大な乖離		1,500	1,000–4,000
9	68条4項により必要となる文書を建築現場で掲出せずになされる建築施設の建設又は改修	79条1項8号	1,000	500−25,000
10～	（略）	（略）	（略）	（略）

*筆者注：上掲表中の「影響が軽微なもの」「影響が平均的なもの」及び「影響が重大なもの」の区分については，別に建物などの建築施設の種類ごとの規模の大小による基準表がある.

○参考資料 22：ポツダム市の過料に係る聴聞告知

2012.08.02

秩序違反法 55 条に基づく過料手続における聴聞

名宛人殿

　ポツダムの本件土地及び本件農地に関する当方の 2011 年 12 月 21 日の調査によって，次の秩序違反行為が確認された。

　支配人△△により代表される○○は，増築部分においてカフェテリア及びサービス事務所を建築施工検査の完了を経ずに，2012 年 6 月 15 日付け建築許可及びブランデンブルク州建築法（以下，「州建築法」と略称。）75 条 5 項 2 段に違反して使用開始させた。

　2010 年 6 月 15 日付けの決定通知により，○○に対し本件土地に係るエレベーター増設に係るビルの改築及び増築部分の 1 階の用途変更につき建築許可がなされた。州建築法の細則第 14 により，建設工事の完了時点で建築施工検査を受けるべきことが義務づけられている。加えて，州建築法の細則第 15 により，当該建築施設は建築施工検査の完了前に使用開始してはならない旨の指示がなされた。

　建設工事の竣功は，2011 年 2 月 10 日に届け出られた。

　2011 年 2 月 22 日付けの書面で，建築主の代理人に対し，欠けている書類を後日提出すべき旨通告し，そのための期限は 2011 年 3 月 8 日とされた。

　2011 年 2 月 25 日付けの書面で，建築設計士は，エレベーターは設置されなかったので，静力学的変更は加えられず，また平面図変更もなされなかったと報告した。

　2011 年 3 月 25 日付けの書面により，建築主代理人に対し鋼製の外部階段の設置及び開口部の新設及び拡張のため静力学的な計算が必要となり，その適正さを示す検査報告書を提出すべき旨通告された。

　2012 年 3 月 27 日の面談において，検査の実施のため次の資料を提出することが再度指示された。

・安全確保照明の専門的検査報告書
・外部階段の設置に関する静力学的計算結果
・エレベーターなしの施工による実際の平面図

　前者の専門的検査報告書は 2012 年 4 月 10 日に，後者のエレベーターなしの施工による実際の平面図は 2012 年 5 月 3 日にそれぞれ建築監督局に提出された。

　中者の外部階段の設置に関する静力学的計算結果は，その後建築監督局には提出されていない。このため建築施設の検査はこれまでのところ行われていない。

　支配人△△により代表される○○に対し，**合計 1 万ユーロの過料**を科す決定をする独立の手続がなされる予定である。

　支配人△△により代表される○○は，本件手続に参加するよう命ずる。手続参加は，聴聞によって開始される。聴聞での理由の提示は，手続参加のための理由の提示を兼ねる。

資料編

根拠となる過料規定

　1．州建築法 79 条 1 項 11 号

　秩序違反は，故意又は過失により，

　1．州建築法 76 条 2 項に違反して建築施設を使用した，法人の代表者又は当該法人の構成員（秩序違反法 9 条 1 項 1 号及び 30 条 1 項 1 号）について生ずる。

　秩序違反法 55 条に基づき，過料の決定に先立って次の期限までに，上掲の嫌疑について，ポツダム建築監督局（住所記載）に，書面又は面談実施時間中に出頭することにより口頭で意見陳述を行う機会を付与する。これに関連して，貴殿には法律により聴聞の権利が付与されていることを告知する。そのうえで，貴殿が当該嫌疑について意見陳述をするかあるいはこれについて何らの陳述もしないかは，貴殿が自由に選択することができる。

2012 年 8 月 24 日

　情状酌量すべき事情が貴殿によって適時に，すなわち，可能な限り早期の時点で申し立てられないことにより生ずる不利益は，貴殿自身が負うべきこととなる。

敬具
市長に代わり
担当者記名

○**参考資料 23：ポツダム市の過料決定**[*]

注)＊：参考資料 22 の事案.

2013.01.25

独立手続による過料決定

名宛人殿
　○○の当該土地における 2011 年 12 月 21 日の調査結果によれば，次の秩序違反行為が行われた。
１．支配人△△により代表される○○は，増築部分のカフェテリア及びサービス事務所を，建築施工検査の完了をまたずに，2010 年 6 月 15 日付けの建築許可及びブランデンブルク州建築法（以下，「州建築法」と略称。）75 条 5 項 2 段の規定に違反して，使用を開始させた。

根拠となる過料規定
１．州建築法 79 条 1 項 11 号

秩序違反は，故意又は過失により，
１．州建築法 76 条 2 項に違反して建築施設を使用した，法人の代表者又は当該法人の構成員（秩序違反法 9 条 1 項 1 号及び 30 条 1 項 1 号）について生ずる。

証拠物件／証人：
　2011 年 11 月 22 日付けポツダム市建築監督局作成の調査報告文書

　1987 年 2 月 19 日の公布条文の文言における，2004 年 12 月 9 日の聴聞処罰法により最新改正された秩序違反法 35 条及び 65 条並びに 2008 年 9 月 17 日の公布条文の文言における，2010 年 11 月 29 日の法律 2 条により最新改正された州建築法 79 条の規定に基づき，支配人△△により代表される○○に対し次の額の過料を科すことを決定する。

1,000 ユーロ

　上掲に加え，支配人△△により代表される○○は，秩序違反法 106 条及び 107 条の規定に基づき，次の手続費用を負担するものとする。
ａ）秩序違反法 107 条 1 項の規定による本決定につき手数料として　　　　50 ユーロ
　（過料額の 5％－最低 20 ユーロ）
ｂ）秩序違反法 107 条 3 項の規定による立替金として　　　　　　　　　3.5 ユーロ
　以上総額として　　　　　　　　　　　　　　　　　　　　　　　1,053.5 ユーロ

資料編

過料決定の理由：

1．過料の根拠

a．事実関係

　2010 年 6 月 15 日付けの決定通知により，○○に対しビルのエレベーター増設に係る改築及び増築部分の 1 階の用途変更につき建築許可がなされた。州建築法の細則第 14 により，建築工事の完了時点で建築施工検査を受けるべきことが義務づけられた。加えて，州建築法の細則第 15 により，当該建築施設は建築施工検査の完了前に使用開始してはならない旨の指示がなされた。

　建設計画の施工完了は，2011 年 2 月 10 日に届け出られた。

　2011 年 2 月 22 日付けの書面で，建築主の代理人に対し，欠けている書類を後日提出すべき旨通告し，そのための期限は 2011 年 3 月 8 日とされた。

　2011 年 2 月 25 日付けの書面で，建築設計士は，エレベーターは設置されなかったので，静力学的変更は加えられず，また平面図変更もなされなかったと報告した。

　2011 年 3 月 25 日付けの書面により，鋼製の外部階段の設置及び開口部の新設及び拡張のため静力学的な計算が必要となり，建築主代理人にその適切さを示すため報告書を提出すべき旨通告された。

　2011 年 12 月 21 日に当該土地で実施された現地見分において，増築部分においてカフェテリアとサービス事務所が 2010 年 6 月 15 日付けの建築許可及び州建築法 75 条 5 項 2 段に違反して，建築施工検査の完了なしに使用開始されている事実が確認された。

　2012 年 3 月 27 日の面談において，検査の実施のため次の資料を提出することが再度指示された。

　・安全確保照明の専門的検査報告書

　・外部階段の設置に関する静力学的計算結果

　・エレベーターなしの施工による実際の平面図

　前者の専門的検査報告書は 2012 年 4 月 10 日に，後者のエレベーターなしの施工による実際の平面図は 2012 年 5 月 3 日にそれぞれ建築監督局に提出された。

　2012 年 8 月 2 日付けの文書により，ポツダム市長，下級建築監督官庁たる建築監督局は，支配人△△により代表される○○に，秩序違反法 55 条により手続参加を指示するとともに，確認された事実関係について聴聞を行った。

　聴聞手続における意見陳述の機会は，活用されなかった。

　未提出の外部階段の静的力学計算報告書は，2012 年 9 月 24 日及び 2012 年 11 月 14 日に下級建築監督官庁たる建築監督局に提出された。

　本事案においては，過料額の軽減が考慮されるべきである。予告された過料額 1 万ユーロは，1,000 ユーロに軽減される。

b．建築法の規定に対する違反

　本事案において，支配人△△により代表される○○は，州建築法 79 条 1 項 11 号に規定される構成要件に該当する違反行為を行った。カフェテリア及びサービス事務所の使用開

始は，建築施工検査の完了なしに行われており，これは 2010 年 6 月 15 日付けの建築許可及び州建築法 75 条 5 項 2 段に違反するものである。

州建築法 79 条 1 項 11 号の構成要件該当行為は，支配人△△に代表される○○によって，過失によりなされた。支配人△△により過失によってなされた行為は，会社に帰責される。支配人△△により代表される○○は，必要とされる注意義務を果たすことにより，下級建築監督官庁による使用許可がなされた後に，当該建築施設の使用を開始させるべきであった。

２．過料額の量定

州建築法 79 条 5 項の規定により，秩序違反行為に対しては，50 万ユーロまでの過料を科すことができる。

過料額の決定においては，建築法 79 条 1 項 11 号の違反が過失によりなされたことを考慮することが必要であり，また適切である。

法的救済手段の教示

この過料決定は，貴殿がその送達後 2 週間以内に書面により，又は口述筆記によってポツダム市長，建築監督局：住所表示に対し異議申立てを行わない場合には，確定し執行可能となる。

異議申立てが書面によりなされる場合は，当該異議申立てが上掲の 2 週間の期間経過前に上掲官庁に到達したときに当該期限が遵守されたものとする。

陳述はドイツ語によりなされなければならない。本過料決定が郵便投函によりなされた（収集に委ねられた）ときは，投函の日が送達のなされた日とされる。

異議申立てに関する重要事項の教示

異議申立ては，貴殿にとって不利益な決定に対して行うことができるものである。貴殿は，この異議申立てと同時に又はこの過料決定の送達後 2 週間以内に次の陳述を行うことができる。すなわち，事後手続によってその免除・軽減を申し立てるか否か，申し立てる場合はいかなる事実とそれを証明する証拠によって申し立てるかを陳述することができる。その場合，制裁の決定について陳述するか事実関係について陳述するかは貴殿の自由意思に委ねられる。貴殿は，しかしながら次のことについて注意すべきである。すなわち，仮に過料手続が中止されたとしても，免除軽減事由が適時に申し立てられないときは，貴殿には費用決定に際して不利益が生ずることがありうる。

支払催告

過料及び費用の合計 1,053.50 ユーロは，遅くともこの決定の確定後 2 週間以内に，ポツダム市会計局の下掲口座に次の振込番号を付記して振り込まなければならない。

（ポツダム市会計局口座情報及び振込番号）

本文書に同封の振込指示書を使用することが勧められる。

資料編

　現時点から，貴殿は上掲の支払をデビットカード（いわゆる EC カード）による現金支払いによりポツダム市庁舎の中央現金自動預け払い機（所在場所表記）によって行うことができる。

（当該現金自動預け払い機の週日稼働時間帯情報）

　貴殿が期限内での支払が不可能な場合は，貴殿は上掲の官庁に書面又は口述筆記により，いかなる理由で期限内の支払が貴殿の生計状況において困難であるかを申し立てることができる。

　貴殿が支払期限を遵守せず，貴殿の支払困難事由が適時に陳述されないときは，支払期限の到来した額について強制的に徴収される。

　管轄の区裁判所は，貴殿が当該支払義務を履行せず，かつ貴殿の支払困難事由が書面又は口述筆記により明らかにされなかったときは，秩序違反法 96 条に基づき 6 週間までの期間で強制拘留を命ずることができる。

市長に代わり
担当者記名

○参考資料 24：ミュンヘン市の違法屋外広告物に係る過料決定

2013.11.26

秩序違反法の執行
バイエルン州建築法及び記念建造物保全法に関する違反

建築物最上層部ファサードに掲出された 3 件の貼り紙広告物
建築許可を得ない屋外広告物の掲出
許可を得ない記念建築物の変更

　ミュンヘン市都市計画・建築秩序局第Ⅳ課地域建築コミッションは，土地及び事物管轄権を有する行政官庁（秩序違反法 35～37 条）として，次の決定を行う。

過料決定
１．有限会社○○には，法人として手続参加を命ずる。
２．手続参加人には，13,500 ユーロの過料を科す。
３．手続参加人は，過料手続の費用を支払うものとする。
４．この決定に要した手数料として，675 ユーロを決定する。立替金は，3.5 ユーロである。
５．支配人△△及びその他の代表者に対する過料手続は中止する。

理由：
　有限会社○○の代表権を有する機関及びその職務代行者は，次に掲げる行為の責めを負う。
　下級建築監督官庁兼下級記念建造物保全官庁たる都市計画・建築秩序局第Ⅳ課地域建築コミッションの外勤建築監督に際して，2013 年 6 月 26 日，バイエルン州建築法(以下,「州建築法」と略称) 55 条 1 項により許可を必要とする屋外広告物を，必要とされる建築許可を得ることなく掲出されていることを確認した。
　すなわち，本件建物のタワー部最上階の三つの全壁面に，高さ約 4m，幅 26～39m の文字広告物が掲出されていた。
　この事実は，州建築法 55 条 1 項違反の客観的構成要件に該当する。
　さらに当該建物は，記念建造物保全法 2 条 1 項により記念建造物リストに登録された記念建築物に該当する。
　記念建築物の原状を変更するあらゆる行為については，記念建造物保全法 6 条 1 項により下級記念建造物保全官庁の事前の許可を得なければならない。
　上述の屋外広告物の掲出は，この許可を得なければならない記念建築物の原状変更に該当する。
　本件において必要とされる許可は得られていない。
　したがって，当該事実は，記念建造物保全法 6 条 1 項違反の客観的構成要件に該当する。

資料編

証拠資料：
　　□□氏及び▽▽氏（都市計画・建築秩序局第Ⅳ課第 61 班所属）の確認書・現場写真（本
文書末尾に添付）

　　手続参加人側は，少なくとも過失により州建築法 55 条 1 項及び記念建造物保全法 6 条 1
項に競合的に違反しており，従って州建築法 79 条 1 項 1 段 8 号及び記念建造物保全法 23
条 1 項 2 号により，秩序違反行為を犯したものである。
　　法人たる有限会社○○に対する手続参加命令及び過料決定は，秩序違反法 30 条 1 項に
基づくものである。
　　手続参加人のいかなる機関，いかなる職務代行者・代理者が，当該違反について責任を
負うかは定かでなく，また，さらなる調査を行うことが適当であるとも認められないため，
その者に対する手続は，秩序違反法 47 条 1 項の規定により便宜主義的理由により中止す
るものとする。
　　手続参加人側の誰が個人的に当該違反の責任を負うかを追及するさらなる調査は，本件
においては，法人がなすべき義務が果たされず，その違反によって法人が利得を得，又は
得るに相違ないことからしても（秩序違反法 30 条 1 項），適当でないと思われる。それゆ
え，過料決定は，法人たる有限会社○○に対してのみなされることが適当であり，かつ十
分である。
　　行為責任の有無を確認すべき聴聞の手続により付与された弁明の機会は活用され，違反
の事実は（手続参加人側により）確認された。
　　手続参加人のためになされた弁明においても，過失による違反であったことのみが主張
された。
　　競合する違反行為についても 1 件の過料のみが決定される（秩序違反法 19 条）。その場
合は，最も高額の過料を科す法律の規定に従って過料額が量定される。本件の場合は，州
建築法によるべきこととなる。
　　手続参加人の機関，代表者又は代理人によりなされた秩序違反行為については，秩序違
反法 17 条 1 項及び 2 項，州建築法 79 条 1 項 1 段並びに秩序違反法 30 条 2 項 2 段の規定
により，手続参加人に対して 25 万ユーロ以下の過料が科されうる。
　　決定された過料は，秩序違反行為の重大性及び影響並びに手続参加人の機関，代表者又
は代理人の過失によるものとして妥当な内容のものである。
　　過料額の量定においては，手続参加人への配慮が明確になされており，裁判外の合意に
よって，本決定に係る額によることが受け入れられた。
　　費用の決定は，秩序違反法 105 条 1 項，107 条 1 項及び 3 項 2 号並びに刑事訴訟法 464
条 1 項，464a 条 1 項，465 条に基づくものである。

法的救済に関する教示
　　この過料決定に対しては，その送達から 2 週間以内に書面又は口述記録により，ミュン
ヘン市，都市計画・建築秩序局，第Ⅳ課，地域建築コミッション，ブルーメン通り 28b, 80331

ミュンヘンの執務室に異議申立てを行うことができる。執務時間外にあっては、マリーエン広場 8 の市庁舎（魚の噴水付近の案内窓口脇）に設置されている特別郵便受けに提出することができる。法的救済提起期間末日の 24：00 までに当該特別郵便受けに投函された異議申立書は、期限内に提起されたものとして取り扱われる。異議申立ては、ドイツ語によってなされなければならない（裁判所構成法 184 条）。

秩序違反法 66 条 2 項 1 号に基づく助言：
　上掲の期間内に異議申立てがミュンヘン市に対し提起されないときは、過料決定は確定し、執行できるものとなる。過料決定に対する異議申立てがなされた場合には、手続参加人にとって不利な決定がなされることもありうる。

秩序違反法 66 条 2 項 2 号による支払督促

総額　14,178.50 ユーロを次掲の支払案件番号を付記して、
（支払案件番号）
遅くとも本過料決定の確定日から 2 週間以内又はそれ以降の指定された支払期限までに、市貯蓄銀行のミュンヘン市会計局の口座（口座番号）まで振り込むこと。秩序違反法 18 条により割賦が認められたときは、割賦額を支払期日までに払い込むこと。
　手続参加人は、支払ができない場合には、ミュンヘン市会計局執行部、ヘルツォーク・ヴィルヘルム通り 11，80331 ミュンヘンに書面又は口述記録により、何故に貴社の経済的収支状況において期限までの支払ができないのかを申立てなければならない。

秩序違反法 66 条 2 項 3 号による教示：
　ミュンヘン区裁判所は、手続参加人が期限までに支払義務を履行しないとき又は支払ができないことが期限までに申し立てられないときは、手続参加人の法的代表者に対し、強制拘留を命ずることができる。

（担当者署名）
担当者記名

添付書類：
　振込用紙　一通

資料編

【前掲過料決定に係る違反屋外広告物の写真】

違反屋外広告物（マスキング）

違反屋外広告物（マスキング）

（ミュンヘン市都市計画・建築秩序局提供）

○参考資料 25：ハンブルク市管区庁の過料カタログ抜粋版

2013.01.01

番号		ユーロ（€）
5	建築法	
5.1	**ハンブルク州建築法（以下，「州建築法」と略称）** 2005 年 12 月 14 日（HmbGVBL. S. 525, 563）：現行の過料上限額 100,000 ユーロ 州建築法 80 条 1 項に規定する秩序違反行為 次の各規定に基づく故意又は過失による秩序違反該当行為（重大性及び影響に応じて）	
5.1.1	州建築法 80 条 1 項 1 号 危険の招来など，又は保全措置の不実施	500–20,000
5.1.2	州建築法 80 条 1 項 2 号 Ü マーク又は CE マークの表示されていない建築用製品の使用	100–10,000
5.1.3	州建築法 80 条 1 項 3 号 規定されていない建築方式の不適法な採用	500–20,000
5.1.4	州建築法 80 条 1 項 4 号 建築用製品への Ü マークの不適法な表示	2,000–25,000
5.1.5	州建築法 80 条 1 項 5 号 建築関係者又はその代理人の義務違反	100–20,000
5.1.6	州建築法 80 条 1 項 6 号 移設式建物の ー施工許可を得ない使用 ー届出なき使用 ー承認を得ない営業使用	500–10,000 100–2,000 500–10,000
5.1.7	州建築法 80 条 1 項 7 号 許可又は（使用部分ごとの）変更決定なしになされる施設の建設，改修，使用又は除却	500–50,000
5.1.8	州建築法 80 条 1 項 8 号 許可の送達前ないし必要な証明書を提出する前の早すぎる建築	500–20,000

305

資料編

	開始	
5.1.9	州建築法 80 条 1 項 9 号 敷地の区画の確定とその海抜高の確認及び表示なき建築物の建築工事の開始	500–10,000
5.1.10	州建築法 80 条 1 項 10 号 建築工事現場における建築開始時からの許可証の不掲出	500–5,000
5.1.11	州建築法 80 条 1 項 11 号 建設工事開始時又は 3 月以上の工事の中断後の建設工事の再開に際して建設開始告示をしないこと又はその遅延	500–5,000
5.1.12	州建築法 80 条 1 項 12 号 特定の建設工事の開始及び終了を届け出ないこと	500–5,000
5.1.13	州建築法 80 条 1 項 13 号 特定の建設工事を建築監督官庁の承認ないし建築技術の審査認定なしに続行すること	2,000–20,000
5.1.14	州建築法 80 条 1 項 14 号 安全な使用ができない建築施設を使用し，又は届出をしないで使用すること（各使用単位ごと）	500–2,000
5.1.15	州建築法 80 条 1 項 15 号 所定施設を安全使用確認証明書なしに使用開始すること（各設備ごと）	500–20,000
5.1.16	州建築法 80 条 2 項 予定される行政行為に影響を与えるための不正な図面及び説明書の提出（重大性及び影響に応じて）	500–10,000

○参考資料 26-1：ドレスデン市の防火規制違反障害者施設に係る過料聴聞

2008.09.19

秩序違反法 55 条に基づく聴聞

名宛人殿

　州都ドレスデン市火災・災害予防局の担当官である○○氏は，2008 年 9 月 8 日に建築監督官庁に対し次の事実を通報した。すなわち，本件土地にある本件施設が既に使用開始されているが，当該使用開始は建築監督局に届け出られていなかった。

　同日において貴殿からファックスで「直ちに」使用開始の届け出がなされた。このような対応は，建築主は，手続が免除されていない建築施設の使用を開始するときは，少なくともその 2 週間前に建築監督官庁に届け出なければならないと規定するザクセン州建築法（以下，「州建築法」と略称。）82 条 2 項に違反するものである。

　その後，署名者は建築監督局の職員とともに，2008 年 9 月 9 日に，上掲土地において現地見分を実施した。

　当該見分において，当該建物は既に使用開始されていることが確認された。当該建物の利用者は，精神障害者及び外見上それと視認できる身体障害者であり，火災や事故などの際に自力で避難することが困難な者である。当該施設には介護者は存在していた。避難・救助経路図は，掲出されていなかった。ドイツ工業規格 14096 に基づく防火規則も作成されていなかった。当該施設は，許可された建築申請図書とは一部異なるかたちで（平面見取り図の変更，最終的な防火検査報告書の記載内容との乖離）建築されていた。

　記録現状により，当該建物の使用を許容することができず，既に開始されている使用についても中止させるべき要件が充足されていることが確認された。また，2008 年 9 月 8 日の建築監督においては，防火に関する監督報告書ないし最終的な静力学報告書も提出されていない。さらに，地区煙突掃除親方による排煙設備の適格性及び安全使用可能性に関する証明書も発行されていなかった。

　それにもかかわらず，貴殿は，「使用開始届け」と題する貴殿の署名入りの文書において自ら州建築法 82 条 3 項 1 段の使用開始要件が充足されていると確認している。

　緊急の必要性に基づいて，検査技師△△氏の立ち会いを得て 2008 年 9 月 11 日に実施された追加的な建築状況見分において，ほとんど施工完了に近い当該建築物には，複数の一部は重大な防火技術上の欠陥が確認された。これについては，当方は 2008 年 9 月 12 日に貴殿に対し前もってファックスで欠陥確認書を送信したところである。検査技師△△氏は，防火証明に係る建築監督検査報告書第 07／344-04 号を，欠陥及び必要な措置の一覧表付きで作成した。

　事前の防火上の建築監督検査を経ない建築物の使用開始は，2008 年 9 月 11 日に確認された防火技術上の欠陥に鑑みれば，特に重大な違反である。なぜなら，貴殿は，建築許可手続の過程におけるこの問題についての協議の場に出席していたからである。この事実から，貴殿は，計画された使用に係る当該建築物自体の，加えて人的組織による防火対策の

資料編

重要性について認識していたと認められる。

貴殿は，自身の違法行為により州建築法82条2項に違反した。同法82条2項によれば，建築主は手続が免除されていない建築施設の使用を開始しようとするときは，少なくともその2週間前に建築監督官庁に届け出なければならない。

当該違反は，同法87条1項6号に定める秩序違反行為の構成要件に該当しており，これにより同法87条3項により，50万ユーロ以下の過料が科せられうる。

州建築法53条1項に基づく建築主の公法上の義務の故意による無視によって，貴殿は当該不動産の所有者兼賃貸人として，法に忠実に行動するいかなる建築主も正当に取得しえない経済的利益を得ている。

秩序違反法55条に基づき，当方はここに貴殿に，この嫌疑に対して別添の書式により弁明する機会を付与する。貴殿は，当該様式に必要な内容を記載して，2008年10月2日までに指定された建築監督官庁に返送されたい。

法的不利益を回避するために，当方は，以下に掲げる注意事項に十分留意するよう要請する。

敬具
市長に代わり
（担当者署名）
担当者記名
専門分野統括責任者

添付書類：返送用書式

注意事項

上掲の嫌疑に対し陳述をするか（別添書式の3.「事実関係についての説明」），又は何ら陳述をしないかは貴殿の自由である。しかしながら，貴殿は，秩序違反行為を犯していない場合であっても，貴殿の個人情報に関する記載欄（別添書式の1.「貴殿の個人情報」）については，完全かつ正確に記載しなければならない。この義務に対する違反については，秩序違反法111条により過料が科されることを警告する。

もし貴殿が嫌疑に対し陳述をする場合には，貴殿の陳述を考慮して手続を中止するか，又はさらなる陳述を求めることなく行政庁が過料決定を発することとなる。

貴殿が嫌疑に対して陳述をしないときは，それにより，貴殿が貴殿の陳述権を行使しない意向であると結論づけられることとなる。その場合には，さらに事実関係についての説明を求めること，又は召喚を行うことなく貴殿に対し過料決定が発せられることとなる。

もし，貴殿が秩序違反行為を犯していないときは，当方は貴殿に対し，当該違反の責任を負うべき個人に関する情報を（別添書式の2.により），本文書を発送した建築監督官庁に通告することを要請する。

貴殿の情報は，州都ドレスデン市当局において自動記録処理される。

※以下に，聴聞回答書様式の仮訳を掲げる（：筆者注）。

<table>
<tr><td>返送宛先：

州都ドレスデン市
建築監督局
SG Pieschen/Klotzsche
担当者氏名
郵便私書箱 120020
01001 ドレスデン</td><td colspan="2">1．貴殿の個人情報</td></tr>
</table>

<table>
<tr><td colspan="2">1．貴殿の個人情報</td></tr>
<tr><td></td><td></td></tr>
<tr><td>名</td><td></td></tr>
<tr><td>姓</td><td></td></tr>
<tr><td>旧姓</td><td></td></tr>
<tr><td>生年月日及び出生地</td><td></td></tr>
<tr><td>通り及び建物番号（現住所）</td><td></td></tr>
<tr><td>郵便番号及び居住都市名</td><td></td></tr>
<tr><td>職業*</td><td></td></tr>
<tr><td>電話番号*</td><td></td></tr>
</table>

2．責任を負うべき者の個人情報：貴殿が秩序違反行為を犯していない場合*

名	通り及び建物番号（現住所）
姓	郵便番号及び居住都市名
旧姓	職業*
生年月日及び出生地	電話番号*

＊：任意記載事項

3．事実関係についての説明：違反を認めるか？　　　□はい。　　　□いいえ。

「いいえ」にマーキングした場合，その理由（記載欄が不足する場合は，裏面を使用すること）。

居所，　日付，　署名

資料編

○参考資料 26-2：ドレスデン市の防火規制違反障害者施設に係る過料決定

2010.07.12

ドレスデン市所在○○会社
法定代理人（業務執行者，取締役，社員）
△△殿

過 料 決 定

　手続参加人たる法人（秩序違反法 30 条 1 項 1 号）で上掲の代表に係る団体（団体構成員）は，次に掲げる秩序違反行為を犯し，それにより法人又は団体に課せられた義務に違反した。

　本件土地において 2008 年 9 月 8 日に実施された協議において，火災・災害予防局の職員（××氏）は，当該建物が□□協会の名義で既に使用されていることを確認した。しかしながら，使用届はそれ以前には建築監督官庁に提出されていなかった。
　同日に，建築主によって先ずはファックスで「至急」と表示した使用開始届が送信された。
　ザクセン州建築法（以下，「州建築法」と略称。）82 条 2 項により，建築主は手続が免除されていない建築施設の使用の開始につき，少なくとも 2 週間前に建築監督官庁に届け出なければならない。
　2008 年 9 月 9 日に当該土地において実施された，建築監督局職員 2 名による現地見分において，次の違法事実が確認された。
1．当該建物は既に使用開始されていた。
2．避難・救出経路図が掲出されていなかった。
3．ドイツ工業規格 14096 に基づく防火規則が作成されていなかった。
4．当該建物は，建築許可に係る建築申請図書と一部異なるかたちで（平面見取り図の変更，最終的な防火検査報告書の記載内容との乖離）建築されていた。
5．建築監督局に，防火に関する監督報告書及び最終的な静力学報告書が提出されていない。
6．地区煙突掃除親方による排煙設備の適格性及び安全使用性に関する証明書が発行されていなかった。
7．火災通報装置が未だ消防指令センターに接続されておらず，階段室の複数の扉の一部が自動で閉じられるように設置されていなかった。
　州建築法 53 条 1 項 2 段により，建築主は公法上の規定により必要とされる申請，届出及び証明をすることが義務づけられる。
　以上のように，使用を許容することができず，また既に開始されている使用も中止すべきいくつかの要件が充足されている。
　2008 年 9 月 11 日に委託された検査技師▲▲氏の立ち会いを得て実施された建築状況見

310

分において，複数の一部は重大な防火技術上の欠陥が確認され，その内容は同年9月12日に前もってファックスにより貴殿の会社に送信されている。

このように，本事案は州建築法82条2項及び53条1項2段に違反しており，同法87条1項6号及び11号に該当する秩序違反行為が過失によりなされたものである。

聴聞手続において申し立てられた理由によっても秩序違反行為に対する非難を軽減することはできない。当該建築物の利用者には，精神障害又は部分的身体障害により，火災や事故に際して自力で避難できない人々が含まれている。

適用される過料規定：州建築法87条3項

2010年2月9日付けの過料決定は，異議申立手続において担当部局の意思決定により取り消され，以下の新たな過料決定を発出する。

証明書類：ドレスデン市建築監督局の通知文書

証人：市側関係者氏名

この秩序違反行為の副次的法効果として，独立の過料決定により過料を科す（秩序違反法30条1項及び4項並びに88条2項1段）。手続参加人たる法人ないし団体は，さらに手続費用を負担する（秩序違反法105条1項及び107条1項2段，刑事訴訟法472b条）。

過料	6,000.00 ユーロ
手数料	300.00 ユーロ
行政立替金	3.50 ユーロ
警察立替金	0.00 ユーロ
その他の立替金	0.00 ユーロ
支払い済み	0.00 ユーロ
支払総額	6,303.50 ユーロ

敬具

市長にかわり

担当者記名

支払催告

貴殿は，本過料決定の確定力の発生の日から2週間以内（送達の日から4週間以内）に，支払総額を指定された口座に振り込まなければならない。支払いが困難なときは，貴殿は，州都ドレスデン市に詳細な理由を付して，何故に貴殿にとって貴殿の経済状況のもとで期限までの支払いが困難であるかを支払期限の満了前に通知しなければならない。その場合は，貴殿の経済状況について適切な証明（例えば，雇用主による所得証明書など）を添付しなければならない。もし，貴殿が支払期限を遵守せず，又は貴殿の支払能力欠如が適時に証明されないときは，弁済期到来額につき強制徴収がなされる。また，区裁判所は，貴殿に対し6週間までの期間の強制拘留を命ずることができる。

311

資料編

法的救済の教示

　この過料決定は，貴殿がその送達から２週間以内に書面により，又は州都ドレスデン市における口頭陳述記録により異議申立てを提起しないときは，確定力を生じ強制執行が可能となる。書面による異議申立ては，それが期限満了前に上掲官庁に到達したときに期限が遵守されたこととなり，当該異議申立書はドイツ語で記載されなければならない。

　異議申立てが提起されたときは，貴殿にとって不利な決定がなされることもありうる。

　貴殿は，異議申立てと同時に，又は本過料決定の送達の日から遅くとも２週間以内に，いかなる事実関係及び証拠手段によって，以後の手続において貴殿の免責を求めたいかを申し立てることができる。その場合には，当該嫌疑に対して陳述するか，又は当該事件について何も陳述しないかは貴殿の自由である。

　しかしながら，貴殿に注意していただきたいこととして，もし貴殿が免責されるべき事情を適時に申し立てなかったときは，たとえ過料手続が無罪決定ないし手続中止により終結する場合においても，貴殿にとって不利な費用決定がなされる可能性があるということである。

　もし貴殿が過失なく異議申立期限を遵守することができなかったときは，貴殿は，原状回復を申し立てることができる。この申立ては，その障碍のなくなった日（例えば，外国旅行の終了）から１週間以内に州都ドレスデン市に提出しなければならない。懈怠理由は，疎明されなければならない（例えば，文書，他人の宣誓による保証）。当該申立ては手数料を要する。当該申立てと同時に懈怠した行為（異議申立て）を追完することができる。

一般的な注意事項

　すべての支払い，異議申立て及びその他の書類の提出に際しては，書類整理番号を付記することが必要である。書類整理番号が付記されていないと，貴殿の支払いや文書の提出が記録されず，また処理されないことがありうる。

○参考資料 27：マインツ市の建築物違法増築に係る過料決定

2011.05.19

過 料 決 定

名宛人殿

　当方の事実認定によれば，貴殿はラインラント・プファルツ州建築法（以下，「州建築法」と略称。）に規定される次の秩序違反行為を行った。

　貴殿は，州建築法 54 条及び 55 条により責任を負うべき建築主として，2010 年 12 月 6 日（建築開始届による建築開始日）から 2011 年 3 月 30 日（建設局による現地検分）までの間において，土地△△上に，2010 年 10 月 4 日付けの建築許可証による許可内容と乖離するかたちで，許可された暖房されない冬園（筆者注：熱帯植物などを植えたガラス張りの室内庭園）を，意図的に居室の増築というかたちで新設した。

　2010 年 8 月 12 日に，貴殿はマインツ市建設局において土地△△上の既存建物に暖房されない冬園を新設することを申請した。貴殿に対して 2010 年 8 月 31 日に発せられた文書において，建設局は，明示的に次の指示内容を命じた。

「1．冬園として使用すること

　2．冬園は，暖房について母屋とは分離された建築部分である。しかしながら，貴殿は居室の増築を企図している。」

　これに対して貴殿から委任された建築士□□氏は，2010 年 9 月 30 日付けの書簡において，冬園を計画したものであり，居室の増築ではないと回答した。同建築士は，提出した図面においても当該部分は「暖房されない冬園」としての使用が記載されているとした。

　これにより貴殿に対し，前掲の 2010 年 10 月 4 日付建築許可証により，暖房されない冬園の新設が許可された。

　2011 年 3 月 30 日に建設局職員により行われた現地検分により，貴殿が付与された許可に反して居室の増築を行い，増築された建物部分に暖房放熱器を設置し，ファサードも提出された図面から変更させていることが確認された。建築図書に示された申請に係る冬園のガラスファサードに代わって，二つの窓開口部のついた堅牢な建築様式による増築部分が建築されていた。

　故意又は過失により，付与された許可と乖離するかたちで，当該乖離について新たな許可を要する建築を行うことは，**秩序違反行為となる**。

違反に係る過料規定：

1．州建築法 54 条及び 55 条により，建築主及びその支配下にある建築関係人は，建築法その他の公法上の規定を遵守する責任を負う。

2．1998 年 11 月 24 日の州建築法 89 条 1 項 2 段

313

資料編

証拠手段
1）提出され許可された建築図書／2010年10月4日付け建築許可証
2）2010年9月30日付けの建築士□□氏の書簡
3）2010年11月19日付けの建築開始届
4）2011年5月6日付けの建築許可証に係る（後日適法とされた）許可図面
5）マインツ市建築監督課建築監督官▽▽氏（証人）
6）2011年3月30日，2011年4月14日及び2011年4月27日の現地検分に係る写真

本件秩序違反行為により，貴殿に対し次の過料の賦課を決定する

（秩序違反法17条）	500.00 ユーロ
このほかに，貴殿は手続に係る費用を負担する	
（秩序違反法105条，107条及び刑事訴訟法464条1項及び465条）	25.00 ユーロ
立替金	4.20 ユーロ
計	529.20 ユーロ

過料決定の理由
1）聴聞

　2011年4月14日付けの文書により，貴殿に対し，自ら嫌疑について意見陳述する機会が付与された。貴殿が聴聞書に記載した反論について，当方は次のような結論を認定した。

　当方が認定したところによれば，建築許可証からの乖離は，意図的に，すなわち故意になされたものであり，それゆえ過料の決定は不可避である（この点に関し，下掲の過料額の算定を参照）。

2）過料額の算定（秩序違反法17条3項）

　秩序違反行為に対しては，50,000ユーロ以下の過料が科される（州建築法89条1項4段）。

　犯された秩序違反行為は，実際に行われた居室の増築が単なる暖房のない冬園の設置よりも高い防火上の要請が求められるため，より重要な意味を持つ。

　貴殿に対し提起された嫌疑は，貴殿が建築主として，建築許可証において許可内容から乖離した建築行為は秩序違反行為となることを告知されていることから同様に重要である。加えて，前述したとおり，貴殿が委任した建築士は，2010年9月30日付けの建設局の明確な照会文書のNo.5に対して，「我々は，冬園を計画しており，居室の増築ではない。」と確答している。

　また，2010年11月19日付けで署名された建築開始届において，貴殿は再度前掲ゴチック表記の内容について説明し，また，貴殿が「故意又は過失により，付与された許可と乖離する建築行為で，その乖離について別の許可を必要とするようなものを行うことは秩序違反行為を構成する」ことを教示されていることを認めている。これに関する貴殿からの

再照会は，建設局には提出されていない。

　上掲の理由により，犯された秩序違反行為は，故意による州建築法に対する違反として制裁される。

　貴殿の経済的事情について，貴殿は聴聞書において何も記載をしていない。それゆえ，当方はこれについて格別の問題はないものと認める。

　上掲の考慮要素を勘案し，過料の決定は，上掲の額により算定した。

法的救済の教示：

　この過料決定は，貴殿がその送達日から２週間以内に書面により又はこの決定の１頁に記載されている官庁における口述記録により異議申立てを提起しないときは，確定力を得，執行可能となる。書面の提出によるときは，異議申立書が期間の満了前に所定の官庁に到達したときに期間が遵守されたこととなる。夜間郵便受けは，市庁舎のヨッケル・フックス広場側入口及び市庁舎分館のラウテレン棟にある。書面は，ドイツ語で作成されなければならない。

　異議申立てに際しては，貴殿にとって不利益となる決定がなされることもありうる。貴殿は，異議申立てと同時に又は遅くともこの過料決定の送達日から２週間以内に，貴殿が事実関係に関する主張及び証拠方法をその後の手続で提出するか否か，提出する場合にはいかなるものを提出するかを申し立てることができる。その場合には，嫌疑について陳述するか何も陳述しないかは貴殿の自由な判断による。しかしながら，貴殿には次のとおり助言する：すなわち，制裁を軽減すべき事情が適時に陳述されないときは，たとえ過料手続が無罪の判決又は手続中止により終結した場合でも，費用の決定において貴殿にとっての不利益が生じうる。

　もし，貴殿がやむを得ない事情により，異議申立期間を遵守することができないときは，貴殿は原状回復を申し立てることができる。この申立ては，当該やむを得ない事情が止んで（例えば，海外旅行の終了）から１週間以内に，上掲頁に記載された官庁になされなければならない。やむを得ない事情は，疎明されなければならない（例えば，文書，宣誓した他の者による保証）。

　この申立てには，手数料を要する。当該申立てと同時に，懈怠した行為（異議申立て）が追完されなければならない。

支払催告：

　貴殿に対し，この過料決定が確定力を得たのち遅くとも２週間以内（送達日から４週間以内）に，支払うべき総額を，

支払番号・・・・・を明記して，

マインツ市の指定銀行口座（銀行名・口座番号）に振り込むことを命ずる。

　支払いが困難なときは，貴殿は，上掲頁に記載された官庁に，詳細な理由を明示して支払期間の満了前に，何故貴殿に貴殿の経済的事情のもとで期限までの支払いを期待しえないのかを通知しなければならない。その際，貴殿の経済的事情に関する適切な証拠（例え

資料編

ば，雇用主による所得証明書）を添付しなければならない。もし，貴殿が支払期限を遵守せず，かつ貴殿の支払困難性が適時に示されないときは，支払期限の到来した額について，強制徴収がなされる。また，区裁判所が貴殿に対して6週間までの期間にわたる強制拘留を命ずることもありうる。

一般的助言：

　異議申立ての提起又はその他の文書の提出に際しては，事案記録番号の明記が不可欠である。支払番号を明記しない振り込みは，記録されず，また処理されないことがありうる。

敬具
市長に代わり
（担当者署名）
担当者記名

【行政執行体制関係】

○参考資料28：ヴィースバーデン市建築監督局組織図

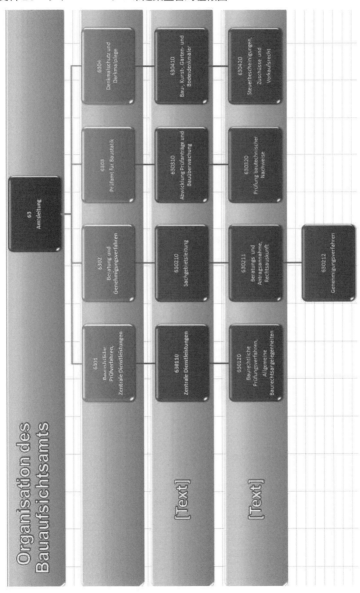

（ヴィースバーデン市建築監督局提供）

資料編

○参考資料 29：ヴィースバーデン市の実務研修プログラム例

Auszug aus dem Fortbildungsprogramm 2014 der Landeshauptstadt Wiesbaden

Der Verwaltungsakt
FB 601

Für   alle, die die Besonderheiten von Verwaltungsakten kennen lernen wollen.

Inhalt   Das dem Verwaltungsakt vorausgehende Verwaltungsverfahren
             • Form des Verwaltungsaktes
             • Bekanntgabe

             Bescheidtechnik einschließlich Nebenentscheidungen
             • Anordnung der sofortigen Vollziehung
             • Androhung von Zwangsmitteln
             • Festsetzung der Verwaltungsgebühr

             Besondere Anforderungen an eine Ermessensausübung

             Sofortige Vollziehung eines Verwaltungsaktes auf Grundlage des
             § 80 VwGO

             Öffentlich-rechtlicher Vertrag

Widerspruchsverfahren und Widerspruchsbescheid
FB 602

Für   alle, die sich mit Widerspruchsverfahren befassen.

Inhalt   Widerspruchsverfahren
             • Gesetzliche Grundlagen
             • Funktion und Ablauf
             • Wirkung des Widerspruchs/Anordnung der sofortigen Vollziehung

             Abhilfe- und Widerspruchsbescheid
             • Aufbau
             • Anforderungen an Bestimmtheit, Form, Inhalte und Bekanntgabe
             • Bescheidtechnik einschließlich Nebenentscheidungen

Ordnungswidrigkeitenrecht
FB 609

Für   alle, die dienstlich mit dem Ordnungswidrigkeitenrecht arbeiten.

Inhalt   Buß- und Verwarnverfahren (Verwarngeld)

             Bußgeldbescheid

             Fristen

             Zuständigkeiten

             Vollstreckung

             Kosten

             Strafverfahren

（ヴィースバーデン市建築監督局提供）

○参考資料 30：ミュンヘン市都市計画・建築秩序局第Ⅳ課地域建築コミッション組織図

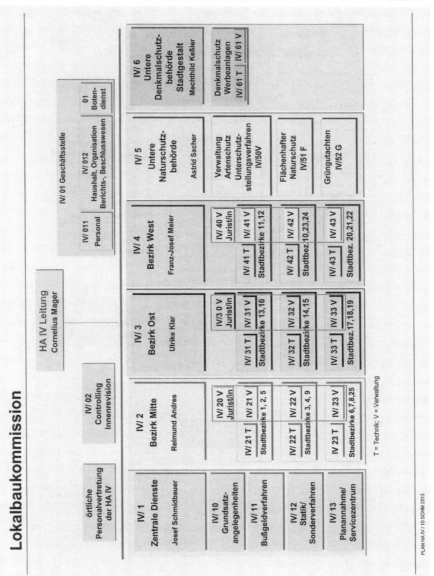

（ミュンヘン市都市計画・建築秩序局提供）

資料編

○参考資料 31：ハンブルク市の特別区における建築監督行政組織図
Die Bauaufsicht innerhalb der Hamburgischen Bezirksverwaltung

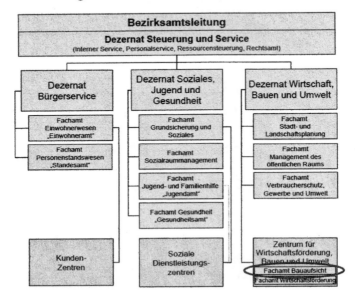

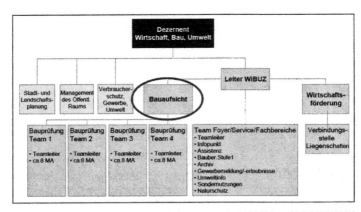

(ハンブルク市都市開発・環境局建築秩序・高層建築課提供)

○参考資料 32：デュッセルドルフ市建築監督課組織図

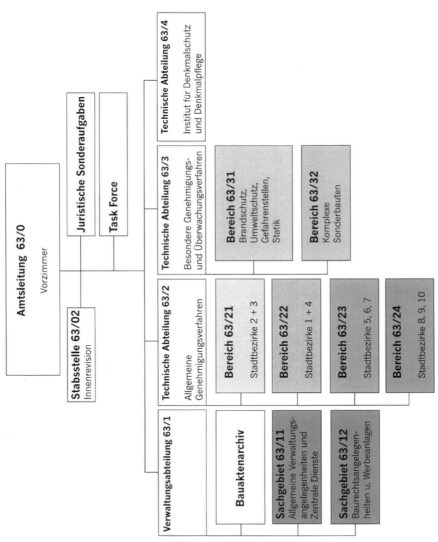

（デュッセルドルフ市建築監督課提供）

資料編

○参考資料33：ドレスデン市建築監督局組織図

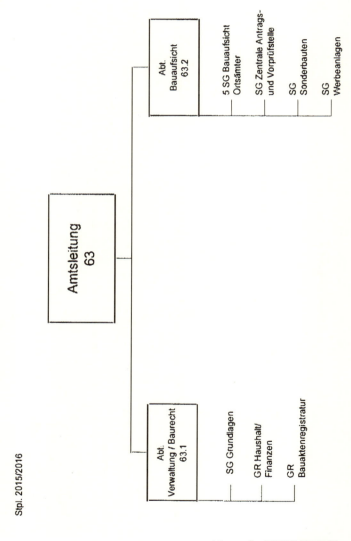

(ドレスデン市建築監督局提供)

○参考資料34：ドレスデン市秩序局組織図

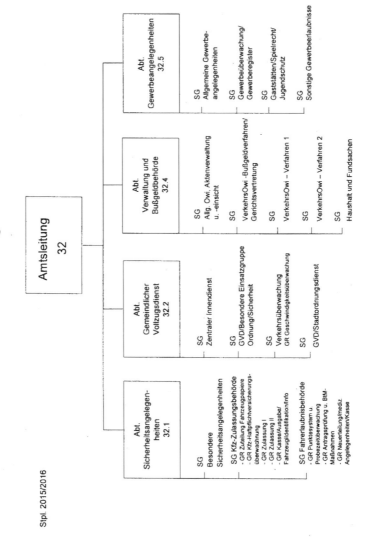

（ドレスデン市建築監督局提供）

資料編

○参考資料35：シュトゥットガルト市建築法課組織図

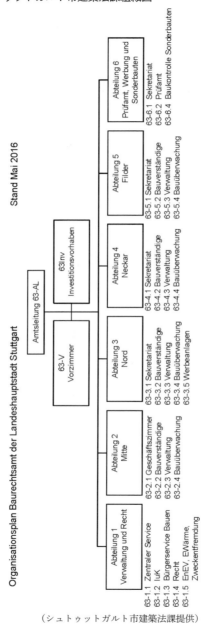

（シュトゥットガルト市建築法課提供）

○参考資料 36-1：シュトゥットガルト市／BAURIS のメインメニュー画面

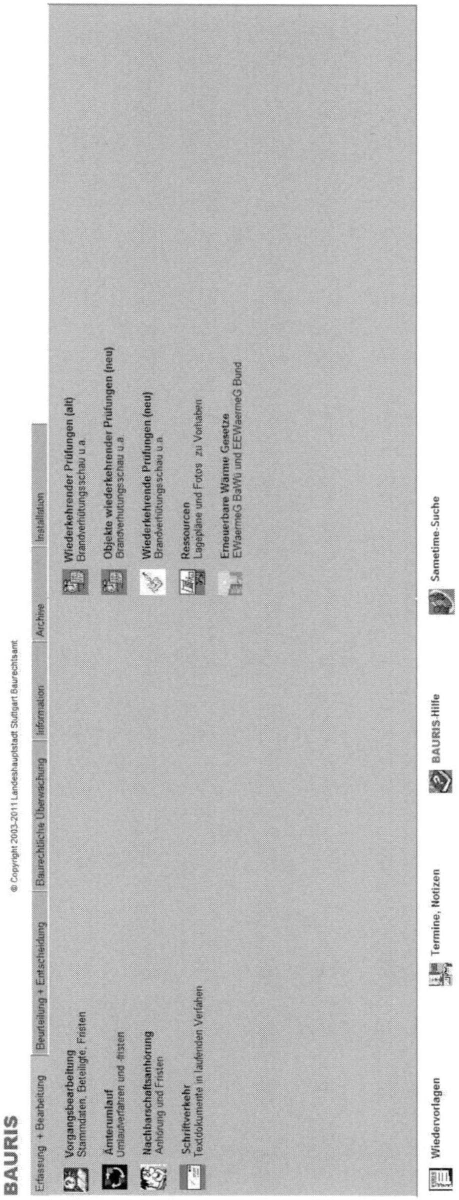

（シュトゥットガルト市建築法課提供）

資料編

○参考資料 36-2：シュトゥットガルト市／BAURIS の個別事案情報の画面

（シュトゥットガルト市建築法課提供）

○参考資料 36-3：シュトゥットガルト市／BAURIS の建築許可申請のデータ一覧画面

（シュトゥットガルト市建築法課提供）

資料編

○参考資料37：ハノーファー市建築秩序課組織図

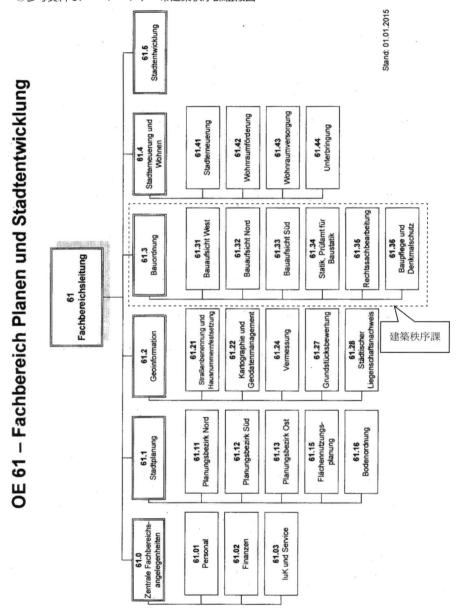

（ハノーファー市建築秩序課提供）

○参考資料38：ブレーメン市環境・建築・交通局組織図

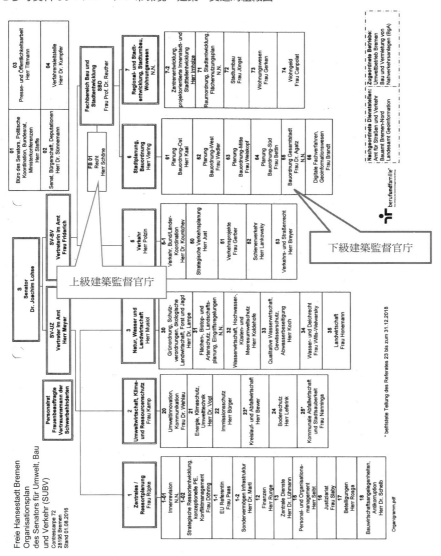

（ブレーメン市環境・建築・交通局提供）

資料編

○参考資料39：シュヴェリーン市内部部局組織図

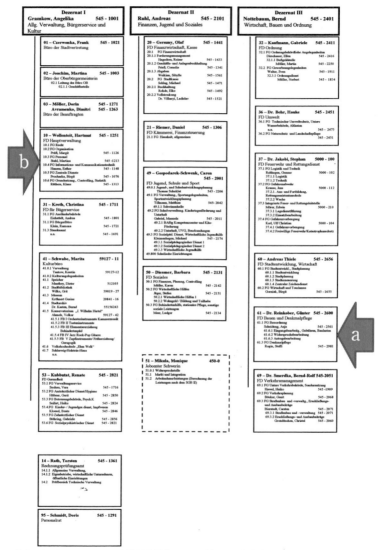

＊矢印aで示したものが，本件調査対象とした建築・歴史的建造物保全課であり，また，矢印bで示したものが事務総局である．

（シュヴェリーン市建築・歴史的建造物保全課提供）

○参考資料 40：マインツ市建築局組織図

（マインツ市建築監督課提供）

資料編

【行政専門大学関係】

○参考資料41：ノルトライン・ヴェストファーレン州公行政専門大学／行政職地方公務
員養成課程スケジュール表

Studienverlaufsplan　　　　　　　　　Stand: 11.06.2013
Bachelorstudiengänge im Fachbereich Allgemeine Verwaltung/Rentenversicherung

Woche	Zeitraum	1. Jahr		2. Jahr		3. Jahr	
1	01.09 - 07.09	Einführungswoche	1		1		12
2	08.09 - 14.09		1		2	noch P 3	13
3	15.09 - 21.09		2		3		14
4	22.09 - 28.09		3		4		1
5	29.10 - 05.10		4		5		2
6	06.10 - 12.10		5		6		3
7	13.10 - 19.10		6		7		4
8	20.10 - 26.10	S 1	7	S 3	8	P 4	5
9	27.10 - 02.11	(16 Wochen)	8	(16 Wochen)	9	(13 Wochen)	6
10	03.11 - 09.11		9		10		7
11	10.11 - 16.11		10		11		8
12	17.11 - 23.11		11		12		9
13	24.11 - 30.11		12		13		10
14	01.12 - 07.12		13		14		11
15	08.12 - 14.12		14		15		12
16	15.12 - 21.12		15		16		13
17	22.12 - 28.12	Weihnachtspause	1	Weihnachtspause	1	Weihnachtspause	1
18	29.12 - 04.01						2
19	05.01 - 11.01	noch S 1	16		1		1
20	12.01 - 18.01		1		2		2
21	19.01 - 25.01		2		3		3
22	26.01 - 01.02		3		4		4
23	02.02 - 08.02		4	P 2	5		5
24	09.02 - 15.02		5	(13 Wochen)	6		6
25	16.02 - 22.02		6		7	S 4	7
26	23.02 - 01.03		7	(einschließlich TSK)	8	(16 Wochen)	8
27	02.03 - 08.03	S 2	8		9		9
28	09.03 - 15.03	(20 Wochen)	9		10		10
29	16.03 - 22.03		10		11		11
30	23.03 - 29.03		11		12		12
31	30.03 - 05.04		12		13		13
32	06.04 - 12.04		13		1		14
33	13.04 - 19.04		14		2		15
34	20.04 - 26.04		15		3		16
35	27.04 - 03.05		16	Projekt	4		1
36	04.05 - 10.05		17	(10 Wochen)	5	S 5	2
37	11.05 - 17.05		18		6	Bachelorarbeit	3
38	18.05 - 24.05		19		7	(7 Wochen)	4
39	25.05 - 31.05		20		8		5
40	01.06 - 07.06		1		9		6
41	08.06 - 14.06		2		10		7
42	15.06 - 21.06		3		1		1
43	22.06 - 28.06		4		2		2
44	29.06 - 05.07	P 1	5		3		3
45	06.07 - 12.07	(13 Wochen)	6		4	P 5	4
46	13.07 - 19.07		7	P 3	5	(10 Wochen)	5
47	20.07 - 26.07	(einschließlich TSK)	8	(14 Wochen)	6		6
48	27.07 - 02.08		9		7		7
49	03.08 - 09.08		10	(einschließlich TSK)	8		8
50	10.08 - 16.08		11		9		9
51	17.08 - 23.08		12		10		10
52	24.08 - 31.08		13		11	Kolloquium	1

Abkürzungen:
S 1 - S 4 = Fachwissenschaftliche Studienabschnitte 1 - 4
P 1 - P 5 = Fachpraktische Studienabschnitte 1 - 5
TSK = Training Sozialer Kompetenzen

（ノルトライン・ヴェストファーレン州公行政専門大学提供）

○参考資料42：チューリンゲン州公行政専門大学／行政職地方公務員養成課程スケジュール表

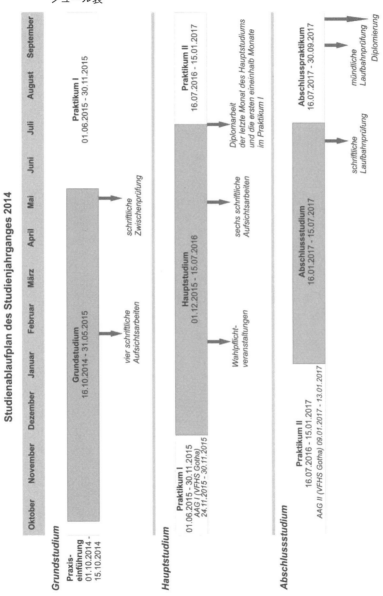

（チューリンゲン州公行政専門大学提供）

資料編

○参考資料 43-1：チューリンゲン州公行政専門大学／カリキュラム概括表その1

Ausbildungsübersicht

Studiengang	Prüfungs-fach	Grundstudium SWS	Grundstudium Gesamt	Prakti-kum 1	Hauptstudium SWS	Hauptstudium Gesamt	Prakti-kum 2	Abschlussstudium SWS	Abschlussstudium Gesamt	Prakti-kum 3	Summe Curriculum	in %
1. Recht												
Grundlagen des Rechts/Methodenlehre			30			30					60	2,7%
Staats- und Verfassungsrecht	✓		40			30			60		130	5,9%
Europarecht			30			30					60	2,7%
Allgemeines Verwaltungsrecht	✓		50			40			70		160	7,2%
Kommunalrecht	✓		60			40			70		170	7,7%
Öffentliches Dienstrecht	✓		50			40			60		150	6,8%
Polizei- und Ordnungsrecht, Baurecht, Umweltrecht	✓		130			90			100		320	14,5%
Jugend- und Sozialrecht			50			20					70	3,2%
Staatsangehörigkeits-, Personenstands- und Ausländerrecht			30			20					50	2,3%
Privatrecht			50			40					90	4,1%
2. Wirtschafts- und Finanzlehre												
Volkswirtschaftslehre			40			20					60	2,7%
Betriebswirtschaftslehre	✓		30			50			70		150	6,8%
Öffentliche Finanzen	✓		60			80			80		220	10,0%
3. Verwaltungs- und Sozialwissenschaften												
Verwaltungslehre	✓		50			30			50		130	5,9%
Informations- und Kommunikationstechnologie			30			30					60	2,7%
Politikwissenschaft, Soziologie			30			30					60	2,7%
Psychologie/Kommunikations- und Verhaltenstraining			30			30					60	2,7%
Stoffvermittlung		0	790	0	0	650	0	0	560	0	2000	
Besondere Lehrformen												
Vertiefungsfächer						120					120	5,4%
Fächerübergreifende Lehrveranstaltungen ; Seminare					46						46	2,1%
Projekte					28						28	1,3%
Klausurenkurs / Übungen					15						15	0,7%
											2209	100 %

（チューリンゲン州公行政専門大学提供）

○参考資料 43-2：チューリンゲン州公行政専門大学／カリキュラム概括表その 2

Studiengang	Prüfungs-fach	Grundstudium		Prakti-kum 1	Hauptstudium		Prakti-kum 2	Abschlussstudium		Prakti-kum 3	Summe Curriculum	in %
		SWS	Gesamt		SWS	Gesamt		SWS	Gesamt			
Wahlfach Sprachen			60			60					120	
											0	
Aufsichtsarbeiten und Leistungsnachweise		(4) 16			(6) 39,6			(6) 39,6			0	
Zwischen- und Laufbahnprüfung			(4) 16			(6) 39,6			(6) 39,6		0	
				40			40				0	
Arbeitsgemeinschaften											80	
											2409	

（チューリンゲン州公行政専門大学提供）

資料編

○**参考資料 44-1：チューリンゲン州公行政専門大学／シラバス／1（行政執行法関係）**

Hauptstudium（主課程）

専門科目群	法律	コマ数
専門科目	一般行政法	40

履修目標	履修内容	コマ数
行政執行 履修者は，行政執行の適用可能性並びに強制徴収，行政強制及び様々な強制手段の差異を識別し，様々な行政行為の強制執行を行い，これに対する法的救済を処理することができる。	法的権限付与及び根拠規範の必要性 －連邦行政執行法及びチューリンゲン州行政執行法 －行政執行の要件 　・執行名義としての命令に係る行政行為 　・チューリンゲン州行政執行法 19 条による執行可能性	1
	作為，受忍又は不作為に係る強制執行－行政強制 －強制手段の種類 　・代執行 　・強制金 　・予備的：代償強制拘留 　・直接強制	2
	－一般的な行政執行の基本原則 　・連邦行政執行法及びチューリンゲン州行政執行法による強制手段の選択 －行政強制手続の実施過程 　・強制手段の戒告，決定及び実施 　・チューリンゲン州行政執行による特別規定（決定を省略する場合） 　・強制執行の中止	1
	公法上の金銭の徴収－強制的金銭徴収 －（特別の）強制執行要件 －強制徴収の実施	1
	民事訴訟法と比較した行政強制過程における法的救済の基本的特徴	1

（チューリンゲン州公行政専門大学提供）

○参考資料44-2：チューリンゲン州公行政専門大学／シラバス／2（秩序違反法関係）

Grundstudium（基礎課程）

専門科目群	法律	コマ数
専門科目	警察・秩序法	50

履修目標	履修内容	コマ数
形式的秩序違反法の基本的特徴 履修者は，警告手続及び過料手続の流れを説明し，措置を実施することができる。	警告手続 －手続過程 －警告の内容	2
	過料手続 －行政官庁と警察との関係 －事実関係の調査 －調査の終結 －過料決定 －過料決定に対する異議申立て	8

Hauptstudium（主課程）

専門科目群	法律	コマ数
専門科目	警察・秩序法	20

履修目標	履修内容	コマ数
一般的秩序違反法 履修者は，秩序官庁の命令について，法的評価を行って評価書を作成することができる。	秩序官庁による命令の適法性 －形式的適法性 －実体的適法性	14
演習		6

（チューリンゲン州公行政専門大学提供）

資料編

○参考資料45-1：チューリンゲン州公行政専門大学／授業風景／1
No.1　授業風景その1

No.2　授業風景その2

（西津政信撮影）

○参考資料45-2：チューリンゲン州公行政専門大学／授業風景／2

No.3　授業風景その3

No.4　授業風景その4：教育用加除式法令集

（西津政信撮影）

資料編

○参考資料 45-3：チューリンゲン州公行政専門大学／授業風景／3

No.5　授業風景その 5

No.6　授業風景その 6

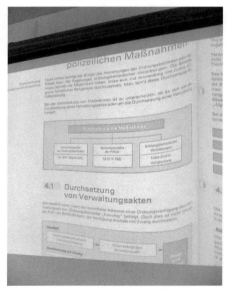

(西津政信撮影)

○参考資料46-1：ニーダーザクセン州自治体行政専門大学／地方行政職公務員養成課程スケジュール表

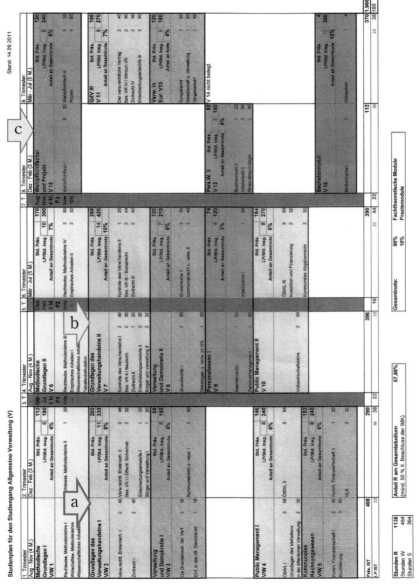

(ニーダーザクセン州自治体行政専門大学提供)

資料編

○**参考資料46-2：ニーダーザクセン州自治体行政専門大学／行政強制法関連科目***シラバス

注)*：参考資料 46-1 の図中 "a" の矢印の科目

学修課程	一般行政
科目名	行政作用の基礎Ⅰ
細分科目名	特別行政法Ⅰ：公共安全
細分科目番号	V-Ⅱ-2.4
必修／選択必修	必修
学期（年3学期）	第2学期
開講頻度	年1回
達成目標	受講者は，本細分科目の履修の後，次のことができる状態となる。：公共の安全と秩序に関する法の基本概念を理解し，特にニーダーザクセン州公共安全秩序法第11条の一般的権限規定，強制執行手続を適用することができる。
細分科目の養成能力	専門知識に裏付けられた能力及び体系化能力
内容	1．公共の安全及び秩序に関する法の法体系における位置づけ 2．危険概念 3．危険回避法における責任 4．強制手段
教材	**教科書：** Drape/ Globisch/ Weidemann： Kommunales Gefahrenabwehrrecht **参考書：** Ipsen, Jörn： Niedersächsisches Polizei und Ornungsrecht, Boorberg Verlag Schmidt, Rolf： Besonderes Verwaltungsrecht Ⅱ, Verlag Schmidt, S. 1–335（10. Auflage）
教授方法	講義
出席時間／自習時間	32／28
単位数	2

（ニーダーザクセン州自治体行政専門大学提供）

○参考資料 46-3：ニーダーザクセン州自治体行政専門大学／建築法関連科目*シラバス

注)*：参考資料 46−1 の図中 "b" の矢印の科目

学修課程	一般行政
科目名	行政作用の基礎Ⅱ
細分科目名	特別行政法Ⅱ：建築法
細分科目番号	V‒Ⅳ‒7.2
必修／選択必修	必修
学期（年 3 学期）	第 4 学期
開講頻度	毎年
達成目標	受講者は，本細分科目の履修の後，次のことができる状態となる。 ；公建築法の規律対象を私法上の建築法関係から区別できる。 ；州建築法の手続法的及び実体法的要請を提示することができる。 （以下，都市計画法関連：略）
細分科目の養成能力	専門知識に裏付けられた能力及び体系化能力
内容	1．公建築法への導入 2．建築秩序法 ・手続，管轄事項（ニーダーザクセン州建築法第 1 章，第 8 章及び第 9 章） ・許可制限；建築許可ほか（同州建築法第 10 章） ・建築法上の侵害的介入権限（同州建築法 89 条） ・建築法の個別的要請の概要（例：境界からの離隔距離，必要となる駐車場） 3．都市計画法 （略）
教材	**教科書：** Weidemann/ Rotaug/ Barthel：Besonderes Verwaltungsrecht, Maximilian Verlag **参考書：** Stollmann, Frank：Öffentliches Baurecht, Verlag Beck Hoppe/ Bönker/ Grotefels：Öffentliches Baurecht, Verlag Beck
教授方法	講義
出席時間／自習時間	30／30
単位数	2

（ニーダーザクセン州自治体行政専門大学提供）

資料編

○**参考資料46-4：ニーダーザクセン州自治体行政専門大学／秩序違反法関連科目＊シラバス**

注)＊：参考資料 46−1 の図中 "c" の矢印の科目

学修課程	一般行政
科目名	**選択必修科目群及びプロジェクト**
細分科目名	**刑法及び秩序違反法**
細分科目番号	V−Ⅷ−15.4 及び V−Ⅸ−15.4
必修／選択必修	選択必修
学期（年 3 学期）	第 8 学期及び第 9 学期
開講頻度	年 2 回
達成目標	受講者は，本細分科目の履修の後，刑法及び秩序違反法の意義，目的及びその発展経緯を説明することができる。受講者は，最も重要な犯罪構成要件及び秩序違反行為についての基本的知識を獲得でき，証拠資料や裁判所手続の流れを習得できる。法医学の概括的全体像を理解できる。さらに，受講者は，法廷弁論の実践を学び，現地調査の実施を試みる。最重要施設である司法刑務所の内情や少年審判補助及び保護観察についての知識を得る。
細分科目の養成能力	方法的能力及び専門知識に裏付けられた能力
内容	・刑法及び秩序違反法の発展の概観 ・裁判所手続の流れ ・刑事訴訟の参加者 ・最も重要な財産罪 ・最も重要な非財産罪 ・最も重要な刑事法施設の見学 ・秩序違反法の最重要構成要件及び手続
教材	Kroshel／ Meyer-Goßner： Die Urteile in Strafsachen, Vahlen München
教授方法	講義，演習
出席時間／自習時間	30／30
単位数	2

（ニーダーザクセン州自治体行政専門大学提供）

○参考資料47:ニーダーザクセン州自治体行政専門大学/教育用加除式法令集

(西津政信撮影)

資料編

○参考資料 48：ザクセン州公行政専門大学／地方行政職官吏養成課程スケジュール表

（ザクセン州公行政専門大学提供）

○参考資料49：ザクセン州公行政専門大学／地方行政職官吏養成課程スケジュール表詳細

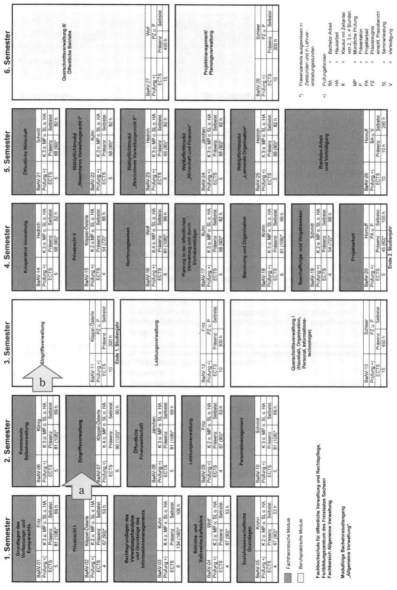

（ザクセン州公行政専門大学提供）

資料編

○**参考資料 50：ザクセン州公行政専門大学／「侵害行政*」（専門理論）シラバス**

注）*：参考資料 49 の図中"a"の矢印の科目

	ザクセン州マイセン行政専門大学 "一般行政"学士養成課程	
科目名	侵害行政	科目番号／コード：BaAV-07 記述時点：2015 年 6 月 1 日
科目構成者 科目責任者	グードルン・ケッペル＝エステルレ（第二次司法試験合格者）	
記述責任者	マルクス・フリッツ（第二次司法試験合格者）　法学教員 グードルン・ケッペル＝エステルレ（第二次司法試験合格者）　法学教員 クリスティアーネ・クーン（第二次司法試験合格者）　法学教員	
履修要請	専門理論／必修科目	
到達目標	**専門知識に裏付けられた能力** ・履修者は，特別な自由権及び平等権に係る法体系及びこれらの基本権の基本法及びザクセン州憲法の一般規定との関連性を理解する。 ・履修者は，公権力の行使の合法性判断における基本権審査の適用方法を習得する。 ・履修者は，秩序法の選択された領域の基礎的知識を習得し，当該知識を領域横断的に適用する。履修者は，法の相互関係，特に EU 法の優位を理解し，これを事案の状況に応じて公行政の職務範囲に適用する。 ・履修者は，特に建築法，環境法及び警察・集会法の領域における，許可，同意などの予防的権限行使を習得し，当該権限を決定処分により行使することができる。 ・履修者は，侵害行政の法領域における強制的な措置について理解し，当該知識を決定処分において活用することができる。 ・履修者は，許可手続の種類，過程及び内容を理解する。同者は，一般的な行法及び行政手続法の内容を，個別事例に適用される特別行政法に関連づけることができる。 ・履修者は，様々な法的救済手続における行政のコントロール可能性について理解し，当該知識を事案において活用することができる。 ・履修者は，実体秩序違反法の重要適用領域を理解し，その知識を事案の解決のために活用することができる。 ・履修者は，選択された IT 専門手続を理解し，それを基本的なレベルで適用することができる。 **重要な獲得能力** ・方法に関するもの：履修者は，法的執務方法，特に解釈法及び法的構成を習得する。法的事実関係の分析，事案処理及び問題解決を通じて，履修者は，事案解決技術を習得する。履修者は，獲得した専門知識を，新	

	たな問題提起に適用する。履修者の評価し，決定し，理由付ける能力は，演習及び発表を通じて向上される。 ・**協働に関するもの**：履修者は，集団で共同作業を行い，これによりそのチーム力を強化する。彼らは，コミュニケーション，プレゼンテーション及び協働学習に関する専門的能力を獲得する。
内容	**基本法** ・基本法2条，5条，8条及び12条（ザクセン州憲法15条，20条，21条，23条，28条及び29条）の自由権的基本権 －保護範囲 －侵害・制限留保 －自由権的基本権に対する高権的制限の正当化 ・基本法3条（ザクセン州憲法18条）の平等原則 －特別の平等権的基本権及び一般的平等原則 －平等権的基本権の審査体系 **外国人法** （略） **実体秩序違反法** ・構成要件，違法性，非難可能性，共犯 **建築法Ⅰ** ・建築法の基礎 ・形式的建築法 ・個別の建設計画に関する都市計画法的許容性の基礎 ・実体的建築法 ・建築監督上の侵害的作用に関する権限 ・隣人の法的権利保護（第三者による異議を含む。） ・建築法と他の専門的手続との関係 **環境法Ⅰ** （略） **警察法・集会法** （略） **選択IT専門手続** （略）
担当教員	ケッペル＝エステルレ（第二次司法試験合格者）含む7名
教授・学習 方法	・**講義** ・**演習** 　事案の処理及び解決，発表 ・**自習** 　演習課題及び想定事例の処理，文献及び判例の学習，インターネット等によるリーガル・リサーチ，Eラーニング

資料編

履修要件	次の科目の単位を取得済みであること。 ・BaAV-01　憲法及びヨーロッパ法の基礎 ・BaAV-03　行政作用の法的基礎及び情報取扱いの基本
ECTS（欧州単位互換制度）単位	6
学習時間	180 時間
出席時間	90 時間（120 LVS*：大学授業時間）；内訳として 　45 時間（60 LVS）講義 　45 時間（60 LVS）演習 又は（ゼミナールの成果により科目試験を構成する場合） 90 時間（120 LVS）；内訳として， 　39 時間（52 LVS）講義 　36 時間（48 LVS）演習 　15 時間（20 LVS）ゼミナール <div align="right">*1 LVS＝45 分</div>
自習時間	65 時間；内訳として 　31 時間　講義の予・復習，発表の準備 　34 時間　演習課題及び想定事例の処理 又は（ゼミナールの成果・課題提出により科目試験を構成する場合） 　30 時間　講義の予・復習 　24 時間　演習課題及び想定事例の処理
学外授業	なし
科目試験	25 時間；内訳として 　4 時間　論文試験 　21 時間　試験準備 又は 　1 時間　法的鑑定評価を含む口述試験 　24 時間　試験準備 又は（ゼミナールの成果により科目試験を構成する場合） 36 時間；内訳として 　35 時間　ゼミナール論文の作成 　1 時間　発表及び討論 又は（宿題により科目試験を構成する場合） 　36 時間　宿題の作成

ECTS 単位の付与要件	・筆記試験 　論文試験

試験時間：240 分
重み付け：100 ％
又は
・口述試験
個別又はグループ試験
受験生ごとの試験時間：20 分
重み付け：100 ％
又は
・ゼミナールの成果
ドイツ工業規格 A4 判・行間隔 1.5mm の書式で，引用元・文献リスト及び添付資料を除いて最長 12 頁の分量のゼミナール論文
重み付け：75 ％
及び
ゼミナール発表（プレゼンテーション）及び討論
発表・討論時間：30 分
重み付け：25 ％
又は
・宿題
ドイツ工業規格 A4 判・行間隔 1.5mm の書式で，引用元・文献リスト及び添付資料を除いて最長 15 頁の分量の記述式宿題
重み付け：100 ％

履修課程における配置	第 2 学期
継続期間	1 学期間
開講頻度	夏期学期
自主学習上のアドバイス	最新の推奨文献に関する情報は，本科目に係る ILIAS のサイトに掲載済み。
学修及び試験結果の評定	学修及び試験結果の評定は，試験実施委員会により（各時点で施行されている試験規則に基づき），（平等の原則ではなく）等価値原則に則って行われる。

（ザクセン州公行政専門大学提供）

資料編

○**参考資料 51：ザクセン州公行政専門大学／「侵害行政*」（職業実習）シラバス**

注)*：参考資料 49 の図中"b"の矢印の科目

	ザクセン州マイセン行政専門大学 "一般行政"学士養成課程		
科目名	侵害行政	科目番号／コード：BaAV-11 記述時点：2015 年 4 月 1 日	
科目構成者 科目責任者	グードルン・ケッペル＝エステルレ（第二次司法試験合格者）		
記述責任者	グードルン・ケッペル＝エステルレ（第二次司法試験合格者）　法学教員		
履修要請	職業実習／必修科目		
到達目標	専門知識に裏付けられた能力及び重要能力の獲得に伴い，履修計画 5 条 1〜4 項において指定された学修目標を考慮しなければならない。 **専門知識に裏付けられた能力** ・履修者は，侵害行政の意義及びその任務を理解する。 ・履修者は，侵害行政の典型的な執務過程を，処分発出手続及び異議申立手続において理解し，事案に応じて適正に適用する。 ・履修者は，侵害行政の典型的な，事案として選出された過程を独力で処理し，その際，第一次的処分決定及び異議申立決定並びにメモ書き及び処分文書を作成する。 ・履修者は，侵害行政の活動領域における IT 専門手続の選定された発動領域を理解する。		
内容	侵害行政においては，例えば，次の執務及び養成教育領域が該当する。 ・建築法 ・営業法 ・環境法 ・災害防止 ・秩序・警察法		
履修登録要件	次の科目の単位を取得済みであること。 ・BaAV-01　公行政に係るヨーロッパ法及び憲法の基礎 ・BaAV-03　行政作用の法的基礎及び情報取扱いの基本 ・BaAV-07　侵害行政		
ECTS 単位	10		
学習時間	300 時間：実務実習報告書の作成及び実務実習発表の準備を含む。		
ECTS 単位の付与要件	・実務実習報告書を含む実務実習証明書及び ・実務実習発表（経過報告及びテーマ関連課題；30 分） 　（Module BaAV-11〜13 の要約）		

352

学修計画配置	第3学期
期間	2月
学修及び試験結果の評定	学修及び試験結果の評定は，試験実施委員会により（各時点で施行されている試験規則に基づき），（平等原則ではなく）等価値原則に則って行われる。

（ザクセン州公行政専門大学提供）

【既刊調査報告書：初出論文】

１．西津政信（2014a）「ドイツ諸州の行政上の義務履行確保運用及び行政執行体制に関する調査研究報告(1)」愛知大学法学部法経論集 198 号 175-227 頁
Permalink : http : //id.nii.ac.jp/1082/00003177/

２．同上（2014b）「ドイツ諸州の行政上の義務履行確保運用及び行政執行体制に関する調査研究報告(2)」愛知大学法学部法経論集 200 号 43-86 頁
Permalink : http : //id.nii.ac.jp/1082/00003512/

３．同上（2015a）「ドイツ諸州の行政上の義務履行確保運用及び行政執行体制に関する調査研究報告(3)」愛知大学法学部法経論集 202 号 221-274 頁
Permalink : http : //id.nii.ac.jp/1082/00003975/

４．同上（2015b）「ドイツ諸州の行政上の義務履行確保運用及び行政執行体制に関する調査研究報告(4)」愛知大学法学部法経論集 204 号 251-326 頁
Permalink : http : //id.nii.ac.jp/1082/00004968/

５．同上（2016a）「ドイツ諸州の行政上の義務履行確保運用及び行政執行体制に関する調査研究報告(5)」愛知大学法学部法経論集 206 号 91-151 頁
Permalink : http : //id.nii.ac.jp/1082/00005981/

６．同上（2016b）「ドイツの建築規制における封印措置等の法制度及び実務運用」行政法研究 13 号 43-88 頁

７．同上（2016c）「ドイツ諸州の行政上の義務履行確保運用及び行政執行体制に関する調査研究報告(6)」愛知大学法学部法経論集 208 号 145-188 頁
Permalink : http : //id.nii.ac.jp/1082/00007346/

８．同上（2017a）「ドイツ諸州の行政上の義務履行確保運用及び行政執行体制に関する調査研究報告(7)」愛知大学法学部法経論集 210 号 111-154 頁
Permalink : http : //id.nii.ac.jp/1082/00007739/

９．同上（2017b）「ドイツ諸州の行政上の義務履行確保運用及び行政執行体制に関する調査研究報告(8)」愛知大学法学部法経論集 212 号 191-242 頁
Permalink : http : //id.nii.ac.jp/1082/00008186/

【引用・参考文献】

Alexejew, Igor/ Haase, Ehrenfried/ Großmann, Peter/ Möhl, Eckart/ Niere, Ulrich/ Koch, Werner/ Munske, Michael（2012）*Hamburgisches Bauordnungsrecht Kommentar*, Band I, 27. Lieferung : Stand Januar 2012, Deutscher Gemeindeverlag, Verlag W. Kohlhammer.

App, Michael / Klomfaß, Ralf/ Wettlaufer, Arno（2019）*Praxishandbuch Verwaltungsvollstreckungsrecht*, 6. Auflage, Carl Heymanns Verlag.

App, Michael（1997）*Der unmittelbare Zwang, Deutsche Verwaltungspraxis* Heft 4 1997, S.135-137.

dito (1996) *Zulässigkeit und Durchführung des Zwangsgeldverfahrens der Behörde zur Erzwingung von Handlungs-, Duldungs- oder Unterlassungspflichten des Bürgers*, Finanzwirtschaft 4. 1996, S.85–86.

dito (1991) „Die Verwaltungsvollstreckung im Baurecht," *Juristische Arbeitsblätter* 1991, Heft 12, S.351–355.

Bade, Heinrich/ Buchhorn, Jörg/ Frenz, Michael/ Lammers, Lars/ Meier, Uwe/ Ohrmann, Anette/ Schütte, Egon/ Viering, Reinhard/ Wiedenroth, Wilke-Bernd (2014) *Leitfaden Bremische Landesbauordnung 2014*, Architektenkammer der Freien Hansestadt Bremen.

Beaucamp, Guy/ Ettemeyer, Ulrich/ Rogosch, Josef Konrad/ Stammer, Jens (2009) *Hamburger Sicherheits- und Ordnungsrecht SOG/PolDVG*, 2. Auflage, Richard Boorberg Verlag.

Bergmann, G./ Distler, P./ Kroglowski, W./ Röder, H./ Sachs, H./ Schöning, W./ Söldner, K. (2016) *Handbuch für das Verwaltungszwangsverfahren*, Band II, Ergänzungslieferung Stand Dezember 2016, Verlag Reckinger.

Bittorf, Peter/ Drape, Sabine/ Globisch, Helmut/ Moldenhauer, Birgit/ Scheske, Elke/ Weidemann, Holger (2013) *Bescheidtechnik — Mustertexte für Studium und Praxis*, Maximilian Verlag.

Bitz, Michael/ Schwarz, Peter/ Seiler-Dürr, Carmen/ Dürr, Hansjochen (2005) *Baurecht Saarland*, 2. Auflage, Nomos Verlagsgesellschaft.

Bohnert, Joachim (2010) *Ordnungswidrigkeitenrecht*, 4. Auflage, C. H. Beck.

Böhrenz, Gunter/ Siefken, Peter (2008) *Niedersächsisches Gesetz über die öffentliche Sicherheit und Ordnung (Nds. SOG)*, Pinkvoss Verlag.

Bothe, Gabriele / Schröder, Hubertus (2005) *Sächsische Bauordnung mit Ausführungsvorschriften und einer erläuternden Einführung*, Deutscher Gemeindeverlag.

Busse, Jürgen/ Simon Alfons (2013) *Bayerische Bauordnung 2008 Kommentar*, Band I, Stand der 114. Ergänzungslieferung : Dezember 2013, C. H. Beck

Dammert, Bernd/ Kober, Peter/ Rehak, Heinrich (2005) *Die neue Sächsische Bauordnung*, rehm.

Domning, Heinz/ Möller, Gerd/ Bebensee, Jens (2013) *Bauordnungsrecht Schleswig-Holstein Kommentar*, Band 1, 16. Lieferung : Stand August 2013, Deutscher Gemeindeverlag.

Drathjer, Johann (1997) *Die Abschöpfung rechtswidrig erlangter Vorteile im Ordnungswidrigkeitenrecht*, Carl Heymanns Verlag.

Dürr, Hansjochen/ Seiler, Carmen (1995) *BAURECHT für Rheinland-Pfalz und das Saarland*, 2. Auflage, Nomos Verlagsgesellschaft.

Engelhardt, Hanns/ Schlatmann, Arne (2017) *Verwaltungs-Vollstreckungsgesetz Verwaltungszustellungsgesetz*, 11. Auflage, C. H. Beck.

Erlenkämper, Friedel/ Rhein, Kay-Uwe (2011) *Verwaltungsvollstreckungsgesetz und Verwaltungszustellungsgesetz Nordrhein-Westfalen*, 4. Auflage, Deutscher Gemeindeverlag.

Finkelnburg, Klaus/ Ortloff, Karsten Michael / Otto, Christian-W. (2010) *Öffentliches Baurecht*, Band II, 6. Auflage, Verlag C. H. Beck.

【引用・参考文献】

Foerster, German/ Friedersen, Gerd-Harald/ Rohde, Martin/ Gerd-Harald Friedersen/ Fischer, Peter/ Martens, Helgo/ Schulz, E. Sönke/ Zimmermann, Sabrina/ Albert, Peter/ Mann, Anja/ Knieß, Rüdiger（2014）*Allgemeines Verwaltungsgesetz für das Land Schleswig-Holstein Kommentar*, Kommunal- und Schul-Verlag.

Gädtke, Horst/ Czepuck, Knut/ Johlen, Markus/ Plietz, Andreas/ Wenzel, Gerhard/ Pollner, Andreas（2011）*BauO NRW Kommentar*, Werner Verlag.

Giehl, Friedrich（Stand：Oktober 2013）*Verwaltungsverfahrensrecht in Bayern*, rehm.

Göhler, Erich/ Gürtler, Franz/ Seitz, Helmut（2012）*Gesetz über Ordnungswidrigkeiten*, 16. Auflage, C. H. Beck.

Graef, Harald（1996）*Thüringer Verwaltungszustellungs- und Vollstreckungsgesetz — Kommentar mit praktischen Beispielen im Anhang*, Deutscher Gemeindeverlag.

Große-Suchsdorf, Ulrich/ Breyer, Erich/ Burzynska, Manfred/ Dorn, Thomas/ Kaellander, Gerd / Kammeyer, Hans-Ullrich/ Mann, Thomas/ Stiel, Arnd/ Wiechert, Reinald（2013）*Niedersächsische Bauordnung Kommentar*, 9. Auflage, C. H. Beck.

Grund, Rainer（2015）*Bauaufsichtliche Eingriffsverwaltungsakte — Allgemeines Prüfungsschema und einzelne bauaufsichtsrechtliche Anordnungen einschließlich notwendiger Nebenentscheidungen.*

Hasske, Dunja/ May, Andreas/ Hillesheim, Tilman/ Linow, Jörg（2006）*Sächsische Bauordnung für Praktiker Kommentar*, 1. Auflage, Saxonia Verlag.

Heuser, Torsten（2016）*Landesverwaltungsvollstreckungsgesetz Rheinland-Pfalz*, 4. Auflage, Verlag Reckinger.

Hofmann, Harald/ Gerke, Jürgen（2010）*Allgemeines Verwaltungsrecht — mit Bescheidtechnik, Verwaltungsvollstreckung und Rechtsschutz*, 10. Auflage, Verlag Kohlhammer.

Hoppe, Werner/ Bönker, Christian/ Grotefels, Susan usw.（2010）*Öffentliches Baurecht*, 4. Auflage, C. H. Beck.

Hornmann, Gerhard（2019）*Hessische Bauordnung（HBO）Kommentar*, 3. Auflage, C. H. Beck.

Jäde, Henning/ Dirnberger, Franz/ Bauer, Karl/ Böhme, Günter/ Radeisen, Marita/ Thom, Alexander/ Spiekermann, Lydia（Stand：April 2013）*Bauordnungsrecht Sachsen-Anhalt*, rehm.

Jäde, Henning/ Dirnberger, Franz/ Bauer, Karl（1994）*Die neue Bayerische Bauordnung Kommentar*, Band 1, Richard Boorberg Verlag.

Jeromin, Curt M./ Schmidt, Georg/ Kerkmann, Jochen（2016）*LBauO Rh-Pf Kommentar*, 4. Auflage, Werner Verlag.

Jeromin, Curt M./ Schmidt, Georg/ Lang, Stefanie（2012）*LBauO Rh-Pf Kommentar*, 3. Auflage, Werner Verlag.

Koch, Hans/ Molodovsky, Paul/ Famers, Gabriele/ Kraus, Stefan（2014）*Bayerische Bauordnung Kommentar*, Ordner I, Stand：1. Januar 2014, rehm.

König, Helmut（2012）*Bayerische Bauordnung Kommentar*, 4. Auflage, C. H. Beck.

Krech, Joachim/ Roes, Hans-Günther（1998）Sicherheits- und Ordnungsrecht des Landes Mecklenburg-Vorpommern Kommentar, Verlag R. S. Schulz.

iii

Lemke, Hanno-Dirk (1997) *Verwaltungsvollstreckungsrecht des Bundes und der Länder — Eine systematische Darstellung*, Nomos Verlagsgesellschaft.

Lemke, Michael/ Mosbacher, Andreas (2005) *Ordnungswidrigkeitengesetz*, 2. Auflage, C. F. Müller.

Lindner, Tilo (2011) *Verwaltungsvollstreckungsgesetz für den Freistaat Sachsen Kommentar*, Books on Demand GmbH.

Meißner, Jens (2014) *Thüringer Bauordnung Kommentar*, 4. Auflage, Deutscher Gemeindeverlag.

Oberthür, Peter (2012) *Bauordnungsrecht in Hamburg — Kompaktkommentar zur Hamburgischen Bauordnung 2012*, 2. Auflage, Deutscher Gemeindeverlag.

Osburg, Horst/ Volmer, Klaus (1983) *Verwaltungsvollstreckungsrecht Niedersachsen*, Schlütersche Verlagsanstalt und Druckerei.

Otto, Christian-W. (2016) *Brandenburgische Bauordnung 2016 — Kommentar für die praxis*, 4. Auflage, SV Saxonia Verlag.

dito (2012) *Brandenburgische Bauordnung — Kommentar für die Praxis*, 3. Auflage, SV Saxonia Verlag.

Rasch, Ernst (1989) *Die Versiegelung — ein Instrument der Bauaufsicht*, Baurecht 1/1989, S.1–4.

Roos, Jürgen/ Lenz, Thomas (2011) *Polizei- und Ordnungsbehördengesetz Rheinland-Pfalz — POG —*, 4. Auflage, Richard Boorberg Verlag.

Rosenkötter, Günter/ Louis, Jürgen (2011) *Das Recht der Ordnungswidrigkeiten — Lehrbuch mit Fallbeispielen oder Mustern*, 7. Auflage, Richard Boorberg Verlag.

Runkel, Peter/ Bielenberg, Susanne/ Gaentzsch, Günter (2015) Baurecht für das Land Mecklenburg-Vorpommern, Band 2, Erich Schmidt Verlag.

Sadler, Gerhard (2014) *Verwaltungs-Vollstreckungsgesetz Verwaltungszustellungsgesetz*, 9. Auflage, C. F. Müller Verlag.

Sannwald, Rüdiger (1986) *Die Vorteilsabschöpfung nach § 17 Abs. 4 OWiG bei Verstößen gegen handwerks- oder gewerberechtliche Vorschriften*, Gewerbearchiv 1986/3, S.84–87.

Sauter, Helmut/ Holch, Paul/ Krohn, Hans-Jürgen/ Imig, Klaus/ Kiess, Adolf/ Hornung, Volker / Keßler, Andrea (2015) *Sauter Landesbauordnung für Baden-Württemberg Kommentar*, Band I, 3. Auflage, 47. Lieferung, Stand : Juli 2015, Verlag W. Kohlhammer.

Schlotterbeck, Karlheinz/ Hager, Gerd/ Busch, Manfred/ Gammerl, Bernd (2016) *Landesbauordnung für Baden-Württemberg (LBO) und LBOAVO Kommentar*, Richard Boorberg Verlag.

Stollmann, Frank (2015) *Öffentliches Baurecht (Lernbücher Jura)*, 10. Auflage, C. H. Beck.

Suckow, Horst/ Weidemann, Holger (2014) *Allgemeines Verwaltungsrecht und Verwaltungsrechtsschutz*, 16. Auflage, Deutscher Gemeindeverlag.

Weber, Klaus (2014) *Handbuch des sächsischen Verwaltungsvollstreckungsrechts*, 2. Auflage, SV Saxonia Verlag.

Weidemann, Holger/ Rotaug, Michael/ Barthel, Torsten (2013) *Besonderes Verwaltungsrecht*

【引用・参考文献】

（*DVP Schriftenreihe*），2. Auflage, Maximilian-Verlag.

Wilke, Dieter/ Dageförde, Hans-Jürgen/ Knuth, Andreas/ Meyer, Thomas/ Broy-Bülow, Cornelia（2008）*Bauordnung für Berlin, Kommentar mit Rechtsverordnungen und Ausführungsvorschriften*, 6. Auflage, Vieweg+Teubner Verlag.

Wolf, Stephan（2010）*Bayerische Bauordnung（BayBO）Kurzkommentar*, 4. Auflage, Carl Link Kommunalverlag.

石垣聡一朗（2015）「ドイツ行政強制制度における代償強制拘留制度の意義と位置づけ」立教大学大学院法学研究 45・46 号 1-75 頁

稲継裕昭（2009a）『現場直言！自治体の人材育成』（学陽書房）

同上（2009b）『自治体の人事システム改革　ひとは「自学」で育つ』（ぎょうせい，第 4 版）

同上（2008）『プロ公務員を育てる人事戦略——職員採用・人事異動・職員研修・人事評価』（ぎょうせい）

今井猛嘉（2014）「刑の一部の執行猶予と社会貢献活動：その意義と展望」罪と罰 51 巻 2 号 20-38 頁

宇賀克也（2017）『行政法概説 I　行政法総論』（有斐閣，第 6 版）

遠藤幹夫（2019）「行政上の義務履行確保及び金銭的な行政制裁に関する一考察——平成 29 年外為法改正の検討過程を題材に」行政法研究 28 号 91-166 頁

大橋洋一（2016）『行政法 I　現代行政過程論』（有斐閣，第 3 版）

同上（2010）「行政手段の分析強化」『BASIC 公共政策学　第 6 巻：政策実施』（ミネルヴァ書房）241-259 頁

岡山市行政代執行研究会（2002）『行政代執行の実務——岡山市違法建築物除却事例から学ぶ』（ぎょうせい）

小川康則（2013）「地方分権の進展に対応した行政の実効性確保のあり方に関する検討会報告書について」地方自治 788 号 17-33 頁

同上（2012）「地方公共団体における行政上の義務履行確保について」地方自治 771 号 2-39 頁

折登美紀（2005）「ドイツ行政法における代償強制拘留制度について」広島女学院大学人間・社会文化研究第 3 号 55-72 頁

同上（1992）「ドイツ行政法における強制金」自治研究 68 巻 3 号 117-125 頁

片岡寛光（1991）「公務員行政研修の理論と実際」山梨学院大学行政研究センター編『公務員行政研修のあり方』20-36 頁

木佐茂男（1997）「ドイツの公務員制度」人事院月報 50 巻 7 号（通巻 570 号）30-33 頁

同上（1996）『豊かさを生む地方自治——ドイツを歩いて考える』（日本評論社）

北村喜宣（2018）『空き家問題解決のための政策法務——法執行後の現状と対策』（第一法規）

同上（2016）「行政の実効性確保制度」現代行政法講座編集委員会編『現代行政法講座 I

現代行政法の基礎理論』（日本評論社）197-229 頁

同上（2015）「空き家の不適正管理と行政法」法社会学 81 号 76-90 頁

同上（1997）『行政執行過程と自治体』（日本評論社）

北村喜宣・須藤陽子・中原茂樹・宇那木正寛（2015）『行政代執行の理論と実践』（ぎょうせい）

北村喜宣・米山秀隆・岡田博史編（2016）『空き家対策の実務』（有斐閣）

工藤裕子（2006）「フランス・ドイツ・イタリアにおける地方公務員研修——地方公務員制度と研修期間」『自治フォーラム』第 563 号 52-58 頁

黒川哲志（2008）「行政強制・実力行使」『行政法の新構想 II ——行政作用・行政手続・行政情報法』（有斐閣）113-129 頁

重本達哉（2010a）「ドイツにおける行政執行の規範構造（一）」法学論叢 166 巻第 4 号 109-127 頁

同上（2010b）「ドイツにおける行政執行の規範構造（二）」法学論叢 167 巻第 1 号 39-67 頁

総務省地方分権の進展に対応した行政の実効性確保のあり方に関する検討会（本文中「総務省検討会」と略称）（2013）『地方分権の進展に対応した行政の実効性確保のあり方に関する検討会報告書』（総務省自治行政局）

http : //www.soumu.go.jp/iken/gyousei_jikkousei_kakuho.html（2018/9/24 アクセス.）

田中良弘（2017）『行政上の処罰概念と法治国家』（弘文堂）

同上（2014）「行政の実効性確保手段としての刑罰規定のあり方についての一考察——ドイツにおける行政刑法理論と秩序違反法の制定を題材に」一橋法学 13 巻 2 号 451-493 頁

中川丈久（2014）「行政法における法の実現」長谷部恭男ほか編『岩波講座　現代法の動態 2　法の実現手法』111-154 頁

同上（2012）「行政上の義務の強制執行は，お嫌いですか？——最高裁判決を支える立法ドグマ」論究ジュリスト 3 号 56-66 頁

西津政信（2016）「ドイツの建築規制における封印措置等の法制度及び実務運用」行政法研究 13 号 43-88 頁

同上（2014）「行政上の義務違反に対する制裁」『ジュリスト増刊　行政法の争点』（有斐閣）98-101 頁

同上（2012）『行政規制執行改革論』（信山社）

同上（2006）『間接行政強制制度の研究』（信山社）

広岡　隆（1961）『行政上の強制執行の研究』（法律文化社）

福井秀夫（1996）「行政代執行制度の課題」公法研究 58 号 206-219 頁

藤田尚子（2011）「ドイツの法曹養成制度」法曹養成対策室報 5 号 8-20 頁

ブリューメル，ヴィリ（1993）「ドイツ連邦共和国における公務員の養成・研修の現状と諸問題」自治研究 69 巻 5 号 20-45 頁

真島信英（2014）「行政罰たる過料による制裁のあり方をめぐる研究——わが国とドイツ

【引用・参考文献】

の過料手続に関する比較研究を中心として」亜細亜法学 49 巻 1 号 25-42 頁

ミューレン, ポール E.・パテ, ミシェル・パーセル, ローズマリー（2003）『ストーカーの心理——治療と問題の解決に向けて』（サイエンス社）

森　啓（2002）『自治体人事政策の改革』（公人の友社）

森口佳樹（1999）「ドイツの行政強制手続に関する一考察——決定（Festsetzung）のもつ意義について」経済理論 291 号 65-82 頁

森本正彦（2011）「刑の一部執行猶予制度・社会貢献活動の導入に向けて」立法と調査 318 号 59-76 頁

吉国二郎ほか編（2018）『国税徴収法精解（平成 30 年改訂)』（(財) 大蔵財務協会）

主要事項索引

ア　行

空き家対策　　13, 16, 38, **96, 97**, 104, **257**, **265**

異議申立て（Einspruch）　　22, 49, 50, 82, 109, 113, 124, 125, 126, 128, 136

同上（dito）の提起状況　　50, 60, 61, 113, 124, 125, 130, 142

異議申立て（Widerspruch）　　47, 51, 67, 74, 87, 92, 93, 102, 103, 108, 119, 123, 124, 126, 143

同上（dito）の提起状況　　47, 133, 134, 139, 141

ヴィースバーデン市　　45

エアフルト市　　84

屋外広告物　　10, 31, 36, 37, 39, 42, 43, 45, 48, 49, 56, 57, 60, 61, 65, 71, 72, 73, 77, 78, 79, 81, 82, 83, 87, 92, 115, 116, 127, 128, 141, 241, **254**, 293, 301

カ　行

会計局（Stadtkasse）　　73, 76, 78, 83, 104, 122, 132, 139, 162

下級建築監督官庁（Untere Bauaufsichtsbehörde）　　i, 1, 4, 7, 8, 10, 11, 13, 14, 16, 19, 21, 22, **23, 24, 25, 26**, 30, 35, 45, 77, 83, 111, 123, 125, 132, 137, 138, 145, 147, 153, 154, 160, 162

過料（Geldbuße od. Bußgeld）　　i, ii, **21**

過料による違法取得利益のはく奪　　43, 44, 75, 82, 94, 102, 108, 142

過料の適用実績　　34, 42, 49, 60, 61, 69, 75, 82, 88, 94, 102, 106, 113, 119, 124, 125, 130, 136, 142

過料の適用実績総括　　22

過料の適用実績総括表　　24, 25

過料カタログ（Bußgeldkatalog）　　9, 21, 32, 36, 43, 66, 69, 72, 85, 88, 91, 100, 105, 111, 116, 117, 122, 132, 139, 140, **292, 293, 294**, **305, 306**

過料決定（Bußgeldbescheid）　　22, 34, 41, 42, 43, 59, 61, 75, 82, 88, 94, 107, 108, 109, 113, 119, 124, 125, 136, 146, 157

過料決定例　　297, 301, 310, 313

間接行政強制制度　　7, 8, 12

キール市　　70

強制金（Zwangsgeld）　　i, **4, 5**

強制金戒告額の算定基準　　8, 9, 32, 66, 71, 72, 78, 79, 85, 86, 91, 100, 105, 111, 116, 117, 122, 128, 132, 133, 139, 140

強制金と過料の連携的運用　　10, 75, 88, 122, 127, 136, 142

強制金の戒告例　　238, 241, 247, 254, 257

強制金の再戒告例　　235

強制金の期限到来通知例　　235

強制金の自動確定方式　　5, 53, 54, 58

強制金の賦課決定処分方式　　5, 6, 58, 59

強制金の賦課決定例　　244, 251

強制金の適用実績　　31, 36, 47, 52, 53, 65, 71, 77, 78, 85, 91, 99, 104, 110, 115, 116, 121, 127, 132, 139

強制金の適用実績総括　　7

強制金の適用実績総括表　　8, 9

強制金の目的達成率　　ii, 6, 7, 31, 32, 39, 47, 54, 57, 58, 65, 71, 78, 85, 90, 91, 100, 104, 110, 111, 116, 121, 122, 127, 132, 139

強制金の手続フロー図　　6

強制拘留（Erzwingungshaft）　　11, 41, 43, 142

同上の適用実績　　68, 142

主要事項索引

強制拘留（Zwangshaft）　**104, 111**
　同上の適用実績　104, 111
行政執行法　　i, 1, 4, 5, 10, 11, 13, 15, 18,
　19, 23, 28, 31, 32, 37, 38, 41, 48, 49, 51, 53,
　54, 55, 56, 57, 58, 62, 66, 68, 78, 79, 80, 81,
　82, 83, 84, 86, 87, 93, 95, 96, 99, 100, 101,
　102, 105, 111, 112, 113, 117, 122, 123, 132,
　133, 134, 139, 140, 141, 142, 143, 145, 147,
　150, 153
行政専門大学　　ii, 1, 23, **26, 27, 28, 29,** 62,
　76, 83, 84, 89, 90, 95, 102, 103, 108, 109,
　114, 119, 126, 130, 137, 143, 144, 147, 148,
　149, 151, 152, 153, 156, 159
警告金（Verwarnungsgeld）　**22,** 42, 59, 88
　警告金の適用件数　88
建設機械等の差押え（Ingewahrsahmnahme）
　17, 18, 67, 73, 74, 80, 88, 94, 112, 118, 123,
　136
建築規制行政執行体制　　i, 1, 2, 22, 23, 24,
　25, 26, 35, 44, 45, 51, 52, 61, 62, 63, 64, 70,
　76, 83, 84, 89, 94, 95, 102, 103, 108, 109,
　114, 119, 125, 126, 130, 131, 137, 138, 142,
　143
ゴータ市　　89

サ　行

ザールブリュッケン市　　138
実務実習　　ii, 27, 28, 45, 51, 62, 76, 83, 84,
　89, 108, 109, 114, 119, 126, 130, 137, 143,
　145, 149, 150, 153, 154, 157, 158
市民農園（Kleingarten）　　121
シュヴェリーン市　　126
シュトゥットガルト市　　109
ストーカー規制　　40, 41
即時執行（Sofortiger Vollzug）　　6, 14, 15,
　16, 21, 38, 48, 66, 67, 73, 79, 80, 87, 92, 97,
　106, 112, 117, 118, 123, 128, 134, 135, 140,
　142
　即時執行による代執行の適用例　　67
　即時執行の適用実績　　66, 67, 73

タ　行

代執行（Ersatzvornahme）　　i, **11**
　代執行の戒告例　　272
　代執行の決定例　　265, 270
　代執行の適用実績　　30, 37, 40, 47, 55,
　66, 72, 79, 86, 92, 96, 100, 105, 111, 112,
　117, 122, 128, 133, 140
　代執行の適用実績総括　　**12, 13**
　代執行の適用実績総括表　　**14, 15**
　代執行費用の事前徴収　　11, 13, 14, 15,
　31, 37, 48, 49, 55, 66, 73, 79, 80, 86, 87, 93,
　96, **100,** 101, 105, 112, 117, 118, 123, 128,
　134, 140, 162
　代執行費用の事前徴収の間接強制的機能
　14, 118
　代執行費用の事前徴収例　　270
　代執行費用の支払猶予（Stundung）
　31, 38, 55, 80
　代執行の手続フロー図　　**12**
代償強制拘留（Ersatzzwangshaft）　　**10**
代償強制拘留の適用実績　　10, 32, 37, 40,
　47, 55, 72, 78, 86, 117, 122, 132, 133
第二次司法試験合格者（Volljurist）　　**23,**
　24, 83, 108, 142, 143
秩序違反法　　i, ii, 1, 2, 21, 23, 28, 41, 43,
　50, 51, 59, 62, 79, 83, 84, 88, 105, 108, 124,
　125, 126, 132, 139, 145, 146, 147, 150, 153
秩序局（Ordnungsamt）　　10, **21,** 75, 76, 83,
　94, 107, 109, 142, 162
地方税滞納整理機構　　**26,** 45
聴聞（Anhörung）　　4, 5, 22, 23, 39, 42, 43,
　49, 50, 59, 60, 61, 68, 77, 78, 80, 82, 83, 84,
　87, 90, 91, 92, 95, 100, 104, 106, 107, 109,
　116, 121, 124, 125, 129, 132, 136, 143, **295,**
　307
直接強制　　i, 1, 2, 15, **16,** 17, 18, 19, 20, 32,
　38, 49, 55, 56, 66, 67, 80, 81, 93, 94, 97, 101,
　102, 110, 113, 118, 129, 141, 142
　直接強制の決定例　　**289**
　直接強制の適用実績　　101

ix

主要事項索引

手続中止（Einstellung）　**5, 50,** 82, 85, 110
デュッセルドルフ市　77
取消訴訟の提起状況　34, 41, 47, 66, 74,
　87, 102, 116, 124, 133, 134, 139, 141
ドレスデン市　103

ハ　行

ハノーファー市　114
ハンブルク市　64
封印書様式　81, 87, 135, **279, 280, 288**
封印措置（Versiegelung）　ii, **16,** 17, 18
　封印措置の戒告　32, **33, 34, 56, 57,** 74,
　80, 101, 106, 112, 113, 123, 129, 130, 135,
　141
　封印措置の戒告例　244, 281, 283
　封印措置の事前手続要件　**19, 20, 21,**
　56, 57
　封印措置の実施状況　38, **276, 278, 287**
　封印措置の実施通知例　277, 286

封印措置の適用実績　32, 38, 48, 55, 56,
　67, 81, 87, 93, 101, 106, 112, 118, 123, 129,
　134, 141
　封印措置の適用実績総括　**18**
　封印措置の適用実績総括表　**19**
　封印措置の適用範囲　18, 57
　封印措置の手続フロー図　**17**
封印等破棄罪（Sigelbruch）　**18**
封印破棄行為　119, 123, 129, 135, 141
ブレーメン市　120
ベルリン市　98, 99
　トレプトウ・ケーペニック行政区　98
防犯カメラ　33, 106, 119, 123, 129
ポツダム市　35

マ　行

マインツ市　131
マクデブルク市　30
ミュンヘン市　52

〈著者紹介〉

西 津 政 信（にしづ・まさのぶ）

博士（法学）（中央大学）

1956 年　福岡県行橋市生まれ
1980 年　東京大学法学部第一類（私法コース）卒業
　　　　　旧建設省入省
1988 年　（併任）人事院短期在外研究員（旧西ドイツ派遣）
1994 年　（新潟県）長岡市第二助役
1998 年　旧建設省都市局公園緑地課公園企画官
2001 年　国土交通省国土交通政策研究所総括主任研究官
2005 年　中央大学大学院法学研究科公法専攻博士課程修了
　　　　　独立行政法人都市再生機構東日本支社副支社長
2007 年　宮崎産業経営大学法学部教授
2008 年　東海大学法学部教授
2012 年　新潟大学法科大学院教授
2013 年　愛知大学法学部教授：現在に至る。

〈主要著作〉
『間接行政強制制度の研究』（信山社，2006 年）
『行政規制執行改革論』（信山社，2012 年）
「行政の緊急措置と比例的リスク管理」法社会学 69 号（2008 年）：日本公共政策学会 2009 年度
　　論説賞
「行政上の直接強制制度の立法論的日独比較研究」比較法研究 71 号（2009 年）
「日本国憲法は，行政強制消極主義を容認するか？」ジュリスト 1404 号（2010 年）
「ドイツの建築規制における封印措置等の法制度及び実務運用」行政法研究 13 号（2016 年）

学術選書
194
比較法政策

❀ ❀ ❀

ドイツの建築規制執行

2019（令和元）年 5 月 30 日　第 1 版第 1 刷発行

6794-5：P384　¥7800E

著　者　　西 津 政 信
発行者　　今井 貴 今井 守
発行所　　株式会社 信 山 社
〒113-0033 東京都文京区本郷 6-2-9-102
Tel 03-3818-1019　Fax 03-3818-0344
henshu@shinzansha.co.jp

笠間才木支店　〒309-1600 茨城県笠間市才木515-3
笠間来栖支店　〒309-1625 茨城県笠間市来栖2345-1
Tel 0296-71-0215　Fax 0296-72-5410
出版契約2019-6794-5-01011　Printed in Japan

© 西津政信, 2019　印刷・製本／亜細亜印刷・牧製本
ISBN978-4-7972-6794-5 C3332

JCOPY〈出版者著作権管理機構 委託出版物〉
本書の無断複製は著作権法上での例外を除き禁じられています。複製され
る場合は，そのつど事前に，出版者著作権管理機構（電話 03-5244-5088,
FAX03-5244-5089, e-mail:info@jcopy.or.jp）の許諾を得てください。

西津政信 著
間接行政強制制度の研究　　　　　　　　　10,000 円

西津政信 著
行政規制執行改革論　　　　　　　　　　　3,800 円

碓井光明 著
都市行政法精義 I　　　　　　　　　　　　6,000 円

碓井光明 著
都市行政法精義 II　　　　　　　　　　　　7,000 円

―――――――――――― 信 山 社 ――――――――

（本体価格）

山田　洋 著
ドイツ環境行政法と欧州　　　　　　　5,800 円

山田　洋 著
リスクと協働の行政法　　　　　　　　6,800 円

横田光平 著
子ども法の基本構造　　　　　　　　10,476 円

戸部真澄 著
不確実性の法的制御　　　　　　　　　8,800 円

（本体価格）

―――――――――― 信 山 社 ――――――――――

阿部泰隆 著
国家補償法の研究 I   8,000 円

阿部泰隆 著
地方自治法制の工夫   8,000 円

阿部泰隆 著
行政法の解釈（3）   6,800 円

深澤龍一郎 著
裁量統制の法理と展開   8,800 円

（本体価格）

—————————— 信 山 社 ——————————